北京市哲学社会科学"十一五"规划重点项目
北京市社会科学院重大课题

北京专史集成

主编 王岗

北京民族史

本书主编 许辉

人民出版社

图书在版编目（CIP）数据

北京民族史 / 许辉主编.
-北京：人民出版社，2013
（《北京专史集成》/ 王岗 主编）
ISBN 978-7-01-011663-1/
Ⅰ.①北… Ⅱ.①赵… Ⅲ.①民族历史-北京市
Ⅳ.①K280.1
中国版本图书馆 CIP 数据核字（2013）第 015422 号

北京民族史

BEIJING MINZUSHI

丛书主编：王 岗
本书主编：许 辉
出版策划：张秀平
责任编辑：张秀平
装帧设计：曹 春

人民出版社 出版发行
地 址：北京市东城区隆福寺街 99 号
邮政编码：100706 www.peoplepress.net
经 销：新华书店总店北京发行所经销
印 刷 厂：北京昌平百善印刷厂
出版日期：2013 年 4 月第 1 版 2013 年 4 月第 1 次印刷
开 本：787 毫米×1092 毫米 1/16
印 张：27.75
字 数：510 千字
书 号：ISBN 978-7-01-011663-1/
定 价：80.00 元

《北京专史集成》课题组成员

总顾问：刘牧雨
总策划：戚本超
主　编：王　岗
特聘学术顾问（以姓氏笔划为序）：王钟翰、陈高华、
林甘泉、赵其昌、徐苹芳、曹子西、龚书铎、蔡美彪、
戴　逸
名誉顾问：陈之昌
执行策划：王　岗、李宝臣、刘仲华、章永俊
编委会主任：李宝臣
编　委：王　玲、尹钧科、阎崇年、王灿炽、吴建雍、
于德源、李宝臣、孙冬虎、袁　熹、王　岗、吴文涛、
郑永华
分卷主编：（见各卷）
课题组成员：王　岗、尹钧科、吴建雍、于德源、李宝臣、
袁　熹、邓亦兵、孙冬虎、吴文涛、何　力、郑永华、
刘仲华、张雅晶、赵雅丽、章永俊、何岩巍、许　辉、
张艳丽、董　焱、王建伟
课题组特邀成员：张　泉、齐大芝、赵志强、徐丹俍、
李建平、韩　朴、谭烈飞、马建农、姚　安、邓瑞全、
郗志群、宋卫忠等

丛书主编：王　岗
本书主编：许　辉

本书撰稿人员（以姓氏笔划排序）：王　岗、许　辉、
赵雅丽、徐丹俍、章永俊

序

　　北京的历史文化，源远流长，博大精深，是中华民族优秀传统文化的结晶。北京市社会科学院历史研究所自成立以来，就一直从事北京历史文化的研究工作，30 年来，在全所科研人员的共同努力之下，取得了一些北京历史文化研究成果，其中，又以曹子西先生主编的《北京通史》为代表，在学术界和社会上都产生了较好的影响。而《北京通史》的问世，又为进一步深入研究北京历史文化奠定了一个较为坚实的基础。

　　2006 年，北京市社会科学院的领导对北京历史文化的研究工作加大扶持力度，提出把《北京专史集成》列入院科研重大课题，使得我院的北京历史文化研究从整体上进入了一个新的阶段。在此之前，历史研究所的科研人员已经开始对北京专史进行研究，如王玲女士撰写有《北京与周围城市关系史》，尹钧科先生撰写有《北京郊区村落发展史》，于德源先生撰写有《北京农业经济史》，吴建雍等人合写有《北京城市生活史》、《北京城市发展史》，等等，这些专史的问世把北京历史文化的研究逐步引向深入。但是，要想形成一套体系完备的专史研究系列，显然仅仅依靠个人的研究力量是不够的，必须组成一支力量相对强大的科研队伍，才能够完成系列专史研究的繁重工作。

　　正是在这种情况下，北京市社会科学院领导组织历史研究所的全体科研人员对《北京专史集成》课题进行了认真的论证。特别是课题总顾问刘牧雨院长和课题总策划戚本超副院长对课题中研究项目的编写原则和立项次序都给予了精心指导。经过论证，初步确定了《北京专史集成》课题的第一批研究项目，即：

1. 北京政治史；   2. 北京经济史；

3. 北京农业史；   4. 北京手工业史；

5. 北京商业史；   6. 北京军事史；

7. 北京文化史；   8. 北京文学史；

9. 北京美术史；   10. 北京学术史；

11. 北京著述史；   12. 北京戏剧史；

13. 北京风俗史；   14. 北京考古史；

15. 北京民族史；   16. 北京宗教史；

17. 北京佛教史；   18. 北京道教史；

19. 北京伊斯兰教史；   20. 北京基督教史；

21. 北京教育史；   22. 北京城市发展史；

23. 北京建筑史   24. 北京园林史；

25. 北京陵寝史；   26. 北京地理学史；

27. 北京交通史；   28. 北京城市生活史；

29. 北京建置沿革史；   30. 北京对外交流史：

31. 北京水利史；   32. 北京饮食史；

33. 北京服饰史；   34. 北京环境变迁史；

35. 北京音乐史；   36. 北京名胜史。

这些研究项目，只是北京专史庞大体系中的一小部分，今后随着科研工作的不断深入，专史的项目也会不断增加。《北京专史集成》经过历史研究所论证之后，院领导又组织全院的专家学者对这个重大课题进一步加以论证，并且提出了很好的意见，对专史的撰写工作有很大帮助。

《北京专史集成》中的每部专史的容量，视其内容的多少，大致在 30 万字左右，有些内容较多的，字数可以多一些，反之，则会少一些。各部专史的时间跨度，一般始于远古，迄于新中国建立。有些部专史在撰写过程中，时间会有所下延。如《北京建置沿革史》，必须延续到新中国建立之后，才能够对今天北京政区的沿革状况有全面的叙述。各部专史的地域范围，也不是严格局限在今天的北京政区，而是根据不同朝代政区划分的变化而随之变化，如汉唐时期的幽州，辽代的南京析津府，金代的中都大兴府，元代的大都路，明清时期的北京顺天府，等等。政区范围的大小虽然会不断变化，但是其核心地区仍然是今天的北京。

《北京专史集成》的撰写，有很多难以处理的地方。例如，"专"和"史"的关系。"专"是指专门、专业，如在《北京宗教史》中，"专"是指宗教或是宗教学，而"史"则是指在北京历史上曾经发生或是出现过的、与宗教有关系的事件或人物，当然也包括相关的典制。如在《北京宗教史》中，我们所研究的佛教史，主要的着眼点不仅仅是在北京地区的禅宗、律宗、净土宗等佛教流派的发展、变化，更重要的，是着眼于这些佛教流派所产生的社会影响、其代表人物的社会活动、历代统治者和社会各界对这些宗教派别的态度，以及由此而产生的重要宗教事件，等等。我们认为，要想处理好"专"与"史"的关系，一方面，要掌握相关专业的基础知识；另一方面，又要对当时的历史状况有准确的认识，掌握宗教之外的政治、经济、文化等各方面的历史资料。只有这样，我们才能够正确认识不同历史时期宗教产生、发展和兴衰的变化历程。其他专史的撰写工作也是如此。

再如，"全国"和"地方"的关系，换言之，即"全局"和"区域"的关系。在北京成为全国的政治和文化中心之前，所有的北京史都是"地方史"，其所产生的历史影响也有着明显的"区域"性质。但是，当北京成为全国首都之后，在北京发生的许多史事除了具有"地方"和"区域"的性质之外，又具有了"全国"或是"全局"影响的特质。如"戊戌变法"、"五四运动"等，其影响范围之广，影响力之持久，显然不是局限在北京地区的。此外，由于北京的统治中心地位，有些发生在其他区域（甚至国外）的重大历史事件，也会对北京产生巨大的影响。如近代史上的"鸦片战争"、"太平天国运动"、"辛亥革命"，这些重大事件的始发地虽都不在北京，但其对北京的巨大影响甚至超过了在北京地区发生的一些事件。因此，如何处理好"全局"与"局部"的关系，在北京历史文化研究中确实是一个难度很大的问题。

《北京专史集成》课题立项后，得到了学术界和相关领导的大力支持。首先，是有一批德高望重的著名史学前辈在年事很高、工作繁忙的情况下，热情支持本课题的研究工作，慨然担任特聘学术顾问，并且对北京专史的撰写工作提出了珍贵的指导意见；有些史学前辈还在百忙之中审阅了部分书稿的内容。其次，是北京市哲学社会科学规划办公室的陈之昌主任和李建平副主任对本课题的重视，使《北京专史集成》得以被列为市社科规划重点课题。再次，本课题的出版工作得到了人民出版社领导的大力支持，在出版经费较少的情况下，得以立项出版。特别是资深历史学编审张秀平女士和诸多编辑人员，认真审阅全部书稿，并且提出了许多宝贵的修改意见，为各部专史的出版付出了辛勤的劳动。

北京市社会科学院历史研究所的一批批老专家学者们为北京历史文化的研究奠定了较好的基础，他们的退休对北京文史研究带来了一些影响。但是，许多已经退休的老专家仍然坚持工作在科研第一线，笔耕不辍。《北京专史集成》中的一些项目就是以他们作为骨干带领年轻同志完成的。一批批青年学子陆续来到所里，他们在科研能力上尚需锻炼，在学术见识上亟待积累，但是，他们有朝气，有吃苦耐劳的干劲，有新的更加开阔的视野，假以时日，他们在《北京专史集成》研究中的成果将会越来越多。我相信，在院领导的大力支持下，在社会各界的热心帮助下，在历史研究所全体新、老科研人员的共同努力下，持之以恒，《北京专史集成》将会为北京历史文化研究不断增添新的科研成果，为首都的社会发展和文化建设不断做出新贡献。

值此北京市社会科学院建院 30 周年、《北京专史集成》开始出版之际，是为之序。

王岗

2008 年 10 月

前　言

　　北京民族史在北京历史文化的发展进程中占有极为重要的地位。从先秦时期开始，少数民族民众就生活在这里，与中原地区的民众一起创造着燕地的文明。在此后几千年中华民族的文明发展历程中，北京地区都留下了或多或少的少数民族的文明轨迹。从先秦时期的山戎，到汉唐时期的匈奴、乌桓、鲜卑、突厥、契丹、奚族等少数民族，在这个阶段的历史进程中还只是扮演了一些配角。而从辽代以后，契丹、女真、蒙古、满族等少数民族，就逐渐从配角变成了主角，一直延续到清朝的灭亡。因此，在北京历史文化的发展进程中，几乎所有的发展阶段，特别是一些至关重要的发展阶段，都与少数民族的活动密切联系在一起。

　　在研究北京民族史的过程中，有几个重要的问题是必须涉及到的：

　　第一个问题，是少数民族的起源问题。在北京地区生活过的少数民族，大多数都是"外来"的，主要来自于北方草原和东北地区。如北方草原的匈奴、契丹、蒙古族等，东北地区的女真、满族等。也有一些来自西北和西陲，如回族、藏族等。对于这些少数民族的起源研究，其学术难度是极大的。以往的许多学者都长期关注这个学术难点，并且开展了大量的研究工作，产生了一大批重要的学术成果。我们这部《北京民族史》吸收了许多前人的研究成果，同时也有一些我们的不同见解。以往人们在研究民族起源的时候，常常用地域范围、生活习俗和语言系统等因素作为判断坐标，但是，许多北方少数民族的流动性极大，地域范围是无法约束的，而不同的民族有可能使用同一个语言系统，有着共同的生活习俗。最重要的，是不同时期的不同民族之间能否确立传承关系，这个问题无法解决，许多少数民族的起源问

1

题也就无法解决。我们只能依据所掌握的史料，参考前人的学术见解，做出我们的判断。

在中国古代的历史文献中，对周边少数民族的记载很早就有了，如《史记》中的《东夷列传》、《西羌传》、《南匈奴列传》、《乌桓鲜卑列传》等即是其代表作。此后的历代正史中，大多都有关于周边少数民族活动的记载。但是，这些记载皆是中原地区的人们对周围事物的认识，在没有进行充分交流的情况下，这些记载有很多失实甚至是十分荒诞的内容。再加上不同时代的人们对同一个少数民族的认识是不同的，同一个少数民族在不同时期也会有不同的发展变化等诸多复杂因素的影响，就使得后人对周边少数民族起源的研究陷入困境，或是史料依据互相矛盾，或是时代断续缺少脉络，等等，虽然下了很大的研究功夫，人们的结论却总是无法一致。问题的关键实际上是人们对少数民族起源的认识上存在着盲区，认为所研究的少数民族起源，追溯得越久远越好，这种观点本身就存在着严重的问题。其实作为每个民族，对自身起源的认识都是有据可寻的，应该是我们进行研究的最重要依据。炎黄事迹，是中华民族发展的源头，这是古人的认识，随着当代考古学的发展和重大发掘工作的成果不断出现，中华民族的源头也在不断向前延伸，但是，作为炎黄子孙的民族观念却是在古代就已形成的。我们在对少数民族起源的研究工作中，也应该重视这些少数民族自身民族意识的产生时期，发展过程，以及他们的自我民族意识。

第二个问题，是民族融合的问题。关于这个问题，作为政治宣传的一种方式，提及的人很多，而作为严肃的学术课题，真正深入研究的人却很少。我们认为，这个问题十分复杂，但有几点必须强调的是，首先，民族融合是不带任何感情色彩的客观历史发展进程，换言之，是不依任何人的主观意志为转移的客观现象。其次，民族融合必须具备相应的各种必要条件，如果这些必要条件不具备，民族融合是不可能发生的事情。再次，中华民族的发展历程就是生活在中华大地上的各个民族相互融合的历程，中华民族的辉煌文明是各个民族共同创造的。在几千年的中华民族发展史上，民族矛盾与民族冲突是经常见到的，对于这种现象应该如何解释？以往人们在涉及民族融合的问题时，常常对民族矛盾和冲突避而不谈，显然这不是科学的研究方法，我们认为，民族矛盾和冲突都是民族融合的重要组成部分，不同民族之间如果没有接触，就不会有矛盾和冲突，也就更不会有相互之间的融合。因此，民族之间的矛盾和冲突正是相互融合的重要前提。

　　第三个问题，是主流文化的认同问题。也就是人们在涉及民族关系研究中常常提到的"汉化"问题。生活在中原地区的广大百姓千百年来通过辛勤劳动创造了辉煌的物质文明，也创造了杰出的精神文化，这种中国古代文化我们称之为农耕文化。而生活在北方草原上的广大百姓则创造了同样杰出的游牧文化。当农民生活在平原上，牧民生活在草原上，两种文化之间是很少交流的，也就很难有相互融合的机会。但是，当众多的牧民们进入平原地区之后，他们就会接触到十分陌生的农耕文化，同时，也会带来农民们所不熟悉的游牧文化。于是，两种文化有了相互融合的机会。反之，当农民们进入草原地区之后，也会遇到他们所不熟悉的游牧文化，也有了进一步相互融合的机会。在中国古代，农耕生产与游牧生产相比，其经济效益要高得多，故而当游牧民族进入中原地区之后，曾经想把农田变成草地，这种主观愿望最终还是失败了。

　　在中国古代，从草原地区流动到农耕地区的民众太多了，而从农耕地区流动到草原地区的民众太少了，也就使得两种不同类型文化的融合更多的是处于农耕地区。这个前提条件对于文化融合的结果影响太大了，在平原地区，农耕文化当然占据主导地位，游牧文化要想取而代之是根本不可能的。结果只能是进入中原地区的牧民们逐渐变成了农民，也就表现为少数民族民众不得不接受农耕文化，这就是人们常说的"汉化"。与之相反的情况也会出现，当中原地区的农民们进入北方草原之后，会朝两个方向发展，一个方向是农民们仍然坚持自己的生产和生活方式，把草原改造为农田，把农耕文化带到草原上来，仍然坚持"汉化"。另一个发展方向是农民们适应了草原上的游牧生活，从农民转变为牧民，接受了游牧文化，这个过程，我们将其与"汉化"相对应，称之为"胡化"。在中国古代社会中，从中原地区主动进入草原地区的民众实在是太少了，故而"胡化"的现象往往不足以引起人们的重视，但是这种现象确实是存在的。

　　第四个问题，是军事征服与文化征服的关系问题。在中国古代，大大小小的战争从来没有中断过，一个政权的建立，需要通过战争，一个政权的势力扩张，也需要通过战争。人们由于各自的立场观点不同，对这些战争的评价是完全不一样的。对同一个民族内部发生的战争，人们通常称之为"兼并战争"或是"统一战争"，来加以评价，而对不同民族之间发生的战争，就往往会用"征服战争"这个评价。对这三个概念而言，都有一个共同特点，就是军事上的征服。在中国古代，草原地区的少数民族部落要想进入中原地区，必须依靠军事上的征服，如魏晋南北朝时期的鲜卑族等"五胡"进入中原，辽金元时期的契丹、女真及蒙古族等相继占据中原，清朝满族入关，等等，皆是以军事征服为前提条件的。这些少数民族如果没有强大的军事力量，是根本不可能进入中原地区的。显然，与同一个民族的内部战争相比，不同民族之间的战争带有更多的"征服"色彩。汉朝取代秦朝、唐朝取代隋朝，战争的规模也很大，人们却没有被"征服"的感觉，使用的也是"统一战争"的评价。而金朝攻灭北宋、元朝攻灭南宋，就被许多人冠以"军事征服"的标签，只不过是因为金朝和元朝乃是少数民族建立的政权。

在人类发展的几千年历史中，文化相对落后的"野蛮"民族用军事暴力征服文化相对先进的"文明"民族的现象并不少见，在中国历史上就出现过许多次。但是，野蛮民族在征服文明民族之后，很快就接受了文明民族的先进文化，故而有人称之为文化上的"被征服"。北魏的鲜卑族统治者、辽朝的契丹族统治者、金朝的女真族统治者、元朝的蒙古族统治者和清朝的满族统治者在"征服"中原地区之后，就都出现了被中原地区的儒家文化"征服"的情况。同样是少数民族统治者，他们被文化"征服"的程度则是不一样的，甚至差距非常大。相对而言，契丹族和蒙古族的统治者保留了更多游牧文化的特色，而女真族和满族的统治者则被文化"征服"的更彻底一些。这种差异的出现，是与少数民族统治者自身文化修养有直接的关系。契丹族和蒙古族的统治者在进入中原地区之前，自身受到的文化影响只是单一的游牧文化，故而在接受中原地区的农耕文化时存在着较大的困难。而女真族和满族的统治者所生活的东北地区，是农耕文化、渔猎文化、游牧文化杂处的地方，故而对中原地区的农耕文化并不陌生，其接受"汉化"的影响也就更彻底一些。

最后一个问题，是汉族与少数民族之间的关系问题。在中国古代的历史上，汉族与少数民族之间的关系是错综复杂的，但是大致上可以分为两种状态，第一种，是在汉族政权统治的状态下，第二种，是在少数民族政权统治的状态下。汉族统治者们对于少数民族民众的歧视是十分明显的，这从他们对少数民族的蔑称，如"蛮"、"夷"、"戎"、"胡"等即可看出，他们的歧视也反映在相关的民族政策上，我们往往称之为"大汉族主义"。因此，在汉族政权的统治下，少数民族人士变成了"二等"公民。而少数民族统治者与汉族统治者恰恰相反，采用的是压制汉族民众的政策，这一点通过元朝的"四等人"制度得到充分展示。在元朝统治者的眼里，汉族民众变成了"三等"和

"四等"公民。显然，歧视少数民族民众是错误的，歧视广大汉族民众也是错误的，但是，在当时的历史条件下要想真正实现各民族的完全平等是不可能的事情。相比较而言，在汉族统治者中，唐朝统治者的民族政策更好一些，而在少数民族统治者中，清朝统治者的民族政策更加合理一些。

这部《北京民族史》的撰写过程必然会涉及到上述的问题，对有些问题，可能会处理得好一些，对另一些问题的处理则会有欠缺之处。史料的选择和理论的运用也都有较大的难度，特别是从元代以后，北京成为全国的政治和文化中心，也同时成为了全国民族融合的中心，在这种情况下，对北京民族史的研究其难度就更大了。在北京历史上曾经生活过的许多少数民族消失了，我们希望留下他们的生活轨迹。还有一些少数民族民众仍然生活在这里，我们希望他们能够与广大汉族民众和谐共处，平等相待，一起创造更加美好的未来。

王岗

记于 2012 年 10 月

目　录

概　述

　　在中国，民族是一个十分重要的问题，因为中华民族就像是一个由众多民族共同组成的和睦大家庭，如果各民族之间的相互关系处理不好，就会直接影响到整个家庭的幸福和美满。故而，自古以来人们就把处理民族关系放在十分重要的位置，甚至放在关系到国家安危的位置上。

　　在中国古代，不同的历史时期有着不同的民族活跃在历史舞台上，扮演着不同的角色。对于这些民族而言，有些发挥了重要的作用，甚至扮演了主角，还有一些则一直扮演着配角。北京位于华北平原的北端，活跃在这里的，主要是以农耕为业的中原民众和以游牧为业的少数民族民众。因此，作为《北京民族史》的研究对象，是以曾经生活在这里的各个民族为主，兼及这些民族的发展渊源。

　　在中国古代，人们对于民族的认识与当代是不完全一样的，因此，在研究过程中就出现了一些如何界定民族概念的问题。例如，对"汉族"这个概念如何界定，就曾经在学术界引起比较激烈的争论。又如，对每个具体的"少数民族"的起源及形成过程，人们也会因为判定标准的不同，而引起激烈的争论。对于这些争论，双方（或是多方）很难达成一致的意见。因为历史发展太复杂了，给人们评判的标准是多种多样的，而不同民族在发展进程中的变化也太多了，相关的历史文献记载又太少了，故而给争论的各方造成许多推断上的空白点，也就很难说服对方，取得一致的见解了。

　　在中国古代，人们很早就有了朦胧的民族意识。司马迁写《史记》，开篇就把黄帝为首的所谓"五帝"推出，作为中华民族的始祖。而在黄帝生活的时代，还没有民族的形成，因此，在人们的社会关系中是以部落和姓氏作为标识的。如黄帝"姓公孙，名曰轩辕"，为有熊氏。后人又曰："黄帝二十五子，得其姓者十四人……又十一人为十一姓：酉、祁、已、滕、蒇、任、荀、厘、姞、儇、衣是也"（见裴骃《史记集解》）。由此可见，从黄帝的部落中，又分出去了另外 11 个独立的部落。这些不同姓氏的部落不断扩大规模，有些逐渐形成方国，而黄帝（有些人认为黄帝只是传说中的人物）则是许多部落和方国的共同领袖。

到大禹建立夏朝，大同天下发展成为私家天下，而黄帝作为众多部落和方国领袖的文化形象一直延续下来，人们才有了"炎黄子孙"的民族概念。因为炎帝的神农氏部落比黄帝的有熊氏部落的资格更长久一些，神农氏失德，有熊氏才经过阪泉之战，黄帝战胜炎帝，取而代之，两个部落遂被后人融合在一起，共同作为中华民族的始祖。由此可见，中华民族在几千年的形成过程中，不断有不同的部落、方国，乃至不同的民族随时融入，才逐渐发展壮大起来。炎帝和黄帝不仅是汉族民众的祖先，也是许多不同民族的共同祖先。"炎黄子孙"不仅指今天的汉族民众，而且也包括了许多少数民族民众。

在今天中国的 56 个民族中，汉族人数最多，故而把其他的 55 个民族皆称之为少数民族，其中，有些少数民族的人数并不少，如壮族、回族、藏族、蒙古族、满族等，但是与汉族相比则确实少了一些。不论是汉族还是其他少数民族，都有一个逐渐形成的过程。例如汉族，其实是一个民族成分最为复杂的群体。"汉族"的概念当源自"汉人"，是在两汉时期常用的一个词，系汉朝周边的部落与国家对汉朝人的简称。而这时生活在汉朝境内的民众，其民族成分是十分复杂的，已经包括了从周边地区进入中原及江南地区生活的各个民族的民众。此后，汉朝虽然灭亡了，而"汉人"一词仍然行用不废，从而最终形成了"汉族"。

例如，早在春秋战国时期，周王朝边陲的许多诸侯国迅速发展起来，成为问鼎中原的有力角逐者，如被视为西戎的秦国、被视为南蛮的楚国、被视为东夷的吴国和越国等，皆不断向中原地区扩张势力，最终由秦国统一天下。这些西戎、南蛮、东夷等地的民众也就在郡县制的政治体制下融入秦朝，不久又融入汉朝，都变成了"汉人"，也就是汉族民众最初的组成部分。此后的三国两晋南北朝时期，形成大规模北方游牧民族的民众涌入中原地区的局面，于是，匈奴、乌桓、鲜卑、羯、氐、羌等民族的民众遂与汉人生活在一起，久而久之，皆变成汉人，融入汉族。

　　综上所述，在汉族的形成过程中，就已经有大量不同民族的民众融入其中，使汉族的队伍迅速壮大，成为中华民族的主体构成部分。因此，汉族的形成过程，就是各个不同民族的融合过程。在汉族形成以后，这个融合过程并没有结束，仍然有许多少数民族民众在陆续融入汉族之中，如辽代的契丹族、奚族，金代的女真族等，就是在元代融入汉族之中的。在中国历史上，有时这种民族融合的进程是反复进行的。如金朝的东北女真族在进入中原地区之后，到元代融入了汉族之中，而仍然生活在东北地区的女真族，到了明朝后期再次崛起，建立清王朝。及清朝灭亡以后，满族又成为中华民族中的一个成员。

　　在北京地区，自古以来就有许多不同民族、不同部落的民众生活在这里。据今天能够见到的历史文献记载，早在周武王伐纣之后曾经在这里分封过两个方国：一个是黄帝后裔的蓟国，另一个是召公子孙的燕国。黄帝有熊氏部落是最古老的部落之一，而周召公的祖先则可以上溯到炎帝神农氏，显然，蓟国与燕国的民众并非同出于一个氏族。这两个部落最终却融合在一起，蓟国被燕国所灭，蓟国的都城蓟城也就变成了燕国的都城燕京，而燕国的民众真正可以称之为"炎黄子孙"。而据考古发掘资料显示，在召公子孙建立燕都的地方，曾发掘出商代遗民的文化遗存，而商汤的祖先也是黄帝。

　　与燕、蓟等炎黄子孙共同生活在北京地区的，又有被后人称为"山戎"的一些民众。这些民众来自燕山以北的草原上，带有明显的游牧文化特色，这一点，通过已经发现的考古发掘成果，可以得到印证。据古人研究，"山戎"一词是最早的称谓，此后，"夏曰淳维，殷曰鬼方，周曰猃狁，汉曰匈奴。"（见司马贞《史记索隐》）由此可见，早在先秦时期，北方游牧民族已经来到燕地生活，并且融入到燕地民众中来。至于所谓的"淳维"、"鬼方"、"猃狁"和"匈奴"究竟是不是山戎的后代，而山戎是否为夏后氏之后裔（见《史记·匈奴列传》），则无从印证。如果山戎真是夏后氏之后裔，也就是黄帝的子孙了。

　　北方游牧民族对中原地区的影响，在先秦时期已经见于各种历史文献的记载，到了秦汉时期，这种影响变得越来越大，以至于迫使扫平天下的秦始皇都不得不花费浩繁的人力物力，修筑万里长城，驻扎重兵，以抵御匈奴等游牧部落的侵扰。但是，这种侵扰一直存在，延续了几千年。到了汉代，不论是文帝、景帝的公主和亲，还是汉武帝的大规模北伐，虽然一时有效，却都不能从根本上解决问题。而北京作为华北最重要的军事重镇，一直承担着抵御匈奴侵扰的重任。同时，这里还承担着控制东北地区各个不同民族部落的职责。

从秦汉到隋唐时期，各个封建政权都曾经在这里驻扎军队，数量越来越多，职责越来越大。而在此驻扎的军队中的将领和士卒，有许多都是少数民族人士，他们在安抚整个华北地区、震慑整个东北地区的过程中，发挥着重要的作用。然而，当这些将领和士卒发生叛乱时，也会造成严重的政治危机，直接威胁到中央王朝的统治。如在唐朝最鼎盛的玄宗统治时期，由少数民族将领安禄山、史思明等人利用对幽州军队的统辖权而发动的叛乱，就造成了全国政治局势的动荡，东都洛阳及西京长安（今陕西西安）相继陷落，并迫使唐玄宗出逃蜀中，唐朝中央政权的统治由极鼎转为中衰。

"安史之乱"以后，各地藩镇割据局面的形成，又为边地少数民族部落的迅速崛起和不断向中原地区扩张其势力和影响提供了有利的环境。位于塞外的契丹、奚族等少数民族部落开始越来越多的参与到中原藩镇之间的割据战争中来，并且对割据战争的胜负造成越来越大的直接作用。及唐朝灭亡之后，占据太原的石敬瑭为了对抗后唐政权，以割让燕云十六州为主要代价而换来契丹统治者的军事支持，夺得皇权，建立后晋王朝。这个政治举措使得北京地区的历史发展轨迹出现巨大变更，开始从中原王朝的军事重镇转变为少数民族政权的陪都。在此后的几百年（辽金元时期）中，少数民族开始在这里从配角变为主角，发挥着前所未有的巨大作用。

特别是到了元朝一统天下之后，在中国历史上第一次出现了由少数民族政权建立的中央王朝。在许多重要的政治和文化举措方面，元朝的少数民族统治者继承了以往汉族统治者的传统，但是，也带来了一些新的东西。例如，在处理民族关系方面，元朝统治者的举措就有得有失。宣政院的设置，是元朝政府处理与藏地少数民族关系的一项重要举措，取得了较好的实效。而四等人制度的出现却人为造成了众多汉族民众与北方少数民族民众之间的矛盾，产生了恶劣的影响。此后清朝的建立，在处理民族关系问题上，就吸收了元朝的长处（如理藩院的设置），避免了一些恶劣的影响（用八旗制度代替四等人制度）。

在元朝和清朝之间，由汉族统治者建立的明朝先是定都南京，然后迁都北京。从表面上来看，这种政治中心的转移是以统治者之间的矛盾冲突为前提的，没有建文帝的削藩，也就没有"靖难之役"，更不会有迁都北京的举措。但是，从更深的层面上来看，明朝如何处理与北方少数民族部落之间的关系，仍然是直接影响到政权安危的大事，由南京迁都到北京的政治举措，就是处理这种关系的具体表现，此后的"土木堡之变"，则是另一种具体的表现。明成祖对这种关系有着深刻的洞察力，因此，才在众多大臣的激烈反对下毅然迁都北京，完成了全国政治中心的转移，使得政治中心与军事重心合在一起，避免再次发生全国的政治或是军事动乱。

北京地区的发展，是与少数民族的发展密切联系在一起的。从辽朝统治者在这里设置陪都开始，燕京（即辽南京，又称燕京）就发挥着十分重要的作用。当时辽朝的政治中心是在辽上京（后移至中京），但是，燕京却是辽朝的经济和文化中心，这种重要的作用是辽朝其他京城（辽朝曾实行五京制）所无法取代的。这时辽朝的政治影响，向南也大致是到燕云十六州一带。在当时的辽、宋之间，整体国力的较量也大致是平衡的，辽朝在军事上占有优势，而宋朝在经济和文化上占有优势，双方以经济交往作为平衡点。辽朝以占有燕京而掌握了军事上的主动权，而宋朝则以雄厚的经济实力（即贡纳与互市）来保证边地的和平。

及金朝把燕京设置为首都（称为金中都），金、宋之间的平衡仍然存在，但是，这条平衡线已经从燕云十六州南移到江淮一带。曾经是宋朝首都的开封府，已经变成了金朝的陪都（当时称为南京），而金朝的首都大兴府，其都城建设的规模之宏大，宫殿建筑之奢华，又远远超过了北宋开封的旧宫殿。这时的宋朝，不得不把长江作为又一道长城，借此而苟延残喘。而作为半壁江山的统治中心，女真少数民族的政治、经济、文化影响显然又超过了辽朝。金海陵王把政治中心从金上京（今黑龙江阿城）迁到金中都，虽然遭到许多女真贵族的反对，却仍然变成事实。北方少数民族影响的不断扩大，正是都城南移的坚实基础。

同样的情况又出现在元朝。元宪宗亲伐南宋阵亡之后，坚持推行"汉法"的忽必烈与坚持蒙古旧俗的幼弟阿里不哥争夺皇权，并取得胜利，于是，元世祖忽必烈把都城从漠北迁移到了燕京，在攻灭南宋后使这里成为全国的政治和文化中心。作为蒙古统治者，能够把都城从漠北草原南移到中原地区，是要有足够的勇气和胆识的。显然，在漠北草原比在中原地区要安全得多，生活习惯也更加适应。但是，出于对整个国家的管理需要，中原地区新建的元大都就比漠北的和林城要便利许多。从两个城市自身的环境比较而言，元大都也比和林城优越得多。此后清朝定鼎北京，出于政治统治需要的考虑也是放在第一位的。

清朝灭亡后，"共和"成为当时最时髦的词汇之一，于是许多人都认同了"五族共和"的口号，五族即汉、满、蒙、回、藏，汉族与其他少数民族应该放在平等的地位。这种民族平等的观念，已经被放在非常重要的政治地位上。但是，各民族之间是否能够真正平等，显然不是喊几句口号就能够解决问题的。在中国古代的历史上，民族平等是和阶级平等密切相关的，不论是汉族还是其他少数民族之中，都有统治者和压迫者，也都有被统治者和被压迫者，只要阶级之间不能平等，民族之间也就不可能平等。"五族共和"的口号提出之后，却没有得到真正的实现。不论是北洋政府还是民国政府，执政后都采取了"共和"的形式，却都没有把五族放在真正平等的地位。

今天的中华民族是由56个不同的民族共同组成的。但是，如果真的追根溯源，仅汉族这一个民族，就不知融合了多少个少数民族的成员，如魏晋北朝时期的鲜卑族及隋唐至辽金时期的契丹、奚族、女真族等，他们中的大多数成员都逐渐融入汉族之中。北京作为辽金以来的都城所在地，不仅是政治和文化的中心，而且也是民族融合的中心。在北京漫长的文明发展历程中，民族之间的不断融合是一条非常突出的主线，因此，对北京民族史的研究，在整套北京专史研究中应该占有十分重要的地位。新中国成立后，党和政府对民族问题高度重视，采取了许多正确的方针政策来不断改善民族关系。由于这套专史体例的限制，本书民族史的当代部分也就不在研究的范围之内了。

先秦至两汉时期

先秦时期，是中华民族传统文化的重要形成时期，也是各个民族相互冲突与融合的时期。在这个时期产生的儒、墨、道、法等不同学术流派，在此后的几千年中皆产生着巨大的影响。而随着周王朝的衰落，诸侯之间的兼并战争愈演愈烈，最终导致了秦朝一统天下的局面。秦朝用暴力攻灭六国，却不能用暴政统治天下，很快就被全国各地的反抗力量所推翻。汉朝的建立，带来了较长时间的政治稳定和更加普遍的文化繁荣。因此，先秦至两汉时期是中华民族发展繁荣的一个重要时期，也是民族发展和进一步融合的重要时期。

先秦时期，是中国各地不同部落、不同方国、不同民族之间的冲突与融合时期，最早开始的黄帝与炎帝之间的阪泉之战，就是典型的部落相互冲突与融合的事例。而黄帝与蚩尤之间的战争，则是不同部落和民族之间的冲突与融合。冲突是过程，融合是结果。这种冲突与融合的过程历时数千年，一直没有中断，规模不断扩大，从而最终形成了统一的王朝。因此，不论是夏、商、周三代的建立，还是秦、汉王朝的出现，都是民族融合的过程与结果。

"汉族"一词，始见于东汉时期，尚非今日"汉族"的概念。而当时更为常见的，则有"汉人"一词。西汉著名史学家司马迁撰写《史记》，已用"汉人"一词，此后历朝正史，不绝于书，而且常常是与少数民族并用，如"藩人汉人"等，"汉人"一词，逐渐有了越来越多的"汉族"的含意。有些学者认为汉族的形成是在汉代，是有一定道理的，而中原民众对少数民族的认识，早在先秦时期就有了，如东夷、南蛮、西戎、北狄等，一直延续到秦汉时期以后。

北京地区位于农耕文化与游牧文化的交界处，自古以来就是中原民众与北方少数民族民众相互融合的重要场所。先秦时期的山戎部落的许多民众皆曾进入这里生活，并带来了他们的文化。此后，匈奴、乌桓、鲜卑等少数民族民众陆陆续续来到这里，加入冲突与融合的行列，共同成为这里的常住居民。因此，先秦时期的北京地区已经开始了民族融合的进程，而到了秦汉时期，在汉人群体的形成过程中，已经有了许多少数民族民众的融入。

第一章　血缘上的根

第一节　旧石器时代北京地区的先民活动

北京地区发现的人类化石和旧石器时代的遗迹显示，北京地区是人类早期活动场所之一。在北京发现的现有的人类化石中，生活在房山市周口店一代的北京人最能代表猿人的特征。他们生存时间距今约70万年~20万年，属于旧石器时代早期。从体质上看，北京猿人已经逐渐向人的形态过渡，已经具有了人的基本特征，能够直立行走和制造工具，"从其面部特征来看，其面部相对的较短且向前突出，前额低平，眉骨粗大，鼻骨扁宽，颧骨很高，嘴巴前伸，脑壳比现代人厚，脑量比现代人少。这些都表明，他们虽具备了人的性质，却又存在着猿的某些特征。"[1]从生产能力上看，北京猿人已知道用火，这使他们摆脱了单纯地以果实、坚果、根茎作为食物的时代，从蒙昧时代低级阶段发展到中级阶段，过着原始群的穴居野处生活，以采集、渔猎作为生产活动与生活来源。北京地区的先民们生活条件相当艰苦，寿命较短，据裴文中先生对39个北京猿人死亡年龄的推断，"死于约14岁的儿童16人，死于30岁以下的3人，死于40岁至50岁者3人，死于50岁至60岁者1人，死亡年龄不确者16人。"[2]

北京周口店地区的猿人在不断进化过程中，至20万年至几万年以前，进入了旧石器时代中期阶段，体质上则进入了古人阶段，此一时期以周口店龙骨山东南角发现的介于北京猿人和山顶洞人之间的新洞人为代表。这处古人类遗址中发现牙齿一枚、石器和大量动物化石。牙为成年个体左上牙，因多熟食，比北京猿人牙小，但比山顶洞人牙大，牙根也长。经科学测定，距今约 10 万年。之后又发现了属于旧石器时代晚期的山顶洞人，体质上已进入了新人时代。新人，或称智人，顾名思义，不但具有人的体质，且具有人类的语言和思维，这时期出土的生产工具多为制作精细的细小石器、骨针、装饰品、人类骨骼化石、肢骨以及大量动物化石，其中石器的形状也丰富，以尖状器居多，表明人类制作工具能力的提高，同时也是智能提高的表征。处于旧石器时代晚期的山顶洞人，采集和渔猎仍为日常生活主要方式。但与北京人和新洞人相比，山顶洞人已经使用简单的衣物遮体。遗址中发现了一枚长 82 毫米、直径最粗处 3.3 毫米、针眼之上的直径为 3.1 毫米的骨针，针体略有弯曲，针身打磨光滑，针尖圆融尖锐。骨针的出现，其最大意义在于：山顶洞人已经能够缝制兽皮御寒，这对于人类体质由直立人向新人进化的作用非凡。同时他们也有了审美观念，已能利用各种质料制作精美的装饰品，如穿孔的兽牙、海蚶壳，钻孔的石珠、小砾石，刻沟的骨管等，以獾、狐、鹿、黄鼠狼、虎、野猫等动物牙齿穿孔制成的装饰品最多，达 120 枚。此外，用白色石灰岩制成的 7 枚多面体钻孔小石珠中直径大的只有 6.5 毫米，采用磨、钻技术，在中间钻一圆孔，再在表面涂上红色的赤铁矿粉，用作饰物。钻孔小砾石以绿色火成岩研磨制成，骨管、海蚶壳装饰品也有摩擦痕迹。装饰品的出现表明山顶洞人已经有了审美观念。

　　北京猿人和山顶洞人绝非唯一的发现，亦非真实存在的唯一。在北京周边地区遍布着旧石器时代人类活动的化石与遗址。从 1990 年开始，中国科学院古脊椎动物与古人类研究所和北京市文物研究所组成考察队，在北京地区进行广泛的考古调查，以便进一步探索北京人时期及其后的古先民在北京地区的活动踪迹。初步调查表明：北京地区曾有旧石器时代不同时期人类劳动、生息过，迄今为止发现可能属于旧石器时代的旷野地点或遗址 38 处：平谷县 12 处、密云县 3 处、怀柔县 10 处、延庆县 8 处、门头沟区 3 处、东城区和西城区各 1 处（王府井东方广场、西单中银大厦遗址）。这些旧石器时代遗存有大量石制品、犀牛牙齿和哺乳动物化石碎片出土。尤其是王府井东方广场遗址是北京市区的最古老的旧石器时代晚期古人类遗址，为北京地区古人类的活动提供了有意义的证据。此遗址面积估计约 2000 平方米，文化内涵较丰富，出土石制品 700 余件，中有石核、石片、石屑、石锤、石钻、刮削器和雕刻器等，原料以燧石为主，它是以石片石器为主的文化。骨制品有骨核、骨片、骨器，有些骨片上有人工砸击和刻画的痕迹，还有些骨制品和石制品上附着赤铁矿粉，还有丰富的用火遗迹如烧骨、烧石、木炭和灰烬等。伴出的哺乳动物化石有牛、马、鹿、兔、鸵鸟等。这些旧石器时代各阶段的古人类文化遗存证明，在北京西部的周口店以及其他地区，绵延不断地劳动生息着最早的人类。[3]

北京地区旧石器时代的猿人、古人、新人化石及其活动遗址的广泛发现，说明了北京域内是早期人类活动的重要地区之一。这里居住的先民们在与自然、与动物、与同类竞争生存的过程中，完成由猿人向古人、新人的进化，后来成为北京地区最早的"民"，是这一地区民族、政治、经济、军事活动发生与发展的主体，他们可以说是北京地域内各民族血缘上的根。

第二节 新石器时代北京地区的人类文化遗存

随着人类进化，北京地区的先人们制作石器技术不断改进，已经从使用碰击方法打制石器的时代进入到磨制石器的时代，同时伴随着制陶的发明和使用以及定居生活的出现而具备了新石器时代的物质特征，已经从蒙昧时代中级阶段发展到高级阶段了。在从蒙昧时代高级阶段进入到野蛮时代的中级或高级阶段的漫长的数千年甚至一万多年的时段中，北京地区的先民们已摆脱了原始人类杂居群婚的状态，产生了社会组织，与中国境内其他先民们一样，经历了母系氏族公社和父系氏族公社两种社会组织形式与社会形态，其特征是：在这一社会形态内，"维系氏族的根本规则，维系氏族的纽带是氏族任何成员都不得在氏族内不通婚。"[4]因此，随着人类繁衍，氏族不断扩大，两个以上的氏族就组织成为部落。这些氏族和部落在后来还形成了部落联盟，"而在部落或部落联盟之上或更大的范围内，还存在着具有共同地域、共同语言、共同经济形态和表现在共同文化上的共同心理素质上的人们共同体，这种现实的人们共同体的存在，即不能用氏族、部落或公社来说明，也不能用部落联盟来概括。因此，在一般著作和文件中，还得称这种人们共同体为民族。"[5]北京地区众多的新石器时代人类活动遗迹便是证明。

北京地区的新石器文化遗存异常丰富，考古发掘进展巨大。1966年，在北京西郊门头沟区东胡林村西侧发现了距今约一万年左右的东胡林人墓葬，出土了人骨化石和文化遗存。东胡林人已经开始离开山洞，来到平原上生活，开始了农业定居生活，标志着北京地区先民进化历史的重大转变。墓葬中女性骨骼颈部周围出土了50多枚穿孔小螺壳，在女性骨骼的腕部发现了7枚用牛肋骨截断后而磨制而成的骨管装饰品，人骨附近还有灰色石英片 8 件，6 件经过人工打磨。这些制作精美的装饰品反映出人们审美观念的加强以及制作工艺的进步。继东胡林遗址之后，1984 年考古工作者在平谷县发现了新石器时代的上宅和北埝头遗址。上宅遗址北靠燕山，南临洳河，背山靠水，适宜人类生存发展，遗址出土的陶器以夹砂陶为主，间有少量泥质陶，器形以深腹罐、敞口罐、碗、钵、圈足碗、圈足钵、杯等，并有抹压条文、篦点纹、划线纹等。相比于形状简单、陶质疏松的陶器制作而言，该遗址出土的石器中石斧、石凿、石磨盘、石磨棒、斧状器、柳叶形细石器、盘式石磨、石球等则显示出高超的打制、琢制、磨制技术，这并突出体现在陶猪头、陶羊头、小石龟、石制蝉身猴面像等陶、石雕塑品种。北埝头遗址位于平谷县城西北 7.5 公里、燕山南麓的错河南岸，发现了 10 座新石器时代的居住遗址，并且有圆形或椭圆形半地穴式的房屋以及陶器和石器的出土，证明此时北京地区的人类已经进入了定居生活。在房山区北拒马河西岸与河北涞水县接壤的镇江营也发现了新石器时代文化遗存，出土陶器以夹云母红褐陶为主，其次为泥质陶，器形以大口圜底为多，以泥条盘成的釜、鼎、盆、红顶碗、带把钵、器盖为多。在昌平雪山村发现的遗址一期距今六千多年，已经掌握制陶技术，出土陶器以红陶为主，与仰韶文化、红山文化相近，进入母系氏族公社阶段。二期距今约四千年，以磨光黑衣灰陶为主，与龙山文化相近，进入父系氏族公社阶段。三期即夏家店下层文化，已经进入夏商周奴隶社会阶段。

北京历史上的新石器时代的各种考古文化遗存，已经反映着北京历史上民族的一些特征。从分布区域、从物质遗存、从精神遗存上看，都有自己的特点。他们共同生活在北京地区之内，具有共同的经济文化，使用的工具、交往的语言也有共同性。在进化过程中，由于自然条件、自然环境影响，由于地区的临近，北京地区各先民们必然与其他区的先民们有所差异，也必然与外界有着一定的联系和相互影响，他们也必然有着各自的经济、社会、习俗和精神面貌，虽然不能作为后来意义上的民族存在，却也因为不同语言和风俗习惯而成为后来部族发展的基础，同时形成了北京地区人们共同体的特征。

第三节　军事民主制时期的北京先民

正如摩尔根所说："在氏族制度下，民族尚未兴起……组织联盟的条件是各个不同领土范围内的独立部落；但合并作用却以更高级的方式将他们结合于同一领域之中，虽然各氏族和各部落的地方分离倾向仍将继续存在。部落联盟与民族最为近似，但却非绝对等同……联盟所造成的氏族社会，比之单个部族的氏族社会要复杂得多，但它仍然清楚地是一个氏族社会。然而，联盟是趋向于民族形成过程中的一个阶段，因为就在这种氏族组织下产生了民族性。这个过程的最后一个阶段是合并阶段。"[6]

　　北京地区新石器时代文化遗存证明，距今六七千年左右北京地区的人类已经处于原始社会末期向奴隶社会过渡的历史阶段，原始社会的父系氏族公社逐渐解体，进入了军事民主制阶段，氏族酋长和军事首领的权力加强，不断占有氏族公社的公共财产，并且通过战争掠夺财产，因此部落联盟之间战争不断，并通过战争建立起联盟。在战争中，一些军事首领将自己的部落所举作为据点，加强防范，形成了后来的都邑雏形。部落和部落之间还结成了联盟，以壮大力量，在战争中取胜。在古史传说时代，中国的北方有一个强大的氏族部落崛起，这就是黄帝部落。黄帝部落与炎帝部落结成联盟，在北京以西的涿鹿打败了九黎部落，杀死其酋长蚩尤。后来，炎帝部落又侵凌其他部落，炎、黄两个部落于是"战于阪泉之野"，三次大战后黄帝部落打败了炎帝部落，并在涿鹿建立都邑。传说中的黄帝陵，在陕西、山西、河南、山东、北京等地均有记载，北京地区的黄帝陵，在北京东部平谷县，唐代著名诗人陈子昂、李白在平谷鱼子山都留下过吟咏蓟丘、轩辕台的诗篇。[7]黄帝作为一个部落联盟的军事首领，在与其他部落集团的交战中，尤其是与炎帝部落的战阵中取胜而使得"诸侯咸归于轩辕。"据《史记·五帝本纪》记载，黄帝之时疆域已经"东至于海，登丸山，及岱宗。西至于空桐，登鸡头。南至于江，登熊、湘。北逐荤粥，合符釜山，而邑于涿鹿之阿。迁徙往来无常处，以师兵为营卫。"[8]后来黄帝部落和炎帝部落彼此又不断融合，炎帝黄帝共同成为华夏族的祖先。到帝颛顼时，其势力已"北至于幽陵，南至于交阯，西至于流沙，东至于蟠木。"[9]尧时更"分命羲仲，居郁夷，曰旸谷……申命羲叔，居南交……申命和仲，居西土，曰昧谷……申命和叔，居北方，曰幽都。"[10]舜时，力量更加强大，部落联盟间征战加剧，部族迁徙也更加频繁，据《舜典》记载，舜曾"流共工于幽州，放驩兜于崇山，窜三苗于三危，殛鲧于羽山，四罪而天下咸服。"[11]《史记·五帝本纪》也记载了"昔高阳氏有才子八人，世得其利，谓之'八恺'。高辛氏有才子八人，世谓之'八元'。此十六族者，世济其美，不陨其名。至于尧，尧未能举。舜举'八恺'，使主后土，以揆百事，莫不时序。举

'八元'，使布五教于四方，父义、母慈、兄友、弟恭、子孝，内平外成。昔帝鸿氏有不才子，掩义隐贼，好行凶慝，天下谓之浑沌。少皞氏有不才子，毁信恶忠，崇饰恶言，天下谓之穷奇。颛顼氏有不才子，不可教训，不知话言，天下谓之梼杌。此三族，世忧之。至于尧，尧未能去。缙云氏有不才子，贪于饮食，冒于货贿，天下谓之饕餮。天下恶之，比之三凶。舜宾于四门，乃流四凶族，迁于四裔，以御螭魅。"[12]在彼此征战的过程中，这些部落组织的首领有的成为舜的盟友，他们相互联合而战胜了敌对的部落，形成了一定范围内政治势力中心，例如，八恺与八元等十六族即因"世济其美"而帮助舜揆理百事，布教四方，从而成为华夏族的一部分，而驩兜、三苗、鲧，浑沌、穷奇、梼杌以及饕餮等不才之子及世忧之凶族被"迁于四裔，以御魑魅"，此即如《史记·五帝本纪》所载，舜"流共工于幽州以变北狄，放驩兜于崇山以变南蛮，迁三苗于三危以变西戎，殛鲧于羽山以变东夷。"这是幽州地区有关北狄的记载。

《史记》所载变蛮、夷、戎、狄之说，虽与《尚书》有别，却也正是后世中原人们"华夏"与"四裔"观念的反映，同时也说明五帝所处的原始社会末期即军事民主制时期，通过频繁战争，完成了向阶级社会的过渡。舜所处时代，已经跨入阶级社会的门槛。随着人类迈入文明社会，活跃北京地区的氏族、部落、部落联盟在彼此交往、迁徙、融合、战争过程中，从最初更多地依靠源于祖先血缘关系的纽带联结，不断地融入更多的政治、经济、文化因素，最终地域、经济和政治纽带逐渐地取代了血缘纽带，这一切正如恩格斯在《家庭、私有制和国家的起源》中所指出的："最初本是亲属部落的一些部族从分散状态中又重新团结为永久的联盟，这样就朝民族的形成跨出了第一步"，同时"住得日益稠密的居民，对内和对外都不得不更密切地团结起来。亲属部落的联盟到处都成为必要了；不久各亲属部落的融合，从而各部落领土融合为一个民族的共同领土，也成为必要了。"而"随着国家的建立，它也最后形成为民族了。民族是从部落通过部落联盟的发展阶段，经过部落间的合并和融合，经过血缘关系过渡到地缘关系，即'杂居于同一地域'而逐渐形成的。"[13]从考古材料上看，不仅北京地区原有的各个民族关系密切，而且外来民族也不断出现在北京地域之中，并且留存下来，相互渗透、相互影响、相互混合、相互融合。北京地区既有周口店北京猿人遗址，也有延庆山戎遗址，同时也分布着许多新石器文化遗存，是生活在北京平原地区的农业民族和北方游牧民族互相影响渗透交融融合的结果，长城沿线的仰韶文化和龙山文化与新石器文化遗存也可证明。这些人们共同体，有的处于母系、父系阶段，有的处于向阶级社会过渡的阶段，是在某一个共同体之外依次存在着的范围更大的、有着共同地域、共同语言、共同经济形态和表现在共同文化上的共同心理素质的人们共同体。从此意义上说，北京地区新石器遗存就已经体现了民族的特性。

从西周武王"克殷，反商，未及下车，而封黄帝之后于蓟"的记载可以看出，武王封黄帝之后，与所封尧、舜、夏、殷之后，"恐怕也不是随意封的。大概蓟这个地方也有黄帝后人居住……我国后来的一些北方民族，如春秋战国时的鲜虞，西汉魏晋时的鲜卑的某些部分，也自称为黄帝之后。这种称法，也不是偶然的，或者有一部分黄帝后裔融合于他们之中，或者他们的先民与黄帝族有着密切的交往关系。"[14]黄帝之后与尧、舜、夏、殷之后，同属华夏族，周代所封蓟国以及燕国亦因此成为诸夏的一部分，由此可见，在原始社会向阶级社会过渡的过程中，北京地区已经是华夏民族聚居之地。

注释：

（1）田继周：《先秦民族史》，四川民族出版社，1996年，第2页。
（2）《中国史前时期的研究》，商务印书馆，1948年。
（3）李超荣、郁金城：《北京地区旧石器考古新进展》，《人类学学报》第17卷，1998年第2期。
（4）恩格斯：《家庭、私有制和国家的起源》。
（5）田继周：《先秦民族史》，第69页。
（6）《古代社会》，商务印书馆，1977年。
（7）陈子昂诗云："北登蓟丘望，求古轩辕台。"李白诗云："燕山雪花大如席，片片吹落轩辕台。"
（8）（9）（10）（12）《史记》卷一《五帝本纪》。
（11）《尚书正义》卷三。
（13）田继周：《先秦民族史》，第73页。
（14）田继周：《先秦民族史》，第95页。

第二章　夏商西周时期北京地区的民族

第一节　夏代北京地区的民族

夏朝的建立，是我国从原始社会发展为阶级社会、从氏族部落状态发展为国家形态、从野蛮时代进入文明时代的标志。夏朝的建立者禹是传说时代"五帝"时期的人物，其父鲧与尧舜为同一时期部落或部落集团的首领，"臣服"或"受命"于尧舜，尧"用鲧治水。九年而水不息，功用不成。于是帝尧乃求人，更得舜。舜登用，摄行天子之政，巡狩。行视鲧之治水无状，乃殛鲧于羽山以死。"[1]

据《史记·夏本纪》记载，禹乃黄帝后代，"禹之父曰鲧，鲧之父曰帝颛顼，颛顼之父曰昌意，昌意之父曰黄帝。禹者，黄帝之玄孙而颛顼之孙也。"因此，禹所在夏后氏（包括夏国及其后裔）的祭典为"禘黄帝而祖颛顼，郊鲧而宗禹"，[2] 或者"禘黄帝而郊鲧，祖颛顼而宗禹。"[3] 禹继承父业为部落和部落集团的首领，由于治水有功，在众部落中树立了较高的威望，政治中心逐渐转移到禹所在的部落，成为众部落的首领，并逐步向国家形态发展，"帝舜荐禹于天，为嗣。十七年，而帝舜崩。三年丧毕，禹辞辟舜之子商均于阳城。天下诸侯皆去商均而朝禹。禹于是遂即天子位，南面朝天下，国号曰夏后，姓姒氏。"[4] 禹为天下之君后，仍沿用"禅让"的办法，始荐皋陶，且授以政，皋陶卒，又举益，任之政。禹死后，由于禹的威望及"禹子启贤，天下属意焉。"及禹崩，虽授益，由于"益之佐禹日浅，天下未治。故诸侯皆去益而朝启，曰，'吾君帝禹之子也。'"启在此情形下，"遂即天子之位，是为夏后帝启。"[5] 启继禹而有天下，原始社会民主选举制、禅让制便逐渐发展为父死子继或兄终弟及的世袭制。

夏朝自禹建国，共传 14 世 17 王，至桀时为诸侯商所灭。夏王虽然在一定领域内被视为"天下共主"，并直接统治和管辖一定的地区，即所谓"王畿"，但同时又存在着对夏王有一定臣服关系的和亲疏不同的国家组织和部落组织，《左传》云："禹合诸侯于涂山，执玉帛者万国。"[6] "万国"即指众多的诸侯国，他们有的与夏同姓，如有扈、斟寻等，大多数为异姓国，《史记》记载，夏朝"天子之国"以外"五百里甸服……甸服外五百里侯服……侯服外五百里绥服……绥服外五百里要服，要服外五百里荒服。"[7] 可见夏已具有天子大国之意，夏族居住区也被视为天下之中，《尔雅·释诂》云："'夏，大也'，故大国曰夏。华夏，谓中国也。"夏朝四百多年的存在对夏族各种特点的形成、发展、稳固具有重大的意义，夏文化的分布以伊、洛、颍、汝四水流域为中心，成为各民族中最进步、最强大的部分。

夏族是夏朝的主体民族，其他民族（狭义的和广义的）则与夏族和夏朝发生着不同程度的关系。《尚书·禹贡》所谈"五服"中的"要服"、"荒服"里的"夷"和"蛮"，就是与夏族不同的其他民族。这些民族，有些与夏朝建有某种臣属关系，有些则没有这种关系。根据《尚书·禹贡》、《竹书纪年》等书记载，夏朝时不同于夏族的族称，其中东方有莱夷、淮夷、风夷、赤夷、鸟夷、于夷、阳夷、方夷。这些族称，有的以地名之，有的以衣着和其他特点名之。皮眼鸟夷居于冀州东北部靠海的地区。其时，冀州范围很广，包括后来的冀、并、幽三州，即今山西、河北及其以北地区。根据后世诸家对于《禹贡》的注释，"要服"是"要束以文教"，只承认夏王天下共主的地位，所贡方物并无明确规定，而"荒服"则是"因其故俗而治之"，此乃夏朝与四方民族的关系的反映。由此，尽管资料缺乏，夏代北京地区与夏王的亲疏或臣属关系难以确定，但这一地区的人们也与夏族和夏朝发生着不同程度的关系则可以推断。《尚书·禹贡》中"五服"记载可以看出，"要服"、"荒服"中的"夷"、"蛮"就是不同于夏族的民族，夏王朝对四方不同于夏族的民族称为夷，从《史记·五帝本纪》关于尧舜之时"流共工于幽陵以变北狄，放驩兜于崇山以变南蛮，迁三苗于三危以变西戎，殛鲧于羽山以变东夷"的记载看，北京地区的先民经过夏代四百多年的统治，实际上被视为华夏族的一部分，从西周建立后分封夏商后裔即可见此，正如以后商、周、秦、汉各代，虽然他们也自称商人、周人、晋人、齐人、鲁人、卫人、宋人、蔡人、杞人、邢人、燕人、陈人、郑人、秦人、汉人，但同时又都认为自己是夏族、华族或华夏族的一部分。

第二节　商代北京地区的民族

商朝是我国境内代替夏朝而兴的第二个王朝，原是夏朝统治下的一个诸侯国，它与葛、韦、顾、昆吾等诸侯国一样，属夏朝的"侯服"之列，承认夏王为"天下共主"，对他有某种程度地臣服和贡纳关系。例如，夏桀之时曾"召商汤而囚之夏台。"[8]这种臣服关系直到夏朝末年趋于衰落时仍然存在着。

夏王传至孔甲时，因孔甲"好方鬼神，事淫乱。夏后氏德衰，诸侯畔之。"[9]孔甲三传至履癸即桀之时，"自孔甲以来而诸侯多畔夏，桀不务德而武伤百姓，百姓弗堪。"在夏朝衰落的过程中，作为诸侯国的商逐渐强大起来。汤"修德，诸侯皆归汤"，在消灭了与夏桀关系密切的韦、顾、昆吾等诸侯后，汤进而灭夏桀而"践天子位，代夏朝天下。"[10]商灭夏建立商朝之后，国名和朝代名由夏改称商或殷。但是作为人们共同体，作为民族，却不因商朝代替夏朝而有所改变，也不因这一民族又称商人或殷人而有所改变，它仍是夏朝所称的夏族或华夏族。

商人以其始祖契居于商而得名，契至汤凡 14 代，才灭夏建立商朝，成为"天下共主"。契至汤，商人虽然有过多次迁徙，但他们的主要活动地区则在今河北、河南、山西、山东四省交界的地带，其中心在冀南豫北。这一居住区，与夏王朝的王畿是毗邻和接近的。考古学家把汤灭夏之前的商人文化称为先商文化。商文化虽然源于河北地区的龙山文化，与源于河南地区的龙山文化的夏文化有别，但后来的发展却与夏文化日益接近，并逐渐融合在一起了，已成为夏文化的一部分了。[11]到了商代夏而立，就很难再把商文化与夏文化从考古学上分开了。商灭夏建立商朝以后，不仅在政治经济文化各方面完全继承了夏朝的成果，在民族特征上也是完全相同的。从地域上看，商朝的辖区比夏朝扩大了，商统治的居民也曾是夏朝统治的居民。例如，汤灭夏，封夏之后为诸侯，成了商周的诸侯国。夏之后人作为商朝的诸侯国，无论地区还是居民，都属于商朝领域的一部分。再如，原为夏王同姓或亲近的诸侯国葛、韦等被商灭后也变为商朝的诸侯国，甚至成为商王畿的一部分。它们原来的居民，从民族角度讲，也不会有什么变化，原为夏族的一部分，现仍是夏族的一部分，只是由于商朝的建立，也可以称为商人了。商人与夏人，他们的宗教信仰也大致相同。他们都是自然崇拜和祖先崇拜相结合的宗教信仰，都认为最高最大的神灵是"天"或"上帝"，都祭祀五岳、四渎、山川河流，《国语》记载，"有虞氏禘黄帝而祖颛顼，郊尧而宗舜；夏后氏禘黄帝而祖颛顼，郊鲧而宗禹；商人禘舜而祖契，郊冥而宗汤；周人禘喾而郊稷，祖文王而宗武王；幕，能帅颛顼者也，有虞氏报焉；杼，能帅禹者也，夏后氏报焉；上甲微，能帅契者也，商人报焉；高圉、大王，能帅稷者也，周人报焉。凡禘、郊、祖、宗、报，此五者国之典祀也。"[12] 表明他们的信仰和祭礼一致，而所祭对象不同，只是反映他们的祖先不同。上述能够反映民族特征的事实，都说明商人和夏人属于同一民族。因此，商代夏而立，不是一个民族代替另一个民族，更不是一个民族消灭另一个民族，只是改朝换代。夏族经过商代五百多年的时期，较夏时又有了很大发展。这种发展，既表现在商朝统治领域的扩大、文化的进步，也表现在这一人们共同体内部地区差别的缩小。商朝与夏朝一样，有"王畿"和王畿外的诸侯国。北至孤竹，南至长江流域，东至奄、蒲姑，西至周，这样一个广阔的地区，不仅是商朝的统治范围，也是商朝主体民族夏族或华夏的居住区域。这一区域，显然比夏时大多了。这样，夏族就发展成为我国当时居住区域最广、人数最多、文化最高的一个民族。如果不是这样，就无法解释一个偏居于西方的周，灭殷可以分封同姓、功臣和历代帝王后裔，北至燕，东至齐，以统治这样广阔的地区，也无法理解《左传》中周大夫詹桓"我自夏以后稷，魏、骀、芮、岐、毕，吾西土也，及武王克商，薄姑、商奄，吾东土也，巴、濮、楚、邓，吾南土也，肃慎、燕、亳吾北土也"的事实。[13]

在商代，夏族已经成为主体民族，其他民族与夏族相比，皆可称为少数民族。商朝称诸侯国为"方"或"邦"，方和邦，含义相同。夏商时代北京地区的古方国名为郾国，也就是后来周初分封召公时的古燕国。夏商时期，匽、燕二字相通，甲骨文燕作匽，金文中燕作郾，西周春秋时期燕作匽，战国时燕作郾，因此，燕侯、燕王在金文中常作匽侯、或郾侯、郾王，如匽侯旨鼎、匽侯盂、郾王职戈、郾王喜铜剑、郾王喜铜矛等。郾国在周灭商之前一直臣服于商，它与孤竹、山戎等交错而居，是隶属于大邑商的方国，与商王朝来往密切，必须向商王纳贡，臣服于商，向商王朝进贡，并有联姻关系。甲骨文中卜辞中常出现"妇匽"，表明郾国常有女子嫁入商朝，二者之间联姻通婚，并且常出现"匽来"，表明郾国人经常来商王朝，或为进贡马匹、或为进献女子，商代甲骨文中有很多占卜的卜辞，如"贞，匽乎取白马氐"

即是晏国将盛产的白马作为贡物缴纳给商王朝的证明。

　　根据考古发现，夏商时期北京地区文化遗存有昌平雪山村遗址三期即夏家店下层文化、平谷县刘家河、房山区琉璃河等遗址。这些遗存可以弥补这一时期北京历史文字记载的阙如，勾勒出夏商时期北京地区居民或部族的活动情况。最有代表性的是夏家店下层文化，其遗址分布范围十分广泛，北越过西喇木伦河，东至辽西，西至北京以西，以京津地区以及燕山南北一代最为集中。从夏家店下层文化遗存，结合甲骨金文以及文献记载可见，夏商时期北京地区活跃着许多部族，主要包括肃慎、燕亳、孤竹、山戎等，据文献记载，孤竹国在今河北上卢龙一带，山戎族则活跃于燕山南北，燕亳在北京及其周围地区。不同部族毗邻而居，因此产生了不同的文化以及政治。

第三节　西周时期燕地的民族

　　周族是与夏族、商族同时并存的古老民族，活动中心在今陕西渭水中游扶风、武功一带，其始祖后稷名弃，儿时"其游戏，好种树麻、菽，麻、菽美。及为成人，遂好耕农，相地之宜，宜谷者稼穑焉，民皆法则之。帝尧闻之，举弃为农师，天下得其利，有功……封弃于邰，号曰后稷，别姓姬氏。后稷之兴，在陶唐、虞、夏之际，皆有令德。"[14]周的始祖弃同商族始祖契同为舜臣，协助夏后氏部落领袖禹治水。从部族或民族意义上看，从夏商周三代政权嬗替过程看，夏、商、周三族是五帝时代即已并存的三个民族，之间有着密切的关系，同属于华夏族一部分。

　　由于周族发展后于商族，周成为商王管辖下的一个诸侯国，臣属于商朝的统治势力。弃子不窋时，周族的活动中心移徙于今陕西和甘肃交界地带，与戎狄杂处，《国语·周语》记载，"昔我先王世后稷，以服事虞、夏。及夏之衰也，弃稷不务，我先王不窋用失其官，而自窜于戎、狄之间。"[15]弃曾孙公刘时，其活动中心又转移至豳，即今陕西彬县、旬邑一带，过着定居的农业生活。从公刘至古公亶父前，周族一直都以豳地为活动中心。到古公亶父时，因屡受戎、狄侵扰，被迫率族人南徙于岐山下的周原，即今陕西岐山县境，始改国名为周，族名亦称周。周族定居于周原后，以其较进步的生产技术同自然资源相结合，农业生产获得迅速的发展。同时，在古公亶父的率领下，营筑城郭，将族人分别组织在很多被称为"邑"里安居，设官管理，为周朝的兴起奠定了基础。此外，古公亶父南迁周原时，其他的一些部落也归附于周，而周族与商族的关系也日益密切起来，为周族的稳定和发展提供了必要的条件。到了周族第十五代先祖姬昌（周文王）时，周族势力崛起，文王"帅殷之叛国以事纣"，在位五十年而成为天下诸侯翘楚。文王死，子姬发立为武王，武王即位后的第四年，联合了西南地区的方国部落，率兵伐商，结束了商朝统治，建立了周政权，并迁都于镐，此后直至平王自镐东迁而正式定都于洛邑，史称西周。西周政权的建立，表明周族的发展进入了新的历史阶段，同时由于西周统治范围的扩大以及统治能力的加强，使夏商周三族及其他各族不断融合，华夏族的观念亦因政权之嬗替而日益明确。

这主要是由于西周王朝建立后，面临着如何使小邑周有效控制大邑商，防止商人反抗并解除其他各族威胁的挑战。周代人们对散落于华夏族四周的民族共同体根据其分布地域、经济生活、习俗和语言的特点分为蛮、夷、戎、狄四个整体概念上的民族集团，加上中国而成为五方之民，即："中国戎狄五方之民，皆有性也，不可移。东方曰夷，被发文身，有不火食者矣。南方曰蛮，雕题交趾，有不火食者矣。西方曰戎，被发衣皮，有不粒食者矣。北方曰狄，衣羽毛穴居，有不粒食者矣。中国、夷、蛮、戎、狄，皆有安居，和味、宜服、利用、备器。"[16]

为此，西周在政治统治制度上实行了不同于夏商的分封制，武王克商后，追思先圣王，"乃褒封神农之后于焦，黄帝之后于祝，帝尧之后于蓟，帝舜之后于陈，大禹之后于杞。于是封功臣谋士，而师尚父为首封。封尚父于营丘，曰齐，封弟周公旦于曲阜，曰鲁，封召公奭于燕……余各以次受封。"[17]这些分封各地的诸侯中，与周室同姓的贵族所占多数，据《史记》记载，周之子孙不狂惑者皆得为诸侯："周封五等：公、侯、伯、子、男……武王、成、康所封数百，而同姓五十五。"[18]此外还有通过姻亲关系而与周贵族结成同盟的异姓诸侯受封到战略要地如卫、齐、鲁、燕、晋及汉阳诸姬。通过分封，周人将势力扩大延伸到四方，其封土所及诚如周大夫詹桓伯所云："我自夏以后稷，魏、骀、芮、岐、毕，吾西土也。及武王克商，蒲姑、商奄，吾东土也；巴、濮、楚、邓，吾南土也。肃慎、燕、亳，吾北土也。"[19]通过分封，摆脱了周族及其政权对于东方各民族鞭长莫及之忧，"周初的分封制，较之夏商却有很大的进步，这一方面表现在统治地区的扩大，另一方面也表现在同姓、功臣受封众多。之所以说同姓、功臣受封者众多是一种进步现象，是因为它反映了政治集中的过程和程度，反映了周朝对诸侯的统治力量比夏商增强了。而政治集中程度或周朝统治力量的加强，表明各诸侯国经济文化渐趋一致或逐渐融合，表明作为人们共同体的华夏族进一步消除内部的差异而发展壮大起来。如果不是这样，周分封近亲贵族和功臣到与周不同的民族地区，是不可能巩固自己的统治的，也是站不住脚的。因此，周之分封地区，基本上应该属于华夏族的分布区，虽然其中也可能夹有其他少数民族居住。在夷狄戎蛮等少数民族地区，虽然不排除周朝也进行了一些分封，但这方面的记载是很不明确的。"[20]

西周实行分封制，使得以夏族及后来的商族和周族为主体并融合了其周边各族的华夏族已大体形成，而在华夏族诸侯国四方，分别居住着仍被称为夷、蛮、戎、狄诸民族。而西周重臣召公奭受封的燕地，不仅是商族势力集中地方，同时也因为这里面临着北狄的威胁。当时北狄主要是指分布于西北的严允（犬戎）、燕京戎、燕北戎之族，还包括偏东北的山戎、貊、肃慎之族，他们是和东方商朝残余势力一样构成对周朝统治的最大威胁。后来燕灭蓟，迁都蓟城，燕国就成为北京地区周室姬姓贵族代表所建立的唯一政权，这个政权在后来的春秋争霸和战国争雄的征战中，并未发生田氏代齐以及三家分晋的局面，姬姓贵族一直延续下来，成为周朝控制和统辖北方及各民族的政治、军事要地，这里居住的原始居民也逐渐认同并同化于姬姓贵族所代表的华夏族。据现有史料记载，与周公旦长子伯禽"即位之后，有管、蔡等反也，淮夷、徐戎亦并兴反"不同，[21]燕国境内并未发生强烈的姬姓贵族与商贵族残余的对抗和战争，相反，燕国却常常受到山戎等的威胁，燕国成为了北方或东北方诸族南下的重要通道。

在西周兴盛时期，燕国的政局也因之十分稳定，对北方戎狄之族南向推进而造成的威胁，采取主动措施，以至发兵抗击，阻止戎狄之族南向发展势力，是西周遏止北部边患的重要力量。至周幽王即位时，统治集团内部矛盾和民族矛盾不断扩大与激化，"四夷交侵，中国皆叛"，申侯与缯侯联手北方犬戎攻周，杀幽王于骊山之下，立太子宜臼为平王。公元前770年，平王立，"周避犬戎之乱，东徙洛邑"，史称东周。周朝迫于犬戎威胁而将政治中心转移到东方，说明周室代表的华夏族政权在与少数民族及其政权的对抗和战争中，控制力已经逐渐减弱。而平王东迁，历史进入春秋时代，随着王室衰微及北方游牧民族的强大，燕国的政治、经济、军事和民族历史也进入了新的时期。

注释：

（1）（4）（5）（7）（8）（9）（10）《史记》卷二《夏本纪》。

（2）（12）《国语·鲁语》上。

（3）《礼记·祭法》。

（6）《十三经注疏》下册。

（11）邹衡：《夏商周考古学论文集》，文物出版社，1980 年，第 118—123、174、240 页。

（13）《十三经注疏》下册。

（14）（17）《史记》卷四《周本记》。

（15）《国语·周语》上。

（16）《礼记·王制》。

（18）《史记》卷十七《汉兴以来诸侯王年表》。

（19）《春秋左转正义》卷五四。

（20）田继周：《先秦民族史》，第 290 页。

（21）《史记》卷三三《鲁周公世家》。

第三章　春秋战国时期燕地的民族

第一节　春秋时期燕地的民族

公元前770年，在晋、郑、卫、齐等国护卫下，周平王东迁洛邑。此后，春秋战国近四百余年的历史中，这些诸侯国成为王室的重要依靠力量，政治形势向周室衰微与诸侯强大演变。虽然在宗法制度下，周天子仍天下大宗，仍保存着天下共主的称号，但实际权力却操纵在诸侯手中。而这些诸侯虽然彼此互争霸主，在面临着戎狄蛮夷侵扰威胁之时，仍然本着"内诸夏而外夷狄"思想，[1]高扬"尊王攘夷"大旗，在周王室或者同姓诸侯遭受异族侵略时候能够相互拱卫。在这个过程中，尽管人们"内诸夏而外夷狄"观念颇深，尽管中原地区以各诸侯国为中心的华夏族与西周时期活动于周王室及其分封诸侯国周围的东夷、北狄、南蛮、西戎各民族的对立差别明显，但经过民族间政治军事上的斗争以及经济文化的交流，在此消彼长中不断融合和发展，同时也不断有不同名称的民族共同体出现在这一时期历史舞台上。

地处北部边陲的燕国，在春秋诸侯争霸过程中，处于齐、秦、晋、楚为主的诸侯大国争霸局势的边缘，但却处于北方少数民族戎和狄侵扰的中心地带。燕地及其周围聚居了许多民族。[2]

当时，燕地蓟城附近有孤竹人。孤竹国故城在今河北卢龙县南，孤竹国人原是东北夷中的一支，与商王室同姓，是商汤分封的拥有相当力量的北方诸侯国，"孤竹国与商王室有着密切的关系，在商王朝政治生活中占有重要地位。而孤竹国位于卢龙，这比燕山一带任何其他殷商的盟国或诸侯都更具有战略意义。早在新石器时代，其至更远时期，华北地区与东北地区联系的纽带是幽燕地区和辽西走廊。当时只有两条通道：一是古代的卢龙塞，东北各族须先至辽西，经卢龙塞，才能进入燕南，侵扰商境。二是从辽宁南部，由海道过山海关，沿燕山南麓西行至北京。后一条路线，要造船渡海，对于北方游牧民族来说，并非易事。而卢龙塞这条陆路，在当时是东北与华北沟通的必经之路。商王室的孤竹国位于此地，控制了咽喉要道，也就遏制了北方民族的南侵，真正起到了屏卫商室的作用。"[3]

　　孤竹国在西周以前一直是幽燕地区维护商王朝统治的北方大国，其疆域包括今天的河北北部，京、津和辽宁西部及内蒙古南部的广阔地区，孤竹国比后来北方出现的燕国早了五百余年。孤竹人为商族先祖旁支，早期生活在中原地区，后辗转于古幽燕地区，发展至农牧并举阶段，开始定居在今辽宁朝阳地区，后被商汤封为诸侯国。商代中叶，孤竹国进入中期，立足于燕山南麓广阔的平原和丘陵地区，并在滦河流域建立都城。公元前1045年，周武王灭商以后，分封同姓贵族召公于北燕。《史记·燕召公世家》记载："召公与周同姓，姓姬氏，武王之灭纣，封召公于北燕。"至此燕国取代孤竹国在北方的统治地位，逐步成为幽燕地区的大国。周初，燕国采用"启以商政，疆以周索"的方针，对商代遗留下来的部族，仍保留其城郭与组织，利用原商的部族来统治当地人民。因此西周时孤竹国仍由原姓部族统治，但已经沦为幽燕地区的小国。春秋时期，燕国北部的山戎部落势力日益强大起来，吞并了燕国周围许多领土，此时的孤竹国也被山戎占领，完全依附于山戎。燕庄公二十七年，齐桓公为救燕国，出兵攻打山戎，《国语·齐语》记载："齐桓公遂伐山戎，刿令支、斩孤竹而南归。"从齐桓公北伐山戎救燕曾打到孤竹国而还的记载可见，孤竹与燕地蓟城相邻，此时并未彻底灭亡。以后，孤竹国故地属于燕国管辖，孤竹故城并入令支县地。此后史书再不见孤竹国的记载。[4]总体上而言，孤竹国并未对燕国构成威胁。

　　春秋时期，燕国作为周王室拱卫北方的重要封国，是北方戎、狄之族南向侵扰中原的重要通道。戎和狄是春秋时期北方民族的主要称谓，从鲁庄公三十二年，北方民族一般不再称为戎，而改称狄，进而区分为长狄、赤狄、白狄。北狄主要分布在今宁夏、内蒙、陕西西部、山西北部地区，西周时期指犬戎、犹，春秋时则指北戎、赤狄、白狄、长狄，战国时期则有胡、林胡、楼烦、匈奴等。还有来自河北北部及其东北部地区的肃慎、貊、山戎、东胡等，这些少数民族最初包含在北狄范围之内，在战国才明确称之为东胡。其时，由于周室衰微，政出诸侯，各诸侯间征战不已，山戎和北狄趁机深入到中原地区，与华夏族诸侯发生战争，《春秋公羊传》僖公四年说："南夷与北狄交，中国不绝若线。"[5] 在这种形势下，以齐桓公为首的华夏族诸侯联合起来，对抗少数民族的侵扰。

　　燕国获得齐桓公的帮助最多。燕北有东胡、山戎，东有秽貊、肃慎，西北与匈奴为邻，南有赵，东是齐，西南与白狄建立的中山国相邻。其中，山戎的势力颇为强大，《史记·匈奴列传》记载："燕北有东胡、山戎，各分散居谿谷，自有君长，往往而聚者百有余戎，然莫能相一。"山戎就是百有余戎的一个支系（战国时期称为东胡），生活以游牧为主，善于骑射。山戎南临燕国，东近齐国，西接赵国，他时常长驱直入燕、齐、赵的边区进行掳掠和骚扰，成为这三个诸侯国的世代边患，而其中尤以"病燕"为甚。在古代文献中"山戎越燕伐齐"、"山戎病燕"等记载屡见不鲜，给燕国造成了很大破坏和威胁。燕国不断受到以山戎为主的北方少数民族的侵凌，农牧业生产和人民生活受到很大破坏。到燕桓侯（前697—前691年）时不得不将都城迁到河北的临易（今河北省雄县）西北，燕国的权力中心逐步向南迁移，且国力日衰。燕国不堪山戎侵扰，便求助于齐国，据《史记·燕召公世家》记载，"燕庄公二十七年（周惠王十三年，前664年）冬，山戎来侵我。齐桓公救燕，遂北伐山戎而还。"这是春秋时期燕国受到少数民族威胁，齐桓公为保护华夏族诸侯而救燕伐戎的第一次明确记载。《国语·齐语》并云："齐桓公遂伐山戎，击令支、斩孤竹而南归，海滨诸侯莫敢不来服。"《史记·齐太公世家》亦载，"齐桓公二十三年，山戎伐燕，燕告急于齐。齐桓公救燕，遂伐山戎，至于孤竹而还。"齐桓公帅师救燕，北伐山戎，大败山戎部族，解除了山戎对燕国北部地区的威胁，齐桓公班师回朝，燕庄公一直把桓公送出燕国界止步。齐桓公根据"非天子，诸侯相送不出境"的礼节，将燕庄公所到之地，分割给燕国，表示敬重，并在此筑城，名燕留城，《括地志》记载，"燕留故城在沧州长芦县东北十七里。"从地区上看，当时的山戎已经南下到燕山以南，直接威胁着燕国的存在，所以才有齐桓公北伐山戎之举，而"齐桓公的这一举动，不仅救了燕，也为诸夏抗拒北方民族的继续南下起了重要作用。"[6]

　　北京地区春秋、战国之际的山戎文化遗存，主要集中发现于北部山区——延庆县八达岭以北的军都山一带。1985年8月至1987年12月，北京文物研究所山戎文化考古队在延庆盆地北部边缘地带、军都山南麓约 50 平方公里的范围内，发现春秋战国之际的山戎文化遗存十余处，包括延庆县大柏老乡、靳家堡乡、永宁乡、清泉铺乡、康庄乡以及城关乡等六个乡，在考古调查与钻探的基础上，发掘出玉皇庙、古城村、葫芦沟三处春秋战国之际的山戎墓葬五百余座，出土各类富有特色的山戎文物八千余件，这些遗迹和遗物，对于研究北京地区山戎的历史情况，有着很重要的意义。玉皇庙墓地是一处很重要的大型墓地，占地 2 万平方米以上，共有墓葬三百五十余座，是迄今为止在北京地区发现的我国青铜时代北方少数民族文化遗存中，规模最大、年代最早、文物最丰富的一处墓地。从出土的器物中可以看出，当时的山戎族已经进入了青铜时代，过着以游牧经济为主的生活，三处墓地出土的器物有各类陶器、石器、骨器、玉器、金器及青铜器等。其中，青铜器的种类很多，有铜锥、铜针、铜扣、铜戈、铜牌饰、铜丝耳环、青铜容器、直刃匕首式青铜短剑以及青铜马具等。已发现的直刃匕首式青铜短剑近百件，这是具有代表性的山戎青铜兵器。据已经发掘的墓葬，均为长方形竖穴土坑单人墓。墓内的殉牲现象很普遍，被杀殉的牲畜主要是牛、羊、狗，其中以殉狗最为普遍，不论男女老幼，大多殉狗。殉牲的方式，都是将牲畜杀死以后，只取其头和腿，拿来作象征性的祭祀。牲头和牲腿的摆放方式，多是将牲腿放在下面，而把牲头放在牲腿之上，一般是以一条牲腿加上一个牲头，代表一个牲畜。多数死者都有麻布覆面，这类覆面的意义，在于祈望死者的灵魂附体安息，不要再出窍祸害生人，以保氏族后代平安无恙。从墓葬制度看，山戎墓葬所使用的葬具和随葬品的种类与多寡，不仅标志着墓主人之间有男女性别的差异，同时也显示出他们之间社会地位的不同。男性武士皆腰系直刃匕首式青铜短剑，女性则不佩剑而多带铜锥、铜针等。身份地位较高者埋葬时有木椁，有青铜马具，在装饰方面则戴金丝耳环和金质牌饰；而一般人（不分男女）则是佩戴项链和螺旋形铜丝耳环，有的在颈下加佩动物纹样铜牌饰。[7]

根据已经出土的考古资料判断，当时山戎族的社会，已经出现了阶级分化，其社会发展阶段已进入了阶级社会。古城村葫芦沟墓地，规模也不小，也是一处很重要的墓地。在这里共发现了墓葬 107 座、灰坑 25 个、石祭坛 1 处，并出土各类陶器、石器、骨器、蚌器及各种青铜器等遗物千余件。在 107 座墓中，除 5 座墓的人骨因腐朽严重，需要特别弄清外，其余 102 座墓中，死者为男性的有 49 座，死者为女性的有 36 座，死者为儿童的有 17 座。其中，男性寿命最长者不超过 50 岁，儿童尸骨中，半岁以内至一二岁之间的婴儿占将近一半，夭亡于 8 岁—12 岁之间的也占近一半。反映出这支山戎族人的生活条件相当艰苦，他们的生命财产也缺乏保障，征服和改造自然的能力也十分有限。祭坛的发现，在北京地区青铜时代遗址中还是第一次。这个祭坛可能与宗教活动有关，或是含有更多方面的意义。[8]

此外，1975 年在延庆西拨子村发现了西周晚期或春秋早期的窖藏铜器。在一件青铜釜内，装有五十余件青铜器。其中有生活用具、生产工具和兵器，共 14 类、53 件。生活用具有釜、鼎、匙、耳环；工具和兵器有刀、猎钩、锥、锛、凿、戈和小铜泡等。这批青铜器，应为夏家店上层文化的遗物。从器形和花纹上观察，它反映出了我国中原地区和北方民族地区的文化交流和互相影响的情况。例如一件口沿饰有重环纹的铜鼎残片，其纹饰可能受中原文化的影响。出土的铜刀、铜匙、铜猎钩等，也都与我国东北地区同时代遗址出土的器物相似，带有明显的游牧民族的特色。[9]

在燕国东北部还活动着少数民族肃慎。肃慎族在我国历史上，曾有过不同的名称，最早称为肃慎或息慎，东汉以后称为挹娄，南北朝时称为勿吉，隋唐时期称为靺鞨，金时称为女真，明清时称为满族，其历史可上溯到夏商以前的尧舜时期。肃慎与燕国同为周之北土，在燕国北方，即今北京以北，也就是燕山以北地方，《左传》昭公九年周詹桓伯云："及武王克商……肃慎、燕、亳吾北土也。"肃慎与春秋时期的山戎有关，并且与中原各国交往十分频繁。在内蒙古赤峰市夏家店遗址发现的夏家店上层文化，"分布范围北至西拉木伦河以北和大兴安岭山脉南段东麓，南至燕山，东至辽河，西至张家口一带，与夏家店下层文化分布大体相当，从地层关系看，它的遗址在北部西拉木伦河一带多单独存在，文化堆积不太丰富；在中部和南部，独立存在的遗址较少，多与夏家店下层文化和燕国燕文化相互叠压，燕国文化在上，夏家店下层文化在下，夏家店上层文化居中。"[10]田继周先生认为，夏家店上层文化，一般认为是属于周时的肃慎、山戎和东胡的文化，而这几个族称，又有密切的关系，甚至是同一民族的不同时期的称谓。如果说夏家店下层文化属于中原文化系统，是孤竹、令支等的文化；上层文化属于游牧民族的文化系统，是肃慎、山戎、东胡等的文化，那么，这一地区在殷周时期曾有过一个争夺过程，即中原民族居住的夏家店下层文化区，后来被肃慎、山戎、东胡等民族占领了。夏家店上层文化比下层文化显得落后，也表明这一争夺过程的存在，表明它们不是一个民族和文化系统。但是肃慎、山戎和东胡，又是怎样迁到这个地区的，就难以考查了。[11]可见，燕地作为各族聚居之地，其目标始终是着眼于北方，这一点一直持续到它成为全国政治文化中心。

第二节　战国时期燕地的民族

经过春秋时期二百四十多年历史的衍化，曾经活跃在华夏族周围的蛮夷戎狄各族，在进入战国时期后，各民族及相互间关系发生了深刻变化。在燕、齐、赵、魏、韩、秦、楚七国周围，分布着许多民族，北方主要有东胡、匈奴、林胡、楼烦、肃慎等族，他们与华夏族逐渐形成一种大杂居、小聚居的状态。

战国时期，燕国南与赵国为邻，东与齐国相邻，除了这些华夏族诸侯国外，在燕北有东胡、山戎，东有秽貊、肃慎，西北有匈奴北方诸族，西南与白狄建立的中山国相邻。战国时期，北方狄族有胡、东胡、林胡、貊、楼烦、匈奴以及戎等，据《史记·匈奴列传》记载，"……而晋北有林胡、楼烦之戎，燕北有东胡山戎，各分散居谿谷，自有君长，往往而聚者百有余戎，然莫能相一。"战国时，燕国面临山戎族势力的威胁逐渐解除，而林胡、楼烦、东胡这三胡则异常活跃，成为燕国的主要威胁。

东胡是古代雄踞我国东北部的少数民族"胡"族的一支，最早见载于《山海经·海内西经》："东胡在大泽东。"《史记索隐》引服虔语曰："东胡在匈奴东，日东胡。"东胡族一名，或作屠何，或作不屠何，或称徒何，与中原华夏族王朝联系密切。据《逸周书·伊尹朝献篇》记载，东胡族居住在商王朝的正北方，是商代的土方，是商王朝控制北方的重要方国。西周时东胡族和山戎族都居住在周王朝的北方正东，与周王室政治上的联系十分密切。[12]春秋战国时期同中原的商业活动尤为频繁。

西周分封召公于燕，后来燕并蓟，迁都蓟城，即今北京一带，燕的北部或东北，主要指今辽河上游的西拉木伦河的老哈河流域。春秋时期，东胡成为《史记·匈奴列传》所载的我国北部地区"百有余戎"的一支。战国时代，从燕国的北边到达燕国的东北，《史记·货殖列传》记载："夫燕，……南通齐赵，东北边胡。"

从军事史和民族关系史来看，东胡族曾与赵、中山、燕为邻，其中的一些支族曾定居以上三个诸侯国。作为游牧民族，其经济生活以畜牧业为主，但是在与汉族交往过程中也学会了农业、手工业技术。到了春秋战国时期，东胡与中原之间的往来更加频繁，如宁城南山根出土的东胡墓葬中，出现仿效黄河流域贵族随葬青铜礼器的事，说明东胡与黄河流域的关系是密切的。[13]

东胡自从出现于我国历史记载起，一直到汉初为匈奴冒顿单于破灭时为止，在此相当长的时期内是比较强大的。[14]随着东胡的强大，社会结构也逐渐地发生相应的变化，[15]新兴的东胡奴隶主贪婪地谋求奴隶和财物，经常对领近各族进行掠夺。《史记·货殖列传》记载，燕国所出产的"鱼盐枣栗"，素为东胡等东北少数民族所向往，而燕国的国都则是东胡与中原各地进行经济文化交流的枢纽地区。东胡活动过的地区如赤峰、宁城等地，大量出土过战国时期中原各割据政权的货币。如赤峰平庄乡出土的货币中有赵国安阳、平阳、武安、晋阳、兹氏等地铸造的钱币；有燕国差阳、襄平、益昌铸造的钱币；有齐国陶阳、平阳铸造的钱币；还有魏国、韩国和北虢、南虢的货币。此外，在赤峰当铺地乡蘑菇山四楞沟以及宁城县出土的货币，则完全是战国时期的燕国钱币。[16]这些出土的钱币，说明东胡与中原各地的经济联系特别是与燕地的经济联系是频繁的。

辽宁省西部地区发现的东胡墓，出土大量兵器、马具、手工工具和装饰品，以青铜制品居多。一种两侧曲刃的青铜短剑，已被当今考古学界认定为东胡早期带有代表性的文物，说明东胡仍处于青铜文化时代。1958年在宁城县南山根村的一座东胡族石墓中，有71件铜器，铜盔、铜戈、铜矛、铜剑、铜刀、铜斧、铜镞，说明墓主人是一个贵族。1973年在南山根村发掘的另一墓葬，有鼎、簋、簠等青铜礼器，其形状、规格完全是仿效黄河流域的同类青铜器。另一种墓葬，几具尸体同葬一穴，没有任何随葬品，可见东胡族内部已有了等级分化与阶级对立。朝阳十二台营子有一座东胡族的男女合葬墓，男尸附有两把青铜短剑、一把铜斧、两枚铜镞，头顶和脚下各有一块铜片，女尸附有陶纺轮一个、铜鱼钩三个、石网坠两个、穿孔石砺石一块，表明男子主要从事作战、狩猎、伐木，而女子主要从事纺织、捕鱼。墓葬还出土了大量的猪、狗、牛、马、羊等动物骨骼，足见其畜牧业的发达。

东胡族与中原华夏族进行商品交换，常以名马、皮张、角弓交换中原的绸缎布匹、枣、栗、粮食。中原各地商人云集燕都城，到指定的市场进行交易。宁城、大连等地出土的货币有战国时期赵国安阳、平阳、晋阳、武安、兹氏等地铸造的；也有燕国差阳、襄平、益昌等地铸造的；还有齐国陶阳、平阳铸造的。甚至魏国、韩国、北虢、南虢铸造的钱币，都曾在东胡族地区流通。其中燕国货币最多。

东胡奴隶主贵族与领近燕、赵和匈奴政权间经常兵戈相见，而燕、赵、匈奴等也以战争加以反击。据《史记·赵世家》记载，赵惠文王二十六年（前273年），东胡被赵国战败并臣属于赵国，赵国夺回东胡强占的代郡地方。但其势力强大以后又背叛赵国，到赵国的代地掳掠，势力到达过赵国的东边。赵孝成王元年（前265年），赵国大将李牧在北边"破东胡，降林胡。"[17]东胡对燕国的东北从上谷至辽东与东胡邻近的地区进行经常性的寇掠，侵扰颇深。燕昭王时（前311—前279年），东胡曾打败燕国，燕国被迫把一位名叫秦开的将军送到东胡作人质。[18]秦开趁机了解东胡族内情，从东胡回来以后，领兵出征，"袭破走东胡，东胡却千余里。"燕国便在东胡退却出来的千余里地方设置上谷（治所在今河北怀来）、渔阳（治所在今河北密云）、右北平（治所在今河北平泉）、辽西（治所在今河北卢龙）、辽东（治所在今辽宁阳市）等5郡，并从造阳（今河北怀来县东北）至襄平（今辽宁辽阳市）修筑长城，以防东胡，燕国疆域向东北扩展到辽东。

东胡族不仅与中原各国政治、经济、军事往来频繁，且与匈奴关系密切，1956年在辽宁西丰西岔沟古墓群地发掘出有一万三千八百多种器物中，有东胡、匈奴和中原三种文化在同地层中共存。[19]匈奴冒顿单于即位之初，东胡恃强轻视冒顿单于，一再向冒顿敲诈勒索。匈奴冒顿单于乘东胡轻敌毫无准备之机，突然向东胡发动进攻，大破东胡，虏其人民及畜产。[20]从此东胡部落联盟瓦解，东胡政权崩溃，东胡各部沦为匈奴的种族奴隶。秦、汉以后，东胡族不复存在。

战国时，除了东胡族外，当时燕国还面临着北方较大的民族之一北狄族支属匈奴族的威胁。从族属渊源上看，战国时期的匈奴与商、西周时的猃鬻、鬼方、猃狁及春秋时的戎、狄存在着密切关系。据《史记·五帝本纪》记载，黄帝曾经"北逐猃鬻"，反映了早在传说的五帝时代，北方游牧民族就与中原黄帝之族有所接触。西周时期，继猃鬻之后，又出现了鬼方、猃狁等族称。春秋后期，猃鬻、鬼方、猃狁等族称消失了，继之又出现了戎、狄等族称，故《史记索隐》引应劭《风俗通义》曰："殷时曰猃鬻，改曰匈奴。晋时灼曰：尧时曰荤粥，周曰猃狁，秦曰匈奴。韦昭曰：汉曰匈奴，荤粥其别名。"又《诗经·采薇毛传》说："狎狁，北狄也。"《笺》曰："北狄，匈奴也。"《孟子·梁惠王下》赵注曰："猃鬻，北狄强者，今匈奴也。"《吕览·审为》高注："狄人猃狁，今之匈奴。"据《史记·匈奴列传》记载，战国时匈奴族"逐水草迁徙，无城廓长处耕田之业，急则人习战攻以侵伐"，活动领域十分广阔，"冠带战国七，而三国（燕、赵、秦）边于匈奴。"匈奴的骑兵对燕、赵形成很大威胁，东自燕、代，西至河北

（河套以北），都有匈奴的踪迹。由于匈奴的威胁，赵孝成王初年便派遣李牧驻守代郡、雁门，李牧"大破匈奴十余万骑，灭襜褴，破东胡，降林胡，单于奔走"之后，十余年内，"匈奴不敢近赵边。"[21]赵武灵王在位时，北破楼烦、林胡（在楼烦西北），筑外长城，自代（今河北蔚县）傍阴山（今内蒙大青山）下，至高阙（今内蒙临河西北狼山口）为塞，在楼烦、林胡原先活动的地区设置了云中、雁门、代三郡，从此赵国便隔着外长城而与匈奴相望。

　　燕国作为少数民族南下入侵中原地区的必经之地，所受匈奴侵扰颇深，因此亦筑长城抵御匈奴及其他北方民族的威胁。燕长城西起上谷郡的造阳（河北怀来境内），东抵襄平（辽宁辽阳），据内蒙古文物工作队工作者对战国时期燕赵长城的考察，认为"自呼和浩特市以西至包头市的一段赵长城，逶迤在大青山南麓，在包头市北方的大庙村附近的一段清除可见。赵长城自呼和浩特市以东经卓资县、察右中旗、集宁市、察右后旗、商都县、化德县与燕长城相接。燕长城自化德县以东，经正蓝旗、多伦县而折入河北省围场县境，再东进入赤峰县境，经敖汉旗和奈曼旗折而向南深入辽宁省境内。这两条燕赵长城基本上就是后来秦汉长城的基础。"[22]燕赵长城的修筑，一则表明华夏汉族在与少数民族斗争中更加团结强大起来，同时也表明匈奴族已经逐渐强大起来，拥有一定的军事实力，预示着在北方民族与中原华夏族（汉族）的民族斗争以及中原华夏族各国斗争中，匈奴族将扮演着极其重要的角色。

　　战国时燕国还受到鲜虞所建中山国的威胁。鲜虞属于白狄支属，主要分布在河北一带，白狄在春秋时期经常与诸夏发生战争。其支属鲜虞在春秋晚期鲁定公四年时改称中山，并且在战国时期长期存。公元前314年燕王哙让位相国子之引发了政治危机与政治叛乱，齐国趁机派兵伐燕，地处燕国南部的中山国也乘机派相国司马赒"亲率三军之众，以征不义之邦。"[23]1977年河北平山县三汲村发掘的战国时期中山国墓地一号墓出土了中山王嚳铜壶，铭文记载："择燕吉金，铸为彝壶，节于禋口，可法可尚，以飨上帝，以祀先王。"据铭文所载，当时中山国也参加了伐燕的战争，并占领大片燕国疆土，此铜壶即是燕昭王即位后第三年，中山国王命令相邦（相国）司马赒选择从燕国掠夺的上等铜"吉金"精心铸造的一件酒器，叫做彝壶，用于祭祀上帝和祖先，并用以纪念中山国司马赒与齐国联合伐燕的功绩。直至中山国最后为赵所灭，燕国的威胁才得以解除。

　　从战国时期燕国的民族关系上看，由于"北京位于华北大平原北端燕山之南，是从华北平原通过燕山山地的几条天然通道去往内蒙古高原和东北平原的必经之地。由于其独特的地理位置，历史上是华北、东北和内蒙三大地理单元民族集中接触融合的地方，自古就是中原农业民族与北方游牧、狩猎民族之间经济文化交流的枢纽，在中华民族大家庭的形成和发展过程中发挥了重要作用。"[24] 这里民族错居，各族斗争剧繁，从后来燕地政治地位上升的演变轨迹看，民族是一支十分重要的力量。其后燕国政治地位演变即如学者所云："这一地区虽然很早就有人居住，但在几个世纪中却处在中华帝国遥远的边境地区；实际上它也是以亚洲北部为基础的非汉族王国在南面的落脚点，这个城市很早就地位显赫。但直到 1403 年明朝第三个皇帝决定在他的北部落脚时这一城市才最终将关注点朝向南方。在以后的六个世纪，北京都成为各个政权的大本营。"[25] 这在秦汉统一多民族国家和魏晋南北朝分裂的历史时期得以突出体现：位于长城一线的燕地是中央政权抵御北方少数民族南侵、进入中原的前哨阵地，同时，也是中央政权与北方各民族进行交往、融合的地点之一。

注释：

（1）《春秋公羊传注疏》卷一八。

（2）《北京通史》第一卷中有关民族的内容，为本文特别是两汉时期燕地民族的撰写提供了脉络与资料参考。

（3）王玉亮：《试论孤竹的地望及"疆域"—兼论辽西出土"孤竹"器物之原因》。

（4）李志毅：《幽燕古国—孤竹探秘》，《北京社会科学》2003 年第 2 期。

（5）例如：周桓王六年（公元前 714 年），北戎伐郑，十四年（公元前 706 年），北戎伐齐，惠王十三年（公元前 664 年）山戎病燕，十五年（公元前 662 年）狄伐邢，十七年（公元前 660 年），狄伐卫，襄王二年（公元前 650 年），狄灭温。

（6）田继周：《先秦民族史》，第 391 页。

（7）靳枫毅：《东周山戎文化考古新收获》，《北京文物报》1988 年试刊第 2 期。

（8）《延庆发掘出山戎墓百余座》，《北京晚报》1986 年 2 月 13 日第 1 版。

（9）《北京通史》第一卷，中国书店出版社，1994 年，第 70 页。

（10）靳枫毅：《夏家店上层文化及其族属问题》，《考古学报》1987 年第 2 期。

（11）田继周：《先秦民族史》，第 339 页。

（12）据《逸周书·王会篇》记载，周成王时东胡曾派遣使者至洛阳贡纳，"东胡黄罴，山戎戎菽。"

（13）据《宁城南山根遗址发掘报告》（《考古学报》1975 年第 1 期）、《辽宁朝阳十二台营子青铜短剑墓》（《考古学报》1960 年第 1 期）、《辽宁锦县乌金塘东周墓调查记》（《考古学报》1960 年第 5 期），从辽宁省宁城县南山根、朝阳十二台营子和锦西乌金塘等地所发现的相当于春秋战国时期的东胡墓葬看来，墓内出土的随葬物和兵器、马具、手工工具和饰物，多是青铜制品，并有东胡早期文化中具有典型特征的遗物——两侧曲刃青铜短剑。说明当时东胡仍处于青铜文化时代。出土的动物骨骼有猪、牛、羊、马、鹿、兔、狐等，说明当时东胡的畜牧业很发达，而且还兼营狩猎。出土的铜器中有各种各样的饰牌，以及刻绘在工具、饰物上的花纹图案，其中尤以又虺（音会）纠结形饰牌和人面形饰牌最具独特的风格。从朝阳十二台营子第一号墓是男女合葬墓，男性死者身上的青铜短剑 2 把、铜镞 2、铜斧 1、头顶和脚下各置多纽圆形铜片饰具 1 块；女性死者身上置有陶纺轮 1 个、铜鱼钩 3 个、石网坠 2 个、穿孔砺石 1 块等看来，可以了解东胡手工业和内部男女之间分工的大概情况。在农业生产方面，辽宁省宁城县南山根所出土的石锄、石铲，说明东胡农业的发生是很早的。

（14）《史记》卷一一〇《匈奴列传》称当时（秦时）"东胡强而月氏盛"、"冒顿既立，是时东胡强盛"。

（15）考古工作者在我国东北地区的老哈河流域发现过不少的东胡遗址，单是在辽宁省昭乌达盟南部的赤峰市、喀喇沁旗、翁牛特旗、敖汉旗及宁城县境内即发现三百余处。其中如 1958 年春在宁城县南山根村所发现的一座石椁墓葬，仅铜器就有 71 件，其中包括铜盔、铜戈、铜剑、铜刀、铜斧、铜族等，其种类和数量之多，说明这个墓葬的主人不仅占了一般牧民无法相比的财富，同时也掌握了掠夺和保护私有财产的暴力手段。1973 年宁城南山根所出土的石椁墓中，还有仿效黄河流域贵族墓中随葬的青铜器礼器，如鼎、簋、箸等。而与此相反的则有另一种人，死后是利用废弃的灰坑和住址埋葬，往往先后埋入数具，既没有墓穴和葬具，也没有随葬的任何物品。这两种葬法，绝不是种族或风俗习惯的不同，而是一族之内两个阶级贫富悬殊的鲜明对比。（《内蒙古文物资料选辑》第一编，第 3 页）

（16）昭乌达盟文物工作站《文物通讯》1965 年第 5 期。

（17）（21）《史记》卷八一《廉颇蔺相如列传》。

（18）（20）《史记》卷一一〇《匈奴列传》。

（19）《辽宁西丰西岔沟古墓群乌桓文化史通论》，《考古学报》1961 年第 6 期。

（22）内蒙古文物工作队、内蒙古博物馆：《内蒙古考古工作三十年》，《文物考古工作三十年》。

（23）张政烺：《中山王豐壶及鼎铭考释》，《古文字研究》第一辑，中华书局，1979 年。

（24）张宝秀：《北京—中原与北方民族文化融合的中心》，《北京联合大学学报》2000 年第 1 期。

（25）韩书瑞：《北京妙峰山进香：宗教组织与圣地》，载〔美〕韦思谛编：《中国大众宗教》，陈仲丹译，江苏人民出版社，2006 年，第 224 页。

第四章　秦汉多民族统一国家
时期燕地的民族

第一节　秦至西汉时期燕地的民族

公元前 237 年，秦王嬴政亲政，开始谋划吞并六国。十七年（前 230 年）灭韩，十九年（前 228 年）取赵，二十二年（前 225 年）灭魏，二十四年（前 223 年）灭楚，二十五年（前 222 年）灭燕，二十六年（前 221 年）灭齐，在全国范围内实现了从分封制到郡县制的转变，建立统一的封建集权制国家，结束了春秋战国时代长达五百余年的诸侯割据纷争，也结束了华夏族的分裂状态。其后，在秦汉大一统政权之下，虽然原有的燕人、齐人、赵人、韩人、魏人、楚人等仍然存在，但却可以"诸夏"总称之。燕地即如此，除华夏族之外，燕地还活跃着秽貊、夫余、匈奴、乌桓、鲜卑等少数民族。与春秋战国时不同的是，秦汉时期燕国已经变成了统一的封建集权制国家郡县制下的郡国，《通典》即载："秦灭燕，以其地为渔阳、上谷、右北平、辽西、辽东五郡。"这一地区所受到的少数民族的侵扰得到了中央集权力量的有效遏制。

秽貊又作秽貉，是我国东北地区和朝鲜半岛诸部的总称。秽，周时居住在周朝的北方，处于肃慎和良夷之间，《逸周书·王会篇》记载，"正北方移慎、大尘、秽人前儿"，秽人就是"东夷别种。"貊又作貉，原居周朝北方，《诗经·韩奕》载："溥彼韩城，燕师所宪，以先祖受命，因时百蛮，王锡韩侯，其追其貊。"《诗经·闷富》亦载："保有凫绎，遂荒徐宅。至于海邦、淮夷蛮貊。"《周礼·夏官·职方氏》有"辨其邦、国、都、鄙、四夷、八蛮、七闽、八貉、五戎、六狄之人民"的记载。郑司农注曰:"北方曰貉狄。"《墨子·兼爱》云:"以利燕代胡貉与西河之民。"《管子·小匡》亦云:齐桓公"北至孤竹、山戎、秽貊"。可见,在春秋时人观念中燕地、胡貉并属北边,且毗邻。其后秽与貉逐渐融合为一个民族,并且从畜牧渔猎向农牧经济转化,战国时,活跃在燕国东北部,燕"尝略属真番、朝鲜,为置吏,筑障塞。秦灭燕,属辽东外徼。汉兴,为其远难守,复修辽东故塞,至浿水为界,属燕。"[1]秦灭燕后,秽貊归于秦。

秦汉之际,燕、齐、赵人为逃避劳役战祸,到此避难者达数万口。当时,箕子后四十余世,至朝鲜侯准自称为王,皆收纳中原到此避难者,势力颇振。汉高祖建汉,以卢绾治燕,与朝鲜以浿水(今鸭绿江)为界。卢绾叛汉,逃入匈奴。燕人卫满"聚党千余人",击败侯准而自立朝鲜,定都王险(今平壤),"稍役属真番、朝鲜及故燕、齐亡命者",[2]大量的秦人、汉人进入朝鲜并融合于朝鲜民族。卫满传国至其孙右渠,元封二年(前109年),汉使涉何前往诏谕右渠,右渠不肯奉诏。武帝元朔元年(前128年),秽君南闾宫等率28万叛右渠降汉,"诣辽东内属",武帝以其地为沧海郡。武帝元封三年(前108年),朝鲜的主降派杀死右渠归降。汉"东拔秽貊、朝鲜以为郡",[3]分置乐浪、临屯、玄菟、真番四郡,其中玄菟郡即为涉貊故地。昭帝始元五年(前82年),罢临屯、真番二郡,并入玄菟、乐浪,"涉貊悉属乐浪",[4]后又以其境土广远,分岭东七县设置乐浪东部都尉,封其渠帅为侯。玄菟初治沃沮县(又称夫租,今朝鲜成兴),后受夷貊所侵徙治高句骊西北(今辽宁东部新宾地区),辖高勾骊、夫余等族国。王莽建立新朝,"发高句骊兵以伐匈奴,其人不欲行,强迫遣之,皆亡出塞为寇盗。辽西大尹田谭追击,战死。"王莽令严尤进击高句丽,"诱句骊侯骑入塞,斩之,传首长安。"王莽大悦,下诏将"高句骊王"更名为"下句骊侯",并布告天下,令人咸知。于是,"貊人寇边愈甚",此后成为东北一大边患。[5]

东汉建武六年(30年),罢除管辖沃沮、秽貊的乐浪东部都尉,封其渠帅为县侯,岁时期贺。[6]八年(32年),高句骊遣使朝贡,光武帝复其王号。其后,高句骊不断侵扰汉北部边塞。如建武二十五年(49年)春,"句骊寇右北平、渔阳、上谷、太原,而辽东太守祭肜以恩信招之,皆复款塞。"安帝建光元年(121年)春,幽州刺史冯焕、玄菟太守姚光、辽东太守蔡讽等将兵出塞,捕斩秽貊渠帅,获兵马财物。高句骊侯宫派遣嗣子遂成率两千余人诈降。姚光等轻信其人。夏,高句骊复与辽东鲜卑八千余人进攻辽东。太守蔡讽等追击于新昌，战死。秋天，宫又率马韩、秽貊数千骑围攻玄菟，焚城郭，杀伤两千余人。夫余王遣子尉仇台率两万余人与广阳、渔阳、右北平、涿郡兵力前往营救，大破宫。此年，宫死，其子遂成即位。东汉遣使吊问，"因责让前罪，赦不加诛"。延光元年（122年），遂成归还所掠之汉人，并到玄菟归降。遂成死后，其子伯固即位，"秽貊率降，东垂少事"。[7]从史载可见，高句骊虽然臣服于汉，但实际上具有独立性。东汉时，高句骊不仅役属了沃沮、秽貊，也可以率领南方的马韩，表明它已不同程度地控制了今朝鲜大部分地区。[8]

夫余亦属燕北少数民族，据《史记·货殖列传》记载，燕地"北邻乌桓、夫余。"[9]夫余之地，原为秽地，"夫余国，在玄菟北千里。南与高句骊，东与挹娄，西与鲜卑接，北有弱水。地方二千里，本涉地也。"[10]《三国志·夫余传》记载，夫余首领为秽王，称王后沿用秽王之印："其印文言：'秽王之印'，国有故城名涉城，盖本涉貊之地，而夫余王其中，自谓'亡人'，抑有以也。"西汉时，夫余臣属服，受玄菟郡节制，汉朝颁发印玺给其王，令其统率各部。至王莽代汉，曾派五威将到夫余更换印绶。东汉光武帝建武二十五年（49年），夫余"遣使奉贡，光武厚报答之，于是使命岁通。"永宁元年（120年），夫余王"遣嗣子尉仇台诣阙朝献，天子赐尉仇台印绶金彩。"永和元年（136年），夫余王亲至洛阳朝贡，"帝作黄门鼓吹、角抵戏以遣之。"[11]桓帝、灵帝时，夫余王再次遣使朝汉。汉王朝对夫余王极为优遇，规定夫余王死后可与汉宗室诸王一样享用玉匣葬服。汉朝预先在玄菟郡存放了一套金缕玉衣，夫余王死后，由地方官派专人把金缕玉衣送往夫余国都。汉末，"公孙度雄张海东，威服外夷，夫余王尉仇台更属辽东。时句丽、鲜卑强，度以夫余在二虏之间，妻以宗女。"[12]公孙度为了从西面牵制徙向鲜卑的势力，从东南面牵制高句丽的势力，曾把宗室女嫁给夫余王，通过婚姻结成盟友。三国时，夫余改隶曹魏，"正始中，幽州刺史毋丘俭讨句丽，遣玄菟太守王颀诣夫余，（王）位居遣大加郊迎，供军粮。"[13]西晋时，夫余依然遣使朝贡，接受护东夷校尉的节制和卫护。晋武帝太康六年（285年），慕容鲜卑袭破夫余国都，夫余王依虑兵败自杀，依虑之子夫余后王依罗逃往沃沮。晋武帝命护东夷都尉何龛出兵援助依罗，收复夫余故地。其后，夫余统治集团内矛盾激化，所役属诸部亦群起反抗，国势日衰。永和二年（346年），鲜卑慕容部东袭夫余，俘虏其君王及其部众五万余口而还。从此，夫余一蹶不振，依附于前燕政权。太和五年（370年），前燕灭亡，夫余又先后属服前秦及后燕，而且处于高句丽的威胁之下。义熙六年（410年）高句丽进攻夫余，掠走大量人口。太安三年（457年），夫余王遣使到北魏都城进贡方物。太和十八年（494年）二月，夫余王率妻儿降于高句丽。[14]

秦代，战国时期活跃在原秦国与燕、赵以北的匈奴族正式建立统一各部的政权，成为中原华夏族的劲敌。史载，"秦汉以来，匈奴久为边害……匈奴最逼于诸夏，胡骑南侵则三边受敌，是以屡前卫、霍之将，深入北伐，穷追单于，夺其饶衍之地。"[15]为抗击匈奴侵犯，保障北部边地边防及百姓生命财产，秦始皇三十二年（前215年），派蒙恬率三十万大军"北击胡，略取河南地。"[16]次年（前214年），又令蒙恬渡黄河，驱逐匈奴，攻占高阙（今内蒙狼山西）、阳山（今内蒙古狼山）、北假中（狼山北）等地，随后，又大规模修筑长城，把战国时燕、赵、秦三国北边的长城连结起来，筑成西起临洮（今甘肃岷县）、东迄辽东的万余里军事防御线，成为燕地农业生产发展和社会生活安定的保障。三十七年（前210年），秦始皇死，蒙恬及秦始皇长子扶苏被赵高、胡亥伪诏赐死，导致秦北部边防松弛，匈奴经常入塞寇掠。楚汉战争之际，匈奴单于冒顿杀父自立，统一匈奴诸部，势力空前，经常侵扰邻族，东击东胡，"大破东胡王，而虏其民人及畜产"，西击走月氏，南并"楼烦、白羊河南王。"[17]又利用楚、汉相争，中原内乱之机，南越长城，"遂侵燕、代。"蓟城以北的上谷、渔阳诸郡百姓屡遭劫略。

汉高祖六年（前201年），匈奴单于冒顿围攻马邑（山西朔县），韩王信投降。七年（前200年），韩王信与匈奴南下，围攻晋阳（山西太原），刘邦亲率三十万大军迎战，在平城白登山被围七昼夜，后用陈平之计，遣使暗中以厚礼疏通匈奴阏氏，始得解围。其后，匈奴贵族仍时常向南攻掠。当时，由于汉朝内部统治尚未巩固，社会经济尚未恢复，无力对匈奴进行大规模的军事反攻。为稳定北部边境，刘邦采纳郎中、建信侯娄敬（刘敬）的策略，与匈奴和亲，匈奴寇掠稍止。至文帝、景帝时期，仍然采取与匈奴和亲、通关市之策，由此，自灭卢绾以后五十余年间，除景帝中元二年（前148年）春二月，匈奴两次入燕掠扰外，在上谷、渔阳等边地基本没有大规模的侵扰。

但是，匈奴已经成为汉朝的心腹大患。对匈奴是战是和？如何备边以北不虞？这个问题曾经引发不断的讨论。据《贾子》（亦名《新书》）卷四《匈奴》记载，贾谊向文帝提出了一套制服匈奴的战略。他指出，匈奴兵士大约六万骑，按照"五口而出介卒一人，五六三十，此即户口三十万耳，未及汉千石大县也。"也就是说，匈奴是五人中选出一人当兵，则应有三十万人口，还不及汉朝一个赋税千石的大县的人口多。但他们竟然"敢岁言侵盗，屡欲亢礼，妨害帝义，甚非道也。"对匈奴的退让太过分了。他建议文帝"立一官，置一吏，以主匈奴"，并"以耀蝉之术振之。"具体而言就是用施行恩德的方法来征服匈奴，即如用明火的方法来捕蝉一样。用此方法，结果必然是"中国日治，匈奴日危。大国大富，匈奴适亡。将必以匈奴之众，为汉臣民，制之令千家而为一国，列处之塞外，自陇西延至辽东，各有分地以卫边，使备月氏、灌窳之变，皆属之置郡。然后罢戍休边，民天下之兵。帝之威德，内行外信，四荒悦服。"

面对"匈奴不敬，辞言不顺，负其众庶，时为寇盗，挠边境，扰中国，数行不义，为我狡猾，为此奈何？"贾谊提议对匈奴采取"建三表"、"明五饵"之策："臣闻伯国战智，王者战义，帝者战德。故汤祝网而汉阴降，舜舞干羽而三苗服。今汉帝中国也，宜以厚德怀服四夷，举明义博示远方，则舟车之所至，人迹之所及，莫不为畜，又且孰敢慸然不承帝意？臣为陛下建三表，设五饵，以此与单于争其民，则下匈奴犹振槁也。夫无道之人，何宜敢捍此其久？"概言之，即与单于"争其民"，对匈奴以仁义诚信感化，同时以利诱惑分化之，如此，解决匈奴侵扰便如摇落枯树枝叶一样容易。何谓建三表，设五饵？

"建三表"是，其一：示之以信："以事势谕天子之信，使匈奴大众之信陛下也。为通言耳，必行而弗易，梦中许人，觉且不背其信；陛下已诺，若日出之灼灼。故闻君一言，虽有微远，其志不疑；仇雠之人，其心不殆。若此则信谕矣，所图莫不行矣。"其二，示之以爱："以事势谕陛下之爱，令匈奴之自视也，苟胡面而戎状者，其自以为见爱於天子也，犹若子之遭慈母也。若此则爱谕矣。"其三，示之以好："谕陛下之好，令胡人之自视也，苟其技之所长与其所工，一可当天子之意。若此则好谕矣。"这些都是帝王仁义之德的体现，必定能令匈奴归附，此所谓"爱人之状，好人之技，仁道也；信为大操，帝义也。爱好有实，已诺可期，十死一生，彼必将至。"

"明五饵"是，其一，以锦绣华饰坏其目："匈奴之来者，家长已上固必衣绣，家少者必衣文锦，将为银车五乘，大雕画之，驾四马，载绿盖，从数骑，御骖乘，且虽单于之出入也，不轻都此矣。令匈奴降者，时时得此而赐之耳。一国闻之者、见之者，希心而相告，人人冀幸，以为吾至亦可以得此，将以坏其目。"其二，以美羹膳炙坏其口："匈奴之使至者，若大人降者也，大众之所聚也，上必有所召赐食焉。美戴膳炙，肉具醢醢，方数尺于前，令一人坐此，胡人欲观者固百数在旁。得赐者之喜也，且笑且饭，味皆所嗜而所未尝得也。令来者时时得此而飨之耳。一国闻之者、见之者，垂涎而相告，人惮悰其所自，以吾至亦将得此，将以坏其口。"其三是以音乐舞蹈坏其目："降者之杰也，若使者至也，上必使人有所召客焉。令得召其知识，胡人之欲观者勿禁。令妇人傅白墨黑，绣衣而侍其堂者二三十人，或薄或捝，为其胡戏以相饭。上使乐府幸假之倡乐，吹箫鼓鞀，倒挈面者更进，舞者、蹈者时作，少闲击鼓，舞其偶人。莫时乃为戎乐，携手胥强上客之后，妇人先后扶侍之者固十余人，令使降者时或得此而乐之耳。一国闻之者、见之者，希旷相告，人人伀伀，唯恐其后来至也，将以此坏其耳。"其四，以财富厚赏坏其腹："凡降者，陛下之所召幸，若所以约致也。陛下必有时所富，必令此有高堂邃宇，善厨处，大囷京，厩有编马，库有阵车，奴婢、诸婴儿、畜生具。令此时大具召胡客，飨胡使，上幸令官助之具，假之乐。令此其居处乐虞、囷京之畜，皆过其故王，虑出其单于或，时时赐此而为家耳。匈奴一国倾心而冀，人人伀伀惟恐其后来至也，将以此坏其腹。"其五，厚待胡人贵族及其子弟以坏其心："于来降者，上必时时而有所召幸，拊循而后得入官。夫胡大人难亲也，若上於胡婴儿召贵人子好可爱者，上必召幸大数十人，为此绣衣好阓，且出则从，居则更侍。上即飨胡人也，大釂抵也，客胡使也，力士武士固近侍旁，胡婴儿得近侍侧，故贵人更进得佐酒前，上乃幸自御此薄，使付酒钱，时人偶之。为间则出绣衣，具带服宾馀，时以赐之。上即幸拊胡婴儿，捣道之，戏弄之，乃授炙幸自啖之，出好衣，闲且自为赣之。上起，胡婴儿或前或后，胡贵人既得奉酒，出则服衣佩绶，贵人而立於前，令数人得此而居耳。一国闻者、见者，希旷而欲，人人伀伀惟恐其后来至也。将以此坏其心。"五种诱饵，概言之，就是尽量满足匈奴民众的物质欲望和精神享受："牵其耳、牵其目、牵其口、牵其腹，四者已牵，又引其心，安得不来？"

如此，争取匈奴民众，孤立单于，进而令其降服："三表已谕，五饵既明，则匈奴之中乖而相疑矣，使单于寝不聊寐，饭失其口，挥剑挟弓而蹲穹卢之隅，左视右视，以为尽仇也。彼其群臣，虽欲毋走，若虎在后；众欲无来，恐或轩之，此谓势然。其贵人之见单于，犹连虎狼也；其南面而归汉也，犹弱子之慕慈母也。其众人之见将吏，犹㘣连仇雠也；南乡而欲走汉，犹水流下也。将使单于无臣之使，无民之守，夫恶得不系颈稽颡，请归陛下之义哉！此谓战德。"

贾谊又提出设立关市吸引分化匈奴人："夫关市者，固匈奴所犯滑而深求也，愿上遣使厚与之和，以不得已许之大市。使者反，因于要险之所，多为凿开，众而延之，关吏卒使足以自守。大每一关，屠沽者、卖饭食者，羹臛膹炙者，每物各一二百人，则胡人著于长城下矣。是王将强北之，必攻其王矣。以匈奴之饥，饭羹啗膹炙，暉湎多饮酒，此则亡竭可立待也。赐大而愈饥，财尽而愈困，汉者所希心而慕也。匈奴贵人，以其千人至者，显其二三；以其万人至者，显其十余人。夫显荣者，招民之机也，故远期五岁，近期三年之内，匈奴亡矣。此谓德胜。"

董仲舒在《春秋繁露·世务》中也记载了大夫和文学双方关于如何对待匈奴的辩论。大夫一方认为必须采取进击的办法除去边患："汉之有匈奴，譬若木之有蠹，如人有疾，不治则寖以深。故谋臣以为击夺以困极之。诸生言以德怀之，此有其语而不可行也。诸生上无以似三王，下无以似近秦，令有司可举而行当世，安蒸庶而宁边境者乎？"而文学一方则坚持以德不以力说："昔齐桓公内附百姓，外绥诸侯，存亡接绝，而天下从风。其后，德亏行衰，葵丘之会，振而矜之，叛者九国。《春秋》刺其不崇德而崇力也。故任德，则强楚告服，远国不召而自至；任力，则近者不亲，小国不附，此其效也。诚上观三王之所以昌，下论秦之所以亡，中述齐桓所以兴，去武行文，废力尚德，罢关梁，除障塞，以仁义导之，则北垂无寇虏之忧，中国无干戈之事矣。"大夫一方主张对匈奴采取豫先防备之策，认为"事不豫辨，不可以应卒。内无备，不可以御敌。……虽有诚信之心，不知权变，危亡之道也。春秋不与夷、狄之执中国，为其无信也。匈奴贪狼，因时而动，乘可而发，飙举电至。而欲以诚信之心，金帛之宝，而信无义之诈，是犹亲跖、蹻而扶猛虎也。"虽如此，文学一方仍坚持以诚信仁义之德对待匈奴，指出："春秋'王者无敌。'言其仁厚，其德美，天下宾服，莫敢交也。德行延及方外，舟车所臻，足迹所及，莫不被泽。蛮、貊异国，重译自至。方此之时，天下和同，君臣一德，外内相信，上下辑睦。兵设而不试，干戈闭藏而不用。……君仁莫不仁，君义莫不义。"大夫一方则指出，"今匈奴挟不信之心，怀不测之诈，见利如前，乘便而起，潜进市侧，以袭无备。是犹措重宝于道路而莫之守也。求其不亡，何可得乎？"文学一方则依然坚信"诚信著乎天下，醇德流乎四海，则近者哥讴而乐之，远者执禽而朝之。故正近者不以威，来远者不以武，德义修而任贤良也。……方此之时，贱货而贵德，重义而轻利，赏之不窃，何宝之守也！"这些讨论表明了匈奴对汉朝北部边地的威胁以及汉朝内部对于匈奴的不同态度。

汉武帝元光二年（前 133 年）六月，采纳大臣王恢建议，派马邑（今山西朔县）商人聂壹出塞诈降，佯称愿意引攻马邑，诱使匈奴臣单于（冒顿之孙）入塞。同时派韩安国为护军将军，李广、公孙贺、王恢、李息等为将军，率兵三十万，在马邑城附近设伏，欲歼灭匈奴主力。结果谋泄，匈奴因此和汉朝断绝和亲，并频繁派兵抢掠北部边地，汉亦派兵征战。元光六年（前 129 年）春，"匈奴入上谷，杀掠吏民"，[18]汉遣车骑将军卫青、轻车将军公孙贺、骑将军公孙敖、骁骑将军李广各率骑兵万人，分四路合击匈奴。但只有上谷出击的卫青一路直击龙城。元光六年（前 129 年）秋，匈奴多次侵入北部边地，其中渔阳郡受到抢掠最为严重。汉武帝于是以卫尉韩安国为材官将军，屯兵渔阳。[19]元朔元年（前 128 年）秋，匈奴又遣二万骑兵侵入北边，汉辽西太守被杀，两千余人被掠。而韩安国则误信降俘之言，以为匈奴已去，防守疏忽，奏请朝廷罢除屯兵。[20]结果，一月后，匈奴又侵入渔阳，击败"渔阳太守军千余人"，包围韩安国的军营。韩安国出战负伤，直至燕地救兵至，匈奴才"虏略千余人及畜产去。"[21]武帝令韩安国守右北平。次年，韩安国死，武帝以李广为右北平太守，勒兵严密防守，"匈奴号曰'汉飞将军'，避之，数岁不入界。"[22]元朔二年（前 127 年）春，匈奴又侵入上谷、渔阳郡，"杀掠吏民千余人。"[23]武帝命将军卫青、李息率兵大败匈奴，尽复河南失地，并置朔方、五原郡。元狩元年（前 122 年），匈奴遣骑兵万余侵入上谷，"杀数百人而退。"[24]次年（前 121 年），武帝令博望侯张骞率一万骑兵、郎中令李广率四千骑兵，自右北平分道合击匈奴左贤王。[25]结果，李广被匈奴左贤王率领的四万骑兵包围，双方兵力强弱悬殊。李广令其子李敢率数十骑兵突围，杀伤匈奴兵卒甚众，稳定了军心。李广又接连射杀匈奴将领数人，匈奴军队不敢逼近。次日，张骞援军赶至，匈奴兵退解围。元狩二年（前 121 年），汉骠骑将军霍去病进军陇西，击败右部匈奴，控制了河西地区，切断匈奴右部与羌人的联系。次年（前 120 年），匈奴又入掠右北平、定襄，杀略千余人，以为报复。元狩四年（前 119 年），武帝派大将军卫青，骠骑将军霍去病各率五万骑，分东西两道，在漠北与匈奴决战，捕获斩杀匈奴兵九万余人，匈奴从此远遁，"幕（漠）南无王庭"。元封六年（前 105 年），儿单于（伊稺斜之孙）即位，率领匈奴诸部西徙，"左方兵直云中，右方兵直酒泉、敦煌。"[26]其后，除武帝征和二年（前 91 年）匈奴一度进入上谷外，幽州、渔阳、右北平等地基本不再受匈奴骚扰，匈奴对西汉北边的威胁得以解除。

汉武帝时能够抗击匈奴的军事扰掠，是因为有着强大的财力支撑，主要是推行了桑弘羊等制定的盐铁官营、酒类专卖及均输、平准、统一铸币等重大政策。虽然这些措施有助于掌握全国经济命脉，加强中央集权，打击地方割据势力，抗御匈奴的军事侵扰，但同时也给农业生产、中小工商业和百姓生活带来了不便与艰难，尤其是冲击了地方诸侯和富商大贾的既得利益，因而引起他们的极度不满和强烈反对。昭帝即位后，于始元六年（前81年）二月，从各地征召贤良、文学六十多人到长安，与御史大夫桑弘羊、丞相车千秋为代表的官员就盐铁官营、酒类专卖、均输、平准、统一铸币等财经政策，以至屯田戍边、对匈奴和战等重大问题展开讨论。三十年后，这次朝野之间就民间所疾苦问题进行辩论的官方记录，被桓宽推衍整理，增广条目，著成《盐铁论》。从《盐铁论·本议第一》中，我们可以看到，抵抗匈奴成为盐铁官营、酒类专卖等举措的原因之一。辩论中，文学一方反对盐铁官营，他们说："今郡国有盐、铁、酒榷、均输，与民争利，散敦厚之朴，成贪鄙之化。"而桑弘羊等大夫一方则认为盐铁官营是为抗击匈奴的实际所需，故而必须官营，他们说："匈奴背叛不臣，数为寇暴于边鄙，备之则劳中国之士，不备则侵盗不止。先帝哀边人之久患，苦为虏所系获也，故修障塞。饬烽燧，屯戍以备之。边用度不足，故兴盐、铁，设酒榷，置均输，蓄货长财，以佐助边费。今议者欲罢之，内空府库之藏，外乏执备之用，使备塞乘城之士饥寒于边，将何以赡之？罢之，不便也。"文学则坚持以仁义道德使匈奴归附，他们以孔子之说反诘说："善克者不战，善战者不师，善师者不阵。修之于庙堂，而折冲还师。王者行仁政，无敌于天下，恶用费哉？"桑弘羊等大夫一方则重申主张说："匈奴桀黠，擅恣入塞，犯厉中国，杀伐郡、县、朔方都尉，甚悖逆不轨，宜诛讨之日久矣。陛下垂大惠，哀元元之未赡，不忍暴士大夫于原野；纵难被坚执锐，有北面复匈奴之志，又欲罢盐、铁、均输，扰边用，损武略，无忧边之心，于其义未便也。"文学一方坚持说："古者，贵以德而贱用兵。孔子曰：'远人不服，则修文德以来之。既来之，则安之。'今废道德而任兵革，兴师而伐之，屯戍而备之，暴兵露师，以支久长，转输粮食无已，使边境之士饥寒于外，百姓劳苦于内。立盐、铁，始张利官以给之，非长策也。故以罢之为便也。"可见，对匈奴的和与战，直接影响到了西汉的社会政治与经济生活。

宣帝神爵二年（前60年），匈奴单于率十万余骑近塞围猎，实乃乘隙入寇边郡。汉遣后将军赵充国率领四万骑兵屯驻五原、朔方、云中、代郡、雁门、定襄、北平、上谷、渔阳九郡，[27]匈奴不敢侵犯北部边塞。宣帝甘露三年（前51年），呼韩邪单于入朝归附，宣帝"赐以冠带衣裳，黄金玺戾绶，玉具剑，佩刀，弓一张，矢四发，戟戟十，安车一乘，鞍勒一具，马十五匹，黄金二十斤，钱二十万，衣被七十七袭，锦绣绮縠杂帛八千匹，絮六千斤"，[28]又令长乐卫尉、高昌侯董忠等率汉军协助呼韩邪部铲除不服势力，前后输粮饷达三万四千斛，郅支单于遂遣子入汉。由于汉朝采取协助呼韩邪抑制郅支之策，引起郅支单于不满。元帝初元五年（前44年），郅支单于请求遣还质子，并杀汉朝使臣谷吉，西迁康居。元帝建昭三年（前36年），汉都护甘延寿与副都护陈汤出兵进攻康居，斩杀郅支单于。郅支既除，呼韩邪单于遂一心归附汉朝。竟宁三年（前33）又娶王昭君入塞和亲。自汉宣帝以后，北部地区匈奴族与汉朝和睦相处，"边城晏闭，牛马布野，三世无犬吠之警，黎庶无干戈之役。"[29]

第二节　东汉时期燕地的民族

西汉末年，王莽秉政，强令匈奴单于改易姓名。这种折辱，使得汉朝与匈奴族的矛盾逐趋激化，燕地等北部边郡又开始遭受匈奴的侵扰。东汉初年，匈奴呼都而尸单于舆（呼韩邪之子）乘中原内乱，与卢芳等割据势力联合，屡次侵扰汉北部边地。建武二年（26年），渔阳太守彭宠叛乱，"遣使以美女缯彩赂遗匈奴。"[30]匈奴单于派遣左南将军率七八千骑兵，在北部边地牵制汉军，以协助彭宠。建武四年（28年），彭宠又派其弟彭纯前往匈奴求援，欲率匈奴骑兵两千余骑，分道袭击驻守良乡的东汉征虏将军祭遵和驻守阳乡（属涿郡）的东汉骁骑将军刘喜，被击破。由于卢芳、彭宠作为内应，匈奴兵力不断南侵，侵扰北边。建武九年（33年），光武帝派遣大司马吴汉率领横野大将军王常、建义大将军硃祐、破奸将军侯进、讨虏将军王霸四将军五万兵士，在高柳（今山西阳高）击败卢芳部将贾览、闵堪，后因匈奴兵援至，汉军又遇雨，汉军失利。光武帝谕令"吴汉还洛阳，硃祐屯常山，王常屯涿郡，侯进屯渔阳。玺书拜王霸上谷太守，领屯兵如故，搏击胡虏，无拘郡界。"[31]次年（34年），光武帝令王霸与渔阳太守陈訢"将兵为诸军锋"，[32]随同吴汉等四将军六万人出塞，追击贾览。匈奴左南将军率数千骑援救贾览，双方连战于平城。王霸等大破匈奴，并追击出塞，"斩首数百级。"建武十二年（36年），由于"卢芳与匈奴、乌恒连兵，寇盗尤数，缘边愁苦"，光武帝为加强赵、魏等地对北边的支援，派王霸与杜茂监督弛刑徒六千余人修建飞狐道。飞狐道在今河北涞源县北飞狐口，其地北通上谷西部，南通赵、魏之地，一旦边境有警，赵、魏等地援兵可急速北援。王霸又奏请由温水（今北京温榆河），自蓟城向军都、居庸等地漕运军粮，以减陆转输之劳。

自建武九年（33年）至建武三十年（54年），王霸治理上谷二十余年，数次与匈奴、乌桓作战，建树颇多。建武十五年（39年），匈奴势头强盛，兵锋南达河东，东汉被迫将雁门、代郡、上谷三郡民六万余口，内迁至常山关（即飞狐口，又称飞狐关）、居庸关以东，[33]匈奴左部亦随之迁居塞内。又在常山关、居庸关一线增置屯兵数千人，筑亭候，修烽火台，以利防守。光武帝又以张堪为渔阳太守，勒兵严守，使匈奴不敢犯边。建武十六年（40年），匈奴贪图汉朝赏赐，将卢芳遣送回东汉。卢芳以自愿归附邀功，光武帝以卢芳为代王。卢芳降后，奏请入京朝见，光武帝令其于次年（41年）正月入朝。这年冬天，卢芳从代地出发，行至昌平时接到不让他入京朝见的诏书，心生疑窦。建武十八年（42年）再次反叛，匈奴遣数百骑迎接卢芳出塞。从此匈奴与乌桓、鲜卑联兵，更加频繁地抄略代郡、上谷、渔阳、右北平、辽西五郡。建武二十一年（45年）冬，匈奴寇略上谷、中山，"杀略抄掠甚众，北边无宁岁。"[34]建武二十二年（46年），匈奴呼都而尸单于舆死，内部又陷入纷争分裂状态。加之匈奴地方连年遭受旱蝗之灾，赤野千里，人畜死于饥疫者大半。匈奴单于蒲奴（舆之子）担心东汉借机进击，遂派使臣到渔阳请求和亲。[35]而呼韩邪单于之孙日逐王比因不能继承单于之位，亦暗通东汉。建武二十四年（48年），匈奴八部大人共议立日逐王比为单于，并袭用呼韩邪之号，归附东汉，东汉令其居于云中。从此，匈奴族分裂为南、北两部。东汉多次协助南匈奴呼韩邪单于比击败北匈奴，迫使其远遁。建武二十六年（50年），东汉将迁徙到常山关、居庸关以东的云中、五原、朔方、北地、定襄、雁门、上谷、代八郡民"归于本土"，[36]北部边郡全部收复。明帝永平十六年（73年），派遣太仆祭彤等征调北部边郡兵力，分四路讨伐北匈奴。其中骑都尉来苗、护乌桓校尉文穆率领的太原、雁门、代郡、上谷、渔阳、右北平、定襄诸郡兵力及乌桓、鲜卑一万一千骑"出平城塞"讨伐北匈奴，未果。[37]同年，北匈奴再次侵入云中，并至渔阳，被云中太守廉范击破。[38]和帝章和二年（88年），以侍中窦宪为车骑将军，执金吾耿秉为副将，率洛阳宿卫、黎阳营、雍营、缘边上谷、渔阳等十二郡兵及羌、胡骑兵共击北匈奴，"大破之。"和帝永元三年（91 年），又派耿夔等率兵击败北匈奴，斩首五千余，北匈奴单于逃亡，其地被鲜卑族乘机进据，其余部十万余从此亦自号鲜卑，鲜卑由此强盛起来。和帝以后，鲜卑、乌桓等族又成为幽州及东汉北边的严重威胁。

东汉末年，南匈奴内部纷争不休，单于的权威被严重削弱。顺帝永和五年（140 年），南匈奴左部句龙大人吾斯、车纽叛乱，东汉五原太守、护匈奴中郎将（又称使匈奴中郎将）陈龟以南匈奴单于无力驭内，迫令他与弟弟左贤王自裁。是年秋，吾斯等共立车纽为单于，联合乌桓、羌戎诸族兵力，"寇掠并、凉、幽、冀四州。"[39] 是年冬，东汉派遣中郎将张耽率幽州乌桓与诸郡营兵，在马邑击溃车纽部众，斩首三千，车纽投降。桓帝延熹元年（158 年），南匈奴诸部反叛，与乌桓、鲜卑联兵，寇略上谷、渔阳等九郡，东汉以张奂为北中郎将，讨平叛乱，南匈奴诸部皆降。张奂以南匈奴单于居车儿无力治理国事，奏请改立左谷蠡王为单于，未准。延熹九年（166 年），张奂被征召为大司农。南匈奴知其离去，于六月联合鲜卑、乌丸兵力，分兵多路入塞，寇掠缘边九郡。桓帝再次任命张奂为护匈奴中郎，督率幽、并、凉三州及度辽、乌桓二营兵力反击。十二月，南匈奴、乌桓闻听张奂兵至，又相率归降。唯独鲜卑部不肯归降，出塞而去。然而，由于东汉对匈奴族的歧视，以及频繁征调，匈奴诸部不堪其苦，叛乱不时发生。灵帝中平四年（187 年），渔阳人张纯勾结鲜卑，在幽州反叛。次年（188 年），灵帝下诏，征发南匈奴兵力，协助幽州牧刘虞讨伐张纯，匈奴单于羌渠派遣左贤王率领骑兵抵达幽州。[40] 匈奴诸部担心东汉征兵无已而反叛，攻杀单于羌渠，羌渠之子於扶罗率部徙居于河东平阳（今山西临汾），与汉族杂处混居。

和帝以后，幽州北边依然面临着东胡余部乌桓、鲜卑族的严重威胁和侵扰。战国时期活跃在燕国以北的山戎族融于东胡，东胡族被燕将秦开打败，力量有所削弱，他们退到东北地区西部和西北部的草原上，休养生息。秦汉之际，东胡势力西向蒙古草原发展，与匈奴发生冲突。汉高帝元年（前 206 年），匈奴冒顿单于"大破东胡王，而虏其民人及畜产，"[41] 从此，东胡族一蹶不振，退出历史舞台，余部分为乌桓与鲜卑。[42] 乌桓又名乌丸，其"俗善骑射"，[43] 俗"与赵、代相类，有鱼盐枣栗之饶"。[44] 自从被冒顿击破后，就臣服匈奴，"岁时输牛马羊皮，过时不具，辄没其妻子。"[45] 由于地处匈奴与汉之间，与燕地相邻，[46] 自"上谷至辽东，地广民稀，数被胡寇"，[47] 既与匈奴和汉族贸易活动频繁，亦常被卷入匈奴与汉朝之争。高祖十二年（前 195 年），燕王卢绾反叛，"率其党数千人降匈奴，往来苦上谷以东。"[48]匈奴单于以卢绾为东胡卢王。景帝中元六年（前144年），"卢绾孙它之，以东胡王降。"这是因为，乌桓族属东胡，当时乌桓等族臣属于匈奴，故匈奴以卢绾祖孙为东胡王，督领乌桓诸部。武帝元狩四年（前119年）派遣骠骑将军霍去病击破匈奴左贤王之后，将乌桓迁徙至上谷、渔阳、右北平、辽西、辽东五郡边外，并设置护乌桓校尉监护和管理乌桓各部，防止乌桓与匈奴交结，为汉王朝侦察匈奴动静，乌桓诸部大人每年经幽州前往长安朝觐一次。[49]乌桓摆脱了匈奴的控制，臣服于汉，与中原的交往密切起来，社会经济得到了恢复和发展，至昭帝时，乌桓渐强。但同时，亦开始恃强而骄，背叛汉朝，不断寇略边地。乌桓原本介于汉朝和匈奴之间，其势力日益强大，遂为匈奴难容，亦为西汉王朝所不许。汉昭帝始元六年（前81年），乌桓掘了匈奴单于的祖坟，以报复当年冒顿单于击灭东胡之仇，匈奴恼怒。元凤三年（前78年），辽东乌桓反叛，匈奴发兵两万进击乌桓，汉大将军霍光也派遣度辽将军范明友率两万骑兵出辽东伐匈奴。其时，匈奴抄掠乌桓之后已去，范明友奉霍光"兵不空出，即后匈奴，遂击乌桓"密令，[50]乘乌桓战败追击之，"斩首六千余级，获其三王首而还。"[51]乌桓从此一面降服于汉，为汉朝保边，与汉军共击匈奴；一面又被迫向匈奴纳皮布税，并时与匈奴联兵，扰掠汉朝边地。元凤六年（前75年），乌桓"复寇幽州"，[52]被度辽将军范明友击退。直至宣帝时，乌桓才又逐渐降附。

王莽新朝建立后，为了出击匈奴，"使东域将严尤领乌桓、丁令（零）兵屯代郡（治所在今河北蔚县东北），皆质其妻子于郡县。"[53]乌桓因水土不服，不愿长期屯守，曾多次要求返还辽西、辽东，均遭拒绝，纷纷逃亡。王莽令诸郡县官吏尽杀乌桓质押的妻、子，乌桓诸部由此对王莽怨怒至深。匈奴乘机引诱乌桓的豪帅为官，因此，乌桓人复归依匈奴，与匈奴不断寇掠北部边郡。东汉初年，乌桓与匈奴、鲜卑联兵寇边，代郡以东的幽州所遭乌桓侵扰最甚。因乌桓聚居之地接近东汉边塞，袭击便捷快速，"朝发穹庐，暮至城郭，五郡（代郡、上谷、渔阳、右北平、辽西）民庶，家受其辜，至于郡县损坏，百姓流亡。"[54]其时，居住在上谷郡的塞外乌桓白山部最强，对幽州威胁最大。建武二十一年（45年），光武帝派遣伏波将军马援率三千骑兵进攻乌桓白山部，但乌桓预知消息，相继逃走。马援追杀百人而还，结果乌桓又尾随而回击马援，马援兵力连夜奔逃入塞，"马死者千余匹。"[55]此役失败后，乌桓对汉朝北边的威胁渐渐凸显。王霸任上谷太守时，与匈奴、乌桓之间"大小数十百战。"[56]骠骑大将军杜茂，率军镇守北边时，与匈奴、乌桓"大小数十百战，终不能克。"[57]建武二十二年（46 年），匈奴单于舆死，引发匈奴内部权位之争，且匈奴地区"连年旱蝗，赤地数千里，草木尽枯，人畜饥疫，死耗太半。"[58]乌桓趁匈奴内乱和旱蝗饥荒击败南匈奴，摆脱了匈奴控制，并迫使匈奴向北迁徙数千里。光武帝刘秀见乌桓势力已强，欲借以攻击匈奴，转而采取以币帛贿赂乌桓的策略，乌桓遂归附东汉。建武二十五年（49 年），辽西乌桓大人郝赫旦等 922 人，"率众向化，诣阙朝贡，献奴婢牛马及弓虎豹貂皮。"[59]光武帝诏封"乌桓渠帅为侯王君长者八十一人，使居塞内，布于缘边诸郡，令招来种人，给其衣食，遂为汉侦候，助击匈奴、鲜卑。"[60]同时复置乌桓校尉"于上谷宁城，开营府，并领鲜卑，赏赐质子，岁时互市焉。"[61]徙居塞内的乌桓诸部分布于"辽东属国、辽西、右北平、渔阳、广阳、上谷、代郡、雁门、太原、朔方诸郡界。"[62]塞外的赤山乌桓则自赤山（今内蒙古赤峰市）西徙至渔阳塞外。明帝、章帝、和帝三世，内附的乌桓诸部经常协同汉军进击北匈奴，保边护塞。

但是，东汉政府采取"引乌丸之众从征讨"政策，[63]以乌桓人自愿"留宿卫"为名，把大批乌桓绮兵编为"乌桓胡骑"，直接由汉朝的宿卫兵校尉统领，一则利用乌桓骑兵助击匈奴、鲜卑，二则用乌桓骑兵镇压起义农民。东汉后期，政治腐败，更加频繁地征发和役使乌桓诸部作战，乌桓部族不堪其苦，经常叛乱。安帝永初三年（109 年）夏，渔阳乌桓与"右北平胡千余寇代郡、上谷"，[64]遭汉军反击，再次归降。顺帝阳嘉四年（135 年），乌桓寇略云中。永和五年（140 年），南匈奴左部句龙王吾斯等招诱西部乌桓大人阿坚、羌渠等反叛，寇略幽、并等州。桓帝时，鲜卑大人檀石槐统一鲜卑诸部，乌桓亦归附鲜卑。桓帝延嘉元年（158 年）、九年（166 年），乌桓两次与南匈奴、鲜卑联兵，寇略上谷、渔阳等郡。延熹八年（165 年）五月，桂阳郡（今湖南郴州）人胡兰聚众起事，桂阳太守任胤弃城逃跑。胡兰势力很快发展至数万人，进攻零陵郡（今广西全州西南），零陵太守陈球固守待援。东汉以度尚为中郎将，强征幽、冀、黎阳乌桓步骑两万六千，跋涉数千里，前往镇压。[65]就这样，乌桓多次被征发，死亡殆尽，皆愿作乱。

汉灵帝中平元年（184 年），张角率领的黄巾大起义爆发，各地亦闻风起兵，其中即有凉州金城郡人韩遂在凉州起兵。东汉以太尉张温为车骑将军，张温强令征发幽州乌桓骑兵三千攻讨韩遂，并拒绝了原中山国相、渔阳人张纯亲率乌桓西征的请求，而以涿县县令公孙瓒为将。乌桓骑兵到蓟中，因粮饷不继，饥乏交迫，不堪忍受，纷纷叛逃。张纯亦因不得任命而心中怨怒，与同郡人、原泰山太守张举及乌桓大人丘力居等结盟，劫略蓟中，杀护乌桓校尉公綦稠（一作箕稠）、右北平太守刘政、辽东太守阳终等，聚众十余万，屯驻肥如（今河北卢龙县北）。[66]张纯自号"天安定王"，成为诸郡乌桓的统帅，寇掠青、徐、幽、冀四州。[67]五年（188年），东汉以前幽州刺史、宗室刘虞为幽州牧，又诏令公孙瓒讨张纯。公孙瓒与张纯、乌桓战于石门（今天津盘山），大胜。张纯与乌桓丘力居溃逃出塞，其后仍不时寇略边地。中平六年（189年）二月，刘虞到任，招诱鲜卑、乌桓各族。三月，张纯被家仆王政杀死，王政持其首级送往蓟城，张纯之乱遂平。公孙瓒嫉妒刘虞平定幽州之功，暗中派人截杀乌桓使者，被刘虞获悉。刘虞奏请罢止幽州屯兵，只留公孙瓒率步骑万人屯兵右北平。刘虞治理幽州，"开上谷胡市之利，通渔阳盐铁之饶"，与乌桓、鲜卑族互通商贸，故深受鲜卑、乌桓诸部信任，各方基本上处于友好状态。

灵帝时，乌桓形成上谷、辽西、辽东、右北平四个政治中心，其中辽西乌桓丘力居为盛。汉献帝初平元年（190年），辽西乌桓丘力居从子蹋顿统摄辽东、辽西、右北平三郡，雄踞北部边塞，不久又加上上谷乌桓，把统一的范围扩大到四郡，并参与汉族军阀的割据混战之中。初平四年（193年），降虏校尉公孙瓒杀幽州牧刘虞，自领幽州，与冀州牧袁绍交战，刘虞旧属渔阳人鲜于辅等欲为刘虞复仇，共推燕国广阳人、自幼生长于乌桓、鲜卑、为诸部大人所尊信的阎柔为乌桓校尉，招诱乌丸、鲜卑，"得胡、汉数万人"攻打公孙瓒，乌桓峭王感激刘虞的恩德，率族人及鲜卑七千余骑，联合鲜于辅兵力，合击公孙瓒。[68]乌桓蹋顿率辽西、辽东、右北平"三郡乌丸承天下乱，破幽州，略有汉民合十余万户"，[69]辽东乌桓峭王在清河、平原等县亦掠走众多汉人，[70]加上幽、冀两州自动投奔乌桓的官吏和百姓十万余户[71]，总数达二十多万户。建安三年（198年），袁绍击败公孙瓒，占有青、幽、冀、并四州，为酬谢乌桓之助，曾以汉献帝名义封乌桓三个王为单于，并以家人子为己女嫁给乌桓单于。[72]建安五年（200年），官渡之战，袁绍战败，原与乌桓关系密切的阎柔归附曹操，为乌桓校尉。建安九年（204年），曹操将攻袁绍长子袁谭，柳城乌桓峭王欲出兵营救袁谭，被曹操劝止；十年（205年）正月，曹操击败袁绍次子袁尚，袁尚与弟袁熙东投乌桓蹋顿，欲东山再起。四月，"三郡乌丸攻鲜于辅于犷平。"八月，曹操率军渡潞河直奔犷平，"乌丸奔走出塞。"[73]十一年（206年），为彻底消灭袁氏势力，曹操准备出击辽西三郡乌桓蹋顿。为解决军粮转运的困难，采纳董昭建议，在泉州地区（今天津市东南）凿通平虏、泉州二渠，又开辽西新河，以供漕运军粮。十二年（207年），曹操出兵，征调右北平无终（今天津蓟县）人田畴为向导。田畴原是幽州牧刘虞从事，奉命到长安觐见汉献帝，及其返回幽州时，刘虞已被公孙瓒杀害。田畴遂率宗族、随从数百人避居徐无山（今河北遵化县境），几年间归附者达五千余家。此次，曹操征辽西三郡乌桓，田畴应曹操征辟，随军为向导。五月，行至无终时，曹操原拟从无终循东道沿海岸而行，但"时方夏水雨，而滨海洿下，泞滞不通"，乌桓又沿路设防伏击，曹军行进艰难。田畴建议从卢龙塞（今河北卢龙县西北）出发，沿西路袭击乌桓蹋顿居住地柳城（今辽宁朝阳市西南）。曹操采纳田畴计议，采用声东击西之策，一面"树大木表于道侧"，将写有"方今暑夏，道路不通，且俟秋冬，乃复进军"的木牌树于路边麻痹敌人；另一面带军循西路出卢龙塞，"堑山堙谷五百余里，经白檀，历平岗，涉鲜卑庭，东指柳城。"[74]八月，在白狼堆（今辽宁凌源县境）与袁尚、袁熙与蹋顿、楼班、右北平单于等率领的数万骑兵交战，"斩蹋顿及名王以下胡汉降者二十余万口。"[75]辽东乌桓单于苏仆延与袁尚、袁熙率余众数千骑，投奔辽东太守公孙康，公孙康斩三人首级送往曹营。曹操将乌丸降众及乌桓校尉阎柔所统幽、并州万余部迁到邺城附近诸郡及幽州治所蓟县、并州治所晋阳（山西太原西南）一带，[76]同时精选乌桓士兵，由其王侯大人率领，随曹军征战，"由是三郡乌丸为天下名骑。"[77]三郡乌桓的内迁及编入曹军，使曹操军事力量大增，也促进了幽州及其他地区汉族与乌桓族的融合。自被曹操击败后，乌桓势力渐衰，除了辽东、辽西、右北平三郡乌桓内迁外，其他诸郡乌桓多留在原地。其中代郡乌桓拥有骑兵数万，实力尚强。建安二十三年（218年），代郡乌桓及上谷乌桓等反叛，曹操派鄢陵侯曹彰征讨，投奔鲜卑轲比能部。此后，虽有塞外乌桓活动踪迹，但总体上，乌桓已不再为幽州边患。

鲜卑族亦属东胡余部，[78]"言语习俗与乌桓同，"[79]所产各种珍贵皮毛"天下以为名裘。"[80]楚汉之际，东胡王国被匈奴冒顿击破后，鲜卑族徙居鲜卑山，并臣服于匈奴。西汉武帝元狩四年（前119年），霍光、卫青击破匈奴，迁乌桓于塞外，鲜卑族遂自北向南迁移，居住在乌桓族故地饶乐水（今西拉木伦河）流域。东汉初年，地处乌桓之北的鲜卑与乌桓经常随同匈奴寇略北部边郡，"杀掠吏人，无有宁岁。"[81]东汉建武二十一年（45年），鲜卑随匈奴攻辽东，被辽东太守祭肜斩获殆尽，[82]此后不敢进犯边塞。建武二十五年（49年），匈奴分裂为为南、北两部,南匈奴呼韩邪单于归附汉朝,塞外乌桓内迁辽西、右北平、渔阳、广阳、上谷、代郡十郡为东汉保边后,原塞外故地被南下的鲜卑人占据,且使塞外乌桓余部归附,鲜卑族活动区域遂与东汉边地接壤。而匈奴势力此时已不能控制鲜卑,东汉于是派遣使者,以财利诱惑,令其归附。鲜卑大都护偏何遣使向辽东太守祭彤表明归附之意愿。祭彤则令其进击北匈奴左伊育訾部,以示归附诚意。偏何遂率鲜卑骑兵进击北匈奴,斩首二千余级。[83] 同年,东汉在上谷宁城复设护乌桓校尉,由护乌桓校尉并领鲜卑。建武三十年(54年),鲜卑大人于仇贲、曼头等至洛阳朝贺,刘秀封于仇贲为王、曼头为侯。明帝(刘庄)永平元年(58年),偏何又协助东汉击破屡犯上谷的渔阳赤山乌桓歆志贲部,斩其渠帅,从此,"鲜卑大人皆来归附并诣辽东受赏赐",东汉则朝廷征调"青、徐二州给钱二亿七千万赏赐鲜卑。"[84] 在东汉的岁时赏赐之下,鲜卑诸部成为进击匈奴、协助东汉保卫边塞的重要力量。章帝(刘垣)元和二年(85年),鲜卑联合南匈奴、丁零及西域各族进攻北匈奴。章帝章和元年(87年),鲜卑再次攻入匈奴左地,大败北匈奴,斩杀北匈奴优留单于,迫其逃离漠北。和帝永元三年(91年),大将军窦宪派右校尉耿夔击破北匈奴,迫其远遁,"鲜卑因此转徙据其地。匈奴余种留者尚有十余万落,皆自号鲜卑,鲜卑由此强盛",[85] 与东汉北方边郡为邻,双方关系更为密切。在此情形之下,东汉全部"罢缘边屯兵。"但是,随着鲜卑族势力的强盛,与东汉的矛盾日益加深和激化。自和帝(刘肇)、殇帝(刘隆)、安帝(刘祜)、顺帝(刘保)、冲帝(刘炳)、质帝(刘缵)、桓帝(刘志),灵帝(刘宏)百年间,鲜卑经常侵扰袭掠辽东、辽西、右北平、渔阳、代、上谷、雁门、定襄、云中等郡,幽州所受劫掠尤深。和帝永元十三年(101年),辽东鲜卑寇略右北平,又西入渔阳郡界,渔阳太守征调渔阳郡兵力将其击破。[86] 殇帝延平元年(106年),鲜卑"复寇渔阳",渔阳太守张显率数百人出塞追击,不慎遭遇伏兵,张显与兵马掾严授、主簿卫福、功曹徐咸等战死。[87] 安帝永初元年(107年),鲜卑大人燕荔阳"诣阙朝贺",邓太后"赐燕荔阳王印绶,赤车参驾,令止乌桓校尉所居宁城下,通胡市,因筑南、北两部质馆",[88] 鲜卑一百二十部遂皆遣使入贡宁城,复归东汉。

随着东汉政权的强弱,鲜卑族时服时叛。安帝元初年间,辽西、辽东鲜卑又多次侵犯边塞,幽州地区岁无宁日。安帝元初五年(118年)冬,鲜卑寇略上谷,攻打居庸关,[89] 东汉征伐"缘边诸郡、黎阳营兵、积射士步骑二万人,屯列要冲。"[90] 安帝永宁元年(120年),辽西鲜卑大人乌伦、其至鞬（即率鞬侯）率众至度辽将军邓遵处归附，汉封乌伦为率众王、其至鞬为率众侯。安帝建光元年（121年）秋七月，其至鞬反叛，寇略居庸关。九月，攻入云中郡。东汉云中太守成严兵败而死，乌桓校尉徐常被围于马城。度辽将军耿夔与幽州刺史庞参征发广阳、渔阳、涿郡兵力救援，"鲜卑解去。"[91]此后，东汉政府加强了防范力量。建光元年（121年）十一月，"初置渔阳营兵（千人）"；[92]顺帝永建元年（126年）五月，诏令"幽、并、凉州刺史，使各实二千石以下至黄绶，年老劣弱不任军事者，上名。严敕障塞，缮设屯备，立秋之后简习戎马。"[93]十月，复令幽州刺史在"缘边郡增置步兵，列屯塞下。"[94]此外，又利用南匈奴、乌桓骑兵来对抗鲜卑的侵扰。顺帝永建三年（128年）、四年（129年），鲜卑频频寇略渔阳、朔方。永建六年（131年）秋，东汉护乌桓校尉耿晔"遣司马将胡兵数千人，出塞击破之。"同年冬，渔阳太守"遣乌桓兵击之，斩首八百级，获牛马生口。"[95]顺帝阳嘉元年（132年）冬，耿晔复派乌桓亲汉都尉戎朱庞率诸部出塞进击鲜卑，大胜。阳嘉二年（133年）春，东汉护匈奴中郎将赵稠派兵将出塞袭击鲜卑，亦斩获甚众。同年，其至鞬死，部众离散，北边所受"鲜卑抄盗差稀"，幽州地区暂获安宁。

东汉桓帝时，鲜卑大人檀石槐统一鲜卑诸部，[96]势力强盛，"兵利马疾，过于匈奴。"[97]他们不肯接受东汉的和亲要求，频繁寇略东汉北部边郡。桓帝延熹元年（158年），鲜卑与叛汉的乌桓、南匈奴各部扰略北边上谷、渔阳等九郡，九年（166年），檀石槐又分兵数万侵扰缘边九郡，并"杀掠吏人。"[98]至灵帝时，"幽、并、凉三州缘边诸郡，无岁不被鲜卑寇抄，杀略不可胜数。"[99]其后，灵帝建宁元年（168年）、熹平二年（173年）、四年（175年）、五年（176年）又连连侵扰幽州。单是熹平六年（177年）四月以来，鲜卑就寇略幽、并、凉三边三十余次。是年七月，护乌桓校尉夏育奏请征调幽州诸郡兵力出塞，进击鲜卑。然而幽州诸郡兵力亦十分有限，出塞歼敌因此受限。八月，东汉派遣夏育与破鲜卑中郎将田晏、护匈奴中郎将臧曼，各率万骑，从高柳、云中、雁门出塞，兵分三路，进击檀石槐，结果"丧其节传辎重，各将数十骑奔还，死者什七八"，惨遭失败。[100]灵帝光和二年（179年）、三年（180年）、四年（181年），鲜卑又连续寇略幽州、并二州。光和四年（181年），檀石槐死，其子和连即大人位。灵帝中平二年（185年）、三年（186年），鲜卑仍连年抄掠幽、并二州。之后，和连死，其子骞曼年幼，和连之兄子魁头代立大人位。其后，骞曼年长，又与魁头争位。由此，鲜卑内部纷争加剧，部族离散，对幽州地区的侵犯亦随之减弱。

注释：

（1）（2）《史记》卷一一五《朝鲜列传》。

（3）（17）（41）《史记》卷一一〇《匈奴列传》。

（4）（6）（7）（10）（11）《后汉书》卷八五《东夷列传》。

（5）《汉书》卷九九《王莽传》，《后汉书》卷八五《东夷传》。

（8）翁独健主编：《中国民族关系史纲要》，中国社会科学出版社，1990 年，143—145 页。

（9）李巡：《尔雅·释地》注；邢昺《论语注疏》。

（12）（13）（15）（62）（63）（77）《三国志》卷三〇《魏书·乌丸鲜卑东夷传》。

（14）本内容参阅了江应樑先生主编的《中国民族史》上，民族出版社，1990 年，第 152 页。

（16）《史记》卷六《秦始皇本纪》。

（18）（23）（24）《汉书》卷六《武帝纪》。

（19）《资治通鉴》卷十八，汉光武帝元光六年秋。

（20）（21）（22）《汉书》卷五二《韩安国传》。

（25）匈奴官制，自单于以下分左、右贤王，左、右贤王以下分左、右谷蠡王等。

（26）《汉书》卷九四上《匈奴传上》。

（27）（28）（29）《汉书》卷六九《赵充国传》。

（30）《后汉书》卷一二《彭宠列传》。

（31）（32）（56）《后汉书》卷二〇《王霸列传》。

（33）《后汉书》卷一下《光武帝纪下》。

（34）（35）（38）（39）（58）《后汉书》卷八九《南匈奴列传》。

（36）《资治通鉴》卷四四，汉光武帝建武二十六年秋条。

（37）《资治通鉴》卷四五，汉明帝永平十六年二月条。

（40）《资治通鉴》卷五九，汉纪十一灵帝中平五年。

（42）《史记》卷一一〇《匈奴列传》"索隐"引服虔注说："东胡，乌桓之先，后为鲜卑。在匈奴东，胡曰东胡。"《后汉书·乌桓鲜卑传》亦载："乌桓者，本东胡也。汉初，匈奴冒顿灭其国，余类保乌桓山，因以为号焉。"又曰："鲜卑者，亦东胡之支也，别依鲜卑山，故因号焉。其言语习俗与乌桓同。"

（43）《三国志》卷三〇《乌丸鲜卑东夷传》注王沈《魏书》，第 832 页。

（44）（47）《汉书·地理志》

（45）（50）（52）（53）（54）（55）（59）（61）（67）（71）（76）《后汉书》卷九〇《乌桓列传》。

（46）《史记》卷一二九《货殖列传》云："夫燕亦勃、碣之间一都会也，……

北邻乌桓。”

（48）《汉书》卷九四上《匈奴传上》。

（49）《史记》卷九三《卢绾列传》。

（51）《汉书》卷九四上《匈奴传上》。

（57）《资治通鉴》卷四三，汉光武帝建武十二年。

（60）《资治通鉴》卷四三，汉光武帝建武二十五年附。

（64）《资治通鉴》卷四九，汉安帝永初三年六月条。又《后汉书》卷五《安帝纪》载：“永初三年六月，乌桓寇代郡、上谷、涿郡。”

（65）《后汉书·度尚传》。

（66）《资治通鉴》卷五八，汉灵帝中平四年五月条。

（68）《后汉书》卷七三《公孙瓒列传》。

（69）（72）（73）（74）《三国志》卷一《魏书·武帝纪》。

（70）《后汉书》卷七三《刘虞传》。

（75）《三国志》卷一一《魏书·田畴传》。

（78）《史记》卷一一〇《匈奴列传》“索隐”引服虔注说：“东胡，乌桓之先，后为鲜卑。”《三国志》卷三〇《魏书·乌丸鲜卑东夷传》说：“鲜卑者，亦东胡之余也。别依鲜卑山，因号焉。”

（79）（80）（81）（84）（85）（87）（89）（90）（97）（98）（99）（100）《后汉书》卷九〇《鲜卑列传》。

（82）（83）《后汉书》卷二〇《祭遵列传附从弟肜传》，卷二〇记载，此役“斩首三千余级，获马数千匹。”

（86）（88）《后汉书》卷四《和帝纪》。

（91）《资治通鉴》卷五〇，汉安帝建光元年九月条。

（92）《后汉书》卷五《安帝纪》。

（93）（94）（95）《后汉书》卷六《顺帝纪》。

（96）《后汉书》卷九〇《鲜卑列传》载：“南抄缘边，北拒丁零，东却夫余，西击乌孙，尽据匈奴故地，东西万四千余里，南北七千余里。”

魏晋十六国北朝时期

　　三国两晋南北朝时期，是我国历史上民族大融合的时代，也是我国历史上民族关系较为复杂的时代。在这个时期，中央王朝的灭亡造成了全国政治局势的分裂，各个割据政权在相互对抗的过程中消耗了巨额的军事力量，由此而削弱了对边地少数民族势力的抵御能力，使得各个少数民族、特别是北方的游牧民族势力纷纷进入中原地区，有些甚至建立了规模较大的割据政权。从三国时代的汉族政权分立，到南北朝少数民族政权与汉族政权的对峙，充分显示了民族融合在中原地区开始占有越来越重要的位置。

　　魏晋北朝时期的幽州，由于地处各民族会聚的北方，更成为各民族势力的必争之地。幽州的这种地理位置决定了它在历史上所扮演的角色，一方面，它曾经是中原王朝在华北地区巩固统治，并进一步经略东北地区的军事重镇；另一方面，它又是北方少数民族南进的军事基地，只有占据幽州，才能够进一步向中原地区发展。这种军事上的重要价值，早在先秦时期就已经成为人们的共识。因此，从西晋的短暂一统天下，到北魏政权巩固在北方的统治之间，幽州地区就一直是北方少数民族势力竭力争夺的目标，并且有些少数民族政权在此设置都城。

　　在幽州地区，魏晋南北朝时期先后有匈奴、乌桓、鲜卑、羯、氐、羌、柔然、契丹、库莫奚、突厥等民族陆续活跃在这里，对幽州地区的政治、经济、文化发展都产生了较大影响。民族冲突与民族融合，一直是这里历史发展的一条主线。但是，少数民族政权与中原王朝争夺的焦点不是在这里，而是在天下之中的洛阳一带。故而北魏政权在巩固了统治之后就把都城从平城（今山西大同）迁到了洛阳。当时的平城与幽州一样，都是极为重要的战略军镇，但是却都承担不了作为京城的重任。因此，这个时期的幽州只能是民族融合的一处重要场所，对全国政治、经济的发展还没有起到重大的影响。

第一章　魏晋时期的幽州民族

第一节　鲜卑、乌桓的社会经济与文化习俗

鲜卑为我国古代属东胡系统的民族之一。秦末汉初之际，匈奴王冒顿单于击败东胡。东胡人北迁至鲜卑山和乌桓山，各以山名为族号，分别形成鲜卑人和乌桓人。近年来，考古学、历史地理学与民族史的研究探明，最初的鲜卑山分布在大兴安岭山脉一带。一些学者认为鲜卑源于春秋及春秋以前的山戎或白夷。战国前后，与乌桓等加入东胡部落联盟（或民族），成为东胡的余类及别支，其语言习俗与乌桓略同。秦汉之际，匈奴破东胡后，两者又各以族相聚，分别恢复鲜卑和乌桓之称于世。[1]

鲜卑部落集团可能先秦时已游牧于大兴安岭山脉中部与北部，而兴起则晚于乌桓，其名始显于东汉初年。鲜卑分布在乌桓之北，两者均受匈奴役属，与汉朝保持时战时和关系。东汉三国以来，鲜卑不断南迁西进，据有匈奴故地，东起辽东西至陇右，遍布其足迹。汉武帝元狩二年（前121年）、四年（前119年），霍去病两次击败匈奴左贤王，徙乌桓于上谷等五郡塞外，原分布在鲜卑山的鲜卑人随之向西南迁至乌桓故地饶乐水（今西拉木伦河）流域，而分布在大鲜卑山的拓跋鲜卑先祖不久也南迁至大泽，即呼伦贝尔草原一带。东汉初，乌桓由五郡塞外南迁，鲜卑则南迁至五郡塞外。东汉和帝永元年间（89—105年），北匈奴为汉朝与乌孙、丁零、乌桓及鲜卑等击败，被迫西迁，于是鲜卑大规模南迁西徙，进至匈奴故地，留在漠北的十余万落匈奴余众，亦自号鲜卑。鲜卑在南迁西进过程中，又与匈奴、丁零（高

车）、乌桓、汉人等混血而形成许多新部别。如和匈奴余种在草原地带错居杂处，相互婚媾，在南部出现了胡父母鲜卑的铁弗匈奴，在阴山以北出现鲜卑与铁勒混合的乞伏鲜卑先祖。在西拉木伦河一带，由于南匈奴之后宇文氏从阴山迁至此地，统治了当地鲜卑，而出现了宇文鲜卑等。檀石槐、柯比能等部落集团及后起的宇文氏、慕容氏、段氏，后世学者称为东部鲜卑。一说北部鲜卑进入匈奴故地后，与匈奴余部融合，成为所谓鲜卑父胡母之拓跋氏。而慕容氏的一支吐谷浑西迁，与当地羌人等融合成为吐谷浑部，与河西秃发氏、陇右乞伏氏等称为西部鲜卑。当拓跋鲜卑建立北魏统一中原后，便把鲜卑名称据为己有，称慕容氏、段氏为东部、白部或徒河（徒何），称宇文氏为匈奴。

其中慕容氏、乞伏氏、秃发氏，在十六国南北朝时期分别在中原和河陇地区建立前燕、后燕、西燕、南燕、西秦、南凉；拓跋氏建立代国，后又建立北魏，并统一北方，兼并其他鲜卑诸部；宇文氏建立北周；吐谷浑在今甘南、四川西北及青海等地区建国，延续至隋唐。

鲜卑在占据老哈河及其以南地区以前，其主要生产是畜牧和射猎捕鱼。直至东汉后期桓、灵帝时，鲜卑人还保持着游牧兼狩猎的生活方式。当时"鲜卑众日多，田畜射猎，不足给食。后檀石槐乃案行乌侯秦水，广袤数百里，停不流，中有鱼而不能得。闻汗人善捕鱼，于是檀石槐东击汗国，得千余家，徙置乌侯秦水上，使捕鱼以助粮"。[2]随着鲜卑人大批地从东北地区向蒙古草原中部、西部转移，辽阔的草原为游牧业的发展提供了良好的条件。在曹魏时，仍以畜牧业为主。鲜卑经常以牛马与汉魏进行交易。如曹魏黄初三年（222年），柯比能等驱牛马七万余口交市，换回中原地区的精金良铁及布帛缯缯、粮食等生活用品乃至奇珍异宝。鲜卑大人并常以马为奇货，用禁售相要挟。如魏初东部鲜卑各部大人"乃共要誓，皆不得以马与中国市。"[3]鲜卑从游牧向农耕的转化过程比乌桓人要长得多，而且各部之间发展不平衡。魏晋时鲜卑的一些部落才逐渐兼营农耕，大规模的农耕是在进入黄河流域以后。

在宗教信仰方面，鲜卑与乌桓一样，初期信崇巫术，祭祀天地日月星辰山川。进入中原及西迁关陇河西后，逐渐信仰佛教，有的兼奉道教。寺宇林立，石窟遍布，著名的有大同云冈石窟、洛阳龙门石窟、敦煌千佛洞、天水麦积崖、巩县石窟寺、响堂山石窟、炳灵寺石窟等。这些雕塑绘画艺术，既创造了佛、菩萨、金刚、梵天王、飞天之类栩栩如生的形象，又展示了鲜卑文化与中原及西域文化汇融之璀璨画卷，并对后世了解当时社会生活各方面提供了珍贵资料。丧葬习俗方面，也与乌桓类似，敛尸以棺，殉以狗、乘马、衣物等。一般为土葬，如《宋书》记载拓跋鲜卑的祭祀和葬俗说："其俗以四月祠天，六月末率大众至阴山，谓之却霜。阴山去平城六百里，深远饶树木，霜雪未尝释，盖欲以暖气却寒也。死则潜埋，无坟垄处所，至于葬送，皆虚设棺柩，立冢椁，生时车马器用皆烧之以送亡者。"[4]

《后汉书·鲜卑传》和王沈《魏书》载，鲜卑"其言语习俗与乌丸同"，属东胡语分支，一说属阿尔泰语系蒙古语族，认为与蒙古语"相去无几"。[5]初鲜卑无自己文字，刻木为信，邑落传行。入中原地区后，通行鲜卑语，但逐渐汉化，用汉字，兼说汉话。北魏初，鲜卑拓跋部等仍操鲜卑语，史称"后魏初定中原，军容号令，皆以夷语（即鲜卑语）"，[6]鲜卑语是当时的官语。

第二节　乌桓、鲜卑与汉末魏晋时期的幽州

乌桓自匈奴衰落，开始对汉王朝形成威胁。汉武帝元狩 4 年（前 119 年），汉骠骑将军霍去病进攻匈奴左地，迁乌桓于上谷、渔阳、右北平、辽东、辽西五郡，置护乌桓校尉。汉光武帝建武二十二年（46 年）乌桓趁匈奴内乱之时进攻匈奴，把匈奴赶出大漠以南。东汉对乌桓优抚，允许乌桓人部分移居太原关内各地，驻牧于辽东属国，乌桓人大多归附于汉。乌桓南迁后，原居地为鲜卑所占，留在塞外的部分乌桓人民，亦附鲜卑，常助鲜卑寇边，幽州多被其患。

鲜卑族同乌桓一样，由于匈奴的衰微而取而代之，曾归附东汉。匈奴西迁后尽有其故地，留在漠北的匈奴 10 多万户均并入鲜卑，势力逐渐强盛。西元二世纪中叶首领檀石槐被鲜卑各部推为"大人"，建立包括宇文、慕容、拓跋、段、乞伏等部的军事联盟，分东、中、西三部，各部均置大人统领。东汉遣使持印绶封檀石槐为王。鲜卑在檀石槐的带领下不断壮大，建牙帐于高柳（今山西阳高县）北三百余里的弹汗山（今内蒙古商都县附近）仇水（今东洋河）。随后，檀石槐率部北拒丁零，东败扶余，西击乌孙，南扰汉边，尽据匈奴故地。檀石槐领导时期，鲜卑对汉幽并一带形成严重威胁。

汉末政治的腐败，对乌桓、鲜卑等民族的处置也多有不当，尤其占据幽州的政治势力多想利用乌桓、鲜卑的军事力量，保障自己的势力。在这种背景下，乌桓与鲜卑在幽州的活动十分频繁。曹魏之际，乌桓衰微，鲜卑强盛。为保障幽州的安定，曹魏对鲜卑实施了多种手

段，使幽州进入一个比较稳定的发展阶段。

黄巾起义后，东汉宗室东海恭王五世孙刘虞于公元189年出任幽州牧。此时"幽部应接荒外，资费甚广，岁常割青、冀赋调二亿有余以足之。时处处断绝，委输不至"。[7]而刘虞到部后"敝衣绳屦，食无兼肉，务存宽政，劝督农桑，开上谷胡市之利，通渔阳盐铁之饶，流民皆忘其迁徙焉。"[8]此前，渔阳人张纯和泰山太守张举借乌桓铁骑的力量，自称天子和安定王，公然与东汉政权对抗。刘虞初到幽州："遣使至鲜卑中，告以利害，责使送张举、张纯首，厚加购赏。丘力居等闻虞至，喜，各遣译自归。举、纯走出塞，余皆降散。虞上罢诸屯兵，但留降虏校尉公孙瓒，将步骑万人屯右北平。三月，张纯客王政杀纯，送首诣虞。公孙瓒志欲扫灭乌桓，而虞欲以恩信招降，由是与瓒有隙。"[9]在刘虞的统治下，比起混战的中原地区，蓟城相对安定一些，因此，中原人为避乱而流入幽州的达百万余口，对幽州农业经济的发展和人口的增长做出了一定贡献。

因对鲜卑、乌桓的政治策略不同，刘虞与在幽州拥有实力的公孙瓒结下矛盾，四年后刘虞被公孙瓒攻杀。刘虞被攻灭后，公孙瓒取代他尽有幽州之地。公孙瓒占据了幽州，"志气益盛，恃其才力，不恤百姓，记过忘善，睚眦必报。衣冠善士，名在其右者，必以法害之，有材秀者，必抑困使在穷苦之地。……所宠爱，类多商贩、庸儿，与为兄弟，或结婚姻，所在侵暴，百姓怨之。"[10]由于未能很好地处理好幽州境内各种复杂的关系，特别是未能处理好与乌桓、鲜卑等民族的关系，结果"刘虞从事渔阳鲜于辅等，合率州兵欲共报仇，以燕国阎柔素有恩信，推为乌桓司马。柔招诱胡、汉数万人，与瓒所置渔阳太守邹丹战于潞北，斩丹等四千余级。乌桓峭王亦率种人及鲜卑七千余骑，随辅南迎虞子和，与袁绍将麹义合兵十万共攻瓒，破瓒于鲍丘，[11]斩首二万余级。于是代郡、广阳、上谷、右北平各杀瓒所置长吏，复与鲜于辅、刘和兵合，瓒军屡败。"[12]最终瓒为袁绍所取代，更揭开了汉末幽州地方割据局面的序幕。

东汉末年时期的幽州，已经是乌桓和鲜卑环伺的局面，而任何中原地方势力要想在幽州站稳脚跟，都必须要借助乌桓、鲜卑等少数民族的力量。建安初年，在关东各地割据称雄的人物中，势力最大者是袁绍。他起兵讨董卓时任渤海太守，乘董卓西迁长安之机，夺得了冀州，随后他又取幽州、青州、并州，兼有河北四州之地。初平元年（190年），辽西乌桓大人蹋顿统一现辽宁一带的乌桓各部。袁绍将乌桓势力引为己用，"乌桓乘天下乱，略有汉民十余万户，袁绍皆立其酋豪为单于，以家人子为已女，妻焉。辽西乌桓蹋顿尤强，为绍所厚，故尚兄弟归之，数入塞为寇，欲助尚复故地。"[13] 由此，乌桓和鲜卑大量进入幽州，与当地汉族人民杂居，成为了一只举足轻重的政治、军事力量。

汉献帝建安十年（205年）袁绍官渡之战之后败给曹操，其子袁熙、袁尚投奔乌桓蹋顿，乌桓继续支持袁氏势力对抗曹操。曹操为了制服乌桓，特凿经过幽州的平虏渠、泉州渠以通运。[14] 汉献帝建安十二年（207年），曹操率大军大破蹋顿乌桓，次年初，曹操彻底消灭了袁氏的残余力量，并打败了三郡乌桓。他把被乌桓俘获的汉人十余万户和幽州、并州的乌桓三万余落迁入塞内，基本统一了北方。乌桓铁骑也成为曹操争夺天下的一支重要军事力量。曹操对乌桓的战争保障了北方的安全，有利于当时社会生产的恢复和发展，并在一定程度上杜绝了幽冀统治者勾结乌桓进行割据的可能性，巩固了北方的统一。

曹魏时期，由于乌桓势力衰微，幽州地区有影响力的民族已经是鲜卑了。檀石槐死后，诸部联合瓦解，有步度根、轲比能等首领，各拥所部附属于曹魏。魏文帝登位后，北部边塞受到鲜卑等部族的严重威胁。《三国志》载："文帝初，北狄强盛，侵扰边塞，乃使（田）豫持节护乌桓校尉，牵招、解俊并护鲜卑校尉。"[15] 又载"文帝践阼，拜（牵）招使持节护鲜卑校尉，屯昌平。"[16]《水经注·漯水》云："漯水又东迳昌平县故城北，王莽之长昌也。昔牵招为魏鲜卑校尉，屯此。"[17] 田豫、牵招等在幽州的治理颇有成效，《牵招传》云："是时，边民流散山泽，又亡叛在鲜卑中者，处有千数。招广布恩信，招诱降附。"[18] 太和五年（231年）四月，"鲜卑附义王轲比能率其种人及丁零大人儿禅诣幽州贡名马。"[19]

魏明帝青龙三年十一月，幽州刺史王雄使勇士韩龙刺杀鲜卑轲比能，鲜卑"自是种落离散，互相侵伐，强者远遁，弱者请服，边陲遂安。"[20] 迄魏晋禅代之际，幽州的统治都是比较安定的。

第三节　西晋卫瓘、张华出镇幽州时期的民族政策

西晋泰始元年（265年）十二月，司马炎建立西晋王朝。西晋时期，对幽州民族关系有较大贡献的有卫瓘和张华。

西晋泰始七年（271年）八月丙申，"以征东大将军卫瓘为征北大将军，都督幽州诸军事。"[21] 卫瓘为征北大将军，都督幽州诸军事、幽州刺史、护乌桓校尉。"于时（晋武帝泰始初至太康初）幽并东有乌

桓，西有力微，并为边害。瓘离间二虏，遂致嫌隙。于是乌桓降，而力微以忧死。"[22]拓跋力微（174—277年）是鲜卑索头部领袖，其父为拓跋诘汾，诘汾去世后，力微继位。他继位之初，拓跋部所属的西部鲜卑内乱，相互攻伐，部众离散。力微励精图治，十数年后，旧有部众都来归附，史载当时力微"控弦上马二十余万"，鲜卑成为当时中国北方最为强大的少数民族。由于卫瓘的努力，才使得鲜卑势力不能危害西晋政权和幽州地区的稳定。

泰始十年（274年）二月，西晋分幽州五郡（辽东、昌黎、玄菟、乐浪、带方）置平州，幽州辖境缩小。西晋平吴后，太康三年（282年）正月，尚书张华出任使持节、都督幽州诸军事，领护乌桓校尉、安北将军。张华到镇前，鲜卑慕容涉归大肆侵掠辽西，占领昌黎，严重威胁到幽州地区的安全。张华一到镇，即于三月派安北将军严询征伐慕容涉归，在昌黎附近大败之，杀伤数万人。张华在军事胜利后，并未继续穷兵黩武，而是以安抚来使慕容氏款服。慕容涉归子慕容廆往谒张华，张华以礼相待，"以所服簪帻遗廆，结殷勤而别"。[23]正由于张华"抚纳新旧，戎夏怀之，东夷马韩、新弥诸国依山带海，去州四千余里，历世未附者二十余国，并遣使朝献。于是远夷宾服，四境无虞，频岁丰稔，士马强盛"。其后，张华推荐刘弘出镇幽州，刘弘"甚有威惠，寇盗屏迹，为幽朔所称"，[24]他们对少数民族合理的按抚政策，在一定程度上保持了幽州的安定。

第四节　西晋八王之乱前后幽州的少数民族势力

西晋自惠帝间爆发"八王之乱"以后，国势日衰。匈奴、鲜卑、羯、氐、羌等少数民族乘机内侵，汉族一些地方势力亦称王割据，最后演成了百余年社会动荡、国家分裂的局面，这就是东晋和十六国时期。十六国中，辖有幽州的有后赵、前燕、前秦、后燕等国。其中，建立后赵的石勒曾经在幽州与西晋幽州刺史王浚、地方政治势力刘琨等展开过激烈的幽州争夺战，在这场混战中，鲜卑、乌桓及其他民族的势力都被卷入。

八王之乱前后，担任幽州刺史的是西晋安北将军、都督幽州诸军事王浚。王浚企图据幽州而称雄，特别想要借幽州少数民族的军事力量为己所用，"浚以天下方乱，欲结援夷狄，乃以一女妻鲜卑段务勿尘，一女妻素怒延，又表以辽西郡封务勿尘为辽西公。"[25]在八王之乱中，王浚与鲜卑段务勿尘、乌桓羯朱加入东嬴公司马腾的队伍中，后来王浚又加入了东海王司马越的阵营。在司马越进屯阳武时，王浚遣其将祁弘"帅突骑鲜卑、乌桓为越先驱。"⁽²⁶⁾光熙元年（306 年）八月，东海王、司空越为太傅，录尚书事；封王浚为骠骑大将军、都督东夷、河北诸军事，领幽州刺史。这样，王浚在西晋内乱之际，利用鲜卑的力量在幽州站稳了脚跟，扩充了实力，但却与正在崛起的羯族领袖石勒发生了矛盾。

石勒本为羯人，后成为后汉刘渊的将领。西晋后期，石勒据有襄国，与晋幽州刺史王浚发生冲突。永嘉六年十二月，王浚命鲜卑段就六眷、段末杯、段匹磾等，进攻襄国。段氏鲜卑素以勇悍闻名，但石勒计擒了段末杯，随即与段氏讲和，放还段末杯。石勒以这样的策略来拆散王浚与段氏鲜卑的联盟，颇收成效，段氏从此倾向于石勒，而王浚的势力日趋衰落。此时石勒在襄国建立了稳固的根据地，冀州郡县纷纷降附，进而欲消灭幽州刺史王浚和并州刺史刘琨。

而此时王、刘没有合力拒敌，而是互相攻杀。刘琨亲讨党附于匈奴刘聪的鲜卑白部，"遣使卑辞厚礼说鲜卑拓跋猗卢以请兵。猗卢使其弟弗之子郁律帅骑二万助之，遂破刘虎、白部，屠其营。琨与猗卢结为兄弟，表猗卢为大单于，以代郡封之为代公。时代郡属幽州，王浚不许，遣兵击猗卢，猗卢拒破之。浚由是与琨有隙。"⁽²⁷⁾刘琨又派高阳内史刘希到中山一带征兵，不久聚众三万人，其中多数是幽州所属的代郡、上谷和广宁三郡的民众。王浚则派部将胡矩与辽西段部鲜卑一起攻杀刘希，夺回了三郡士众，王、刘之间的关系从而进一步恶化了。

而此时正值拓跋鲜卑发展阶段，渴求向内地发展，在刘、王矛盾日趋激化的时候，刘琨选择引拓跋鲜卑为外援的军事策略，直接造成了拓跋鲜卑部的内迁和强盛。西晋永嘉四年，"猗卢以封邑去国悬远，民不相接，乃帅部落万余家自云中入雁门，从琨求陉北之地。琨不能制，且欲倚之为援，乃徙楼烦、马邑、阴馆、繁畤、崞五县民于陉南，以其地与猗卢；由是猗卢益盛。"⁽²⁸⁾刘琨感激拓跋鲜卑的支持，遂与猗卢结为兄弟之盟，并表请朝廷署猗卢为大单于，以代郡封之为代公。代郡地属幽州，王浚大为不满，发兵击猗卢，但反被打败，由此王、刘关系破裂。以后，猗卢嫌代郡悬远不便，要求进入陉北之地，刘琨既无力制止，也有心继续依靠拓跋鲜卑，所以把陉北五县让给拓跋鲜卑，迁徙五县人民到了陉南。刘琨引鲜卑兵为援，一是导致了拓跋鲜卑的内侵，二是激化与王浚的矛盾。

在二人争斗之际石勒一方面结信与刘琨，使其放松对他入侵幽州的警惕，另一方面听信谋士张宾的计策亲率轻骑袭取幽州，建兴二年

（314年）三月，石勒陷幽州，活捉王浚，斩于襄国。石勒遂命晋尚书刘翰为宁朔将军，行幽州刺史，驻蓟城，幽州转入羯人石勒统治之下。

注释：

（1）《太平御览》卷一二一所引《十六国春秋》中提到的"因复以为号"。

（2）《三国志》卷三〇《魏书·鲜卑传》注引《魏书》。

（3）（15）《三国志》卷二六《魏书·田豫传》。

（4）《宋书》卷九五《索虏传》。

（5）沈曾植《海日楼札丛》卷二《鲜卑语与蒙古语》。

（6）《隋书》卷三二《经籍志》。

（7）（8）《资治通鉴》卷五九，汉灵帝初平六年四月条

（9）《资治通鉴》卷五九，汉灵帝中平六年三月条。

（10）（12）《资治通鉴》卷六一，汉献帝兴平二年十月条。

（11）据《资治通鉴》胡三省注，鲍丘在唐朝属于幽州渔阳县。

（13）《资治通鉴》卷六五，汉献帝建安十一年八月条。

（14）《三国志》卷一《魏书·武帝纪》。

（16）（18）《三国志》卷二六《魏书·牵招传》。

（17）《水经注》卷一三《漯水注》。

（19）《三国志》卷三《魏书·明帝纪》。

（20）《资治通鉴》卷七三，魏明帝青龙三年十一月条。

（21）《晋书》卷三《武帝纪》。

（22）《晋书》卷三六《卫瓘传》。

（23）《晋书》卷一〇八《慕容廆载记》。

（24）《晋书》卷六六《刘弘传》。

（25）《资治通鉴》卷八五，晋惠帝大安二年十二月闰月条。

（26）《资治通鉴》卷八六，晋惠帝永兴二年十二月条。

（27）（28）《资治通鉴》卷八七，晋怀帝永嘉三年十月条。

第二章　十六国时期幽州的民族

第一节　后赵对幽州的统治

东晋元帝大兴二年（319 年）十一月，石勒称赵王，建国于襄国（今河北邢台），是为后赵。时值东北地区鲜卑各部同石勒争夺幽州蓟城，石勒便在根据地襄国和蓟城之间修筑道路、滹沱河上架起浮桥，以加强襄国与蓟城的联系，把蓟城当做攻守的基地。石勒命刘翰为幽州刺史，其后，段匹磾、李孟、石光、石斌、王午等都曾任幽州刺史。

后赵石虎统治时期，一面大兴土木，一面对外作战，徭役非常繁重。他准备征辽西慕容皝，"令司、冀、青、徐、幽、并、雍兼复之家，五丁取三，四丁取二，合邺城旧军满五十万，具船万艘，自河通海，运谷豆千一百万斛于安乐城，以备征军之调"。[1] 又盛兴宫室于邺，起台观四十余所，营长安、洛阳二宫，作者四十余万人。又敕河南四州具南师之备，并、朔、秦、雍严西讨之资，青、冀、幽州三五发卒，诸州造甲者五十万人。还"自幽州以东至白狼，大兴屯田。悉括取民马，有敢私匿者腰斩，凡得四万余匹。大阅于宛阳，欲以击燕。"这些骄奢淫逸的活动，自然给幽州人民造成了极大的负担和灾难。

第二节　幽州与前燕的建立

前燕慕容氏，是鲜卑族的一支。鲜卑慕容氏兴起于辽东。元康四年（294 年），慕容廆迁居于大棘城（辽宁义县西南），"教以农桑，法制同于上国"，开始经营农业。曹魏初年，入居辽西。魏晋之际，迁居辽东北。

八王之乱和刘渊起兵，使得中原鼎沸，海内涂炭。北方的一些少数民族亦卷入到内战之中。如鲜卑拓跋部、段部、宇文部，都依附于东海王司马越势力，与成都王司马颖以及刘渊、石勒为敌。白部鲜卑则依附于刘渊，与西晋王朝对立。在内乱初期，慕容廆则采取观望中立政策，一面仕晋，一面又在永嘉元年自称鲜卑大单于，但也未公开与晋朝分庭抗礼。史载："时二京倾复，幽冀沦陷，廆刑政修明，虚怀引纳，流亡士庶多襁负归之。廆乃立郡以统流人。冀州人为冀阳郡，豫州人为成周郡，青州人为营丘郡，并州人为唐国郡。"[2]中原大乱时，一部分青、冀、豫等地的世族大家北徙幽州，投靠王浚。王浚败，他们又东投慕容氏，慕容廆对他们"委以庶政"，一时人才之盛，媲美江东。

这期间幽州局势亦动荡不安。辽东太守庞本以私仇杀东夷校尉李臻，结果塞外的鲜卑素连、木津二部借口为李臻报仇，连年寇掠，使得辽东百姓流离失所，归附慕容部以求庇护者日月相继。慕容廆以勤王的名义，率骑兵征讨素连、木津，吞并乐鲜卑二部，徙居于棘城。廆复立辽东郡，又返回辽西，建立了较为稳固的根据地。晋惠帝元康四年（294 年），慕容廆率部徙居大棘城（今辽宁义县西），对部众"教以农桑，法制同于上国"[3]，开始了定居的农业生活，逐渐接受汉文化。

平定辽东后，慕容廆声望大增，成为幽州地区举足轻重的实力人物。他积极发展个人势力。洛阳陷落后，冀州刺史王浚任命廆为散骑常侍、冠军将军、前锋大都督、大单于，企图将廆纳入到自己的势力范围。"廆以非王命所授，拒之"。建兴中，廆接受了晋愍帝的任命，为镇军将军，昌黎辽东二国公。愍帝被俘后，晋元帝又遣使拜廆假节、散骑常侍、都督辽左杂夷流人诸军事、龙骧将军、大单于，昌黎公。慕容廆受命，并不表明他甘为晋臣，只是因他的势力尚未强大到建国称帝的程度而已。他常说："我积福累仁，子孙当有中原。"[4]为了替子孙奠定得天下的基础，他虚怀引纳，法政修明。

太兴三年（320 年），高句丽又派兵侵扰辽东，慕容廆发兵击退了这次进攻。晋元帝遣使者任命廆监平州诸军事、安北将军、平州刺史，增邑二千户。不久后又加使持节、都督幽平州东夷诸军事、车骑将军、平州牧，进封辽东郡公，邑一万户，常侍、单于并如故；丹书铁券，承制海东，命置官司，置平州守宰。慕容廆既然得到了东晋王朝的任命，遂以燕地霸主身份出现，征伐那些不肯顺从听命的部族。当时，鲜卑段氏刚刚易主，武备未修，廆遂遣皝乘虚攻之，掠夺名马宝物而还。石勒遣使通和，廆严词拒绝，并送其使于建康。石勒大怒，派遣宇文部的乞得龟伐廆。廆先派慕容皝拒敌，又以裴嶷为右部都督，率索头为右翼；以少子慕容仁为左翼，攻乞得龟，大败其军。遂乘胜攻克宇文部国城，掠得财物数以亿计，又徙其人数万户于辽西地区。晋成帝即位，加廆侍中，位特进。东晋王朝的腐败无能，使慕容廆十分失望，同时也助长了他的雄踞中原、独占天下的欲望。咸和八年（333年）五月，慕容廆卒。晋成帝遣使策赠大将军、开府仪同三司，谥曰襄。

慕容廆死后，子皝嗣辽东郡公，以平北将军行平州刺史，督摄部内。皝于咸康三年（337年）自称燕王。公元350年，当冉闵夺取后赵政权的时候，鲜卑慕容部的统治者慕容儁乘后赵内乱，自龙城（辽宁朝阳）军分三路南伐，攻陷幽州蓟城。于是慕容儁称皇帝，置百官，都蓟城，国号大燕，即前燕。不过蓟城作为前燕国都不到五年。357年慕容儁自蓟城迁都于邺，此后一直是慕容部的故都龙城与新都邺城之间的枢纽，是鲜卑部落经常出入的地方。

第三节　前秦、后燕对幽州的统治

前秦发端于苻洪。苻氏，氐人。氐是古代中国西北部少数民族之一，与羌族同源，春秋战国时始以氐为族名，居于中国西北部，主要活动于今陕西、甘肃、四川三省的交界地区。汉朝至三国期间，氐族曾两度大迁徙，至关中一带居住。惠帝时代，氐人曾与晋相战两年余，到十六国时晋室南下，氐人便在北方建立前秦、后凉、仇池等政权。

东晋永和六年（350年），穆帝以苻洪为征北大将军、都督河北诸军事、冀州刺史、广川郡公。但同年三月，苻洪被后赵石虎故将麻秋鸩杀。东晋升平元年（357年）苻洪之孙苻坚自称大秦天王，建元永兴。前秦势力日渐强大，成为五胡中版图最大的国家，领有司隶、雍、秦、南秦、洛、豫、东豫、并、冀、幽、平、梁、河、益、凉、宁、兖、南兖、青、荆、徐、扬等二十二州。前秦先后任幽州刺史者有张哲、郭庆、梁谠、苻洛、苻重、王永、苻谟等人[5]。东晋太元八年（383年），苻坚兵败于淝水之战后，前秦骤衰，不久分裂为后燕、西燕、后秦、后凉、西秦、后魏等小国。苻氏终为后燕慕容氏所灭。

继前秦之后，后燕统治了幽州。东晋太元十一年（386年），慕容垂即帝位，定都中山（今河北省定县），史称后燕。后燕幽州因前代之置，幽州领六郡，先后任幽州牧（刺史）者有慕容宝、慕容农、平规、慕容会、慕容隆、慕容豪、卢溥等。

慕容垂在幽州统治期间，注意任用贤臣，安抚流民，发展经济，"燕王垂以（慕容）农为使持节、都督幽、平二州、北狄诸军事、幽州牧，镇龙城。徙平州刺史带方王佐镇平郭。农于是创立法制，事从宽简，清刑狱，省赋役，劝课农桑，居民富赡，四方民前后至者数万口。先是幽、冀流民多入高句丽，农以骠骑司马范阳庞渊为辽东太守，招抚之。"[6]在十六国割据的过程中，后燕幽州的社会经济都得到了一定的发展。

注释：

(1)《晋书》卷一〇六《石季龙载记上》。

(2)《晋书》卷一〇八《慕容皝载记》。

(3)(4)《晋书》卷一〇八《慕容廆载记》。

(5)俱见《晋书·载记》。

(6)《资治通鉴》卷一〇六，晋武帝太元十年十一月条。

第三章　北朝时期幽州的民族

东晋、十六国之后，在南方有宋、齐、梁、陈相继建国，在北方则有北魏、东魏和西魏及北齐和北周先后更替，中国仍是南北分裂、战乱不休的历史局面。其间幽州地区先后为北魏、东魏、北齐、北周所统治。

第一节　北魏初期对幽州的统治

北魏为鲜卑拓跋氏所建。早在东晋孝武帝太元十一年（386 年）正月，拓跋珪即代王位，建元"登国"。同年四月，改称魏王，都盛乐（今内蒙古自治区和林格尔）。过了十年，魏王拓跋珪称帝，改元"皇始"；又过两年，正式定国号为"魏"，改元"天兴"，并迁都平城（今山西大同市），史称北魏。拓跋珪天兴三年（401 年）十二月，后燕燕郡太守高湖率众降归北魏后，燕郡（今北京地区）始入北魏版图。后又为北燕冯跋占领。

晋孝武帝太元二十一年，北魏道武帝拓跋珪皇始三年（396 年），北燕辽西王慕容农悉将部曲数万口入并州，并州素乏储粮，是岁早霜，民不能供其食，又遣诸部护军分监诸胡，由是民夷俱怨。早在拓跋诘汾时，鲜卑余部诸姓内入，其中迁居幽州境内的有是贲氏（后改为封氏）。内迁的鲜卑诸姓潜召北魏军。八月，拓跋珪大举伐燕，步骑四十余万，南出马邑，踰句注，左将军雁门李栗将五万骑为前驱，又遣将军封真等从东道出军都，袭燕幽州。但这次出征并未取胜，拓跋珪罢军而还。

延和元年（432 年）夏，拓跋焘治兵于南郊，谋攻北燕。前年北燕主冯跋死，其弟冯弘尽杀跋诸子，自立为燕天王，国内动乱，于是魏军乘机攻打。七月，拓跋焘率军至濡水（今滦河），令安东将军奚斤征幽州民及密云（今北京密云）丁零万余人运攻具，出南道，相会于和龙（今辽宁朝阳市）。冯弘闻魏军至，婴城固守，石城（今辽宁建昌西）太守李崇等降魏。八月，冯弘遣军出战，被魏军击败，营丘（今辽宁锦县）、带方（今辽宁盖县西南）、玄菟（今辽宁沈阳东）、成周、辽东五六郡皆降。拓跋焘徙此六郡民三万家于幽州，开仓以赈之。[1]"三年……二月乙卯，（拓跋焘）行幸幽州，存恤孤老，问民疾苦；还幸上谷，遂至代。"[2]

西晋十六国时期，幽州属于民族矛盾交织之地，也是各国争夺的主要对象。因此战争频仍，民不聊生。幽州归属北魏版图后，其境内的民族矛盾较为缓和，幽州的社会经济得到了一定的恢复和发展。曾经有多位先后任幽州刺史的北魏官吏，都比较注意安定百姓。如拓跋世尊，在世宗时拜为征虏将军、幽州刺史。史载："世遵性清和，推诚化导，百姓乐之。"[3]拓跋焘时期的幽州刺史尉诺，"在州，有惠政，民吏追思之。世祖时，蓟人张广达等二百余人诣阙请之，复除安东将军、幽州刺史，改邑辽西公。兄弟并为方伯，当世荣之。燕土乱久，民户凋散，诺在州前后十数年，还业者万余家。"[4]太宗时担任幽州刺史的张灵符，"时幽州年谷不登，州廪虚罄，民多菜色。昭谓民吏曰：'何我之不德而遇其时乎？'乃使富人通济贫乏，车马之家籴运外境，贫弱者劝以农桑。岁乃大熟。士女称颂之。"[5]世宗时担任幽州刺史的崔休，"聪明强济，雅善断决，幕府多事，辞讼盈几，剖判若流，殊无疑滞，加之公平清洁，甚得时谈。……休在幽青州五六年，皆清白爱民，甚著声绩，二州怀其德泽，百姓追思之。"[6]这样，经过几代统治者的休养生息，幽州之地既吸引了不少流民，也增强了经济和军事实力。

第二节　北魏后期幽州地区的民众起义与民族融合

北魏后期，由于统治阶级内部矛盾的激化，先后发生了杜洛周起义、葛荣之乱和尔朱荣之乱等影响北魏历史进程的重大事件。这些事件都与幽州的少数民族有着密切的关系。

幽蓟地区的汉族人民长期同北方各族人民混同杂居，共同劳动，在长期的共同经济生活中，形成了比较接近的心理状态和生活习俗，另外汉胡联姻也比较普遍，因此民族融合的程度比其他地区高。由于统治者的压迫与剥削，这一地区的阶级矛盾与民族矛盾一直都比较尖锐。特别是北魏迁都洛阳以后，随着社会经济的发展和统治阶级的贪婪腐朽，再加上自然灾害，导致民不聊生，如"神龟元年春正月，……幽州大饥，民死者三千七百九十九人"。[7]这种种矛盾终于引起了各族人民的起义。

北魏迁都以后，向南不断发动战争，人民的徭役、兵役负担随之加重。几乎是家家有从军，丁丁要转运，以致"死丧离旷，十室而九"，"田芜罕耘"，生产遭到极大破坏，人民被迫离开家乡，逃亡外地。有的投靠豪强以"寄命衣食"，成了附庸，有的"亡命山薮（林），渔猎为命"，有的则"绝户而为沙门"，投入寺庙为僧尼以"实避调役"。农民的痛苦生活日益严重，北魏统治者的骄奢腐化达到了极点。官僚贪污成风，朝廷定价卖官，如元晖为吏部尚书，"纳货用官，皆有定价，大郡二千匹，次郡一千匹，下郡五百匹"。[8]以致时人谓此种官吏为"饿虎将军"，"饥鹰侍中"。孝文帝的弟弟高阳王元雍，家有"僮仆六千，妓女五百，一餐费钱数万"。[9]他的宫室、园林，同北魏的皇宫一样壮丽。孝文帝的堂兄弟河间王元琛也是一个腐朽的贵族，他常常与高阳王比富，派人到波斯国购得名马，用银做马槽，用金做马的环锁，[10]他还造文柏堂，迎风馆，装饰以"玉凤"、"金龙"，竭尽豪华。因他专事贪污，人民怕他有甚狼虎。许多官吏还利用职权经营商业，放高利贷，以牟取暴利，如宦官刘腾"岁入利息以巨万计"。[11]出身名门望族的卢义僖在范阳所放债谷达数万石，像这样的豪族在幽蓟地区还为数不少。在这种阶级矛盾十分尖锐的情况下，终于爆发了大规模的各族人民大起义。起义首先从边镇开始，接着波及河北、青州、关陇等地。

北魏之初，幽蓟人民就奋起反抗拓跋鲜卑贵族的统治。北魏天兴元年（398年），渔阳乌丸库保官韬聚众起义，后为王廷镇压，起义失败。北魏天兴二年（399年），范阳人卢溥聚众起义，攻略郡县，杀死北魏幽州刺史封沓干，次年，被镇压而失败。公元499年（北魏太和二十三年），幽州民王惠定聚众起义，自称明法皇帝，后为北魏幽州刺史李肃所杀。北魏延昌三年（514年），幽州僧人刘僧绍起兵反魏，自称净居国明法王，后为北魏派兵杀死。幽州地区的这些斗争，是北方各族人民大规模反魏斗争的先声。

公元523年，北方边塞地区各族人民掀起了震撼北魏统治者的大起义，并且很快波及幽蓟地区。一时"六镇尽叛"，起义军完全控制了六镇。公元525年（北魏孝昌元年）八月，流亡在上谷（北京延庆）的原柔玄镇兵杜洛周起兵反魏，年号真王，得到六镇余众和汉族人民的拥护，北魏安州（北京密云东北）石离、穴城、斛盐三处戍兵三万多户倒戈策应，壮大了起义军的声势，他们连续在昌平的军都关和蓟城北面大败魏军，杀死都督李琚，迫使北魏燕州（昌平）刺史崔秉弃城南逃。十一月，杜洛周率军南围范阳（河北涿县），守城士卒活捉幽州刺史王延年和统帅常景，送交起义军，并开城门迎接起义军，起义军完全控制了幽蓟地区。同时在全州的起义军领袖葛荣也获得胜利，占领了河北中部地区，自为天子，国号齐，年号广安。杜洛周率军南进节节胜利，526年他的起义军归并于葛荣军中，尽有河北地区的冀、定、沧、瀛、殷五州，声势甚盛，众号百万，前锋几度进到离北魏京师洛阳不远的沁水、滑城等地。但葛荣怀抱私心，袭杀了杜洛周，使起义军发生分裂。葛荣带领起义军南下，准备攻打洛阳，北魏大将尔朱荣带兵前往相州截击，葛荣被胜利冲昏了头脑，轻视敌人，毫不戒备，在滏口（邯郸西）一战，葛荣战败，被俘牺牲。

葛荣失败后，由部将韩楼与郝常率余众数万人退回幽州，继续反抗北魏的统治。北魏都督彭乐率二千余骑叛魏，北走蓟城，加入韩楼的起义军。后彭乐背叛义军投归北魏，韩楼率军迎敌，为北魏都督窦炽所杀。

这些起义虽然都失败了，但是，幽蓟地区各族人民先后参加了杜洛周、葛荣、韩楼领导的反魏大起义，成了起义军的中坚力量。北魏末年各族人民的起义，是汉族、鲜卑等各族人民共同反抗北魏政权的联合行动，在共同的战斗中，各族人民进一步消除了隔阂，增进了相互了解，有力地促进了各民族的大融合。

北魏时期的幽州，经杜洛周、葛荣起义等一系列巨大战乱后，土地荒残，人口流散，社会经济遭受重创。史载："初，杜洛周、鲜于修礼为寇，瀛冀诸州人多避乱南向。"[12] 不久，北魏发生分裂，幽州重新陷入分裂政权争夺的局面之中。

第三节　北朝时期幽州政权与柔然的关系

在北朝政治风云变幻的时代，王朝更替无常，北方的游牧民族也盛衰消长，与在中原之地建立的政权和战不休。在北魏分裂后，先后兴盛的柔然侵扰东魏、北齐、北周的幽州，而在战争之余，双方也有朝贡往来与政治联姻。

柔然又名蠕蠕，属东胡种。最初附于鲜卑，其二代首领车鹿会开始领有部众，建立柔然称号。北魏太武帝"以其无知，状类于虫，故改其号为蠕蠕。"[13]柔然是游牧民族,居无定所,"无城郭,逐水草畜牧,以毡帐为居,随所迁徙。其土地深山则当夏积雪,平地则极望数千里,野无青草。地气寒凉,马牛齕枯啖雪,自然肥健。"柔然的社会组织简单,"国政疏简,不识文书,刻木以记事。"在与北魏和南朝政权的接触过程中,文化渐渐提高发展,"其后渐知书契,至今颇有学者。"[14]在阿那环统治时期,开始模仿中原王朝建立官制体系。

柔然臣服于北魏,太祖时首领社仑征服高车以及匈奴遗部,占地西至焉耆,东达朝鲜,北被大漠,南抵北魏,大抵为匈奴故地。社仑也自号"丘豆伐"可汗,建汗廷于敦煌、张掖之北。社仑领导的柔然强盛后,时常侵扰北魏。北魏永兴二年(410年),太宗征讨社仑,社仑死于逃奔途中,部落内为继承权而争斗不已。乘此时机,北魏太武帝多次征讨,令柔然臣服,并与之联姻。然而,柔然亦叛服无常,对北魏构成很大的威胁,并与高车反复争战。

北魏正光元年(520年),阿那环被拥立为柔然可汗,迫于内争之败,投奔北魏。此时的北魏将陷于崩溃的境地,意欲扶持阿那环安定北边,于是从阿那环所请,被北魏孝明帝册封为朔方郡公、蠕蠕王。并出兵助阿那环安定其异己势力,赐予人口以及粮食、衣甲、牲畜等大量物质。阿那环回归领地,随后因饥荒大肆寇掠北魏之境,北魏追讨不及,无功而还。北魏正光五年(524年),六镇起义,阿那环率兵镇压六镇义兵,再度得到北魏青睐,阿那环也乘此时机重新整合部众,势力大张。与此同时,柔然与北魏的关系也发生了变化,"始阿那环初复其国,尽礼朝廷。明帝之后,中原丧乱,未能外略,阿那环统率北方,颇为强盛,稍敢骄大,礼敬颇阙,遣使朝贡,不复称臣。天平以来,逾自踞慢。汝阳王暹之为秦州也,遣其典签齐人淳于覃使于阿那环。遂留之,亲宠任事。阿那环因入洛阳,心慕中国,立官号,僭拟王者,遂有侍中、黄门之属。以覃为秘书监、黄门郎,掌其文墨。覃教阿那环,转至不逊,每奉国书,邻敌抗礼。"[15]

继北魏分裂后建立的东魏和西魏为了保持政权,力图取得强盛的阿那环的支持,"东、西魏竟结阿那环为婚好。西魏文帝乃以孝武时舍人元翌女称为化政公主,妻阿那环兄弟塔寒,又自纳阿那环女为后,加以金帛诱之。阿那环遂留东魏使元整,不报信命。"[16]在西魏的争取下,"元象元年五月,阿那环掠幽州范阳,南至易水。"[17]为防备柔然的进攻,东魏大修武备。武定元年(543年),"十月丁卯,神武上言,幽、安、定三州北接奚、蠕蠕,请于险要修立城戍以防之。躬自临履,莫不严固。"[18]

东魏为避免受西魏与柔然的攻击，也不遗余力地与柔然建立关系。"阿那环女妻文帝者遇疾死，齐神武因遣相府功曹参军张徽纂使于阿那环，间说之。……徽纂既申齐神武意，阿那环乃召其大臣与议之，便归诚于东魏。……武定四年，阿那环有爱女，号为公主，以齐神武威德日盛，又请致之，静帝闻而诏神武纳之。阿那环遣其吐豆发郁久闾汗拔姻姬等送女于晋阳。自此东魏边塞无事，至于武定末，使贡相寻。"[19]

在西魏、东魏末年，柔然所统属的突厥兴起，反抗柔然的统治，柔然迅速走向衰亡。北齐天保三年（552年），柔然被突厥攻破，阿那环自杀，其余部投奔北齐。次年柔然又受契丹和突厥攻击，首领铁伐也为契丹所杀。天保四年（554年）柔然叛离北齐，北齐文宣帝高洋亲自征讨柔然。次年被文宣帝所追逐的柔然困窘中投奔西魏，不过宇文泰为保证与突厥的关系，从突厥所请，将投奔来的柔然部族交与突厥使者斩杀，年幼者则配给王公家为奴婢。自此，强盛一时的柔然灭亡了。

柔然不仅与北朝政权建立联系，南朝的诸政权也为使其"常南击索虏，世为仇雠，故朝廷每羁縻之"[20]，而与柔然争相联络。

第四节　北朝时期幽州对突厥的防御

突厥是我国北方强大的少数民族，在六世纪以前，他们就有很悠久的历史了。在西魏大统年间，就开始成为西魏边患。552年，突厥人在漠北建立了突厥汗国。此后与西魏建立了联系，在北齐与北周并立之际，突厥成为双方尽力争取的联盟。而北周曾多次借助突厥兵力东伐北齐，北齐的幽州频受北周与突厥的攻击。在北周灭北齐后，突厥转而成为北周的防御劲敌。

突厥先世源于丁灵、铁勒。南北朝时铁勒原住在叶尼塞河上游，后南迁高昌的北山（今新疆博格多山）。突厥是铁勒的一部，以狼为图腾。5世纪中叶被柔然征服，徙于金山（今阿尔泰山）南麓。柔然多次被北魏太武帝领兵击败，尤其是在公元429年，敕勒高车等各部落纷纷脱离柔然统治，投向北魏一方，人数达30万余众。而随着柔然军事上的惨痛失利，其他尚未投靠北魏的草原部落都开始不断进行逃亡和反抗。546年突厥合并铁勒部5万余落，势力逐渐强盛。552年突厥打败柔然，建立突厥汗国，势力迅速扩展至蒙古高原。最盛时疆域东至辽海（辽河上游），西濒西海（今里海），北至北海（今贝加尔湖），南临阿姆河南。分辖地为"突利"（东部）、"达头"（西部）。可汗廷帐在东、西两部之间鄂尔浑河上游一带。突厥族主要从事游牧业，牛羊马匹是其重要的生活和生产资料，他们凭此对外交流贸易。木杆可汗曾一次赠给西魏凉州刺史史宁个人的牲畜多达马 500 匹，羊 1 万只。[21]西魏废帝二年三月，"科罗（乙息计可汗）遣使献马五万匹。"[22]

突厥在兴起之后，很快与中原王朝建立联系。土门可汗统治时，"部落稍盛，始至塞上市缯絮，愿通中国。西魏大统十一年，周文帝遣酒泉胡安诺槃陁使焉。其国皆相庆曰：'今大国使至，我国将兴也。'（大统）十二年，土门遂遣使献方物。"[23]在北周与北齐并立之际，突厥已经统一草原和西域，达到了鼎盛时期。周齐两国难与抗争，争相与其结好。为了结好突厥，北周与北齐都花费了不少的代价，"朝廷既与和亲，岁给缯絮锦彩十万段。突厥在京师者，又待以优礼，衣锦食肉者，常以千数。齐人惧其寇掠，亦倾府藏以给之。他钵弥复骄傲，至乃率其徒属曰：'但使我在南两个儿孝顺，何忧无物邪。'"[24]北周为对抗北齐，与突厥结盟，"突厥灭茹茹之后，尽有塞表之地，控弦数十万，志陵中夏。太祖方与齐人争衡，结以为援。"[25]周武帝又费了一番周折，终于与突厥联姻，从而在与北齐的对峙中获得了突厥的支持。

突厥为获取更大的利益，屡次与北周连兵攻打北齐，北齐幽州累受兵患。北齐河清三年九月，"突厥寇幽州，入长城，掳掠而还。"闰九月"乙巳，突厥寇幽州。"[26]北齐幽州苦于突厥的进犯，河清三年，遣名将斛律羡镇守幽州，"羡，字丰乐，少有机警，尤善射艺，高祖见而称之。……河清三年，转使持节，都督幽、安、平、南、北营、东燕六州诸军事，幽州刺史。其年秋，突厥众十余万来寇州境，羡总率诸将御之。突厥望见军威甚整，遂不敢战，即遣使求款。虑其有诈，且喻之曰：'尔辈此行，本非朝贡，见机始变，未是宿心。若有实诚，宜速归巢穴，别遣使来。'于是退走。天统元年夏五月，突厥木汗遣使请朝献，羡始以闻，自是朝贡岁时不绝，羡有力焉。诏加行台仆射。羡以北虏屡犯边，须备不虞，自库堆戍东拒于海，随山屈曲二千余里，其间二百里中凡有险要，或斩山筑城，或断谷起障，并置立戍逻五十余所。又导高梁水北合易京，东会于潞，因以灌田，边储岁积，转漕用省，公私获利焉。其年六月，丁父忧去官，与兄光并被起复任，还镇燕蓟。"[27]

在北齐统治幽州的过程中，为防御突厥、柔然、契丹和北周，先后修筑了三道长城。其中东起山海关一带，西过河北迁西县喜峰口、密云县古北口，直抵赤城独石口的一段全长三千多里，跨今河北、内

67

蒙古两个省区，始建于天保三年（552 年），天保六年（555 年）又曾经重修。绍泰元年（555 年）六月，"齐发民一百八十万筑长城，自幽州夏口西至恒州九百余里，命定州刺史赵郡王叡将兵监之。"[28]

周武帝建德六年（577 年）二月，周灭北齐，幽州转入北周统治下。唯有北齐营州刺史高保宁拒不降周，突厥也转而扶持亡齐势力，与北周对抗，"及齐灭，齐定州刺史、范阳王高绍义自马邑奔之。他钵立绍义为齐帝，召集所部，云为之复雠。宣政元年四月，他钵遂入寇幽州，杀掠居民。柱国刘雄率兵拒战，兵败，死之。高祖亲总六军，将北伐，会帝崩，乃班师。"[29]

突厥兴起后，威服塞外诸国，其东北的奚、契丹等民族也臣服于它。如此情况下，突厥往往连兵东北的奚、契丹等族，对北朝的东北边境幽州频频侵扰。而在战争之余，也与北朝诸政权有朝贡和贸易往来。

奚族的族源不甚明确，有匈奴、乌桓或东胡、鲜卑种之说，以后者为主要。"其先东部胡宇文之别种也。初为慕容晃所破，遗落者窜匿松漠之间。"[30]大约在北朝末期，其社会组织有了进一步发展，"后种类渐多，分为五部：一曰辱纥主，二曰莫贺弗，三曰契个，四曰木昆，五曰室得。每部置俟（斥）［斤］一人。有阿会氏者，最为豪帅，五部皆受其节度。役属于突厥，而数与契丹相攻。"[31]对于奚人的风俗，关于北朝时期的文献记载并不多，或因其风俗与其他东胡民族类似的缘故而不加详载。"俗甚不洁净，而善射猎，好为寇抄"[32]，是主要从事游牧的民族。在丧葬习俗上也与很多其他东胡民族一样采用树葬，"死者则以苇薄裹尸，悬之树上。"[33]

奚族在幽州一带的活动北魏初就已经很常见了，北魏曾数次出兵讨伐奚族对东北边境的骚扰，"（太和）二十二年，入寇安州，时营、燕、幽三州兵数千人击走之。"[34]在东魏、北齐时期，也有防御征讨奚族的记录。虽然奚族与北朝政权有不断的战争，但是也时常通使往来，在幽州、安州、营州等地开市贸易。北魏宣武帝诏令："'库莫奚去太和二十一年以前，与安、营二州边人参居，交易往来，并无欺贰。至二十二年叛逆以来，遂尔远窜。今虽款附，犹在塞表，每请入塞，与百姓交易。若抑而不许，乖其归向之心；信而不虑，或有万一之惊。交市之日，州遣士监之。'自此以后，岁常朝献，至武定已来不绝。齐受魏禅，岁时来朝。"[35]北周时期，奚族臣服于强大的突厥，在突厥攻击北周幽州之时，奚族也协从参战。

契丹也源于东胡，"契丹国，在库莫奚东，异种同类，俱窜于松漠之间。登国中，国军大破之，遂逃迸，与库莫奚分背。经数十年，稍滋蔓，有部落，于和龙之北数百里，多为寇盗。真君以来，求朝献，岁贡名马。"[36]契丹以畜牧和渔猎为生，兼有一定的农业生产。

在北魏时期，契丹八部通过频繁贡赐关系和互市贸易与中原建立了密切联系，"悉万丹部、何大何部、伏弗郁部、羽陵部、日连部、匹絜部、黎部、吐六于部等，各以其名马文皮入献天府，遂求为常。皆得交市于和龙、密云之间，贡献不绝。"[37]北魏太和三年（479 年），畏惧高丽与柔然侵占的契丹部落请求内附，迁徙于白狼水东。孝文帝时期，因饥荒得到允许入关贸易，与中原的交往进一步密切。在东魏、北齐时期，也与中原保持了贡赐和贸易往来。随着突厥的兴盛，沦为突厥的附庸，对北齐幽州进行侵扰。北齐天保四年，"九月，契丹犯塞。壬午，帝北巡冀、定、幽、安，仍北讨契丹。……帝亲踰山岭，为士卒先，指麾奋击，大破之，虏获十万余口、杂畜数十万头。乐又于青山大破契丹别部。所虏生口皆分置诸州。"[38]由于北齐的征讨，又受制于突厥的统治，契丹在北朝末期势力一度衰微。

第五节　东魏、北齐、北周时期幽州的民族融合

东魏、北齐、北周是由鲜卑或鲜卑化的汉人建立起来的政权，幽州的各种政治势力也纷纷参与到这些政权当中，加深了北朝时期幽州的民族融合进程。

高欢（496—547 年），祖籍渤海蓨县（今河北景县），名贺六浑。世居怀朔镇（今内蒙古自治区包头东北）。由于他"累世北边，故习其俗，遵同鲜卑"，成为鲜卑化的汉人。六镇起义爆发后，他先后投靠杜洛周和葛荣，后脱离义军投靠尔朱荣，受到宠信，任晋州刺史。葛荣失败后，他收编葛荣余众，以山东的冀、定、相诸州（今河北及河南北部）为自己的据点。同年，尔朱荣被北魏孝庄帝杀死后，尔朱氏族人控制朝廷。

当时，河北地区的政治形势错综复杂，尔朱氏集团和他们的反对派争夺异常激烈。尔朱氏的亲信刘诞和侯渊分别据有相州（今河北临漳县地区）和定州（今河北定县地区），控制殷州（今河北隆尧地区）大权的则是尔朱氏家族的成员尔朱羽生。反尔朱氏的力量主要集中在幽州和冀州：幽州刺史刘灵助自称燕王，声言要为孝庄帝复仇，"时幽州刺史刘灵助以庄帝幽崩，遂举兵起义，诸州豪右咸相结附。灵助进屯于定州之安固，世隆白前废帝，以延庆与大都督侯渊于定州相会，

以讨灵助。（侯渊）……乃出顿城西，声云将还。简精骑一千夜发，诘朝造灵助垒，战于城北，遂破擒之。仍兼尚书左仆射，为恒、云、燕、朔四州行台。又除使持节、侍中、都督恒云燕朔定五州诸军事、定州刺史"。[39]最终，尔朱氏大将侯渊讨平刘灵助，控制了幽州。

但是占据冀州（今河北冀县地区）的河北大族封隆之、高干、高昂兄弟与尔朱氏却势不两立。高欢要在河北站稳脚跟，就必须同反尔朱氏的河北大族建立联系，以取得他们的支持，因此他自称与高干、高昂兄弟同宗。高欢占据冀州后，开始着手对六镇降户的控制和改造。高欢极意笼络他们，自称是鲜卑人，同他们讲话也一律用鲜卑语。他还千方百计地加深六镇降户对尔朱氏的仇恨，六镇降户表示拥戴高欢作首领。河北是汉人居住区，高欢要在河北立足，必须解决鲜卑人与汉人的矛盾。所以高欢经常劝说鲜卑人要加强纪律，尊重汉人。他自己以身作则，行军路过汉人农田的时候，都要牵着马步行而过，不让军马踏坏庄稼。高欢还规定汉族老百姓家的东西一概不许侵犯。

永熙元年（532年）高欢夺取邺城，大败内部不和的尔朱氏联军，占据幽州。其后高欢进入洛阳，另立孝武帝元修。高欢任大丞相、太师、世袭定州刺史，随即平定并州，在晋阳建立大丞相府。孝武帝想依靠据有关陇的宇文泰以消灭高欢，计划不成，于永熙三年（534年）逃奔长安。高欢在洛阳立孝静帝元善见，建立东魏。次年，宇文泰杀孝武帝，立文帝元宝炬，建立西魏。

东魏武定八年（550年）五月，东魏孝静帝下诏让帝位于高洋，北齐王朝取代东魏。幽州地处边陲，频受柔然、突厥、契丹等族进攻，北齐对幽州的治理也十分重视，注重对百姓的招抚和生产治理，也多次迁徙人口入幽州发展经济。这些政策也促进了幽州民族的融合与稳定。北齐初年，尉长命就任幽州，对幽州的民族安抚起到一定的作用，"尉长命，太安狄那人也"，"转镇范阳城，就拜幽州刺史，督安、平二州事。州居北垂，土荒民散，长命虽多聚敛，然以恩抚民，少得安集。寻以疾去职。未几，复徵拜车骑大将军、都督西燕幽沧瀛四州诸军事、幽州刺史。卒于州。"[40]

幽州在北朝时期多经战乱，而北朝政权为从事游牧的民族所建立，对农业生产并不擅长。为保障幽州的稳定和经济供应，又需要迁入大量的农业人口，"天保八年，议徙冀、定、瀛无田之人，谓之乐迁，于幽州范阳宽乡以处之。百姓惊扰。属以频岁不熟，米籴踊贵矣。废帝乾明中，尚书左丞苏珍芝，议修石鳖等屯，岁收数万石。自是淮南军防，粮廪充足。孝昭皇建中，平州刺史嵇晔建议，开幽州督亢旧陂，长城左右营屯，岁收稻粟数十万石，北境得以周赡。"[41]

　　经过北齐的一系列措施，北齐在幽州的统治巩固下来。在这个过程中，幽州的地方势力也被团结到统治阶层中。"有齐自霸业云启，广延髦俊，开四门以宾之，顿八纮以掩之，邺都之下，烟霏雾集。河间邢子才、钜鹿魏伯起、范阳卢元明、钜鹿魏季景、清河崔长儒、河间邢子明、范阳祖孝徵、中山杜辅玄、北平阳子烈并其流也。复有范阳祖鸿勋，亦参文士之列。及天保中，李愔、陆卬、崔瞻、陆元规并在中书，参掌纶诰。其李广、樊逊、李德林、卢询祖、卢思道始以文章著名。"[42]阳休之，字子烈，为右北平无终人，家族自北魏以来累世为官，东魏末年，阳休之已为朝中贵要，"（武定）七年，除太子中庶子，迁给事黄门侍郎，进号中军将军、幽州大中正。"[43]因其为高氏代魏颇有功劳，而且又具有时望，在北齐时期仍受重用，"皇建初，以本官兼度支尚书，加骠骑大将军，领幽州大中正。"[44]与北平阳氏地位相类似的范阳卢氏，也同样一直受北朝统治者的青睐。

　　北齐承光元年（577年）北周攻灭北齐，北周宣政元年（578年）周武帝因出兵突厥途中遇疾而薨，齐宗室范阳王高绍义乘机起兵，范阳卢氏也应声而动，"卢昌期据范阳，亦表迎绍义。俄而周将宇文神举攻灭昌期。"[45]范阳卢氏因为对亡齐势力的支持，在北周时期开始遭受打击，逐渐走向衰落。其他幽州的门阀大族也遭遇了相似的命运。

　　周武帝平齐后，分裂的北方获得统一。随着政治上的统一，幽州基本进入一个较为稳定的发展时期。虽然内部的动乱已经停止，但是这又开始面临强大的塞外民族的侵扰。"（宣政元年）庚申，突厥入寇幽州，杀掠吏民，"[46]镇守幽州的柱国刘雄也临阵战殁。对此，北周进行了积极的外交，"武成元年二月，以赵王招女为千金公主，嫁于突厥。"次年二月，"突厥遣使献方物，且逆千金公主，"[47]并在七月"突厥送齐范阳王高绍义。"[48]除了与突厥外交上的缓和关系，幽州也进行了积极的武备。勋劳卓著、治政深得人心的于翼受命出镇幽州，"大象初，徵拜大司徒。诏翼巡长城，立亭鄣。西自鹰门，东至碣石，创新改旧，咸得其要害云。仍除幽定七州六镇诸军事、幽州总管。先是，突厥屡为寇掠，居民失业。翼素有威武，兼明斥候，自是不敢犯塞，百姓安之。"[49]突厥虽然给幽州带来了战乱之害，但同时幽州也与塞外民族保持了一定的贸易关系，为幽州的民族交流提供了条件。

　　注释：

　　（1）（2）《魏书》卷四《太武帝纪》。

（3）《魏书》卷一六《临淮王他曾孙世遵传》。

（4）《魏书》卷二六《尉诺传》。

（5）《魏书》卷三三《张灵符传》。

（6）《魏书》卷六九《崔休传》。

（7）《魏书》卷九《孝明帝纪》。

（8）《魏书》卷一五《常山王遵传附玄孙晖传》。

（9）《洛阳伽蓝记》卷三《高阳王寺》。

（10）《洛阳仰蓝记》卷四《开善寺》。

（11）《魏书》卷九〇《刘腾传》。

（12）《魏书》卷一四《上党王天穆子俨传》。

（13）《魏书》卷一〇三《蠕蠕传》。

（14）（20）《宋书》卷九五《索虏传》。

（15）（16）（17）（19）《北史》卷九八《蠕蠕传》。

（18）《北齐书》卷二《神武纪下》。

（21）（23）《北史》卷九九《突厥传》。

（22）（24）（29）《周书》卷五〇《突厥传》。

（25）《周书》卷九《武帝阿史那皇后传》。

（26）《北齐书》卷七《武成帝纪》。

（27）《北齐书》卷一七《斛律羡传》。

（28）《资治通鉴》卷一六六，梁敬帝绍泰元年六月条。

（30）（32）（34）（35）《北史》卷九四《奚传》。

（31）（33）《周书》卷四九《库莫奚传》。

（36）（37）《魏书》卷一〇〇《契丹传》。

（38）《北齐书》卷四《文宣帝纪》。

（39）《魏书》卷八〇《叱列延庆传》。

（40）《北齐书》卷一九《尉长命传》。

（41）《隋书》卷二四《食货志》。

（42）《北史》卷八三《文苑传序》。

（43）（44）《北齐书》卷四二《阳休之传》。

（45）《北齐书》卷一二《范阳王高绍义传》。

（46）《周书》卷六《宣帝纪上》。

（47）《周书》卷七《宣帝纪下》。

（48）《周书》卷八《静帝纪》。

（49）《周书》卷三〇《于翼传》。

第四章 魏晋北朝时期幽州的
社会经济与文化

第一节 魏晋北朝时期幽州的人口流动与社会经济

魏晋南北朝时期，幽州地区政治形势变幻无常，居民的民族成分也经常发生变化。在魏晋十六国北朝时期，这里居民的主体仍然是汉族人民，但内迁的乌桓、鲜卑人也不少。当慕容儁以蓟城为都时，曾把前燕文武官员、士兵以及鲜卑人及其家属迁到蓟城居住。在密云等地还居住着为数不少的丁零人，蓟城丁零川，就是以此命名的。公元429年，北魏还把塞外几十万高车族人强制安置在从阴山到滦河上游地带进行农牧，供拓跋贵族剥削役使，幽州北部地区就包括在这一地带之中。公元432年，北魏又从东北营丘、成周、辽东、乐浪、带方、玄菟六郡徙民三万家于幽州。除此之外，在各势力混战时，流民也常常自发地向幽州集中，刘虞时，中原流民进入幽州的多达百万余口。后燕慕容农作幽州牧时，四方流民有几万人聚集到这里，北魏时，代人尉诺为幽州刺史，有惠政，在州前后十余年，逃亡在外的幽州人回乡者有一万余户。这些流民以汉人为主，也有久居塞内的其他各族人民。公元523年，六镇起义时，边镇各族兵民流入蓟城地区的非常之多，领导流民和蓟城地区人民起义的杜洛周，就是柔玄镇（内蒙古兴和县西北）的流民。

由于幽州地区统治者的压迫剥削和各族征服者的野蛮行为，幽州地区的人民向外流动的现象也经常发生。公元338年，后赵石虎强制幽州居民万余家迁至中原。公元340年，鲜卑慕容皝掠徙幽、冀居民三万多户北走。公元 385 年，后燕叛将徐岩入蓟后，掠千余户而去。陆续入居幽州地区的鲜卑族慕容部人民，除了已与本地居民完全融合以外，绝大部分被北魏征服者强徙到平城。由于人口的经常流动和统治者的强制迁徙，致使幽州地区居民的民族成分不断发生变化。

在魏晋十六国的四百多年中，幽州显示出它是一个民族融合的大熔炉，是入塞各族人民从游牧生活过渡到定居农耕生活的良好场所。十六国以来，幽州地区的人民在各族统治者压迫剥削下，开发了土地和资源。来自各地的戍守幽州的兵士，是这里的一支重要劳动力量。他们被政府组成屯田兵，同本地人民一起辛勤耕垦。自东汉末年，公孙瓒在这里开置屯田，刘靖的军队在幽州屯田种稻，后赵石虎在幽州以东兴办屯田，公元 660 年，北齐在督亢陂置屯田，后收稻粟数十万石。

农业是幽州最重要的生产部门，要发展农业，水利是重要的条件。据《水经注》引《刘靖碑》载，公元 250 年，魏驻幽州的镇北将军刘靖开置屯田时，组织军士千人，在梁山（今石景山）的永定河修建拦河大坝戾陵碣。在大坝东端又开凿了引水渠道车箱渠，拦截一部分永定河水流向幽州西北的高粱河上源，使高粱河水愈加充沛。同时当山洪暴涨时，永定河水还可以部分地从戾陵碣、车箱渠疏导东去，使幽州南面的水害大减。水流经幽州南北，灌田二千顷，百姓乃"三更种稻"。公元 262 年，魏（元帝）又遣樊晨重修戾陵碣，水自车箱渠入高粱河，又增辟水道，自高粱河上游引水东至潞河（今潮白河）。水迳东西，流经四、五百里，灌田万余顷。

元康五年（295 年），高粱河洪水暴发，冲毁戾陵碣四分之三。宁朔将军刘弘（刘靖之子）都督幽州，为继承父业，筹划指挥，命司马逢恽率将士两千人修复戾陵碣，用工四万余。值得注意的是，乌桓、鲜卑诸部落首领也率部众参加，"诸部王侯不召而自至，褴负而事者盖数千人"。北魏孝明帝正光二年（521 年），裴延儁出任幽州刺史，范阳督亢渠（今河北涿县东）和戾陵碣皆废毁多年，未能修复。时值干旱，裴延儁"遂躬自履行，相度形势，随力分督，未几而就。灌旧百万余亩，为利十倍，百姓赖之"。[1] 北齐天统元年（565 年），斛律羡为幽州刺史，"督用民工导高粱水北合易荆水（今温榆河），东会于潞河，因以灌田，边储岁积，转漕用省，公私获利焉。"[2] 这次对戾陵碣的修复，既对人民有利，又免去了北齐运输边食之劳。这些水利工程，在幽州地区农业发展中发挥了良好的作用。幽州地区粮食短缺的局面基本上得到扭转，大量屯兵依赖外地资助粮食的问题也基本上被解决。

　　幽州靠近边塞，畜牧业历史悠久。幽州的马自古驰名，其他畜产品也很多。幽州地区的手工业，由于各族统治者的混战受到极大破坏，加上北魏统治者把北方各地手工业者强制集中到平城（今大同）去，使幽州地区的手工业一度遭到破坏，但是这里的手工业仍有相当的发展。幽州民间的麻、布的产量较高，人民负担的户调就是用麻和布缴纳的。密云是生铁的产地。平谷西北有盐池，北魏在这里设斛盐戍，驻兵守卫。西晋永嘉元年（307 年）幽州刺史王浚曾葬其妻华芳于幽州西二十里（今北京西郊八宝山革命公墓西），随葬品残存有铜熏炉、铜弩机、银铃、漆盘等物，造工十分精巧，其葬具漆棺有精致彩绘。前燕光寿元年（357 年），慕容儁令为慕容廆坐骑"赫白"铸铜像，置于幽州东掖门，其像惟妙惟肖，栩栩如生，反映出当时幽州冶铸工艺的惊人成就。

　　幽州附近设有"胡市"，是中原与塞外游牧民族和平交易互通有无的场所，它对各民族的经济交流起着巨大的作用。"胡市"交换的产品，据文献记载，输出的主要是粮食、铁器以及其他手工业品，输入的主要是畜产品。考古发现的华芳墓中有南方来的货币，随葬手工业品也是从南方而来。鲜卑族在轲比能统治时期，一次就换给幽州的战马耕牛达七万余头，可见当时"胡市"的贸易是比较发达的。

第二节　魏晋北朝时期幽州地区的民族文化与交流

　　幽州自战国以来就是燕地的文化中心，魏晋十六国北朝时期，由于经济交流的频繁，为文化的进一步发展提供了物质基础，而民族的大融合为文化的发展提供了思想基础，文化的发展又促进了民族融合。各族统治者为了巩固统治，培养统治人才，也注意发展文化，提倡经学，于是在幽蓟地区涌现出一大批文人和知名学者，他们对幽州的文化发展做出了贡献。

　　私人讲学传经，是当时教育的一种主要形式，这不仅对汉族学术文化的延续和传播起了很大的作用，而且极大地影响了幽蓟地区少数民族的汉化过程，并产生了一些少数民族的专门经学家。慕容氏建国后，改牧为农，营建宫室，并引用汉族知识分子。慕容廆幼年游学幽州，求教于张华，为张氏所推重，并任用汉族地主裴嶷等。建国后还在京城设立东庠，请汉族名儒教授弟子。慕容廆之子慕容儁曾亲修受业于大儒刘瓒，"尚经书"而"善天文"，执政后"赐其大臣子弟为官学生者号高门生，立东庠于旧宫，以行乡射之礼，每月临观，考试优劣。皝雅好文籍，勤于讲授，学徒甚盛，至千余人。亲造《太上章》以代《急就》，又著《典诫》十五篇，以教胄子。"为鼓励学风，"皝亲临东庠考试学生，其经通秀异者，擢充近侍。"[3] 其子慕容儁"博观图书，有文武干略"。并且"儁雅好文籍，自初即位至末年，讲论不倦，览政之暇，唯与侍臣错综义理，凡所著述四十余篇。"[4] 迁都幽州后，除在宫中设太学以教贵族子弟外，又在显贤里设立学校，并令郡县仿效。其子孙族人也多尊重经书之士而多有学问。

拓跋氏鲜卑建都后，也营建宫室，兴办学校，奖励农桑，其皇帝及众多王子，也好经史释氏，并汉化改姓曰"元"。高氏代魏建北齐后，皇帝、王子以至后妃，也多好文学通经史。除王公贵族致力于学习经学外，北朝时期还产生一些专门的少数民族经学家，聚徒讲学的密云丁零人鲜于灵馥，就是其中的一个。

慕容氏弃守幽州后，幽州的文化曾一度衰落，但北魏王朝的裴延儁任幽州刺史时，"又命主簿郦恽修学校，礼教大行"，幽州的文化教育也有所恢复。

北朝时期北方战争一直比较频繁，即便如此，作为北方文化中心的幽州，文化教育还是继续发展的。各少数民族在过渡到定居农耕生恬、走上封建化的过程中，吸收先进的汉族文化是他们很自然的要求，这正表明汉族文化在民族融合中所起的作用。同时，作为汉族兄弟民族的鲜卑族，也起了较大的作用。文化的发展不仅是幽州作为北方政治经济发展的一种结果，而且它反过来又成为巩固和发展幽州政治经济中心地位的条件。

注释：

(1)《魏书》卷六九《裴延儁传》。

(2)《北齐书》卷一七《斛律羡传》。

(3)《晋书》卷一〇九《慕容皝载记》。

(4)《晋书》卷一一〇《慕容儁载记》。

隋唐时期

  隋唐时期，是继秦汉之后又一段较长时间的一统王朝的稳定时期，也是北方游牧部落发展较为强盛的时期。隋唐王朝为了巩固其统治，曾经花费了大量的人力物力，试图安定边地的政局，但是，这种安定边地的成效却是时好时差，特别是边地动荡不安时，会直接影响到中央政局的稳定。隋朝统治者为了安定东北政局，不惜倾全国之力，却因为举措失当，导致民不聊生，而安定东北局势的军事行动遭到惨败，最终导致了隋朝的灭亡。而唐朝初期对安定东北政局的举措也是不成功的，此后调整了相关的军事对策，才取得了较好的效果。

  在唐朝前期，北方契丹及奚族的势力发展很快，并且直接影响到唐朝政府在东北统治的稳定，为此，唐朝中央曾经在东北设置安东都护府及松漠都督府等机构，任命少数民族首领担任都护府长官，以安抚少数民族民众。但是，因为驻守幽州地区的唐朝将领不能体察中央政府的意图，往往挑起争端，以邀功赏，故而闹得战事纷起，少数民族部落的反抗愈演愈烈。于是形成了一个恶性循环的局面，边地将领不断生事，造成少数民族首领的反抗，而产生动乱；唐朝政府为了镇压动乱，又进一步加强边地将领的势力；而边地将领的势力越大，对待边地少数民族部落的挑衅就越来越多。最后，连唐朝中央政府都无法控制边地将领们的行动，由此形成藩镇割据的局面。

  反过来，藩镇割据在削弱中央政府统治力量的同时，却又为边地少数民族部落势力的迅速发展和扩张提供了便利条件。一方面，是藩镇势力和中央政府的对抗；另一方面，则是藩镇势力之间的对抗，由此既削弱了中央政府控制边地少数民族部落的能力，也消耗了各个藩镇自身的力量。边地少数民族部落乘机发展起来。特别值得注意的是，各藩镇势力在对抗中央政府和相互攻伐的过程中，为了能够取得胜利，往往需要借助少数民族部落的军事力量来攻击对手。这就无形之中把边地少数民族的势力引到中原地区来。整个隋唐时期，边地少数民族势力的消长，是与中原王朝政局的变化密切相关的，随着唐朝的灭亡，边地少数民族部落的势力也就顺利进入中原地区。

第一章 隋朝时期幽州的民族

第一节 突厥对幽州的影响

　　隋朝时期突厥对幽州有重要影响。突厥在北朝后期强盛一时，凌驾于北齐、北周之上。开皇元年（581 年）突厥它钵可汗卒，因为汗位继承突厥汗国而出现了分裂的迹象。它钵可汗"在位十年，病且卒，谓其子庵罗曰：'吾闻亲莫过于父子。吾兄不亲其子，委地于我。我死，汝当避大逻便也。'及它钵卒，国中将立大逻便，以其母贱，众不服。庵罗母贵，突厥素重之。摄图最后至，谓国中曰：'若立庵罗者，我当率兄弟以事之；如立大逻便，我必守境，利刃长矛以相待矣。'摄图长而且雄，国人皆惮，莫敢拒者，竟立庵罗为嗣。大逻便不得立，心不服庵罗，每遣人骂辱之。庵罗不能制，因以国让摄图。国中相与议曰：'四可汗之子，摄图最贤。'因迎立之，号伊利俱卢设莫何始波罗可汗，一号沙钵略。治都斤山。庵罗降居独洛水，称第二可汗。大逻便乃请沙钵略曰：'我与尔俱可汗子，各承父后。尔今极尊，我独无位，何也？'沙钵略患之，以为阿波可汗，还领所部。"(1)此时，突厥已是五可汗分领，各怀猜忌。沙钵略可汗摄图为汗国最大可汗，治于都斤山。其下有它钵可汗之子第二可汗庵罗、木杆可汗之子阿波可汗大逻便、西突厥室点密可汗之子达头可汗玷厥、沙钵略之弟突利可汗处罗侯。第二可汗庵罗统独洛水（土剌河）流域。阿波可汗大逻便"与沙钵略有隙，因分为二，渐以强盛。东拒都斤，西越金山，龟兹、铁勒、伊吾及西域诸胡悉附之。"(2)治所称"北牙"。(3)达头可汗玷厥"其国居乌孙之故地，东至（北）突厥国，西至雷翥海，南至疏勒，北至

78

瀚海。……铁勒、龟兹及西域诸国，皆归附之。"[4] 兵马强盛，甚至在沙钵略之上，但是地位却屈居其下。突利可汗处罗侯掌辖突厥汗国东部的奚、霫、契丹、鞑靼等诸部。他为沙钵略亲弟，但"奸多而势弱，曲取于众心，国人爱之，因为摄图所忌，其心殊不自安。"[5]

虽然突厥汗国出现分裂迹象，但是隋文帝建国初，突厥对幽州的侵扰十分严重，幽州成为突厥突进隋王朝河北之地的主要战道。一方面幽州所临近奚、霫、契丹等族，屈从于突厥的掌控，胁从突厥进寇幽州。另一方面盘驻营州的北齐遗臣高宝宁势力一直与隋对抗，不时寻找时机攻入幽州，"时有高宝宁者，齐氏之疏属也，为人桀黠，有筹算，在齐久镇黄龙。及齐灭，周武帝拜为营州刺史，甚得华夷之心。高祖为丞相，遂连结契丹、鞑靼举兵反。高祖以中原多故，未遑进讨，以书喻之而不得。"[6] 突厥也欲乘隋立国未稳之机入侵，获取利益，开皇元年十二月，"隋主既立，待突厥礼薄，突厥大怨。千金公主伤其宗祀覆灭，日夜言于沙钵略，请为周室复雠。沙钵略谓其臣曰：'我，周之亲也。今隋主自立而不能制，复何面目见可贺敦乎！'乃与故齐营州刺史高宝宁合兵为寇。隋主患之，敕缘边脩保障，峻长城，命上柱国武威阴寿镇幽州，京兆尹虞庆则镇并州，屯兵数万以备之。"[7]

为了缓解突厥的进攻，隋文帝采纳熟谙突厥情势的长孙晟的主张。"晟先知摄图、玷厥、阿波、突利等叔侄兄弟各统强兵，俱号可汗，分居四面，内怀猜忌，外示和同，难以力征，易可离间，因上书曰：'……臣于周末，忝充外使，匈奴倚伏，实所具知。玷厥之于摄图，兵强而位下，外名相属，内隙已彰，鼓动其情，必将自战。又处罗侯者，摄图之弟，奸多而势弱，曲取于众心，国人爱之，因为摄图所忌，其心殊不自安，迹示弥缝，实怀疑惧。又阿波首鼠，介在其间，颇畏摄图，受其牵率，唯强是与，未有定心。今宜远交而近攻，离强而合弱，通使玷厥，说合阿波，则摄图回兵，自防右地。又引处罗，遣连奚、霫，则摄图分众，还备左方。首尾猜嫌，腹心离阻，十数年后，承衅讨之，必可一举而空其国矣。'上省表大悦，因召与语……皆纳用焉。因遣太仆元晖出伊吾道，使诣玷厥，赐以狼头纛，谬为钦敬，礼数甚优。玷厥使来，引居摄图使上。反间既行，果相猜贰。授晟车骑将军，出黄龙道，赍币赐奚、霫、契丹等，遣为向导，得至处罗侯所，深布心腹，诱令内附。"[8] 隋王朝既然在外交上用心，成果也颇称人意，至少保障了开皇元年幽州没有与突厥发生大的战事。

不过在次年五月，突厥沙钵略以为妻子复仇为由，"悉众为寇，控弦之士四十万。上令柱国冯昱屯乙弗泊，兰州总管叱李长叉守临洮，上柱国李崇屯幽州，达奚长儒据周槃，皆为虏所败。于是纵兵自木硖、石门两道来寇，武威、天水、安定、金城、上郡、弘化、延安六畜咸尽。"[9]此次进攻使隋王朝损失惨重，最终因突厥内部不和，隋施展离间才令突厥解围而去。"沙钵略更欲南入，达头不从，引兵而去。长孙晟又说沙钵略之子染干诈告沙钵略曰：'铁勒等反，欲袭其牙。'沙钵略惧，回兵出塞。"[10]

幽州被突厥之患，隋之西北也频受突厥侵扰。因为隋东北的少数民族受突厥的控制，故而长孙晟提出了笼络控制东北少数民族的处罗侯的主张。处罗侯是摄图之弟，辽河以西的奚、霫、契丹等族在其势力范围之内。隋文帝遣使联合西部突厥达头可汗，同时拉拢东部的处罗侯，"因遣太仆元晖出伊吾道，使诣玷厥，赐以狼头纛，谬为钦敬，礼数甚优。玷厥使来，引居摄图使上。反间既行，果相猜贰。授晟车骑将军，出黄龙道，赍币赐奚、霫、契丹等，遣为向导，得至处罗侯所，深布心腹，诱令内附。"[11]外交准备就绪后，开皇三年（583年）四月，隋文帝"于是命卫王爽等为行军元帅，分八道出塞击之。……幽州总管阴寿帅步骑十万出卢龙塞，击高宝宁。宝宁求救于突厥，突厥方御隋师，不能救。庚辰，宝宁弃城奔碛北，和龙诸县悉平。寿设重赏以购宝宁，又遣人离其腹心；宝宁奔契丹，为其麾下所杀。"[12]营州高宝宁势力的覆灭，隋王朝随之设置营州总管，安抚东北诸族，幽州面临的强敌只剩突厥。突厥虽然受重大打击，对幽州的攻势仍未解除，当年六月"突厥寇幽州，隋幽州总管广宗壮公李崇帅步骑三千拒之。转战十余日，师人多死，遂保砂城。"[13]最终李崇战死沙场。为防卫突厥，隋文帝在幽州总管辖下增置大量军镇。开皇初，突厥寇边，燕、蓟多被其患，前总管李崇为虏所杀，上思所以镇之，临朝曰："无以加周摇者。"于是"拜为幽州总管六州五十镇诸军事。摇修鄣塞，谨斥候，边民以安。"[14]

在开皇三年隋对突厥的大规模出击后，加以隋王朝施行的离间政策，突厥汗国迅速瓦解，形成了东西突厥的对立，互相攻杀的局面。势力大弱的突厥部落被迫向隋臣服，"突厥沙钵略可汗数为隋所败，乃请和亲。千金公主自请改姓杨氏，为隋主女。隋主遣开府仪同三司徐平和使于沙钵略，更封千金公主为大义公主。"[15]

在东突厥降服后，直到隋末，由于隋政权的衰亡，突厥在幽州的活动再度复苏。在幽州一带的起义势力多仰仗突厥的支持展开争夺。

第二节　奚、契丹在幽州的活动

奚与契丹自北朝之时在松、漠之间游牧,在突厥兴起后,受其掌控。随着隋王朝对突厥的胜利,奚、契丹开始归附,"开皇三年,除幽州总管。突厥犯塞,（李）崇辄破之。奚、霫、契丹等慑其威略,争来内附。"[16]

奚族在隋初臣服于突厥,受突厥处罗侯可汗管辖。其社会风俗也同于突厥,仍分为五部,处于部落制阶段。与隋王朝的关系并不稳定,"自突厥称藩之后,亦遣使入朝,或通或绝,最为无信。大业时,岁遣使贡方物。"[17]

契丹经历北齐的打击,势力一度衰退,沦为突厥附属。一部分部落受北齐营州刺史高宝宁招抚,是高宝宁对抗隋王朝的主力之一。开皇三年,隋幽州总管出击高宝宁之时,其子僧伽"寻引契丹、靺鞨之众来攻"。[18]不过,在突厥臣服隋王朝后,契丹很快就向隋王朝靠拢,"开皇四年,率诸莫贺弗来谒。五年,悉其众款塞,高祖纳之,听居其故地。六年,其诸部相攻击,久不止,又与突厥相侵,高祖使使责让之。其国遣使诣阙,顿颡谢罪。其后契丹别部出伏等背高丽,率众内附。高祖纳之,安置于渴奚那颉之北。开皇末,其别部四千余家背突厥来降。上方与突厥和好,重失远人之心,悉令给粮还本,敕突厥抚纳之。固辞不去。……突厥沙钵略可汗遣吐屯潘垤统之。"[19]

契丹向隋王朝表示臣服后,虽归于突厥统辖,但是有了很大发展,部落联盟处于萌芽中。"部落渐众,遂北徙逐水草,当辽西正北二百里,依托纥臣水而居。东西亘五百里,南北三百里,分为十部。兵多者三千,少者千余,逐寒暑,随水草畜牧。有征伐,则酋帅相与议之,兴兵动众合符契。"契丹恃其强盛,很快与突厥分庭抗礼,开皇四年（585年）,"沙钵略可汗既为达头可汗所困,又畏契丹,遣使告急于隋,请将部落渡漠南,寄居白川道。"[20]开皇六年（587年）,契丹"又与突厥相侵",开皇末,"其别部四千余家背突厥来降。"[21]

虽然契丹有向隋王朝投靠的迹象,但是也有侵犯隋边境的行为。不仅如此,契丹还对隋营州发起进攻,隋炀帝大业元年（605年）,"契丹寇营州,诏通事谒者韦云起护突厥兵讨之,启民可汗发骑二万,受其处分……尽获其男女四万口,杀其男子,以女子及畜产之半赐突厥,馀皆收之以归。帝大喜,集百官曰:'云起用突厥平契丹,才兼文武,朕今自举之。'"[22]经过这次打击,契丹势力再次衰落。

注释：

（1）《隋书》卷八四《突厥传》。

（2）《隋书》卷八四《西突厥传》。

（3）《资治通鉴》卷一七五，陈长城公至德元年五月条："沙钵略素忌阿波骁悍；自白道败归，又闻阿波贰于隋，因先归，袭击北牙，大破之，杀阿波之母。"胡三省注北牙云："阿波建牙在摄图之北。"

（4）《通典》卷一九九《边防十五·突厥下》。

（5）《隋书》卷五一《长孙晟传》。

（6）《隋书》卷三九《阴寿传》。

（7）《资治通鉴》卷一七五，陈宣帝太建十三年十二月条。

（8）《隋书》卷五一《长孙晟传》。

（9）《隋书》卷八四《突厥传》。

（10）《资治通鉴》卷一七五，陈宣帝太建十四年十二月条。

（11）《隋书》卷五一《长孙览传附长孙晟传》。

（12）《资治通鉴》卷一七五，陈长城公至德元年四月条。

（13）《资治通鉴》卷一七五，陈长城公至德元年六月条。

（14）《隋书》卷五五《周摇传》。

（15）《资治通鉴》卷一七六，陈长城公至德二年九月条。

（16）《隋书》卷三七《李崇传》。

（17）《隋书》卷八四《奚传》。

（18）《隋书》卷三九《阴寿传》。

（19）《隋书》卷八四《契丹传》。

（20）《资治通鉴》卷一七六，陈长城公至德三年七月条。

（21）《隋书》卷八四《契丹传》。

（22）《资治通鉴》卷一八〇，隋炀帝大业元年八月条。

第二章 唐前期幽州的民族

第一节 唐初幽州的民族概况

隋末唐初，东北的少数民族纷纷卷入群雄的争夺战中，幽州成为这些势力攻占的要地。突厥势力乘乱侵扰隋唐边境，甚至支持各种割据势力加入混战。突厥进攻最为频繁的是从并州一带，直指关中，其次是以东北边境的幽州作为突破口；乘中原混乱之际，幽州东北诸族也在幽州活动频繁。

武德三年（620 年）十一月，梁师都说服突厥处罗可汗联兵从并州以及幽州大举入侵，"及刘武周之败，师都大将张举、刘旻来降，师都大惧，遣其尚书陆季览说处罗可汗曰：'比者中原丧乱，分为数国，势均力弱，所以北附突厥。今武周既灭，唐国益大，师都甘从亡破，亦恐次及可汗。愿可汗行魏孝文之事，遣兵南侵，师都请为乡导。'处罗从之。谋令莫贺咄设入自原州，泥步设与师都入自延州，处罗入自并州，突利可汗与奚、霫、契丹、靺鞨入自幽州，合于窦建德，经滏口道来会于晋、绛。兵临发，遇处罗死，乃止。"[1] 唐王朝大为恐慌，使太常卿郑元璹出使突厥，不久处罗可汗病卒，唐高祖礼如始毕可汗之丧，幽州之围方告解除。

突厥另外支持在渔阳、北平一带的高开道与李艺相抗，争夺幽州，"幽州大饥，高开道许以粟赈之。李艺遣老弱诣开道就食，开道皆厚遇之。艺喜，于是发民三千人，车数百乘，驴马千馀匹，往受粟。开道悉留之，告绝于艺。复称燕王，北连突厥，南与刘黑闼相结，引兵攻易州，不克，大掠而去。又遣其将谢稜诈降于艺，请兵授接，艺出兵应之。将至怀戎，棱袭击破之。开道与突厥连兵数入为寇，恒、定、幽、易咸被其患。"[2]乘突厥大肆进攻之际，东北诸族也纷纷进入幽州之境。武德五年（壬午622年）十月，"契丹寇北平。"[3]"武德中，高开道借其兵再寇幽州，长史王诜击破之。"[4]

唐贞观初年，乘突厥内忧外患之际，[5]唐太宗以东路幽州、营州与西北军队夹击。贞观三年十一月，以"并州都督李世勣为通漠道行军总管，华州刺史柴绍为金河道行军总管，任城郡王道宗为大同道行军总管，幽州都督卫孝节为恒安道行军总管，营州都督薛万淑为畅武道行军总管，以伐突厥。"[6]至贞观四年四月，突厥颉利可汗被俘，东突厥灭亡。在唐太宗征伐突厥之前，就出现了东北少数民族部落内附的浪潮。贞观二年，摩会来降。突厥颉利可汗不欲外夷与唐合，乃请以梁师都易契丹。太宗曰："契丹、突厥不同类，今已降我，尚可索邪？师都，唐编户，盗我州部，突厥辄为助，我将禽之，谊不可易降者，明年，摩会复入朝，赐鼓纛，由是有常贡。"[7]贞观三年又有大批蕃族叛离突厥来降，"初，突厥突利可汗建牙直幽州之北，主东偏，奚、霫等数十部多叛突厥来降"。[8]这使突厥在幽州一带的势力几乎完全倒向唐王朝。

唐初契丹首领为大贺氏，"有胜兵四万，析八部，臣于突厥，以为俟斤。凡调发攻战，则诸部毕会；猎则部得自行。"[9]契丹首领脱离突厥控制自称可汗后，即以所属各部酋长为"俟斤"，亦即夷离堇，统率部族兵马。契丹虽然过着游牧生活，但在唐初已经有了较为稳定的根据地，"阻冷陉山以自固"，或者"与奚不平，每斗不利，辄遁保鲜卑山。"[10]在内附唐王朝后，更获得了较为稳定的发展环境，不论在生产经济或政治体制上，都大大促进了部族的发展。

奚族在隋末唐初也颇具势力，在隋末群雄割据时期，奚族也在幽州活动，支持割据渔阳一带的高开道争夺幽州，被幽州长史王诜所败。奚族在社会组织较为松散，分为五部，每部由一名俟斤统领，这是类似于突厥的制度。而"其君长常以五百人持兵卫牙中，余部散山谷间，无赋入，以射猎为贽。"[11]奚族也有一定的农业生产，种植糜子。生活较为简陋，"断木为臼，瓦鼎为䭀，杂寒水而食。"[12]奚族善于争战，时常与契丹发生战争。在唐王朝建立后，也开始归附于唐的招抚政策下。

第二节　唐太宗的民族政策与幽州民族迁徙

唐建国后，"四夷降伏，海内乂安"。[13]这是唐太宗平定中原后，又以大半生的精力征服怀柔边境各族，实行开明的民族政策所致的统一局面。民族和睦为经济的发展创造了条件，贞观时期各民族在北方边塞重镇幽州成为民族交流融合的重要区域。

唐太宗以毕生的精力实现"前王不辟之土，悉清在冠；前史不载之乡，并为州县，"[14]而对突厥战争的胜利，是实现这一局面的转折点。贞观四年（630年），"突厥既亡，其部落或北附薛延陀，或西奔西域，其降唐者尚十万口，诏群臣议区处之宜。"[15]争论的中心是将突厥民族尽数驱逐塞外，"纵之使还故土"，[16]还是收居内地。窦静提出："因其破亡之后，加其无妄之福，假以贤王之号，妻以宗室之女，分其土地，析其部落，使其权弱势分，易为羁制，自可永保边塞，俾为藩臣。"[17]温彦博提出借鉴汉朝处置匈奴的历史经验："全其部落，得为捍蔽，又不离其土俗，因而抚之，一则安空虚之地，二则示无猜之心。"[18]窦静之父窦抗曾任隋幽州总管，因此窦静谙熟对付突厥的边防事务。而温彦博曾授幽州总管府长史，武德年间突厥入塞，彦博没于虏庭，迁于阴山苦寒之地罚为苦役。[19]因此对幽州以及北方游牧民族情况十分了解。因而他能够总结汉代以来处理民族事务的成功经验，比较充分考虑民族的长远利益，提出切中实际状况的意见，虽然他的意见也包含使少数民族"各有酋长，不相统属，力散势分安能为害"的内容，但确信少数民族"怀我德惠、终无叛逆"。他进一步阐述认为"我援护之，使居内地，禀我指麾，教以礼法，数年之后，尽为农民。选其酋首，遣居宿卫，畏威怀德，何患之有。"[20]显然包含着以先进的生产方式促进少数民族发展的卓识，唐太宗果断地采纳温彦博的意见，定为决策。将突厥降众安置在东自幽州（今北京）、西至灵州（今宁夏灵武西南）的广大地带，主要以突利可汗（颉利侄）过去所统部落，置顺（今北京顺义）、佑（今宁夏境）、化（今陕西横山北）、长（今内蒙古红柳河上游西部地区）四州都督府。突厥的原有部落几乎全部保存下来了。幽州遂成为各民族内迁的一个重要的地方，成为多民族杂居融合的地域。

从唐初以来，诸族纷纷归附，为安置降附的诸族人，唐王朝采取了两种办法：一种是在各族原居住地设羁縻府州安置，另一种是在唐朝原边界州内设置侨置州县，以管理内迁各族人口。前一种府州对民族的迁徙影响不大，后一种由于内迁到唐朝原边州内，形成民族杂居局面，促使内迁民族的内部结构、生活方式及生产关系都发生了极大的变化。

唐王朝在幽州一带设置了大量羁縻州府。[21]"是岁（贞观三年），中国人归自塞外及开四夷为州县者百二十余万人。"[22]这些降户包括从西道到东薛延陀、回纥、突厥以及契丹等东北民族，安置在幽州及附近幽县的多为东北少数民族，突厥及西域胡人"突厥既亡，营州都督薛万淑遣契丹酋长贪没折说谕东北诸夷，奚、霫、室韦等十余部皆内附。"[23]早在隋大业年间，即将归附的靺鞨酋长突地稽所率部落安置在燕州（营州），"初，开皇中，粟末靺鞨与高丽战，不胜。有厥稽部渠长突地稽率忽使来部、窟突使部、悦稽蒙部、越羽部、步护赖部、破奚部、步步括利部凡八部。胜兵数千人，自扶余城西北举部落向关内迁附，处之柳城，乃燕郡之北。炀帝大业八年置为辽西郡，唐武德元年改为燕州总管府。"[24]武德四年三月，"以靺鞨渠帅突地稽为燕州总管"。[25]又在武德六年五月，"刘黑闼之叛也，突地稽引兵助唐，徙其部落于幽州之昌平城"。[26]侨居幽州地区的突地稽部，天宝年间达到了二千零四十五户，一万一千六百零三口。突地稽后人世为酋长，"门擅英豪，代承恩宠"。其子李谨行累迁营州都督、右卫大将军，封燕国，陪葬乾陵。谨行子李秀《碑》称族出"范阳李氏"，"范阳李者，其先出自陇西"。[27]说明这支南迁之粟末靺鞨，至第三代业已汉化，并与汉族高门"陇西李氏"认同。

唐高祖武德二年（619年），（契丹）内稽部落投唐，为置威州以处之。后来，威州侨治营州城中，复又南徙，寄治幽州良乡县。[28]两年后，别部酋帅孙敖曹求内附，"诏令当州（按，谓营州）城旁安置"。[29]太宗贞观二年（628年），酋长摩会率部内属，其松漠、乙失革、曲据（即李去闾）等部落相继附唐，太宗特置玄州（侨治范阳鲁泊村）、昌州（侨治昌平清水店）以安之。

在太宗征辽时，又有大批人口充实于幽州"攻陷辽东城，其中抗拒王师，应没为奴婢者一万四千人，并遣先集幽州，将分赏将士。太宗愍其父母妻子一朝分散，令有司准其直，以布帛赎之，赦为百姓。"[30]

唐太宗也根据各民族居住地区的不同情况，采取多种灵活的政策。以东北一线来看，"自燕州以下十七州，皆东北蕃降胡散赴幽州、营州界内，以州名羁縻之"。[31]燕州以下十七州中之安东都护府，为镇守辽东的国防重任机构。自唐太宗至唐高宗先后向辽东用兵，至总章元年十二月"置安东都护府于平壤以统之。擢其酋帅有功者为都督、刺史、县令，与华人参理。以右威卫大将军薛仁贵检校安东都护，总兵二万人以镇抚之。"[32]随后东北边防形势变化，安东都护曾由幽州都督及平卢节度使兼领。幽州面向东北，吸引各族，逐渐成为北方民族融合的一大中心。突厥、契丹、奚、靺鞨、高丽、室韦、铁勒等各族人民迁来幽州城及附近地区，幽州城里民族杂居，和睦友好，确是贞观年间出现的新局面。

唐王朝的这种政策，虽有便于控制内迁少数民族之意，但更大的意义在于"分其种落，散居州县，教之耕织，可以化胡虏为农民"。[33]尽管内迁胡族化的道路还有一个漫长的过程，然这项政策的推行对改变胡族生产结构却是比较显著的。贞观十二年（638 年），唐朝廷在对突厥首领李思摩的诏书中就说："今岁以来，年谷屡登，种粟增多，畜牧蕃息。缯絮无乏，咸弃其毡裘；菽粟有余，靡资于狐兔"。[34]武则天时，突厥"又请粟田种十万斛，农器三千具，铁数万斤"。[35]说明他们已经改变了原有的生产结构，开始耕织生产了。在行政管理上，唐朝对内迁胡族允其首领任侨置府州的都督、刺史，享有固定的俸禄，但必须接受当地军政官员的管辖，所谓"诸道军城，例管夷落"。[36]对其人口按内附时间长短分为"熟户"和"新降"。"内附后所生子，即同百姓，不得为蕃户也"，[37]即是"熟户"。"熟户既是王人，章程须依国法"。[38]可见从内迁胡族的第二代起，就同当地百姓一样，完全成为唐朝的编户齐民了。

注释：

（1）《旧唐书》卷五六《梁师都传》。

（2）《资治通鉴》卷一八九，唐高祖武德四年十一月条。

（3）《资治通鉴》卷一九〇，唐高祖武德五年十月条。

（4）（11）（12）《新唐书》卷二一九《奚传》。

（5）《新唐书》卷二一五上《突厥传上》："帝曰：'突厥盛夏而霜，五日并出，三月连明，赤气满野，彼见灾而不务德，不畏天也。迁徙无常，六畜多死，不用地也。俗死则焚，今葬皆起墓，背父祖命，谩鬼神也。与突利不睦，内相攻残，不和于亲也。有是四者，将亡矣，当为公等取之，安在筑障塞乎？'"

（6）（22）《新唐书》卷二《太宗纪》。

（7）（36）《新唐书》卷二一五上《突厥传上》。

（8）《资治通鉴》卷一九二，唐太宗贞观二年三月条。

（9）（10）《新唐书》卷二一九《契丹传》。

（13）《贞观政要》卷一〇。

（14）《唐大诏令集》卷一一《太宗遗诏》。

（15）（16）《资治通鉴》卷一九三，唐太宗贞观四年三月条。

（17）《旧唐书》卷六一《窦静传》。

（18）（19）《旧唐书》卷六一《温彦博传》。

（20）《旧唐书》卷二九四上《突厥传上》。

（21）《旧唐书》卷一九四上《突厥传上》："于朔方之地，自幽州至灵州置顺、祐、化、长四州都督府。"

（23）《资治通鉴》卷一九三，唐太宗贞观四年七月条。

（24）《太平寰宇记》卷七一《北蕃风俗记》。

（25）《资治通鉴》卷一九一，唐高祖武德四年三月条。

（26）《资治通鉴》卷一九二，唐高祖武德六年五月条。

（27）《隋书》卷八一《靺鞨传》。

（28）《旧唐书》卷一九九下《契丹传》。

（29）《新唐书》卷四三《地理志下》。

（30）《旧唐书》卷一九九上《高丽传》。

（31）《太平寰宇记》卷六九。

（32）《资治通鉴》卷二〇一，唐高宗总章元年十二月条。

（33）《新唐书》卷四二《地理志七下》。

（34）《唐大诏令集》卷一二八《突厥李思摩为可汗诏》。

（35）《资治通鉴》卷二百六，唐则天后神功元年六月条。

（37）《册府元龟》卷九九二《外臣部·备御》。

（38）《唐六典》卷三《户部尚书》。

第三章 唐高宗至唐玄宗
时期幽州的民族

高宗至玄宗时期，幽州的民族迁移较之唐初更有所发展。唐初归附并迁徙到幽州的少数民族，已经发展成为幽州较为稳定的居住人口。因为幽州边防的需求，越来越多的少数民族被吸收加入到幽州的地方部队，为幽州原有的文化氛围增添了大量胡族的风气。

第一节 东突厥、奚、契丹对幽州的影响

继承太宗大业的高宗，在位期间进一步巩固了帝国的边防。对外征伐以及羁縻州府的设置都更为扩展，帝国的属地与属民都趋于顶峰。然而这盛大的局面不能长久保持，武后初年，东突厥复起，东北奚，契丹又渐强大，桴鼓南下，"燕赵黎氓，略无宁岁"，[(1)]而突厥、吐蕃联合之势，更成为唐帝国的严重威胁。巨镇幽州，担负"匈奴断臂，山戎抛喉"[(2)]的重任，并日渐发展成为战火肇源地，爆发决定历史大局的变乱。

贞观时期，唐对归附的突厥诸部设置了羁縻州府，并在永徽元年（650 年）平定阿史那车鼻部，将东突厥汗国的辖境全部并入唐帝国的版图。高宗即位后又加强了对这些羁縻州府的管理，"凡三十年北方无戎马警。"[(3)]长期的羁縻统治渐生弊端，调露元年（679 年）十月，北方单于大都护府突厥阿史德温傅、奉职二部反唐，立阿史那泥热匐为可汗，附近二十四州首长皆响应，众数十万。突厥又行南下，劫掠袭击河北诸县。不久突厥二部被幽州大都督裴行俭率兵先后平定，而阿史那骨笃禄重又招集散亡，据黑沙城（在今呼和浩特北面），出掠九姓

铁勒畜马，势力壮大，于是自称颉跌利施可汗，以其弟默啜为杀（或称设），咄悉匐为叶护。从此后复兴的突厥汗国就不断侵扰唐王朝北边。而执政的武后更关心把持权力，对突厥的防御屡屡失策。天授二年（691 年）阿史那骨笃禄病亡，诸子年幼，其弟默啜自立为可汗。默啜以盛兵屡次进攻唐边塞，契丹、奚也乘机叛乱。武后为拉拢突厥，一再让步，不仅赐予默啜大量谷物、布帛、农具和铁器，还将丰、胜、灵、夏、朔、代六州降户交与默啜，并许婚，默啜因此势力大增。神功元年（697 年），默啜又与唐合力击败契丹、奚，两族归降突厥，默啜势力更盛。突厥对唐幽并一带连年进兵，唐军屡遭挫败。

唐中宗复位后，对突厥的用兵稍见成效。先天元年（712 年），突厥大败幽州都督孙佺，并席卷河北州县，造成了河北的动荡不安。此时新即位的玄宗面对突厥的反复和叛，决定用武力来退退突厥的侵扰，而默啜"自恃兵威，虐用其众。默啜既老，部落渐多逃散。"[4] 西突厥与十姓部落大量归附唐王朝。开元四年（716 年）六月，默啜北击九姓铁勒拔曳固部时被杀，其首级被献到长安，九姓铁勒的五部也归附唐王朝。强盛一时的默啜死后，前可汗骨笃禄之子阙特勤拥立其兄左贤王默棘连为毗伽可汗。在毗伽可汗的统治下，突厥曾有过短暂的恢复。唐王朝也以九姓为基础，大量屯兵为备。开元九年（721 年）以后，毗伽可汗开始向唐请求朝贡和联姻，开始与唐建立友好关系。毗伽可汗死后，突厥开始走向衰落，内乱不断，天宝四年（744 年）正月，九姓回纥部的怀仁可汗攻杀突厥末代可汗白眉可汗，送首级于长安。毗伽可汗的可敦率众降唐，东突厥汗国灭亡。回纥占领突厥故地，突厥对唐北边的威胁终于消除了，"北边宴然，烽燧无警矣。"[5]

在东突厥汗国复兴的同时，东北地区逐渐强大的奚，契丹部族，也在伺机而发。自慕容氏入中原后，奚、契丹据东北空虚地带，已发展二百年了。太宗征辽后，始置松漠都督府，复置饶乐都督府，"兼置东夷都护以统松漠，饶乐之地"，羁縻奚，契丹部族。这一带位居今西喇术伦河上游、松岭山脉，横分老哈河，滦河之源，山深林密水草饶美，有大片牧区。铁骑驰突，"林闭山深"，[6] 唐军很难深入，也极难以武力征服。

唐朝的成立也是契丹壮大的转机。唐高祖和唐太宗都采取支持契丹并利用契丹来钳制突厥的策略。贞观时期，契丹背离突厥来归附，唐太宗曾拒绝突厥以梁师都交换契丹的请求。这时期契丹的部落联盟已经形成，部落的组织与力量都大有增强。此时由大贺家族世选联盟首领。贞观二十二年（648 年），唐王朝对契丹设置羁縻州府松漠都督府，以其联盟首领窟哥为都督，诸部酋长为刺史，将契丹纳入王朝的行政建置。此后契丹势力逐渐壮大，部落内部为权力发生了激烈的争夺。唐玄宗开元十八年（730年），遥辇氏取代大贺氏。契丹在其势力壮大的过程中，与唐的关系也产生波动。武后执政时期，契丹发生叛乱。唐玄宗时期，为安抚两蕃，对契丹施行和亲政策。契丹部落的权力斗争，使其首领不时投向唐王朝，以图获取支持。

武后神功元年（697年），契丹大将李楷固、骆务整等率部降，武则天命楷固等平息契丹余叛，因而酬功拜楷同为左玉钤卫大将军、燕国公，赐姓武氏。武后久视元年（700年），楷固婿李楷洛亦率部投降。[7]从楷固子承悦任檀州（今北京密云东北）刺史、密云军使，孙景略"以门荫补幽州功曹"，[8]可推知其部落当被置于檀州，隶幽州都督府。而楷洛子名将李光弼，《李楷洛碑》称"京兆万年（今西安东部）人"，[9]则表明李楷洛及其族人降后定居长安。以上契丹府州，"皆隶营州都督"。[10]万岁通天元年（696年），松漠都督李尽忠（窟哥孙）与内兄归诚州刺史孙万荣（孙敖曹孙），因愤于营州都督赵文翙侵侮，遂举兵杀文翙，陷营州。朝廷为削弱反叛者的社会基础，遂采取釜底抽薪的办法，将玄州曲据部徙徐州（今江苏徐州）、宋州（今河南商丘）地区；威州内稽部徙幽州（今北京）境；昌、师、带、信诸州的松漠、乙失革、乙失活等部徙青州（今山东益都）。中宗神龙初年（705年），因契丹之乱平息，遂又将南迁诸部徙还，"皆隶幽州都督府"。[11]营州被契丹攻陷后，即迁原属侨州于幽州境内，用来安置突厥、靺鞨、奚、契丹、室韦、新罗等族归附人口。[12]

奚族也在唐朝时期获得了发展的契机，武德年间脱离突厥的管控，归附于唐。"贞观二十二年，酋长可度者率其所部内属，乃置饶乐都督府，以可度者为右领军兼饶乐都督，封楼烦县公，赐姓李氏。"[13]万岁通天元年（696年），契丹占据营州，奚亦附和，共同尊奉默啜，铁骑南进，直逼幽州。到开元时期，因为突厥衰亡，奚族畏于契丹的逼迫，又再度归顺唐王朝，"二十年，信安王祎奉诏讨叛奚。奚酋长李诗琐高等以其部落五千帐来降。诏封李诗为归义王兼特进、左御林军大将军同正，仍充归义州都督，赐物十万段，移其部落于幽州界安置。"[14]

第二节　唐玄宗时期幽州少数民族势力的壮大

由于两蕃受其内部权力斗争的影响，与唐王朝的关系并不稳定。唐王朝面对突厥与奚、契丹两蕃的攻势，应对颇为困难。玄宗即位初与两蕃交战接连失利，"乙酉，奚、契丹二万骑寇渔阳，幽州都督宋璟闭城不出，虏大掠而去。"[15] 开元二年，"薛讷与左临门卫将军杜宾客、定州刺史崔宣道等将兵六万出檀州击契丹。……行至滦水山峡中，契丹伏兵遮其前后，从山上击之。唐兵大败，死者什八九。讷与数十骑突围得免，虏中嗤之，谓之'薛婆。'崔宣道将后军，闻讷败，亦走。"[16] 两蕃引发的动荡一直使中央王朝深感忧虑。开元二年为防御契丹、奚两蕃，"置幽州节度、经略、镇守大使，领幽、易、平、檀、妫、燕六州。"[17]

开元四年突厥默啜败亡，突厥所统各部纷纷降服，失去突厥依靠的契丹与奚也表示归顺。唐王朝一方面设置了节度使加强对两蕃的防御，另一方面又对两蕃采用了怀柔政策，利用蕃族势力来维持东北的稳定。开元四年："（契丹李失活）与奚长李大酺皆来，诏复置松漠府，以失活为都督，封松漠郡王，授左金吾卫大将军。仍其府置静析军，以失活为经略大使，所统八部皆擢其酋为刺史。诏将军薛泰为押蕃落使，督军镇抚。"[18] 开元五年三月"丁巳，以辛景初女封为固安县主，妻于奚首领饶乐郡王大酺"，"十一月己亥，契丹首领松漠郡王李失活来朝，以宗女为永乐公主以妻之。"[19]

开元五年唐王朝利用这一时机恢复营州都督府，"初，营州都督府治柳城，扼制奚、契丹。武后时，赵文翙失两蕃情，攻残其府，更治东渔阳城。玄宗时，奚、契丹款附，帝欲复治故城，宋璟固争不可，独庆礼执处其利，乃诏与太子詹事姜师度、左骁卫将军邵宏等为使，筑裁三旬毕。俄兼营州都督，开屯田八十余所，追拔渔阳、淄青没户还旧田宅，又集商胡立邸肆。不数年，仓廥充，居人藩辑。"[20] 唐王朝进而在"营州置平卢军使"，开元七年"升平卢军使为平卢军节度，经略河北支度、管内诸蕃及营田等使，兼领安东都护及营、辽、燕三州。"[21]

开元二十年，唐王朝鉴于两蕃的动荡，对两蕃进行了一次大规模的用兵，"正月，乙卯，以朔方节度副大使信安王祎为河东、河北行军副大总管，将兵击奚、契丹；……信安王祎帅裴耀卿及幽州节度使赵含章分道击奚、契丹，……祎等大破奚、契丹，俘斩甚众，可突于帅麾下远遁，余党潜窜山谷。奚酋李诗琐高帅五千余帐来降。祎引兵还。赐李诗爵归义王，充归义州都督，徙其部落置幽州境内。"[22] 在此基础上，唐王朝对幽州节度的军事力量进一步扩展，"幽州节度增领卫、相、洺、贝、冀、魏、深、赵、恒、定、刑、德、博、棣、营、鄚（莫）十六州及安东都护府。"[23] 幽州节度统领地域扩大，不仅领河北众多内地州县，而且羁縻蕃族的营州都督府及安东都护府也为其所辖。

经过长期与两蕃和战，唐王朝也认识到平定契丹绝非易事，尤其对突厥的战争，使得唐王朝更加依赖于蕃族势力。幽州对外防御力量的增强中，内迁营州羁縻州府蕃兵被唐王朝征发任用的情形十分普遍，尤其玄宗时府兵颓败，以募兵方式组建边军的情况下，吸收善战的蕃兵可以扩大兵源。况且蕃兵本身为部落兵，内迁之后以从军为职业是理所当然之事，《册府元龟》卷一二四《帝王部·修武备》载："（开元）八年八月诏：宜差使于两京及诸州且拣取十万人，务求灼然骁勇，不须限以蕃汉，皆放蕃（番）役差科，唯令围（团）伍教练。"到天宝年间在幽州的防御军中，已经有了相当大的一批蕃将蕃兵势力。在《左羽林大将军臧公神道碑》中载臧怀亮："以本官兼安东大都护府都护、摄御史中丞、平卢军节度使、支度营田海运大使、奚、霫诸蕃，西属匈奴，南寇幽蓟，公以武辟武，以夷攻夷"，[24]张守珪开元二十一年任幽州节度使并兼营州都督，这一政策体现更为明显，"张守珪表奏，突厥四万骑，前月二十五日至能讫离山，契丹泥礼等前后斩获俘馘，数逾十万，突厥可汗弃甲逃亡，奚王李归国及平卢军将等追奔逐北，计日歼灭，更闻奏者。伏以突厥新立，轻事用兵，彼之威众，在于一举。又两蕃与其结隙，交构未深，在於边隅，犹轸天算。陛下料其终始，指授规模，知其举种尽来，本自无策，劳师袭远，必合成擒；使蕃骑先锋，汉军坚壁，坐观成败，自战蛮夷。今契丹才交，突厥已破，计其奔北，必至丧亡，脱身获全，亦举众皆弃。北虏震慑，从此气衰，东胡保边，永不携贰，宽徭罢柝，自此可期。"[25]在张守珪任幽州节度使兼带平卢节度，麾下蕃兵势力更为普遍，安禄山与史思明均为加入到张守珪麾下的营州胡兵，安史之余部骨干人物李宝臣、李怀仙等人物出身也类似。[26]张守珪任幽州节度使所取得的胜利，与大批蕃兵势力加入不无关系。

蕃兵蕃将势力对幽州节度使的权任产生了深远影响，蕃兵势力在张守珪任节度使之际就有越主帅权行事之迹象，"裨将赵堪、白真陀罗等强使平卢军使乌知义度湟水邀叛奚，且躁其稼，知义辞不往，真陀罗矫诏胁之。知义与虏斗，不胜，还，守珪匿其败，但上克获状。事颇泄，帝遣谒者牛仙童按实，守珪逼真陀罗自杀，厚赂使者，还奏如状。"[27]白真陀罗为蕃将，他以裨将的身份而胁迫平卢军使，事后张守珪出于迫不得已而除之，可见当时的蕃将已经难以控制。蕃将多因其部落势力而横行，如"北平军使乌承恩恃以蕃酋与中贵通，恣求货赂。"[28]幽州节度辖下蕃兵势力壮大，难免引起控制上的困难，因此寻求能够驾驭蕃兵的首领也成为一个关键问题。在这种背景下,安禄山之辈也就得以有机会出人头地,从安禄山发迹来看,他解六蕃语,为互市牙郎,并且"素习山川井泉"[29],偶然机会以灭两蕃之豪言壮语打动张守珪而获任用。幽州节度使兼领的平卢节度,为镇抚蕃族而置,安禄山因"性巧黠,人多誉之。授营州都督、平卢军使。厚赂往来者,乞为好言,玄宗益信之。天宝元年,以平卢为节度,以禄山摄中丞为使。入朝奏事,玄宗益宠之。"[30]

随着蕃族势力的发展,唐朝廷急需加强对蕃族的控制。天宝元年正月"分平卢别为节度,以安禄山为节度使。"[31]安禄山的出身对其获得这样的地位颇有帮助,"安禄山,营州柳城杂种胡人也,本无姓氏,名轧荦山。母阿史德氏,亦突厥巫师,以卜为业。突厥呼斗战为轧荦山,遂以名之。少孤,随母在突厥中,将军安波至兄延偃妻其母。开元初,与将军安道买男俱逃出突厥中。道买次男贞节为岚州别驾,收获之。年十余岁,以与其兄及延偃相偕而出,感愧之,约与思顺等并为兄弟,冒姓为安。及长,解六蕃语,为互市牙郎。"[32]寅恪先生也对安禄山的得势做了分析:河朔地区在武后至玄宗开元年间已经胡化,居住于这一区域的是东北及西北的诸胡种,于是"唐代中央政府若欲羁縻统治而求一武力与权术兼具之人才,为此复杂胡族方隅之主将,则拓羯与突厥合种之安禄山者,实为适应当时环境之唯一上选也。玄宗以东北诸镇付之禄山,虽尚有他故,而禄山之种性与河朔之情势要必为其主因。"[33]据陈先生论述,的确朝廷任用安禄山这样背景的人物与当时这一地区的情况密切相关。

安禄山任平卢节度使后,又在天宝三年兼领幽州节度使,实为幽州节度设置后前所未有。以幽州节度兼平卢也只是开元十九年开始,时有合分。而安禄山能以平卢兼幽州,有可能因以平卢节度使身份控制蕃族势力,乃至为幽州节度使所不及。"(天宝九载秋),召禄山男庆绪及女婿归义王李献诚、安禄山养儿王守忠、安忠臣等赴阙,到日并赐衣服、玉腰带、锦綵等,仍令尚食供食。"[34]其中安氏女婿李献诚为黑水靺鞨首领,"开元十三年,安东都护薛泰请于黑水靺鞨内置黑水军。续更以最大部落为黑水府,仍以其首领为都督,诸部刺史隶属焉。中国置长史,就其部落监领之。十六年,其都督赐姓李氏,名献诚,授云麾将军兼黑水经略使,仍以幽州都督为其押使,自此朝贡不绝。"[35]除了通过姻亲关系培植势力,安禄山还"养同罗、奚、契丹降者八千余人,谓之'曳落河'。曳落河者,胡言壮士也。及家僮百余人,皆骁勇善战,一可当百。又畜战马数万匹,多聚兵仗,分遣商胡诣诸道贩鬻，岁输珍货数百万。私作绯紫袍、鱼袋、以百万计。"此外，在天宝十二载，"阿布思为回纥所破，安禄山诱其部落而降之，由是禄山精兵，天下莫及。"[36]在叛乱前"安禄山奏：'臣所部将士讨奚、契丹、九姓、同罗等，勋效甚多，乞不拘常格，超资加赏，仍好写告身付臣军授之。'于是除将军者五百馀人，中郎将者二千馀人。禄山欲反，故先以此收众心也。"[37]其军将数量达两千人之多，其统领的蕃兵数量之众就不难想象了。

唐代幽州羁縻州府表

州名	族称	初置时间	变更情况	属县领户
顺州	东突厥突利可汗部	贞观四年（630年）	初于幽州境置，贞观六年侨治营州，天宝元年改为顺义郡，侨治幽州。	领宝义县，天宝时户1064，口5157。
瑞州	东突厥乌突汗达干部	贞观十年（636年）	初于营州境置，咸亨中改为瑞州，万岁通天二年（698年）迁于宋州，神龙初属幽州都督。	领来远县，天宝时户195，口624。
燕州	粟末靺鞨突地稽部	武德初置	隋属辽西郡，寄治于营州，武德六年，自营州南迁，寄治于幽州城内。开元二十五年，移治所于幽州北桃谷山。天宝元年，改为归德郡。乾元元年，复为燕州。	武德初领辽西、泸河、怀远三县。寻废泸河，贞观元年废怀远。天宝时户2045，口11603。
慎州	粟末靺鞨乌素固部	武德初置	初隶营州，万岁通天二年，移于淄、青州安置。神龙初，复旧，隶幽州。	领逢龙县。天宝时户250，口984。
夷宾州	靺鞨愁思岭部	乾封中于营州境置	万岁通天二年，迁于徐州。神龙初，还隶幽州都督。	领来苏县，户130，口648。
黎州	粟末靺鞨乌素固部	载初二年（690年）置	初析慎州置，属营州都督，万岁通天元年迁宋州，神龙初还，属幽州。	领新黎县，天宝时户569，口1991。
鲜州	奚饶乐府部	武德五年	初析饶乐都督府置，属营州都督，万岁通天元年迁青州，神龙初还，属幽州。	领宝从县。天宝时户107，口367。

州名	族称	初置时间	变更情况	属县领户
崇州	奚可汗部	武德五年	初分饶乐郡都督府置，隶营州都督，贞观三年更名为北黎州，八年复故名。	领昌黎县，天宝时户200，口716。
归义州	奚李诗琐高部	开元二十一年（733年）	隶幽州都督。	领归义县，开元二十一年领部落5000帐。
归化州	奚族部落		初于营州置，后南徙，隶幽州都督府。	领怀远县。
玄州	契丹李去闾部	隋开皇初置	万岁通天二年，移于徐、宋州安置。神龙元年，复旧。后隶幽州。	领静蕃县。天宝时户618，口1333。
威州	契丹内稽部	武德二年	武德二年，置辽州总管，自燕支城徙寄治营州城内。贞观元年，改为威州，隶幽州大都督。	领威化县，天宝时户611，口1869。
昌州	契丹松漠部	贞观二年（628年）	初隶营州都督。万岁通天二年，迁于青州安置。神龙初还，隶幽州。	领龙山县。初领户132，口487。天宝时户281，口1088。
师州	契丹室韦部	贞观三年（629年）	初隶营州都督。万岁通天元年，迁于青州安置。神龙初，改隶幽州都督。	领阳师县。初领户138，口568。天宝户314，口3215。
带州	契丹乙失革部	贞观十九年（645年）	隶营州都督。万岁通天元年，迁于青州安置。神龙初，放还，隶幽州都督。	领孤竹县。天宝时户569，口1990。
归顺州	契丹松漠府弹汗州部	开元四年（745年）	天宝元年，改为归化郡。乾元元年，复为归顺州。	领怀柔县。天宝时户1037，口4469。
沃州	契丹松漠部	载初中	初析昌州置，隶营州。州陷契丹，乃迁于幽州，隶幽州都督。	领滨海县。天宝时户159，口619。

续表

州名	族称	初置时间	变更情况	属县领户
信州	契丹失活部	万岁通天元年（696 年）	初隶营州都督。二年，迁于青州安置。神龙初还，隶幽州都督。	领黄龙县。天宝时户 414，口 1600。
青山州	契丹曲据部	景云元年（710 年）	初析玄州置，隶幽州。	领青山县。天宝时 622，口 3215。
凛州	降胡	天宝初置		领县一。领户 648，口 2187。
归义州	新罗	总章中置	属幽州。	领归义县。领户 195，口 624。

注释：

（1）《全唐文》卷二八四张九龄《敕择日告庙》。

（2）《全唐文》卷二八四张九龄《敕幽州节度使张守珪书》。

（3）《新唐书》卷二一五《突厥传上》。

（4）《旧唐书》卷一九四上《突厥传上》。

（5）《资治通鉴》卷二一五，唐玄宗天宝四载正月条。

（6）《全唐文》卷二八四张九龄《敕幽州节度使张守珪书》。

（7）《资治通鉴》卷二〇七，唐则天后久视元年七月条。

（8）《全唐文》卷四二二杨炎《李楷洛碑》。

（9）《旧唐书》卷一五二《李景略传》。

（10）（11）《新唐书》卷四三《地理志下》。

（12）《唐大诏令集》卷一三〇《收复河湟德音》。

（13）《旧唐书》卷一九九下《契丹传》。

（14）《旧唐书》卷一九九下《奚传》。

（15）《资治通鉴》卷二一〇，唐玄宗先天元年十一月条。

（16）《资治通鉴》卷二一一，唐玄宗开元二年五月条。

（17）《资治通鉴》卷二一一，唐玄宗开元二年十二月条。

（18）《新唐书》卷二一九《契丹传》。

（19）《旧唐书》卷八《玄宗纪上》。

（20）《新唐书》卷一三〇《宋庆礼传》。

（21）（23）《新唐书》卷六六《方镇三·幽州》。

（22）《资治通鉴》卷二一三，唐玄宗开元二十年正月条。

（24）《文苑英华》卷李邕《左羽林大将军臧公神道碑》。

（25）《全唐文》卷二八九张九龄《贺破突厥状》。

（26）《新唐书》卷二一一《藩镇镇冀》：李宝臣，本范阳内属奚也。《新唐书》卷二一二《藩镇卢龙》：李怀仙，柳城胡也。世事契丹，守营州。

（27）《新唐书》卷一三三《张守珪传》。

（28）《旧唐书》卷一〇〇《裴宽传》。

（29）（34）《安禄山事迹》卷上。

（30）《旧唐书》卷二〇〇《安禄山传》。

（31）《通鉴》卷二一五，唐玄宗天宝元年正月条。

（32）《旧唐书》卷二〇〇《安禄山传》。

（33）陈寅恪《唐代政治史述论稿》上篇，上海古籍出版社，1982 年，第 47 页。

（35）《旧唐书》卷一九九下《靺鞨传》。

（36）《资治通鉴》卷二一六，唐玄宗天宝十二载五月条。

（37）《资治通鉴》卷二一六，唐玄宗天宝十载五月条。

第四章　幽州藩镇割据时期的民族

第一节　幽州藩镇与少数民族关系

幽州自安史之乱后进入藩镇割据时代。由于地居东北边塞，幽州藩镇与契丹与奚等民族必然要交流往来。"故事，常以范阳节度使为押奚、契丹两蕃使。自至德之后，藩臣多擅封壤，朝廷优容之，彼务自完，不生边事，故二蕃亦少为寇。其每岁朝贺，常各遣数百人至幽州，则选其酋渠三五十人赴阙，引见于麟德殿，锡以金帛遣还，余皆驻而馆之，率为常也。"[1]幽州成为契丹、奚两蕃与中原交流的重要通道。

在唐后期契丹进入了新的发展阶段，由于幽州藩镇偏居东北一隅，时常要与唐中央对抗，同时也要防备其他藩镇的侵夺，对契丹等民族也尽力维持稳定的关系。契丹与幽州的经济交流关系更加密切，幽州的农耕文化对契丹的社会发展也起到了很大的促进作用。自扶植遥辇氏取代大贺氏的契丹涅里（泥礼）开始，契丹就开始学习农耕技术了，"辽国以畜牧、田渔为稼穑，财赋之官，初甚简易。自涅里教耕织，而后盐铁诸利日以滋殖，既得燕、代，益富饶矣。"[2]在九世纪中叶，契丹乘回鹘内乱，借助唐王朝的支持，推翻了回鹘的统治，发展的条件更为有利。在开元二十三年（735年），契丹遥辇氏取得了联盟首领的地位，自此一直垄断首领之位。遥辇氏在家族内实行"世选"制，即由部落贵族在首领的兄弟子侄中推选继承人。这种较为稳定的继承方式意味着契丹部落的权力更加集中，也意味着联盟首领对部落的统治更为直接和有力，这就为契丹的强大保证了可靠的领导。

契丹在唐后期，与唐中央的直接冲突较少。在受到回鹘压迫时，还要仰仗唐王朝的扶持，因此与唐中央积极维持关系，"贞元四年，与奚众同寇我振武，大掠人畜而去。九年、十年，复遣使来朝，大首领悔落拽何已下，各授官放还。十一年，大首领热苏等二十五人来朝。自后至元和、长庆、宝历、大和、开成时遣使来朝贡。会昌二年九月，制：'契丹新立王屈戍，可云麾将军，守右武卫将军员外置同正员。'幽州节度使张仲武上言：'屈戍等云，契丹旧用回纥印，今恳请闻奏，乞国家赐印。'许之，以'奉国契丹之印'为文。"[3]不过契丹与幽州藩镇的冲突也是存在的，刘济为幽州节度使时，曾捍御契丹等民族对幽州的侵犯，"贞元初，乌桓诱北方之戎，幸吾阻击，大耸边鄙。公先计后战，陈兵于郊，乃遣单车使者，诱掖教告。繇是诸戎，皆为公用，干不庭方，厥猷茂焉。明年，鲜卑墨乙之犯古渔阳，其后啜利寇右北平，公分命左右军，异道并出……抵青都山下，捕斩首虏以万级，获橐驼马牛羊以万数。十九年，林胡率诸部杂种，浸淫於澶蓟之北，公亲统革车，会九国室韦之师以讨焉。饮马滦河之上，扬旌冷陉之北，戎王弃其国遁去。公署南部落刺史为王而还，登山斫石，著北伐铭以见志。自太行以东，怀和四邻，或归其天伦，或复其地理。"[4]

奚族在唐后期屡遭回鹘、契丹攻击，对唐王朝也是时战时和，"自大历后，朝贡时至。贞元四年七月，奚及室韦寇振武。十一年四月，幽州奏却奚六万余众。元和元年，其王饶乐府都督、袭归诚王梅落来朝，加检校司空，放还蕃。三年，以奚首领索低为右武威卫将军同正，充檀、蓟两州游奕兵马使，仍赐姓李氏。八年，遣使来朝。十一年，遣使献名马。尔后每岁朝贡不绝，或岁中二三至。"[5]唐末契丹强盛起来，光启年间（885—887 年）奚族臣服于契丹的统治，奚族首领去诸率部分部众归附唐王朝，被安置在妫州（今河北怀来东南）北山，称西奚。

第二节　藩镇割据时期幽州的民族文化融合

唐前期东北蕃族和突厥势力的发展以及唐王朝所采取的羁縻政策，对幽州产生了深远的影响。受唐初蕃族的归附和唐玄宗时期边防政策的影响，大量的少数民族势力加入到幽州。这些少数民族在安史之乱后，逐渐本土化，使幽州的民族融合进一步深入。由于幽州藩镇长期偏据唐帝国东北一角，与塞外的少数民族频繁接触，并且远离中原文化中心，社会风貌也沾染了更多的边塞胡风。

安史之乱平定后，广德元年（763 年）安史旧将、伪署幽州节度使李怀仙降唐，唐仍故地任命其为幽州节度使。幽州镇自此肇始。从广德元年，至后梁均王乾化三年（913 年）为李存勖政权所灭，存在时间长达 150 年。纵览幽州镇 150 年的历史，其显著特点是动乱十分频繁。

　　幽州镇之所以"频有叛乱"，[6]首先与幽燕地区社会风气有很大关系。幽州镇位于三镇最北端，地处边陲，长期以来即为胡汉错居的地区，汉代即言此地"其俗愚悍少虑，轻薄无威"，[7]民风强悍、粗犷。西晋末，匈奴、鲜卑等少数民族大量内迁，对幽州地区的社会习尚也产生了深远的影响。长期的习俗熏染和文化积淀使幽州人生性好斗，崇尚武力，君臣观念十分淡薄。正如史书所言："彼幽州者……其民刚强，厥田沃壤。远则慕田光、荆卿之义，近则染禄山、思明之风。二百余年，自相崇树，虽朝廷有时命帅，而土人多务逐君。习苦忘非，尾大不掉，非一朝一夕之故也。"[8]"俗本凶悍"[9]的社会风气成为幽州多军乱的丰厚土壤。

　　开放、多元是唐代安史之乱前文化风格的主流色彩，对异族、异域文化的认同和吸收是当时社会的普遍心理。幽州由于其位于中原、蒙古草原、东北平原及黄土高原等几大地理单元的交接地带以及处于农业文化与游牧文化衔接过渡的特殊地理区位，幽州又是魏晋南北朝至隋唐以来经受少数民族文化冲突、融合最为剧烈的地区之一，使得其社会文化的变迁更为明显，成为北方各少数民族文化与幽州文化结合的一种新的胡汉文化融合交流的多元统一。

　　唐代少数民族向幽州地区的内迁，导致了幽州地方文化特征的变化。隋唐五代是边疆民族内迁的重要时期，幽州在安史之乱前是突厥、奚、契丹以及中亚胡人的重要迁入地，幽州城的居民相当一部分是少数民族或是混血人种，从幽州城坊（里）的名称如肃慎坊、宾坊、归仁里、归化里等等亦可见幽州城各民族会聚聚居的情形。大量少数民族入居幽州，使幽州成为侨治蕃州最为集中的地区，容纳了突厥、奚、契丹、室韦、新罗等数个民族，顺、瑞、燕、夷宾、黎、归义、鲜、崇等二十几个侨治蕃州，所领蕃户在天宝中至少二万多户，约占幽州汉蕃总户的三分之一，而活跃于此的少数民族远远超过此数，他们对幽州社会文化的影响可想而见。这些少数民族与北魏时期少数民族不同，他们不是以征服者的身份进驻，而是以依附的身份进入，所以他们对当地社会风貌的影响有赖于唐王朝对他们的态度，从时间上来看少数民族大量入住幽州是在武后以及玄宗时期，一直到安史之乱前，唐王朝对少数民族文化都是采取兼容并蓄的政策，对少数民族文化认同和吸收是当时社会的普遍心理，所以少数民族的一些风俗习尚在幽州得以广泛的传播，如源于西蕃，流行于北方各游牧民族之间的"马上波罗球戏"在幽州非常盛行，在当时幽州节度使的衙府之后，就设有一处著名的球场。在安史叛乱时期，受命驻守幽州的叛军首领史朝清，就非常喜欢波罗球戏。

会聚于幽州的诸多民族虽背景各有不同，但游牧民族的劲悍刚勇之气则是其显著特征，这种特质与幽州原有尚武之风的传统组合再塑形成一种新的社会风尚，并进而成为幽州的主导社会风尚，而原有的儒雅崇儒之风逐渐衰弱，居于幽州的各少数民族或部落合居或个别杂处，因其劲悍善战，相当一部分进入军队贡职，这样，幽州才能够吸收、容纳大量的少数民族。安禄山成为节度使之后，更助长了胡风的盛行。

《安禄山事迹》载："每商（胡商）至，则禄山胡服坐重床，烧香列珍宝，令百胡侍左右。群胡罗拜于下，邀福于天。禄山盛陈牲牢，诸巫击鼓歌舞，至暮而散。"安禄山用这种独特的胡族宗教仪式来笼络胡商，所以，在安禄山成为幽州节度使之后，胡族的风俗信仰在幽州当地更为广泛的流传。与胡风盛行的同时是朝廷礼仪的淡漠和儒学的衰微："（史思明）令其妻为亲蚕之礼于幽州东郊，以官属妻为命妇，燕羯之地不闻此礼，看者填街塞路。"范阳卢秀才墓志云："（卢需）自天宝后三代或仕燕或仕赵，两地皆多良田畜马，生年二十未知有人曰周公、孔夫子者，击毛求饮酒，马射走兔，语言习尚无非攻守战斗之事。"《资治通鉴》卷二二二考异引《蓟门纪乱》称："自暮春至夏中，两月间，城中相攻杀凡四五，死者数千，战斗皆在坊市闾巷间，但两敌相向，不入人家剽窃一物，盖家家自有军人之故，又百姓至于妇人小童，皆闲习弓矢，以此无虞。"由此可以看到，幽州处于激烈的征战环境，使人们普遍经受了战争的锤炼。

安史之乱后，闻于燕蓟间的尽是豪迈有勇力者，"（薛）嵩生燕蓟间，气豪迈，不肯事产利"。"（张）孝忠以勇力闻于燕、赵"。"（赵万敌）骁悍闻于燕、赵"。许多文人北走燕蓟，在其诗歌中反映了幽州的社会风貌，杜甫《后出塞》："渔阳豪侠地，击鼓吹笙竽"。[10]高适《蓟门行》："幽州多骑射，结发重横行。一朝事将军，出入有声名。纷纷猎秋草，相向角弓鸣。"[11]安禄山胡化幽州的结果，使得幽州尚武倾向增加，崇儒文化淡化。

虽然幽州藩镇由于割据的环境，强调武力的作用，对文化的忽略为不争的事实，缺少与长安、洛阳两都的文化交流与传播。因此唐后期幽州藩镇武质气息极重，文化氛围不如两京文化中心浓厚。

河朔藩镇胡化风气即使特别浓重，当地仍保持了一定儒家的文化。唐后期幽州藩镇的官僚大都世居本土，较少迁移，但是世居幽州的家族，子孙或优于武功，或优于文学，并不纯粹以武功安身立命。如刘济之父刘怦为卢龙军校，并非出身于诗礼传家的门第，而刘济本人却对经籍甚为留心，并且刘济任节度使时期，对幽州的文化多有建设，特在涿州修建文宣庙，兴复儒学。《全唐文》卷四八〇韦稹《涿州新置文宣王庙碑》备述其事："天下郡县，悉有文宣王庙，而范阳郡无者何？……然此为邑者，率以多故，未遑建置，春秋释奠，盖伺州之已事，假笾豆寄升降于故阶。迨今幽州卢龙节度观察等使工部尚书御史大夫彭城刘公，建中初假道州县操长是邑，睹兹遗阙，喟然叹息，顾其僚曰：'……吾宰三百里，作人父母，必权舆斯庙，以为人纪。'乃视县前近里之爽垲，心规其制，口划其地，度广狭之量，平庐舍之区，发其居人，直以官俸，给以瓦木丹铁之费，匠人作徒之要，又以家财散之。人不知役，庙倏云构，圣贤之像备，馈尊之器具，庭除肃然，黎元翕如，皆不待施而悦，不待教而变。於是置食钱二百万徒三千员，洙泗之风，集於期月……"张仲武父祖均为幽州军将，但他有从文的经历。考察一些世居幽州的家族，也可以发现这一特点。《全唐文》卷六一四王叔平《唐故监察御史里行太原王公墓志铭（并序）》："公讳仲堪，字仲堪，其先太原人也……五代祖冲，徙居幽州安次县，子孙家焉，今则又为邑人也。为郡右族，继生才贤……儒墨传家，以孝悌自任，故时君不得而官之矣。皇考令仙，蕴孙吴之术，好立奇功，累以勋伐，稍迁大理评事。公即评事府君之元子……逮乎弱冠，乃为燕赵闻人。经史该通，词藻艳发。本道廉察使贤而荐之，自乡赋西游太学，群公卿士，聆其声而交之，所居结辙，名动京邑。大历七年进士擢第。稽古之力，自致青云，所谓拔乎其萃，为山九仞者也。解褐授太原府参军事，……服阕，本道节使奏授幽州大都督府户曹参军，以能转兵曹参军事，雍容府寮……子婿前乡贡明经清河张存。"王仲堪曾祖以儒学传家，而其父则是以军功入仕，王仲堪本人又是以文学进身仕途。为其作铭的王叔平为其族弟，为卢龙节度掌书记，子婿也是明经出身。由此可见，在幽州边镇，虽然武功备受重视，但是并没有完全废弃儒学文化，仍有一些士人参与科举考试，保持科举仕进出身的正途。

注释：

（1）（5）《旧唐书》卷一九九下《奚传》。

（2）《辽史》卷四八《百官志四》。

（3）《旧唐书》卷一九九下《契丹传》。

（4）《全唐文》卷五〇五权德舆《故幽州卢龙军节度副大使知节度事管内支度营田观察处置押奚契丹两蕃经略卢龙军等使开府仪同三司检校司徒兼中书令幽州大都督府长史上柱国彭城郡王赠太师刘公墓志铭》。

（6）《全唐文》卷七〇七《宰相与刘约书》。

（7）《汉书》卷二八《地理志下》。

（8）《旧唐书》卷一八〇史臣论。

（9）《旧唐书》卷一九三《韦雍妻萧氏传》。

（10）《全唐诗》卷二一八。

（11）《全唐诗》卷二一一。

五代及辽代

唐朝灭亡后，中国开始进入又一个较长的分裂时期，而这个时期又是民族冲突与融合的重要时期。在中原地区，朱温与李克用两大藩镇之间的较量成为整个藩镇割据争斗的主调，朱温篡唐之后，李克用之子李存勖又灭后梁而建后唐，此后石敬瑭又反后唐而建后晋，为了夺得皇权，石敬瑭割让燕云十六州给契丹政权，使得少数民族政权第一次得到了燕京（今北京）、云中（今山西大同）等战略要地，从而使得少数民族政权在与中原王朝的对抗中占据了主动地位。此后，宋太祖统一中原及江南，宋太宗力图收复燕云十六州，倾全国军力攻打幽州（即燕京），却没有成功。

辽太宗在得到燕云十六州之后，清醒地认识到幽州的重要战略地位，立刻将其升为陪都南京（又称燕京），从而使得北京地区的历史发展进入了一个新的时期。对于契丹少数民族政权而言，燕京有着三个至关重要的、其他城市所无法替代的作用。第一，是军事上的战略作用。自古以来，燕京就是中原王朝抵御北方游牧民族的军事重镇，而一旦北方游牧政权得到这里，就使得数千里的长城防御体系出现了一个大缺口，少数民族政权的军队从这里挥师南下，中原王朝已经无险可守，只能处于被动挨打的地位。

第二，是经济上的供给作用。燕京因为地处农耕地区与游牧地区的交界处，因此一直是中原与草原进行物资交换的主要场所，游牧部落从这里得到粮食、盐茶、布匹、铁器等物资，而将皮毛、肉类等物资转销到中原各地。辽朝占有燕京之后，仍然在这里设置榷场，岁时与宋朝进行各种贸易活动。第三，是文化上的示范引领作用。在辽朝的五京之中，以燕京的文化发展最为繁荣，无论是儒学还是佛学，是文学还是艺术，燕京皆居于五京之首。这种文化上的示范引领作用，在农耕文化与游牧文化相互融合的大背景下，就变得更加重要。因此，占有燕云十六州对于契丹政权的发展而言，具有极其重要的促进作用。

契丹统治者在得到燕云十六州之后，立刻就面临着如何处理与汉族民众的关系问题。在占有这些"汉地"之前，契丹统治者管理属下民众的模式只有一种，也就是所谓的"契丹旧俗"。而在占有燕云十六州之后，用"契丹旧俗"来进行管理是不合适的，也很难用这种模式处理好民族关系。对此，契丹统治者采取了比较恰当的"一国两制"的办法，或称之为"因俗而治"，即对游牧地区的民众仍然用"契丹旧俗"；而对农耕地区的汉族民众则使用"汉法"。这种办法在很大程度上保证了契丹统治者们在"汉地"统治的稳定。

这种"一国两制"的办法在文化上的体现之一，就是朝服的使用。在辽朝政府中，官员被分为两部分，管理游牧民众的称为北面朝官，而管理汉族民众的则称为南面朝官，又被称为北班与南班，据《辽史·仪卫志》称："北班国制，南班汉制，各从其便焉。"为此，连政府官员的官服也分为两部分，一部分称为"国服"，即契丹民众原来的服饰样式。另一部分称为"汉服"，即中原王朝原来的官服。而在举行重大活动时，辽朝帝王与南面朝官皆穿"汉服"，辽朝皇后则率北面朝官穿"国服"。由此可见，契丹统治者是十分重视藩、汉之别的。他们在崇尚汉法的同时，又要竭力保留契丹旧俗，并发挥这种旧俗的作用。

第一章　五代时期幽州的民族

第一节　五代政权对幽州的统治

　　五代时期，幽州军将刘仁恭依靠河东节度使李克用夺取了幽州节度使之位，不久刘仁恭就背叛李克用，独霸幽州。"是时，中原方多故，仁恭得倚燕地强且远，无所惮，意自满。"[1]刘仁恭在幽州曾积极谋求吞并河朔之地，不过在扩张势力的过程中，遭到魏博藩镇与朱全忠联合对抗，屡遭败绩。天祐三年（906年），与朱全忠相争的李克用出于利用幽州牵制朱全忠的考虑，出兵救援，刘仁恭得以保全幽州之地。后梁开平元年（907年）四月，刘仁恭之子刘守光发动兵变，囚父自立。

　　刘守光自领幽州后，乘后梁与河东李克用父子相争之机，在幽州谋求称帝，后梁乾化元年（911年）八月，刘守光在幽州自称大燕皇帝，建元应天。称帝之后，刘守光企图进吞河北，进一步拓展势力。对刘守光称帝之举早已不满的李存勖决定亲自攻拔幽州，消除幽州对河东北面的威胁。三年（912年）十二月，"晋王督诸军四面攻城，克之，擒刘仁恭及其妻妾，守光率妻子亡去。癸亥，晋王入幽州。"[2]自此幽州入于李存勖的控制之下。后梁龙德三年（923年）李存勖称帝，建立后唐。直至石敬瑭割幽云十六州与契丹，幽州沦为契丹统治之下。

　　在幽州藩镇卷入五代时期的争战之时，在塞外已经崛起的契丹成为了幽州的一大威胁。在契丹发展势力的过程中，出于利益需要，一方面有联合与交往，另一方面为了向中原拓展，积极谋求夺取幽州。

　　刘守光夺其父之位后，旧部离散，"仁恭将佐及左右，凡守光素所恶者皆杀之。银胡䩮都指挥使王思同帅部兵三千，山后八安巡检使李承约帅部兵二千奔河东，守光弟守奇奔契丹，未几，亦奔河东。"[3] 其兄刘守文守沧景攻刘守光，"乃大发兵，以重赂招契丹、吐谷浑之众，合四万屯蓟州。"[4] 幽州藩镇的情形正如孙鹤所言："公私困竭，太原窥吾西，契丹伺吾北"。[5] 自唐末以来契丹南进，为患日深。"乘中原多故，北边无备，遂蚕食诸郡，鞑靼、奚、室韦之属，咸被驱役，族帐寖盛，有时入寇。"[6] 契丹为获取支持也与中原势力联合，梁太祖开平元年（907年）遣使与梁通好。

刘仁恭镇守幽州时期对契丹防御十分有力，"卢龙节度使刘仁恭习知契丹情伪，常选将练兵，乘秋深入，逾摘星岭击之，契丹畏之。每霜降，仁恭辄遣人焚塞下野草，契丹马多饥死，常以良马赂仁恭买牧地。契丹王耶律阿保机遣其妻兄述律阿钵将万骑寇渝关，仁恭遣其子守光戍平州，守光伪与之和，设幄犒飨于城外，酒酣，伏兵执之以入。虏众大哭，契丹以重赂请于仁恭，然后归之。"[7] 故而契丹以为梁势力强盛，进一步在开平二年请求梁册命，寻求与河东、幽州对抗的支持。乾化元年，刘守光囚禁梁册命使称帝，"受册之日，契丹陷平州，燕人惊扰。"[8]

李存勖攻下幽州之后，遣大将周德威镇守，幽州成为河东藩镇的属州。正值契丹阿保机统治，积极对向外扩张，有进窥中原之志。契丹在后梁取得政权的情况下，转与河东为敌。又乘李存勖南下与后梁争夺政权之际，大举进攻，使得幽州形势十分危急。而卢龙节度使周德威的轻忽酿成幽州防御的大患，"初，幽州北七百里有渝关，下有渝水通海。自关东北循海有道，道狭处才数尺，旁皆乱山，高峻不可越。比至进牛口，旧置八防御军，募土兵守之。田租皆供军食，不入于蓟，幽州岁致缯纩以供战士衣。每岁早获，清野坚壁以待契丹，契丹至，辄闭壁不战，俟其去，选骁勇据隘邀之，契丹常失利走。土兵皆自为田园，力战有功则赐勋加赏，由是契丹不敢轻入寇。及周德威为卢龙节度使，恃勇不修边备，遂失渝关之险，契丹每刍牧于营、平之间。德威又忌幽州旧将有名者，往往杀之。"[9] 汉将卢文进逃奔契丹之后，领契丹进攻幽州，"契丹以卢文进为幽州留后，其后又以为卢龙节度使，文进常居平州，率奚骑岁入北边，杀掠吏民。晋人自瓦桥运粮输蓟城，虽以兵援之，不免抄掠。契丹每入寇，则文进率汉卒为乡导，卢龙巡属诸州为之残弊。"[10] 契丹得卢文进为向导，更加使幽州防御应接不暇，"时契丹强盛，城门之外，烽尘交警，一日数战。"[11] 对于幽州防御窘境，胡三省作了阐释："卢龙诸州，自唐中世以来为一域，外而捍御两蕃，内而连兵河朔，其力常有余。及并于晋，则岁遣粮援继之而不足，此其故何也？保有一隅者其心力专，广土众民其心力有所不及也。"[12]迫于这种形势，后唐庄宗以沧州节度使赵德钧为幽州节度使。赵德钧本为幽州人，先后效命刘守文、刘守光兄弟，庄宗伐幽州时归效，颇受庄宗赞赏。同光三年（925 年）自沧州移镇幽州。唐明宗即位后，倚重幽州，其子延寿尚明宗兴平公主。而赵德钧有据幽州取中原的企图，积极加强对幽州军事防御的建设，沟通粮道，修筑城堡，加强对幽州的防守。后唐天成三年（928 年）四月义武节度使王都反，重贿契丹援助。招讨使王晏球先大败契丹，赵德钧乘胜邀击，"自是契丹为之沮气，更不犯塞。"[13]为抵御契丹不断进攻，"德钧奏发河北数镇丁夫，开王马口至游口，以通水运凡二百里。又于阎沟筑垒，以戍兵守之，因名良乡县，以备钞寇。又于幽州东筑三河城，北接蓟州，颇为形胜之要，部民由是稍得樵牧。德钧镇幽州凡十余年，甚有善政，累官至检校太师、兼中书令，封北平王。"[14]赵德钧镇守幽州劳苦功高，使后唐北境出现了难得的安宁。

第二节　五代时期幽州的民族融合

作为御边型的边镇，幽州在唐末五代时期与契丹的频繁接触，契丹长期在幽州一带地域活动，尤其唐前期羁縻政策，吸收大量契丹部落为唐藩篱，因此幽州之地民族隔阂在唐天下一家的观念中淡薄。唐后期对两蕃的安抚，幽州涌进了大量蕃族势力，[15]因此促进了幽州对契丹文化的接纳。唐末五代的藩镇混战，使契丹得以逐渐深入幽州，"刘守光末年衰困，遣参军韩延徽求援于契丹。"[16]尔后藩镇势力在争斗中，援引契丹的情况更为普遍。契丹攻战营州、平州后，对幽州的影响更为直接。不管是通过战争的方式还是经济交流的方式，夷夏观念在无形中渐渐有所消弭，幽州成为融会夷夏的独特地域。《金史·世宗纪》载世宗曰："燕人自古忠直者鲜，辽兵至则从辽，宋人至则从宋，本朝至则从本朝，其俗随流，有自来矣。虽屡经迁变而未残破者，凡以此也。"幽州顺应不同统治者的存在方式，也可以说明这一区域对不同文化的接纳和认同。

幽州处于边陲，与中原政权对立的情况下，与契丹的交往日益增多，形成了一种渐渐向外域渗透的文化倾向。唐末五代时"刘守光暴虐，幽、涿之人多亡入契丹。阿保机乘间入塞，攻陷城邑，俘其人民，依唐州县置城以居之。"同时在中原割据的情况下，契丹对中原的积极进取更加速了民族文化之间的吸收，阿保机羽翼渐丰，欲图仿效汉人之制强大自己的势力，于是"谓诸部曰：'吾立九年，所得汉人多矣，吾欲自为一部以治汉城，可乎？'诸部许之。汉城在炭山东南滦河上，有盐铁之利，乃后魏滑盐县也。其地可植五谷，阿保机率汉人耕种，为治城郭邑屋廛市，如幽州制度，汉人安之，不复思归。"[17]可见幽州农耕文化对契丹影响的扩大。

　　但是幽州的文化模式仍与契丹有差异，阿保机曾谓后唐供奉官姚坤曰："吾能汉语，然绝口不道于部人，惧其效汉而怯弱也。"[18]从另一方面，幽州农耕文化也对契丹的游牧文化有很强的抵御性。曾经叛逃契丹的卢文进后又复归，后唐明宗天成元年（926年）十月"庚子，幽州奏契丹卢龙节度使卢文时来奔。初，文进为契丹守平州，帝即位，遣间使说之，以易代之后，无复嫌怨。文进所部皆华人，思归，乃杀契丹戍平州者，帅其众十余万、车帐八千乘来奔。"[19]卢文进投奔契丹在均王贞明三年（917年）二月，卢文进为新州防御使李存矩裨将，军士哗变杀李存矩，卢文进畏惧逃奔契丹。但是卢文进的部下"皆为华人"，与契丹族之间不可避免地存在隔膜，于是在政治形势转变的情况下，复归后唐。契丹卢龙节度使张希崇也回归后唐，"初，卢文进来降，契丹以藩汉都提举使张希崇代之为卢龙节度使，守平州，遣亲将以三百骑监之。希崇本书生，为幽州牙将，没于契丹，性和易，契丹将稍亲信之，因与其部曲谋南归。部曲泣曰：'归固寝食所不忘也，然虏众我寡，奈何？'希崇曰：'吾诱其将杀之，兵必溃去。此去虏帐千馀里，比其知而征兵，吾属去远矣。'众曰：'善！'乃先为阱，实以石灰，明日，召虏将饮，醉，并从者杀之，投诸阱中。其营在城北，亟发兵攻之，契丹众皆溃去。希崇悉举其所部二万馀口来奔，诏以为汝州刺史。"[20]契丹以汉人作为进攻幽州的助手，但是民族的隔阂难以消除，强烈的地域意识促使张希崇逃归。总之，幽州作为中原内地与塞外契丹的屏障，唐末五代时期虽然与塞外的契丹等民族往来频繁，相互交流，民族融合有所加强，但是不同文化和民族的隔阂仍然存在。后周德六年夏，世宗北伐……瓦桥淤口关、瀛莫州守将，皆迎降。方下令进攻幽州，世宗遇疾，乃置雄州于瓦桥关、霸州于益津关而还。周师下三关、瀛、莫，兵不血刃。述律闻之，谓其国人曰："此本汉地，今以还汉，又何惜耶？"[21]契丹人的这种认识表明了幽州并没有因为契丹的统治而消弭了其民族文化上的差异，对于契丹统治者来说，这种差异在认识上是很难消除的。

注释：

（1）《新唐书》卷二一二《刘仁恭传》。

（2）《资治通鉴》卷二六八，后梁均王乾化三年十二月条。

（3）《资治通鉴》卷二六六，后太祖开平元年三月条。

（4）《资治通鉴》卷二六七，后梁太祖开平三年五月条。

（5）《资治通鉴》卷二六八，后梁太祖乾化元年四月条。

（6）《旧五代史》卷一三七《契丹传》。

（7）《资治通鉴》卷二六四，唐昭宗天復三年十二月条。

（8）《资治通鉴》卷二六八，后梁太祖乾化元年七月条。

（9）《资治通鉴》卷二六九，后梁均王贞明三年二月条。

（10）《资治通鉴》卷二六九，后梁均王贞明三年七月条。

（11）《旧五代史》卷五三《李存贤传》。

（12）《资治通鉴》卷二六九，后梁均王贞明三年七月条。

（13）《契丹国志》卷二《太宗上》。

（14）《旧五代史》卷九八《赵德钧传》。

（15）宁欣、李凤先：《唐代幽州流动人口》，《河南大学学报》2003 年第 3 期。

（16）《资治通鉴》卷二六九，后梁均王贞明二年（916 年）十二月条。

（17）（18）（21）《新五代史》卷七二《四夷附录第一》。

（19）《资治通鉴》卷二七四，后唐明宗天成元年（926 年）十月条。

（20）《资治通鉴》卷二七六，后唐明宗天成三年（928 年）八月条。

第二章　辽燕京的民族

第一节　契丹对幽州的占领

五代中原王权频繁的更替，为契丹侵夺幽州提供了时机。契丹能将幽州纳入统治之下，是自唐末五代以来长期对幽州侵夺的成果，阿保机则是关键人物。阿保机生于唐咸通十三年（872 年），出身于契丹迭剌部世里家族，其七代祖涅礼曾因击败大贺氏家族、掌握契丹军事统帅实权而在开元二十三年（735 年）被唐王朝册封为松漠都督，阿保机祖先自此累代被选为迭剌部酋长。阿保机生长的时代，是契丹热衷于对外扩张的时代，父祖在征服奚、党项、土谷浑起到先锋作用，因此阿保机也受熏陶积极参与攻掠邻部的活动。阿保机最初担任契丹可汗的亲兵队长，在征服室韦等部落的战争中崭露头角。唐天复元年（901 年）他被选为迭剌部的酋长，并担任军事统帅，开始一系列的对外征讨。因为他领导契丹掠取女真、奚以及河北、河东的功劳，阿保机取得了仅次于可汗的于越尊号，并总知军国事。阿保机掌握契丹部族大权之时，契丹的政治机构已经开始初步形成，后梁开平元年（907年）"八部之人以为遥辇不任事，选于其众，以阿保机代之。"[1] "（契丹）迨于五代，辟地东西三千里。遥辇氏更八部曰旦利皆部、乙室活部、实活部、纳尾部、频没部、内会鸡部、集解部、奚嗢部，属县四十有一。每部设刺史，县置令。"[2]

阿保机在劫掠燕云诸州的汉人户口后，将其与战乱奔走契丹的汉人聚集一起管理，建立类似幽州的城镇，暗中扩大自己的势力。通过参与中原政权的争夺，阿保机不断扩张势力，也从幽州掠取了大量人口，"刘守光暴虐，幽、涿之人多亡入契丹。阿保机乘间入塞，攻陷城邑，俘其人民，依唐州县置城以居之。"[3]而阿保机也接受了汉人的一套统治手段，"汉人教阿保机曰：'中国之王无代立者。'由是阿保机益以威制诸部而不肯代。其立九年，诸部以其久不代，共责诮之。"[4]阿保机则依靠自己培植起来势力，"用其妻述律策，使人告诸部大人曰：'我有盐池，诸部所食。然诸部知食盐之利，而不知盐有主人，可乎？当来犒我。'诸部以为然，共以牛酒会盐池。阿保机伏兵其旁，酒酣伏发，尽杀诸部大人，遂立，不复代。"[5]后梁贞明二年（916年），阿保机称帝，自号天皇王，建元神册，国号契丹。

阿保机建国后，权力更加集中，征服的人民和降服的部落大为增加，于是更加积极向外扩张。神册二年（917年）及六年（921年）后唐（晋）边将卢文进、王郁先后降于契丹，更为阿保机进军幽州提供了便利条件。阿保机又特意选拔有政治头脑和统治经验的汉族士人为其参谋。对汉文化的吸收，更加促进了他占领幽州的欲望，"初，唐末藩镇骄横，互相吞并邻藩，燕人军士多亡归契丹，契丹日益强大。又得燕人韩延徽，有智略，颇知属文……延徽始教契丹建牙开府，筑城郭，立市里以处汉人，使各有配偶，垦艺由是汉人各安生业，逃亡者益少。契丹威服诸国，延徽有助焉。"[6]尽管阿保机在后唐时期夺取了幽州之外的平州，有了进攻幽州的有利地理条件，但是几次出击都未取得胜利。后唐同光元年（923年），李存勖在魏州称帝，阿保机顾虑渤海未平，也不敢放肆南侵，"遣使就唐求幽州以处卢文进……遣其将秃馁及卢文进据平、营州，以扰燕地。"[7]同光四年，庄宗死，遣姚坤告哀于契丹，阿保机于是要求："若与我大和之北，吾不复南侵矣！"被拒绝后囚姚坤，"旬余复召之，曰：'河北恐难得，得镇、定、幽亦可也。'"[8]阿保机夺取幽州的愿望在后唐抵抗下终未实现，但是在阿保机死前，已经完成对北方诸族的征服。其子耶律德光继位后，更是抱着"坐制南邦，混一天下，成圣祖未集之功，贻后世无疆之福"雄心，侵夺幽州成为契丹向中原扩张的关键。

后唐应顺元年（934年）四月唐明宗养子潞王李从珂从愍帝手中夺取帝位，改元清泰。流亡洛阳的契丹东丹王耶律倍通报契丹朝廷，建议出兵讨罪。契丹也因此在后唐北境发起攻击。而负责防御契丹德后唐卢龙节度使赵德钧及河东节度使石敬瑭都各怀野心，暗中与契丹勾结，企望获其支持。后唐大臣李崧建议与契丹结盟，以阻止契丹对石敬瑭的支持。时值述律太后也倾向与后唐改善关系，屡屡要求和亲。不过受朝中反结盟派的影响，清泰帝对结盟的提议十分反感。受反结盟派薛文遇的鼓动，清泰帝决定削夺石敬瑭的势力。石敬瑭曾在清泰帝即位初，以身体多病为由多次上表请求解除自己北面都总管之职，以试探朝廷。清泰三年（936 年）五月，清泰帝下令石敬瑭移镇郓州任天平军节度使，石敬瑭不但不奉诏，反而上表指斥清泰帝为明宗养子不当立，应逊位于许王从益。清泰帝当即下诏削夺石敬瑭官爵，并令张敬达等率军进讨。

石晋瑭面对讨伐的大军，"遣间使求救于契丹，令桑维翰草表称臣于契丹主，且请以父礼事之，约事捷之日，割卢龙一道及雁门关以北诸州与之。刘知远谏曰：'称臣可矣，以父事之太过。厚以金帛赂之，自足致其兵，不必许以土田，恐异日大为中国之患，悔之无及。'敬瑭不从。"(9) 九月，耶律德光亲率骑兵五万，号称三十万，与后唐军对敌。在晋阳城外消灭了后唐军主力后，耶律德光以五千骑护送石晋瑭入洛阳，清泰帝则与东丹王于城破日赴火死。十一月，耶律德光册封石敬瑭，命敬瑭为大晋皇帝，自解衣冠授之，筑坛于柳林，是日，即皇帝位。割幽、蓟、瀛、莫、涿、檀、顺、新、妫、儒、武、云、应、寰、朔、蔚十六州以与契丹，仍许岁输帛三十万匹。(10)

契丹就这样得到垂涎已久的幽燕之地，不仅打开了跨入中原的门户，而且从石敬瑭那里得到了不少的好处，"帝事契丹甚谨，奉表称臣，谓契丹主为'父皇帝'；每契丹使至，帝于别殿拜受诏敕。岁输金帛三十万之外，吉凶庆吊，岁时赠遗，玩好珍异，相继于道。乃至应天太后、元帅太子、伟王、南、北二王、韩延徽、赵延寿等诸大臣皆有赂；小不如意，辄来责让，帝常卑辞谢之。晋使者至契丹，契丹骄倨，多不逊语。使者还，以闻，朝野咸以为耻，而帝事之曾无倦意，以是终帝之世与契丹无隙。"(11)

幽燕之地的农业为契丹的发展提供了大量的支持，"辽国以畜牧、田渔为稼穑，财赋之官，初甚简易。自涅里教耕织，而后盐铁诸利日以滋殖，既得燕、代，益富饶矣。"(12) 这也大大刺激了耶律德光进一步南进的野心。天显十三年（938 年）耶律德光建国号为辽，改元会同，表示要建立一个南北合一的统一王朝的决心。为促进契丹与幽燕之地的融合，升幽州的南京，作为进出中原的重要堡垒。

第二节　辽对幽州的统治政策

一、汉化的政治体制

契丹统治体制与汉政治体制相差甚远，汉人是一时难以接受的，阿保机时期对以汉治汉只是一时权宜。而耶律德光获取幽燕后，契丹对汉文化统治区域在短时间内扩大到十六州之多，这些区域的稳定不仅关系到契丹继续南进扩张，而且极易影响契丹本身政权的稳定。后晋开运二年辽太宗侵入中原，"述律太后谓帝曰：'使汉人为胡主，可乎？'曰：'不可。'太后曰：'然则汝何故为汉帝？'曰：'石氏负恩，不可容。'后曰：'汝今虽得汉地，不能居也；万一蹉跌，悔所不及。'又谓群下曰：'汉儿何得一饷眠？自古但闻汉和番，不闻番和汉。汉儿果能回意，我亦何惜与和。'"[13]述律太后对深入中原的担忧和力求妥协，也说明了契丹对中原统治尚缺乏实力与准备。

辽太宗夺得幽州之地使契丹获得了进出中原的门户，也决不肯轻易放弃这一地域的控制。他升幽州为南京，并改元会同，意谓幽燕之地以入于辽而一统之，因此对幽州的统治也格外重视。由于无法照搬契丹体制，只能顺着阿保机时代已经奠定的基础施行蕃汉不同治的模式。阿保机在蕃汉不同治方面开创了一些体例，"神册六年，克定诸夷，上（阿保机）谓侍臣曰：'凡国家庶务，巨细各殊，若宪度不明，则何以为治，群下亦何由知禁。'乃诏大臣定治契丹及诸夷之法，汉人则断以《律令》。"[14]于是辽太宗进一步从体制上完善，"太祖神册六年，诏正班爵。至于太宗，兼制中国，官分南北，以国制治契丹，以汉制待汉人。国制简朴，汉制则沿名之风固存也。辽国官职，分北、南院，北面治宫帐、部族、属国之政，南面治汉人州县、租赋、军马之事。因俗而治，得其宜矣。"[15]对广大幽燕之地，辽太宗确立新的体制，维持了一百八十多年的统治辽在南京的政权机构设置，大抵沿袭唐制，后来又兼择宋制，并有所变通，很大程度上为适应对汉地的统治而调整。在中央官制上，"既得燕、代十有六州，乃用唐制，复设南面三省、六部、台、院、寺、监、诸卫、东宫之官。诚有志帝王之盛制，亦以招徕中国之人也。"[16]而州县行政官员"冠以节度，承以观察、防御、团练等使，分以刺史、县令，大略采用唐制。"[17]因为杂采几朝官制，官号免不了有些紊乱。南面官制与北面官制的区别，主要在北面部落以下和南面州县以下。而南北面官虽称号互异，其执掌多同。并且南面官不全是汉人，契丹人为南面官的颇多。不过凡为南面官的契丹人也被称为汉官，着汉服。[18]

辽五京的建设是为了统治不同的区域，辽帝也经常巡幸驻跸五京，但不久居，于是各京置留守以镇守。南京地处雄要，控制南北，并且"兵戎冠天下之雄，与赋当域中之半"[19]，辽设南京是为统治幽燕汉人区域，在行政设置上南京顺应了幽燕社会基础，参用汉制，但重要官职主要由契丹人担任。任南京留守的契丹大臣对当地的汉官起到监督作用。南京留守通常由皇室宗亲担任，以备宋为名镇抚幽燕，实际上更在于防汉。而在辽前期，南京留守职务也经常授予汉人，其原因无非以汉治汉，更知晓汉人礼俗而不至于激化矛盾。辽会同元年，赵延寿被任为南京留守、总山南事。此前他任幽州节度使，其父赵德钧亦是在后唐镇守幽州，颇有威望。辽灭晋后，以恒州为中京，赵延寿又被任为中京留守、大丞相、枢密使、燕王。

赵氏父子在后唐末年，就奢望契丹之助称帝。辽太宗死后，储位未定，赵延寿自以为有燕赵之地，人心所向，有了觊觎帝位之心。他自称受太宗遗诏"权知南朝军国事"，而东丹王之子兀欲在酒宴上拘禁赵延寿，然后伪造耶律德光遗制即位，即为世宗。赵延寿的野心使辽帝提高了对汉人的警惕，因此转用契丹贵族为南京留守。在辽景宗年间，因韩匡嗣等扶助景宗登位，且在景宗朝的政治斗争中与契丹贵族的矛盾，促使实际执政的萧皇后加强对南京的控制，重用汉臣，再度出现了汉人出掌南京留守的局面。

南京的制度基本以唐、五代及宋制度为楷模，留守、副留守职任据《文献通考》"留守、副留守"条载："留守司掌管宫钥及京城守卫、修葺、弹压之事，畿内钱谷、兵民之政皆属焉。"[20] 留守为一京之首长，举凡守卫、民政、经济、司法均为其执掌，并兼本府尹职。南京指控中原，是辽与中原王朝争战的前沿，军事尤为重要。高勋在穆宗应历年间任南京留守，其时宋积极图谋收复幽燕，"会宋欲城益津，勋上书请假巡徼以扰之，帝然其奏，宋遂不果城。十七年，宋略地益津关，勋击败之，知南院枢密事。"[21] 圣宗太平八年（1028年），任南京留守的萧孝穆"乞于拒马河接宋境上置戍长巡察，诏从之。"[22] 管理民政、疏解民困关系到南京的安定，也是留守的重要职责。南京人杨佶为官清简，在治地深得民心，开泰八年（1019年），"燕地饥疫，民多流殍，以佶同知南京留守事，发仓廪，振乏绝，贫民鬻子者计佣而出。"[23] 至于判决刑狱，镇压民变亦是南京留守职任之内。重熙年间，耶律仁先任南京留守，"下车之后，都邑肃清。又驰奏沿边添置产堡，诏见之。时武清李宜儿以左道惑众，伪称帝及立伪相，潜构千余人，劫掠居民。王侦获之，驿送阙下。"[24]

南京留守府除留守、副留守外，还设知留守事、同知留守，为兼领之职。留守下则有留守判官、都总管判官、留守推官等职官。因金继承了辽留守制，据金诸京留守司制度，可以窥知辽南京留守制职官设置品级："留守一员，正三品。带本府尹兼本路兵马都总管。同知留守事一员，正四品。带同知本府尹兼本路兵马都总管。副留守一员，从四品。带本府少尹兼本路兵马副都总管。留守判官一员，从五品。都总管判官一员，从五品。掌纪纲总府众务、分判兵案之事。推官一员，从六品。掌同府判，分判刑案之事，上京兼管林木事。司狱一员，正八品。"[25]与金不同的是辽五京中只有南京设有兵马都总管府，常以留守兼任。如穆宗应历九年（959年）以南京留守萧思温为兵马都总管，[26]圣宗开泰九年（1020年），韩制心为南京留守兼兵马都总管。[27]辽南京在制度设置上还有一个特色，"辽有五京，上京为皇都，凡朝官、京官皆有之；余四京随宜设官，为制不一。大抵西京多边防官，南京、中京多财赋官。"[28]南京以临中原，农耕发达，故而以进财赋为主要功能，诸使职中特置南京转运使司、三司使。《武溪集·契丹官仪》："胡人司会之官，虽于燕京置三司使，唯掌燕、蓟、涿易、檀、顺等州钱帛而。"

二、辽统治南京的文化政策

辽代在取得幽州地域的统治权之前，就为适应幽州以及中原的文化积极准备。幽州无疑成为契丹辽迈向中原的桥梁，也是他们积极想取得的进入中原的堡垒。因此，契丹辽兴起之初，就借助了幽州的文化力量。史载，"自契丹侵取燕蓟以北……其间所生英豪皆为所用。"[29]太祖时，韩延徽被视为"左右手"，"中外事悉令参决。"之所以受到这样的信任，是因为"太祖初元，庶事草创，凡营都邑，建宫殿，正君臣，定名分，法度井井，延徽力也。"[30]辽世宗时期，延徽迁南府宰相，"建政事省，设张理具，称尽力吏。"[31]契丹之所以在较短的时间里统一了内部各个部族，掳掠了大量的土地、财富和人民，很大程度上得益于马富兵强。除了武力优势外，契丹人在文化素质上逊于被他们征服的汉人，而富于统治经验的汉族士人的加入，极大地改善了契丹族的政权结构，在汉族士人的积极参与下，契丹族的统治政策日趋完善，国家政权日益巩固，史载辽朝："既尽得燕中人士，教之文法，由是渐盛"，[32]当是这一历史进程的真实写照。

辽代为加强统治，选拔人才，兴办学校，推行了科举考试。最早在南京开科取士，辽南京遂成为北中国的文化与教育的中心。建国之初，辽太祖向群臣征询："有大功德者，朕欲祀之，何先？"诸臣"皆以佛对"。太祖曰："佛非中国教。"皇太子耶律倍回答说："孔子大圣，万世所尊，宜先。"辽太祖听后大为赞同，遂于神册三年（918年）五月在上京"建孔子庙，诏皇太子春秋释奠"。[33]次年八月，辽太祖又亲谒孔子庙。为了普及儒学，辽朝建立了各级各类学校。太宗时期，在上京置国子监，南京设立太学。道宗时"诏设学养士，颁《五经》传疏，置博士、助教各一员"，[34] 除了中央一级学校，地方州县也大力兴办教育。

辽王朝科举制中常设科目，主要是进士科，这也是辽科举制中最具有代表性的科目。《金史》卷51《选举志》记载："辽起于唐季，颇用唐进士法取人。"南京登科第最早见于记载的是室昉，太宗会同初年（938年）登"进士第"，并被"授卢龙巡捕官"[35]。因此推测辽王朝至迟在辽太宗耶律德光执政时期即推行了科举制。保宁八年（976年），辽景宗下诏恢复南京礼部贡院，推行科举考试，这一年易州有3人进士及第。[36] 进士科在辽圣宗时期几乎每年举行一次，有时两年举行一次，后来定"制限以三岁"举行一次。[37]

辽代进士科设置了专门主考机构，进行了细致的分类，规定了详细的考试程序和录取等级。辽王朝进士科主考机构由礼部主管，设专职主考官知贡举。礼部设有贡院，作为专门负责考试的机构。凡进士及第，由贡院举行专门仪式，发给"喜帖"，并鼓乐庆贺。[38] 然后皇帝还要举行隆重的仪式，接见及第进士。辽王朝的进士科有三个分类，开始设有"诗赋进士"和"经义进士"，诗赋进士以试诗赋为主，经义进士以试儒家经义为主。辽圣宗统和六年（968年），进士科分类又作了一些厘革，增设法律进士，称为"进士杂科"，而将诗赋进士称作为"进士正科"。[39] 王朝进士科考试具有四级程序，开始只有乡、府、省三级考试，辽兴宗时又增加"殿试"，把原有三级考试变为四级考试。辽王朝通过进士科选举了大批人才，补充到各级各类政府机构中。除进士科以外，辽王朝还设置了制举科和其他各种科目。

辽朝皇帝都相当重视学习儒家思想，颁行汉文化的经典史籍。史载有多位皇帝喜读《贞观政要》，如辽圣宗、天祚皇帝等。在辽朝历代皇帝中，辽道宗推行儒家文化最为突出。他以身作则，多次召侍臣讲说《论语》等儒家经典，并自上而下地加以推广，号召群臣共同学习。《辽史·道宗纪》多次记载了辽道宗的崇儒之举，如清宁元年十二月，"戊戌，诏设学养士，颁《五经传疏》，置博士、助教各一员"。咸雍八年秋七月，"丁未，以御书《华严经五颂》出示群臣"。咸雍十年"冬十月丁卯，驻跸藕丝淀。丁丑，诏有司颁行《史记》、《汉书》"。大安二年正月，"癸丑，召权翰林学士赵孝严、知制诰王师儒等讲《五经》大义"。这样努力推崇儒学之后，辽道宗认为："上世獯鬻、猃狁，荡无礼法，故谓之夷。吾修文物彬彬，不异中华"。[40]

辽朝历代最高统治者，多懂得精神统治对巩固自身地位的重要作用，同时他们也将文化享受作为满足其生活需要的一种方式。因此最高统治者多有自己的文化爱好，并且礼遇文士及宗教人士。如辽景宗"好音律，喜医术"。[41] 辽圣宗"幼喜书翰，十岁能诗。既长，精射法，晓音律，好绘画"。[42] 辽兴宗，"善骑射，好儒术，通音律"，[43] 工画善诗，"溺志浮屠"[44]。辽道宗"好儒释二典"[45] 等等。最高统治者的这种文化爱好和由此而产生的对文士及宗教人士的礼遇，对辽朝的文化政策产生了重要影响。

在辽的文化政策下，燕京文化融合南北文化成分，在文化水平也较之前代有很大发展。这种发展表现在文化内容与的增加，文化表现手法的丰富，南北的文化风格都融合汇集于一地，为燕京独特地域文化特色奠定了基础。在辽的基础上，金、元等王朝的民族融合成为了一种不可阻挡的潮流，这些王朝的统治者积极主动地在燕京实行促进文化融合发展的政策，使燕京的文化不断朝多民族融合的方向迈进。

辽统治者在民族融合的基础上，推行因俗而治的政策，维护了幽州文化的繁荣发展。辽兴以来，尤其是辽朝中叶以后，幽州文化作在帮助契丹统治阶级巩固新生的民族政权方面表现得尤为突出。这种政治模式，为继之以后金元以及清朝政权，提供了楷模，因而这些政权也借鉴辽的政治手段，继续维持幽州地区多民族文化融合发展的势头，使南北文化交流不断达到新的高度。

第三节 辽时期幽州民族融合

一、辽时期南京的汉族势力

辽统治者对南京的统治很大程度上采用汉化政策，因此投靠契丹辽的汉族官僚也因此获得相当高的政治地位。这批汉族官僚拥有一定的汉文化素养和统治经验，对于协助辽统治幽燕能提供帮助，逐渐获得了辽统治阶层的认可，上升为一时显赫的政要人物。其代表人物为韩、刘、马、赵四姓家族。尤其韩知古家族是汉族出身官僚跃居契丹政权核心的典型代表，时称"耶律、萧、韩三姓恣横"[46]，韩氏家族成为与帝族、后族比肩的豪门，可谓权势煊赫了，并且韩德让被赐国姓"耶律"，无疑是得到了契丹皇室的推诚接纳，成为腹心肱股。其他一些人物如张孝杰、刘霂、李仲禧、李俨、王继忠、王观等都得到了赐国姓的殊荣。

　　韩氏成为辽权贵，是汉族豪门得到契丹皇室青睐而发家的典型。韩氏家族发家始于韩知古。韩知古出身普通，也一直郁郁不得志，其子韩匡嗣有机会亲近太祖阿保机，向阿保机推荐了不得志的父亲，从此韩知古追随辽太祖，"总知汉儿司事，兼主诸国礼仪。时仪法疏阔，知古援据故典，参酌国俗，与汉仪杂就之，使国人易知而行。顷之，拜左仆射，与康默记将汉军征渤海有功，迁中书令。"[47]韩知古也算是立国元老功臣，因此其子孙多被选授要职，在辽朝廷中逐渐形成气候。韩知古子韩匡嗣曾任西南面招讨使、上京、南京留守，封秦王。因为这样的地位，其子韩德让"侍景宗，以谨饬闻，加东头承奉官，补枢密院通事，转上京皇城使，遥授彰德军节度使，代其父匡嗣为上京留守，权知京事，甚有声。寻复代父守南京，时人荣之"[48]。韩德让在仕途上扶摇直上，在圣宗朝权势达到了鼎盛。景宗后萧氏对韩德让的忠心格外赏识，倚为腹心。作为萧后母子的辅弼大臣，韩德让"总宿卫事，太后益宠任之"[49]。韩德让最后官至大丞相，充契丹、汉儿枢密使，总揽军政，加以萧后的宠爱，一般的契丹贵族也之侧目。统和二十二年，从萧太后南征后，加封为晋王，"赐姓，出宫籍，隶横帐季父房后，乃改赐今名，位亲王上，赐田宅及陪葬地。"[50]从此韩德让的权势在辽无人能及，甚至在他的私城权州"拟诸宫例"置王府。而他的家族也因为他而更加发达，"隆运兄弟九人，缘翼戴恩，超授官爵，皆封王。诸侄三十余人，封王者五人，余皆任节度使、部署等官。"[51]宋朝的使臣也曾说："韩氏世典军政，权在其手。"[52]韩氏家族的权势并不仅在于其掌握了军政权力，而是获得几乎等同于契丹出身的身份。韩德让死后"赠尚书令，谥文忠，官给葬具，建庙乾陵侧。无子，清宁三年，以魏王贴不子耶鲁为嗣。天祚立，以皇子敖卢斡继之。"[53]韩德让侄子辈也用契丹名字，与皇族、后族通婚，俨然跻身契丹皇室之列，不复以汉人出身视之。

　　另一韩姓家族韩延徽家族虽然起家与韩知古家族类似，不过远不如后者显赫。韩延徽本为"幽州安次人。父梦殷，累官蓟、儒、顺三州刺史。延徽少英，燕帅刘仁恭奇之，召为幽都府文学、平州录事参军，同冯道祗候院，授幽州观察度支使。后守光为帅，延徽来聘，太祖怒其不屈，留之。述律后谏曰：'彼秉节弗挠，贤者也，奈何困辱之？'太祖召与语，合上意，立命参军事"[54]。韩延徽果然不负阿保机之望，"教太祖建牙开府，筑城郭，立市里，以处汉人，使各有配偶，垦艺荒田。由是汉人各安生业，逃亡者益少。契丹威服诸国，延徽有助焉。"[55]阿保机对韩延徽的才干十分欣赏，韩延徽曾一度逃归晋王李存勖，不过唯恐其幕府掌书记王缄妒忌，又回归阿保机帐下，结果"上大悦，赐名曰匣列。'匣列'，辽言复来也。即命为守政事令、崇文馆大学士，中外事悉令参决。"[56]又在阿保机称帝后官居相位，累迁至中书令。韩延徽对阿保机的影响力，从史料记载来看，他曾寄书晋王李存勖申诉他远离故土的因由及无奈，以老母相托，且言："延徽在此，契丹必不南牧。""故终同光之世，契丹不深入南牧，延徽之力也。"[57]或许这是一段夸大之辞，不过他为辽太祖佐命功臣却是无可厚非，在太宗朝封鲁国公，为政事令、南京三司使，世宗朝迁南府宰相，于政事仍是兢兢业业。韩延徽子德枢十五岁即被辽太宗赞誉："'是儿卿家之福，朕国之宝，真英物也！'未冠，守左羽林大将军，迁特进太尉。"[58]以后官至南院宣徽使、门下平章事等职，封赵国公，其子孙也继续朝获得高官显爵。

韩氏家族这样显贵，显然是因为契丹人对汉文化的迫切需要为他们带来了发展的台阶。其他能够在辽朝获取权势的其他汉家族也同样如此，并且凭借对幽燕的了解和治理经验而顺应契丹人的统治需要，积极为其效力，成为辽南京的豪门势力。这样的典型例子是赵德钧、赵延寿家族。不同于韩知古、韩延徽家族出身为士人，赵氏父子在辽坐获幽燕以前就已是据守幽州多年，为幽燕之地的实权掌握者。因为赵氏依靠契丹称帝的野心反而丧失对幽州的控制权，辽太宗攻下太原后，赵氏父子被俘，赵德钧受到述律太后奚落，郁郁而终。赵延寿却在其父死后被释放并见获用，原因在于辽太宗"会同改元，参用番汉，以延寿为枢密使，寻兼政事令"[59]。适逢晋少帝不满于契丹，赵延寿"欲代晋帝中国，屡说太宗击晋，太宗颇然之，乃集山后及卢龙兵，合五万人，使将之，委之经略中国。曰：'得之，当立汝为帝。'又尝指延寿谓晋人曰：'此汝主也。'延寿信之，由是为契丹尽力。"[60]赵延寿投合了辽太宗的需要，积极为其南进图谋，不过令他失望的是辽太宗并没有兑现他的诺言，为辽太宗攻占中原驱驰效力的赵延寿不过得到了中京留守、大丞相、枢密使、燕王官爵的奖赏，兵权被削夺。失意的他在辽圣宗驾崩后，伪称受遗诏权知南朝军国事，谋图称帝，不过很快被太宗兄子兀欲（辽世宗）擒获，两年之后死于契丹。从此赵氏失去了辽的信任，虽然有后代继续仕于辽，可能不再显赫。赵氏父子以其在幽州的旧影响力，在辽获得一席之地，不过因为他们曾经是幽州的统领者，并不甘心彻底依附辽，最终也在寄人篱下的岁月里再遭打击。

二、辽时期幽州的民族文化融合

辽统治下的不仅有契丹族人，还有汉族人和其他许多过着游牧生活的少数民族人民。辽的统治者根据各个不同民族的生产、生活习惯，采用不同的治理方法，即所谓"以国制治契丹人，以汉制治汉人"。在文化上，辽一方面学习儒术，实行科举，吸收利用汉族先进文化；另一方面又创立本国文字，记录本国历史，注重本民族文化的保存和延续。辽的这种统治策略，对这一时期的民族融合起到了极大的促进作用，在文化上也就表现出了多民族融合的特色。此外，辽代南京地区文化民族融合特色的形成，与这一地区成为当时南北与东西民族文化交流与融会的中心有极大关系。辽前期在战争影响下，不少汉人流入辽地，推进了辽的汉化。南京也因此成为辽的重要都城，成为连接中原的堡垒。至辽代中期辽与北宋缔结了"澶渊之盟"，双方罢兵和好，恢复了正常的聘使往来和边境贸易，中原文化经过南京地区，源源不断地涌入了契丹辽地，契丹民族文化也途经这一地区流向了中原宋地。南京地区便成了塞北契丹文化与中原（汉族）文化交流的"桥头堡"与"中转站"，这就为南京地区民族融合特色的形成提供了必要条件。契丹辽朝与西域各民族也有较频繁的交往，不仅契丹朝廷有使者出使沙州回鹘等地，而且西域各族政权也常派商旅来契丹辽地交易商品。辽朝皇都上京城就专门设有接待西域"胡商"的"回鹘营"。因交通不便等原因一些西域商客、使者常常绕道中原，然后途经南京北上，最后才到达契丹皇都。正因为这些人常常在南京停歇逗留。由他们带来的西域文化，也自然而然地传播到了南京并对南京的文化艺术产生了重大影响。

辽南京虽然主要居民成分是汉人，而且汉人的文化传统一直在持续。但是在契丹人统治下，长期与契丹人密切往来，契丹人的文化也逐渐融入到幽州的汉人社会中。无论是契丹人的尚武精神，还是他们的语言、服饰等方面，都被汉人逐渐接受、采用。

承唐朝以来的胡化之风，燕云十六州入辽后更深受契丹族的影响。在文化习尚上有强烈的尚武精神。钟邦直《宣和乙巳奉使金国行程录》描述燕京的民风说："民尚气节……习骑射，耐劳苦。未割弃以前，其中人与夷狄斗，胜负相当。"[61]辽朝文献中不乏汉人善骑射、尚攻战的记载，如《韩瑜墓志》谓瑜"便骑射而成性"。[62]韩瑜为韩知古孙，原籍蓟州玉田（今河北省玉田县），其家族契丹化的倾向非常突出。70年代出土于朝阳的耿氏家族墓志，提供了一份很有代表性的胡化汉人家族档案：耿崇美，本唐新州（今河北省琢鹿县）人，"善骑射，聪敏绝伦，晓北方语。当李唐末，会我圣元皇帝肇国辽东，破上谷，乃归于我，初授国通事。"[63] 耿崇美是一个典型的胡化汉人，不但"善骑射"，而月通晓"北方语"，所以人辽后能够担任通事（译者）之职。胡三省注曰："契丹置通事以主中国人，以知华俗、通华言者为之。"[64] 耿崇美之孙耿延毅，"性沉默，有武略"。[65] 延毅之子耿知新，"善骑射……自孩幼习将相艺，识番汉书"。可见这个家族对契丹尚武精神和文化的沾染程度很深。

燕云汉人的胡化倾向还表现在他们的生活习俗上。从文献记载来看，辽朝对汉人始终坚持"因俗而治"的政策，并未强迫他们改从胡俗，但长期处于契丹族统治之下的汉人，其生活习俗不能不受到契丹人的影响。考古资料表明至辽代中后期，生活在燕云地区的汉族已有不少人开始模仿契丹人的髡发发式。髡发者不仅仅是男子，就连妇女也有髡发的习俗。据宋人庄绰《鸡肋编》卷上记载：燕地"良家士族女子皆髡首，许嫁，方留发"。南京的汉族人还长期受契丹婚俗文化的熏陶，逐渐接受了不限尊卑辈分的婚俗文化及姊亡妹续婚俗。

燕云汉人的服饰亦不可避免地受到了北方民族的影响。契丹统治者对幽蓟十六州地区广大汉族居民的统治，在很大程度上是借助于这一地区的汉族世家大族来实现的。这些大族效忠于契丹统治者之后，思想文化及生活方式等方面在一定程度上也受到契丹人的影响。河北省宣化下八里辽张世古墓前室西壁的壁画由三人一马组成。马夫都身着圆领胡服，这些马夫可能是契丹人或者是在一定程度上契丹化了的汉人。这表明幽蓟地区大族的生活方式，是受到了契丹人的影响。虽然辽朝没有强制汉人改变衣冠，但仍有一些汉人渐渐习惯于左衽胡服，尤其是到了辽朝后期，这种情况已变得比较普遍。曾于宋哲宗祐四年（1089 年）出使辽朝的苏辙，在一首题为《燕山》的使辽诗中写下过这样的诗句："哀哉汉唐余，左衽今已半。"[66]

燕云地区的某些民俗也表明契丹文化风俗对汉人生活影响之深。譬如"放偷"洪皓《松漠纪闻》卷上载："金国治盗甚严……唯正月十六日则纵偷一日以为戏……自契丹以来皆然，今燕亦如此。"曾经在仁宗朝两度出使辽朝的王易曾说："正月十三日，放国人作贼三日，如盗及十贯以上，依法行遣。北呼为'鹊里！时'。汉人译云：鹊里'是'偷'，'！时'是'时'也。"[67] 厉鹗《辽史拾遗》将这条史料列入《国语解补》，认为"鹊里时"是契丹语，那么这种习俗应当是源自契丹了。后来这一习俗传到燕云汉地，才被意译为"放偷"。

契丹文化甚至影响到了汉人姓名。检点辽代的文献考古材料，从某些"汉人"的姓名中可以看出契丹化的痕迹。辽朝的一些契丹人兼有契丹本名（称为"小字"）和汉名（称为"汉字"），而许多"汉人"也有一个契丹名。如玉田韩氏家族，韩德威孙名"谢十"，韩德崇子名韩制心，"小字可汗奴"，[68]都是契丹名。又穆宗时入辽的刘继文，二子名丑哥、善哥，亦为契丹"小字"。在北京香山发现的《澄赞上人塔记》，作于辽开泰九年（1020年），建塔施主张从信的四个儿子分别叫奴哥、拷佬、和尚奴、善孙，两个女儿名叫祭哥、药师女，[69]全部是契丹"小字"。估计汉人取契丹"小字"，是像契丹人那样将契丹名作为小名来使用的。

南京契丹少数民族文化对汉族生活产生了巨大影响，使得这一地域的文化面貌与中原其他地域大有区别。到了南宋乾道五年（1169年）随从宋使前往金国的楼钥，对原北宋故地和燕云地区有着完全不同的感受。他在日记中记载经过中原故地时，"此间只是旧时风范，但改变衣装耳。"而一过白沟，情形就为之一变："人物衣装，又非河北，北男子多露头，妇人多首婆。把车人云：'只过白沟，都是北人，人便别也。'"[70]白沟是宋辽两国的界河，一过白沟就意味着进入了辽朝境内，所以赶车人说"只过白沟，都是北人"。周辉亦是南宋人，淳熙三年（1176年）随宋使到过金中都，也同样感受到燕云之地的文化绝不同于中原之地："绝江、渡淮、过河，越白沟，风声气俗顿异，寒暄亦不齐。"[71]南京与中原显著文化差异，已经引起了非辽统治区域人们的惊诧，也可以说明契丹对南京文化影响之巨大。

同样，汉人的文化也对契丹人产生了极大的影响。

在语言方面，北方少数民族普遍学习、应用汉语。契丹自耶律阿保机和耶律德光以来，统治者即能说汉语。阿保机曾谓后唐供奉官姚坤曰："吾能汉语，然绝口不道于部人，惧其效汉而怯弱也。"[72]即使阿保机不乐于使用汉语，但后来契丹的贵族子弟，多有喜读汉文诗书的，甚至作汉语诗文。苏辙曾说："燕人有梁济世为雄州谍者，尝以诗书教契丹公卿子弟。"[73]东丹王、辽圣宗、辽兴宗、辽道宗懿德皇后萧观音和辽天祚帝文妃萧瑟瑟等，都能以汉文作诗。

不仅进入中原的北方民族普遍通汉语、识汉文，同时宋人也以学胡语为时尚。宋初，左领军卫上将军燕国公刘重进"无他才能，徒善契丹语"。[74]余靖"使契丹，能为胡语，契丹爱之。及再往，虏情益亲，余作胡语诗，虏主大喜"。[75]宋真宗景德元年十二月，辽宋双方商议订立盟约期间，辽使韩杞面见宋真宗后，曹利用曾对真宗说："臣向使晓契丹语人密伺韩杞,闻其乘间谓左右曰:'尔见澶州北寨兵否?劲卒利器与前闻不同,吁可畏也。'臣此行得熟察之,苟妄有邀求,必请会师平荡。"[76]曹利用能找到懂得契丹语之人,了解韩杞与其随行者密谈的内容。此事也说明身为辽使的韩杞也会说契丹语。韩杞虽在辽朝做官,但不是契丹人,而是燕京大族。

在日常生活中,契丹人既有自己独特的节日,也有与汉人相同的节日。各民族风俗习惯互相仿效,还发生在更广大的范围之内。

辽代契丹墓的许多壁画,为南京文化民族融合的特色提供了生动的例证。早期的辽代契丹墓壁画,多以草原风光和游牧生活为题材。中期以后的辽代契丹墓壁画,则出现了飞天导引、出行、归来、狩猎、宴饮、舞乐等场面,这显然是远袭唐,近仿宋,而又与契丹生活实际相结合的产物。辽代契丹墓中青龙、白虎图案和牡丹图案等,也反映了契丹人在意识形态上与汉人接近乃至融合的事实。

第四节　辽宋争夺幽燕的和战

一、辽对南京统治及政治的衰败

辽景宗以前,契丹一直对中原占有优势。因为连续几朝的储位斗争,保留的大量部族残余制度政治体制暴露了统治上的弱点,景宗在位时内部争权斗争影响政权的稳固。北宋开始恢复幽燕的计划,这使得辽朝开始积极防守南京,开始注重对南京的经营。保宁年间,"上(景宗)多(室)防有理剧才,改南京副留守,决讼平允,人皆便之"。[77]正是景宗时期对南京的积极经营和坚守,使南京得以抵制了北宋的进攻。在连年的战争中,南京留守耶律休哥"以燕民疲弊,省赋役,恤孤寡,戒戍兵无犯宋境,虽马牛逸于北者悉还之。远近向化,边鄙以安"[78]。

景宗朝是辽政治从前期衰败转向中兴的起点,在萧皇后的励精图治下,辽朝取得对北宋战争的优势。辽圣宗时更加倚重南京,成为对北宋采取攻势的重要据点,南京因此也进入了一个新的发展阶段。通过澶渊之盟,南京进入稳定发展时期。与北宋的交往贸易所带来的经济上的繁荣,以及从北宋获得的大量财富收入,都促进了南京的繁荣发达,加之南京是防御北宋的军事重地,南京成为辽中后期政治要地。而通过契丹世选制度,权要在南京的势力也越来越壮大,乃至于与中央政权抗衡。辽圣宗弟耶律隆庆统和中败南京留守,手握重兵,"契丹主暗弱，自其母及韩德让相继死，其弟隆庆尤桀黠，众心附之。"[79]开泰元年，圣宗以韩德让子韩制心为辽兴军节度使，镇平州，以制约耶律隆庆。开泰五年（1016 年），隆庆朝见圣宗，返回途中无故身亡，圣宗这才解除了一大威胁。

辽以占据南京之利，索要北宋大量财赋，宋仁宗重熙年间，辽又借故使宋增加岁币数目。在稳定的环境和巨额岁币的滋养下，政治日趋腐败。辽道宗统治时期崇信佛教，国政混乱。道宗叔父因拥戴兴宗有功，"封为皇太弟。历北院枢密使、南京留守、知元帅府事。"[80]耶律重元为南京留守，掌元帅府，燕蓟势力尽在掌握，清宁九年（1063 年），耶律重元父子发动叛乱。这次叛乱牵涉众多权臣，政治上的清洗使辽朝政治更加衰微。平定叛乱后，道宗多次巡幸南京，但是同时佞佛的道宗也导致了南京佛风大盛，权贵纷纷兴建寺庙。

百姓的贫苦与遭受的灾祸却得不到朝廷的体恤，激发了潜藏的危机，不断爆发农民起义。天庆七年（1117 年）二月南京爆发以董庞儿为首的起义。董庞儿又名董才，易州涞水县人，"少贫贱，沉雄果敢"，曾应募为武勇军，与女真作战战败，惧主将诛杀亡命山谷，聚众起义。[81]起义队伍由一千人迅速发展到万余人，"西京留守萧乙薛、南京统军都监查剌与战于易水，破之。三月，庞儿党复聚，乙薛复击破之于奉圣州。"[82]战败的董庞儿于是转战云、应、武、朔、易诸州，正值宋与女真结盟夹攻燕京，董庞儿于是投宋，最后投降女真。

二、辽宋争夺幽燕的和战及文化传播

自辽占据幽州设为南京后，不但能在幽燕搜刮大量财赋，而且以幽燕进攻退守的有利地势给取代后周的北宋带来巨大威胁。北宋钱若水曾言："幽燕诸州，盖天造地设以分蕃汉之限，诚一夫当关，万夫莫前也。石晋轻以界之，则关内之地，彼扼其吭，是犹饱虎狼之吻，而欲其不饱且噬，难矣。遂能控弦鸣镝，径入中原，斩馘华人肆其穷黩。卷京洛而无敌，控四海以成墟。"[83]宋太祖夺周政权，除契丹虎视在北，另有七八个割据政权环绕，宋太祖对契丹采取了谨慎态度，因此首先将目标定在南征，对幽燕采取积极守御。

太祖能够采用守御之策以蓄精养锐，也因辽朝此时丧失进攻中原之力。辽太宗及世宗南伐，给辽带来严重消耗，天禄五年（951 年）九月，世宗一意孤行坚持南伐，行至归化州被弑。其后穆宗昏弱，对周世宗夺取三关漠不关心，辽朝对中原的进攻步伐因此也停滞不前。又因穆宗苛虐左右，被帐下所害，辽朝帝位继承多生变故，由此导致了政治上的衰退。继位的景宗体弱多病，朝政把握在皇后萧氏手中，执政之初对开疆拓土不暇顾及。因辽穆宗对北汉新立的刘承钧擅自行事不满，双方交恶，乘此良机，辽保宁二年（970 年）宋太祖于是命曹彬等伐北汉，辽出兵救援，被宋将韩重赟败于定州。不过十一月辽以六万大军攻宋定州，宋军失利。辽宋双方在战争中都没有决胜把握，保宁六年（974 年）十一月辽提出议和提议，正值朝中权臣谋叛，也唯恐宋乘虚而入，所以态度十分积极。一年之后，辽宋达成和议，史称"开宝议和"，使双方都获得了短暂的修养时间。

短暂的平静在辽保宁十一年（979 年）被宋太宗打破。太宗即位初，对辽颇为示好，辽反应也非常积极。在保宁十一年，太宗亲伐北汉，使辽认识到宋的威胁，辽多次援汉，最终也无法阻挡宋取得胜利。至此北宋已经消灭各割据政权，太宗也欣然有北伐之意。北宋最初进兵顺利，南京告急，辽景宗仓惶中竟打算放弃幽燕。在辽大将耶律休哥与萧皇后劝说下，才遣援兵救南京。在高梁河之战中，宋军溃败，太宗也负箭狼狈逃走，太宗首次收复幽燕的战争以惨败告终。辽挫败北宋第一次北伐后，保住了对幽燕的控制，为保持军事上的优势，辽一改昔日守势，屡屡兴师南下，使宋太宗不暇安枕。在高梁河败归后宋太宗暂时息兵养民，但辽不断的攻势迫使太宗想要扭转被动局面。北宋雍熙三年，宋太宗再遣三路大军北伐，被辽迅速击退。这次北伐失败后，北宋元气大伤，彻底丧失了收复幽燕的机会。

北宋对辽南京的争夺，使辽在南京的统治也难以稳定，因为与宋的战争契丹世袭贵族的军权愈来愈大，威胁到辽帝的帝位。承天太后以多年的政治经验，决定易守为攻，迫使北宋放弃对幽燕的争夺。辽统和二十二年，辽太后与圣宗亲率大军南下，宋朝京师震动，竟有大臣提议弃都逃避。在宰相寇准力争下，宋真宗御驾亲征，宋军士气振奋，居然挡住了辽军破竹之势。辽宋双方均无决战之意，因此在十二月便达成和议，订立"澶渊之盟"。盟约宋向辽每年纳岁币银十万两，绢二十万匹，在南京交割。双方各守边境，互不侵扰，为兄弟之国。澶渊之盟结束了辽宋长期战争，互相遣使聘问，维持了南京较长时期的安宁。

辽末代皇帝天祚帝在位时，辽朝已经在风雨飘摇中。道宗时已经兴起的女真成为辽最具威胁的对手，天庆五年（1115 年），完颜阿骨打建立金国，随即开始攻打辽，天庆十年（1120 年）四月，金攻破上京，辽统治已到末路。没落的北宋虽然已经与辽达成百余年和议的局面，但是看到在金的进逼下已到穷途末路，又重新激发了收复幽燕的愿望，燕蓟之地的人士也纷纷谋图归宋。辽天庆年间，南京官吏马植奔宋，令北宋喜出望外，赐名赵良嗣。一直寄意字画的宋徽宗也亲自召见赵良嗣，赵良嗣立即为徽宗即兴描绘收复幽燕的大好前景："'辽国必亡，陛下念旧民遭涂炭之苦，复中国往昔之疆，代天谴责，以治伐乱，王师一出，必壶浆来迎。万一女真得志，先发制人，后发制于人，事不侔矣。'帝嘉纳之……图燕之议自此始。"[84]

通过海上之盟，宋金约定夹攻幽。保大元年（1121年），天祚帝逃到南京，次年中京失陷，天祚帝西逃塞外，留下晋王耶律淳等留守南京。保大二年（1122年）四月，宋徽宗命童贯帅十五万军巡幽燕，金兵绕道燕京西面，占蔚州，经奉圣州而入燕京。保大四年（1124年），天祚帝在应州被金将娄室所俘获，辽灭亡。金占据燕京后，虽然宋屡次与金商讨，但还是没有索回失落契丹近二百年的幽燕，幽州从此沦入金统治之下。

宋朝自建隆元年（960年）建国后，经过十几年与辽朝的军事对峙，两国的关系终于从开宝七年（974年）开始走向缓和。次年就从最初的接触达到交相聘问，签订和约，在订"澶渊之盟"后，双方又建立起平等的外交关系。无论是和战，都对南京的文化交流起到了一定的影响。

在辽宋文化交流中，早期多通过特殊的形式战争。辽朝在攻占中原之地后，除了掳掠汉人，还将文物典籍席卷而去。许多文人在辽初往往滞留于燕京，然后或留于辽朝为官，或重返中原。《儒林公论》卷下载："自开运中光乱华，尽得吾朝帑实、图书、服器、工巧，事多模拟中国，久而益盛矣。"在两朝交好的和平时期，通过聘使往来和边界官员的相互交往来实现文化的交流。尤其是澶渊之盟以后，双方信使络绎不绝。边地官兵、居民，友好相处，南北两朝相互学习的机会进一步增加。南京是南北使臣往来的必经之地，又是辽宋文书交接、岁币交纳、贸易往来的地点，文化的交流因此在这一地区集中发展。双方使臣，大多为朝廷所重视，本身的文化素质一般都比较高。如宋朝的政治家王安石、科学家沈括，以及文学家苏辙、苏颂等，都曾使辽至南京，其余文人学士，达官名流更是不计其数。这些人把宋朝的文化、制度，科学、技术及时带往南京；又从南京把契丹人民的各种创造传往中原。

商业活动也对南京文化传播起到了很大的促进作用。辽代的南京不仅是宋使往来的中心，而且是西域、回鹘、高丽各国使臣和商人们经常活动的地方，这使南京文化交流的内容和辐射面更加扩大。辽代南京的书肆业很发达，其中不仅有文人的创造，从事书肆业的商人对文化的传播也有积极意义。早在五代初，幽州便是向辽朝输送书籍的主要地点。阿保机长子耶律倍性好读书，仰慕华风，曾"令人资金宝私入幽州市书，载以自随，凡数万卷，置书堂于医巫闾山上，匾曰望海堂"。[85]辽升幽州为南京后，文化事业进一步发展。尤其是辽朝在南京大量刻印经藏和儒家经典，则大大促进了书肆行业。南京许多刻印作坊都设有书肆，前店后厂，既是图书印刷地点，又是发行店铺。许多宋人笔记都有关于南京书肆的记载，这些书肆不仅刻印、发售国内图书，也收购、翻刻、出售宋人图书。许多宋人的诗词、文集在本朝发布后很快就流传到幽州。不仅宋人书籍向辽输入，辽南京的图书也向宋输出。当僧人行钧的《龙龛手鉴》出版后，很快地流传到宋朝，并进行翻印。

注释：

（1）（3）（4）（5）（72）《新五代史》卷七二《四夷附录一》。

（2）《辽史》卷三七《地理志一》。

（6）（7）（8）《契丹国志》卷一《太祖纪》。

（9）《资治通鉴》卷二八〇，后晋天福元年七月条。

（10）《资治通鉴》卷二八〇，后晋天福元年十一月条。

（11）《资治通鉴》卷二八一，后晋天福三年八月条。

（12）《辽史》卷四八《百官志下》。

（13）《契丹国志》卷三《太宗纪》

（14）《辽史》卷六一《刑法志上》。

（15）《辽史》卷四五《百官志一》。

（16）《辽史》卷四七《百官志三》。

（17）《辽史》卷四八《百官志四》。

（18）张正明《契丹史略》，中华书局，1977年，第150页。

（19）《全辽文》卷七《王泽墓志》。

（20）《文献通考》卷六三"留守、副留守"条。

（21）《辽史》卷八五《高勋传》。

（22）《辽史》卷一七《圣宗纪八》。

（23）《辽史》卷八九《杨佶传》。

（24）《全辽文》卷二六《耶律仁先墓志》。

（25）《金史》卷五七《百官三》。

（26）《辽史》卷六《穆宗纪上》。

（27）《辽史》卷一六《圣宗纪七》。

（28）《辽史》卷四八《百官志四》。

（29）《续资治通鉴长编》卷一五〇，宋仁宗庆历四年六月戊午。

（30）（31）《辽史》卷七四《韩延徽传》。

（32）《旧五代史》卷一三七《契丹传》。

（33）《辽史》卷七二《义宗倍传》。

（34）《辽史》卷二一《道宗纪一》。

（35）（77）《辽史》卷七九《室昉传》。

（36）《辽史拾遗》卷一六《补选举志》。

（37）〔宋〕叶隆礼：《辽志·试士科制》。

（38）（39）《续通典》卷八《选举二》。

（40）《契丹国志》卷九《兴宗纪》。

（41）《契丹国志》卷六《景宗纪》。

（42）《辽史》卷一〇《圣宗纪一》。

（43）《辽史》卷一八《兴宗纪一》。

（44）《契丹国志》卷一九《马保忠传》。

（45）〔宋〕陈襄：《神宗皇帝即位使辽语录》。

（46）（52）《宋朝类苑》引《乘轺录》。

（47）《辽史》卷七四《韩知古传》。

（48）（49）（50）（53）（68）《辽史》卷八二《耶律隆运传》。

（51）《契丹国志》卷一八《耶律隆运传》。

（54）（56）（58）《辽史》卷七四《韩延徽传》。

（55）（57）《契丹国志》卷一六《韩延徽传》。

（59）（60）《契丹国志》卷一六《赵延寿传》。

（61）《靖康稗史七种》之八。

（62）《韩瑜墓志》，《辽代石刻文编》，第 94 页。

（63）《耿延毅墓志》，《辽代石刻文编》，第 159 页。

（64）《资治通鉴》卷二八一，后晋天福二年二月条胡三省注。

（65）《耿延毅墓志》，《辽代石刻文编》，第 159 页

（66）《栾城集》卷一六《奉使契丹十八首·燕山》。

（67）《辽史拾遗》卷二四。

（69）《澄赞七人塔记》，《辽代石刻文编》，第 165 页。

（70）〔宋〕楼钥《北行日录》。

（71）《清波杂志》卷三《朔北气候》。

（73）《龙川略志》卷四。

（74）《续资治通鉴长编》卷九，宋太祖开宝元年春正月壬辰。

（75）《宋名臣言行录》前集卷九。

（76）《续资治通鉴长编》卷五八，宋真宗景德元年十二月庚辰。

（78）《辽史》卷八三《耶律休哥传》。

（79）《续资治通鉴长编》卷七三，宋真宗大中祥符三年二月戊子。

（80）《辽史》卷一一二《耶律重元传》。

（81）《三朝北盟会编》卷一引《秀水闲居录》。

（82）《辽史》卷二八《天祚纪》。

（83）《东都事略》卷三五《钱若水传》。

（84）《宋史》卷四七二《赵良嗣传》。

（85）《契丹国志》卷一四《东丹王传》。

金 代

　　金朝在中国古代的历史发展进程中占有十分重要的地位。但是，在以往的历史研究中，却往往被人们所忽视。一方面，是用于历史研究的资料留下的很少，给学者们展开研究造成了许多的局限，使得有些重要的研究领域一直到今天仍然处于空白状态。另一方面，是自金朝灭亡之后，许多学者在从事研究的过程中，往往受到与之相联系的宋朝、元朝及此后的明清时期各种主流思潮的影响，而不能够对金朝的史实给予客观的评价。因此，到目前为止的中国史学界对金朝的研究，与对宋朝和元朝相比，就存在着更多的不足和空白。

　　金朝的崛起是在中国正处于分裂状态之中，先是有契丹少数民族统治者利用唐五代时期中原地区的藩镇割据而逐渐发展起来，并且利用中原地区割据势力的纷争而得到了燕云十六州，其疆域扩展到了长城以南地区。北京就是从这时开始归于少数民族政权所统治，而脱离了中原王朝，被称之为辽南京。通过辽、宋之间的几次大规模军事冲突，双方最终达成了"和议"，维持了双方都能够接受的政治局面。辽朝军队不再大规模南下侵扰，宋朝虽然念念不忘"收复失地"，却也不敢轻举妄动。直到金朝在东北崛起，接连打败辽朝的军队，宋、金双方通过"海上之盟"，才有了联合灭辽的举措。

　　对于金朝统治者而言，他们最初高估了宋朝的实力，联合宋朝只是为了从南面牵制辽朝的军队，以减少自己的军事压力。但是，经过很短时间的拼杀，金朝统治者就察觉到，宋朝与辽朝一样，都在军事上软弱无能，不堪一击。于是，金朝统治者在攻灭辽朝之后，迅即发动了对宋朝的攻击，并且很快就攻占了宋朝的都城，俘虏了宋朝的二帝。这个结果是宋朝和金朝的君臣们都没有预料到的，特别是攻灭北宋的金朝统治者对于忽然得到的大片疆域和众多百姓应该如何管理，更是急需解决的政治难题。

　　金朝统治者采取了两个极端的举措：一个举措是扶立傀儡政权，以取代宋朝的地位，先是扶立张邦昌，后是扶立刘豫，却都失败了。另一个举措是进军南下，妄图迅速攻占江南地区，一统天下，先是有完颜宗弼的大举南侵，后是有完颜亮的倾国南征，最后也都失败了。

从此，宋、金双方以江淮一线为界，再次进入了和平时期。在这个过程中，金朝的统治中心从东北地区的上京城迁移到了中原地区的中都城（今北京）。与辽南京相比，金中都的政治地位有了极大提高，成为整个北方和中原地区的统治中心。就某种程度而言，可以与南宋的首都临安城并驾齐驱。

北京在成为金朝的首都之前，就已经是北方和中原地区最重要的城市，也是少数民族民众居住最多的城市。至少，从唐代前期开始，就有大量东北地区的少数民族民众被唐朝政府迁移到幽州地区定居，并为此设置了一些羁縻州县。而在幽州的大量驻防军队中，也有很多的少数民族将领和军士。及后晋石敬瑭把幽州割让给契丹统治者之后，又有许多契丹和奚族的官员、军队来到这里居住。金朝军队两次攻占燕京之后，又把这里作为北方最重要的城市，驻扎军队，派遣官员，使得少数民族民众的数量有增无减。

北京在成为金朝的首都之后，少数民族民众的数量还在猛增。一方面，是金海陵王完颜亮在迁都之时，把一大批原来居住在金上京的女真贵族们强行迁移到中都地区来定居。另一方面，金朝统治者还曾先后把东北地区的大量女真族民众集体迁移到中原地区来，与汉族民众混居在一起，以便加强对中原地区的控制，其中的许多女真族民众就是被迁移到中都地区安置的。显然，金代的中都城，不仅仅是金朝的统治中心，也是金朝的民族融合中心，众多的少数民族民众与汉族民众共同生活在这里，为金中都的城市发展皆做出了有益的贡献。

第一章 女真族的崛起与
"汉化"进程

第一节 女真族的起源

女真族是一个历史十分悠久的少数民族，长期生活在东北地区，人们开始对其加以重视，乃是在其崛起之后，而最初对其加以较为详细描述的，也是与之同时期的宋朝人。其一，为佚名所撰写的《金志》，其二，为佚名所撰写的《女真传》。这两部书在当时的影响很大，对于我们了解女真族的起源也有较大的参考价值。

据《金志》记载其起源为："金国本名朱里真，蕃语舌音讹为女真，或曰虑真，避契丹兴宗名，又曰女直，肃慎氏遗种渤海之别族也。或曰三韩辰之后挈氏，于此地中最微且贱。唐贞观中，靺鞨来中国，始闻女真之名。世居混同江之东长白山下，其山乃鸭绿水源。南邻高丽，北接室韦，西界渤海、铁离，东濒海，三国志所谓挹娄，元魏所谓勿吉，唐所谓黑水靺鞨者，今其地也。其属分六部，有黑水部，即今女真。其水掬之则色微黑，契丹目为混同江，深二十丈余，狭处可六七十步，阔者至百步。居江之南者谓之'熟女真'，以其服属契丹也；江之北者谓之'生女真'，亦臣服于契丹。"[1]

又据《女真传》记载其起源为："女真，古肃慎国也。本名朱理真，番语讹为女真。本高丽朱蒙之遗，或以为黑水靺鞨之种，而渤海之别族三韩辰韩，其实皆东夷之小国也。世居混同江之东长白山鸭绿水之源，又名阿木火；取其河之名，又曰阿芝川涞流河。阿骨打建号，改曰皇帝寨，至亶，改曰会宁府上京。东濒海，南邻高丽，西接渤海、

134

铁离，北近室韦，三国志所谓挹娄，元魏所谓勿吉，隋谓之黑水部，唐谓之黑水靺鞨者，盖其地也。有七十二部落，无大君长，其聚落，各酋豪分治之。"[2]

通观二者的记载，互有异同。首先，是二者皆认为女真族是肃慎国的遗绪。在中国古代的史书中，最早记载肃慎国的是司马迁的《史记》，称其在先秦时期以制造弓矢著称。班固作《汉书》，称其为"海外肃慎"[3]，可见其距中原地区十分遥远。而到了南朝范晔作《后汉书》，则把肃慎国列入"东夷列传"，明确记载其在东北地区活动的范围及周边少数民族部落的情况。

到了此后的清朝，有学者认为"女真"就是"肃慎"的转音，其文曰："谨案《淮南子》曰：东方多君子之国，信哉，莫古于肃慎。《竹书纪年》：帝舜有虞氏，肃慎氏来朝，贡弓矢。《史记·虞帝纪》：北发息慎。《尚书序》：息慎来贺。自后《家语》、《尚书传》、《孔子世家》，皆称肃慎。《汲冢周书》王会解：西面者正北方稷慎。息、稷与肃，皆一音之转也。宋刘忠恕以金之姓为朱里真。盖北人读肃为须，须朱同韵，里真二字，合呼之亦即慎字。金亦肃慎之地，忠恕误以为姓，舛谬殊甚。"[4]

其次，二者又都提出了女真族的另一种起源，即东北渤海族的"别族"。对于这种说法，尚未崛起的女真族部落首领是愿意承认的，如金太祖起兵反抗辽朝统治之初，"乃使梁福、斡答剌招谕渤海人曰：'女直、渤海本同一家。'盖其初皆勿吉之七部也。"[5]显然，金太祖寻求与渤海人的"亲戚"关系，只是为了扩大反辽队伍的人数，是有其特定的政治目的，而非仅仅为了认同血缘的宗脉。

再次，《女真传》的作者认为，女真族还有可能是东北靺鞨人的后裔。对于这种说法，得到了元朝纂修《金史》的史官们支持，他们认为："黑水靺鞨居肃慎地，东濒海，南接高丽，亦附于高丽。尝以兵十五万众助高丽拒唐太宗，败于安市。开元中，来朝，置黑水府，以部长为都督、刺史，置长史监之。赐都督姓李氏，名献诚，领黑水经略使。其后渤海盛强，黑水役属之，朝贡遂绝。五代时，契丹尽取渤海地，而黑水靺鞨附属于契丹。其在南者籍契丹，号熟女直；其在北者不在契丹籍，号生女直。生女直地有混同江、长白山，混同江亦号黑龙江，所谓'白山、黑水'是也。"[6]

第四种说法，则认为女真族乃是三韩辰的后裔。对于这种说法，就目前我们所能见到的历史文献的记载而言，尚有许多值得探讨的地方。总而言之，女真族这一称谓的出现，是在唐朝以后的事情了。据

《女真传》的作者曰：

> 五代时，始称女真。后唐明宗时，常寇登州，渤海击走之。契丹阿保机乘唐衰乱，开国北方，并吞诸番三十有六，女真其一焉。阿保机虑女真为患，乃诱其强宗大姓数千户移置辽阳之南，以分其势，使不得相通。入辽阳著籍者名曰"合苏款"，所谓"熟女真"者是也。自咸州之东北分界入山谷，至于束沫江，中间所居，隶属咸州兵马司，许与本国往来，非"熟女真"，亦非"生女真"也。自束沫江之北，宁江之东北，地方千余里，户口十余万，散居山谷间，依旧界外野处，自推雄豪酋长，小者千户，大者数千户，则谓之"生女真"。极边远而近东海者，则谓之"东海女真"。多黄发，鬓皆黄，目睛绿者，谓之"黄头女真"。

据此可知，就在契丹族崛起，占据燕云十六州的时候，女真族在东北地区也有了极大的发展，已经可以分为"熟女真"、"生女真"、"东海女真"、"黄头女真"，以及非熟非生的女真族了。仅生女真这一部分，就已经是"地方千余里，户口十余万"的较大发展规模了。而这时的女真族并不是独自封闭的发展，而是与中原地区的辽朝与宋朝皆有着密切的联系。其联系的主要方式就是采用出使进贡的惯例，一方面，是减少辽、宋等中原王朝对其发动侵扰，并求得对其在政治上的认可；另一方面，则是及时了解中原政治局势的发展变化大趋势，以便迅速制定相应的对策。

女真族首领对辽朝的出使及进贡，大多数都记载在《辽史》之中，如天显二年（927年）十二月"女直遣使来贡"。翌年正月，"黄龙府罗涅河女直、达卢古来贡。"同年五月，"女直来贡。"天显四年（929年）五月，"女直来贡。"天显六年（931年）七月，"女直来贡。"翌年四月，"女直来贡。"天显八年（933年）正月，"女直来贡。"同年七月，"铁骊、女直、阻卜来贡。"翌年正月，"东幸，女直来贡。"同年三月，"女直来贡"[7]；等等。女真族首领的频繁进贡，当然是想有所收获的，如保宁九年（977年）五月，"女直二十一人来请宰相、夷离堇之职，以次授之。"[8]这种政治上的封官加职，虽然没有任何实质上的好处，却是边疆少数民族部落首领的一种"殊荣"。

女真族首领对宋朝的出使及进贡也很频繁，散见于《宋史》之中。如宋朝初年，宋太祖即位不久，女真族首领就在建隆二年（961年）八月前来进贡。翌年正月，"女直国遣使只骨来献。"同年三月，"女直国遣使来献。"乾德元年（963 年）正月，"女直国遣使来献。"同年八月，"女直国遣使献名马。"同年九月，"女直国遣使献海东青名鹰。"[9]元人在纂修《宋史》时即指出："女直在宋初屡贡名马，他日强大，修怨于辽，其索叛臣阿疏，责还所掠宋诏，犹知以通宋为重；及渝海上之盟，寻构大难，宋遂为所绐辱，岂非自取之过乎！"[10]十分精辟的概括了女真族统治者在崛起前后过程中的巨大变化。

第二节　女真族的崛起

女真族在东北的崛起，是与辽、宋之间的对峙有着直接的关系。就宋朝而言，因为地理环境的阻隔，与女真族的交往仅仅是表面上的使节往来，互通信息，宋朝统治者对辽朝的了解，许多信息都是由女真族的使节所提供的。当然，为了对辽朝有所牵制，宋朝统治者是希望女真族部落的势力逐渐强大起来的。因为他们对付辽朝的共同目标是一致的，这也才导致了双方"海上之盟"的签订。

就辽朝而言，对于生活在东北地区的女真族部落则是十分重视的。在这个地区，不稳定的政治因素是很多的，其中的一个就是所谓的"生女真"部落。在辽朝的前期和中期，契丹统治者就曾经多次出兵攻打女真族的部落，以维持辽朝在东北地区的统治。在这个历史阶段，由于辽朝的军事力量较为强大，故而在镇压女真族部落的进程中往往能够获胜，从而一次又一次巩固了辽朝的统治。但是，到了辽朝后期，其军事力量有了很大削弱，在镇压女真族部落的反抗时就变得力不从心，屡屡受到挫折。

契丹统治者最初并没有认识到问题的严重性，也没有采取严厉的手段认真加以对待，直到女真族部落在金太祖阿骨打的团结之下，势力发展越来越壮大，才引起辽天祚帝的关注，调动全国的军事力量加以镇压，但是已经使局面无法收拾，辽军屡战屡败，很快就丢失了东北地区，接着，连大本营辽中京和辽上京也丢失了。辽天祚帝被迫西逃，并在金朝军队穷追不舍的围剿中被俘虏，辽朝两百余年的基业就此丧失。

金朝统治者在东北地区崛起之初，社会组织和政治结构都在迅速发生变化，首先，是从金始祖函普之时开始制定了调解部落之间冲突的风俗，为了解决部落间相互仇杀的矛盾，函普"乃为约曰：'凡有杀伤人者，徵其家人口一、马十偶、牸牛十、黄金六两，与所杀伤之家，即两解，不得私斗。'曰：'谨如约。'女直之俗，杀人偿马牛三十自此始。"[11]这个风俗的制定，得到了女真族各部落的认同，使得许多矛盾由此化解，女真族整体实力得以逐渐增长。

其次，是从金昭祖石鲁之时开始有了进一步约束各部落的"条教"。史称："生女直无书契，无约束，不可检制。昭祖欲稍立条教，诸父、部人皆不悦，欲坑杀之。"但是，随着石鲁所在部落势力的发展壮大，终于使女真族各部落都不得不遵从"条教"，史称："诸部犹以旧俗，不肯用条教。昭祖耀武至于青岭、白山，顺者抚之，不从者讨伐之，入于苏滨、耶懒之地，所至克捷。"由此可见，用武力来辅助教化是许多原始部落不断进化的必由之路，"生女直之俗，至昭祖时稍用条教，民颇听从，尚未有文字，无官府，不知岁月晦朔，是以年寿修短莫得而考焉。"[12]

再次，是从金景祖乌古廼之时开始利用辽朝统治者的威望而获得政治地位，用以号令其他女真族部落。是时，乌古廼利用为辽朝统治者捕获叛乱部落首领而得到赏识，"辽主召见于寝殿，燕赐加等，以为生女直部族节度使。辽人呼节度使为太师，金人称'都太师'者自此始。"显然，辽朝统治者在东北少数民族部落中的威望是很高的，能够得到其封赏，对于提高自己的政治地位助益极大。乌古廼"既为节度使，有官属，纪纲渐立矣。"[13]

经过从始祖到景祖的几代人努力，生女真部落完成了从原始部落向文明部落进化的第一个阶段。部落矛盾的自我化解是保证社会和谐发展的一个重要基础，"条教"的出现使得大多数女真族民众有了自律的意识，而"节度使"的世袭，巩固了女真族中完颜部的政治地位。以上三项重要举措的产生，都是以对原始部落的习俗加以改造来实现的，为其进一步的发展壮大提供了良好的社会环境。

第三节　女真族的立国与政治举措

从金太祖正式起兵反辽开始，金朝的社会组织和政治结构仍然在发展变化之中，其中的一个重要的表现，就是逐渐受到中原王朝的"汉化"影响，这个发展过程始于金太祖，而完成于金熙宗。金太祖阿骨打在起兵反辽的进程中，得到了汉族谋士们的支持，如杨朴、韩企先等人，都发挥了重要的政治作用。当时采取的许多重大政治举措，都带有明显的"汉化"印迹，如上帝号、建国号、定年号等皆是。"吴乞买等皆推尊杨朴之言，上阿骨打尊号为皇帝，国号大金（以本土名阿禄阻为国号。"阿禄阻"，女真语金也。以其水产金而名之曰"大金",犹辽人以辽水名国也),改元收国。令韩企先训字,以王为姓,以旻为名。"[14]这些政治举措,中原王朝已经行用了千百年,而对于刚刚崛起的女真统治者而言,却是"新鲜事物"。

与此同时,女真统治者又实行了一套与其社会组织结构相适应的政治体制,即所谓的"猛安谋克"制度。"其官名则以九曜二十八宿为号,曰谙版孛极烈,大官人;孛极烈,官人。其职曰忒母,万户;萌眼,千户;毛毛可,百人长;蒲里偃,牌子头。孛极烈者纠官也,犹中国言总管云。自五户孛极烈推而上之,至万户孛极烈,皆自统兵。缓则射猎,急则出战。"[15]文中所称"萌眼"就是"猛安","毛毛可"就是"谋克"。这一制度的正式设置,是在收国二年(1116年)。

金朝最初采用的是兵民合一的制度,史称女真族"壮者皆兵,平居则听以佃渔射猎习为劳事,有警则下令部内,及遣使诣诸孛堇征兵,凡步骑之仗糗皆取备焉。其部长曰孛堇,行兵则称曰猛安、谋克,从其多寡以为号,猛安者千夫长也,谋克者百夫长也。谋克之副曰蒲里衍,士卒之副从曰阿里喜"[16]。显然,在少数民族部落人数相对较少的情况下,这种兵民合一的制度可以充分调动最大量的军队参与军事行动。因此,猛安谋克制度在金代初年是有其存在的合理性的。

到金熙宗即位之后,进一步加快了"汉化"的进程,天会十五年(1137年)正月,颁行了金朝自己的历法《大明历》。天眷元年(1138年)九月,下令,"诏百官诰命,女直、契丹、汉人各用本字,渤海同汉人。"翌年三月又下令,"命百官详定仪制。四月甲戌,百官朝参,初用朝服。"[17]通过这些举措不难看出,金熙宗是在仿照前代中原王朝的模式来进行国家管理的,但是,这种"汉化"的进程当然要受到其他女真贵族们的反对。

金熙宗还在法律方面进行了一定程度的改革,"当其有国之初,刑法并依辽制,常刑之外,又有一物曰'沙袋',以革为囊,实以沙石,系于杖头。人有罪者,持以决其背,大率似脊杖之属,惟数多焉。自熙宗立,始加损益,首除'沙袋'之制。至皇统间,又下学士院令讨论条例颁行,天下目之曰《皇统新制》,近千余条。海陵弑熙宗立,又去脊杖,以其近人心故也。斩刑者与上古之制一也。"[18]

金熙宗诸多"汉化"举措的实施,是以他对儒家政治学说的认同作为思想基础的。他在皇统元年(1141年)二月举行亲祭孔庙的典礼之后曾对大臣们说:"朕幼年游侠,不知志学,岁月逾迈,深以为悔。孔子虽无位,其道可尊,使万世景仰。大凡为善,不可不勉。""自是颇读《尚书》、《论语》及《五代》、《辽史》诸书,或以夜继焉。"[19]

儒家政治学说自汉武帝之后始终被作为统治者尊崇的治国方略，是有其内在的因素发挥着巨大影响。

在如何对待少数民族人士与汉族人士的问题上，金熙宗也能够采取比较公平的态度，如皇统八年（1148年）九月，"左丞相宗贤、左丞禀等言，州郡长吏当并用本国人。上曰：'四海之内，皆朕臣子，若分别待之，岂能致一。谚不云乎，'疑人勿使，使人勿疑'。自今本国及诸色人，量才通用之'。"[20] 在这里，完颜宗贤等人所说的"本国人"，当然不是金国人，而是专指女真人。这些女真人在仕途发展方面本来就享受着优厚的待遇，如果所有重要的职位都被他们占据，对于金朝的统治显然是不利的。在这方面，金熙宗的态度还是很明智的。正因为如此，从金太祖到金熙宗为止的这段时期，基本上完成了"汉化"的主要方面的变迁。

注释：

（1）《大金国志》附录三所载。

（2）《大金国志》附录一所载。

（3）《汉书》卷六《武帝纪》。

（4）《郎潜纪闻初集》卷五。

（5）（6）《金史》卷一《太祖纪》

（7）《辽史》卷三《太宗纪》。

（8）《辽史》卷九《景宗纪》。

（9）《宋史》卷一《太祖纪》。

（10）《宋史》卷四八五《外国传》。

（11）《金史》卷一《始祖纪》。

（12）《金史》卷一《昭祖纪》。

（13）《金史》卷一《景祖纪》。

（14）佚名《女真传》。

（15）佚名《女真传》。

（16）《金史》卷四四《兵志》。

（17）（19）（20）《金史》卷四《熙宗纪》。

（18）佚名《金志》。

第二章 金中都地区女真族的
发展与民族融合

第一节 金上京的宫廷政变与海陵王迁都

在金熙宗统治时期，金朝的政治中心是在金上京会宁府（今黑龙江阿城境内），这里曾经是女真族世世代代居住的地方，也是金朝势力崛起之后能够控制的核心区域，当然被金朝统治者们选为定都的理想场所。但是，随着灭辽、灭北宋，占有中原地区大片疆域之后，金朝控制的区域迅速扩展到了江淮一线。在这种情况下，金上京仍然作为统治中心，就出现了偏在东北一隅的弊病。金熙宗虽然进行了一系列的"汉化"举措，却没有设想把都城迁移到中原地区来。提出这一设想，并且将其付诸实施的，乃是一位更加具有魄力的政治家，就是金海陵王完颜亮。

完颜亮是一位有着极大政治抱负和极深心机的女真贵族，金熙宗在位时期，曾经十分残酷地屠杀他认为是潜在敌人的各种人物，甚至包括一些政治地位颇为显赫的女真贵族，但是，完颜亮却始终没有引起金熙宗的怀疑，而是稳健地提升着自身的政治地位，不断向权力中心靠拢。就在皇统九年（1149年）十二月，金上京发生宫廷政变，金熙宗被弑，完颜亮遂夺得了皇权，从而为施展其政治才干铺平道路。许多人都认为这次宫廷政变的主谋是完颜亮，笔者却认为，完颜亮虽然是这次政变的最大受益者，但他却不是主谋者。

完颜亮即位后的第一个重大政治举措就是将统治中心从东北地区的金上京迁移到中原地区的金中都（今北京）。为了完成这项政治举措，完颜亮首先是要把原来的燕京城加以扩建，营造一座辉煌的宫殿，以及秀丽的皇家园林，为此，他参考了当年北宋汴京（今河南开封）宫殿和园林的模式，因为那是中国古代最出色的建筑典范。而金中都的宫殿园林在建造的过程中，其奢华程度又超过了宋朝宫殿的规模。在当时的历史条件下，金朝君臣们的文化修养与宋朝君臣相比，显然有着较大的差距，因此，完颜亮仿照宋朝都城的模式来营造金朝的都城，是他的最佳选择，也是他继续"汉化"进程的一项重要举措。

他的第二个重大政治举措则是将金朝统治者祖先们的陵墓也从东北地区迁移到金中都来。为了完成这项举措，他采用了当时中原地区普遍行用的"风水"之说，在金中都城周围地区进行踏勘，经过一番周折，他确定京城西面的大房山是最好的"风水"宝地，于是在这里大兴土木，修建皇家陵墓。在这个重大举措中，完颜亮也继续了"汉化"的进程。时人称："国初，祖宗止葬于护国林之东，逮海陵徙燕，始令司天台卜地于燕山之四围，岁余，方得良乡县西五十里大洪谷曰龙城寺，峰峦秀出，林木隐映，真筑陵之处。遂迁祖宗于此，唯熙宗葬于山阴，盖以刑余遂不入陵。"[1]

完颜亮的迁移祖宗陵墓的举措，带来了两个重要的直接后果。首先，是与陵墓配套的祭祀方法，他也采用了"汉化"的形式，时人称："国初无祭祀之礼，至海陵徙燕，筑陵于西南九十余里大洪山，及太庙、原庙告成，始有尊祖之议。"在完颜亮主持制定的祭祀仪式，"逮世宗立，因而行之，至今不废。"[2]祭祀仪式中所使用的衮冕、远游冠、绛纱袍、玉辂、金辂、旌幢、斧钺、羽扇等器物，皆是中原王朝所惯用的。其次，完颜亮表明了，迁都和迁陵的政治倾向性是一致的，从今以后，金中都就将成为女真族的"根本"之地，祖宗的到来断绝了许多女真贵族想要重返金上京的念头。

完颜亮的第三个重大政治举措，是将金上京的宫殿全部毁去，将原来世代居住在上京附近的女真族部落也强行迁移到金中都和中原的其他地区。正隆二年（1157 年）十月，完颜亮下令："命会宁府毁旧宫殿、诸大族第宅及储庆寺，仍夷其址而耕种之。"[3]他拆毁金上京宫殿的目的，是与迁都和迁陵相一致的，使得其他女真贵族无法再回到金上京去。完颜亮在把女真族部落迁移到中都等地区之后，也把他们的住宅全都拆毁了，并且将其变为耕地。

第二节　金中都的女真族民众及其"汉化"进程

被完颜亮迁移到金中都地区来的女真族民众有多少人，历史文献没有明确的数字记载，但是，我们可以依据相关的信息加以估算。史称："贞元迁都，遂徙上京路太祖、辽王宗干、秦王宗翰之猛安，并为合紥猛安，及右谏议乌里补猛安，太师勗、宗正宗敏之族，处之中都。"[4]据此可知，在金海陵王贞元年间从金上京迁到金中都的女真族民众共有约6个猛安。猛安谋克制度是在金太祖时定制的，每300户女真族民众组成为1个谋克，每10个谋克组成1个猛安，也就是说，每个猛安应该有民众3000户，若以1户3—4口人计算，每个猛安应该有民众10000余人。由此推测，海陵王从金上京迁移到金中都来的女真族民众应该在6—7万人之间。这个推测数字只能是我们了解当时情况的一个参考。

显然，能够迁移到金中都地区的女真族民众大多数都有着比较尊贵的政治地位，如以金太祖的家族成员作为主体的合紥猛安中的女真族民众，许多都在金朝统治者身边的侍卫亲军中任职，从原来兵民合一的双重身份变成了专职的军人，经过一段时间的服役之后，即可到政府的其他部门中任职，乃是一条入仕的捷径。这些人因为长期生活在中都地区，"汉化"的速度是较快的，金朝统治者经常要对他们进行品德教育，而教育的内容则是中原儒家的伦理学说，如大定二十三年（1183年）八月，金世宗"以女直字《孝经》千部付点检司分赐护卫亲军"[5]。

同年九月，"译经所进所译《易》、《书》、《论语》、《孟子》、《老子》、《杨子》、《文中子》、《刘子》及《新唐书》。上谓宰臣曰：'朕所以令译《五经》者，正欲女直人知仁义道德所在耳！'命颁行之。"（引文同上）由此可见，金世宗是希望所有的女真族民众都能够接受"仁义道德"的伦理观念，也就是要让他们逐渐"汉化"。但是，金世宗更希望这些女真族民众能够长期保留原来少数民族的文化特色，正是在这种"两难"的境况中，他才会将《易经》、《尚书》、《论语》、《孟子》、《孝经》等儒家经典从汉字转译为女真字，让女真族民众在接受"汉化"的过程中，又能够同时学习本民族的语言文字。

正是在金世宗这种"两难"的境况中，培养出了他的接班人完颜璟（即后来的金章宗）。大定二十五年（1185年）十二月，金世宗确定完颜璟的接班人地位之后，将其封为原王，"上问宰臣曰：'原王大兴行事如何？'右丞翰特剌对曰：'闻都人皆称之。'上曰：'朕令察于民间，咸言见事甚明，予夺皆不失当，曹、邳二王弗能及也。又闻有女直人诉事，以女直语问之，汉人诉事，汉语问之。大习不失本朝语为善，不习，则淳风将弃'。"[6]完颜璟在大兴府（即今北京）任职时，既可以用女真语来处理女真族民众的事务，也可以用汉语来处理汉族民众的事务，因此，深得金世宗的赏识。

就大多数迁移到金中都地区的女真族民众而言，由于与汉族民众的接触日益密切，"汉化"的进程较在东北地区就会逐渐加快，到金世宗即位后，已经开始为这种"汉化"的结果而担忧。大定十三年（1173年）三月，"上谓宰臣曰：'会宁乃国家兴王之地，自海陵迁都永安，女直人寖忘旧风。朕时尝见女直风俗，迄今不忘。今之燕饮音乐，皆习汉风，盖以备礼也，非朕心所好。东宫不知女直风俗，第以朕故，犹尚存之。恐异时一变此风，非长久之计。甚欲一至会宁，使子孙得见旧俗，庶几习效之'。"[7]

风俗乃是一个民族最具有文化特征的行为，而金朝自海陵王迁都到金世宗发出感慨，其间仅仅过了20年，来到中原地区的女真族民众就已经"寖忘旧风"了，这种民族融合的速度之快，不能不让金世宗感到惊讶。他认为，只有留在金上京生活的女真族父老，还能够不忘"女直风俗"。同年四月，金世宗再次重申了他的担忧："上御睿思殿，命歌者歌女直词。顾谓皇太子及诸王曰：'朕思先朝所行之事，未尝暂忘，故时听此词，亦欲令汝辈知之。汝辈自幼惟习汉人风俗，不知女直纯实之风，至于文字语言，或不通晓，是忘本也。汝辈当体朕意，至于子孙，亦当遵朕教诫也'。"[8]通过金世宗的言谈可知，不仅当时的女真族民众已经"汉化"了，就连皇太子及诸王等女真贵族们也已经"汉化"了，所谓"汝辈自幼惟习汉人风俗，不知女直纯实之风"，被金世宗视为"忘本"，而必须加以"教诫"。

第三节　金朝统治者的民族政策

为了保持女真族民众的自身民族特色，金世宗采取了一系列举措，如他曾下令："禁女直人毋得译为汉姓。"他"又命：'应卫士有不闲女直语者，并勒习学，仍自后不得汉语'。"[9]他甚至在晚年下令："禁女直人不得改称汉姓，学南人衣装，犯者抵罪。"[10]通过他的这些诏令，我们不难看出，首先，是当时的女真族民众中大多数人皆将自己的女真姓氏改为汉民姓氏，这显然是因为汉姓更简便易行。其次，大多数的女真族民众，包括许多卫兵，已经习惯于用汉语进行交流，而会使用女真族语言的人则越来越少了。再次，许多来到中原地区定居的女真族民众不仅会说汉语，甚至连服装也在模仿"南人"，即宋朝人的打扮。

金世宗在金朝的诸位帝王中确实是一位有所作为的政治家，正是在他统治时期，金朝的政局稳定，经济繁荣，军力强盛，达到了金朝发展的顶峰阶段。但是，对于大批迁入中原地区定居的女真族民众而言，民族融合的进程是无法阻挡的，从语言的使用，到服装的样式，再到姓名的更改、风俗的变迁，"汉化"的程度越来越深，这一切都是在不知不觉之间完成的。作为一个普通民众，并不会有深刻的感受，但是，作为一位有着较强少数民族意识的女真族统治者，金世宗的重视程度是完全不一样的，他把"汉化"的民族融合过程提到了"忘本"的高度来加以认识，问题当然是很严重的。

其实，这种民族融合的进程并不是从海陵王迁都才开始的。如果说金太祖与金太宗算是第一代"领导人"的话，"汉化"的进程就是从金熙宗和海陵王这第二代"领导人"时已经开始了。当时人对金熙宗和海陵王的描述有许多共同的地方，如描写金熙宗时称："亶幼而聪达，贯综经业。喜文辞，威仪早有大成之量，太宗深所爱重。所与游处，尽文墨之士，有未居显位者，咸被荐擢，执射赋诗，各尽其所长以为娱。"[11] 显然，熙宗的"汉化"是从文墨之士的影响中逐渐完成的。

又如描写海陵王时称："幼时名孛烈，汉言其貌类汉儿。好读书，学弈象戏、点茶，延接儒生，谈论有成人器。"[12] 海陵王的"汉化"，也是从读书、点茶、象戏等一系列日常生活中的文化习俗逐渐培养起来的。显然，在女真贵族们的"汉化"进程中，都有一个共同的因素在发挥着重要的作用，即当时人所谓的"文墨之士"或是"儒生"，这是个群体，他们不仅仅在与女真贵族们的日常生活交往中产生着极大的影响，而且在金朝统治者们的政治活动中产生着巨大的影响，如金朝初期的杨朴、韩企先、刘彦宗、宇文虚中等人皆是。

对于迁移到金中都和其他中原地区的女真族民众而言，一方面，在与汉族民众的接触中不断"汉化"；另一方面，也确实存在着广大汉族民众与女真少数民族民众之间的矛盾。有些女真贵族依仗政治特权，横行乡里，胡作非为，就连官府也不敢管。为此，金朝政府的有些官员建议："齐民与屯田户往往不睦，若令递相婚姻，实国家长久安宁之计。"[13] 得到了金朝统治者的支持。文中所云"齐民"，就是指中原地区的汉族民众，而"屯田户"则是指的女真族民众。这种女真族民众与汉族民众"递相婚姻"的做法，更加彻底地深化着民族融合的进程。

其实在金朝初年，就有许多女真贵族不仅娶女真族妇女为妻，而且也娶汉族、契丹族，以及渤海族的妇女为妻。如海陵王完颜亮的父亲完颜宗干的三位妻子，嫡妻徒单氏为女真族，次妻李氏为汉族，而再次之妻大氏（即完颜亮的生母）则为渤海族，真正构成了一个多民族和睦相处的大家庭。又如金世宗，其生母李氏即为汉族，已有一半的汉族血统。嫡妻乌林荅氏，其部落为女真皇族世代姻亲，而世宗所宠信的元妃张氏及李氏，则皆为汉族。而金章宗的嫡妻蒲察氏为女真族，其元妃李氏，不仅是汉族，而且出身十分卑贱，史称："其家有罪，没入宫籍监。父湘，母王盼儿，皆微贱。大定末，以监户女子入宫。"但是，"宦者梁道誉师儿才美，劝章宗纳之。章宗好文辞，妃性慧黠，能作字，知文义，尤善伺候颜色，迎合旨意，遂大爱幸。"[14]及章宗嫡妻死后，元妃李氏几乎被立为皇后，因为遭到大臣们的激烈反对才作罢。

其他女真贵族的家庭构成也大致如此，遂使得许多女真贵族的后代们都带有了汉族的"基因"。仅见于《金史》记载的，即有辽王完颜宗干之子郑王完颜充、金睿宗完颜宗尧之子金世宗，金世宗之子卫绍王完颜允济、郑王完颜允蹈、潞王允德、豫王完颜允成、赵王完颜允中、越王完颜允功，金显宗完颜允恭之子金宣宗完颜珣、温王完颜玠、郓王完颜琮、瀛王完颜瑰与瀛王完颜从宪、霍王完颜从彝，金章宗之子葛王忒邻，荆王完颜洪靖、荣王完颜洪熙、英王完颜洪衍、寿王完颜洪辉，金宣宗之子金哀宗完颜守绪、完颜守纯，等等。这些女真贵族的母亲皆为汉族妇女，在养育儿女之时，自然会或多或少地把汉族习俗带给他们，从而形成潜移默化的"汉化"影响。

值得注意的是，在女真族部落刚刚崛起之时，金太祖、金太宗等人的后妃主要都是少数民族妇女，包括女真族、契丹族、渤海族等，但是，从第二代开始，如完颜宗干、完颜宗尧等人，除了皇后仍是女真贵族之外，其他嫔妃中开始有了汉族妇女，而这种发展趋势并没有停止，到金朝末年，金宣宗、金哀宗等人的正宫皇后皆已经变为汉族妇女。人们不难看出，金朝后妃民族成分的变化趋势，是与整体女真贵族的"汉化"进程完全一致的。至于自金熙宗、金海陵王等人仿照中原王朝"三宫六院七十二妃"的后宫制度而广纳嫔妃之后，皇宫中的汉族妇女数量也在不断增加。如上文提及的金章宗时的元妃李师儿，就是从一个地位十分卑贱的汉族宫女而逐渐上升到了元妃的显要位置。

第四节　女真少数民族文化的发展

历史的发展进程有时是不以人们的主观愿望为转移的。金朝统治者们的"汉化"进程是在他们不知不觉的情况下逐渐实现的，从金熙宗、金海陵王到金世宗、金章宗，"汉化"的程度越来越深，"汉化"的范围越来越广，但是，他们却又在主观上要减缓或是阻止"汉化"的进程。上文提到的金世宗所采取的阻止"汉化"的举措，又被金章宗继承下来。如明昌二年（1191 年）十一月，金章宗下令："制诸女直人不得以姓氏译为汉字。"[15]到了泰和七年（1207 年）九月，金章宗又下令："敕女直人不得改为汉姓及学南人装束。"[16]"违者杖八十，编为永制。"[17]由此可见，金朝统治者对于女真族民众的"汉化"所采取的禁止措施是十分严厉的。

金朝统治者在进入中原地区之后，为保护及发展女真族的少数民族文化，是不遗余力的。其中，创制女真文字就是一项重要举措。天辅三年（1119 年）八月，金朝统治者"颁女直字"[18]。这时金朝刚刚崛起，就创制了本民族的文字。"女直初无文字，及破辽，获契丹、汉人，始通契丹、汉字，于是诸子皆学之。宗雄能以两月尽通契丹大小字，而完颜希尹乃依仿契丹字制女直字。"[19]由此可见，女真文字的创制，也是受到汉字及契丹字的较大影响。及金熙宗即位之后，又在天眷元年（1138 年）正月，"颁女直小字。"史称："金人初无文字，国势日强，与邻国交好，乃用契丹字。太祖命希尹撰本国字，备制度。希尹乃依仿汉人楷字，因契丹字制度，合本国语，制女直字。天辅三年八月，字书成，太祖大悦，命颁行之。赐希尹马一匹、衣一袭。其后熙宗亦制女直字，与希尹所制字俱行用。希尹所撰谓之女直大字，熙宗所撰谓之小字。"[20]

此后不久，金熙宗又下令："诏百官诰命，女直、契丹、汉人各用本字，渤海同汉人。"[21]也就是说，当时的金朝政府同时使用女真字、契丹字和汉字。到金章宗时，为了表彰"以叶鲁、谷神始制女直字，诏加封赠，依仓颉立庙盩厔例，祠于上京纳里浑庄。岁时致祭，令其子孙拜奠，本路官一人及本千户春秋二祭。"[22]文中所云"谷神"，即指完颜希尹。在金朝统治者的眼中，完颜希尹的地位就如同汉族民众眼中的孔子一样。

在女真大、小字创立之后，学习和使用就成为由政府提倡和扶持的一项重要工作。当时的许多女真贵族子弟都是把女真字、契丹字和汉字作为学习的科目，如"宗宪本名阿懒。颁行女直字书，年十六，选入学。太宗幸学，宗宪与诸生俱谒，宗宪进止恂雅，太宗召至前，令诵所习，语音清亮，善应对。侍臣奏曰：'此左副元帅宗翰弟也。'上嗟赏久之。兼通契丹、汉字。"[23]又如完颜仲，"本名石古乃。体貌

魁伟，通女直、契丹、汉字。"⁽²⁴⁾再如夹谷谢奴，"长身多髯，善骑射，
通女直、契丹大小字及汉字。既冠，随其父见太祖，命佩金牌，总领
左翼护卫。"⁽²⁵⁾以上这些女真贵族子弟皆以兼通三种文字而受到重用。

金朝统治者还专门从各地选拔一批青少年到京城，学习女真字，
学成之后委以重任。如"纥石烈良弼，本名娄室，回怕川人也。曾祖
忽懒。祖弑不鲁。父太宇，世袭蒲辇，徙宣宁。天会中，选诸路女直
字学生送京师，良弼与纳合椿年皆童丱，俱在选中"⁽²⁶⁾。又如"耨盌
温敦兀带，太师思忠侄也。天会间，充女直字学生，学问通达，观书
史，工为诗"⁽²⁷⁾。因为金朝统治者对于学成女真字的青年给予十分优厚
的入仕途径，故而许多契丹族和汉族的青年也积极学习女真字。如契
丹人移剌道，"为人宽厚，有大志，以荐孝著名。通女直、契丹、汉
字。皇统初，补刑部令史，转尚书省令史，再迁大理司直。"⁽²⁸⁾又如契
丹人孛术鲁阿鲁罕，"年八岁，选习契丹字，再选习女直字。既壮，为
黄龙府路万户令史。"⁽²⁹⁾而汉人曹望之，"天会间，以秀民子选充女直
字学生。年十四，业成，除西京教授。"⁽³⁰⁾

金朝统治者还做出一些学习女真字的明确规定，如金世宗时，"以
亲军完颜乞奴言，制猛安谋克皆先读女直字经史然后承袭。"⁽³¹⁾又如金
朝统治者在培养接班人的时候，也特别注意对他们的女真文字与语言
的教育。大定十九年（1179年），"显宗命詹事乌林答愿择德行淳谨、
才学该通者，使教章宗兄弟。阅月，愿启显宗曰：'豳王府教读完颜撒
速、徐王府教读仆散讹可二人，可使教皇孙兄弟。'显宗曰：'典教幼
子，须用淳谨者。'……七月丁亥，宣宗、章宗皆就学，显宗曰：'每
日先教汉字，至申时汉字课毕，教女直小字，习国朝语。'因赐酒及彩
币。顷之，世宗诏匡、讹可俱充太子侍读。"⁽³²⁾由此可见，作为金朝的
接班人，每天都要学习女真语言文字。

金世宗时，又曾创行女真进士科，用女真大、小字选拔人才，这
个举措无疑为扩大女真字的社会影响提供了便利的条件。但是，对于
新创制的女真字，金世宗是没有自信的，他将女真字与契丹字和汉字
加以比较，感慨颇多，"上曰：'契丹文字年远，观其所撰诗，义理深
微，当时何不立契丹进士科举，今虽立女直字科，虑女直字创制日近，
义理未如汉字深奥，恐为后人议论。'丞相守道曰：'汉文字恐初亦未
必能如此。由历代圣贤渐加修举也。圣主天姿明哲，令译经教天下，
行之久亦可同汉人文章矣！'上曰：'其同汉人进士例。译作程文，俾
汉官览之'。"⁽³³⁾就连考生们用女真字写的"程文"也要译为汉字，请
"汉官"加以审阅。

历史有时总会重演，在辽代，契丹统治者曾经为扩大契丹文字的使用范围和社会影响而竭尽全力，但是，随着辽朝的灭亡，契丹文字逐渐在社会上消失了它的影响。到了金代，女真统治者也在为推广女真文字而竭尽全力，但是，在金朝灭亡后，女真文字也同样很快就在绝大多数人们的视线中消失了。而一直沿用不衰的，只有汉字。因为文字不仅仅是为了表达语言，而且包含了极为丰富的文化内涵，如果一个少数民族的独特文化逐渐消失了，他们所使用的语言也会随之消失，而表达这种语言的文字也就失去了生命力。

在金中都地区，女真族民众的迁入加快了民族融合的进程，使得其在东北地区形成的一些独特少数民族习俗逐渐消失，女真族的语言虽然有了更大的传播范围，又创制了女真文字，但是，这种由金朝统治者竭力推广的少数民族文化却没有最终获得独立发展的空间，也没有打下雄厚的文化基础，而不得不朝着"汉化"的方向前进。在金海陵王迁都之前，这种"汉化"的进程就已经开始了，及金海陵王迁都之后，"汉化"的进程加快了，"汉化"的范围拓宽了，当蒙古少数民族从漠北草原崛起并攻占金中都之后，女真族的"汉化"进程基本上完成了，使得后来的元朝统治者甚至把女真族与契丹族一起归入"汉人"的行列。

就在大多数女真族民众向"汉化"趋势不断发展的同时，却也有少数的汉族民众向"胡化"的趋势发展，其主要的表现就是姓名的变化。如中都宝坻人李霆，就改姓名为完颜霆。史称："完颜霆，本姓李氏，中都宝坻人。粗知书，善骑射，轻财好施，得乡曲之誉。贞祐初，县人共推霆为四乡部头。霆招集离散，纠合义兵，众赖以安。"[34]又如中都武清人梁佐和李咬住，就都改姓完颜氏。"完颜佐，本姓梁氏，初为武清县巡检。完颜咬住，本姓李氏，为柳口镇巡检。久之，以佐为都统，咬住副之，戍直沽寨。"[35]这种"胡化"的趋势虽然发展很慢，但是却也值得关注。

注释：

（1）（2）《大金国志》卷三三《陵庙制度》。

（3）《金史》卷五《海陵纪》。

（4）《金史》卷四四《兵志》。

（5）（6）《金史》卷八《世宗纪》。

（7）（8）（9）《金史》卷七《世宗纪》。

（10）（31）《金史》卷八《世宗纪》。

（11）《大金国志》卷九《熙宗孝成皇帝》。

（12）《大金国志》卷十三《海陵炀王》。

（13）《金史》卷九《章宗纪》。

（14）《金史》卷六四《后妃传》。

（15）《金史》卷九《章宗纪》。

（16）《金史》卷十二《章宗纪》。

（17）《金史》卷四三《舆服志》。

（18）《金史》卷二《太祖纪》。

（19）《金史》卷六六《完颜勖传》。

（20）《金史》卷七三《完颜希尹传》。

（21）《金史》卷四《熙宗纪》。

（22）《金史》卷十《章宗纪》。

（23）《金史》卷七〇《完颜宗宪传》。

（24）《金史》卷七二《完颜仲传》。

（25）《金史》卷八一《夹谷谢奴传》。

（26）《金史》卷八八《纥石烈良弼传》。

（27）《金史》卷八四《耨盌温敦兀带传》。

（28）《金史》卷八八《移剌道传》。

（29）《金史》卷九一《孛术鲁阿鲁罕传》。

（30）《金史》卷九二《曹望之传》。

（32）《金史》卷九八《完颜匡传》。

（33）《金史》卷五一《选举志》。

（34）《金史》卷一〇三《完颜霆传》。

（35）《金史》卷一〇三《完颜佐传》。

第三章　金朝统治者对其他少数民族的民族政策

第一节　对契丹族民众的政策及其影响

在金中都地区，还生活着一些其他少数民族民众，其中数量最多的，当属契丹族民众。在金朝统治者占领燕京之前，这里是辽朝的陪都南京，也称燕京。作为南下控制华北平原的军事重镇和经济最繁华的都会，曾经驻扎有许多契丹军队，设置过许多政治、军事、经济衙署，故而一些著名的契丹族人士皆曾经在此长期生活。及金朝统治者占领燕京之后，众多契丹族民众仍然生活在这里。

金朝统治者在对待契丹族民众的态度上，是有一个不断转变的过程的。在金朝刚刚崛起之初，契丹族民众与辽朝统治者一样，皆是金朝攻击的主要对象。但是，随着金朝势力的迅速扩张，陆续就有一些契丹族的大臣和将领投靠到金朝的势力范围之下。对于这些前来投靠的契丹族人士，金朝统治者采用了较为宽容的政策。

如收国二年（1116 年）正月，金太祖下诏曰："自破辽兵，四方来降者众，宜加优恤。自今契丹、奚、汉、渤海、系辽籍女直、室韦、达鲁古、兀惹、铁骊诸部官民，已降或为军所俘获，逃遁而还者，勿以为罪。其酋长仍官之，且使从宜居处。"[1] 在这个诏书中，金太祖把契丹族放在了最突出的位置，指出，只要他们归降，不仅不加怪罪，而且还可以承认他们原来的政治权力，即所谓的"其酋长仍官之"。由此亦可见，在当时的东北及其周围地区，民族关系十分复杂，除了契丹族之外，奚族、汉族、渤海族、室韦族等，皆是不可忽视的力量。

151

但是，契丹族的力量占有显著的位置。

金太祖死后，金太宗仍然遵循这种宽容的政策。如天会三年（1125 年）十一月，"南路军帅司请禁契丹、奚、汉人挟兵器，诏勿禁。"[2]对于金朝的政府官员而言，契丹族、奚族、汉族民众如果手中持有兵器，当然是一种潜在的威胁，必须除去其兵器，金朝政府的官员们才会安心，故而提出这个禁兵器的建议是十分必要的。但是，当时正是金朝统治者大举南伐宋朝的关键时刻，如果要从契丹、奚、汉人手中夺去兵器，必然会造成一定范围内的社会骚乱，为了顾全大局，金太宗不得不下令"诏勿禁"。

然而，随着金朝统治的逐渐巩固，其统治者的民族政策就会发生很大变化。这一点，通过对降将耶律余睹的态度即可看出。金太祖起兵之后，攻打辽朝屡屡得胜，于是，辽朝大将耶律余睹前来归降，为金太祖伐辽提供了极大帮助。金太祖曾"诏咸州都统司曰：'自余睹来，灼见辽国事宜，已决议亲征，其治军以俟师期'"[3]。显然，耶律余睹的归降，不仅在军事力量的增加方面是有所助益的，更重要的却是金朝统治者由此而得知辽朝的许多"国事"，从而为其攻灭辽朝提供了珍贵的情报。

在天辅七年（1123 年）三月，有人密报耶律余睹等人谋叛，"上召余睹等，从容谓之曰：'朕得天下，皆我君臣同心同德以成大功，固非汝等之力。今闻汝等谋叛，若诚然耶，必须鞍马甲胄器械之属，当悉付汝，朕不食言。若再为我擒，无望免死。欲留事朕，无怀异志，吾不汝疑。'余睹等皆战栗不能对。命杖铎刺七十，余并释之。"[4]显然，金太祖的态度是极为宽容的，并没有追究耶律余睹等人的罪责。

到金太宗时，耶律余睹作为金朝南伐的主力军，与完颜宗翰、完颜希尹等人一起攻占大同、太原等重镇，并且从西面直捣宋朝都城汴京。到了天会四年（1126 年）七月，金军伐宋的关键时刻，又有人提出耶律余睹要谋反，"萧仲恭使宋还，以所持宋帝与耶律余睹蜡书自陈。"[5]金太宗也并没有向耶律余睹问罪。这是因为耶律余睹等人所率领的契丹军队在伐宋战争中的作用十分重要，宋人曾曰："金人之兵，张大其势，然探得其实，不过六万人，又大半皆契丹、渤海杂种，其精兵不过三万人。"[6]宋人的见解是有一定道理的，也正是金太宗宽容耶律余睹的主要原因。

到了天会十年（1132 年），又有人提出耶律余睹要谋反，而这时宋朝的都城汴京已经被攻陷，金朝统治者也已经没有了后顾之忧，于是借"谋反"之名，将耶律余睹等契丹族将领一并除去。"族诛契丹统军槁里，元帅府诸将分捕余睹叛党，仍令诸路尽杀契丹，诸路大乱，月余方止。"[7] 文中所云 "契丹统军槁里"，就是《金史》中所云之燕京统军使萧高六。显然，在有的时候，金朝统治者对契丹族民众的势力是采取收买利用的政策，而在有的时候却采取严厉镇压的政策。

到海陵王篡位迁都之后，金朝统治者对于契丹族民众继续采取既利用，又控制和镇压的两手政策。海陵王为了完成一统天下的大业，准备大举南伐，攻占江南地区。而这时的契丹军队，就成为南伐的一支重要力量。如契丹族大将移剌成，早在金太宗伐宋时就屡立战功，"天会间，隶挞懒下为行军猛安，与宋人战于楚、泗之间，成以所部先登，大破宋军，功最诸将。"到海陵王时，"正隆南伐，为武毅军都总管。撒八反，海陵以事诛契丹名将，成以本军守磁，即遣妻子还汴。海陵用是不疑。时人高其有识。"[8] 契丹族首领撒八的叛乱，又导致了一批契丹将领被诛杀，只有少数像移剌成这样的 "有识" 者才得以幸免于难。

海陵王即位之后，又利用 "契丹字" 做伪证，以诛杀政敌。史称：

> 会海陵欲除辽王斜也子孙及平章政事宗义等，元帅府令史遥设希海陵旨，诬撒离喝父子谋反，并平章宗义、尚书谋里野等。遥设学撒离喝手署及印文，诈为契丹小字家书与其子宗安，从左都监奔睹上变。封题作已经开拆者，书纸隐约有白字，作曾经水浸，致字画分明者，称御史大夫宗安于宫门外遗下此书，遥设拾得之……有司掠笞楚毒，宗安神色不变。乃置扫胡炉炭上，扫胡不能堪，自诬服。[9]

文中所云 "撒离喝"，即完颜杲，遂被海陵王诬杀。

在金海陵王南伐时，有契丹首领撒八的叛乱。金朝初期，虽然女真族统治者攻灭了辽朝，捕获了契丹帝王辽天祚帝，但是，为了巩固其在中原地区的统治，又不得不利用契丹族民众，后人称金朝 "及得中原后，虑中原士民怀贰，始创屯田军。凡女真、奚、契丹之人，皆自本部徙居中州，与百姓杂处。计户授田，使自耕种，春秋给衣，若遇出兵，始给钱米。自燕南至淮陇之北皆有之。筑垒于村落间，如山东路有把古鲁明安，中都路有胡土霭哥蛮明安，山东西路有盆买必剌明安是也"[10]。清人所云极是，当时的许多契丹民众也是按照猛安谋克制度来加以管理的，遇有重大的军事行动，即征发契丹民众从征四方。

金朝统治者完颜亮在攻伐南宋之时，也大量征发契丹民众从军南伐，从而引起了契丹民众的普遍反抗，《金史》所称撒八叛乱，就是契丹民众反抗的表现。"海陵南伐，天下骚动。是时，籍契丹部人丁壮为兵，部人不愿行，以告使者，使者燠合畏海陵不以告，部人遂反。"[11]这时的海陵王完颜亮正在出兵南伐，只是派遣仆散师恭、萧怀忠等率一万军人前往征讨，遭到挫败，而完颜亮随即也被弑。镇压撒八等人的契丹族叛乱，就成为金世宗上台后的一件大事。及撒八被其部下移剌窝斡杀死，契丹民众又在窝斡的率领下继续叛乱，给金朝统治者造成了极大的危害。

金世宗在镇压契丹民众的叛乱时，采用了镇压与招抚并行的办法。大定二年（1162年）四月，金世宗下令，"诏征契丹部将士曰：'应契丹与大军未战而降者，不得杀伤，仍安抚之。后招诱来降者，除奴婢以已房为定，其亲属使各还其家，仍官为赎之'。"而这次契丹民众的叛乱，除北方许多地区都遭到严重破坏之外，就连京师金中都城也受到较大影响，于是，金世宗在大定三年（1163年）十一月再次下令："诏：'中都、平州及饥荒地并经契丹剽掠，有质卖妻子者，官为收赎'。"[12]

金世宗对契丹民众的安抚并不是真心的关怀，而是一时的权宜之计。这一点，我们通过金世宗与大臣唐括安礼的对话可见其一斑。大定年间，唐括安礼在回答金世宗的提问时曾说："猛安人与汉户，今皆一家，彼耕此种，皆是国人，即日签军，恐妨农作。"金世宗反驳说："朕即位东京，契丹、汉人皆不往，惟女直人偕来，此可谓一类乎？"[13]显然，在金世宗的眼睛里，女真族民众是一类人，而契丹人则是与汉人为一类人的。金世宗提到的"朕即位东京"，就是指金海陵王南伐，他在金东京辽阳起事的仓急时刻，汉族民众和契丹族民众都没有支持他，只有女真族民众才和他是一条心。而认为女真族民众已经与汉族民众"今皆一家"的唐括安礼在金世宗的眼睛里就显得太幼稚了。

撒八及窝斡领导的这次规模较大的契丹民众叛乱被镇压之后，金朝政府中的许多官员都对契丹民众产生了极大的戒备心理，这种心理状态一直延续到了金章宗时期。如纥石烈执中，"泰和元年，起知大兴府事。诏契丹人立功官赏恩同女直人，许存养马匹，得充司吏译人，著为令。执中格诏不下，上责之曰：'汝虽意在防闲，而不知朝廷自有定格，自今勿复如此烦碎生事也。'乃下诏行之。"[14]金章宗下诏，命立功行赏的待遇，契丹人与女真人相同，遭受到纥石烈执中的反对，而这种"防闲"的意识，应该在金朝的女真族官员中普遍存在，纥石烈执中才敢于"格诏不下"。

契丹统治者立国二百余年，不仅在整个北方地区产生了较为巨大的政治影响，而且产生了较为长久的文化影响。对于这种少数民族的文化影响，金朝统治者最初是予以扶持的。如在金朝政府的办公行文中，是以女真字、契丹字与汉字并行的，作为官方必用的三种文字。这种制度一直沿行到金世宗时。大定年间，"宗尹乞令子银术可袭其猛安，会太尉守道亦乞令其子神果奴袭其谋克。凡承袭人不识女直字者，勒令习学。世宗曰：'此二子，吾识其一习汉字，未习女直字。自今女直、契丹、汉字曾学其一者，即许承袭。'遂著于令。"[15]由此可见，是时的女真字、契丹字与汉字皆为通行之文字，而契丹少数民族文化在社会上也还有着较为广泛的影响。

在女真族统治者刚刚崛起之时，许多礼仪皆仿行辽朝制度，如宋朝使臣许亢宗出使金朝，"金国素无城郭、宫室，就以所居馆燕（宴），悉用契丹旧礼。如结彩山作倡乐、寻幢角骶之伎、斗鸡击鞠之戏，与中国同。"[16]这是描写的金朝迎接宋朝使臣的礼仪。此外，在较长的一段时间里，金朝的许多制度都受到辽朝旧俗的巨大影响。如"拜天"之礼、"射柳"、"击球"之戏等皆是。史称"拜天"之礼，"金因辽旧俗，以重五、中元、重九日行拜天之礼。重五于鞠场，中元于内殿，重九于都城外。"又如"射柳"、"击球"之戏，往往在举行拜天之礼后复行之，"皇帝回辇至幄次，更衣，行射柳、击球之戏，亦辽俗也，金因尚之。"[17]当然，金朝在承袭辽朝的旧俗之时，也会有一些更改和创新。

就重要的政治及军事制度而言，金朝统治者也往往沿用辽朝的典制。如在地方行政建置方面，"袭辽制，建五京，置十四总管府，是为十九路。"[18]金朝统治者所设置的金上京，与辽朝统治者所设置的辽上京虽然皆称之为"上京"，却不在一个地方。又如在军事管理制度方面，"燕山既下，循辽制立枢密院于广宁府，以总汉军。"[19]这个枢密院的设置，显然是与猛安谋克制度完全不同的一种军事制度，主要是用来"以总汉军"。当然，许多辽朝的典制是沿用了唐朝和五代诸朝的制度，也是"汉制"，但是已经渗入了许多契丹少数民族的文化因素。

此外，在人们日常生活中最为多见的服饰方面，契丹服装也有着较大的影响。宋朝人在出使辽朝时曾经作有诗歌一首，诗曰："燕疆不过古北阙，连山渐少多平田。奚人自作草屋住，契丹骈车依水泉。橐驼羊马散川谷，草枯水尽时一迁。汉人何年被流徙，衣服渐变存语言。力耕分获世为客，赋役稀少聊偷安。汉奚单弱契丹横，目视汉使心凄然。石瑭窃位不传子，遗患燕蓟逾百年。仰头呼天问何罪。自恨远祖从禄山。（此皆燕人语也）"[20] 诗中所云"衣服渐变存语言"，"汉奚单弱契丹横"等诗句，表明契丹服饰已经受到北方地区民众们广泛的关注和使用，这种影响甚至一直延续到元代。

随着时间的推移，契丹少数民族文化在有些方面的影响也会逐渐削弱，如契丹语言文字的使用。在金章宗即位后，颁布了一些诏谕，采取了一些措施，给契丹文字的流传产生了很不利的影响。明昌二年（1191 年）四月，金章宗下令，"谕有司：'自今女直字直译为汉字，国史院专写契丹字者罢之'。"[21] 这是要把契丹文字从官方原来行用的三种文字中排挤出去。金朝政府秉承金章宗的旨意，"明昌二年罢契丹编修三员，添女直一员"。到了此后的承安四年（1199 年），"罢契丹同修国史。"[22]

金朝政府在削减懂得契丹语言文字的高级官员的同时，又削减了一批精通契丹文字的中下层官员，"明昌三年，罢契丹令史，其阙内增女直令史五人。"[23] 与此同时，"明昌三年，取见役契丹译史内女直、契丹字熟闲者，无则以前省契丹译史出职官及国史院女直书写，见任七品、八品、九品官充。"[24] 这是从政府官员的管理体制上排挤契丹文字的继续使用。随着金朝的衰败和灭亡，契丹文字已经很少有人会写会念了。到了 21 世纪的今天，更是只有少数专家学者能够识别很少一部分契丹文字。

第二节　对奚及渤海少数民族的政策及其影响

与契丹族关系十分密切的又有奚族，他们在辽朝建立之后，一方面受到契丹族统治者的欺压，另一方面却又成为契丹族统治者的得力助手。因此，当女真族崛起之后，许多对契丹统治者心怀不满的奚族部落首领就纷纷投靠到女真族统治者的周围为其效力，也有一些奚族首领是在金朝强大的武力威胁下投降的。对于这些奚族首领而言，他们的政治立场是极不稳定的，在辽朝与金朝的争斗中，哪一方占据优势，他们就投靠到哪一方来。对于这种行为而言，从奚族自身的利益出发是可以理解的，但是从女真族统治者的角度出发就变成不可容忍的。金太祖在起兵反辽并占有极大优势的情况下就对奚族的首领发出警告："汝等既降复叛，扇诱众心，罪在不赦。尚以归附日浅，恐绥怀之道有所未孚，故复令招谕。若能速降，当释其罪，官皆仍旧。"[25] 但是，当时的政治局面十分混乱，奚族首领们仍然是或降或叛，甚至自立为帝。

及金朝攻灭辽朝，政治局势得到稳定，奚族首领们也就很少发动叛乱，成为女真族统治者的得力助手。到了金代中期，海陵王迁都及南伐，对宋朝的军事攻击遭到失败，又有契丹首领的叛乱纷起，政治局势再度出现动荡，于是，奚族首领在政治上也出现了动摇，有些金朝的奚族官员甚至投靠到了南宋。如大定三年（1163年）五月，"河南路都统奚挞不也叛入于宋。"[26]也有一些奚族首领降附于契丹首领窝斡等，参加叛乱，给金朝统治者带来了很大麻烦。但是，在金代的奚族民众大多数皆居住在北方边境地区，只有很少一部分被徙居到今山东与河北交界的地区内，就是发生叛乱，也很难危及京城。

在金代的少数民族中，渤海族也占有十分重要的地位。在唐代，渤海曾经十分强盛，及契丹族崛起，遂将渤海征服。据《金史》记载，渤海与女真族同出于一源，皆为古靺鞨部族，渤海族为粟末靺鞨之后代，女真族为黑水靺鞨之后代。故而金太祖在起兵反辽之初，为了拉拢更多民众一起反辽，特别强调了这一点，"及太祖败辽兵于境上，获耶律谢十，乃使梁福、斡苔剌招谕渤海人曰：'女直、渤海本同一家。'盖其初皆勿吉之七部也。"[27]勿吉为地名，靺鞨为部族名。由此可见女真族与渤海族之间的关系应该是十分密切的。

但是，在金朝建立之后，渤海族并没有享受到任何政治上的特权，而是与契丹、汉人一样。如金熙宗时下令："诏百官诰命，女直、契丹、汉人各用本字，渤海同汉人。"[28]金熙宗时，又曾削夺汉人与渤海人的军权，只有个别渤海人是例外对待。"天眷三年，罢汉、渤海千户谋克，以抃旧臣，独命依旧世袭千户。"[29]金世宗时也曾下令："制汉人、渤海兄弟之妻，服阕归宗，以礼续婚者，听。"[30]由此可见，在金朝统治者眼里，并没有把渤海人作为少数民族对待。

在金代中期，海陵王篡位之后，因为其生母系渤海人，故而许多渤海大臣受到重用。如渤海人张浩，金熙宗时即开始受到赏识，"天眷二年，详定内外仪式，历户、工、礼三部侍郎，迁礼部尚书。田珏党事起，台省一空，以浩行六部事。簿书丛委，决遣无留，人服其才。"海陵王迁都时，在金中都城大兴土木工程，张浩多主持其事，"贞元元年，海陵定都燕京，改燕京为中都，改析津府为大兴府。浩进拜平章政事，赐金带玉带各一，赐宴于鱼藻池。浩请凡四方之民欲居中都者，给复十年，以实京城，从之。拜尚书右丞相兼侍中，封潞王，赐其子汝霖进士及第。未几，改封蜀王，进拜左丞相。正隆二年，改封鲁国公。"[31]权势显赫，为一时之冠。

又如渤海人高桢，金熙宗时曾任燕京留守，至金海陵王时，"策拜司空，进封代王，太子太保、行御史大夫如故。桢久在台，弹劾无所避，每进对，必以区别流品，进善退恶为言，当路者忌之。荐张忠辅、马讽为中丞，二人皆险诐深刻，欲令以事中桢。"[32]但是，高桢却因为受到海陵王的重用，而得以保其晚节。是时又有渤海人高德基，在金熙宗时任尚书省令史，"海陵为相，专愎自用，人莫敢拂其意，德基每与之详辨。及篡位，命左司郎中贾昌祚谕旨曰：'卿公直果敢，今委卿南京行省勾当。'未行，会海陵欲都燕京，命德基摄燕京行台省都事。"[33]高德基之所以敢与海陵王时常"详辨"，是与他的渤海人身份相关的，而其他政府官员则"莫敢拂其意"。及金世宗即位后，那些曾受到海陵王重用的大臣，如张浩、高德基等皆失去依恃。

在金代，渤海文化虽然没有女真文化与契丹文化的社会影响那么广泛，却也能在历史文献中略显其蛛丝马迹。如渤海族的乐舞表演艺术，金朝统治者专门在中都城设置有渤海教坊司，收集一批渤海乐人演练渤海族乐舞，每逢女真族统治者有重要的节令庆典活动，渤海教坊与汉人教坊的乐人们一起演奏乐舞，以祝贺天下太平景象。渤海教坊的乐人所演奏的乐舞，被称之为"散乐"，主要功能是文艺娱乐，而与之相对应的，又有"雅乐"，主要功能是举行重要祭祀活动时的奏乐，以烘托庄严的气氛。

但是，到了金章宗明昌年间，"雅乐"的规模越来越大，由太常寺主管的乐工人数经常不够用，于是金朝政府就把演奏"散乐"的渤海教坊和汉人教坊的乐工们也用来帮助演奏雅乐。泰和四年（1204年），金朝政府官员上奏曰："宫县乐工总用二百五十六人，而旧所设止百人，时或用之，即以贴部教坊阅习。自明昌间，以渤海教坊兼习，而又创设九十二人。且宫县之乐行大礼乃始用之，若其数复阙，但前期遣汉人教坊及大兴府乐人习之，亦可备用。"[34]由此可见，渤海教坊司所管辖的乐人们除了会演奏渤海少数民族的乐舞之外，还要学会演奏汉族乐舞（即"雅乐"）。

注释：

（1）（3）（4）（25）《金史》卷二《太祖纪》。

（2）（5）《金史》卷三《太宗纪》。

（6）《靖康传信录》卷二。

（7）《大金国志》卷七《太宗文烈皇帝》。

（8）《金史》卷九一《移剌成传》。

（9）《金史》卷八四《完颜杲传》。

（10）〔清〕赵翼：《廿二史札记》卷二八《金史》。

（11）（12）（26）（30）《金史》卷六《世宗纪》。

（13）《金史》卷八八《唐括安礼传》。

（14）《金史》卷一三二《纥石烈执中传》。

（15）《金史》卷七三《完颜宗尹传》。

（16）《大金国志》卷三《太宗文烈皇帝》。

（17）《金史》卷三五《礼志》。

（18）《金史》卷二四《地理志》。

（19）《金史》卷四四《兵志》。

（20）宋人苏辙《栾城集》卷十六《奉使契丹二十八首》。

（21）《金史》卷九《章宗纪》。

（22）《金史》卷五五《百官志》。

（23）《金史》卷五二《选举志》。

（24）《金史》卷五三《选举志》。

（27）《金史》卷一《始祖纪》。

（28）《金史》卷四《熙宗纪》。

（29）《金史》卷八〇《大抃传》。

（31）《金史》卷八三《张浩传》。

（32）《金史》卷八四《高桢传》。

（33）《金史》卷九〇《高德基传》。

（34）《金史》卷三九《乐志》。

第四章　金代中都地区的民族融合

第一节　农耕文化是民族融合的共同基础

在金代，特别是自海陵王迁都之后，金中都城就成为整个中国北方地区民族融合的中心。在这座城市里，主要的居民是广大的汉族民众，包括了从皇亲国戚、达官贵人，到平民百姓、工匠商贾的各个社会阶层。他们所熟悉的文化当然是传承已达数千年的农耕文化，这种文化在中国古代乃至世界古代的文明发展历程中表现出了辉煌的东方特色。在金代之前的辽朝统治者，当其进入中原地区之后，不得不接受这种辉煌的文化。在金朝建立之后，女真族统治者们也不得不接受这种农耕文化。因此，我们在谈到金代中都地区的民族融合时，必然是以这种博大精深的农耕文化为其融合基础的。

在金中都城里，占据支配地位的则是女真族统治者们，他们在金上京定都之时，就已经开始接受代表农耕文化精华的儒家政治学说，在迁到金中都城之后，更是全面继承了农耕文化的主要内容。从金朝统治者们居住、生活的皇家宫殿、园林，到安葬祖先的陵墓，从政治体制的设置，到礼乐典制的推行，皆是依照中原地区汉族王朝的模式。就其文化在传承上的轨迹而言，辽承唐制，包含了大量农耕文化的因素。及金灭辽之后，继承辽制，又在灭宋之后继承宋制，遂把中原地区的农耕文化与契丹少数民族的游牧文化融合在了一起。与此同时，金朝统治者还把女真族少数民族文化也带到中原地区来，并且融入到传统的农耕文化之中。

契丹和奚族的少数民族民众早在隋唐时期就已经进入幽州地区，

唐朝政府还曾在这里设置过羁縻州县，用以安置从东北地区流亡到中原地区来的契丹及奚族百姓。及辽朝得到燕云十六州之后，又有更多的契丹及奚族的官员及百姓到燕京居住，并且变为这里的新成员。金朝统治者占有燕京之后，有些辽朝的官员逃离了燕京，但是还有一些契丹及奚族百姓留在了这里。他们到金代占有燕京时为止，已经与这里的汉族民众共同生活了几百年，从语言、文字到服饰、饮食，都没有了明显的差异。而契丹及奚族民众与汉族百姓之间的通婚现象越来越普遍，也使得他们之间的血缘关系变得更加密不可分。因此，最早进入中原地区的契丹和奚族民众应该也是最早"汉化"的少数民族民众。

在金代，还有一些生活在长城以北地区的女真族、契丹族、奚族和渤海族的少数民族民众，由于他们自身的生活环境没有发生巨大的变化，他们的生产方式也基本维持着传统的状态，因此，也就没有与广大汉族民众更加深入交往的过程，故而相互融合的进程也就变得十分缓慢。正是处在这种状态下，他们也才保留了更多的少数民族自身的文化特色，而对于少数民族统治者而言，当然也希望这些民众能够长期保留少数民族的文化特色。

例如女真族的许多民众，在金朝统治者向南面扩张其势力的过程中来到中原地区，更多地接触到了辉煌的农耕文化。又有许多女真族民众，在金朝统治者南迁都城的过程中来到了中原地区，并且在此定居，有了与汉族民众更加密切的接触。这些先后进入中原地区的女真族民众，也就先后完成了"汉化"的进程。对于这种历史发展的必然趋势，女真族统治者是不满意的，他们所欣赏的乃是那些仍然居住在东北地区、仍然保留着少数民族文化特色的女真族民众，对于这一点，我们从金世宗回访金上京的言行中即可看出来。

大定十三年（1173 年）三月，金世宗与朝中大臣提出，想要带着女真贵族子弟们回到金上京，以使他们重温女真族的"旧俗"。不久，又将被金海陵王废毁的金上京恢复了名称。大定十六年（1176 年）正月，金世宗与宗王、大臣们议论中原文化与女真文化的优劣之时，曾曰："经籍之兴，其来久矣，垂教后世，无不尽善。今之学者，既能诵之，必须行之。然知而不能行者多矣，苟不能行，诵之何益？女直旧风最为纯直，虽不知书，然其祭天地，敬亲戚，尊耆老，接宾客，信朋友，礼意款曲，皆出自然，其善与古书所载无异。汝辈当习学之，旧风不可忘也！"[1] 显然，在金世宗眼里，女真族文化的优点实在是太多了，与中原地区的儒家政治学说不相上下，所谓"其善与古书所载无异"，古书指的就是儒家的经典著作。

一直到大定二十四年（1184 年）二月，垂垂老矣的金世宗才又提出回访金上京的旧话，"朕将往上京。念本朝风俗重端午节，比及端午到上京，则燕劳乡间宗室父老。"并且随即付诸施行。由此可见，女真族的独特文化——也就是金世宗所说的本朝风俗——在他心目中的地位是何等重要！同年五月，金世宗到达金上京，"宴于皇武殿。上谓宗戚曰：'朕思故乡，积有日矣，今既至此，可极欢饮，君臣同之。'赐诸王妃、主，宰执百官命妇各有差。宗戚皆沾醉起舞，竟日乃罢。"[2]据此可知，金世宗的这次上京之行，就连文武百官也多有从行者，只是这些从行的百官应该多为女真贵族。

金世宗在上京住了一年多，经过随行大臣们的多次奏请，才决定返回中都城，他对群臣说："上京风物朕自乐之，每奏还都，辄用感怆。祖宗旧邦，不忍舍去，万岁之后，当置朕于太祖之侧，卿等无忘朕言。"他又在上京皇武殿举行告别宴会，"宗室妇女及群臣故老以次起舞，进酒。上曰：'吾来数月，未有一人歌本曲者，吾为汝等歌之。'命宗室弟叙坐殿下者皆坐殿上，听上自歌。其词道王业之艰难，及继述之不易，至'慨想祖宗，宛然如睹'，慷慨悲激，不能成声，歌毕泣下。右丞相元忠率群臣、宗戚捧觞上寿，皆称万岁。于是，诸夫人更歌本曲，如私家之会。既醉，上复续调，至一鼓乃罢。"[3]宴罢，遂回中都。

金世宗作为一位少数民族统治者，把对本民族的风俗、语言、乐舞等特色文化的喜爱提到一定的政治高度，故而把推广女真族文化作为一项重要的工作来贯彻执行。大定年间，为了推广女真族语言文字，金世宗下令创立女真科举制度，被称为女直进士科。"世宗大定十一年，创设女直进士科，初但试策，后增试论，所谓策论进士也"。到了大定十三年（1173 年），金世宗加大了推广女真文化的力度，"以策、诗取士，始设女直国子学，诸路设女直府学，以新进士为教授。国子学策论生百人，小学生百人。"[4]同时设置的女真府州学校共有 22 处，包括了金中都、金上京、金北京、金西京、金东京等在内的许多重要城市。作为全国政治和文化中心的金中都城，既设置有女直国子学，又设置有女直府学，已经成为推广女真族文化的最重要的场所。

第二节　民族融合的几个主要方面

在金代，以金中都城为中心而展开的大规模民族融合进程包括了政治、经济、文化等许多重要的方面。例如，在政治上，金海陵王迁都于燕京，把统治中心从女真族民众聚居的金上京迁到汉族民众聚居的金中都，这个重大的政治举措虽说遭到了许多女真贵族们的反对，却在金海陵王的强制下完成了。显然，在金中都城的人文环境中，女真少数民族与汉族和其他少数民族民众之间的相互融合有了更加适宜的基础。如作为金朝统治者处理政务和日常生活的主要场所的宫殿，海陵王完颜亮就是以北宋京城的宫殿作为样板的，"亮欲都燕，先遣画工写京师宫室制度，至于阔狭修短，曲尽其数，授之左相张浩辈按图以修之。"[5]文中所云"京师宫室"就是指的宋朝汴京宫殿建筑。

又如金海陵王在中都城西面大房山营建的皇家陵墓，也是全面继承中原王朝丧葬文化的典型事例。"国初，祖宗止葬于护国林之东。逮海陵徙燕，始令司天台卜地于燕山之四围，岁余，方得良乡县西五十里大洪谷曰龙城寺，峰峦秀出，林木隐映，真筑陵之处。遂迁祖宗于北，唯熙宗葬于山阴，盖以刑余遂不入陵。"[6]首先，金海陵王采用了中原地区丧葬文化中的"风水"学说，故而命司天台官员去寻找吉祥的墓地，也就是文中所云"卜地"。其次，金熙宗被埋葬在了"山阴"，所使用的借口乃是"刑余"之人不得入陵，实际上是与海陵王参与的宫廷政变有直接的关系。再次，从墓葬的营建形式而言，女真族统治者也全面继承了汉唐时期帝王陵墓的修筑方法，依山为陵。此后，元、明、清各朝代的封建统治者就再也没有采用过这种陵墓模式的修筑方法。

再如宗庙的修建，也充分体现出了女真族统治者逐渐"汉化"的进程。在金朝崛起之前，女真族民众并没有敬祖祭祖的观念，及接触到中原地区的农耕文化之后，才认识到这个观念的重要意义，"房方开悟，遂筑室于内之东南隅，维庙貌、祀事虽具，制度极简略。"这是描述的金上京最初的宗庙情景。"迨亮徙燕，遂建巨阙于内城之南、千步廊之东，曰'太庙'，标名曰'衍庆之宫'，以奉安太祖旻、太宗晟、德宗宗干（亮父）。又其东曰'元庙'，以奉安玄祖剋者、仁祖大圣皇帝杨割。"[7]从金上京始建简陋的太庙，到金中都营建壮观的巨阙，表明女真族统治者在祭祖文化上的态度转变，以及重视程度的加深。

女真族统治者在不得不逐渐"汉化"的同时，也在竭力保护和提倡本民族的独特文化。除了上文述及的创行和推广女真语言文字之外，还特别注意维持其独特的服装。时人称："金俗好衣白，栎发垂肩，与契丹异。垂金镂，留颅后发，系以色丝，富人用珠金饰。妇人辫发盘髻，亦无冠。自灭辽侵宋，渐有文饰，妇人或裹'逍遥'，或裹头巾，随其所好。至于衣服，尚如旧俗。"⁽⁸⁾这种独特的服饰及发式，乃是女真族民众所特有的，不仅汉族民众，就连契丹族民众也没有如此的着装及发式。

但是，自从金朝崛起，其势力进入中原地区之后，就把这种独特的服饰及发式强行加以推广。天会七年（1129 年）六月，金太宗下令："行下禁民汉服及削发，不如式者死。时金国所命官刘陶守代州，执一军人于市，验之顶发稍长，大小且不如式，斩之。后韩常守庆源，耿守忠知解梁，见小民有衣犊鼻者，亦责以汉服斩之。生民无辜被害，不可胜纪。时复布帛大贵，细民无力，坐困于家，莫敢出焉。"⁽⁹⁾据此可知，清代入关之后所推行的"留发不留头"的"剃发令"，原来是从他们的老祖宗金朝统治者那里学来的。

此后，进入中原地区的女真族民众越来越多，仿照中原汉族百姓的服饰及发式的人也越来越多，金朝的"剃发令"已经无法继续执行。于是，金朝统治者作出了一些让步，大定二十七年（1187 年）十二月，金世宗下令"女直人不得改为汉姓及学南人装束，违者杖八十，编为永制"⁽¹⁰⁾。由此可见，首先，金朝统治者的让步之一，是把保留女真族装束的人群范围缩小了，仅限于女真族民众。其次，让步的另一个表现是禁用"南人装束"，而不是中原和北方地区的汉族民众的装束。显然，作为统治者强行推广的政策，虽然在某些地方、某些时间段内可以临时获得一些成效，却很难在长时期内广泛传播。

在金代，女真族统治者所执行的民族政策，只是维护了女真族民众的利益，而存在着明显的民族偏向趋势，女真贵族可以轻而易举地得到高官厚禄，女真族民众也可以随意侵夺汉族和其他少数民族民众的财产（最主要的是土地），这种民族歧视政策人为造成了女真族民众与汉族和其他少数民族民众之间的矛盾冲突。由于女真族统治者手里有军队的高压作为后盾，普通的百姓是不敢反抗的，日积月累，矛盾越来越大，及成吉思汗建立蒙古国，并向中原地区扩张其势力，金朝统治者屡战屡败，在这种情况下，中原地区的百姓们群起而攻击那些作威作福的女真贵族们，反而累及到众多普通的女真族民众，遭到杀戮和迫害。

金朝的女真族统治者与前此的辽朝契丹族统治者相比，其"汉化"的程度更加彻底，这一点，我们从统治者们的文化修养和政治实践等许多方面皆可看出。辽朝统治者主要生活在长城以北的大草原上，基本保持了游牧民族的文化特色。而金朝统治者在进入中原地区之前，其"汉化"的进程是较为缓慢的。及进入中原地区之后，接触了更多的农耕文化，也进一步加深了对农耕文化的认识，自然而然地被这种高度辉煌的人类文明所折服，故而自觉或是不自觉的加以模仿，"汉化"的进程加快了，"汉化"的范围加宽了，"汉化"的层次加深了，从而使其整体文明程度有了极大的提高。

　　当女真族民众进入中原，来到金中都地区之后，这里的广大汉族民众对他们也有一个逐渐认同的过程。在女真族民众刚刚来到这里的时候，基本保留着独特的语言和服饰，对于这种文化上的差异，广大汉族民众在心理上往往是加以蔑视的，贬称之为"胡俗"或是"虏俗"。直到女真族统治者模仿了中原王朝统治者们的一些具体做法，才逐渐得到了广大汉族民众的认同。如果没有这种文化认同，女真族统治者要控制住整个中原地区的政治局势是很困难的。显然，金朝统治者用猛安谋克制度来管理女真族、契丹族、奚族和渤海族等少数民族的民众，而用郡县制度来管理广大汉族民众，在当时的社会环境之下是比较稳妥的办法。

　　因此，在金中都地区，女真族等诸多少数民族不断融合到广大汉族民众之中，与此同时，也带来了一些相关的、独特的少数民族文化，与汉族文化一起构成了金中都的地域文化。在今天的北京地区，人们已经很难找到金代遗留下来的古迹了，城市的变迁是巨大的，仅存的几段断壁残垣和城墙下的水关，与当年的繁华都会形成了鲜明的对比。蒙古铁骑横扫中原之时，女真族统治者没有努力抵抗，而是采取了逃跑主义的策略。但是，逃跑是不能够解决问题的，在蒙古军队与南宋军队的夹击之下，金朝灭亡了，民族融合却没有结束。当蒙古统治者占据中都城之后，一个范围更加广泛的民族融合大潮迅速到来了。

注释：

（1）《金史》卷七《世宗纪》。

（2）（3）《金史》卷八《世宗纪》。

（4）《金史》卷五一《选举志》。

（5）〔宋〕张棣：《金虏图经·宫室》。

（6）《大金国志》卷三三《陵庙制度》。

（7）《金虏图经·宗庙》。

（8）〔金〕佚名《金志·男女冠服》。

（9）《大金国志》卷五《太宗文烈皇帝》。

（10）《金史》卷四三《舆服志》。

元　代

　　元朝在中国古代的历史发展进程中占有极为重要的地位。首先，它是中国封建社会从中期发展到后期的关键转折阶段，中国封建社会中期的唐宋王朝创造了当时整个东方最辉煌的农耕文明，而到了后期的明清王朝，则把这个辉煌的文明推到了顶峰，处于唐宋王朝与明清王朝之间的元朝对于中国古代的历史发展进程显然起到了十分重要的承转作用。以往研究元朝历史的学者们在对其历史作用的评价方面出现了较大差异，有的贬多于褒，采用基本否定的态度；也有的则是褒多于贬，以肯定为主，笔者的观点属于后一种。

　　元大都城的出现及其发展，在元朝的整个发展进程中，同样占有极为重要的地位。元朝是蒙古国"汉化"进程的必然产物，而元大都城则是"汉化"基本完成的标志性产物。众所周知，元朝是第一个统一全国的少数民族政权，它的第一个统治中心和林城是在漠北大草原上，而第二个统治中心上都城则是在漠南大草原上，最后确定的统治中心大都城却迁移到了中原地区。通过对元朝统治中心的迁移趋势也可以看出，与前此的契丹族、女真族统治者一样，蒙古族统治者也走上了逐渐"汉化"的必然道路。

　　元太祖铁木真用于统一蒙古草原各部落的时间并不长，他向中原地区和西域地区扩张时间也不长，却取得了惊人的成就，他所表现出来的，正是一位雄才大略的游牧民族领袖的风范。蒙古国的"汉化"进程应该是从元太宗时开始的，而主持"汉化"具体工作的，则是一位已经完全"汉化"的契丹贵族后裔耶律楚材。因此，元朝统治者把契丹人和女真人都归入"汉人"的行列中是有一定道理的。而蒙古国真正的全面"汉化"，则是从元世祖即位之后开始的，元大都城的营建，就是全面"汉化"进程中的一个重要环节，同时也是蒙古国"汉化"基本完成、转变为元朝的一个重要标志。

　　从辽代开始，北京地区就划入少数民族政权的统治范围之内，并且以此为中心开始了民族融合的漫长历程。在辽代，民族融合的范围主要是在黄河以北地区。到了金代，民族融合的范围就扩展到了江淮一线。而到了元代，民族融合的范围则扩展到了全国，辽、金、元三代民族融合的最主要场所就是辽南京—金中都—元大都。笔者曾经对中国历史上的民族融合加以系统考察，认为民族融合主要是以三种方式表现出来的，第一种是"和亲"，常见于汉唐时期；第二种是"和议"，常见于宋朝与辽、金对峙时期；第三种是"征服"，仅见于元代和清代。在三种民族融合的表现方式中，第三种乃是范围最广泛、程度最彻底的。

在元代，蒙古统治者们对自身少数民族意识的认同感是非常强烈的，远远超过了前此的金朝和后此的清朝统治者。这一点，是与他们长期沿用游牧文化的生活方式密切相关的。有的专家指出，就连大力推行"汉化"的元世祖也不会说汉语。与之相比，金朝和清朝的许多统治者们皆可以作出很好的诗词、题写很漂亮的汉字、阅读很深奥的儒家典籍，遂形成了鲜明的对照。当然，这并不影响元世祖在"汉化"进程中采取各种重要的决策，而他对游牧文化的依恋，也是完全可以理解的。

在元世祖逝世之后相继即位的蒙古帝王们，逐渐开始了个人"汉化"的进程，这个进程是不可避免的。从元世祖时册立的皇太子真金、元代中期的元仁宗，到元代后期即位的元文宗、元顺帝，皆已经有了程度较深的"汉化"修养，这显然是与他们长期生活在中原和江南地区有着直接的关系。而那些长期生活在大草原上的蒙古统治者，如元武宗、泰定帝等，则基本上保持着北方少数民族的游牧文化特色。这就表明，人们所处的生活环境对其自身文化形成的影响是巨大的，如果说，元大都城是"汉化"的主要场所，那么，元上都城与漠北的和林城也就成为了"胡化"的主要场所。

第一章　蒙古族的崛起与一统天下

第一节　蒙古族的起源与草原各部落的统一

蒙古族的崛起，及其迅速统一草原各部落，并且向中原地区和中亚、西亚等地区的扩张，震惊了整个世界，也引起了当时及后世诸多学者们的关注，首先，这个民族是从何源起的？就成为中外学者们研究的一个难度极大的课题。有的学者从民族语言加以考察，以溯其源；也有的学者遍查历史文献，追寻书中的蛛丝马迹，以梳理其脉络，故而形成了诸说并存，各有其依据的局面。如东胡—室韦—蒙古之说，突厥—鞑靼—蒙古之说，等等。其实，多源的现象，恰恰证明了蒙古族形成的历史并不久远。

《元史》虽然是明朝人撰写的，但是，其首篇的《太祖本纪》却是蒙古族史家叙述祖先起源的最原始的记录。第一，它把蒙古族民众对祖先记忆的时间跨度有了较为明确的界定，就是从元太祖铁木真往前上溯了"十世"，也就是从辽代末年到金代初年，蒙古黄金家族才开始有了模糊的民族或者说是部落意识，而且在这种模糊的意识中，还掺杂着"金色神人"的虚构传说。这种传说在许多少数民族中皆是普遍存在的现象，如契丹少数民族的"青牛白马"传说，即是如此。

第二，它把蒙古黄金家族的崛起时间有了较为详细的描述，就是从元太祖铁木真的五世祖海都成为部落酋长之后，史称："海都稍长，纳真率八剌忽怯谷诸民，共立为君。海都既立，以兵攻押剌伊而，臣属之，形势浸大，列营帐于八剌合黑河上，跨河为梁，以便往来。由是四傍部族归之者渐众。"[1]这个时期，大致是在金朝中期。到了此后的几十年间，蒙古黄金家族部落的势力并没有进一步的发展，到铁木真出生之后，黄金家族曾经出现了极大的危机。这个时期，雄霸中原的金王朝开始由盛转衰。这种政治局势的变化，为蒙古族的崛起提供了很好的外部条件。

就蒙古族的族源而言，元明之际的学者陶宗仪曾经有过这样一段记载：

> [氏族] 蒙古七十二种：阿剌剌 札剌儿歹 忽神忙兀歹 瓮吉剌歹 晃忽摊 永吉列思 兀鲁兀 郭儿剌思 别剌歹 怯烈歹 秃别歹 八鲁剌忽 曲吕律 也里吉斤 扎剌只剌 脱里别歹 塔塔儿 哈答吉 散儿歹 乞要歹 列术歹 颜不花歹 歹列里养赛 散术兀歹 灭里吉歹 阿大里吉歹 兀罗歹 别帖里歹 蛮歹 也可抹合剌 那颜吉歹 阿塔里吉歹 亦乞列歹 合忒乞歹 木里乞 外兀歹 外抹歹 阿儿剌歹 伯要歹 捏古歹 外剌歹 末里乞歹 许大歹 晃兀摊 别速歹 颜不草歹 木温塔歹 忙兀歹 塔塔歹 那颜乞台 阿塔力吉歹 忽神 塔一儿 兀鲁歹 撒术歹 灭里吉 阿火里力歹 扎马儿歹 兀罗罗歹 答答儿歹 别帖乞乃蛮歹 也可林合剌 瓮吉歹 术里歹 忙古歹 外抹歹乃 朵里别歹 八怜 察里吉歹 八鲁忽歹 哈答歹 外剌。[2]

这里所说的"蒙古七十二种"，就是元太祖铁木真在创立大蒙古国时统领的几十个部落或是部族，他们共同组成了蒙古民族。至于这些部落或是部族，他们的族源来自何处，应该是各不相同的，或是鞑靼、或是室韦，或者是东胡、突厥，皆有可能。及蒙古国崛起之后，他们就共同组成了蒙古民族，并且一直延续到了今天，成为中华民族56个成员中的重要一员。因此，蒙古少数民族的起源不可能只有一个源头，而是有多个源头。故而我们在见到相关历史文献的记载时，甚至会提到契丹、奚族等北方草原游牧民族的生活习性，他们与蒙古民族的生活习性有着许多的共同之处，因此也曾经被称为"同类"或是"同族"。

元太祖铁木真在崛起之初，是通过草原上各游牧部落之间的兼并战争来建立蒙古国的，并且，通过兼并战争把众多杂乱的牧民们组织成一支有序的强大军队。值得注意的是，这种军队的基本结构与辽代末年女真族崛起之时组织的兵民合一的猛安谋克几乎是一样的，只不过被用汉语称为万户、千户等。在中国古代的历史上，草原地区的政治局势与中原地区一样，也是处于统一与分裂的交替状态之中，当其处于分裂状态，对中原地区的影响就比较小，而当其统一之后，就会对中原地区乃至整个中国历史发展的进程产生巨大的影响。元太祖铁木真统一草原、建立蒙古国，不仅对中国历史的进程产生了巨大的推动，而且对整个世界政治格局的变化也造成了深远的影响。

第二节　蒙古国势力进占中原

蒙古国对中原地区的势力扩张，乃是其对草原地区各部落兼并战争的延续，同时也是对前此的草原游牧部落，如匈奴、突厥、契丹等少数民族部落向中原地区扩张进程的延续。匈奴部落在向中原地区扩张其势力之时，受到秦、汉等中原王朝强大国力的抵抗，如秦始皇修筑长城，汉武帝组织大规模的北伐战争，等等；突厥部落的扩张也遇到了强大的唐朝中央政府的抵抗，故而其扩张的结果影响甚微。而契丹部落在向中原地区扩张之时，适逢中原政局处于纷乱之中，故而使其从中获利，得到了燕云十六州，从此在军事上掌握了攻防的主动权，即便后来宋朝统一中原地区和江南各地，也已经失去了军事攻防的主动权，而不得不依靠交纳巨额钱财的"和约"来维持北方社会的相对稳定。

在蒙古国对中原地区进行势力扩张的时候，正值雄踞中原百年的金朝从强盛转向衰弱，故而使得蒙古国的扩张进程较为顺利，蒙、金之间的真正军事对抗就是元太祖六年（1211年）的一系列战役，"帝自将南伐，败金将定薛于野狐岭，取大水泺、丰利等县。金复筑乌沙堡。秋七月，命遮别攻乌沙堡及乌月营，拔之。八月，帝及金师战于宣平之会河川，败之。九月，拔德兴府，居庸关守将遁去。遮别遂入关，抵中都。"[3]其中，又以野狐岭及乌沙堡的战役最为激烈，金朝的主力部队就是在这两场战役中被消灭的。此后蒙古军队的几次南伐都很顺利，特别是金朝统治者采取了逃跑主义的做法，把都城南迁到了汴京（今河南开封），使得蒙古军队很快就占领了华北地区最重要的金中都城。

蒙古国的向南扩张，除了通常北方草原游牧民族向中原农耕地区流动的惯性因素之外，是与金朝统治者所实行的少数民族政策有着密切关系的。在金朝的强盛时期，女真族统治者对北方游牧部落曾经实行过残酷的"减丁"政策，在大草原上产生了极为恶劣的影响。宋朝人孟珙记载了这样一件事，"鞑人在本国时，金虏大定间，燕京及契丹地有谣言云：'鞑靼去，赶得官家没去处'。葛酋雍宛转闻之，惊曰：'必是鞑人为我国患。'乃下令极于穷荒，出兵剿之，每三岁遣兵向北剿杀，谓之'减丁'……鞑人逃遁沙漠，怨入骨髓。至伪章宗立，明昌年间不令杀戮，以是鞑人稍稍还本国，添丁长育。"[4]文中所云"葛酋雍"指的就是金世宗，他的"减丁"政策对北方游牧民族民众的伤害确实是极为深远的。因此，当元太祖铁木真在向金朝发动军事进攻的时候，受到了许多蒙古族民众的支持。

元太祖铁木真在攻占金中都城之后，因为一次突发事件的影响，而把扩张的矛头指向了大草原西面的花剌子模国，率大批主力军西征，对于中原地区，则仅派出大将木华黎率领一部分由不同势力组成的"杂牌军"来加以经营。经过木华黎的南征北战，中原地区的许多地方都被蒙古国所占有，形成了以燕京和西京大同为两个扩张中心的局面。在这个时期，蒙古国开始招降中原地区各种汉族地主豪强们的割据武装力量，如河北地区的董氏家族集团、张氏家族集团和史氏家族集团，山东地区的严氏家族集团和李氏集团等。这个时期的蒙古统治者们的主要目标就是对外不断扩张，掠获更多的财富。

及元太宗即位后，才在契丹贵族后裔耶律楚材的帮助下，制定官制，"始立中书省，改侍从官名，以耶律楚材为中书令，粘合重山为左丞相，镇海为右丞相。"并且已经开始在大草原上和中原地区征收赋税，"敕蒙古民有马百者输牝马一，牛百者输牸牛一，羊百者输羒羊一，为永制……命河北汉民以户计，出赋调，耶律楚材主之；西域人以丁计，出赋调，麻合没的滑剌西迷主之。"此后，又确立都城，"七年乙未春，城和林，作万安宫。"[5]基本上完成了政治体制的初步改革。这时的蒙古统治者虽然没有亲自来到中原地区，却已经开始受到儒家政治学说的影响。

蒙古统治者开始大规模向中原及江南地区扩张其势力，始于元宪宗。他先是派遣皇弟忽必烈（即后来的元世祖）到中原地区主持军政事务，然后又亲率大军发动攻灭南宋的战争，企图一统天下。但是，他的军事计划并没有按照预期的目标得到落实，而是在南宋军民的奋力反抗之下归于失败，他自己也因此而阵亡在蜀中。这次突发事件成为整个蒙古国发展的转折点，导致了忽必烈夺得皇位，并且把蒙古国的都城从漠北草原的和林城迁移到了漠南的上都开平府，不久又南迁到了华北平原上的大都城。元世祖忽必烈在谋臣郝经、刘秉忠、许衡等人的辅佐之下，进一步完善了元朝的政治体制，如立国号、建年号、营建都城、制定礼乐仪式，等等，基本上仿照中原王朝的主要政治举措。

特别是元世祖忽必烈继承了自元太宗以来的基本国策，不断向江南地区扩张，并且最终攻灭南宋，统一了天下。显然，元朝之所以能够一统天下，是与蒙古统治者们逐渐"汉化"的进程密切相关的。只有在政治、军事、监察体制真正做到"三权分立"，并且正常运行其各自权力的情况下，才会使统一战争获得胜利，也才会使其统治得到巩固。而南宋王朝的腐败已经到了不堪一击的程度，虽然拼死抵抗，却已经无力回天，文天祥、陆秀夫等少数政治家企图挽救南宋王朝的努力在元朝强大军事力量的攻击下只能归于失败，大多数的江南民众已经不再支持这个腐败的政权。

对于元世祖忽必烈推行"汉法"的举措，许多蒙古贵族表现出强烈的反对态度，因为他们所习惯的游牧文化与中原地区的农耕文化之间有着较大的差异，而这种文化差异又会体现到政治观念、政治体制、生活习俗等各个方面来。忽必烈在负责主持中原地区军政事务的时候，采用了许多"汉化"的办法，受到一些蒙古贵族们的反对，他们向元宪宗进谗言，几乎使忽必烈遭到不测。这两种不同文化的冲撞并没有停止，元宪宗死后，忽必烈与幼弟阿里不哥之间的皇位争夺，也充分体现了这种冲撞的延续。及忽必烈一统天下之后，西北宗王海都和东北宗王乃颜的叛乱，也是两种文化冲撞的结果。元世祖推行"汉化"的举措，乃是中华民族的整体民族融合中的一个重要组成部分，这种民族融合的历史发展大趋势，是任何人都无法阻挡的。

注释：

（1）（3）《元史》卷一《太祖纪》。

（2）《南村辍耕录》卷一。

（4）《蒙鞑备录》。

（5）《元史》卷二《太宗纪》。

第二章 元大都地区蒙古族的发展
与统治者的民族政策

第一节 大都地区少数民族的大量迁入

元朝在燕京定都之后，这里就成为蒙古统治者们长期生活的地方，使得许多蒙古贵族们也随之来到这里定居，从而把他们所习惯的游牧文化也带到了这里，可以说，元代的大都城是蒙古少数民族民众影响最大的城市，也是居住人数最多的时期。与此同时，蒙古族民众在这里接触到了他们原来十分陌生的农耕文化，并且逐渐对其有了更加深入的了解，对农耕文化的许多精髓有了越来越多的文化认同，从而不得不采用代表农耕文化的许多儒家政治学说中的重要政治举措，遂使得大都城成为元代民族融合的最主要场所。

当大都城成为全国的政治中心之后，城里的政府官员及其家属的数量有了明显的增加。据当时的文献记载，"［内外诸官员数］总员二万六千六百九十员，有品级二万二千四百九十员。朝官二千八十九员，色目九百三十八员，汉人一千一百五十一员。京官五百六员，色目一百五十五员，汉人三百五十一员。"[1] 依据这段文献记载可知，第一，在全国的政府官员中，有约十分之一强的官员在京城任职，也就是引文中所说的"朝官"与"京官"，这些官员及其家属是长期生活在京城的。

第二，这些官员其实只是朝官与京官中的一部分，这包含了两层意思，也就是说，第一层意思通过文献记载已经很清楚了，只是由吏部负责管理的色目官员和汉人官员中的京朝官，而没有包括蒙古官员

173

和南人官员。第二层意思应该是在文献记载的范围之外，即在吏部所管理的政府官员之外，大都城里还有许多隶属于枢密院、御史台、宣徽院等重要官僚机构的一大批政府官员。特别是隶属于宣徽院等皇家机构中的官员，许多都是由蒙古族人士担任的，对于这一点，当时及后世的人们都已经注意到了。

如清代大学者赵翼在《廿二史札记》中即指出："《金史》有'国语解'一卷，译出女真语，令人易解，《元史》无之，且金官制纯用汉名，元则有仍其本俗之名者，益难识别。今就纪传所载，可以注释者列之。"[2]他所"注释"的蒙古官名即有：达鲁花赤、探马赤、扎鲁忽赤、火儿赤、宝儿赤、必阇赤、赛典赤、默尔杰、秃鲁花、哈剌赤、奥鲁赤、合必赤、扎剌儿台、速古儿赤、舍儿别赤、温都赤、怯里马赤、昔宝赤、玉典赤、贵赤，等等。在赵翼所列举的这20种蒙古官名中，许多职位就是归于宣徽院等皇家机构管理，并且明确规定要由蒙古人来担任。而在这些官僚机构中任职的蒙古官员及其家属，也大多是居住在大都城里的重要人物。

当然，在蒙元时期随着政治局势的发展变化，出现了规模空前的少数民族大迁徙的局面，不仅蒙古少数民族民众大量进入中原和江南地区，其他西北地区的少数民族（当时统称为"色目人"）民众也大量迁入，从而在最广泛的范围内展开了民族融合的壮阔进程。而这时的大都城，正是民族大融合的中心。开始生活在这里的元朝统治者，其所持有的政治态度、采取的民族政策，都对这场持续百年之久的民族大融合产生了巨大的影响。每当元朝统治者对民族融合采取支持的态度时，民族关系就比较融洽，民族融合的速度也就会快一些，而当其采取反对态度时，民族关系就比较紧张，民族融合的速度也就会放慢。

第二节　元朝统治者的民族政策及其影响

在元世祖忽必烈执政之前，蒙古国的统治者们已经接触到了当时世界上的几种主流文化，即活跃在大草原西面的伊斯兰文化、活跃在欧洲的基督教文化，以及活跃在中原地区的以儒家学说为代表的农耕文化。对于这些人类文明的结晶，与蒙古统治者们所熟悉的游牧文化相比，有着更多的明显优势，故而蒙古统治者对这三种主流文化采用了兼收并蓄的政策，而其所坚持的，仍然是草原上的游牧文化。因此，对于这个时期而言，我们姑且称为是文化融合的时期，而且这种文化融合只是在一些较浅的层面上展开。

到元世祖忽必烈执政时期，元王朝的疆域不断向南扩张，因此其统治中心也随之而南移，在这种情况下，元世祖对不同的文化开始有了更多的了解，也就开始有了明确的抉择，即把儒家学说作为治理国家的支柱文化。但是，元世祖对于这个英明的抉择也曾经动摇过，因为与蒙古族民众相比，广大汉族民众的人数确实太多了，而且有着一股潜在的、极为强大的不安定因素在时时涌动，"李璮叛乱"就是令他深深感到不安的政治事件，由于这次叛乱的影响，他把中央政府的执掌权从汉族大臣的手里转到了少数民族大臣的手里。但是，儒家学说及其用这种学说建立的各项政治制度仍然支配着整个国家机器的正常运转。

面对以儒家学说为核心的农耕文化，元世祖在逐渐接受的同时，出于天生的本能，必然要利用手中的政治权力来竭力提倡蒙古族文化，这种做法在前此的契丹族和女真族统治者们那里都得到了印证。其举措之一，就是创立蒙古族自己的文字。但是，与辽金统治者们创立契丹字和女真字不同的是，元世祖并没有让蒙古族的学者们来创立蒙古字，而是把这项工作交给了藏传佛教领袖人物帝师八思巴。到了至元六年（1269 年）二月，"诏以新制蒙古字颁行天下。"[3] 这种由帝师八思巴创立的蒙古字又被人们称为"八思巴蒙古新字"，以区别于原来用维吾尔字改成的蒙古字（又被称为旧蒙古字）。

翌年四月，元世祖又下令："设诸路蒙古字学教授。"[4] 用以在全国范围内推广蒙古族的文字。据历史文献记载：元代主持教育工作的教官共计有："儒学教授八百七十六员，医学教授二百三十二员，蒙古教授九百二十一员，阴阳教授七十三员。"[5] 由此可见，负责推广蒙古字的教官人数比推广儒家学说的教官还要多，而且政府还对这些蒙古字学教授给予更加优越的升迁待遇，用以鼓励有更多的人来学习蒙古新字。

但是，作为文化主要形态之一的语言文字并不是用政治手段强力推行就可以见效的，到了至元九年（1272 年）七月，蒙古大臣"和礼霍孙奏：'蒙古字设国子学，而汉官子弟未有学者，及官府文移犹有畏吾字。'诏：'自今凡诏令，并以蒙古字行，仍遣百官子弟入学'。"[6] 据此可知，当时主动学习蒙古新字的人并不多，而且旧蒙古字（即和礼霍孙所说的"畏吾字"）仍然在普遍使用。于是元世祖不得不进一步采取措施，强行派遣百官子弟进入蒙古国子学去学习蒙古新字。

当时中原地区的人们对于这种新创立的蒙古字，在学习的过程中必然会产生或多或少的困难，于是就有一些学者想按照学习汉字的方法来学习蒙古新字，并且编写出了一些学习教材。如元人王义山曾经记述了这样一件事："李君宏道袖《蒙古韵编》示余，字之古莫古于此矣……宏道《韵编》之作，其以古字之古而教今人以古乎。姑以今韵观之，上平声为门廿八，下平声为门廿九，上声为门五十五，去入两声为门共九十有四，多乎哉。以古韵求之，则特十五门而止，四声可全用者、三声二声可通用者、一声独用者，皆出于中。呜呼，不多也。求字于声者如此，又择字之形相似者为一类，总而言之，字母止三十二。呜呼，敛之则三十二，散之则十百千万，字之古莫古于蒙古矣。"[7]

类似李宏道的学者又有张大卿，所著有《国语类记》，当时著名文士马祖常为其书作序曰："我国家造蒙古书，因天地自然之数，以成一代之书，求合乎先王之意，而不梱于人，宜乃列之学官，置博士弟子员，教授不废。是以近世之士鼓箧而游学宫者，尝比于孔氏之徒焉。太仆经历持广平张大卿所著《国语类记》若干卷来，请曰：'是书实古转注之义为多，切讲此有年矣。大卿乃能缀缉本末，成一家言，凡国语之引物连类、假借旁通者，班班具焉。子盍为我序之。'祖常曩读曲台所记，及汉急就章诸篇等，知世之古今文字论列辨博纤悉毕载。何则，其资寡者其中窳，其籍厚者其内充，则大卿之为是书，后世稽古者尚有考焉。"[8]由此可见，许多汉族学者在研究蒙古新字时，是下了很大工夫的。

在元朝政府大力推行八思巴蒙古字的时候，旧蒙古字仍然被许多人所使用，故而元世祖在至元十九年（1282 年）四月下令："刊行蒙古畏吾儿字所书《通鉴》。"[9]这里所说的"蒙古畏吾字"就是指的旧蒙古字。值得注意的是，无论是蒙古新字还是旧蒙古字，都只不过是一种文化的载体，必须要有内容加以充实。而元朝统治者在使用蒙古字来表达的内容，却又往往是农耕文化的东西。除了元世祖时用旧蒙古字翻译了《资治通鉴》之外，到元仁宗时又曾经下令把一些汉籍翻译成蒙古文，"帝览《贞观政要》，谕翰林侍讲阿林铁木儿曰：'此书有益于国家，其译以国语刊行，俾蒙古、色目人诵之'。"[10]这次的翻译《贞观政要》，没有明确指出是用蒙古新字还是旧蒙古字，笔者判断仍然是旧蒙古字，因为"色目人"对维吾尔文字是熟悉的，故而对旧蒙古字也就较熟，但是对蒙古新字则不甚熟悉。

用蒙古字来翻译汉字的经典著作，以供那些不懂汉字的蒙古和色目人士学习，从表象上来看，是为了让更多的少数民族人士掌握蒙古族的语言文字，以强化他们的少数民族文化意识，然而，从更深的层次上来看，却是让这些少数民族人士学习和理解儒家政治学说中的核心内容。因为无论是《资治通鉴》还是《贞观政要》，都是让人们按照儒家学说来思考问题，判断是非。前者是从历史学的角度，后者则是从政治学的角度来体现儒家学说的。显然，民族融合就是在元朝统治者的大力提倡之下而不知不觉间完成的。

第三节　民族融合的进一步深入

在元世祖之后，能够大力倡行"汉化"的蒙古帝王首推元仁宗。在他执政时期，恢复了自唐代以来创立的科举考试制度。在此之前的蒙古统治者曾经试行过两次科举考试，一次是在元太宗的时候，当时由大臣耶律楚材主持在中原地区推行"汉法"，通过这次科举考试，许多儒生被确定为儒户，从而脱离了被俘掠为奴的困境。另一次是在元世祖的时候，当时刚刚攻灭南宋，一统天下，也是通过科举考试，使江南地区的儒生们得到了儒户的优待。此外，在元世祖时曾经为是否恢复科举考试的问题多次展开商讨，却都因为大臣们的意见不一致而作罢。

元仁宗即位后，在大臣李孟等人的倡议下，恢复了前代的科举考试，并且获得了非常理想的效果，由此选拔出了一批优秀的人才。科举考试不仅是一项非常实用的选拔人才的方法，而且在文化传承方面也发挥着重要的作用。如元朝统治者把元代初年北方大儒学家许衡所推崇的宋儒朱熹的理学作为科举考试的范本，从而确立了程朱理学作为官方政治学说的地位，并且为此后明代理学的发展奠定了坚实的基础。而在元代实行的科举制度，又有着十分鲜明的民族特色，这是因为在元代这个特殊的历史环境中，对民族问题的处理是极为敏感的，必须要体现在科举选拔人才的程序上。

根据元朝政府的规定，科举考试的进程要把考生分成两个部分，一部分是蒙古人和色目人，另一部分是汉人和南人。这两部分人的考试程序是不一样的，乡试及会试，蒙古、色目人只考两场，而汉人、南人要考三场，难易程度也不一样。而最重要的，是考试的结果，也要分成两榜录取，蒙古、色目人为一榜，汉人、南人为另一榜。在蒙古统治者的眼里，不仅汉族民众与少数民族民众之间是有差别的，就是在少数民族民众之间也是有差别的。如蒙古统治者规定，在公布科举考试的结果时，在蒙古、色目人的一榜中，不管考试成绩如果，都要以蒙古考生为第一名，色目考生最多只能拿第二名。

如元代著名文士马祖常在参加科举考试的过程中，考试成绩非常突出，就因为他是色目人，故而只能在廷试的录取名次中屈居第二。时人述其事曰："科举诏下，乡、会试皆第一，廷试第二，盖以国人冠也。授应奉翰林文字承事郎同知制诰兼国史院编修，官拜监察御史。"[11] 又有时人认为马祖常的考试成绩甚至超过了许多汉人及南人，"仁皇始行贡举，国人而下列为四色，国人泊诸部为右榜试目，视左榜差优。公虽右榜，左列及之者指未易屈焉。且其为学，初不为贡举也，以挺特之资，丁大明之会，褒为举首，驯至达官，威重足以镇薄俗，文章足以追古作，议论足以正风教。设科得士，不得不以延祐之初为盛也。"[12]

值得注意的是，蒙古统治者所推行的科举考试与前此契丹、女真族统治者们的做法是不一样的。其一，是对考生身份的区分。辽朝的科举考试是不区分考生身份的，契丹人和汉人是"平等"的。金朝的科举考试也是不区分考生身份的，只是在通常的科举考试之外，又另外设置有"女直进士科"。而元朝的科举考试就公开区分考生的身份，并且区分考试的结果，对蒙古与色目考生有着明显的优待。其二，是对考试所使用文字的区分。辽朝因为没有设置契丹字学校和相关的教授，故而其考试所用的是汉字。金朝在创立女真字之后，设置有女直国子学及诸路女直府学，故而专门设置了"女直进士科"，用女真字作为考试的文字。但是，却没有限制考生的民族身份，除了女真族民众之外，其他各族民众也可以使用女真字参加考试。而元朝在对考生的身份加以区分的同时，却没有强调少数民族文字的使用效果，故而蒙古、色目、汉人及南人考生都使用的是汉字，而没有另外设置"蒙古进士科"。在这一点上，蒙古统治者确实没有女真统治者"高明"。

第四节　蒙古族文化的延续与流传

元朝统治者在接受中原地区农耕文化的进程中，并没有实行全盘"汉化"，而是采用了两种方式并存的办法，把蒙古少数民族所习惯的游牧文化仍然加以保留。例如，在祭祀祖先的问题上，就是采用两种形式并存的办法。元朝统治者在燕京兴建的太庙，始于中统四年（1263 年）三月，当时大都新城还没有营建。到了至元三年（1266 年）十月，"太庙成，丞相安童、伯颜言：'祖宗世数、尊谥庙号、增祀四世、各庙神主、配享功臣、法服祭器等事，皆宜定议。'命平章政事赵璧等集群臣议，定为八室。"⁽¹³⁾这时建造的，仍然是燕京城里的太庙。
到了至元十七年（1280年）十二月，"大都重建太庙成，自旧庙奉迁
神主于祏室，遂行大享之礼。"⁽¹⁴⁾这是元朝统治者采用中原农耕文化祭
祖仪式的大致进程。

　　与此同时，元朝统治者又沿用蒙古旧俗，"其祖宗祭享之礼，割
牲、奠马湩，以蒙古巫祝致辞，盖国俗也。世祖中统元年秋七月丁丑，
设神位于中书省，用登歌乐，遣必阇赤致祭焉。必阇赤，译言典书记
者。十二月，初命制太庙祭器、法服。二年九月庚申朔，徙中书署，
奉迁神主于圣安寺。辛巳，藏于瑞像殿。三年十二月癸亥，即中书省
备三献官，大礼使司徒摄祀事。礼毕，神主复藏瑞像殿。四年三月癸
卯，诏建太庙于燕京。十一月丙戌，仍寓祀事中书，以亲王合丹、塔
察儿、王盘、张文谦摄事。"⁽¹⁵⁾据此可知，第一，在蒙古旧俗中，祭祀
的主角是蒙古巫祝，其后才增加了亲王、大司徒等宗亲和高级官员。
第二，祭祀的场所最初主要是在中书省的衙署，而其祭祀所用的神主
也不是安放在太庙里，而是置于佛寺中的瑞像殿里。第三，祭祀时使
用的音乐则是中原王朝一贯使用的"登歌乐"。

　　《元史》中还对蒙古旧俗祭祀祖宗的程序加以描述："凡大祭祀，
尤贵马湩。将有事，敕太仆寺挏马官，奉尚饮者革囊盛送焉。其马牲
既与三牲同登于俎，而割奠之馔，复与笾豆俱设。将奠牲盘醑马湩，
则蒙古太祝升诣第一座，呼帝后神讳，以致祭年月日数、牲齐品物，
致其祝语。以次诣列室，皆如之。礼毕，则以割奠之余，撒于南棂星
门外，名曰抛撒茶饭。盖以国礼行事，尤其所重也。"⁽¹⁶⁾在这里，蒙古
巫祝仍然是主持祭祀仪式的主角，而这种祭祀活动又被称为"抛撒茶
饭"。与之相类似的，又有被称为"烧饭"的祭祀仪式，史称："每
岁，九月内及十二月十六日以后，于烧饭院中，用马一，羊三，马湩，
酒醴，红织金币及里绢各三匹，命蒙古达官一员，偕蒙古巫觋，掘地
为坎以燎肉，仍以酒醴、马湩杂烧之。巫觋以国语呼累朝御名而
祭焉。"⁽¹⁷⁾

　　这种把中原农耕文化与草原游牧文化混合在一起使用的现象，在
其他许多方面也普遍存在。例如，在居住形式方面，元朝统治者在建
造了辉煌的宫殿、秀丽的苑囿的同时，又继续使用毡帐和毡车。在生
活环境方面，每年的春天到秋天，元朝统治者要回到大草原上的元上
都城度夏，而从秋天到春天，则回到中原地区的大都城过冬，并且在
大都的皇城里面遍植茂草，以营造一种草原的氛围，等等。显然，这
种突出的少数民族情结一直在大多数少数民族民众中流传着，从元代

初年一直到元朝灭亡，始终没有中断过。元代的民族融合，就是在这种农耕文化与游牧文化混杂在一起的过程中逐渐实现的。

毋庸讳言，在元代蒙古统治者所推行的民族歧视政策，如四等人制度等，一直产生着非常恶劣的影响，这是蒙古统治者的少数民族心态在中原地区的必然反映。这种制度给蒙古、色目等少数民族人士以政治上的极大特权和经济上的巨额福利。在当时人们普遍存在的趋利避祸观念的指使下，许多汉族民众都使用了蒙古名字，对于这种现象，清代的学者就已经注意到了，明确指出："元时汉人多有作蒙古名者。如贾塔尔珲（旧名贾塔剌浑）本冀州人。张巴图（旧名张拔都）本平昌人。刘哈喇布哈（旧名刘哈喇不花）本江西人。杨朵尔济（旧名杨朵儿只）及迈里古思，皆宁夏人。崔彧弘州人，而小字拜帖木儿。贾塔尔珲之孙又名六十一。高寅子名塔失不花。皆习蒙古俗也。"[18]

这种现象在元代前期就已经十分普遍了，故而到了元成宗即位之后，特别在大德八年（1304 年）三月颁布诏令曰："诸王驸马所分郡邑达鲁花赤，惟用蒙古人，三年依例迁代，其汉人、女直、契丹名为蒙古者，皆罢之。"[19]据此可知，不仅有许多汉族人士使用了蒙古名字，就连契丹族和女真族的民众也是如此。当时的历史文献记载了这样一件事："至大四年九月，行台准御史台咨奉中书省劄付来，呈山东廉访司申石那臣告大都路金玉局所管匠人常山儿敬受济王令旨，前来滨州充达鲁花赤，本人改名也先帖木儿。得此送据吏部呈照得至大二年四月内，钦奉圣旨，节该各投下多是汉儿、契丹、女真做蒙古人的名字，充达鲁花赤。今后委付蒙古人者，若无呵，于有根脚色目人内选用，钦此。即不见诸投下差设本投下梯己户匠敬受令旨，或受宣敕，有姓达鲁花赤，合无一体革去。参详诸投下梯己户匠所设达鲁花赤，于内若有汉儿、契丹、女真，拟合劄付御史台钦依已降圣旨事意一体革去，具呈照详都省准呈，依上施行。"[20]

也有一些汉族人士，因为在蒙元帝国的发展进程中立下了汗马功劳，故而被蒙古统治者赐予蒙古名字，如色目人察罕，元太祖时"命给事内廷。及长，赐姓蒙古，妻以宫人弘吉剌氏"[21]。又如色目人贺太平，"字允中，初姓贺氏，名惟一，后赐姓蒙古氏，各太平，仁杰之孙，胜之子也。"[22]再如元太宗时的汉人石天麟，"帝命中书令耶律楚材厘正庶务，选贤能为参佐，天麟在选，赐名蒙古台。"[23]

与之相反的，是有些蒙古等少数民族人士却使用的是汉人的名字，如元代后期的郭庸，史称："庸，字允中，蒙古氏，由国学生释褐出身，累迁为陕西行台监察御史。"[24]这种情况在当时却是不多见的，但是，蒙古等少数民族人士学习儒家学说的现象则是很普遍的。如元世祖时的皇太子真金，自幼即受到儒家学说的熏陶，故而也鼓励其他蒙古权贵的子弟学习儒家学说。至元二十二年（1285 年），"中庶子伯必以其子阿八赤入见，谕令入学，伯必即令其子入蒙古学。逾年又见，太子问读何书，其子以蒙古书对，太子曰：'我命汝学汉人文字耳，其亟入胄监'。"[25] 又如蒙古人月鲁不花，"字彦明，蒙古逊都思氏。生而容貌魁伟，咸以令器期之。未冠，父脱帖穆耳以千户职戍越，因受业于韩性先生，为文下笔立就，粲然成章。就试江浙乡闱，中其选，居右榜第一。"[26]

在元代，也有极少一部分人对于少数民族民众接受中原地区的农耕文化采取抵制的做法，这种人的做法最终结果只能是失败。如泰定帝时的宰臣倒剌沙等人就曾在致和元年（1328 年）四月提出了一个荒谬的建议："塔失帖木儿、倒剌沙请凡蒙古、色目人效汉法丁忧者，除其名，从之。"[27] 他们的建议居然得到了泰定帝的认同。及"两都之战"结束，元文宗即位之后，即在天历元年（1328 年）十二月下诏曰："蒙古、色目人愿丁父母忧者，听如旧制。"[28] 推翻了倒剌沙等人的荒谬做法，而支持蒙古及色目人仿效"汉法"。

到了元代后期，顺帝即位后，因为元朝政府的统治越来越腐败，人民的反抗斗争越来越活跃，使得蒙古统治者采取了极端仇视汉族民众的政策。元统三年（1335 年）四月，元顺帝下令："禁汉人、南人、高丽人，不得执持军器，凡有马者拘入官。"此后不久，元顺帝又下诏曰："省、院、台、部、宣慰司、廉访司及郡府幕官之长，并用蒙古、色目人。禁汉人、南人，不得习学蒙古、色目文字。"[29] 这种极端的做法只能是更加激化民族矛盾，破坏民族融合，反而加快了元朝的灭亡。

注释：

（1）（5）《元典章》典章七《吏部卷一》。

（2）《廿二史札记》卷二九《元史·蒙古官名》。

（3）（13）《元史》卷六《世祖纪》。

（4）（6）《元史》卷七《世祖纪》。

（7）王义山：《稼村类稾》卷五《李宏道编"蒙古韵类"》序。

（8）马祖常：《石田文集》卷九《"国语类记"序》。

（9）《元史》卷十二《世祖纪》。

（10）《元史》卷二四《仁宗纪》。

（11）《石田文集附录》所载《马祖常神道碑》。

（12）《石田文集附录》所载《石田山房记》。

（14）《元史》卷十一《世祖纪》。

（15）（16）《元史》卷七四《祭祀志》。

（17）《元史》卷七七《祭祀志》。

（18）《廿二史札记》卷三十《元史·元汉人多作蒙古名》。

（19）《元史》卷二一《成宗纪》。

（20）《元典章》典章九《吏部卷三》。

（21）《元史》卷一二〇《察罕传》。

（22）《元史》卷一四〇《太平传》。

（23）《元史》卷一五三《石天麟传》。

（24）《元史》卷一九六《丁好礼传》。

（25）《元史》卷一一五《裕宗传》。

（26）《元史》卷一四五《月鲁不花传》。

（27）《元史》卷三〇《泰定帝纪》。

（28）《元史》卷三二《文宗纪》。

（29）《元史》卷三九《顺帝纪》。

第三章　元大都地区的其他少数民族

第一节　大都地区少数民族之间的差异

在元代的大都地区，生活着许多的少数民族人士，这些人大致可以分为两个部分。一部分，是元朝建立之前就生活在这里的少数民族人士，以契丹民众和女真民众为其代表。另一部分，则是在元朝确立其统治的进程中从西域等地迁移到大都城来的少数民族人士，被统称之为"色目人"。这两部分人虽然都是少数民族，但是在蒙古统治者们的眼里却有着很大的区别。前者被划入"汉人"的行列，后者才被认为是少数民族（即色目人）。二者之间的差异也是比较明显的，前者因为长期生活在中原地区，已经基本上被"汉化"了，而后者刚刚从边疆地区进入中原，还保留着许多少数民族的文化特征。

元明之际的学者陶宗仪对于元代的色目人和汉人有一段描述："色目三十一种：哈剌鲁、钦察、唐兀、阿速、秃八、康里、苦里鲁、剌乞歹、赤乞歹、畏吾兀、回回、乃蛮歹、阿儿浑、合鲁歹、火里剌、撒里哥、秃伯歹、雍古歹、蜜赤思、夯力、苦鲁丁、贵赤、匣剌鲁、秃鲁花、哈剌吉答歹、拙见察歹、秃鲁八歹、火里剌、甘木鲁、彻儿哥、乞失迷儿。汉人八种：契丹、高丽、女直、竹因歹、术里阔歹、竹温、竹赤歹、渤海（女直同）。"[1] 文中所述哈剌鲁、钦察、唐兀、阿速等部族皆是来自西北地区，在元大都的侍卫亲军中就有一支称为阿速卫，今北京郊区的村落也有称为阿速村的，可见这些色目民众曾经在元大都生活过。而"汉人八种"之中，却没有汉人，故而可知，这八种人也都是少数民族，只不过是被蒙古统治者划入到汉人的行列中来。

在被列为"汉人"的八个少数民族中，契丹、女真、高丽、渤海四部分人最初主要生活在北方草原和东北地区，随着辽、金王朝的建立而逐渐进入中原地区，故而常见于辽金以来的各种历史文献。金元之际活跃在政治舞台上的，有契丹人耶律留哥、耶律秃花、耶律阿海、耶律楚材等，女真人高闹儿、谒只里、赵良弼、李术鲁德等，高丽人洪大宣、洪福源、洪俊奇祖孙及王綧等，渤海人攸哈刺拔都、张础、高守忠、高觿父子等，他们中的大多数人确实都已经"汉化"了，与生活在北方地区的汉族民众几乎无法区别了。

而另外四种被划分为汉人的少数民族，在历史文献当中就很少见到记载了。其中的竹因歹、竹温应是同一个大部族，在《元史》中又被写为"只温"，蒙古国初起之时，蒙古大将镇海随从元太祖铁木真征伐四方，"从攻塔塔儿、钦察、唐兀、只温、契丹、女直、河西诸国，所俘生口万计，悉以上献，赐御用服器白金等物。"[2] 文中提到的"只温"，应该就是陶宗仪在《南村辍耕录》里面提到的"竹温"或者"竹因歹"。这个少数民族部落生活的区域应该与唐兀、契丹等部族相邻。但是，为什么被列为"汉人"，而没有被列为"色目人"，就不得而知了，大约是其"汉化"的程度比较深。

在元朝的历史文献中有这样一条记载，在至元二十一年（1284年）八月，元朝政府颁布了一项重要的规定："定拟军官格例，以河西、回回、畏吾儿等依各官品充万户府达鲁花赤，同蒙古人，女直、契丹同汉人。若女直、契丹生西北不通汉语者，同蒙古人；女直生长汉地，同汉人。"[3] 在这个规定中，契丹族、女真族的军官们被分成两个部分，加以区别对待。而区别的标准十分明确，"不通汉语者"与蒙古、色目人一样对待，"生长汉地"者，则与汉人一样对待。换言之，契丹、女真，实际上也就加上了竹因歹、竹温等少数民族人士，他们在被归入"汉人"的行列时，是以"汉化"程度的深浅为标准的。

第二节　少数民族人士的政治待遇及其影响

在元朝统治者施行的民族政策中，对色目人的态度与对汉人（包括契丹。女真等少数民族）的态度，其差别是很大的。

首先，是在政治上，色目人比汉人有着明显的特权优势。如上文所引元代政府官员的人数统计中，中央政府中的官员（即所谓的朝官）共有2089人，其中，色目人占有938人，汉人占有1151人，二者的比例是色目人占45%，而汉人占55%。从整体比例来看，汉人比色目人多出10%，但是，第一，在这些所谓的汉人里面还有许多少数民族人士，如耶律楚材等。第二，在所统计的朝官人数中，并没有包括诸多的蒙古官员，这些人的数量也是十分可观的，如果把他们的数量和汉人官员中的少数民族官员的数量加在一起，在朝官中的少数民族人士应该超过了汉族官员的人数。此外，在元代社会中，汉人与色目人的总数相比，色目人只占总人口的极小一部分，大概连1%都不到，由此可见他们的政治特权优势是十分明显的。

另外还有两组数据，一组是在京官员的统计数字，另一组是外任官员的统计数字。在京官员的统计数字中，汉人与色目人相比，所占的比例更多一些，京官总数为506人，其中，色目人为155人，汉人为351人，二者的比例为31%比69%。而在外任官的统计数字中，汉人所占的比例更高，外任官共有19895人，其中，色目人为5689人，汉人为14236人[4]，二者的比例为28%比72%，汉官的人数比例有了很大的提高。当我们把朝官、京官、外任官这三组数据加以比较后，不难看出，在朝官员中的少数民族官员人数比例最高，在京官员中的少数民族官员人数比例居中，而在外任官员中的少数民族官员人数比例最低。这就表明，第一，越是重要的政府职能部门中，少数民族官员越多，汉族官员越少。第二，在大都城里，聚居着大量的少数民族人士，他们在京城所产生的政治能量是巨大的，也是汉族官员无法与之相比的。

元世祖曾在至元五年（1268年）三月下令："罢诸路女直、契丹、汉人为达鲁花赤者，回回、畏兀、乃蛮、唐兀人仍旧。"[5]首先，达鲁花赤这个职位是非常重要的，最早见于《元史》记载的有两条，一条是在元太祖十八年（1223年）夏，"皇子术赤、察合台、窝阔台及八剌之兵来会，遂定西域诸城，置达鲁花赤监治之。"[6]另一条是在元太宗八年（1236年）秋，蒙古统治者在中原地区实行分封制，"耶律楚材言非便，遂命各位止设达鲁花赤，朝廷置官吏收其租颁之，非奉诏不得征兵赋。"[7]由此可见，达鲁花赤这个职位的权力是非常大的，清代学者解释为："达鲁花赤，掌印办事之长官，不论职之文武、大小，或路或府或州、县，皆设此官。"[8]

在蒙古国的势力刚刚进入中原地区的时候，为了巩固蒙古国在这里的统治，曾经委任许多契丹族、女真族和汉族人士担任达鲁花赤一职。到了至元五年（1268年），元世祖在中原地区的统治基本上得到巩固，故而下令将契丹、女真和汉族官员手中的达鲁花赤一职夺走。

此后，也是为了巩固元朝的统治，元世祖又在至元二十八年（1291年），"诏：'路府州县，除达鲁花赤外，长官并宜选用汉人素有声望，及勋臣故家，并儒吏出身，资品相应者，佐贰官遴选色目、汉人参用，庶期于政平讼理，民安盗息，而五事备矣'。"[9] 显然，元朝的少数民族统治如果得不到汉族（包括契丹和女真族）官僚阶层的支持，是无法维持下去的。但是，元世祖仍然坚持禁止汉人担任达鲁花赤一职，而色目官员却是不受禁止的。

负责监察职务的官员在元代的权力也是很大的，在元世祖设置御史台之初，其官员是由汉人担任的，此后又增加了一些蒙古官员和色目官员，而没有南人出任台官。到了元成宗大德元年（1297年）四月，元朝政府规定："御史台不立选，其用人则于常调官选之，惟监察御史首领官令御史台自选。各道廉访司必择蒙古人为使，或阙则以色目世臣子孙为之，其次参以色目、汉人。"[10] 通过这个规定表明了，在监察机构中，掌管大权的基本上都是蒙古人及色目人了，而汉人只是放在"其次"的位置上。

色目人在政治上的特权还表现在法律上。"国初未有官制，首置断事官，曰札鲁忽赤，会决庶务。凡诸王驸马投下蒙古、色目人等，应犯一切公事，及汉人奸盗诈伪、蛊毒厌魅、诱掠逃驱、轻重罪囚，及边远出征官吏、每岁从驾分司上都存留住冬诸事，悉掌之。"[11] 这个制度一直沿用到元朝灭亡。也就是说，蒙古和色目人等少数民族触犯法律，要由札鲁忽赤来处理，路府州县的政府官员是很难责罚的。而在处理色目人的案件时，也有特殊的优待。元朝政府规定："诸色目人犯盗，免刺科断，发本管官司设法拘检，限内改过者，除其籍。无本管官司发付者，从有司收充景迹人。"[12] 汉人犯罪要刺配，而色目人犯罪就可以免于刺配。

其次，是在经济上，色目人比汉人也有着明显的特权优势。例如，元朝统治者出于战争和经济方面的需要，经常向民间强行掠夺马匹，被时人称之为"括马"。至元二十三年（1286年）六月，元朝政府下令，"括诸路马，凡色目人有马者，三取其二，汉民悉入官，敢匿与互市者罪之。"[13] 在这里，汉族民众的马匹全都被抢走，而色目民众却能够留下三分之一的马匹。马匹在中国古代是一种重要的战略资源，用来装备军队可以极大增强战斗力。马匹又是一种重要的生产资源，广泛用于耕种和运输。马匹还是一种重要的交通工具，人们在出远门的时候常常乘骑马匹。百姓们的马匹被元朝政府无偿掠走，损失是极为巨大的。

又如元朝政府对于来往于京城与各地之间的使臣，是要提供食宿条件的，为此，在至元十五年（1278年）十月中书省兵部下令："照得诸衙门寻常差委之人，站赤亦同朝省大官蒙古使臣，一例应付猪羊肉分例。或一名起铺马三匹，全支分例，复需酒馔常行马刍粟，又不于馆舍安宿。以此相度，除朝省大官、蒙古使臣及不食死肉官员，与随朝尚书等依例应付外，其不相干官府所差之人，验差札应付正人分例，食以猪肉，宿于馆驿。如无许给常行马刍粟文字，不得应付。行下合属照验施行。"[14] 文中所云"不食死肉官员"，就是指信奉伊斯兰教的色目人官员，他们在驿站的食品供给方面，享有了与蒙古权贵同样的经济优待。

第三节　少数民族文化的进一步传播

在文化上，蒙古统治者也为提倡其他少数民族的文化而尽力。如元朝政府在设置蒙古国子学及诸路蒙古字学校之后，也设置有回回国子学，至元二十六年（1289年）五月，"设回回国子学。"[15] 及元仁宗即位后，又在延祐元年（1314年）四月，"立回回国子监。"[16] 这所回回国子学，主要教授的是广泛流行在西域各地的波斯文，当时被称为"亦思替非文字"。"回回"一词，在元代的使用范围极为广泛，既被用为人名，又被用为部族名、国名，还被用为特定文化的名称。故而"回回国子学"、"回回司天台"等皆是特定文化的称谓，与后来的专门指"回族"是有所不同的。

关于回回国子学的设置，《元史》中有一段记载："世祖至元二十六年夏五月，尚书省臣言：'亦思替非文字宜施于用，今翰林院益福的哈鲁丁能通其字学，乞授以学士之职，凡公卿大夫与夫富民之子，皆依汉人入学之制，日肄习之。'帝可其奏。是岁八月，始置回回国子学。至仁宗延祐元年四月，复置回回国子监，设监官，以其文字便于关防取会数目，令依旧制，笃意领教。泰定二年春闰正月，以近岁公卿大夫子弟与夫凡民之子入学者众，其学官及生员五十余人，已给饮膳者二十七人外，助教一人、生员二十四人廪膳，并令给之。学之建置在于国都，凡百司庶府所设译史，皆从本学取以充焉。"[17]

但是，有一点值得注意，就是回回国子学的设置时间是断断续续的，元世祖时所设置的回回国子学是在什么时候废止的，不得而知，而元仁宗设置的回回国子学，到仁宗死后，元英宗刚刚即位就加以废止，延祐七年（1320年）四月"罢回回国子监、行通政院"[18]。这次的回回国子学只开办了 7 年。到了泰定帝即位后，因为任用回回大臣倒剌沙为宰相，故而第三次设置回回国子学，而且入学的生员人数越来越多了。但是，与国子学与蒙古国子学相比，回回国子学的规模还是小了一些，而其所受到的政治影响又大了一些。当泰定帝死后，元文宗夺得皇位，杀死宰相倒剌沙，许多信奉伊斯兰教的少数民族也受到迫害，回回国子学等相关机构肯定也会受到影响。

在元代，还有一种少数民族语言文字比较流行，时人称之为"畏兀字"或是"畏吾字"。正如前文所述，蒙古国崛起之初，曾经创行了一种蒙古文字，就是从这种"畏兀字"演变而来。史称："塔塔统阿，畏兀人也。性聪慧，善言论，深通本国文字。乃蛮大敭可汗尊之为傅，掌其金印及钱谷。太祖西征，乃蛮国亡，塔塔统阿怀印逃去，俄就擒……问是印何用，对曰：'出纳钱谷，委任人材，一切事皆用之，以为信验耳。'帝善之，命居左右。是后凡有制旨，始用印章，仍命掌之。帝曰：'汝深知本国文字乎？'塔塔统阿悉以所蕴对，称旨，遂命教太子诸王以畏兀字书国言。"[19] 文中所云"以畏兀字书国言"，就是指的旧蒙古文。

在旧蒙古文行用之后，畏兀字仍然在社会上使用，当然其使用对象绝大多数都是被称为色目人的少数民族民众。到元世祖创行新蒙古文字之后，才下令禁止使用"畏吾字"。至元十五年（1278 年）七月，"丁亥，诏虎符旧用畏吾字，今易以国字。"翌年正月，元世祖又下令，"禁中书省文册奏检用畏吾字书。"[20] 到了至元二十二年（1285 年）五月，元世祖第三次下令，"敕中书省：'奏目及文册，皆不许用畏吾字，其宣命、札付并用蒙古书'。"[21] 对于这种情况的出现，实际上是蒙古统治者为了推行蒙古新字而采取的措施，畏吾字并没有在社会上禁止使用，而是一直流行到元朝末年。

如至元二十三年（1286 年）十二月，"翰林承旨撒里蛮言：'国史院纂修太祖累朝实录，请以畏吾字繙绎，俟奏读然后纂定。'从之。"[22] 据此可知，元朝政府在用汉字纂修自元太祖以来的诸帝《实录》之外，又用畏吾字将汉字的《实录》再翻译一遍，以供不懂汉字的元世祖审定。而到了元代后期，元顺帝对畏吾字也很重视，他在至正八年（1348 年）二月，特别下令，"命太子爱猷识理达腊习读畏吾儿文字。"[23] 显然，这种"畏兀"字在与蒙古语言文字的沟通方面，比汉字要方便许多，故而得以行用不衰，只是在官方文件的使用上被蒙古新字所取代。

少数民族文化在元大都的影响还表现在两个主要方面：一个方面

是天文学，另一个方面是医学。元朝统治者们对于天文学的认识是很粗浅的，元太祖西征时，精通中原历法的大臣耶律楚材曾经与精通西域历法的大臣比较过预测月食的时间，结果是中原历法略胜一筹。但是，西域历法仍然受到蒙古统治者的重视，元世祖即位后，于至元八年（1271 年）七月下令，"设回回司天台官属，以札马剌丁为提点。"[（24）]这座回回司天台与郭守敬主持的司天台一样，也是设置在大都城里。元仁宗即位后，对回回司天台更加重视，于皇庆元年（1312 年）五月下令，"升回回司天台秩正四品。"[（25）]

在大都城里的回回司天台不仅用自己的方法计算天体运行规律，而且也有独特的测量仪器，后人曾云："玲珑仪。镂星象于其体。就腹中仰以观之。此出色目人之制也。更有五更。更有五点。前后多寡相补。其数相齐。此可以见古人于小事亦有法也。"[（26）]这种独特的测量仪器曾经受到著名科学家郭守敬的重视，并且在制定《授时历》时，加以利用。

大都所设置的回回司天台除了岁时为元朝统治者举行各种仪式之外，也与司天台一样，每年制作出独特的"历书"，以供人们（主要是少数民族人士）日常使用。对此，元朝人有如下记载："十一月（达元、省方、郊祀、田猎、礼乐、立后、王礼、往聘、下嫁、征伐、命相、册谥。）回回历（用紫色印之。）太史院以冬至日进历。上位、储皇、三宫、省、院、台、百司、六部、府、寺、监并进。历有四等，国子历、畏兀儿字历、回回历并上进。上位自有光白厚纸，用采色画成诸相属。拜郊祀，除宰辅军政之历，非授时之历也。内庭之历，非士庶可详，姑识其闻见耳。"[（27）]在上述的几种历法中，大概只有"宰辅军政之历"是与岁时气候无关的。

据此可知，在元代，除了人们日常行用的《授时历》之外，还有国子历、畏兀儿字历、回回历、画历及宰辅军政之历等，其中的"回回历"，就是回回司天台制作的。著名学者陈垣先生曾经对这种历法进行过深入研究。而这种历法曾经在大都城里被许多少数民族人士使用，因为在古代社会中，历法是与节日密切联系在一起的，许多重要的伊斯兰教节日必须以历书为标准，才能够确定。而这种回回历在许多地方一直行用到今天。此外的国子历是否就是《授时历》，抑或是蒙古少数民族自身独特的历法，而与畏兀儿字历并列，就不得而知了。这两种历法不仅仅"非士庶可详"，大概已经失传了，非常可惜。

少数民族的医学也很有特色，故而在元代的大都城也设置有专门的机构。元世祖时，在至元十年（1273 年）正月，"改回回爱薛所，立京师医药院名广惠司。"[28] 值得注意的是，广惠司的设置及职能，据《元史》记载："广惠司，秩正三品，掌修制御用回回药物及和剂，以疗诸宿卫士及在京孤寒者。至元七年，始置提举二员。十七年，增置提举一员。延祐六年，升正三品。七年，仍正五品。至治二年，复为正三品，置卿四员，少卿、丞各二员。"[29] 据此可知，广惠司始设于至元七年（1270 年），当时称回回爱薛所，后改称广惠司。到元仁宗时，于延祐六年（1319 年）六月，"升广惠司秩正三品，掌回回医药。"[30] 提高了它的官员级别，表明对它更加重视了。而到了元英宗时，又把大都和上都的回回药物院划归广惠司掌管。

而广惠司的职能是掌管"回回医药"诸事，主要是为元朝统治者们提供医疗服务，兼顾其他近侍和贫穷少数民族人士的疾病治疗工作。显然，在广惠司中，政府必会召集一批少数民族的著名医师，而这些医师在历史文献中很少留下记载。我们目前能够了解到的，只有元世祖时负责主持广惠司工作的官员爱薛的一些事迹。据明朝人的记载："爱薛，西域弗林人。通西域诸部语，工星历、医药。初事定宗，直言敢谏，时藩邸器之。中统四年，命掌西域星历、声乐二司事，后改广惠司，仍命领之。世祖常诏大作佛事，集教坊妓乐及仪仗。以奏曰：'高丽新附，山东初定，江南未，此无益之费甚无谓也。'帝嘉纳之。"[31] 据此可知，爱薛是精通西域"星历、医药"的。文中的"江南未"之后当有佚字。

而明人所纂修的《元史》中，并没有为爱薛立传，此后清人柯劭忞重新纂修元史，才为爱薛立传曰："爱薛，通拂菻语及星历、医学。有列边阿答者，以本欲教法事定宗，荐爱薛贤，召侍左右，直言敢谏。世祖在潜邸，深重之。中统三年春，诏二月八日作佛事，集教坊伎乐及鉴舆法驾迎之。爱薛谏曰：'今高丽新附，李璮复叛，天下疲弊，糜此无益之费，非所以为社稷计也。'帝喜纳之。"[32] 这段文字，与明人的记载略有不同，可供互证。柯劭忞又记曰："十一年，成宗崩，内旨索星历秘文，爱薛厉色拒之。武宗即位，进金紫光禄大夫，封秦国公。"由此可见，爱薛自入仕蒙元，自元定宗、宪宗、世祖、成宗，至元武宗，历时半个多世纪，一直主管少数民族历法、音乐、医学诸事。

元朝统治者之所以大力推行其他少数民族文化，除了各种少数民族文化之间有更多的互通性（如畏兀字与旧蒙古文）之外，色目人为蒙古统治者打下江山是立有汗马功劳的。如回回人赛典赤赡思丁，在抚定燕京和边陲云南等政事方面发挥了重要的作用。又如畏吾人阿里海牙，在元朝攻灭南宋的战争中，发挥了重要的作用。而在巩固元朝统治的过程中，色目人也起了至关重要的作用，如至元年间为元世祖大力搜刮百姓钱财的回回人阿合马，为讨平宗王海都侵扰而率军西征的钦察人土土哈，为元武宗、仁宗兄弟夺得皇权的康里人脱脱，等等，皆是如此。在中原及江南地区推行这些少数民族的文化，也是对他们的一种回报。

第四节　少数民族之间的关系

在元代，诸多色目人虽然也是少数民族，但是在蒙古统治者们的眼里，仍然是低下的奴才。如至元十六年（1279 年）十二月，"八里灰贡海青。回回等所过供食，羊非自杀者不食，百姓苦之。帝曰：'彼吾奴也，饮食敢不随我朝乎？'诏禁之。"[33] 在元世祖看来，他们的一言一行，都是可以禁止的。对于这种态度，有些精明的色目人是极为清楚的，并没有因为受到元朝统治者的重用就忘乎所以。如元仁宗时，曾任命色目人合散为中书省右丞相，延祐四年（1317 年）九月，"合散言：'故事，丞相必用蒙古勋臣；合散回回人，不厌人望。'遂恳辞，制以宣徽使伯答沙为中书右丞相，合散为左丞相。"[34] 他的谦辞是有道理的，如果色目人掌握了朝廷大权，就算是得到皇帝的支持，而其他众多的蒙古权贵们是不会舒服的，这种少数民族之间的关系是十分微妙的，也是极为敏感的。

当然，元朝统治者对色目文化的态度会随着政治斗争的变化而不断波动，在大多数支持的情况下，偶尔也会采取打击压制的举措。如元英宗即位后，任用蒙古大臣，反对色目大臣，遂在至治元年（1321 年）五月下令，"毁上都回回寺，以其地营帝师殿。"[35] 回回寺就是伊斯兰教的清真寺，帝师殿就是藏传佛教的佛寺，元英宗在宗教政策方面的这种特殊举措，显然是有政治目的，而不仅仅是宗教信仰上的转变。类似的举措还有元文宗在夺得皇权之后对色目大臣倒剌沙朋党的清算。因为倒剌沙是伊斯兰教徒，故而元文宗在来到大都城之后，于天历元年（1328 年）九月下令，"罢回回掌教哈的所。"此后不久，"中书左丞相别不花言：'回回人哈哈的，自至治间货官钞，违制别往番邦，得宝货无算，法当没官，而倒剌沙私其种人，不许，今请籍其家。'从之。"[36] 这种借政治斗争而进行宗教迫害或是掠夺他人钱财的事情在历史上比比皆是。

当然，为了安抚更多的色目民众，元文宗又在天历元年（1328 年）九月，"谕中外曰：'近以奸臣倒剌沙、乌伯都剌潜通阴谋，变易祖宗成宪，既已明正其罪。凡回回种人不预其事者，其安业勿惧；有因而扇惑其人者，罪之'。"⁽³⁷⁾据此，我们不难看出，宗教问题是因为政治出了问题才产生了相应的矛盾，而为了服从政治大局，宗教有时会产生其他因素无法达到的效果。在信奉伊斯兰教的广大少数民族民众中，倒剌沙的同党毕竟只是极小的一部分，不能因为打击这一小部分人而伤害到大多数伊斯兰教信徒。

在元代，大量少数民族人士进入中原地区之后，也带来了他们独特的风俗习惯，这些少数民族习俗与中原地区汉族民众一直行用的习俗有着较大的差异，故而很容易引起人们之间的观念冲突。对于接受中华民族传统文化为正统文化的蒙古统治者而言，在风俗观念出现冲突的情况下，往往会支持"正统"的风俗。例如，在人们日常生活中占据重要地位的婚丧风俗，汉族与有些少数民族之间就存在着较大差异，蒙古统治者的态度是十分明确的。元顺帝在后至元六年（1340年）七月曾经下令，"禁色目人勿妻其叔母。"同年十一月，"监察御史世图尔言，宜禁答失蛮、回回、主吾人等叔伯为婚姻。"⁽³⁸⁾这些禁令和建议，就是元朝统治者对"正统"婚俗观念的支持。

在对待丧葬习俗方面，元朝统治者对于色目人的观念表现出了更多的宽容。如对于火葬习俗的规定，至元十五年（1278年）正月，元朝政府下令，"照得古者圣人治丧具棺椁而厚葬之。今本路凡人有丧以火焚之实，灭人伦，有乖丧礼。本省看详，今后除从军边远或为羁旅从便焚烧外，据久居土著之家，若准本路所申相应准此。送礼部议得：四方之民风俗不一，若便一体禁约，似有未尽参详。比及通行定夺以来，除从军应役并远方客旅诸色目人，许从本俗，不须禁约外，据土著汉人拟合禁止。如遇丧事，称家有无，置备棺椁，依理埋葬，以厚风俗。"⁽³⁹⁾按照中书省礼部的规定，诸色目人是不必遵守汉族习俗的，"许从本俗"，加以优待，没有放在禁止火葬的范围内。

又如对于"守丧"的习俗，元朝统治者也将其提到了国家治理之道的高度。延祐元年（1314年）七月，中书省与御史台共同声称："国家以风俗为本，人道以忠孝为先。可以移忠，可以事上，忠孝既立，则人道修而风俗厚，为治之至要也。三年之丧，古今通制，送终营葬，人子大故。涂车刍灵，礼亦有之，至若忘哀作乐，张筵群饮，败礼伤俗，宜从合干部分定拟通行禁止。相应咨请照详，准此……今据礼部呈移准刑部关议得：父母之丧至于哀戚，其居丧饮宴，殡葬用乐，皆非孝道。除蒙古、色目宜从本俗，余并禁止，敢有违犯，治罪。"⁽⁴⁰⁾在这里，元朝统治者只是用"人道以忠孝为先"来约束广大汉族民众，而对于蒙古人和色目人则以"宜从本俗"为辞，从宽处理。

综上所述，随着蒙古国对中原及江南地区的势力扩张，一大批原来居住在西域地区的少数民族民众也随之来到了中原等地，其中，尤以居住在大都地区的少数民族民众最为集中。他们在随从蒙古统治者进入中原地区之后，在政治、经济等各方面都受到了较大的优待。而他们的到来，又带来了以前在中原地区很少流行的少数民族文化，这些少数民族文化同样受到元朝统治者们的重视，并大力加以推广，使之增加了在中原地区的流传力度和社会影响。当然，元朝统治者对少数民族文化的态度也是在不同时期有所不同的，随着政治局势的变化而有所调整的。在有些问题上，如果少数民族文化与中原地区的传统文化发生冲突，元朝统治者还会支持"正统"的汉族传统文化。

注释：

（1）《南村辍耕录》卷一《氏族》。

（2）《元史》卷一二〇《镇海传》。

（3）《元史》卷一三《世祖纪》。

（4）《元典章》典章七《吏部卷一》。

（5）《元史》卷六《世祖纪》。

（6）《元史》卷一《太祖纪》。

（7）《元史》卷二《太宗纪》。

（8）《廿二史札记》卷二九《元史·蒙古官名》。

（9）《元史》卷八二《选举志》。

（10）《元史》卷一九《成宗纪》。

（11）《元史》卷八七《百官志》。

（12）《元史》卷一〇四《刑法志》。

（13）《元史》卷一四《世祖纪》。

（14）《永乐大典》卷一九四一七《站赤二》。

（15）《元史》卷十五《世祖纪》。

（16）《元史》卷二五《仁宗纪》。

（17）《元史》卷八一《选举志》。

（18）《元史》卷二七《英宗纪》。

（19）《元史》卷一二四《塔塔统阿传》。

（20）《元史》卷一〇《世祖纪》。

（21）《元史》卷一三《世祖纪》。

（22）《元史》卷一四《世祖纪》。

（23）《元史》卷四一《顺帝纪》。

（24）《元史》卷七《世祖纪》。

（25）《元史》卷二四《仁宗纪》。

（26）〔明〕叶子奇：《草木子》卷三下。

（27）〔元〕熊梦祥：《析津志辑佚》"岁纪"门。

（28）《元史》卷八《世祖纪》。

（29）《元史》卷八八《百官志》。

（30）《元史》卷二六《仁宗纪》。

（31）〔明〕凌迪知：《万姓统谱》卷九九。

（32）《新元史》卷一九九《爱薛传》。

（33）《元史》卷一〇《世祖纪》。

（34）《元史》卷二六《仁宗纪》。

（35）《元史》卷二七《英宗纪》。

（36）（37）《元史》卷三二《文宗纪》。

（38）《元史》卷四〇《顺帝纪》。

（39）《元典章》典章三〇《礼部卷之三·禁约焚尸》。

（40）《元典章》典章三〇《礼部卷之三·禁治居丧饮宴》。

第四章　元代大都地区的民族融合

第一节　少数民族人士的"汉化"

　　元代的大都城是全国的政治和文化中心，同时也是全国民族融合的中心，正是在这里，许多少数民族人士逐渐对中原地区的农耕文化有了更加全面的了解，更加深入的认识，从而在文化观念方面对中华民族的传统文化有了更多的认同，这个过程对于有些少数民族人士是比较漫长的，而对于另一些人士而言则是比较短暂的。换言之，在众多来到大都城和中原地区的少数民族人士之中，"汉化"的速度是有快有慢的，其程度也是有深有浅的。而这些少数民族人士所带来的少数民族文化，也在大都城和中原地区产生了一定的社会影响，笔者用一个与"汉化"对应的词"胡化"来表示，也就是说，与"汉化"同时进行的还有"胡化"，"汉化"与"胡化"的同时出现与交替出现，才构成了最为广泛的民族融合。

　　少数民族人士的"汉化"过程，在当时是一种比较普遍的社会现象。对于这种现象，清代学者已经注意到了，并且有所论述："元名臣文士，如移剌楚才，东丹王突欲孙也；廉希宪、贯云石，畏吾人也；赵世延、马祖常，雍古部人也；孛术鲁翀，女直人也；迺贤，葛逻禄人也；萨都剌，色目人也；郝天挺，朵鲁别族也；余阙，唐兀氏也；颜宗道，哈剌鲁氏也；瞻思，大食国人也；辛文房，西域人也。事功、节义、文章，彬彬极盛，虽齐、鲁、吴、越衣冠士胄，何以过之？"[1]文中所云"移剌楚才"就是元太祖时的名臣耶律楚材。他是很早就已经"汉化"的著名政治家，长期居住在燕京城，对蒙古国的封建化进程起了极大的推动作用。

廉希宪的父亲布鲁海牙曾从元太祖西征，又曾在中原地区任断事官，"时断事官得专生杀，多倚势作威，而布鲁海牙小心谨密，慎于用刑。"他是最早到燕京来定居的少数民族大臣，"布鲁海牙性孝友，造大宅于燕京，自畏吾国迎母来居，事之，得禄不入私室。幼时叔父阿里普海牙欺之，尽有其产，及贵显，筑室宅旁，迎阿里普海牙居之。"[2]据此可知，不仅布鲁海牙自己到燕京来定居，而且还把母亲和叔父阿里普海牙也从西域接到燕京来定居。而布鲁海牙的天性也是与中华民族传统文化中的"孝友"之道相契合的。这种影响自然会感染到廉希宪。

廉希宪自幼生长在中原地区，很早就接触到了儒家学说，"世祖为皇弟，希宪年十九，得入侍，见其容止议论，恩宠殊绝。希宪笃好经史，手不释卷。一日，方读《孟子》，闻召，急怀以进。世祖问其说，遂以性善义利仁暴之旨为对，世祖嘉之，目曰'廉孟子'，由是知名。"他在参与国家管理的政治活动中，也在努力实践儒家的政治学说，"希宪在中书，振举纲维，综劾名实，汰逐冗滥，裁抑侥幸，兴利除害，事无不便，当时翕然称治，典章文物，粲然可考。"他在风俗习惯方面，也遵从儒家学说，"至元元年，丁母忧，率亲族行古丧礼，勺饮不入口者三日，恸则呕血，不能起，寝卧草土，庐于墓傍。宰执以忧制未定，欲极力起之，相与诣庐，闻号痛声，竟不忍言。未几，有诏夺情起复，希宪虽不敢违旨，然出则素服从事，入必缞绖。及丧父，亦如之。"[3]由此可见，作为色目人中的权贵，布鲁海牙与廉希宪父子在进入中原地区之后，只用了两代人的时间，就基本完成了"汉化"的进程。

赵世延的祖父曾从元太祖四出征伐，受命镇守蜀中，因此定居在成都。而赵世延自少年时期就到了大都城，"世祖召见，俾入枢密院御史台肄习官政。"他在几十年的从政经历中，也基本上遵行儒家的政治学说，如在至元二十九年（1292年），"出佥江南湖北道肃政廉访司事。敦儒学，立义仓，撤淫祠，修澧阳县坏堤，严常、澧掠卖良民之禁，部内晏然。"甚至有些人把他误认为是汉人。"延祐元年，省臣奏：'比奉诏汉人参政用儒者，赵世延其人也。'帝曰：'世延诚可用，然雍古氏非汉人，其署宜居右。'遂拜中书参知政事。"元仁宗能够知道赵世延是色目人，显然是因为他的"汉化"程度还不够彻底。此后的元朝宫廷斗争起伏不定，赵世延的仕途之行也坎坷不平，却仍然坚持儒家的政治学说，"世延历事凡九朝，扬历省台五十余年，负经济之资，而将之以忠义，守之以清介，饰之以文学，凡军国利病，生民休戚，知无不言，而于儒者名教尤拳拳焉。为文章波澜浩瀚，一根于理。"(4)

赵世延的同族人又有马祖常，他的曾祖父月合乃在元宪宗时曾从忽必烈南征宋朝，故而留居于中原地区。马祖常自幼就受到儒学的熏陶，学有所成，及元仁宗倡行科举，他参加考试，"乡贡、会试皆中第一，廷试为第二人。授应奉翰林文字。拜监察御史。"他在从政期间也能以儒家政治学说为宗旨，"祖常立朝既久，多所建明。尝议：今国族及诸部既诵圣贤之书，当知尊诸母以厚彝伦。"特别值得一提的，是他的文学修养十分深厚，"祖常工于文章，宏赡而精核，务去陈言，专以先秦两汉为法，而自成一家之言。尤致力于诗，圆密清丽，大篇短章无不可传者。有文集行于世。尝预修《英宗实录》，又译润《皇图大训》、《承华事略》，又编集《列后金鉴》、《千秋记略》以进，受赐优渥。文宗尝驻跸龙虎台，祖常应制赋诗，尤被叹赏，谓中原硕儒唯祖常云。"(5)今日人们得见马祖常的《石田文集》中，保留了大量珍贵的元朝史料。

郝天挺与赵世延、马祖常一样，从姓名上是看不出少数民族身份的。他的父亲在元太宗、元宪宗时立有军功，驻守山西，故而郝天挺自幼受到当地名儒元好问的传授。元世祖即位之后，郝天挺以勋臣子弟被召到大都城来，作为皇太子的宿卫士，进入仕途。此后历官中外，在元成宗死后，参与了大都城的宫廷政变，受到元仁宗的宠信，"仁宗临御，收召故老天挺与少保张闾等十人，共议大政，革尚书省之弊，遂成皇庆之治。"他还曾向元仁宗提出施政措施，"曰惜名爵、抑浮费、止括田、久任使、论好事、奖农务本、励学养士，诏中书省举行之。"(6)从他的言行不难看出，郝天挺的"汉化"程度也是很深的了。

康里人燕真、不忽木、巎巎祖孙更是少数民族人士中"汉化"的典型代表。燕真幼时即被西征的元太祖掠获，"太祖以赐庄圣皇后。后怜而育之，遣侍世祖于藩邸。"曾为元世祖夺得皇位出谋划策。燕真之子不忽木则随侍皇太子，开始受到儒家学说的熏陶，"师事太子赞善王恂。恂从北征，乃受学于国子祭酒许衡。日记数千言，衡每称之，以为有公辅器。世祖尝欲观国子所书字，不忽木年十六，独书《贞观政要》数十事以进，帝知其寓规谏意，嘉叹久之。"此后不忽木进入仕途，也能以所学儒术指导政事。时大都新城建成，居民迁入，"或言京师蒙古人宜与汉人间处，以制不虞。不忽木曰：'新民乍迁，犹未宁居，若复纷更，必致失业。此盖奸人欲擅货易之利，交结近幸，借为纳忠之说耳。'乃图写国中贵人第宅已与民居犬牙相制之状上之而止。"

史书称其："平居服儒素，不尚华饰。禄赐有余，即散施亲旧。明于知人，多所荐拔，丞相哈剌哈孙答剌罕亦其所荐也。其学先躬行而后文艺。居则简默，及帝前论事，吐辞洪畅，引义正大，以天下之重自任，知无不言。"[7]

不忽木之子巙巙，与其父一样，也是自幼入国子学，受到熏陶，"博通群书，其正心修身之要得诸许衡及父兄家传。"自宿卫士入仕途，历官中外，至元文宗时，官至奎章阁大学士。到元顺帝即位后，仍然受到宠信，"巙巙尝谓人曰：'天下事在宰相当言，宰相不得言则台谏言之，台谏不敢言则经筵言之。备位经筵，得言人所不敢言于天子之前，志愿足矣。'故于时政得失有当匡救者，未尝缄默。"他的许多谏言皆被元顺帝采纳，如顺帝即位之初，朝中宰臣擅权，罢废科举，"巙巙从容为帝言：'古昔取人材以济世用，必由科举，何可废也。'帝采其论，寻复旧制。"科举制的复行，使得天下人才又有了入仕的途径。他的艺术修养也很深，"巙巙善真行草书，识者谓得晋人笔意，单牍片纸，人争宝之，不翅金玉。"[8]从燕真到不忽木，再到巙巙的三代人，正好经历了从元世祖到元顺帝的百年历程。

孛术鲁翀，为女真人，祖上已经进入中原地区，故而应该属于"汉人"八种中的女真人。他的"汉化"是早已经在祖上就完成了的，只是给他留下了一个少数民族的姓名。而迺贤、萨都剌、余阙、辛文房等人皆生活在元朝后期，这时的许多少数民族人士历经数代中原地区传统文化的长期熏陶，"汉化"的深浅程度或有不同，而其对农耕文化核心价值观的认同则已经是一致的了。

第二节　中原民众的"胡化"

与少数民族人士"汉化"的同时，是中原民众的"胡化"过程，在社会上也是有所显现的。在这个方面，最重要的表现就是多种少数民族语言文字在官方文件中的使用。第一，是蒙古族的语言文字，在元太祖建立蒙古国之后，就借用畏兀文创制了蒙古文字，今天又称旧蒙古文，成为蒙古国通用的官方文字。及元世祖即位后，又请藏传佛教高僧八思巴创制了新蒙古字，并且在全国设置蒙古字学校，推广这种新蒙古字。在官方使用文字中，则用新蒙古字取代了旧蒙古文。第二，是诸多色目人惯用的"亦思替非文字"，即波斯文，也被列为官方使用的文字，并且在大都城设置了回回国子学，以教授这种文字，培养相关的翻译人员。这两种文字与汉字一起在官方文件中被使用。

　　少数民族语言文字在社会上的普遍出现，使得人们在常用名词中也就添加了许多汉语中以前不曾见过的词汇。如我们今天最常用的"胡同"一词，在元代以前的文献中就很少见到。又如在大都城钟楼前面有"沙剌市"，是买卖金银、珠宝的地方，"沙剌"一词就是珠宝的意思。再如"只孙服"，在元代是一种非常重要的宴会专用服饰，"只孙"一词也是少数民族语言中的词汇，"只孙服"系指在同一次宴会上要穿着同一种颜色的宴会礼服，这种制度只是在元代盛行，元朝灭亡后就废止了，故而到了明代，人们就已经不知道"只孙服"的特殊原意，只是把它作为普通武士穿着的军装。

　　与这种少数民族语言使用相关联的，则是汉字"口语化"的出现，这也是中原文化"胡化"的一种潜在表现。作为最高统治者的蒙古帝王们，既不像此前的女真族帝王们那样很快就能够使用汉语与文人士大夫交流，也不像此后的满族帝王们那样能够用汉语吟诗赋词，他们大多数只会使用蒙古族的语言，而其他蒙古和色目大臣们也很少懂得汉语及汉字。时人称："今蒙古、色目人之为官者，多不能执笔花押，例以象牙或木刻而印之。宰辅及近侍官至一品者得旨，则用玉图书押字，非特赐不敢用。"[9]文中所云"执笔花押"就是提笔签名，他们既然不懂汉字，又如何能签名呢？只能用刻好的名字印章。对于他们而言，能够读懂口语化的文件已经是不易的事情，又如何能阅读程度更深的文言文呢？于是，在政府公文及石刻碑文中，就出现了大量的"白话"文，如今日人们常见的"白话"圣旨碑，以及《元典章》等官方文献中的"口语化"文件。

　　"胡化"的另一个重要表现，就是有新的宗教在中原地区得到普遍传播，一个是伊斯兰教，另一个是藏传佛教。这两个新传入的宗教派别，其信奉者大多数都是少数民族民众。在元代，从西域地区进入中原的许多少数民族民众都是伊斯兰教的信徒，他们在进入中原地区之后，仍然保持着固有的宗教信仰，并且把这种宗教信仰带到了全国各地，故而后人称"元代回回遍天下"，一方面，是信奉伊斯兰教的少数民族人士开始遍布天下；另一方面，也就使得这种宗教开始遍布天下。藏传佛教的传入，得到元朝统治者们的大力扶持。早在蒙古国时期，藏传佛教就开始传入草原地区，及元世祖定都中原，又随之传入大都城及中原和江南各地。从元世祖开始，任命藏传佛教的领袖人物为"帝师"，并设置了宣政院，主持全国佛教事务和藏地的军政事务。于是，有越来越多的藏地僧侣来到中原和江南各地开展佛教活动。因为大都城是全国的政治和文化中心，故而也就变成了全国的宗教中心，除了原有的中原佛教及道教等教派有众多领袖人物在这里开展活动之外，伊斯兰教和藏传佛教的领袖人物也在这里开展各种宗教活动。当时还有另外一个世界宗教——基督宗教（包括天主教与景教等派别）也在大都城开展各种宗教活动，而这种活动已经超出了"胡化"的范围。

在元代，还有一种值得注意的社会现象，就是"汉化"与"胡化"的过程同时进行，主要表现在人种的婚姻结合，以及姓名的混用等方面。对于这一点，清代学者也已经注意到，"更有与内地人联姻者。如伯颜不花之母鲜于氏乃鲜于枢之女，见《元史》，松江人俞俊娶也先普化之侄女，见《辍耕录》。按《辽史》太宗会同三年诏契丹人授汉官者听与汉人婚姻，则辽时已有此例。《元史》：大德七年，以行省官久任，多与所部人联姻，乃诏互迁其久任者。又元时蒙古、色目人有同汉人姓名者，如察罕帖木儿系出北庭，以祖父家于颍州，遂姓李，字庭瑞。丁鹤年本西域人，以其父职马禄丁，为武昌达鲁花赤，遂以丁为姓，而名鹤年。又有内地人作蒙古名者，如贺胜，鄠县人，字伯颜。杨朵耳只及来阿八赤皆宁夏人，刘哈喇不花本江西人，褚不华本隰州人，昂甘儿本张掖人，朵儿赤本宁州人，杨杰只哥本宝坻人，李忽兰吉本陇西人，抄儿本汴梁阳武人，谢仲温本丰州人，而其孙名字完，綦公直益都人，而其子名忙古台。事俱见《元史》，亦一时风尚也。至如贾昔剌本大兴人，皇子拖雷以其须黄，赐此名。杨赛因不花本播州土官，世祖以其归附，特赐以国语为名。此又出于特赐者。"[10]

第三节　"汉化"与"胡化"的交融

不同民族之间的联姻，无论其结果是汉族民众人数有所增加，还是少数民族民众人数有所增加，抑或是都会有所增加，这些都不重要，重要的是通过联姻的方式，汉族民众与少数民族民众开始共同生活在一个屋檐下，共同吃饭穿衣，共同体验甘苦，正是这种共同生活的经历，加速了民族融合的进程。这种不同民族之间的联姻，在元代之前就长期存在了，鲜卑族的消亡、契丹族的消亡，女真族的消亡，等等，都与不同民族之间的联姻有着直接的关系。古代信奉伊斯兰教的少数民族不与汉族和其他不信奉伊斯兰教的少数民族联姻，则是回族等少数民族得以长期存在的一个重要原因。

而在中国古代，人的姓名本身就是一个极为重要的文化符号，姓氏代表了一个人的家族背景，政治背景，等等，如汉代的刘氏、唐代的李氏、宋代的赵氏、辽代的耶律氏、金代的完颜氏，等等，都是最显贵的姓氏。但是，到了元代，这种姓氏观念已经被弱化了，许多少数民族人士开始使用汉族民众常用的姓氏，如上文提及的赵世延、马祖常等皆是。而有更多的汉族民众在保留自己姓氏的情况下，又使用了少数民族人士惯用的名字，如上文提及的贾昔剌、刘哈剌不花、杨赛因不花，等等。这种情况的出现，使人们在见到一个陌生人时，很难通过他的姓名来判断他是汉人还是色目人。显然，这种情况的出现，是与元代的蒙古及色目人有着极大的政治、经济特权密切相关的，这种特权的存在，使其潜在的文化作用转化成了一种社会时尚，普通百姓把对这种特权的追求而又无法实现的情怀，转变为子孙们的姓名。少数民族人士在崇尚汉族文化的前提下改为汉姓，如张、王、李、赵等，而汉族民众在羡慕少数民族特权的情况下，使用哈剌不花、赛因不花等名字也是可以理解的。

综上所述，在从蒙古国崛起直到元朝灭亡的一百六十余年中，众多的边疆少数民族在蒙古统治者们的率领下纷纷进入中原地区，然后统一了全国。在这个历史变迁的进程中，少数民族民众开始接触到了中原地区的农耕文化，并且对它的认识越来越深入，在文化上的认同成为历史发展的必然结果。在这个过程中，蒙古国转变为元朝，位于漠北草原的政治中心和林城也被位于中原地区的大都城所取代。因此我们认为，大都城的出现就是民族融合的必然产物。而大都城在产生之后，又聚集了更多的少数民族人士，在这里从事各种活动。他们与原来居住在中原地区的广大汉族民众的接触越来越频繁，并且共同生活在一座城市中，遂进一步促进了民族融合向更深的层面发展。

元朝统治者在治理国家的过程中采用了民族歧视的政策，在给蒙古人和色目人很多优待政策的同时，却对广大汉族民众采取了压制的政策，这种民族政策必然激化了已经十分尖锐的民族矛盾，最终导致了元王朝的灭亡。在元代，民族关系十分复杂，主要的民族矛盾是在广大汉族民众与蒙古、色目等少数民族上层之间展开的，有典型意义的历史事件就是文天祥在大都城英勇就义，与宰相阿合马在大都城被刺杀。而在蒙古贵族与其他少数民族权贵之间也存在着或多或少的矛盾，随着政治局势的变化而不断波动着。再加上汉族权贵们的介入，就使得整个统治集团内部的相互斗争愈演愈烈。从元世祖与宗王阿里不哥争夺大汗之位，到元武宗、仁宗兄弟的宫廷政变，再到大都城与上都城的"两都之战"，在蒙古贵族之间的政治较量和军事冲突的背后，我们都能够见到色目大臣和汉族大臣们的身影。

民族融合是元朝历史发展的一条主线，也是北京地区辽金时期民族融合进程的延伸和扩展。少数民族在政治上和文化上的影响达到了空前的高度，民族融合的进展也出现了史无前例的盛况。而在这种民族融合的辽阔历史背景之下，"汉化"是一支不停奏响的主旋律，而"胡化"的旋律则与"汉化"融为一体，表现出音乐更加丰富的色彩。民族冲突是不断的，民族融合则往往是通过冲突来实现的。在中国古代的历史上，没有冲突的民族融合是不存在的，而经过激烈的民族冲突，会使民族融合更加彻底。

注释：

(1)〔清〕王士祯：《池北偶谈》卷七《谈献三》。

(2)《元史》卷一二五《布鲁海牙传》。

(3)《元史》卷一二六《廉希宪传》。

(4)《元史》卷一八〇《赵世延传》。

(5)《元史》卷一四三《马祖常传》。

(6)《元史》卷一七四《郝天挺传》。

(7)《元史》卷一三〇《不忽木传》。

(8)《元史》卷一四三《嵘嵘传》。

(9)《南村辍耕录》卷二《刻名印》。

(10)《陔余丛考》卷一八《元制蒙古色目人随便居住》。

明 代

　　1368 年，以汉族统治阶级为主体的明王朝建立，以蒙古族为权力中枢的元政权结束了在全国的统治。汉族出身的朱元璋在北伐讨元的檄文中明确提出了"驱逐胡虏，恢复中华"[1]的口号，提出：他的政权将以"复汉官之威仪"、"复汉唐之制"为目标[2]。同时，为建立长治久安的明帝国，在打击和防犯敌对的蒙古等少数民族贵族的同时，太祖和太宗（成祖）也都对少数民族采取了优待政策，德威兼施，形成了颇有特色的明朝民族政策和民族关系。

　　与前此的辽、金、元三朝统治者相比，明朝统治者在对待少数民族问题上采取了一些不同的做法，既没有像元朝统治者那样建立四等人制度，把国人（指蒙古族）和色目人（指北方其他少数民族）放在特别优越的地位上，也没有像此后的清朝统治者那样，建立满洲八旗、蒙古八旗与汉军八旗，以旗人作为统治政权的核心力量。而是把周边的少数民族分别对待，能够安抚的就安抚，能够压制的就压制，在此前后的对少数民族人士在社会上的特殊优待已经没有了。

　　对明朝统治者而言，需要处理的民族关系可以分为几个部分，第一部分，是与北方蒙古族部落的关系，在这方面从明代初年开始就格外受到重视，但是一直也没有处理好，最终导致了"土木堡之变"。第二部分，是与东北地区女真族的关系，在这方面主要是在明代后期，女真族在东北地区崛起，建立后金政权，与中原地区的农民起义军内外夹攻，导致了明朝的灭亡，明朝统治者在处理与东北女真族的关系问题上，有许多失误。第三部分，是与藏族民众的关系，在这方面大致继承了元朝的做法，而略有变通。第四部分，是与西南众多少数民族部落之间的关系，在处理这个问题上明朝政府是以"改土归流"政策的落实而圆满结束。第五部分，是与广大回族民众的关系，在这方面，既有民族问题，也牵扯到宗教问题，在处理的过程中难度较大。

　　北京作为明朝的统治中心，仍然是以汉族民众作为居民主体的城市，同时又居住着一些蒙、回、藏、女真等各族民众，特别是他们中的一些领袖人物，如回族中的伊斯兰教领袖、藏族中的国师、法王等佛教领袖等，不仅在少数民族民众中有较大影响，在社会上的影响也很大。如何处理与这些少数民族代表人物的关系，不仅会直接影响到京城社会的安定，而且也会间接影响到边疆地区的安定。明朝统治者在处理与京城少数民族代表人物的关系方面还是没有太大的失误，但是，与此前的辽、金、元三朝和此后的清朝相比，对少数民族的歧视现象仍然是比较严重的。

第一章　明朝的民族政策

　　明朝是以汉族为主体、各民族贵族和官僚共同统治的等级社会。明时期北京各民族的存在和发展很大程度上受到整个明王朝民族观和民族政策的影响，即各民族在北京地区的政治、军事、经济和社会文化生活是在明朝民族政策的框架内展开的。

第一节　明朝的民族观

　　明朝的民族观并没有超出儒家传统的民族思想——"华夷之辨"，一方面强调"华夷一家"，同时又念念不忘"华夷之防"。在"华夷一家"方面，倡导"定天下于一"，即儒家传统"大一统"的民族思想。明代的民族观，在明前期体现在对统一天下的追求与渴望，中期以后，转而追求"守成天下"。欲定天下于一，各民族自然就当为一家，即"华夷一家"或"天下一家"。明太祖亲眼目睹元朝统治者施行的歧视与民族压迫的不平等政策，曾愤慨地抨击说："元时任官，但贵本族，轻中国之士，南人至不得入风宪，岂是公道?"[3]起义之初，为了争取北方汉族地主的支持，他曾提出"驱逐胡虏，恢复中华"的口号。即帝位后，他继承并进一步发展了千余年来中华民族"修文德以来之"的思想，认为"蛮夷之人，性习虽殊，然其好生恶死之心未尝不同"，同样是"能遵声教"[4]，可以教化的，反复声明："朕既为天下主，华夷无间，姓氏虽异，抚字如一。"（《明太祖实录》卷五三，洪武三年六月丁丑）明成祖也认为："夫天下一统，华夷一家，何有彼此之间?"[5]他曾告诫子孙，要善待边地少数民族。

　　在"华夷之防"方面，明中央认为："内中国而外夷狄。"明太祖继承了"内中国而外夷狄"的观念，把少数民族视为"禽兽"、"犬羊"、"豺狼"[6]，认为"非我族类，其心必异"[7]。根据"内中国而外夷狄"之说，他认为少数民族只能"以小事大"，接受汉族王朝的统治，"自古帝王临御天下，中国居内以御夷狄，夷狄居外以奉中国"[8]。否则，让少数民族入主中原，就会酿成风俗礼制的"祸乱"。明成祖也持这种观点，说"夷狄之为中国患，其来久矣。《书》云'夷狄猾夏'，《诗》称'戎狄是膺'。历汉及唐，至于有宋，其祸甚矣。"[9]传统的"华夷之辨"或"华夷之防"一直影响着民族关系的处理。

据此，明太祖制定了"威德兼施"的民族政策，强调："治夷之道，必威德兼施，使其畏感，不如此不可也。"[10]"盖蛮非威不畏，非惠不怀，然一于威则不能感其心，一于惠则不能慑其暴，惟威惠并行，此驭夷之道"[11]。"威"是指军事上的征服、镇压，即所谓"以威服之"；"德"是指政治上的恩怀、德惠，即所谓"以德怀之"。威德兼施，两手并用。明朝的民族观和民族政策自然也对明代北京地区的各民族群体产生直接影响。[12]

第二节　明朝统治者的民族政策

明王朝"德威兼施"的民族政策的内涵是极其丰富的，主要包括"克诘戎兵"、"怀之以恩"、"以夷治夷"和"因俗而治"等内容。

所谓"克诘戎兵"，是强调通过武力震慑少数民族。不仅在边疆地区派出卫所、驻戍重兵，明太祖认为"自古重于边防，边境安则中国无事，四夷可以坐制"[13]。明成祖说，"驭夷狄有道，谨边备是也。严关防，守要害，修封域，明斥堠，务农讲武，养威蓄锐，此之谓也。其未侵犯，则有以御之；其未归附，则有以处之……不以其归顺也而弛边防，不以其衰微也而忘讲武，是以内治外安，四夷宾服。"[14]为此，明王朝在立国之初，即大力加强军队及国防建设。明朝民族政策主要是通过卫所体系来实施的，明宣宗说："今天下兵政之本系于五军，五军能修其政令，以表率天下，都司卫所使各理其职，则武备充实，足以壮中国、服四裔，天下国家永安靖。"[15]具体而言，就是对汉族聚居区或民族杂居区的少数民族，采取较为严格的民族管理与融合政策，把少数民族统一编入卫所（一部分编入府、州、县）里统一加以管理；在汉族集居区与少数民族聚居区交界地带则采取驻扎汉军和收编土著相结合的办法加以管理，较多吸纳土著首领参与卫所的管理；在更远一些的少数民族集居区，实行"因俗而治"、"以夷治夷"，以土司和羁縻卫所官职为框架，采取更加灵活的民族政策。在北京地区，蒙、回回、女直（女真）等少数民族中的绝大多数都被编组在京军、亲卫军或都司卫所里，就是基于这种考虑。

所谓"怀之以恩"，就是希望通过高官厚禄、恩德关爱感化各少数民族。明太祖说，"蛮夷之人……若抚之以安静，待之以诚意，谕之以道理，彼岂有不从化哉？此所谓以不治治之，何事以兵也！"[16]洪武元年十月，明军攻下大都后，他宣布前元贵族及其他官民人等，"果能审识天命，衔璧来降，待以殊礼，作宾吾家……故官及军民人等近因大军克取之际，仓皇失措，生离父母妻子，逃遁他所，果能自拔来归，并无罪责，仍令完聚"[17]。明成祖也反对"穷兵黩武以事夷狄"的做法，主张对四夷要"怀之以恩，待之以礼"[18]。永乐元年二月，他致书鞑靼可汗鬼力赤，曰："今天下大定，薄海内外皆来朝贡，可汗能遣使往来通好，同为一家，使边城万里，烽堠无警，彼此熙然，共享太平之福，岂不美哉！"[19]他们都希望通过政治上恩抚、怀柔，力争"以德怀之"，使之归附于明，服从明王朝的管辖和统治。

明初在统一全国的过程中，对蒙元和其他少数民族用兵之前，一般都要反复遣使诏谕，谕之以理，晓之以义，争取实现和平统一。只有在招抚失败后，才临之以兵。在明政府政策的感召和实际安置工作的影响下，大批蒙古官员和其他少数民族首领携家带口向明政府归附。一大批北方少数民族或迫于明朝统治者的压力，或迫于生存，或仰慕汉民族先进文化进入中原，他们基本上被安置于各地卫所里，"凡归附鞑靼官军皆令入居内地，仍隶各卫所编伍，每丁男月给米一石"[20]。早期通行做法是"以少壮者隶各卫为军，俾之屯守；老弱隶北平为民"，构成明代人口迁徙与民族融合的显著特点。明朝时"内附"的少数民族部族主要有女真、鞑靼、兀良哈、瓦剌、哈密、沙州、西番、扯儿禅、车儿禅、吐鲁番、赤斤蒙古、撒里畏吾儿、别失八里、回回钦察、番国等[21]。归附的少数民族在内地的居住地，是由其本人提出申请，由明政府批准。洪武、永乐时多考虑到他们的生活习惯，能就地安置者尽量就地安置，北平地区地近北方民族，是重要的安置地位。原元廷皇亲大族归附者，多安置于京畿。元朝故将及其部众在归附后，尽量派往各战略要地，先是征战四方，然后送去家属团聚，就地定居驻防，云南、四川、两广、湖广、浙江和福建等地的达官军，大抵属于此类情况。正统以后，达官军的调动多随所在卫所进行。

归附明朝的少数民族将领，既有故元皇室后裔，也有贵族勋戚，大量的则是中下级官吏及军士。由于他们身世不同，经历各异、职业有别，明政府采取不同的方式，对他们加以安置，使其各得其所，各尽其能，各务其业。一些元朝故官，归附之后，量授各种职务，而后再根据其表现加官晋爵，有的甚至做到五军都督，不少人也被加封为侯、伯。《明史》卷一五六所载之达官吴允诚、孙瑾、薛斌、蒋信、李英等，因在洪武、永乐朝对蒙古的作战屡立战功而加官封爵。明政府还尽量保证归附的少数民族将士的物质生活。明宣宗说："留其家属于京者，以系其心，而无以赡之，能得其心乎？其如京官例给之"[22]。达官的俸禄总额与京官虽相同，但他们实际的可支配收入却远远高于京官，因为汉族京官俸禄的大部分是折俸的，而达官军的俸禄则是全支。除俸禄外，少数民族官军的其他物质待遇也明显高于汉族官军。在北京，吏部主事李贤说，"切见京师达人，不下万余，较之畿民，三分之一"[23]。入居内地的少数民族将领，很快很融入上层社会之中，在北京，一批蒙古人、回回人、藏族人进入统治者阶层。

所谓"以夷治夷"，指的是利用少数民族来管理少数民族。无论是少数民族聚居的边疆地区，还是内地或都市的内迁（杂居）的少数民族，明朝大都通过封敕少数民族首领，由本民族的首领来管理本民族的事务。与之相一致的是"因俗而治"，它是指尊重、因袭或保留少数民族原有的社会组织形式和管理制度、生产和生活方式、风俗习惯、宗教信仰不变。明太祖主张："凡治胡虏，当顺其性。"[24] 内迁的回回人有自己指定的聚居区，并逐步形成了"小聚居"的格局，蒙古和女真等北方民族相对集中编组在北京地区的卫所里，由本民族的首领来统一管理，给予充分的灵活性。当然，明朝尊重、照顾少数民族的生产、生活方式和风俗习惯，是以少数民族服从明朝的统治为前提的。

注释：

（1）《明史》卷四〇《地理志一》。

（2）（8）《皇明诏令》卷一《谕中原檄》。

（3）《明太祖宝训》卷三《任官》。

（4）《明太祖实录》卷三四，洪武元年八月丙子。

（5）《明太宗实录》卷三〇，永乐二年四月辛未。

（6）《明太祖集》卷一五，《解夷狄有君章说》。

（7）《明太祖实录》卷四一，洪武二年四月丁丑。

（9）《明太宗实录》卷二六三，永乐二十一年十月己巳。

（10）《明太祖实录》卷一四九，洪武十五年十月丙申。

（11）《明太祖宝训》卷六《怀远人》。

（12）参见陈梧桐、彭勇：《明史十讲》，上海古籍出版社，2007 年，第 121—124 页。

（13）《明太祖实录》卷一〇三，洪武九年正月。

（14）朱棣：《圣学心法·序》。

（15）《明宣宗实录》卷三九，宣德三年三月丙戌。

（16）《明太祖宝训》卷五《怀远人》。

（17）《明太祖实录》卷三五，洪武元年十月戊寅。

（18）《明太宗实录》卷六八，永乐五年六月癸卯。

（19）《明太宗实录》卷一七，永乐元年二月己未。

（20）《明太祖实录》卷一八八，洪武二十一年二月丁卯。

（21）见张鸿翔：《明代各民族人士入仕中原考·序》，中央民族大学出版社，1999 年。

（22）《明宣宗实录》卷二七，宣德二年四月己巳。

（23）《明英宗实录》卷二五，正统元年十二月乙丑。

（24）《明太祖实录》卷五九，洪武三年十二月戊午。

第二章　明代北京地区的民族状况

明代北京地区的民族构成在迁都前后有很大的变化。迁都之前，作为北部防御前沿的北平地区既有作为军事组织管理机构卫所所辖的世袭汉族官军，也有府州县所辖之汉族各职业群体，还包括久居北平或归附安插于此的蒙古族、回回人和女真人等。

第一节　汉族

洪武元年八月，元帝北遁，徐达率大军入大都，改名北平，原大都路改为北平府。元时的大都曾一派繁华，各民族官民商旅充斥其间。然历经元末战火，河北各地，大批蒙、汉官军和商贾士人，战死或逃亡者甚众，所谓"兵革连年，道路皆榛塞，人烟断绝"[1]。这一时期的北京城，除征战戍守的官军之外，民人所剩不多，据韩光辉先生的研究，明初北平城市的赋役户口仅有 3300 户，11550 人；而大兴、宛平二县乡分别有 993 户和 1666 户，加上 6 个卫的驻军，"城市总人口约计 9.5 万人"[2]。这些人口以汉族军户和民户为主。洪武二年，整个北平府大抵只有 14974 户，48973 人[3]，而北平城中编有 33 坊，人口约 1.2 万[4]。此后，北平作为明廷征伐和防御最重要敌对势力——蒙古贵族的军事基地，"如此稀少的人口显然是不能适应形势的需要的"[5]，于是明廷开始了向北平地区大规模的移民，这些移民都是来自内地的汉族人，这些移民既带来了北平地区人口的快速增加，也改变了这一地区的民族构成和地区分布。

洪武初年，为打击蒙元贵族，明廷曾把北京外的居民内迁徙到北京地区，既远离草原民族，又可保护北平。如洪武四年，中书省右丞相魏国公徐达奏称："山后、顺宁等州之民密迩虏境，虽已招集来归，未见安土乐生，恐其久而离散。已令都指挥使潘敬、左传、高显徙顺宁、宜兴州沿边之民皆入北平州县屯戍，仍以其旧部将校抚绥安集之，计户万七千二百七十四，口九万三千八百七十八，"[6]此议得到明太祖的批准。在此之前后相当长的时期内，北平地区设立、调整都司或卫所建置与分布，并有长期戍守于此的许多都司卫所的旗军，他们是以汉族世袭旗军为主体的。据粗略统计，洪武十八年，北平地区已有17卫，计将士105471人，永乐中京卫增加到72卫，军队总人数不少于40万人。[7]。

明中央向北平地区的移民、屯田在明成祖迁都时达于新的顶峰。明成祖迁都北平时，析南京卫所一半迁居京城。据《明实录》记载："上谓行在兵部尚书方宾曰：明年改行在所为京师，凡军卫合行事宜，其令各官议拟以闻……金吾左等十卫已为亲军指挥使司，其行移并守卫官军，俱合依南京上十卫例，其各卫官军今在南京及行在卫分者，俱合取入原卫上直守卫，南京留守五卫，每卫改官军一半来北京，开设留守五卫仍属五府，分守城门及更番点闸皇城四门，北京牧马千户所，候调南京军至并之，常山三护卫见在北京，其文移合依安东中护卫例，悉从之。命兵部，以孝陵、济川、广洋、水军左右、江阴、横海、天策、英武、飞熊、广武、应天等卫留守南京，神策、镇南、骁骑、沈阳、虎贲、豹韬、龙骧、鹰扬、兴武、龙虎、武德、和阳、潘阳右等卫，调守北京，留守中、左、右、前、后五卫官军分守南、北二京"[8]。据《明史·兵志一》对天下卫所的统计，此时京军大调整使北京的卫增加至72个，北京城的驻军大幅度增加。尽管这时期卫所旗军已不全是汉族人，但汉族人仍然占据绝对优势。这些从全国各地迁居而来的军户与民户构成此后北京地区人口分布的基本格局。

曹树基在探讨洪武年间人口时，指出"北平府从洪武二年至洪武八年的人口巨大增长，主要是山后移民迁入的结果。洪武八年以后，外地的人口迁入基本停止，人口的增长率主要就是人口的自然增长"[9]。一说不甚确切，第一人口的巨大增长主要不是山后移民的迁入，而是大量汉族旗军的驻居；第二，洪武八年之后外地人口迁入仍然在强劲持续，不仅归降的山后人大量存在，卫所驻军的调整和屯田民户的迁居此时仍然频繁进行，充实北平地区的军民人口绝大部分是来自全国各地的汉族人。

迁"富民"实北平。洪武二十四年时，太祖曾迁"富民"实南京京师。永乐元年，成祖也迁全国各地的"富民"于北京，"附顺天府籍"，据载："永乐元年，令选浙江、江西、湖广、福建、四川、广东、广西、陕西、河南，及直隶苏、松、常、镇、扬州、淮安、庐州、太平、宁国、安庆、徽州等府无田粮、并有田粮不及五石殷实大户，充北京富户，附顺天府籍。优免差役五年"。据说最初有富户三千八百余户，在京充役，这些人初附籍顺天府，宣德六年时，又"令在京入籍"，由于差役甚重，逃者日众，需历经折银充役，终明一世并没有废。他们也是北平居民的组成部分[10]。

京操军进京。从永乐二十二年末开始，江北的河南、山东、中都等都司卫所旗军还到京城轮番操戍（京操），每班一度达到 8 万人左右，他们被安置在京军中的京营等中，分布在京城操练、戍守和做工等，一直持续到明朝灭亡，虽是轮流当差，差不多是北京人口的一分子了[11]。

迁都北京之后，全国的政治、军事、经济和文化重心转到北京，北平地区成为汉族人集居和向往之所，来自全国各地的汉族人各阶层精英汇集北京，改变了元朝少数民族控驭北平的局面。当然，又由于京师是权力中心，全国各少数民族（贵族或政权代表）出于各种目的出入京师，使北京的民族成分日趋多元，这也为丰富、发展和繁荣北京地区的汉文化，促进本地各民族之间的文化交流与融合创造了条件。

第二节　蒙古族

明朝代蒙元而立，蒙古族既是他们防犯的对象，也是他们竭力争取的对象。明初，随着明王朝统一进程的展开，一方面，一部分蒙古族中的上层统治者阶层退居沙漠，仍然自称"大元"或"大蒙古"，国号仍旧，重新回到单纯的游牧民族生活状况。另一部分蒙古贵族及其下属或由于战败被俘，或被迫归降，或者感于明朝的厚待政策，或慕于中原文化生活，愿意入居内地，较早融合到中华民族大家庭之中。

北京（北平）地近北边，既为明廷防御北边之战略要地，也是蒙古族进入内地的要冲。入居北京的蒙古人，既有身为入仕明朝的蒙古官民，也有身为入朝纳贡的蒙古贵族。

定居或长期居住在北京（北平）地区的蒙古人主要有如下几种情况。

第一，原大都居民的留居。北京是元朝首都（大都），作为统治阶层的蒙古人在京城和京畿地区定居人数自然很庞大，虽然在明军攻入北京之时，皇家贵族、官吏士兵大多退至草原地区，但仍然有一部分蒙古人没有离开。如洪武六年十一月，"燕山都卫遣人送故元来降刑部侍郎普颜奴、将作金院善僧等入朝，命赐以衣服等物，令回北平访其家属。"[12]普颜奴或普贤奴是蒙古人常用的名字，明人常以"普贤奴"混称蒙古官民，这里的普颜奴曾在元末职任刑部侍郎，此次归降之后先被送到都城南京，再被遣回北平寻找其家属。又永乐五年时，有朵颜卫头目把秃率妻子来朝，把秃自陈"其母久居北京，乞往省视"，成祖遂命礼部赏赐给他路费、盘缠等，还下令他"就居北京侍母"，当然，如果他们母子愿意返回朵颜卫居住也可以。[13]上述两则材料都反映了蒙古官员在北京寻求失散的亲人，疑明军入北平前，蒙古官员和大军撤退仓皇，致使与家人分散，而原来的家人仍然生活在北京地区，由此亦可推断，留居在北京的蒙古人还有不少。

第二，俘获的蒙古军民被安置在北平地区。明仁宗之前，明廷以北平为基地对敌对的蒙古势力进行了集中清剿，也俘获了大批贵族官军和普通百姓。这些人大多被带回安置在北平地区。洪武四年六月，徐达从北平出发，沿途俘获大量的近边居民，其中的蒙古族成分比重已比较大了，这些人数量颇大，被安置在北平地区。据载："魏国公徐达驻师北平，以沙漠既平，徙北平山后之民三万五千八百户，一十九万七千二十七口。散处卫府籍为军者，给以粮；籍为民者，给田以耕。凡已降而内徙者，户三万四千五百六十，口一十八万五千一百三十二，招降及捕获者，户二千二百四十，口一万一千八百九十五……达又以沙漠遗民三万二千八百六十户屯田，北平府管内之地，凡置屯二百五十四，开田一千三百四十三顷：大兴县四十九屯，五千七百四十五户；宛平县四十一屯，六千一百六十六户；良乡县二十三屯，二千八百八十一户；固安县三十七屯，四千八百五十一户；通州八屯，九百一十六户；三河县二十六屯，二千八百三十一户；漷州九屯，一千一百五十五户；武清县一十五屯，二千三十一户；蓟州一十屯，一千九十三户；昌平县二十六屯，三千八百一十一户；顺义县一十屯，一千三百七十户。"[14]

洪武六年三月，"燕山卫指挥朱杲奏，近领兵以山后、宜兴、锦川等处搜获故元溃散军民九百余户。请以少壮者隶各卫为军，俾之屯守；老弱隶北平为民，"得到太祖的批准（《明太祖实录》卷八十，洪武六年三月丁巳）。这一规定也反映了受元末战火侵扰北归的蒙古族人再次返回"故土"北平时，明廷仍然根据他们的实际情况分隶军或民。像前引洪武四年徐达徙山兵人近20万口，有隶军者，有隶民者，其中绝大部分是普通民众。

　　就安置的地区而言，俘获的蒙古贵族或军兵，大多被安置京师地区的卫所里，有一部分被安置于防御任务繁重的北平地区。安置当时的京师即南京的蒙古军兵，成为明朝京军或亲卫军的重要组成。如洪武六年，侍御史商暠招集王保保在河南的故元参与副枢等 580 余人，军士 1660 余人，"至京师简其壮勇者为驾前先锋。"[15] 只是，一批蒙古官军，又随着成祖迁都一起迁居到北京。据张鸿翔先生提供的资料，南北二京安置近一半的少数民族（以蒙古族为最多），锦衣卫、南京锦衣卫、金吾右卫、羽林前卫、燕山诸卫、武骧卫、龙骧卫、骁骑卫、长陵卫、献陵卫等都是他们集中的地区。

　　在明成祖北征的大军中，开始出现有"三千"马军（三千营），据说即是由归降的蒙古人构成，正如陆容在《菽园杂记》中所讲："龙旗宝纛下三千小达子立三千营。"[16] 孝宗时直隶巡按御史曹璘曾称，"朝设三千营专处来降之虏，授之首领，编为什伍。近年达官寖多、蟒衣玉带、坐府握兵，虽则资其勇悍，岂能保其久而不变乎？然用之已久，固难轻易，乞渐为裁抑，以后止令其富贵而已！"[17] 但从史实看，三千营虽然并非全部由蒙古人组成，但绝大部分肯定是的。

　　此外，在明初追剿前元势力的过程中，明廷还把漠南等北部边地的蒙古族、汉族等大批民众强制内迁，以切断北逃蒙元政权南下的联系，其中北平地区也是重要的安置区域。

　　第三，主动归附的蒙古人。前引普颜奴即是故元刑部侍郎，他因归降明廷被安置在北平居住。其实，在太祖和成祖优待政策的影响之下，像他这样的大批蒙古贵族主动或被动归附明廷，他们中的许多人被安置在北京地区的都司卫所里。洪武十四年，"故元将校火里火真等四十一人、及遗民一百七十七户，自沙漠来归，赐火里火真等文绮四十六疋、帛三十六疋、钞一百六十九锭，其遗民命居北平。月以米钞给之。"[18] 查：火里火真，鞑靼人，归降后初授职为燕山中护卫千户，后屡立战功，由都指挥升至都督佥事，永乐十年时死于北征胪朐河之役，年六十一岁。[19]

　　洪武二十一年，太祖命令中军、左军二都督府移文所属都司，规定："凡归附鞑靼官军，皆令入居内地，仍隶各卫所编伍，每丁男月给米一石。"[20] 实际上，明中央对他们的安置前后有较大的差别，明初蒙古人入居内地以留居北平或俘获后安置在京师（南京）、北平地区居多，洪武中期，随着明朝统治的稳定、政策感化以及草原生活环境的不适应，一些蒙古人主动归附明廷，于是便有了上面的规定，当然，这一政策在执行时有灵活的变通。从这一点上讲，归附的蒙古人和被俘强制内迁的蒙古人在安置方式上并没有根本的区别。

洪武、永乐两朝的五十余年，几乎每年都有蒙古人主动归附明廷，有时一个月之内会有数起，有时有次就有数千人、近万人。有学者据《明太宗实录》对永乐朝归附蒙古人做不完全统计，归附人数约五万人。[21] 据高寿仙先生对《明宣宗实录》的统计，仅鞑靼一部在宣德六年一年内，来京奏留者高达 600 多人。[22]

有明一代，虽然敌对的蒙古贵族一直是明廷的心腹大患，但明廷一直对归附的蒙古族官军、民众和商人采取足够的宽容态度。对蒙古族，明朝一直采取比较审慎的政策。蒙古分裂为三部之后，兀良哈部首先归附于明，明廷于其地设置朵颜等三个羁縻卫所。永乐年间，瓦剌部和鞑靼部也先后归明，明廷则对其实行最为宽松的贡封制度，敕封其首领马哈木、太平、把秃孛罗、阿鲁台为顺宁王、贤义王、安乐王和和宁王，允其入京朝贡，并开放互市与之开展贸易。封贡是历代王朝"臣属夷酋"的一种传统做法，少数民族首领接受朝廷的封敕，定期入贡，表示他们对朝廷的臣属关系和应尽的义务；而朝廷施行敕封和赏赐，则是表示承认少数民族首领作为朝廷命官的地位，并通过他们对其属民进行治理，行使中央对当地少数民族的行政管辖权。不过，由于明朝未派官驻军，蒙古内政完全自主，对受封诸王缺少约束力。正统末年，瓦剌势力重新崛起，又南下大举攻明，并在土木堡俘虏了明英宗，从而断绝与明朝的朝贡关系，明朝后来便关闭互市。但是蒙古的游牧经济毕竟比较脆弱，一旦遇到较大的自然灾害，便会陷入困境，加上互市关闭，又无法用马匹和皮货换取中原的粮食、茶叶、布帛和铁锅，更是雪上加霜。到嘉靖年间，俺答汗便主动遣使向明朝求贡。隆庆五年（1571 年），明廷敕封俺答汗为顺义王，其弟、子侄和部下也分别封授官职，规定贡期、贡额与贡道，重新开放互市。此后数十年间，北方蒙古诸部一直维持对明朝的臣属关系，封贡持续不断。

第三节 回族

一、定居时间和原因

穆斯林在今北京地区定居的时间至迟开始于元代。伴随着蒙古人的西征，大量中亚穆斯林东迁，成为元朝的编户齐民，形成"回回遍天下"的局面。由于这些穆斯林（尤其是穆斯林上层）与蒙古王室关系密切，他们在元大都（今北京）的官僚机构中充任要职，自然就落居于此。此外，穆斯林善于经商，"西域大贾，擅水陆利，天下名城巨邑，必居其津要，专其膏腴"，[23]定居大都的穆斯林商人数量也很可观。王恽在《乌台笔补·为在大都回回户不纳差税事状》一文中记载了世祖中统四年（1259年）大都地区回回户的情况："今体察到本路回回人户，自壬子年元籍，并中统四年续抄，计二千五百九十三户。"有学者认为如按一户五口计算，当时大都的回回人应不少于15000人。这些回回户"于内多系富商大贾兼并之家"，[24]看来在大都居住的穆斯林中商人占有很大的比例。今北京牛街礼拜寺内保存有两座元代穆斯林的墓，被称为"筛海坟"，其中阿合默德布尔搭尼卒于1280年，即元世祖至元十七年；阿里卒于1283年，即元世祖至元二十年。[25]从碑文上看，此二人都是"竭其毕生之力以从事于主道者"，"宗教之有力宣传者"，可见居于大都的穆斯林中亦不乏宗教人士。北京地区计有锦什坊普寿寺、安定门内二条法明寺、通州朝真寺、东直门外二里庄清真寺、马甸清真寺、顺义回民营清真寺、房山常庄清真寺等几座清真寺相传为元代所建。[26]

元明鼎革，新的王朝以"驱逐胡虏，恢复中华"相号召，力图恢复汉人为主体的政权，包括回回人在内的各色名目之人都不免受到冲击。回回人从元代二等人的高位上跌落，其政治势力和经济实力均受到较大的影响。

不过，政局的变化并不意味着回回人在中国销声匿迹。伊斯兰教仍然在各地普传，清真寺不断兴修、翻建。在北京，自明成祖迁都之后，在京回回人的聚居区渐成规模。据成书于清代的《冈志》记载："明宣武门之西南，地势高耸，居教人数十家，称曰'冈儿上'。居者多屠贩之流；教之仕宦者，率皆寓城内东、西牌楼，号曰'东西两边'。"[27]可见明代的东四、西四一带和冈上地区均为回回人聚居之地。这些回回人有的在朝廷中出任官职，有的以经商为生，在当时的北京形成规模。

回族民间素有"十大回回保明朝"的说法，北京朝阳区的长营，在清代以前称"常营"，传说是常遇春的军营。常营常姓回回人后裔在改朝清代时迁住张家湾。[28]房山区的常庄胡姓回民认为常庄是常遇春的一部分军队，当时由胡大海带领而形成的。此外，还有常遇春修建崇文门外花市清真寺，并支持部下和驻守官兵兴建前门外笤帚胡同清真寺的传说。尽管这些传说逸话难以考证，但足见明朝的建立对北京回回人的定居生活颇具影响。至于这些回回人的来源，《冈志》上说：

"今燕都之回回，多自江南、山东二省分派来者，何也？由燕王之国，护围军僚多二处人故也。"[29]这说明北京地区的回民认为自己是随"燕王扫北"而来，其中任、沙、刘、李、马、金、霍等姓的祖籍大多在南方。[30]时至今日，北京的一些回族仍说他们的祖先是"揪着龙尾巴"来的。由此我们也可以看出，明代定居北京的回回人中应有部分籍列军户，与民人不同。他们的迁移和定居与明初北京地区的戍守和建都有直接的关系。

明代回回人在北京的定居状态可以从清真寺的分布窥见一斑。据不完全统计，北京在明朝时存在大约二十几座清真寺。一些清真寺至今保存有明代的修寺碑刻，另一些清真寺则在民众口碑传说中相信其在明代即已存在。下面，我们对有文献依据的清真寺逐一介绍，以此粗略考察明代回回人在北京的定居情况和分布格局。

坐落于今北京市东城区的东四清真寺保存有明代（大约景泰年间）《敕赐清真寺兴造碑记》等资料，表明这座清真寺在明代便颇具规模，是此地回回人宗教生活的中心。其中《敕赐清真寺兴造碑记》讲述的是当时的后军都督府都督同知即后来的武平伯陈友修建东四清真寺的过程，从中我们可以了解到，东四清真寺建于明正统十二年（1447年），初名为"礼拜寺"，到景泰年间获得敕额"清真寺"。[31]

位于西城区锦什坊街的普寿寺至迟建于明代（该寺有建于元代的传说），据成书于万历二十二年（1594年）的《宛署杂记》记载："普寿寺，古刹；普照寺；护国寺；鹫峰寺，正德四年建。以上俱在金城坊。"[32]可见普寿寺位于明代的金城坊。该寺今日所留碑刻文物不多。民国时期，唐宗正在《锦什坊街清真寺》的调查文章中提到该寺仅存的一些石刻残件上有"崇祯岁次乙亥春月谷旦重修"、"大明天启某年重修"等字样，可以推测该寺在明代曾多次修缮。[33]至于其何时受到敕封，实难稽考。

原安定门内二条法明寺，存有明万历八年（1580年）碑记，称："寺成，蒙恩赐额曰法明寺。盖经始于正统十二年二月十九日，落成于明年五月五日。"可知该寺建成之后于正统十三年（1448年）得到敕封。今东四清真寺内保存的明万历七年（1579年）百字圣赞碑，即为法明寺的遗物，因清末法明寺失火，将石碑移入东四清真寺。

今宣武区牛街清真寺位于明朝初年北京城的城外，被称为"冈上"的地方。据《冈志》记载，由于嘉靖年间京城增筑外城，冈上地区成为城内地。牛街清真寺现存明代碑刻三通，从已经残缺不全的碑文记载看，该寺在宣德至弘治年间多次修缮，建筑齐备、规模宏大，并于成化十年（1474 年）获得敕名"礼拜寺"。

以上四座清真寺即明代北京四座敕建清真寺，其中东四、普寿、法明三寺位于内城，牛街礼拜寺位于外城。牛街地区的另一座清真寺可能也建于明朝。据《冈志》记载，明崇祯年间冈上地区教众因礼拜礼仪的分歧，有杨、李二姓捐赀在东街路西创建新礼拜寺，俗称小寺、东寺，即原教子胡同清真寺。在明代外城，还有花儿市清真寺。该寺遗留的建寺条石刻文称其于"大明永乐十二年岁次甲午春正月吉旦修建，崇祯元年岁次戊辰秋仲月吉旦重修……"可知该寺在明代也经多次修缮，宗教活动一直延续至今。

目前所知的明代北京地区其他清真寺皆位于城外。如阜成门外三里河永寿寺，依照现存碑文记载，万历三十三年（1605 年）有"本教司礼监秉笔太监李寿、锦衣户侯董应元，协内外官庶教众各捐己资，易得阜城关外三里河翁僧荒堂一区，遂营筑坛宇，择任住持"[34]。明清时期的三里河是回回人坟墓最多的区域。《明实录》景泰七年（1456年），"撒马儿罕等地面使臣指挥马黑麻舍力班等，请游在京诸寺及出阜成门外祭扫祖坟，从之。"日本学者田坂兴道据此认为："景泰年之前及更早在阜成门外（可能就是今三里河）回教徒专用墓区已经相当大，并且是北京最主要的回教基地。"[35]如果马黑麻舍力班祭扫的祖坟就在三里河，那么这里有回回人筑墓的历史早于三里河清真寺的修建。不过民间传说三里河清真寺创建的时间是远远早于万历的宣德年间（1426—1435 年），也比马黑麻舍力班扫墓的时间要早几十年。由于受材料所限，三里河清真寺和回回人墓地的最初缘起已难稽考，不过这一地区在明代即建有清真寺是毋庸置疑的。

通州朝真寺存有不明年代的石碑一方，书丹人为武平伯陈如松。检阅《明史·功臣世表》可知，陈如松为第一代武平伯陈友的六世后裔，其袭封、卒年均不详。对照《明实录》，陈如松出现在从万历十三年到四十年（1585—1612 年）的记载中，可见这块碑很可能写于万历年间。[36]

昌平何营清真寺建于伯哈智墓苑旁。据墓内明万历六年（1578年）《重修先贤碑记》记载："先贤祖师名伯哈智，作坟始自太祖高皇帝念其献兵策有功所赠也，"并建有清真寺。此后又经多次重修、维护，足证该墓园在明代一直为回回教众悉心管理。

昌平清真寺始建时间不明，但寺中留有明万历年间修寺碑文，据此可知该寺"因改建公宇"而移建，到万历四十四年（1616 年）刻碑记事时已复建完成。

　　此外，海淀区蓝靛厂清真寺存有清光绪十一年（1812 年）石碑，碑文称该寺"建于前明"。昌平西贯市清真寺原名为灌石村清正礼拜寺，据寺内清代碑刻追述，该寺建于明弘治七年（1494 年），并于嘉靖二十七年（1737 年）重修。据传本地回回人随燕王朱棣北上来京，村中回民姓氏甚多，尤以李姓为最。其他清真寺虽多有明代修建的传说，遗憾的是没有文字记载或考古发现相印证，目前只能存疑。

　　从上述明代清真寺的分布看，当时回回人在北京城内外都已形成聚居区。各聚居地相对分散，自成区域。而区域内部，回回人以清真寺为核心聚集居住。呈现出"大分散、小集中"的分布格局。

　　在明代北京回回人中，官员是一个庞大的群体，从各处清真寺修建碑文的题名和碑阴记载中，我们可以看到很多文武官员、宦官的名字。《冈志》上也称教内有官爵之人多住在内城东、西牌楼一带，那里在明代均建有清真寺。

　　李兴华在《北京的伊斯兰教》一文中开列了历史上北京地区的穆斯林文武官员、各界人士，其中明代的人物很多，他们的后裔一直定居北京，《冈志》上出现的"武平伯陈家、大轿子何家、皇亲马家、谭指挥家、卢指挥家、钦天监吴家、马家，皆明之旧族也。"[37]

　　独力修建东四清真寺的武平伯陈友主要活动于明正统至天顺初年。查《明史》有《陈友传》，附于《方瑛传》后：

　　　　陈友，其先西域人，家全椒。正统初，官千户，累迁都指挥佥事。频年使瓦剌有劳，寻复进都指挥使。九年充宁夏游击将军，与总兵官黄真击兀良哈。多获，进都督佥事。未几，出塞招答哈卜等四百人来归。

　　　　景帝即位，进都督同知，征湖广、贵州苗。寻充左参将，守备靖州。景泰二年偕王来等击贼香炉山。自万潮山入，大破之。留镇湖广。论功，进右都督。四年春奏斩苗五百余级，五年又奏斩苗三百余，而都指挥戚安等八人战死。兵部疑首功不实，指挥蔡升亦奏友欺妄。命总督石璞廉之。斩获仅三四十人，陷将士千四百人，宜罪。诏令杀贼自效。

　　　　天顺元年随瑛征天堂诸苗，大获。命充左副总兵，仍镇湖广。已又偕瑛破蒙能余党。召封武平伯，予世券。孛来犯边，充游击将军，从安远侯柳溥等往御。率都指挥赵瑛等与战，敌败遁。再犯镇番，复击却之，俘百六十人。寻佩将军印，充总兵官，讨宁夏寇。先是，寇大入甘、凉，溥及总兵卫颖等不能御，惟友稍获。

至是巡抚芮钊列诸将失事状，兵部请免友罪。诏并宥溥等，召还，进侯，卒。

传子至孙纲，弘治中，请友赠谥。诏赠沔国公，谥武僖。纲传子勋及熹。嘉靖中，吏部以友征苗功多冒滥，请停袭。帝不从。熹子大策复得嗣，至明亡乃绝。[38]

从陈友传记记载看，陈友的祖先来自西域，他在正统至天顺朝为国效力，著有战功，不断受到封赏，从千户升为指挥佥事、指挥使、都督佥事、都督同知，后晋封伯侯。陈友以这样的身份创建东四清真寺，又为该寺请得敕封，使东四清真寺位列明代北京四大官寺之一。

陈友修建清真寺的活动被他的后裔所继承，据金吉堂于20世纪中期的研究显示，陈氏子孙与清真寺等伊斯兰宗教事务之间曾发生过多次联系，不仅时间跨度终明一朝，而且空间范围也超出京城的局限。

陈氏子孙与教门发生的关系可列作下表：[39]

陈友	始封武平伯，晋爵创建敕赐清真寺	正统十二年
陈能	为敕赐清真寺请书碑文	景泰元年
陈勋	助修直隶定州礼拜寺 助修山西大同礼拜寺	弘治？年
陈熹	为直隶定州礼拜寺领札副	正德？年
陈大策	1. 为敕赐清真寺住持马颙立碑 2. 刊行明武宗评各教语 3. 重修山东济南府礼拜寺 4. 重修直隶易州礼拜寺	
陈如松	重修直隶通州朝真寺 重修直隶昌平州礼拜寺并撰碑文	万历廿一年 万历四四年

陈友一家可算是明代北京城最有地位和活动能力的回回家族。金吉堂曾评论说："明朝回回功臣助力礼拜寺可考者甚多，如陈氏发于爱教热诚独力建寺尚属仅见。至如陈氏身封侯爵，传至子孙，与国祚同休，无一世不与礼拜寺发生关系。古来回回富贵者多矣，富贵而能爱教，爱教而能传及后裔，累世不替，陈氏实为独步。"[40]

再如修建三里河清真寺的司礼监秉笔太监李寿、司礼监文书房太监金良辅也曾在明代的政治生活中扮演过重要的角色。

在明代的中央官僚体系中，宦官虽为家奴却参与政治生活，受到历代皇帝的倚重。而司礼监作为明代宦官二十四衙门之首，事权更重。司礼监设提督太监一员，掌印太监一员，秉笔、随堂太监八九员。在"司礼掌印之下，则秉笔太监为重。凡每日奏文书，自御笔亲批数本外，皆秉笔内官遵照阁中票拟字样，用朱笔批行，遂与外庭交结往来矣。"[41] 由此可知李寿作为"秉笔太监"权势极重。明代太监刘若愚的《酌中志》对李寿的情况有更为详细的记录：

> 司礼监随堂李太监寿者，京都人，西域苗裔，嘉靖四十一年选入，历任司礼监监官。至万历二十九年夏，收选官人四十［千］余名，粟臣亦其一也。三十一年选福王妃时，皇贵妃郑娘娘引潞王例，欲选三人而择之。先监矩时总理婚典，寿执往事争曰：潞王先选一位未中，复选二位，虽三人其实二也。如何敢比？先监甚服其亮，而密荐之。后升随堂，未竟厥施，而一疾令终，神庙悼惜之。今司礼高、沈二位皆张太监诚名下也，屡有忌者，欲汰斥之，皆赖李及先监主持，培植为今上圣主重臣云。[42]

金良辅也同样出现在《酌中志》中。

> 金良辅……北直人，二十九年选入。泰昌元年冬，逆贤奏升司礼监，任文书房。良辅，正阳等门提督。[43]

金良辅所在的文书房"掌收通掌收通政司每日封进本章，并会极门京官及各藩所上封本，其在外之阁票，在内之搭票，一应圣谕旨意御批，俱由文书房落底薄发。凡升司礼者，必由文书房出，如外廷之詹、翰也"[44]。可以看出，文书房的太监极有机会升迁入司礼监，就像外廷的詹事府是"翰林官迁转之阶"[45]一样。金良辅任职文书房是魏忠贤奏请，因而《酌中志》将其列入"逆贤羽翼"款中。

明代北京地区聚集大量回回官员的状况，不仅与都城由南京迁移到北京有直接联系，还与明朝处理元代遗留的回回人和明代内附人（其中有回回人）的政策很大的关系。明洪武年间，明廷对北元采取招抚政策，数十万故元官兵或归附或被俘，受明朝统辖，其中不乏回回人。和龑在其合著作品《回回历史与伊斯兰文化》一书中，着重考察了明代西域入附回回人的情况。其研究显示，受明代西域政治格局的消长向背和明朝国势隆替盛衰的影响，有大量西域回回人内附明朝，在洪武年间开始持续不断，到正统至正德年间进入高潮，嘉靖以后逐渐稀疏。这些被收复的故元官兵和主动内附的西域之人被安置在大江南北，其中北京作为明帝国的都城，也是重要的安置地之一。[46]如英宗天顺元年二月曾"命兵部，凡来降达子、回回俱留在京安插"。[47]前文提到的武平伯陈友便发迹于明英宗时期。明末谈迁《北游录》中提到牛街礼拜寺，称其"成化中赐额，西域回回降人诵经处"。[48]可见，明朝特殊的政治形势造就了北京地区回回人的定居与分布状态，大量穆斯林官员的出现也就不足为奇了。

伊斯兰教在北京地区的发展自元代以来便颇具传统，牛街礼拜寺内的两座筛海坟说明自元代开始，北京地区的伊斯兰教就不乏经师和学者。明代北京的清真寺多有兴建和维修，其保留下来的碑刻不仅向我们展示了修寺者对宗教信仰的虔诚维护，同时也让我们看到当时宗教生活和各种活动的丰富多彩。明末中国伊斯兰经堂教育的创始人胡登洲曾在燕市从一教中老妪筐中得见一册伊斯兰教经典。这从一个侧面也说明了北京伊斯兰教具有浓重的宗教气氛。从目前所据的文献资料看，明代北京穆斯林群体尚无教派分歧的争端，《冈志》中记载了明崇祯年间（1628—1644年）因牛街礼拜寺改独班，有杨、李二姓创建新寺，分寺礼拜的事件。不过，这次争端仅是宗教礼仪方面的分歧，并不涉及教派分化的问题。当时的伊斯兰教应是以逊尼派为基础，吸收了什叶派一些特色而形成的主流派别，即"格迪目"。

第四节　女直（女真）族

明代的女真分为三部：建州、海西和野人，三部的划分主要依据地域，而非种族之别。他们活动的主要地域在东北黑龙江南北广大的区域内，远离中国传统的政治统治核心区。明朝建立后，在东北的战争首先是针对关外的蒙古人，在挞伐盘踞在东北敌对的前元旧部的同时，对女真各部（地面）也采取了积极的"招抚"政策，并于女真诸部落设置卫所，由辽东都司管辖。女真三部以卫所组织形式参与到明初统一全国、戍卫边疆的战争中，有的还屡立战功，定居于京城或全国许多地方的卫所之中。

受明廷政策的影响，有女真贵族率部前来归附。因其社会地位较高，多被安置在京师（南京），洪武朝至永乐初年，均有女真贵族在京师定居生活。永乐时，随着北部，尤其是东北敌对的蒙元势力渐次削平，对女真诸部的安抚和取得重大突破，来居的人数有所增加，女真人内迁归附达于最高峰。永乐六年，明成祖针对归附女真人的安置做出重大调整，他说："朕即位以来，东北诸胡来朝，多愿留居京师。以南方炎热，特命于开原置快活、自在二城居之。俾部落自相统属，各安生聚。"[49]即设安乐、自在二州作为归附女真人的聚居区，二州设在开原，成祖确立的区别于他族的女真安置政策，突出的是贯彻"优养"原则，其目的是配合稳定东北、牵制蒙古的战略。开原北邻兀良哈三卫蒙古，东接海西女真，东南与建州女真相交，管辖内外交通，是东北诸族朝贡的必经之地。所以朝廷选择在开原设立两州，意图还在抚辑招徕边外女真。此举对巩固辽东边外的羁縻统治、稳定东北局势，确保明朝集中力量打击瓦剌、鞑靼，确实发挥了重要作用[50]。

不过，由于北京（北平）地在北部，天气比南京稍适应于女真生活，故在北京的女真人还为数不少。永乐元年，女真野人头目阿哈出来朝，设建州卫军民指挥使司，由阿哈出任都指挥使，阿哈出多次率军随明出征，并参加了成祖的北征。阿哈出孙，释家奴子李满住，和明中央关系密切，李满住于宣德元年袭父职，升任都指挥金事。宣德四年时，他曾请求到北京入朝充任侍卫，宣宗考虑到他留守在本部能发挥更大的价值，没有批准他进京。[51]在永乐至宣德间，仍有为数不少的女真人"愿居京自效"，如永乐十二年，"弗提卫女直指挥金事阿剌秃等来朝，自陈愿居北京，从之。命礼部赐予如例；"[52]再如宣德七年，"玄城卫女直舍人恼答来归，奏愿居京自效，命为副千户，赐金执袭衣彩币钞布。仍命有司给房屋器物如例。"[53]

随着仁、宣二宗治国方略的整体转变，也一改北边用兵策略，采取相对内敛的策略，限制归附或入贡的女真族来朝。如宣德末年，明廷曾下令，"兀良哈三卫达子并海西野人女直等远来朝贡，近奉敕撙节，止许二三人、多不过二十人，其余从人悉留关外"[54]，已改变了过去"不拘年月，听其来朝"的开放态度。

时至正统年间，随着蒙古瓦剌部的崛起，明廷对蒙古和女真族都加紧了防犯，对新附内迁的女真人采取审慎的态度，一是改变过去安插在边地的政策而是把他们分散安插在辽东都司的汉族聚居区，二是南迁女真人很少安插在京师（北京），大都发往南京锦衣卫安置。[55]当时，直隶寿州卫千户陈镛就曾就议，"今后达人投降者量加升赏分，送南方卫分安插优养，不可俱留在京，以遗后患事。"[56]从实际执行看，明廷确实注意到北京同样居住不便，女真人也不太适应北京的生活环境，允许更多归附的女真人于东北定居。在南北二京里保留的女真族主要是在京军伍中任职的官员，如南京锦衣卫镇抚司即有为数不少的女真达官，由于这些官员系世袭武官，他们长期在南北二京居住、生活、生息和繁衍，也是北京各民族居民的一部分。[57]

明中期以后，明廷对东北女真诸部的控制力日趋削减，女真诸部之间的势力消长也发生了巨大的变化，其内部出现了"各部蜂起，皆称王争长，互相战杀，甚且骨肉相残、强凌弱、众暴寡"。[58]女真建州部首领通过获得明中央的晋升，逐步提高在女真部的影响，并改变了女真社会的组织结构，对明廷构成极大的威胁。

第五节　藏族

元世祖于 1264 年迁都城于大都时，在中央设立管理总制院以管理全国佛教事务和藏族地方事务，1288 年再改为宣政院，由中央直接管理藏区。13 世纪的藏民族融合成具有共同语言、共同生活地域及共同心理素质的民族共同体。明朝建立，对藏区和藏族实现宽厚的政策，对藏族上层多用"多封众建"的政策，对藏区实现有管理的自治政策，有效地实施对藏族和藏区的管理。

洪武时，太祖设置乌斯藏和朵甘思两个都指挥使司，同时敕封藏传佛教各派首领为大国师、国师，利用藏族僧俗贵族进行统治。成祖进一步提高藏传佛教领袖的官爵封号，敕封噶举派首领哈立麻为大宝法王，萨迦派首领昆泽思巴为大乘法王。还两次邀请格鲁派创始人宗喀巴入京讲经说法，宗喀巴命弟子释迦也失入京朝贡，被封为灌顶大国师。后来释伽也失在宣德时还被封为大慈法王。西藏三大法王的体制至此正式确立。此外，明成祖还敕封一些较有影响的藏传佛教首领为赞善王、护教王、辅教王、阐教王、阐化王，其地位略低于大法王，而高于大国师和国师。明朝通过对派宗教领袖的敕封，有力地加强了对藏区的管理。[59]

明代北京城的藏族群体一是贵族上层；二是"番僧"，前者的活动受政治因素的影响，后者的活动受宗教因素的影响。

永乐十二年（1414 年），西藏格鲁派（俗称黄教）创始人宗喀巴的弟子释迦也失进京（时在南京）朝觐，并于次年受成祖敕封"妙觉圆通慧慈普应辅国显教灌顶弘善西天佛子大国师"称号。永乐十四年，他回到西藏，明成祖曾给予大量赏赐。利用这批财物，他在拉萨修建了著名的色拉寺，可以想见其赏赐之优厚。释迦也失在宣德年间再抵京师（时在北京），直到正统四年圆寂于北京，长期留驻在北京的大慈恩寺，时间长达八年以上。在京期间的大慈法王参加了众多的宗教活动，主要有助缘修建北京法海寺、主持西天佛子大国师智光的荼毗法会。[60]大慈法王在北京的活动促进了北京地区藏传佛教的传播以及藏族人民在这里的活动。

至万历初年，明廷还积极鼓励和支持俺答汗将藏传佛教格鲁派引进蒙古。先是派出在北京的藏僧前往蒙古传经，后又助工助料，帮助俺答汗在青海建寺，钦赐寺名，使他能如期在仰华寺与索南嘉措（即三世达赖喇嘛）会见。接着，又协助俺答汗在库库河屯建造弘慈寺，并于万历十五年（1587年）派人至土默特敕封索南嘉措为"朵儿只唱"（藏语译音，金刚持），召其入朝北京。在明廷的鼓励与支持下，黄教在仰华寺大会后传入蒙古草原，迅速传播，后来逐渐成为蒙古族的主要宗教信仰，并对此后清朝的统治产生重大影响。

藏传佛教在明时期的北京有着广泛影响。在明初，有藏传佛教寺院近20所，其中最为著名的有大慈恩寺、大隆善护国寺、大能仁寺及大护国保安寺等，[61]这些佛寺成为藏族民众在北京活动的重要场所。英宗即位之时，番僧数量已远远超过千人，数量已是惊人，大臣们本着节约开支的原则，要求裁减在京番僧数量，"减在京诸寺番僧。先是番僧数等，曰大慈法王、曰西天佛子、曰大国师、曰国师、曰禅师、曰都刚、曰剌麻，俱系光禄寺支待。有日支酒馔一次、三次又支廪饩者，有但支廪饩者。上即位，即位之初，敕：凡事皆从减省，礼部尚书胡濙等议，已减去六百九十一人，相继回还本处，其余未去者，命在正统元年再奏。至是，濙等备疏，慈恩、隆善、能仁、宝庆四寺番僧当减去者四百五十人以闻。上命大慈法王、西天佛子二等不动，其余愿回者听，不愿回者，其酒馔廪饩令光禄寺定数与之。"[62]由此不难看出，对于愿意留居京师的藏族人，明廷还是给予充足的物质待遇保证他们的经济生活和社会地位，"番僧在京者，安之以居室，给之以服食，荣之以官秩，为其能习番教耳！"[63]尽管有大臣曾提出，"在京番僧，既无化导番人之功，且有汉人冒充之弊，一授之职辄请诰敕……"[64]希望加以限制和管理，但番僧一直作为特权阶层在北京享有较高的政治和社会地位。

明中期以后，除定期奉命赴京朝贡的藏族上层贵族短期留居京城外，长期居住的藏族民众（"番僧"）越来越多，他们或受皇室官宦之家的赏识而常居，或闲居在京，以法事自谋生活。如宪宗时太子少保、吏部尚书兼文渊阁大学士商辂就曾说，"番僧在京闲住者，往往自都纲禅师，升至国师、佛子、法玉等职，给予金银印信图书，其有病故徒弟承袭，又求造塔，殊为侵耗，宜行禁治，庶财无妄费！"[65]

第六节　其他民族及相关管理

自永乐十九年始，北京是明朝的都城，是全国的统治中心，全国乃至天下各民族首领晋京朝见大都要到北京来，北京也成为全国各民族聚会的中心，有一些少数民族首领长期居住在北京城内。除此之外，还有一些少数民族因故在北京居住或定住。据张鸿翔先生统计，明朝时"内附"的少数民族部族主要有女真、鞑靼、兀良哈、瓦剌、哈密、沙洲、西番、扯儿禅、车儿禅、吐鲁番、赤斤蒙古、撒里畏吾儿、别失八里、回回钦察、番国等。[66]

聚居区的少数民族多以卫所或羁縻卫所、军民府（所）的形式管理，在京师，除中央机构管理其朝贡、世袭、封赏等事务外，还有专门的少数民族机构管理民族事务。

提督四夷馆（又称"四译官"和"四彝馆"）"掌译书之事"，即专门负责翻译少数民族或外国语言文字的机构。永乐五年，"特设蒙古、女直、西番、西天、回回、百夷、高昌、缅甸八馆，"正德年间时增设八百馆，万历年间，又增设暹罗馆。四夷馆名义上选官民子弟充任，其实，最初能识读翻译少数民族语言和文字的恰是一些归附明廷的少数民族。[67]

会同馆，属驿传体系，在京为会同馆，在外称水马驿等，"接待番夷使客"，即负责接待入京各少数民族藩王或藩国贡使的机构。永乐初年即在北京开设，正统六年开设南北二馆，北馆设在北京，共计6处，南京有3所。二馆接待分工是："凡各王府公差人员，及辽东、建州、毛怜、海西等卫女直，朵颜三卫达子、吐鲁番、撒马儿罕、哈密、赤斤罕东等卫，回回、西番法王、洮岷等处、云贵、四川、湖广、土官番人等，俱于北馆安顿；迤北、瓦剌、朝鲜、日本、安南等国，进贡陪臣人等，俱于南馆安顿。"[68]接待会同馆的差役杂活多由京畿地区军民承担，对少数民族及外国贡使的接待对北京地区百姓的生活是有一定影响的。

在北京的京军中，神机营"司神鎗火器"，其官军最初可能由南方少数民族构成，据称："神机营，永乐中征交趾，得其神机火箭之法，因立是营。"[69]此说不确切，从大量可靠史料看，仁宣年间京城以外都司卫的旗军多有参与神机营操练者，今交趾一说姑存之。

注释：

（1）《明太祖实录》卷三三，洪武元年闰七月庚子

（2）韩光辉：《北京历史人口地理》，北京大学出版社，1996 年，第 105 页。

（3）永乐：《顺天府志》卷八。

（4）沈榜：《宛署杂记》卷五。

（5）尹钧科：《北京郊区村落发展史》，北京大学出版社，2001 年，第 178 页。

（6）《明太祖实录》卷六二，洪武四年三月乙巳。

（7）参见尹钧科：《北京郊区村落发展史》，第 184 页。

（8）《明太宗实录》卷二三一，永乐十八年十一月丁卯。

（9）曹树基：《中国人口史》（第四卷，明时期），复旦大学出版社，2000 年，第 102 页。

（10）万历《明会典》卷十九《户部·富户》。

（11）参见彭勇：《明代班军制度研究——以京操班军为中心》，中央民族大学出版社，2006 年。

（12）《明太祖实录》卷八六，洪武六年十一月己未。

（13）《明太宗实录》卷六四，永乐五年二月戊戌。

（14）《明太祖实录》卷六六，洪武四年六月戊申。

（15）《明太祖实录》卷八〇，洪武六年三月癸卯

（16）陆容：《菽园杂记》卷五，中华书局，1985 年，第 56 页。

（17）《明孝宗实录》卷八，成化二十三年己丑。

（18）《明太祖实录》卷一三八，洪武十四年秋七月壬寅。

（19）《明太宗实录》卷九五，永乐七年秋八月甲寅。

（20）《明太祖实录》卷一八八，洪武二十一年二月丁卯。

（21）参见邱富生：《试论明朝初期居住在内地的蒙古人》，《民族研究》1996 年第 3 期。

（22）《明代北京及北畿的蒙古族居民》，《第十届明史国际学术讨论会论文集》，人民日报出版社，第 627—633 页。

（23）许有壬：《西域使者哈只哈心碑》，《全元文》卷一一九七，第 38 册，凤凰出版社，2004 年，第 388 页。

（24）王恽：《秋涧先生大全集》卷八八。

（25）赵振武译，白寿彝文：《禹贡》总第 59 期。

（26）各清真寺的建寺传说有多个版本，除了相传建于元代外，也同时存在明代建寺的不同观点。另外牛街礼拜寺和东四清真寺的建寺传说更可提早到辽代。

（27）刘东声、刘盛林注释：《北京牛街志书——〈冈志〉》，北京出版社，1990 年，第 1 页。

（28）参见回宗正：《北京清真寺碑文辑录述要》，内部发行。

（29）刘东声、刘盛林注释：《北京牛街志书——〈冈志〉》，北京出版社，1990 年，第 35 页。

（30）参见彭年、刘盛林：《北京回族》，载胡振华主编：《中国回族》，宁夏人民出版社，1993年。

（31）参见金吉堂：《敕建清真寺的五百年》，载李兴华、冯今源编：《中国伊斯兰教史参考资料选编》上册，宁夏人民出版社，1985年。

（32）〔明〕沈榜：《宛署杂记》卷一九，《稀见中国地方志汇刊》一，中华书局，1992年，第187页。

（33）参见唐宗正在：《锦什坊街清真寺》，载李兴华、冯今源编：《中国伊斯兰教史参考资料选编》上册，宁夏人民出版社，1985年。

（34）《北京图书馆藏中国历代石刻拓本汇编》第59册，编号京6757。

（35）参见王东平：《北京三里河清真寺〈重修清真寺碑记〉笺证》，《回族研究》2008年第2期。

（36）金吉堂在：《敕建清真寺的五百年》一文中记载陈如松与万历二十一年重修直隶通州朝真寺。陈如松还撰写了刻于万历四十四年的《重修礼拜寺碑记》。

（37）刘东声、刘盛林注释：《北京牛街志书——〈冈志〉》，北京出版社，1990年，第32页。

（38）《明史》卷一六六《方瑛列传附陈友列传》。

（39）金吉堂：《敕建清真寺的五百年》，载李兴华、冯今源编：《中国伊斯兰教史参考资料选编》上册，宁夏人民出版社，1985年，第498页。

（40）金吉堂：《敕建清真寺的五百年》，载李兴华、冯今源编：《中国伊斯兰教史参考资料选编》上册，宁夏人民出版社，1985年，第496页。

（41）《明通鉴》卷一九《宣德元年七月》第2册，中华书局，1959年，第803页。

（42）〔明〕刘若愚：《酌中志》卷二二《见闻琐事杂记》，北京古籍出版社，1年，第193页。

（43）〔明〕刘若愚：《酌中志》卷一五《逆贤羽翼纪略》，北京古籍出版社，1994年，第89页。

（44）（45）《明史》卷七四《职官三》。

（46）参见林松、和龑：《回回历史与伊斯兰文化》，今日中国出版社，1992年。

（47）《明英宗实录》卷二七五，天顺元年二月甲寅。

（48）〔明〕谈迁：《北游录》，《纪邮上》，中华书局，2006年，第48页。

（49）《明太宗实录》卷七八，永乐六年夏四月乙酉。

（50）见奇文瑛：《论明朝内迁女真安置政策——以安乐、自在州为例》，《中央民族大学学报》2002年第2期；《论明代开原的地位和作用》，《满族研究》2002年第3期。

（51）《明宣宗实录》卷五二，宣德四年三月丁未。

（52）《明太宗实录》卷一五四，永乐十二年八月壬戌。

（53）《明宣宗实录》卷八七，宣德七年二月乙未。

（54）《明英宗实录》卷八，宣德十年八月己酉。

（55）张秀松：《东北民族史研究》，中州古籍出版社，1997 年，第 203 页。

（56）《明英宗实录》卷一〇八，正统八年九月丁丑。

（57）参见《中国明朝档案总汇》第 73 册之《南京五军都督府所属卫所·亲军卫·锦衣卫》，广西师范大学出版社，2001 年。

（58）《清实录·满洲实录》卷一《长白山》。

（59）陈梧桐、彭勇：《明史十讲》，上海古籍出版社，2007 年，第 44 页。

（60）参见陈楠：《明代大慈法王研究》，中央民族大学出版社，2005 年，第 125—195 页。

（61）参见陈楠：《明代大慈法王研究》，中央民族大学出版社，2005 年，第 184 页。

（62）《明英宗实录》卷一七，正统元年五月丁丑。

（63）《明武宗实录》卷一三二，正德十年十二月庚申。

（64）《明宪宗实录》卷二二六，成化十八年夏四月丙午。

（65）《明宪宗实录》卷一五五，成化十二年秋七年癸亥。

（66）见张鸿翔：《明代各民族人士入仕中原考·序》，中央民族大学出版社，1999 年。

（67）《明史》卷七四《提督四夷馆》。

（68）万历《明会典》卷一〇九《宾客·会同馆》；卷一四五《驿传一·会同馆》。

（69）〔明〕陆容：《菽园杂记》卷五。

第三章　明代北京地区的民族关系

有明一代，明中央一方面时刻提醒自己加强战备，准备打仗，另一方面不放弃争取蒙古贵族的归附（嘉靖朝因"北虏南倭"矛盾的同时出现，导致世宗对蒙古族政策出现差错除外）。共同生活在北京地区这个舞台上，不同的民族信仰、民族习惯和风俗，在传统的民族观和等级观影响之下，各民族之间的关系，既有冲突与隔膜，又各美其美、美美与共，经历了从另类异族到趋同融合的发展过程。

第一节　少数民族的职业分布

在北京城生活的少数民族与普通汉族最大的不同是，他们的社会地位相对比较高。在明朝一般汉族官员和百姓眼里，来自北方的蒙古人、女真人、回回人等，由于大都被编组在都司卫所里，多以"达官军"混称。

征战戍守，大部分内地卫所官军最基本的职业。与生俱来的马背生活和辽阔草原养成了北方游牧民放善于征战骑射、粗犷奔放的性格。特别是归附于明朝的这批少数民族有丰富的作战经验，同时，编制于卫所中的官军后裔，耳濡目染的战守氛围培养了他们勇于征战与不屈的性格。正如明太祖在洪武二十年所说，"故元旧官阿速哈剌儿、伯颜忽里二人令授以指挥之职，令其带领达达军士数量不多，然皆可用，况北平风土，素所谙练……果能骑射则以此符给之，令充先锋。"[1]

明廷针对归附的元朝将士原来的任职情况，分别授予不同的职务。以宣德六年为例，时"迤北鞑官失都等四十九人携家属三百余口来归，皆奏愿居京自效"，宣宗根据兵部和礼部的意见，分都指挥佥事、指挥同知、正千户、百户和镇抚等五等予以封赏，对年幼者"优给"，同时还对行在工部尚书吴中说："虏人慕义来归，可择隙地造居室处之。"[2] 明廷对武官实行世袭制度，即父死子继，或兄终弟及，如果继承人年幼，官府还出资优给，待继承人年长后再出幼继承。在继承时，汉族武官尚需比试，达官承袭则无须比试，这也显示了对少数民族官员的优待。[3]许多武官在五军都督府、各都司及下属卫所中各级职务均有担任，并根据他们的表现加功授爵，有的甚至做过五军都督，加封公侯伯者也不在少数。他们是明帝国统治力量的重要组成，在明朝安邦定国的战争中发挥了重要的作用。如《明史》卷一五六所载诸达官大臣，如吴允诚、孙瑾、薛斌、蒋信、李英等，他们大都参加过洪武、永乐两朝对蒙古族的战争。他们归附明朝后，积极参与到追剿残元势力的斗争中，并做出卓越功绩，受到明政府的嘉奖。和勇，初名脱脱孛罗，和宁王阿鲁台之孙。宣宗时居住于京师。和勇袭指挥使，积功至都督佥事。天顺年间，充游击将军，统降夷千人往讨两广。成化初率所部从征大藤峡，晋左都督。三年召督效勇营训练，再著战功，特封靖安伯，成化十年去世[4]。

从事农业和养殖业。一部分少数民族官军在政府的倡导下从事畜牧业生产，特别是发挥他们善于养马的优势，鼓励他们养马，同时从中选择一些养马能手，指导汉族农民养马。永乐九年七月，成祖要求兵部"选鞑官闲居老成谦厚者，教民畜牧"[5]。宣德五年，政府又规定，"令御马监勇士马，并达官调习马，每匹按月原支草三十束内支本色草一十五束，余折白绵布一匹。正统八年，令直隶真定卫达官，自己马草料住支，其官马照官军例支给"。这里至少说明，明代蒙古族军民为明代军事用马的培养是做出不少贡献的。[6]宣德六年，北部战事稍平，政府给在京供职的达官们在顺天府三河县等处划拨了为数不菲的草场，"侯四百亩，伯三百亩，都督二百五十亩，都指挥二百亩，指挥一百五十亩，千户卫镇抚一百二十亩，百户所镇抚一百亩，"以供他们生活。[7]凡明初早年归附的达官军，他们屯种耕田自食，也不需要交纳子粒。[8]

从事民族语言工作。发挥少数民族贵族、官员既懂汉语、又懂少数民族语言的优势，让他们充当国家民族和外事工作者的角色。除四夷馆和会同馆外，在翰林院、司天监等文职或技术部门都有少数民族人士担任职务。洪武九年，以火你赤为翰林院蒙古编修，更其姓名为霍庄。[9]洪武十五年明太祖命翰林编修马沙亦黑、哈麻说："大将入胡都，得秘藏之书数十百册，乃乾方先圣之书，我中国无解其文者。闻尔道学本宗，深通其理，"命译之。李贤，鞑靼人，初名丑驴。元工部尚书。洪武二十一年来归，通译书。太祖赐姓名，授燕府纪善。侍燕世子最恭谨。"凡塞外表奏及朝廷所降诏敕，皆命贤译。贤亦屡陈所见，成祖皆采纳之。"仁宗时进右都督，赐赉甚渥，仁宗时封忠勤伯。"[10]语言沟通也是对蒙古族管理的重要工具。如在南京，因"安插夷人数多，都督佥事高通负管束不力"，南京守备徐承宗于天顺四年请求于卫所官中增设"谙晓夷语"的官员协同管理，相信在北京也有相同的情况。有的达官则被从内地卫所重新召回，在北边充当联络人员。[11]

第二节　政治与经济待遇

明廷对来归的各民族首领予以封赏，对普通百姓均有赏赐，以解决他们的基本生活问题，首先保证他们的物质生活。永乐七年时，有鞑靼虎力罕等人率家属来归，"奏愿居京师"，中央赐予钞币、衣服、布绢、鞍马、牛羊、米薪、居第及日用什器，同时规定，今后凡有来归愿居京师者，"赐赉准此例。若元之故官，则第高下，授之职、食其禄而不任事，"[12]确定了在京师居住的少数民族首领及民众的赏赐标准。

在京师的各官族官军享受与在京官军相同的待遇且有所优惠。如宣宗说，"留其家属于京者，以系其心，而无以赡，能得其心乎？其如京官例给之。"[13]次年，宣宗又下令："在京达官俸，不拘品级，月支米二石，余于南京仓支；其折钞，照文武官例。"[14]虽然少数民族官军的俸禄总额与京官相同，但实际上他们可支配收入却远远高于京官，原因在于汉族京官俸禄的大部分是折俸的。汉官俸折色的比例为：永乐时一、二品折十之六，三四品半支，五六品十之四，七八品十之三，九品及未及流全支米。至正统年间，"五品以上米二钞八，六品以下米三钞七"，成化年间，则无论品级高低月米"皆一石"。[15]卫所武官"俸级与文职同，惟本色米折银"，文官俸禄多折购买力很差的纸钞或苏木胡椒等实物。而在京达官军的俸禄则是全支实物。直到宣德十年，才更定京鞑官月俸给月米例，行在户部、兵部奏，"在京鞑官有全给者，有半给者，今馈艰难，宜稍撙节。于是命全给者减半，半给者减十之三四，新降附者自指挥而下亦边减之，"虽然折俸相同，但在俸禄的支付地点上达官仍优于汉族，汉族俸禄在京仓、通仓兼支，达官俸则在京仓全支。[16]由于各地粮食供给紧缺有别，所以官俸的本折比较也大不相同，但同一地方达官军与汉官军相比则略为优厚却是事实。正统年间，李贤给这批在京达官军的财政支出算过一笔账，"其月支俸米，较之在朝官员，亦三分之一，而实支之数，或全或半，又倍蓰矣。且以米俸言之，在京指挥使正三品，该俸三十五石，实支一石，而达官则支十七石五斗，是赡京官十七员半矣。"[17]

北京地区的少数民族官军优厚的物质生活待遇也招致受薄俸之苦和"北虏"之扰的众多汉官的强烈不满，他们认为，"彼来降者，并非心悦而诚服也，实慕中国之利也。且达人在胡未必不自种而食，自织而衣。今在中国则不劳其力而坐享"。也正是由于他们物质收入较为保障，所以这批内地达官虽然分散各地，人数也不多，但生息繁衍非常快，在广东，总都御史凌云翼说，"诸凡优厚，今生齿渐繁，应从节省……因生齿日繁，支给太滥"。在北京，李贤说，"切见京师达人，不下万余，较之畿民，三分之一"[18]。如果他们在内地真的受到政治迫害，或者生齿艰难的话，他们是很难有如此较快的人口增长的。

应当承认，明政府对归降的少数民族官军一直采取非常优厚的物质待遇，目的是显而易见的，就是尽可能去消除他们的对立及反抗情绪，创造平和的民族关系。为了加速实现这一民族融合或同化的过程，明政府也在政策上加以引导，而不是强制。

第三节　民族矛盾与冲突

当然，从作为统治阶层的民族到成为被监控的对象，这批少数民族在心理上肯定有一个转变的过程。从明统治者的角度看，受"华夷之防"的民族观影响以及现实"北虏"的威胁，部分汉族官员在京城里居住数量不菲的少数民族心存戒心。因此，尽管明政府在政策上一直对他们持有较为宽松的政策，但是由于在明统治者内部一直存在着对蒙古族怀疑，甚至敌视的态度，而且随着北方边境局势的变化，生活于内地达官军肯定会受到政局变动所产生的影响。有明一代，汉族官员的"非我族类，其心必异"民族偏见长期存在，由于军事与政局一直结合在一起，在明朝政治斗争中卫所中的达官也不可避免地卷入其中，这也为他们的生活带来了消积的影响。

宣德朝一改永乐朝积极开拓的沿边方略，转向内敛式收缩防御，塞外蒙古贵族稍趋活跃，对明廷的军事威胁初见端倪，统治者内部对定居在北京地区的蒙古人、回回人的警觉有所提高。宣德末年，刑科给事中年富条陈时政时，对定居在京城的归附少数民族表示了深深的忧虑："国家可忧，戎狄为甚，自永乐以来，纳招丑类，縻以官爵，杂处京都，坐费国用。养乱召危，必由于此。乞敕大臣，历考明验，参酌成规，皆遣还故土，以慰彼思，释我内患"[19]。正统初年，湖广布政司检校程富在表达了同样的忧虑之后，同样认为归附达官不应当大量屯驻在京师，他一改年富"遣还故土"的主张，提出可改派新归附者至湖南卫所安插，他说："夷狄为患，自古有之。若处之辇毂之下，宠以崇高之位，其能据诚尽节如金日磾，万无一二，忠爱勤奋如仆固、怀恩，尚不克终，至于桀黠难驯如刘渊之俦，殆不可缕数，往事甚明，皆足为鉴。今归顺达官人等，日累月增，动以万计，固难阻向化之心，亦当防未然之患。乞敕兵部将新降附者，量赐赍装，遣往湖南卫所，既省京师之廪食，且杜华夏之厉阶。"[20]减少在京城居住少数民族人数、消除不安全隐患是他们的共同目的。

正统十四年，土木堡之变爆发，蒙古也先部挥师南下，英宗被俘，明廷为之震惊。在京师戒严、北边防御吃紧之时，北京地区传出了有归附的蒙古人和回回人趁机造反的事件，引起朝野上下的轩然大波，"降虏之编置京畿者，因虏入寇，遂编发胡服，肆抄掠人目为家达子。又有驱避难人以附虏者，在在纷然。官军间有获之，俱命斩首以徇，"[21]"土木之变，达官达军之编置近畿者，一时蠢动，肆掠村庄，至有驱迫汉人以归寇者"[22]。不过，从实际情况看，图谋不轨的人终究只是极少一部分，或许只是混乱时期个别人的浑水摸鱼行为，还不足以上升到民族对立的严重程度。

然而，这一事件极可能给在京达官军的生活带来影响。户部给事中王竑、翰林院侍讲刘定之纷纷上疏，请求把京畿内归附安插的少数民族迁到南方去，以免京师之忧（《日知录集释》卷二九《徙戎》）。此后，恰遇南方社会动荡（黄萧养起事），南北二京均有"达官军"参与勘定叛乱，有几支还迁居至广东。[23]需要说明的是，派出京军参与地方平叛是明朝军事调动一贯的做法，此事派达官军与汉旗军队一起出征似无特别之处，从达官调住在广州卫的过程可知，明廷对达官南迁是相当慎重的，与其看成是由于民族矛盾导致的军队调动，不如理解成是两广防御需要才调整的军事部署。[24]

成化以后，针对北京地区少数民族不安定的言论越来越少，到嘉靖初年，蒙古人等与汉族人杂居散处，已经没有明显的变化。嘉靖八年，"京城迤南庞哥庄等处，民夷杂处，桴鼓数鸣。上从御史傅鹏言，以其地属之顺天兵备副使，凡官民达舍色目人等，悉听约束。仍令修补墩台，选兵厉马，积粟缮械，以备非常。"[25]高寿仙认为，此举标志着"明朝官员已接受蒙古等少数民族在京畿居住的事实，试图将他们纳入当地的治安体系之中"[26]。笔者表示赞同，认为，此举亦标志着北方地区的蒙古族等少数民族与汉族的社会地位已没有实质性的区别。

实际上，北京地区的归附明朝的蒙古等少数民族没有给明朝的统治带来什么麻烦，民族冲突也不是有明一代内地达官军生活的主调。如明代两京皇家卫兵中均有为数不少的达官军存在，却没有发生过大规模的民族叛乱事情。在他们的脑海中甚至已经没有民族隔阂与偏见，只有国家的稳定与民族的前途与命运，生活于万历年间的张燧在其《千百年眼》书中有《达官朵耳》一条，说的是英宗年间曹吉祥麾下有一达官叫朵耳，他不畏强权与暴力，纪念被宦官害死的、力主抗击入侵蒙古贵族的兵部尚书于谦。朵耳机警勇敢，情真意切，令人动容。但一部分养尊处优的武官在明代迅速成为社会的统治阶层，他们侵吞土地，鱼肉百姓，作威作福，无恶不作，许多蒙古贵族实际上成为统治者阶级的一部分。

各民族之间的冲突，亦有因宗教信仰或生活习惯而起者。如回回有不食猪肉，却以贩卖、屠牛为业，明统治者出于保护农耕经济的需要又禁止屠宰牛，冲突就不免发生了。

中华文明立足于农耕，历代中原王朝均重视农业生产，明朝也不例外。在以畜力为主要动力的中国古代，耕牛是农业生产的动力来源，因而受到特别关注。《大明律》中对杀、盗牛马的罪责处罚重于驼、驴、骡等其他牲畜。有明一代多次重申禁宰耕牛的法令。如代宗景泰元年（1450 年）十月申明："严私宰耕牛，禁犯者于常律外，仍罚钞五千贯。本管并邻里不首及买食者，各罚钞三千贯。"[27]宪宗天顺八年（1464 年）三月重申："民以农为本，有司时加劝督……至于耕牛所赖尤重，不许军民宰杀、买卖。如有犯者，枷号半年，依律问罪。若有司纵容私宰，一体治罪不饶。"[28]

然而，京师内外仍有屠牛以为业者。弘治五年（1492 年）十月，鸿胪寺序班郭理言五事，其中最后一事称："禁宰牛谓私宰耕牛，律例固有明禁。奈何京城杀牛觅利者无处无之，在外亦然。不为之禁，贩卖愈多，屠宰愈众。非止民缺耕载之用，抑亦有伤天地之和。乞在京令兵马司，在外听军卫有司严加禁止。犯者照律例罪之。"[29]可见，当时各地屠牛之事很多。弘治十二年九月，"光禄寺卿李鐩言：京师私宰耕牛者有禁，而四方私宰如故，请敕在外诸司照例榜示。从之。"[30]说明京师私宰耕牛的行为受到了一定地约束。不过，此后京师私宰耕牛的状况应没有根除。沈德符在《万历野获编》中记载了这样一个事件：

近年丙戌丁亥间（万历十四、十五年，即 1856 年、1857

年——笔者注），巡城御史杨四知者，出榜禁杀牛，引太祖所定充军律，悬赏购人告发。时九门回回人号满剌者，专以杀牛为业，皆束手无生计。遂群聚四知之门，俟其出，劘刃焉。四知惴甚，命收其榜，逾月始敢视事。[31]

经由这个故事，我们不仅可见万历年间北京专有杀牛为业之人，私宰耕牛屡禁不止，而且从业者中应有大量回回人，冈上一带的回回人在明代即以屠贩为业者居多。

明代北京回回人与其他人群的宗教、习俗发生冲突的事件鲜有记载，仅见明人陆容在《菽园杂记》中收录的一个故事，内容如下：

夷人党护族类，固其习性同然，而回回尤甚。尝闻景泰间，京师隆福寺落成，纵民入观。寺僧方集殿上，一回回忽持斧上殿杀僧二人，伤者二三人。即时执送法司鞫问，云见寺中新作轮藏，其下推转者，皆刻我教门人像。悯其经年推运辛苦，譬而杀之，无别故也。奏上，命斩于市。予谓斯人之冒犯刑辟，固出至愚，然其义气所发，虽死不顾。中国之人，一遇利害，至有挤其同类以自全者，较之斯人之激于义而蔽于愚，其可哀怜也哉。[32]

陆容在叙述结尾对此事的评论自有其所指，我们更看重的是由其记录而保留的明代京师回回人的生动面貌。这一事件由伊斯兰教和佛教两种不同宗教信仰引起，当事人的行为似有些极端，应不是当时回回人的普遍现象。但从这个事件中，我们可以看到当时京师回回人的宗教观念很强烈，信仰群体的内聚性很强，群体也很团结，由此才引发了陆容对回回人党护族类最甚的印象。

第四节　民族融合

在婚姻制度方面，明政府提倡汉人与少数民族通婚，朱元璋及朱棣都有蒙古族妃子，如太祖七子和八子的母亲都是定妃达氏，十二子的母亲为胡氏，许多史籍中均记载朱元璋二子、四子的母亲也是达妃。武宗甚至将鞑靼人脱火赤收为义子，并赐国姓朱名静。[33] 明政府也将虏获的部分蒙古贵族女子分给官军。在鼓励汉族与蒙古人通婚的同时，明政府也限制蒙古等少数民族内部通婚，《大明律集解附例》规定："凡蒙古、色目人，听与中国人为婚姻。务要两相情愿。不许本类自相嫁娶，违者杖八十，男女入官为奴。其中国人不愿与回回钦察为婚姻者，听从本类自相嫁娶，不在禁限，"当时人认为，这种规定一方面是因为"恐其种类日滋也。听其本类为婚者，又悯其种类成色也。立法严而用心恕，所以羁縻异类也。"[34]此类规定虽然以立法行式给予确定，但其执行情况却不得而知。确实，这种规定更多的是带有一种引导性，而很难去理解成冷酷的规定。由于蒙元作为统治者几近百年，入明后，这批达官军入驻内地其实只是身份上稍作变化，对于普通百姓而言，这种角色转变对他们之间的姻亲关系的建立不应当成为不可逾越的鸿沟。所以我们有理由相信蒙古、色目人与汉人的婚姻是出于自愿、而非强制性。

在语言和服饰方面。朱元璋认为，蒙古族拥有天下时，"悉以胡俗变易中国之制"；他要消除元朝在语言、文字、服饰和生活习惯等生活方式在全国的影响，规定汉人在起名、穿衣、语言等方面严禁仿效蒙古风俗，决定"复衣冠如唐制"。[35]与此同时，明政府对一大批达官军赐汉姓，这方面张鸿翔先生已有深入研究，他认为赐姓原因一是旌其来归，二是别其称谓，三是促其同化，四是由其自请，五因其功绩。[36]赐姓有利于民族交流与融合，顾炎武认为，"自此（引者注：永乐三年七月，赐把帖木儿名吴允诚，伦都儿灰名柴秉诚，保住名杨效诚）遂以为例，而华宗上姓与旃裘之种相乱。"[37]

不同的民族杂居生活在一起，他们的语言、服饰、风俗习惯自然会有潜移默化的影响。这其中有任职的需要，更多的则是生活方式的趋同。迁居北京的各少数民族或任职官员，他们需要有共同的语言交流平台，有人因为语言上的优势还官府里受到重用，他们的后代被送到国子监读书学习，对汉族语言有了系统学习的机会。同时，这些少数民族官府因为懂得民族语言和文字，在官府任职，已经如前述。这些少数民族官员的语言和服饰自然影响到周围的各色人等。

明中期以后，汉族与北方少数民族在语言与服饰方面多有趋同。弘治四年正月，明廷颁布了一份"禁约军民并妇女人等胡服胡语，初犯照常发落，再行枷号，匠作一体治罪"的告示，事情的缘起是时任刑部尚书何乔新等人奏请皇上，在北京城等地出现了普通百姓习胡语、着胡服的现象，此与太祖初年倡导的禁胡服、胡语的初衷严重违背。这则史料名义上反映了官府禁止少数民族风俗的严厉态度，实际上恰恰反映了明中期的北京城等整个华北地区汉族对蒙古等北方少数民族生活习俗和方式的认同与仿效，反映了不同民族生活方式的共生与相互影响。该史料全文如下：

弘治四年正月二十六日，刑部尚书何等题为《禁治异服异言事》，浙江清吏司案呈，奉本部送刑科抄出，该本部题，切见近年以来，京城内外，军民男妇，每遇冬寒，男子率用貉貂之皮制尖顶卷檐帽，谓之胡帽；妇女率以貂皮作覆额披肩，谓之昭君帽。又去冬今春，童男童女在街嬉戏聚谈骂詈，不作中华正音，□成一种鸟兽音声，含糊啯□，莫便字义，谓之打狗叫。传闻北直隶各府，及山东、山西、河南、陕西地方，互相仿效，亦有此习。夫胡帽、昭君帽之制，皆胡服也，打狗叫之谣，是胡话也。以中国而异服，异服异言，何其习俗之缪耶？盖自胡元入中国，衣冠变为左衽、正音沦为殊离寻伦法尽胡俗。仰惟太祖高皇帝用变夷肇修人纪，扫胡元之陋俗，复夏华之淳风，去异服而权髻不得以乱冠裳之制，禁异言而胡语不得以杂华下之音，有余百年，国不异政，家不殊俗，斯世斯民复见唐虞三代文明之盛，实我列祖之功也。查得历年滋久，民俗日偷渐乐夷风，恬不为，惟此等异服异言，虽起于微贱之人小，实关乎华夷之大体。如蒙乞敕锦衣卫并巡城御史督令五城兵马司严加巡缉，今后军民人等、男妇童稚，敢有仍戴前帽及为打狗叫等项语音，拿送法司究问，妇人有犯罪坐夫，童稚有犯罪坐家长。初犯并照常例发落，再犯枷号示众，仍究制帽匠作铺家一体治罪。其直隶等处亦行各该巡按监察御史禁治如此，则法令严明，人心知警，而习俗淳正矣。系缘禁治异服异言事理具题，奉圣旨是，恁部里便将这奏司出榜禁约，钦此！[38]

不仅蒙古人与汉人的服饰、语言互多有影响，回回人在北京地区维持宗教信仰的同时，在对京师本地生活的适应和融通方面有自己的特色。如前文所述，《冈志》称北京回回多来自江南、山东，因而保有其来源地的语言习惯，"教人哭父曰：'我的达'，其亦山东之俗也。"[39]这说明回回人自元朝落籍以来直至明朝，其语言方面不可避免地有同化于本地方言的情况出现。居住地的语言习惯早已被他们化为己有，以至于当他们迁居他处时，这种语言习惯仍保留在其自身和后裔的生活之中。

尽管明代的回回人均以汉语为日常交际语言，但在其日常使用词汇中融入了阿拉伯、波斯等其祖先所用的语言，同时又多有创新，创造出很多意思特殊的新词汇。今天我们将这种穆斯林内部使用的语言称为经堂用语。这种主要流行于穆斯林内部的语言有很多词汇，大致可分为三类。一是阿拉伯语译音，如安拉乎是真主的名字；杜瓦宜是祈祷词；易卜利斯意为魔鬼等。二是波斯语译音，如阿訇意为经师；邦克意为召唤；朵斯梯意为朋友等。三是汉语词汇的借用或创新，如把斋意为封斋；归真、无常意为去世；口唤意为许诺等。

　　明代回回人的文化融合还表现在清真寺的建筑上。透过现存遗迹和当时的清真寺碑刻记录，我们可以大致了解明代京师各处清真寺的建筑样式。这些创建或修复于明代的清真寺，在建筑形制和风格上既有其宗教特色，又以中国式建筑的面貌示人。尽管各个清真寺大小不一，建筑规模不同，但每座清真寺都建有礼拜殿和水房，这两项是清真寺最基本的建筑。礼拜殿是清真寺的主体建筑，是穆斯林实践宗教信仰的场所。该殿建筑形制上虽然是木质结构、大屋顶，但其朝向有所不同，殿门一般向东开。这是因为伊斯兰教规定礼拜者要面朝麦加的方向，麦加在中国的西方，所以中国穆斯林礼拜时面朝西方。礼拜殿的大门向东而开，穆斯林在殿内礼拜时面向西墙，上设有龛，指示朝向。水房的设置在清真寺内是必不可少的，因为伊斯兰教规定礼拜者在拜前需做大、小净，清洁身体。所以有清真寺，必设有水房。

　　规模较大的清真寺除了礼拜殿和水房这样的基本建筑外，还建有望月楼、邦克楼、南讲堂、北讲堂等辅助设施，以及庭院、牌坊、影壁、回廊、垂花门、碑亭、石桥等组成部分。其中，望月楼、邦克楼和埋体房都是应伊斯兰教需求而设立的。伊斯兰教使用的是伊斯兰历，称为"希吉来历"[40]，中国称之"回回历"。这是一种阴历，也叫"太阴历"，它以"朔望月"为计算单位，从新月出现到第二次新月出现为一个月，每月首日以"见月"而定。因而望月楼的设置主要是为了观测月象。尽管斋月、开斋节、朝觐等重要日期在回回历中是固定的，但《古兰经》上说："你们中见月的人，就当封斋。"（2：185）从天文学的角度讲，见月的结果因地区不同而不同，因此穆斯林大众并不统一封斋和开斋，要看本地的"见月"情况。由此，望月楼也是清真寺内较为重要的配套设施。

　　邦克楼又称唤礼楼或宣礼楼。其原型是宣礼塔，起源于阿拉伯伍麦叶王朝，哈里发穆阿维叶下令将大马士革清真寺原教堂的望楼改造为宣礼塔。后埃及和伊拉克总督效法。哈里发瓦利德命希贾兹长官欧麦尔在麦地那先知清真寺增建了宣礼塔。到阿拔斯王朝时，宣礼塔建筑普及各地清真寺，多依照所在地高塔的传统形式而建筑。由于伊斯兰教的"五功"教义之一规定每日分五时礼拜（即晨礼、晌礼、哺礼、昏礼、宵礼五个时间），每逢到拜前时刻就有专人登上宣礼楼去呼喊穆斯林速来清真寺礼拜。伊斯兰教传入中国后，最初所建的清真寺建有异域特色的邦克楼。此后，清真寺的建筑风格逐渐中国化，邦克楼的风格也随之变化。北京东四清真寺所藏的一件铜顶，便是明成化二十二年（1486 年）增建的一座宣礼楼顶尖的建筑装饰物。据牛街清真寺明代碑刻记载，该寺曾"后楼告倾"，而这个后楼很重要，"非泛常楼也，协教赞礼按候升中，所以仰赞天言，呼寝者而使之醒也。"[41]可见当时倾倒的就是邦克楼。

南北讲堂的出现源于明末清初经堂教育的发展，清真寺通常将南北两面的厢房辟为宗教经师讲学、学员学习的场所。

从清真寺的建筑布局和空间处理的角度讲，清真寺的规划布局围绕着礼拜殿的建筑展开，以所在的院落为主导来规划整个清真寺建筑群的内在秩序。由于大多数清真寺都是历经多年不断扩建的，所以礼拜殿面积的扩大主要采取在原来大殿的基础上纵深或横向接建新殿的方法，而不是像其他寺院那样另辟地方单建或落架扩建。此外，由于伊斯兰教禁止偶像崇拜，礼拜殿内并无人物雕像，仅有阿拉伯文书法装饰。清真寺大殿不仅平面开阔而且具有一定纵深，内部空间很大。

由于清真寺采取的四合院式布局，礼拜殿所在的庭院是通向其他建筑、院落的交通枢纽。此外，庭院还发挥了重要的作用，当礼拜的人过多或举行大型宗教活动时，庭院便成为礼拜殿功能的延伸。

整个清真寺的建筑，以轴线对称的原则排列，只不过这条轴线是东西向，而非南北向。圣龛、礼拜殿、邦克楼等重要建筑多安置在轴线之上，其他辅助设施则在中轴线两侧，另外组成小型庭院。

鉴于伊斯兰教杜绝偶像崇拜，清真寺在装饰上极其注意不使用人物或动物图案，除了常见的阿拉伯文书法外，花卉、几何图形也经常用以装饰。

总体上说，尽管清真寺的建筑风格和形制上极具伊斯兰宗教特色，但北京明代清真寺受中国传统建筑特征的影响，多以木构架体系为主，呈现诸单体建筑平面布置的总体特征。说明明代北京的清真寺建筑已经融入本地的建筑习惯之中，并通过自身的建筑实践，在遵守木构架建筑总体原则的基础上，创造出明显的，独具宗教特色的艺术风格。

注释：

（1）《明太祖实录》卷一八一，洪武二十年四月癸未。

（2）《明宣宗实录》卷七八，宣德六年夏四月已未。

（3）参见梁志胜：《明代武官世袭制度》，北京师范大学博士后论文未刊稿，2000 年；于志喜：《明代军户世袭制度》，学生书局，1987 年，

（4）参见《明宪宗实录》卷一五二，成化十年二月戊午。

（5）徐学聚：《国朝典汇》卷一七六《夷官》，书目文献出版社，1996 年。

（6）万历《明会典》卷二五《户部·措备草料》。

（7）《明宣宗实录》卷八一，宣德六年秋七月壬申。

（8）《明英宗实录》卷一二二，正统九年十月丁未。

（9）顾炎武《日知录》卷二三《二字改姓一字》。

（10）《明史》卷一五六《李贤传》。

（11）《明英宗实录》卷二八一，天顺元年八月壬条；卷六八，正统五年六月辛未。

（12）《明太宗实录》卷九六，永乐七年九月壬申。

（13）《明宣宗实录》卷二七，宣宗二年夏四月乙巳。

（14）万历《明会典》卷三九《廪禄二·俸给》。

（15）《明史》卷八二《食货六》。

（16）万历《明会典》卷三九《廪禄二·俸给》。

（17）《明经世文编》卷三六李贤《达军支俸疏》。

（18）《明经世文编》卷三六李贤《达军支俸疏》。

（19）余继登：《典故纪闻》卷十。

（20）《典故纪闻》卷十一。

（21）《明英宗实录》卷一八四，正统十四年冬十月壬申。

（22）顾炎武著，黄汝成释：《日知录集释》卷二九《徙戎》，岳麓书社，1994 年，第 1042 页。

（23）参见彭勇：《明代广西班军制度研究——兼论班军的非军事移民性质》，《中国边疆史地研究》2004 年第 3 期。

（24）应槚、刘尧诲：《苍梧总督军门志》卷一《开府》，台湾学生书局，1978 年。

（25）《明世宗实录》卷九八，嘉靖八年二月丁丑。

（26）《明代北京及北畿的蒙古族居民》，《第十届明史国际学术讨论会论文集》，人民日报出版社，第 627—633 页。

（27）《明英宗实录》卷一九七《废帝郕戾王附录第十五》。

（28）《明宪宗实录》卷三，天顺八年三月乙卯。另，天顺为名英宗年号，宪宗于天顺八年（1464 年）正月即位，到第二年改年号为成化。

（29）《明孝宗实录》卷六八，弘治五年十月癸亥。

（30）《明孝宗实录》卷一五四，弘治十二年九月庚辰。

（31）〔明〕沈德符：《万历野获编》卷二十《言事》。

（32）〔明〕陆容：《菽园杂记》卷六。

（33）《明武宗实录》卷九〇，七月丙申。

（34）《大明律集解附例》卷六《户律·婚姻·蒙古色目人婚姻》。

（35）《明太祖实录》卷三〇，元年二月壬子等。

（36）《明外族赐姓考录》和《明外族赐姓续考》、《辅仁学志》第 3 卷第 2 期、第 4 卷第 2 期。

（37）《日知录集释》卷二三《二字改姓一字》。

（38）戴金编次：《皇明条法事类纂》（上）卷二二，文海出版社，1985 年，第 565—566 页。

（39）刘东声、刘盛林注释：《北京牛街志书——〈冈志〉》，北京出版社，1990 年，第 35 页。

（40）公元 639 年，伊斯兰教第二任哈里发欧麦尔，为纪念穆罕默德于 622 年率穆斯林由麦加迁徙到麦地那这一重要历史事件，决定把该年定为伊斯兰教历纪元，并将伊斯兰教历命名为"希吉来"，即阿拉伯语"迁徙"之意。

（41）《敕赐礼拜寺记》，明万历四十一年，碑存牛街礼拜寺。

清　代

　　在中国几千年的文明史发展进程中，清朝是最后一个封建王朝，也是一个集封建文化大成的王朝，又是一个由少数民族统治者建立的王朝，还是一个迅速把北京作为首都的一统王朝。它在把封建文化集大成的同时，对封建社会的民族关系也进行了较为全面的梳理，借鉴了以往各个朝代在处理民族关系方面的经验和教训，制定和运用了较为合理的民族政策，从而使得整个社会能够较为安定的发展，减少了边疆地区少数民族与中央政权之间的矛盾。清朝统治者又充分利用了北方游牧民族（以蒙古族为主）的军事力量，以夺取天下、巩固统一。

　　清朝统治者在入关之前，就已经建立了八旗制度，这个制度，是清朝赖以建立和发展的基本军政制度，同时，也是充分体现清朝统治者民族政策的一项重要制度。在这项制度中，满人、蒙古人和汉人结合在一起，被统称之为旗人。例如汉族民众，被结合到八旗中的称为汉军八旗，而没有在旗内的只能称汉人。汉军与汉人一字之差，政治待遇就完全不同了。这种汉人之间的政治差异，是清朝统治者人为制造的，也正是他们所制定的相关民族政策的充分体现。

　　清朝统治者在入关之后，以北京作为全国的统治中心，使得北京的城市面貌发生巨大变化。首先，是内城的巨大变化。清朝统治者在进驻紫禁城的同时，把八旗子弟也全都搬进了内城，依照八旗顺序依次分驻不同的城区，上三旗的子弟甚至居住到了皇城之内，从而使得整个北京城变成了一座大军营，这在北京城几千年的发展历程中是从未有过的现象。其次，是外城的巨大变化。在元朝营建新大都城时，旧中都城里还留住了相当一部分居民。及明朝营建外城（又称南城）之后，旧中都城基本上消失了。清朝八旗占据内城之后，原城中居民皆被迫移居到外城，带来了外城经济和文化的迅速繁荣，这种局面也是以前从未有过的。

　　与前此的明北京城相比，城市建筑格局没有发生大的变化，但是城市面貌的巨大变化所显示出来的，是大量少数民族（以满洲、蒙古为主）文化的传入，以及这些少数民族文化与汉族文化的相互融合。清朝统治者在北京进行的对中华文化集大成的整理（从《古今图书集成》到《四库全书》等），正是以规模空前广泛的民族大融合为基础的。这时的北京城，不仅是全国的文化中心，同时也是全国各民族相互融合的中心，各主要少数民族的领袖人物都在这里受到清朝统治者的礼遇和高规格的款待。当然，清朝统治者对少数民族领袖人物的尊崇都有一个共同的前提，就是他们必须承认清朝帝王有着至高无上的皇权，并且对皇权表示臣服。

　　"鸦片战争"以后，中国社会的性质发生了质的变化，民族关系问题与边疆地区政局的变化联系更加密切，在有些情况下，已经不仅仅是清朝中央政府与边地少数民族的关系问题，而是上升为侵略与反侵略的民族存亡的政治问题。因此，民族问题由此变得更加复杂。清朝政府的统治日趋腐败，对边疆治理能力不断削弱，而西方列强对中国的侵略日甚一日，越来越得寸进尺。在这种情况下，中华民族的存亡和汉族与少数民族之间的冲突与融合，都汇聚到了北京的政坛，一方面，是许多有识之士奋起为中华民族的生存而与列强的侵略势力进行斗争；另一方面，则是汉族与其他各个少数民族之间的团结意识空前高涨，逐渐从反清革命转变为"五族共和"，辛亥革命的爆发导致了清朝统治的覆灭，共和的出现，北京的历史也进入了一个新的时期。

第一章　北京城中新主人

第一节　清廷定鼎燕京

公元 1644 年（明崇祯十七年，清顺治元年）的春正月庚寅朔（初一日），这个注定成为中国历史上风云际会、动荡变幻一年的头一天，一片肃杀之气的明朝京师城内突然狂风骤起、乌云密布。不久又有祖宗起家、祖陵所在之地凤阳地震的消息传至。初三日，明帝朱由检即与左中允李明睿谈及放弃北京，南迁以图保全之事。[1] 皇朝末日景象甚至不能为元旦贺仪所稍有掩盖。据有西安城的闯王李自成却喜气洋洋。初一日这一天建国号大顺，改元永昌，定西安为西京。封功臣，定官制，开科取士，正月里的西安城一派蒸蒸日上的兴旺景象。大顺政权不暇自满，正月初八日，李自成即统兵出征，其兵锋直指明京师北京城。盛京（沈阳）城中的清朝统治者刚刚完成了充满危机的皇权代际更替过程，新正元旦的朝贺仪式按部就班地进行，也许是皇权更替是清朝内部各种势力相互妥协的结果，元旦朝仪甚至有所减省。清朝统治集团的注意力集中在内部权力结构的重组调整，对于即将到来的一年里中国天翻地覆的变化，既无预感，更无应对的计划。

明朝、大顺、清朝三种政治势力在北京地区的角力，使得一个本不那么重要的明山海关总兵吴三桂成为左右历史发展进程的关键人物。当四月二十二日山海关一役，李自成统率的十（一说二十）万大顺军在吴三桂的关宁军和清摄政王多尔衮统率的清军联合打击下溃败，李自成退回燕京，决策弃京师，退保山西、陕西，以图再起后，以吴三桂为急先锋的清朝军队，一改往昔专事抄掠、杀戮，蹂躏地方而不守的故态,反大张"吊民罚罪、出民水火"的旗号,以仁义之师标榜,规定"入关西征,勿杀无辜、勿掠财物、勿焚庐舍,不如约者罪之"[2]的纪律,并严格执行。"正黄旗尼雅翰牛录下三人,屠民家犬,犬主拒之,被射,讼其事。摄政和硕睿亲王(多尔衮)令斩射者,余各鞭一百,贯耳鼻。因下令,凡强取民间一切细物者,鞭八十,贯耳"[3]一事,足可见清朝统治者由东北一隅政权,朝全国共主身份转化的良苦用心。

多尔衮入城之初即下令军队驻扎城外,"凡军兵之出入城门者,有九王(多尔衮)标旗方得出入。"[4]入城第二日,多尔衮宣谕"朱姓各王归顺者,亦不夺其王爵,仍加恩养",故明"各衙门官员俱照旧录用,可速将职名开报……其避贼回籍,隐居山林者,亦具以闻,仍以原官录用",第三日,多尔衮下"令官民人等为崇祯帝服丧三日",并"著礼部太常寺备帝礼具葬"[5],其后拨款为崇祯帝后修建陵寝,并议崇祯之庙号、谥号;礼遇除万历帝以外之明十二陵。至五月二十四日,多尔衮更下令:"前因归顺之民,无所分别,故令薙发,以别顺逆。今闻甚拂民愿,反非予以文教定民之本心矣。自兹以后,天下臣民照旧束发,悉从其便。"[6]一改以往每攻占一地,即强令降民改汉族束发于顶旧俗为剃去四周,仅留头顶部分,辫发垂于脑后的女真旧俗政策。同时拒绝清朝统治者内部英亲王阿济格"乘此兵威,大肆屠戮"后还师盛京建议,[7]体现了清朝决策者政治家的胸怀。就连南明弘光政权东阁大学士史可法也承认"殿下(指多尔衮)入都,为我先帝、后发丧成礼,扫清宫殿,抚辑群黎,且免薙发之令,示不亡本朝,此等举动,振古烁金。凡为大明臣子,无不长跪北面,顶礼加额,岂但如明谕所云'感恩图报'乎!"[8]更赢得了清朝控制区域内汉族士绅百姓的认可与支持,比较顺利地稳定了北京城及周边地区的局势。

朱明王朝与大顺政权不共戴天,这是不言自明的事情,清朝政权却不存在与大顺政权不共戴天的充分理由,相反的情况是,朱明王朝在不久前还是大顺政权和清政权共同的敌人。迅速地将李自成大顺政权树为打击对象,将曾经的对手朱明王朝转化为吊民伐罪的援救象征,确实需要一点政治智慧。清朝统治集团中的决策者们清醒地认识到这一点,并充分地加以利用。一系列相应的政策使清朝八旗劲旅入山海、据燕京、长驱西进、南下,追剿大顺军的行动,具有了某种观念上的合法性。不久前还被视为代表着"非我族类"、野蛮"叛夷"的虎狼之师,因大顺政权的存在以及自身一系列迅速制定并严格执行的战场纪律、政治策略,成功地转身成为"救民水火,扫除暴虐,抚辑黎元"[9]的王者之师。尽管清朝决策者的很多政策明显有临时，不得已而为之的因素（薙发令的推行、免除以及不久后的恢复严格执行即属此），尽管清朝决策者军事打击的战略方向也曾有过早指向南方明朝残余势力，致使清朝一时面临大顺与南明两个对手，处于十分不利的地位，但其迅速改变战略打击方向，令南下伐明的定国大将军多铎转旆，集中力量对付李自成的大顺军，都证明清朝决策者卓越的大局观，是明末清初角逐全中国统治权的三股政治力量中最为突出的。尤其是在"华夷之变"理论盛行，自身边疆少数民族身份无可掩饰、文化习俗差异巨大，曾经的杀戮、劫掠记忆犹存的不利条件下，不长的时间内即取得对大顺政权、南明政权等政治势力的绝对优势地位，确立巩固清朝的统治，又绝非仅依恃军事打击、武力镇压实现。

初步底定燕京及周边地区的清摄政王多尔衮"再三思维：燕京势踞形盛，乃自古兴王之地，有明建都之所。今既蒙天界，皇上迁都于此，以定天下，则宅中图治，宇内朝宗，无不通达，可以慰天下仰望之心，可以锡四方和恒之福"，[10]其实，定鼎燕京根本就是清太宗的既定政策。作为目下清朝实际的决策者，多尔衮迁都北京之议，并未遇到来自清朝统治集团内部很大的阻力；关外留守的诸王贵族以及军民等可以在秋收忙乱之际而统一就道入关，除了北京城本身巨大的吸引力外，也和清朝决策者逐鹿中原的战略目标相关。此时京城之中不断出现的"东兵俱来，放抢三日，尽杀老壮，止存孩赤"谣言，反而需要迁都过程中"将盛京帑银，取至百余万，后又挽运不绝者何故？为供尔京城内外兵民之用也"[11]一类迁都燕京的宣传来消弭。

清顺治元年九月十九日，清帝福临车驾自正阳门入，十月初一日，朝廷精心准备的，更具中原王朝礼仪传统的清帝"南郊告祭天地，即皇帝位"仪式隆重举行，"仍用大清国号，顺治纪元"[12]。年仅六岁的清帝福临，于一年前（清崇德八年，1643年）八月二十五日在盛京举行的告天即皇帝位仪式后，再一次上演隆重的即位大戏。清帝福临两次即皇帝位仪式，并非简单的重复，其实际意义也有所不同：崇德八年的即位仪式，宣示清朝统治集团内皇权转移过程顺利完成；而北京城中这次即位仪式，和数日前明太祖朱元璋等人神位移入京城历代帝王庙，清太祖努尔哈赤、太宗皇太极等人神位迁入北京太庙仪式一样，都属意在强调明朝已经成历史，清王朝作为全中国统治者合法性的重大宣示。

第二节　旗民分城居住的空间布局

清王朝迁都北京，"皇上携带将士家口不下亿万与之俱来"[13]的先期布告，预示着自此以后二百余年北京城"旗民"二元结构格局的必然。"亿万"之说固为虚张声势之辞，但数十万众被八旗制度组织起来的人口，其在京城中的安置，无论如何也是一个重大问题。

据清朝官方记载，多尔衮入城之初的六月初十日，"摄政和硕睿亲王谕：京城内官民房屋被圈者，皆免三年赋税，其有与被圈房屋之人同居者，亦免一年。"[14]可知清人大规模迁都北京之先，即已存在圈占京城民居事实。毕竟皇宫之内，多数宫殿被焚，统兵诸王、大臣需有居处。借征服、占领余威，强行圈占，自是占领者的特权。然而这还不应被视为是有清一代北京城市旗民二元结构格局中"旗民分城居住"政策的滥觞，多尔衮统率的八旗劲旅，其时尚在追剿征战，无暇驻守；多尔衮的指挥统帅部门，又因其军事性质，家属人口当不会太多，故初期圈占民房，或多以办公用房为主。至十月初十日，清帝福临在京"颁即（皇帝）位诏于天下"，宣布"当改革之初，更属变通之令，是用准今酌古"。所有（四十八项）合行条例之第九，明确规定：

> 京城兵民分城居住，原取两便，实不得已。其东、中、西三城官民，已经迁徙者，所有田地应纳租赋，不拘坐落何处，概准蠲免三年，以顺治三年十二月终为止；其南、北二城虽未迁徙，而房屋被人分居者，所有田地应纳租赋，不拘坐落何处，准免一年，以顺治元年十二月终为止。[15]

北京城自明朝嘉靖间，即形成内城依方位分为东、中、西、北四城，南部新筑外城称南城的"京师五城"[16]格局，其由紫禁城、皇城、内、外城构成的数重墙垣，形成相对严格的区隔分野，清人迁都北京，自然加以利用。清廷诏示第九项"合行条例"，说明清人入城之初，南、北二城仍有部分房屋为清人依势强占，内、外城旗民分野尚未如后世那样清晰明确。但以清人八旗组织传统构成，其未来集中居住的必然性，正是清廷"分城居住"原则"实不得已"的原因，内城东、中、西三区域内原居民迁徙他处，正是清廷旗人居内城，民人尽迁外城政策的滥觞。八旗组织本为清朝统治结构的主体形式，其整体虽然一体统一，其内部分野亦属严格而不容混淆。京城中既有区隔为清朝

"旗、民分城居住"提供了实施的物质条件，而所谓分城居住原则，更包含了内城之中，八旗组织依旗色、按佐领严格分区居住的意义。《八旗通志（初集）·旗份志二》记载：

> 自顺治元年，世祖章皇帝（顺治帝福临）定鼎燕京，分列八旗，拱卫皇居。镶黄居安定门内，正黄居德胜门内，并在北方；正白居东直门内，镶白居朝阳门内，并在东方；正红居西直门内，镶红居阜成门内，并在西方；正蓝居崇文门内，镶蓝居宣武门内，并在南方。盖八旗方位相胜之义，以之行师，则整齐纪律；以之建国，则巩固屏藩。诚振古以来所未有者也。

清朝雍正年间始撰修，乾隆四年（1739年）蒇事之《八旗通志》此记载，只论及八旗于京城分驻情况，与清廷旗民分城居住政策无涉。清人入城之初，虽八旗依方位分驻内城之中，但尚未尽驱内城所居全部民人（详后）。所谓"八旗方位相胜之义"，指中国传统"五行"理论中五行相胜关系对八旗京城居处分野实践的诠释。五行理论以北方色黑为水，清人以两黄旗居之，取黄色为土，土胜水之义；东方色青为木，清人以两白旗居之，取白色为金，金胜木之义；西方色白为金，清人以两红旗居之，取红色为火，火胜金之义；南方色红为火，清人以两蓝旗居之，取蓝（青、黑）色为水，水胜火之义。事实上，"八旗方位相胜之义"应属大规模接受汉文化的清廷对八旗"分城居住"事实的一种诠释。首先，八旗组织体系分区域行军、驻扎，依方位作战、行猎，本是女真民族早期狩猎生产中行围过程围底、围肩乃至两翼各守其位不得混乱传统习惯的制度化体现，并非定鼎燕京后始据"五行相胜"理论产生。其次，成熟完善的中国王朝政权更替中"五德（行）终始"循环理论，长期奉行"五德（行）相生"的更替顺序，即奉行金生水、水生木、木生火、火生土、土生金的相生顺序。这种相生顺序突出强调王朝政权更迭过程中传袭继承的合理（法）性，而并非"五德（行）相克"顺序体现出来的相克制胜的浓厚武力取代色彩。清人"八旗方位相胜之义"说，充满了满洲（女真）民族原始尚武精神传统，同时也与早期（天聪末）满洲统治者对中原传统文化了解、吸收并从权改造因素相关。其时金国政权改"诸申"为水淋淋的"满洲"，改崇尚白色的金国国号为清朝，都被视为针对其主要对手——色红火德的朱明王朝，取"清水"克胜"明火"的五德（行）相胜（克）诠释意义。有此基础，遂出现清朝定鼎燕京后"八旗方位相胜之义"的城市布局特点及诠释说解。

《八旗通志（初集）》所谓"自顺治元年"，于八旗分城居住、驻扎，应属准确。清人八旗组织分野严格、清晰，非自入据京城始，而属其固有特点。于"旗民分城居住"事实，则"自顺治元年"为概略说解，其时数十万盛京军民人等入据京城，不可能没有驱逐京城中原住居民，强迫迁徙之事。但强迫迁徙之事无论规模大小，与严格的旗民分城居住政策又纯属两事。据清官书记载：顺治三年（1646年）二月上谕兵部时，仍将"近闻京城内盗贼窃发"现象，归咎于"汉人杂处旗下，五城御史巡捕营官难于巡察"之故，可见至顺治三年，尚无严格的"旗民分城居住"事实，但同一上谕记：同一城之内"汉人居住地方，著巡捕营查缉，满洲居住地方，著满洲守夜官兵查缉"[17] 则满、汉（实为旗、民）居处，管理分野显现。直到顺治五年（1648年）八月，上谕户部等：

> 京城汉官、汉民，原与满洲共处，近闻争端日起，劫杀抢夺，而满汉人等彼此推诿，竟无已时，似此何日清宁！此实参居杂处之所致也。朕反复思维：迁徙虽劳一时，然满汉各安，不相扰害，实为永便。除八旗投充汉人不令迁移外，凡汉官及商民人等，尽徙南城居住，其原房或拆去另盖，或贸买取价，各从其便。朕重念迁徙累民，著户、工二部，详察房屋间数，每间给银四两……六部、都察院、翰林院、顺天府及大小各衙门书办吏役人等，若系看守仓库，原住衙门内者勿动，另住者尽行搬移；寺院庙宇中居住僧道勿动，寺庙外居住者尽行搬移；若俗人焚香往来，日间不禁，不许留宿过夜，如有违犯，其该寺庙僧道，量事轻重问罪……定限来岁岁终搬尽，著该部传谕通知。[18]

此上谕为北京内、外城旗民分住明确规定，依此规定，京城真正实现旗、民分住应已是顺治六年（1649年）年终之时。以规定各衙门"书办吏役"、"僧道"可以照旧居住内城之中不搬，证北京内城所居并非纯为旗人，或不为错，但以家庭为单位的非旗下之人，尽移外城，即令身为官员亦不能免，京师内城旗民分住规定之严格明确，也是中国历史所仅见，即《八旗通志》所谓"诚振古以来所未有者"。此后一时流行的"满城"、"汉城"称谓因此产生。事实上"满汉分城"称谓并非事实的准确反映，居内城之八旗，包括满洲、蒙古、汉军三种及"投充旗下"之人，绝非单一满洲种族[19]；而外（南）城居民，汉族固然是主体多数，但回族居民亦不在少数。正是这种旗民分城居住的空间格局，造成有清一代民族、政治领域内"不分满、汉，但问旗、民"的重要特点，造成北京社会诸领域遗有深远影响的旗民二元结构。

应当承认，清廷汉官及商民人等尽徙南城谕令，限"来岁岁终搬尽"，其为期有十六个月之久；每间房屋给四两银外，仍准拆、买自便以及稍后（十月）定迁徙之人"有地土者，准免赋役一年；无地土者，准免丁银一年"[20]等措施，使迁徙过程中的武力强迫色彩淡化不少，但这种"振古所未有"的政策措施，不可能是牧歌般的进程，"明亡，大清兵入朝阙，驱民出城"[21]记述，一个"驱"字，准确地道出了历史真实。借助征服之余威，清廷得以令行禁止，表现出极高的行政效率。

注释：

（1）《皇清开国方略》卷四，光绪十年广百宗本。

（2）《清世祖实录》卷四，顺治元年四月己卯。

（3）《清世祖实录》卷五，顺治元年五月癸巳。

（4）〔朝鲜〕佚名《沈馆录》卷七。

（5）《清世祖实录》卷五，顺治元年正月辛卯。

（6）《清世祖实录》卷五，顺治元年正月辛亥。

（7）〔朝鲜〕佚名《沈馆录》卷七。

（8）计六奇：《明季南略》卷二，"史可法答清摄政王书"。

（9）《清世祖实录》卷九，顺治元年十月乙卯年月。

（10）《清世祖实录》卷五，顺治元年五月丁卯。

（11）《清世祖实录》卷八，顺治元年九月丁亥。

（12）《清世祖实录》卷九，顺治元年十月乙卯朔。

（13）《清世祖实录》卷八，顺治元年九月丁亥。

（14）《清世祖实录》卷五，顺治元年五月乙丑。

（15）《清世祖实录》卷九，顺治元年十月甲子。

（16）〔清〕吴长元辑：《宸垣识略》卷一。

（17）《清世祖实录》卷二四，顺治三年二月甲申。

（18）《清世祖实录》卷四十，顺治五年八月辛亥。

（19）八旗满洲旗下，民族属性尤其复杂，初即含有汉、朝鲜、锡伯、达斡尔等民族，后更有藏、维吾尔、俄罗斯等民族隶属其下。

（20）《清世祖实录》卷四一，顺治五年十一月辛未。

（21）署燕山沈冈仪抄本《冈志小引》，载《北京牛街志书——冈志》，北京出版社，1990年。

第二章　旗、民二元结构下
的北京民族

　　成熟而高效的八旗社会组织结构，无疑是满洲迅速崛起的制度保障，但这一独特的社会组织结构既与中国传统的郡县、宗法制为特点的社会组织结构相去甚远，更无在全国范围内以八旗制度一统天下之可能。入关后清朝大规模沿袭明人制度，但却丝毫没有以中原传统社会结构取代其固有的八旗制度企图，甚至连基于明制对八旗制度稍加改造的念头也不曾产生。相反特重八旗为"国家之本"，认为"我朝立制，满洲、蒙古、汉军俱隶八旗。每旗自有都统、副都统、参领、佐领，下逮领催、闲散之人。体统则尊卑相承，形势则臂指相使。其规模宏远，条理精密。超越前古"[1]，进而坚守八旗制度，并因应新环境、新形势而努力修补、完善之。

　　基于女真部落氏族社会渔猎（包括劫掠）生产形态产生的八旗牛录制度文化，其鲜明的特点和突出的效率，在社会动荡、争战不已的状态下，较中原传统的制度文化具有明显优势。入关后的清朝统治者没有任何抛弃自身固有的八旗制度文化，改行中原郡县、宗法社会结构的理由和愿望，也不愿将这种高效的制度文化推广到中原地区数量广大，很容易成为自身潜在对手的被统治人群中。异质文化间冲突无法调和，空间上加以区隔就成为唯一合理的选择。旗民分城居住政策在后世清朝统治集团强烈的保持自身文化，拒绝被汪洋大海般底蕴深厚的中原文化迅速同性化的主观意志下强化，以至在这种政策实践过程中遭遇太多反抗，依然顽固地加以坚持，并延伸到京郊营房、村屯以及外省镇戍要害地方的"驻防八旗"。

　　清代京师及东北地区以外，军事戍守任务，主要由汉人组成的绿旗（营）兵承担，八旗驻防则以监视督促作用为主。所谓"驻防之地，不过出差之所，京师乃其乡土"[2]即指驻防各地八旗兵丁，均由京师八旗依旗色统一拨派，故驻防八旗兵丁不但其籍贯仍归京师八旗各原属之都统衙门。其驻防之地空间布局亦照仿京师，不但营建有独立的"满（旗）城"，既满（旗）城之中，亦严格遵循京师八旗左、右翼四方分驻的布局原则，可见，清廷坚持的"旗民分城居住"政策自有其势不可免的必然性，又不仅属于清初新政权唯恃武力的弊政。

第一节　旗人社会中的民族

清太祖努儿哈赤创建八旗，即非以单纯编置归服、依附之女真及其他部族为旨归，而是一种从盟主决策指挥权力到君主政治统治权力所及范围内，一切盟友、部众通统包括在内的整体结构形式，其组织内部成员的民族属性并不构成对这一组织形式的否定，所谓"一国之众，以八旗而分隶之"[3]，"一国之众"，已然非单一满洲民族所能尽括。

八旗固山制度的基础——牛录组织的编立原则，最初源自满洲社会"族党屯寨"（即 mukun gasan 穆昆噶栅）这种既有存在方式。对于归附、招降而来的非满洲族属的部众，太祖努儿哈赤、太宗皇太极仍依照此一原则编立牛录组织，设牛录额真统辖管理，并不轻易将这类归附、招降而来的非满洲民族之部众打散重组。这类非满洲族牛录，尽管其牛录额真仍为其本部之人出任，但其所隶属之固山，即此牛录归属何旗，则是以满洲八旗组织"八家均分"原则，在满洲旗主贵族之间分派。在特定旗色固山组织之下，这些非满洲族牛录，享有与满洲牛录大体相同的权利、义务，具有同属一旗的一致共同利益，而与其他旗色统属下同一族属牛录相区别。

随着清太祖努儿哈赤势力发展、扩张，周边主动来归、使用武力招降乃至经战争俘获的非满洲人员日益增加，这些人编入八旗组织的形式也因其到来形式的差异而有所区别：主动归附者，编置牛录，其部首领往往出任该牛录之额真，并得以世袭此职；由武力招降者编置的牛录，其牛录之额真则往往由满洲人员派任（并不统一规定），而不得世袭。这一类非满洲族裔成员为主体编置的牛录，最初多编隶于该次军事行动中统兵贝勒属旗（固山）之下，以示对统兵将领战功、劳绩的奖赏，同时也表现其对所招抚降人行为监护者和利益保护者的责任承担。至于战争俘虏、劫掠人口乃至购买之奴仆，初期并无单独编置、组织牛录之事，这些人只是随机分散在上至满洲贵族，下至一般满洲兵丁家中，服务、服从于主人。或于家内服侍，并跟随主人出征，或于主人所有之庄田之上力耕生产。随着战争劫掠规模和金国宫廷、贵族府邸、庄田规模的扩大，俘获劫掠人口的增加，统治者所需、所能容纳之奴仆数量也日益增加，于是出现了非满洲氏族、具有奴仆身份日益组成的牛录组织，分隶于各旗（固山）之下，服务于宫廷和八旗贵族。这类非满洲氏族，且具奴仆身份人口构成的牛录，被称为"包衣牛录"，满文作"booi niru"，汉语直译为"家下的奴仆"。"包衣牛录"与金国（清朝）社会基本构成的牛录组织形式上完全一样，但却具有强烈的满洲贵族私人所有性质，与作为八旗国家组织基本单位的一般牛录（被称为"外牛录"）相区别，是一种身份地位特殊的所谓"内牛录"。"内牛录"编置，均隶属于满洲旗内，这完全是由于"内牛录"必需依附、从属的主人全部是满洲贵族的缘故。据《八旗满洲氏族通谱》编纂体例记载，"乾隆五年（1740年）十二月初八日奏定：蒙古、高丽（朝鲜）、尼堪（汉）、台尼堪、抚顺尼堪等人员，从前入于满洲旗分内历年久远者，注明伊等情由，附于满洲姓氏之后。"[4]《满洲八旗氏族通谱》据此原则，收载隶属八旗满洲的一千一百六十六姓氏，除六百四十一满洲姓氏而外，附载蒙古二百三十五姓，高丽（朝鲜）四十三姓，尼堪（汉）二百四十七姓。这五百二十五个附载之姓氏，均是早期编入八旗满洲及内务府"包衣牛录"中非满洲人员姓氏。"包衣牛录"成员中的民族属性以汉族、蒙古族为主，并包含部分朝鲜人口。

八旗满洲隶下的"包衣牛录"中人，其低贱的社会地位，主要体现在对主人强烈的人身依附关系和可以被主人像牲口一样任意买卖的世袭身份上，其悲惨的人生命运，又主要体现在因掳掠而来，被强迫力耕于满洲贵族庄田土地上的丁壮身上，而服务于满洲贵族身边的那部分"包衣阿哈"（家下奴仆），虽同样有着不可改变的世袭依附身份，并因此具有卑贱的社会地位，但却可能因主人的社会权力地位而鲜衣美食，甚而至于享有相当的社会特权。譬如隶属于清帝室的"世袭奴仆"，即清代内务府属包衣，其所能获得的特权即远非一般"正身旗人"可比。

清初统治者推行"八旗根本"政策影响所及，旗人（不仅满洲）在社会上享有政治、经济种种特权。同样隶属于八旗组织之下的非满洲人的包衣阿哈，因长期浸淫于满洲文化为主流的社会环境之中，其生活习俗、精神面貌、心理状态不能不受到影响，很快地接受满洲化的政策，推动了明末清初相当长一时期内非满洲民族融入满洲的历史进程。

就八旗社会组织整体而言，其内部结构、层次十分复杂，既有汗（皇帝）、主旗贝勒、军功贵族等构成的统治阶层和一般正身旗人、另户人、开户人、另记档案人乃至"户下人"（即"包衣阿哈"）等社会地位差异明显的被统治阶层这样的阶级、阶层差别；更有满洲（满洲旗下又包含有众多非满洲之牛录组织）、蒙古、汉军这样纯以民族属性区分的差别。这些差别在不同的历史时期，由于特定的原因，或有时混淆不清，但清朝满洲统治者的长期政策，却是始终坚守其分野，不使这些差别轻易混淆。

一个"旗人"乃至"旗族"的概念，固然突出强调了清代北京社会根本的二元对立结构中居于主导地位的那个社会群体的特色，这并不为过。但因此认为八旗之内均属对立于民人社会的，于阶级、阶层乃至民族属性等重大社会属性方面混一而无差别的整体则是错误的。尤其曾流行一时的"旗族"概念，其荒谬性，类同于人们将今日中国户籍管理制度的城乡二元结构中，拥有城镇户口的人归为区别于其他的"城族"一样毫无道理，更非历史真实。和清代旗民二元结构中的民人社会一极情形一样：旗人社会内部固有的阶级、阶层、民族属性等重要的，足以据之区分社会身份的识别因素，既丰富且复杂。比较八旗蒙古和八旗汉军而言，内部阶级、阶层，民族属性丰富复杂特点，八旗满洲表现得尤其突出。

一、八旗满洲

满洲作为清朝的统治民族，既是北京地区社会旗民二元结构中的主导，同时也是八旗社会组织结构中的主导，尽管这个民族在人口数量上始终无法与这种主导地位相适应。面对人口数量远多于自己的同盟者——八旗蒙古、八旗汉军，面对以汉民族为主体的人口数量极为庞大的异民族被统治者——民人，清朝统治阶层必不可免地坚持"首崇满洲"[5]原则，以确保在人口数量绝对劣势条件下，满洲民族优势统治地位。

清朝入关之先，满洲人就已经被成功地整合在八旗组织之内，并不存在八旗系统之外的满洲民人。所谓"非旗人的满族"[6]实际上为明末以来东北地区满洲化进程之外的女真遗族，包括东北地区未曾为金（清）政权征服的女真人以及金（完颜）、元以来流寓中国福建、台湾等地的女真人。这些人显然与满洲无甚关系。

清朝定鼎燕京，关外八旗社会作为一整体，几乎尽数迁入北京。清朝统治者挟战胜之威，强迫其统治区域之内"官吏军民皆着薙发，衣冠悉遵本朝制度"[7]。在明末清初战争状态之下，发式、衣冠确有区别降顺的实际功效，其强制实施，自有其军事战争领域内的合理性。在中国古代社会，发式、冠服制度所承载的社会政治、文化意义，远非今日可比，因此清朝统治者坚持推行这一政策，必遇巨大反抗阻力，承担巨大社会政治、经济代价。而相比发式、冠服制度更具实质意义的"本朝制度"——八旗（固山、牛录）制，入关后的清朝统治者却无丝毫于其统治区域内"一体悉遵"的愿望和要求。清朝统治者宁愿以巨大代价推行剃发、旗装，彻底取代明朝的束发、汉服，以追求一种外在的形式上的统一效果，却不能也不愿将其关外政权时期单纯、统一，且被证明是极具效率的八旗社会组织形式，取代中原地区传统的郡县体制。毕竟发式、冠服的变化，尚不足以影响社会整体的常态运行，而一个充分适应军事争战职能，同时又拒绝社会生产职能的八旗体制，在清王朝夺取了全国政权，丧失了以往那个可以经常以战争手段从中获取经济利益、社会财富的对象——明王朝后，自然不能使八旗制度亦如发式、冠服一样在全国范围内"一体悉遵"，以致国家社会经济无以为继。

顺治元年（1644年），原处关外的八旗社会一次性整体迁入北京。以数十万计人口数量的八旗组织，依照严格的规定，集中居驻于北京内城。无论如何也是一个前所未有、特点鲜明的巨大社会存在。当清朝统治集团以种种政策，努力使这一社会存在空间（居驻区域）上，文化（以国语骑射为代表的文化认同）上诸因素区别于其他时，北京地区旧有的郡县体制下庶民百姓，就被人为地强化统一为与八旗群体相对立的民人社会存在。最终形成有清一代独特的"不分满、汉，但问旗、民"的二元对立社会结构。

"不分满汉，但问旗民"一说，反映了清代北京地区部分历史真实。旗、民区划确实是有清一代北京地区最重要、最独特的社会身份分野标准，体现着由国家财政豢养，只承担"有事则出征"诸义务的帝国常备武装力量集团，和以赋税、徭役诸形式承担确保帝国财政收入的庶民百姓间的差别；表现为以八旗（固山，参、佐领，包括包衣、旗鼓佐领、管领乃至八旗田庄等）体制下，复杂、递进领属关系极其严格的组织力量，和国家郡县体制下，政治权力运行仅止于县，很难达到社会基层状态下相对松散、自由的编户齐民的差别。

旗、民二元社会，其各自内部民族属性类问题，都是复杂多层次的，简单地以民族属性差别来区分清代北京地区旗、民二元社会结构，其结论往往是肤浅、皮相的。

清代北京地区旗民二元社会结构中，对于籍隶地方府、州、县体制下的民人个体来说，其民族属性因素的重要性集中体现在文化习俗领域，而对其社会政治地位的影响则相当有限，几乎是可以忽略不计的。与之形成鲜明对比，籍隶于八旗（固山、参领、佐领）体制下的旗人个体，其民族属性因素就重要得多，对其社会政治地位的影响几乎是决定性的。除了文化习俗领域内识别性指标意义（这种意义因八旗体制内部的民族融合、同化过程呈现一种渐趋削弱的态势）外，更是旗人个体社会地位，角色担当以及其在八旗体制内隶属、依附关系的根本依据，是八旗体系内不容轻易混淆的大事。旗人的民族属性因素也只有在涉及旗、民二元对立状态时（以清入关之初多见），因必须服从八旗集团整体利益而退居相对次要地位。然无论在何种状态下，视八旗整体为一内部无差别的统一体，甚至以"旗族"一称概括，均属对清代八旗集团内部自始至终存在，并被严格的制度化编审甄别、档案记载强化的民族差别的严重误读、忽视。有清一代八旗内部成员身份地位的巨大差异，其主要依据即来自其个体的民族属性因素，其阶级属性的影响到在其次。这一点从八旗满洲、八旗蒙古、八旗汉军这样依民族属性分为三大类，民族属性决定其地位、等级的首要因素即可得知。尽管有清一代北京地区旗民二元结构大格局下，人们更多见的是八旗社会以一利益整体出现，以至弱化、掩盖了八旗体制内部民族属性不同带来的巨大差异，出现"不分满汉，但问旗民"说法与事实。但事情的另一方面却表现为八旗体制内民族属性的传承记忆、详细记载基础上的严格区别，也是清朝统治集团乃至八旗成员个体都十分明确且非常自觉的。

对于祖先族属、来历的记忆，加之官方档案、私家谱牒的详尽记载外，清朝统治集团及八旗成员个体的民族属性的明确与自觉，还来源于八旗体制的基础组织——牛录（佐领）的结构特点：清太祖创建八旗制度之初，即承认并维持了归附、收降部落、部族、宗族一类血缘的和村屯、城寨乃至军事集团一类地缘的、政治的人群中旧有的隶属结构关系，并依其人丁数量，分编为半个、一个乃至数个牛录（佐领），以其旧酋长、首领出任牛录额真（牛录主，后称佐领），而其职任的转承袭替，亦在其旧结构内以世袭形式完成，最终形成清代八旗体制内占主导地位的勋旧、世管（互管[8]）佐领，体现出八旗社会组织基层结构中长期存在的承认并尊重归附时群体初始隶领属关系的基本原则。即便是根据归附时状态（大致可分为主动归附、被迫投降、战败被俘乃至战争掳获诸种），编立为政治、法律地位差别巨大的旗分佐领、包衣（旗鼓）佐领时，因方便管理、役使等因，这一基本原则也是有效并予以坚持的。

这一基本原则的长期存在和实践中的坚守，其合乎逻辑的结果之一，就是相当数量非满洲人牛录（佐领）的编立以及这类牛录（佐领）民族属性严格甄别和强调。当八旗蒙古、八旗汉军这二部分民族属性构成相对单纯的八旗固山组织大规模编立时，早先编立的非满洲人牛录（佐领），大多保留在原八旗满洲固山之内，大量的旧有蒙古、尼堪[9]牛录（佐领）并未因其民族属性而随八旗蒙古、汉军固山的创编而改变原有的固山领属关系，这除了八旗蒙古、汉军固山组织编立之时规模足够大外，同时八旗满洲中非满洲人佐领于编立时形成的内部领属系不便打破也是原因之一。八旗满洲中这些佐领（牛录）的旧主人，并不希望隶属于自己的佐领（牛录）转手他人。

清乾隆九年（1744年）编撰成书的《八旗满洲氏族通谱》八十卷，辑录了除皇室爱新觉罗之外的满洲姓氏。依其书名题签所限，八旗蒙古、八旗汉军姓氏不在其辑录范围之内，但格于八旗满洲之中非满洲人佐领大量存在的事实，于是复有据"乾隆五年（1740年）二月初八日奏定蒙古、高丽、尼堪、台尼堪、抚顺尼堪等人员，从前入于满洲旗分内，历年久远者，注明伊等情由，附于满洲姓氏之后"[10]的规定。《八旗满洲氏族通谱》遂以卷六六至卷七一，辑录八旗满洲旗分内（下同）蒙古姓氏235姓；卷七二、七三辑录高丽姓氏42姓；卷七四至七八辑录尼堪姓氏157姓；卷七九辑录台尼堪姓氏40姓；卷八十辑录抚顺尼堪姓氏50姓。《八旗满洲氏族通谱》以末尾十五卷附录姓氏，辑录之524个非满洲姓氏，皆隶属于八旗满洲籍下，此即其得以附载《八旗满洲氏族通谱》卷末的全部依据，与八旗蒙古、八旗汉军中的蒙、汉姓氏全无关系。此524个非满洲姓氏，倘因其非满洲姓氏而弃之不予辑录附载，似与"八旗满洲的"氏族通谱立意有悖；然记载如不以附录形式详细开载归旗缘由、年代及牛录额真（佐领）承继转袭世次等信息严格区分，则又与"八旗的满洲"氏族通谱原则产生混淆。事实上，《八旗满洲氏族通谱》编纂之初，撰修臣工必然受到这一问题的困扰，不敢专擅自处，经会议请旨，以旨准后的"凡例"，相对严谨地解决了这一矛盾。

那种据《八旗满洲氏族通谱》附录记载了八旗满洲中的蒙古、高丽（朝鲜）、尼堪（汉）人姓氏，便以为这些姓氏可以等同于满洲姓氏，是严重忽视正载与附录存在重大差别的误解，属于对清廷编撰是书基本立意的过度诠释；而以是书中所附录之诸种尼堪汉姓视为八旗汉军中之汉军姓氏，更属逻辑混乱。[11] 准此逻辑，《八旗满洲氏族通谱》以上卷篇幅附录之 235 个蒙古姓氏，或可视为八旗蒙古姓氏，但同样以二卷篇幅附录之高丽（朝鲜）姓氏是否当以八旗高丽（朝鲜）称之！一方面，《八旗满洲氏族通谱》辑录的满洲姓氏，即非纯属八旗满洲籍内之满洲姓氏，所谓"汉军、蒙古旗分内有满洲姓氏，实系满洲者，应仍编入满洲姓中"[12]，只是此类情况甚少。另一方面，则不但乾隆朝已然籍隶八旗满洲旗分的部分"北京尼堪"（指清入关后投旗的京城汉姓）、"三藩尼堪"（康熙朝平定三藩之乱后编入八旗满洲旗分内的三藩汉姓）以及阿哈高丽、阿哈尼堪等旗下家奴姓氏（入关前归旗的非正身旗人尚不在此例）均不得载入。除此而外，乾隆朝八旗满洲旗分内，属正身旗人的鄂（俄）罗斯、索伦（鄂温克、达斡尔等）、新满洲（赫哲等）、回子（维吾尔）、番子（藏）等族裔人户，虽已经分别正式编立佐领、设官管理，其佐领隶籍八旗满洲旗分毫无疑义，然其姓氏，终不能如八旗满洲中之蒙古、高丽（朝鲜）和尼堪姓氏一般，被《八旗满洲氏族通谱》以书末附载形式记录，究其原因，应不外《八旗满洲氏族通谱》所附载之蒙古、高丽、尼堪诸种非满洲姓氏，其归附时间较早，均在清入关之前，而俄罗斯、新满洲、回、番等佑领编立时间晚近，故与"北京尼堪"、"三藩尼堪"同例，不予载入，以及人户姓氏少，可载记内容不够一定分量，甚至《八旗满洲氏族通谱》八十卷成数不愿打破等因，以致有入关前即隶籍八旗满洲旗分下的索伦、新满洲部分姓氏不能以附录形式辑入的乱例。所幸八旗满洲旗分内满洲、蒙古、朝鲜、汉军等民族以外，其他族裔情形，尚有《钦定八旗通志·旗分志》的记载，令我们今日仍能得窥其详。

清乾隆三十九年（1772 年），敕修《四库全书》事起。五十一年（1786 年），始修于清雍正五年（1727 年）的《八旗通志（初集）》二百五十卷欲加修订、补充后收入《四库全书》，乾隆帝亲阅修订本《八旗通志》，认为疏误甚多，极不满意，遂命将此书"交军机大臣会同该馆（四库全书馆）总裁重加辑定"[13]，至此，该书修订诸臣工反复勘核、修订，其间皇帝多次抽验，终于嘉庆中完成《钦定八旗通志》三百五十六卷，增出《八旗通志（初集）》一百〇六卷，二百余万字篇幅，比较准确、详尽地反映了清代至乾隆六十年八旗体制的历史和现状。以其《旗分志》所记各旗佐领等情分析，其资料多出自乾隆六十年之前如"旗档"一类原始档案，除订正了《八旗通志（初集）》的遗漏讹误外，更补入了乾隆一朝的资料，应属清代鼎盛时期八旗佐领之实际。其书卷二至卷十七，详记八旗满洲各旗旗分佐领，包衣佐领（含管领、分管等）之缘起、设官管理及牛录额真（后称佐领）之承继转袭诸情，于我们认识八旗满洲内民族成分问题提供了可靠、详尽的资料。

《钦定八旗通志·旗分志》卷二至卷十七记载了八旗满洲旗分佐领682个（其中上三旗264个；下五旗418个）；八旗满洲包衣佐领（含管领、分管）228个（其中上三旗66个[14]；下五旗162个），总计八旗满洲属下佐领910个。此书当为乾隆六十年（1795年）时情况，较其时八旗蒙古的217个佐领和八旗汉军的270个佐领总和数量多近一倍，充分体现了八旗满洲为清代八旗体制主体的特点。但这仅止是事物的一个方面。另一方面，八旗满洲的682个旗分佐领中有蒙古佐领约30个[15]，朝鲜佐领6个，俄罗斯佐领1个，番子（藏）佐领1个；同时八旗满洲包衣佐领内有旗鼓（尼堪）佐（管）领22个，高丽（朝鲜）佐领2个，回子（维吾尔）佐领1个。粗略统计，至清乾隆末，八旗满洲属下非满洲族裔佐（管）领共有62个之多，包括蒙古、汉、朝鲜、鄂温克、达斡尔、赫哲、维吾尔、藏、俄罗斯诸族。相对于单纯的八旗蒙古和八旗汉军，八旗满洲内部的满洲成分构成则复杂丰富得多。这些被档案旗册明确记载，并严格限制在固定佐领（管领）内的非满洲族裔，并不能享有八旗满洲中纯满洲族裔佐领下人员的完整权力。与其说这些非满洲族裔佐领集中编隶于八旗之中，是照顾这些族裔的利益，不如说是出自满洲统治者方便控制管理的有意识制度安排，这尤以战败收降的朝鲜、俄罗斯、藏、维吾尔等佐领的编立表现最为明显，更多宣示满洲皇帝优养降人的效果追求。

清朝满洲贵族统治集团最具特点的八旗制度，其结构形成，自有其历史发展演变过程中不得不如此的依据。早期非满洲族裔牛录（佐领）的编立及属旗，除了满洲政权武装力量基础组织形式性质之外，还兼具区分所属旗分主旗之满洲贵族私属性质，即旗主贵族之外，不容他人轻易染指、分享的私人属性，领有这些牛录（佐领）的满洲贵族，在享有役使、处分这些私属的非满洲族裔牛录权利的同时，更负有管理、养赡这些牛录及牛录下人的义务，以及作为其主人，在八旗体制内为这些人争取更多利益的责任。当然，领有牛录（佐领）乃至一旗的权利义务结构，也是爱新觉罗统治集团内部不断磨合、再分配的动态结果，从主旗（即领有一旗）贵族到领有牛录（佐领）的额真（ejen，满语主人之谓）乃至牛录额真（即一牛录之管理之官，后称为

"佐领"），可以因统治集团内部政治斗争的失败而被剥夺其对旧属的权利义务，但这种具有浓厚氏族部落原生因素特征的私属原则以及对族属、血缘关系的尊重，却在相当长的历史时期内无可争议地被严格恪守。

　　一般说来，改变满洲旧贵族既有利益结构，打破充满原始氏族部落色彩的私属性原则，自是专制皇权高度发展的目标追求。当八旗蒙古、八旗汉军体制在太宗朝相继建立后，旧有八旗体制下的蒙古、尼堪（汉）牛录分别依其民族属性归拨至八旗蒙古、八旗汉军，似乎是一种使体制内部氏族属性问题简单、明晰化，更加方便统治管理的理想选项，同时也与专制皇权的发展向度高度一致。其所以不能实现，甚至根本没有这种理想化设计的现实空间，其主要原因除了私属结构的破坏必将引起贵族既得利益集团的拼死反抗外，同时还在于相对后起的八旗蒙古、八旗汉军，并不具有八旗满洲所独具的政治、经济特权地位，除政治地位低下的包衣佐领以外，任何一八旗满洲中的旗分佐领（包括其中一家族乃至个人）从八旗满洲拨入八旗蒙古、八旗汉军，均被视为"降旗"，意味着其政治、经济地位实实在在的下降。即使是八旗满洲中包衣佐领被"抬旗"，以摆脱世代包衣奴仆身份而编入八旗蒙古、八旗汉军，成为旗分佐领，也更多缘于皇帝限制打击诸王公势力，增加当兵披甲员额的政治目的。清雍正八年（1730 年）上谕称："内务府人丁亦众，于充役当差之外，其闲散人丁拨入八旗披甲亦可。再五旗诸王之汉军佐领，仍属本主之外，其贝勒、贝子、公等之汉军佐领，实无所用，应拨归旗下公中佐领当差。"[16]此谕所谓之"汉军佐领"，实指八旗满洲下五旗籍内之王府包衣汉姓佐领（即旗鼓佐领），绝非八旗汉军籍内之旗分佐领。至清雍正八年时，亲王、郡王、贝勒、贝子、公等爱新觉罗宗室贵族久已不得再领有本府包衣佐领以外的任何旗分佐领，而八旗汉军籍下则自始即不存在包衣佐领编制，八旗蒙古亦然。乾隆七年（1742 年）上谕"前经皇考谕，将上三旗包衣佐领下人等，分附汉军旗分，令其披甲"，[17]所指即此。事实上，以身份地位低下的八旗满洲包衣佐（管）领下人员的世代奴仆性质，在有清一代都是以和其主人地位相应的巨大政治、经济利益作为补偿。将这类人"分附汉军"，即被"抬"入八旗汉军籍内成为旗份佐领下人，"令其披甲"，看似身份地位的提高，实则牺牲了相当的政治、经济利益，换得了正身旗人的虚名，这一定不是被"抬"者的主观愿望。雍正、乾隆朝借口"内务府（八旗满洲上三旗包衣佐领）人丁亦众"及"（下）五旗王公宗室等属下包衣佐领人内竟有不得钱粮，其主不能养赡"[18]等因，而将这些包衣奴仆（以汉姓人为主）"分附汉军旗分佐领下，令其披甲"，更多是以加强专制皇权政治目标为出发点，并无丝毫整齐八旗结构中民族属性目的。而八旗满洲内部多民族成分构成的性质，在乾隆一朝更有所发展，锡伯、安南佐领的编立，即是《八旗满洲氏族通谱》和《钦定八旗通志》未载的事实。

八旗体系内以八旗满洲为主体并享有"首崇满洲"特殊政治、经济特权地位的事实，往往掩盖了其中不同民族属性所致重大差异；八旗满洲包衣奴仆以其独特地位获取的政治、经济优势（尤以内务府为甚），也与八旗满洲中满洲族裔拥有的政治、经济优势相当重叠，凡此种种，造成后世相当普遍的误解，而这一点在有清一代满洲统治集团的政策实践中，却始终是认识清醒明确，区分严格有序的。

作为清王朝的统治民族，满洲人的政治、经济特权从不为"满汉一体眷遇"或"旗、民有别"等政策宣示所限，"首崇满洲"原则才是始终坚持并贯穿有清一代的基本原则。"满汉一体眷遇"、"旗、民有别"只是因时、因事而异的辅助性政策，以缓解现实危机和纠正"首崇满洲"原则必会出现的极端状态。"首崇满洲"原则从一开始就有充分的制度保证：清入关之初的多尔衮摄政时期，是清朝满洲统治集团在全中国范围内因应无论规模、影响及重要性均大大超过其关外时期满汉关系的初期阶段，满洲贵族统治集团精神准备和制度设计方面均落后于形势的发展，也正因如此，这一时期的制度设计思路，真实地反映了清代满洲贵族统治集团鲜明的利益追求，而少有掩饰。

满洲政权的中枢决策机构，从最早充满氏族部落联盟色彩的太祖、太祖之弟（舒尔哈齐）并五大臣（钮祜禄氏额亦都、瓜尔佳氏费英东、栋鄂氏何和理、佟佳氏扈尔汉、觉尔察氏安费扬古）组合，到天命中爱新觉罗家族太祖子侄辈长成，形成八贝勒即四大贝勒：代善（太祖次子）、阿敏（舒尔哈齐次子）、莽古尔泰（太祖五子）、皇太极（太祖八子）和四小贝勒：德格类（太祖十子）、济尔哈朗（舒尔哈齐六子）、阿济格（太祖十二子）、岳讬（代善长子）"共治国政"的政权最高决策核心，早期决策层中满洲（女真）异姓同盟者（五大臣为代表）地位、作用下降。这一现象看似属蜕去部落联盟原始色彩、实现皇权政治家天下原则的转化，但决策层成员惟以血缘因素结构，却还是金国政权从部落到国家发展演变过程中氏族部落原始性因素的体现。此时的金国政权中枢决策层还谈不到对民族属性的超越。

大金（清）政权架构中，由太祖时期简陋的"书房"，太宗时期稍具规模的"文馆"[19]渐次发展而成的内国史院，内秘书院和内弘文院，合称"内三院"，始设于天聪十年（1636 年）三月初六，即清太宗皇太极改国号"大金"为"大清"，改年号"天聪"为"崇德"前一月有余。清太宗"文馆"时期，一批如范文程、宁完我等汉人谋臣文士进入其中，打破"书房"、"文馆"长期以额尔德尼、噶盖、库尔缠、达海、希福、刚林等纯满洲族裔人员充任的结构，并以超出其满洲同事的识见，为太宗皇太极时金（清）政权建设、对明战略方针等提供重要决策建议，然而崇德朝"内三院"时期，据《满文老档》的记载：

> （内）国史院：该院执掌记注汗之诏令，收藏御制文字，凡汗起居、用兵、行政事宜，编纂史书，撰拟祭天祝文，升殿宣读之表文，祭祀宗庙祭文，编修历代祖宗史书，墓碑铭文，一切机密文移、官员升降文册及诸臣奏章，汇纂史书，撰拟追封诸贝勒册文，六部所办事宜，可入史册者，选择记载，撰拟臣功母妻诰命、印文，凡国外、邻邦来往文书，俱编为史册。
>
> （内）秘书院：该院职掌撰拟与外国来往文书，掌录国中一应奏疏及辩冤词状、汗之敕谕、文武官员敕书，遣祭孔夫子庙、撰拟死人祭文。
>
> （内）弘文院：该院职掌注释历代行事善恶，为汗进讲，侍讲太子，并教诸亲王，颁行制度。[20]

可见清"内三院"职司的琐细、重叠等不合理处，其中不乏满洲统治者"打点皇帝规模"追求的表面文章味道，备统治决策层顾问咨询的功能尚不具备，更多一些帝王文学侍从性质。

比照明朝内阁制度而设的清内三院，其领院大学士（初称承政）的权力地位、作用尚不足与明朝大学士相比，战争时期，军事将领的地位自然超过文臣。政权巩固后，复因"首崇满洲"原则下，"内三院"满洲大学士官居一品，汉人大学士仅止五品。清顺治五年（1648年）实行六部满汉双尚书制，但汉尚书并无实权，形成"京堂俱一满一汉，印归满官"[21]状态。

面对与关外时期大相径庭的统治区域和统治对象，尚不谙汉语文，对汉文化相对隔膜的满洲统治者在入关后的政权建设方面，长期存在两难局面：既不能缺少大量的汉族官僚参与清王朝的政治治理，又必须确保满洲统治特权不因此受到损害，因此一种体现了八旗结构内部等级序列，又充满民族歧视色彩的"分缺制度"应运而生，以实现满洲统治者对中央乃至地方高级职务的专属特权。中央政权所在之京师，集中了大量的官司衙署，其众多职务，被划分为宗室缺、满洲缺、蒙古缺、汉军缺，内务府包衣缺和汉缺六种，一旦职位缺出，只能由相应身份人员挑补缺额，不容错乱。京师所有六种官缺中，除汉缺外，均属八旗官缺，其中尤以满洲缺数量最多，有学者据《大清会典》统计，康熙朝朝廷中枢内阁、六部等十三个中央级机构共计 2082 个有品级和无品级额缺，属汉军和汉人的额缺为 325 个，占总额缺数的 15.6%[22]。地方要员、大吏以总督、巡抚最重，清前期，统治集团多以八旗汉军充任，取其语言、习俗去当地被统治的汉族为大多数的民人不远，及至乾隆、嘉庆以降，地方大吏渐用满洲人士，这应属满洲统治阶层渐熟悉汉俗和中原文化，在语言、文化层面不再有所障碍所致。然终清之世，内地、边地八旗驻防将军、都统、副都统、参赞大臣，领队大臣，办事大臣，始终坚持满洲人充任。

尽管在全国范围内看，官员总数中汉人明显多于满洲人，但在中央及地方要害位置，则满洲人明显多于汉人，清代京师集中了朝廷全部中枢机构，满洲人分缺之多以及重要位置的专任特权表现得格外鲜明。

清代京师八旗满洲除了品官仕途方面的特权保障外，还有因血缘、军功而来的世爵、世职特权。更因清代不取明朝那种藩王成年后就藩之国制度，故自亲王以下的重要世袭贵族集中居住在北京内城之中，朝廷获得管理之便，同时使清代京师形成区别于全国其他地方的鲜明特点。早在关外时期的清崇德元年（1636 年）四月，太宗皇太极改元建立清朝，以"宗室者，天潢之戚，不加表异，无以昭国体"[23]等因，设宗室爵位自和硕亲王，多罗郡王、多罗贝勒，固山贝子、镇国公、辅国公、镇国将军、辅国将军和奉国将军凡九等。入关后的顺治六年（1649 年），于奉国将军下增奉恩将军一等，十年（1653 年），定亲王世子（尚未袭封之亲王嫡子），郡王长子（尚未袭封之郡王嫡子）等级，分别序列亲、郡王等级之下，地位崇尊。同时公爵为入八分和不入八分两档，称为入八分镇国公（又称奉恩镇国公），入八分辅国公（又称奉恩辅国公）和不入八分镇国公，不入八分辅国公[24]，政治地位有所差别。乾隆十三年（1748 年），清廷颁"钦定爵表"，宗室封爵列为十四等，即：亲王、亲王世子、郡王、郡王长子、贝勒、贝子、镇国公、辅国公、不入八分镇国公、不入八分辅国公、镇国将军、辅国将军、奉国将军和奉恩将军。其中亲王世子、郡王长子二等为暂时性封赠，列序于十四等之中，仅表示亲王世子享受略高于郡王，郡王长子享受略高于贝勒的俸银禄米标准，而十四等爵中的镇国将军、辅国将军和奉国将军，又各细分为一、二、三等。

爱新觉罗宗室贵族世爵的封授和转袭，在早期战争频密，太祖以下诸爱新觉罗子侄辈，多为领兵征战的将领，虽然封爵中因功封赏的标准既模糊又笼统，但仍呈现功封为主、几无恩封的"酬庸为上，展亲次之"局面。清初著名的礼亲王（初封代善）、睿亲王（初封多尔衮）、郑亲王（初封济尔哈朗）、庄亲王（初封硕塞，称承泽亲王，其子博果铎袭爵改号庄亲王）、豫亲王（初封多铎）、肃亲王（初封豪格）及顺承郡王（初封勒克德浑）和克勤郡王（初封岳讬）等八家"铁帽子"王，皆因清开国时著有大勋劳而获爵位世袭罔替特权（其余亲、郡王以下爵位代降一等，至奉恩将军止）而这些大勋劳，主要就是领兵征伐的军功。

清康熙平定三藩之乱后，爱新觉罗宗室王公因统军出征获军功得到封爵的机会渐少，以皇帝为中心的血缘亲疏标准下获得爵位的恩封日多，康熙二十七年（1688年）呈现宗室"年至十五，不问贤否，概予封爵"[25]的极端情况，引来康熙帝的批评和相应的纠正措施，封爵上推恩扩展之举不再漫无限制。当时规定宗室王公子弟袭爵须经考试，考试成绩"优者袭爵，平、劣降授。王、贝勒以下至奉恩将军之子，年至二十岁应封者，考试国（满）语及马、步射"，[26]雍正八年（1730年），定王公以下嫡子考授例。乾隆十三年（1748年）规定亲王世子、郡王长子、嫡子、庶子考封办法，体现以帝系血缘中心及严格嫡、庶区别原则。[27]通过考试控制调节宗室王公受封人员爵位等次，于贵族群体中保持本民族特点，其正面积极意义应予充分肯定。

清王朝为爱新觉罗氏家天下，皇族及宗室王公自然是王朝核心利益的拥有者。但王朝政权运行保障却可以不由这些核心利益拥有者主导。清代中期以降，专制皇权、官僚体制的常态运行，皇室王公也曾有过袖手优游、安享尊荣、超然于政治之外的生存状态。确保王朝政治的稳定运行，不能缺少爱新觉罗家族以外的满洲异姓贵族的拥戴和参与。这些满洲异姓功臣、贵族很早即构成清朝核心利益层的第二层次。王朝对这些人同样给予从世袭职位（武职）渐次发展而来的封爵制度。清乾隆间固定为自公爵始，次侯爵、伯爵、子爵（精奇尼哈番）、男爵（阿思哈尼哈番）、轻车都尉（阿达哈哈番）、骑都尉（拜他喇布勒哈番），云骑尉（拖沙喇哈番）和恩骑尉九等二十一级的"八旗世爵"制度。其中公、侯、伯爵称"超品"，即位在正一品之上，各分三等；其下子爵正一品，男爵正二品，轻车都尉正三品，亦各分三等；骑都尉正四品，云骑尉正五品，恩骑尉正六品，不再分等。八旗世爵的转袭继承，从太祖天命六年（1621年）规定："我所擢用之大臣，凡尽忠者，或阵亡或病故，即令其子承袭其父所升之职；尔等官员，倘为国捐躯尽忠，则尔之子孙亦将袭尔之职也"[28]的粗略原则，到乾隆朝细密完善的敕、诰文书经八旗系统内佐、参领至都统衙门审核存档制度，实现了先清早期"广事招徕"，以及清中、晚期避免冒滥的战略目标。

清代宗室、八旗世爵袭转制度的规范化，限制了余子以下诸子弟的权利，但王朝坚持"首崇满洲"原则出发，给予这些人相当多的政治特权。

清代民人仕途，唯有通过科举考试一途，而八旗满洲则非仅此一途，而且是另有终南捷径。闲散宗室、异姓贵族子弟，或经宗学、觉罗学和八旗官学，于八旗体制内任职。镶黄、正黄、正白三旗因为皇帝自将之旗（即上三旗），旗中贵胄子弟，五年一次选为侍卫。侍卫分一至四等，以一等御前侍卫最贵，往往数年后放为外任，即为中央或地方大员。一般满洲旗人，除披甲当差外，即闲散人等，亦可经简单满汉文翻译考试（甚至不经考试），充任中央部院衙门及地方督抚、驻防将军、各旗都统、内府织造、盐、榷关及各衙门中的笔帖式（汉意指文书）之职。清代各衙门之笔帖式一职品级极为有限（高不过六七品，低则不入流），但其升迁之快，致当时即有"将相大僚，多由此途"[29]之说。

有清一代，尽管官僚阶层中民籍的汉官数量不断增长，地位影响也渐趋重要，但王朝"首崇满洲"的原则却未曾有丝毫动摇改变，这一点在八旗满洲集中的清代京师地区表现得格外显著。以最能反映政治权力分配关系的清代京师贵族官僚俸银支出额看，康熙间，京师亲王以下，满洲官员两季俸银为一百一十二万九百余两，同时期京师汉官两季俸银为三万七千九十四两[30]，差距在三十倍以上。

二、八旗蒙古

对于北京地区而言，中国古代北方少数民族对其并不陌生，我们甚至可以说这些被传统儒家视为"夷狄"的北方少数民族，本来就是北京地区的"土著"居民，乃至一度的统治者，北京城所处的宏观地理位置，长期以来就是中原农耕文明与北方牧猎文明相互交往联系的重要关节点。从中国古代北方诸民族角度观察，北京地区也算是其传统活动区域，至少是其活动区域的边缘。当这些民族崛起为全中国统治者时，北京更是其政权最佳的建都之选：既未远离其熟悉的牧猎文明故乡，又处成熟农耕文明核心区域。中国古代历史上的契丹（辽）、女真（完颜金）、蒙古（元）诸民族，都曾作为统治者在北京地区扮演过重要角色。顺治元年（公元 1644）年进军北京城的清朝八旗劲旅中出现蒙古民族的身影，并不是一件让人难以理解的事情。清代北京地区民族构成中，有组织、成规模的蒙古族属人群，是人们一眼即见的八旗蒙古。然而这一群体并非有清一代北京地区蒙古民族的全部，甚至于不是八旗组织结构中蒙古民族的全部，在京城占有府邸并长期在京居住的外藩蒙古王公及其属下人口，八旗满洲内的蒙古族人口，均不能以八旗蒙古涵盖。只是由于八旗蒙古这一群体是北京地区最具规模，相对集中且称谓标识民族特点鲜明，成为叙述清代北京地区蒙古民族的主体代表。

蒙古民族和满洲民族是中国古代北方草原游牧文明和东北山地平原渔猎采集文明的代表性民族，他们生息活动的区域相接且不存在古人难以逾越的自然地理障碍，因此，这两个民族之间长期以来就存在着从和平到暴力两极端状态间一切可能形态的联系，存在着密不可分文化影响。所谓"满洲（女真）之俗，同于蒙古者，衣冠骑射，异于蒙古者，语言文字。满洲有稼穑，有城堡世居之民，蒙古则逐水草为行国，专射猎而无耕种"[31]说，强调满洲、蒙古这两大民族间存在的文化差异，其说虽不无道理，却并非十分准确。满洲、蒙古二民族共同的"骑射"特点，即决定了"城堡世居"与"逐水草为行国"的差别远未及文字表达显示的那么巨大：满洲部落的迁徙流动与蒙古部落相对固定的驻牧区域，同样是不容抹杀的历史事实。至于满洲、蒙古同属阿尔泰语系民族，仅分属不同语族（阿尔泰语系下蒙古语族和满——通古斯语族）。这类同语系内不同语族语言间的差异，远较不同语系两种语言间差异为小。和满洲、蒙古民族交往同样密切的操汉藏语系北方汉语的汉民族相比，满洲、蒙古民族间语言交流的困难程度几乎是可以忽略不计的。

正是由于满洲、蒙古民族间那些曾被忽略了的种种相似性，使活动地域相接壤的满洲、蒙古诸部落内，形成你中有我，我中有你的血缘姻戚关系。这种不同民族间血缘混合特点，尤以明代中期以后的女真海西扈伦四部（哈达、乌喇、叶赫、辉发）和漠南蒙古左翼诸部间表现得最为突出。

清代官书文献即有明确记载：

> 叶赫国始祖蒙古国人，姓土默特氏。[32]
>
> （乌喇贝勒）布占泰来自蒙古，乃蒙古苗裔。[33]

无论这两条记载有多少出自金国统治者政治考量成分，这类仅反映男性权力的单向度（蒙古向女真方向）记载，明显排除了女性在民族混血过程中的作用，因此必然是不完整的。另一方面，尽管这类记载在记载当日已隐然含有了一种"非我族类"的贬斥之义，但却极有可能是早期女真诸部酋长间出自一种以与蒙古民族有关为荣，以拥有蒙古民族血缘身份可以炫耀于四邻诸部事实的真实反映。清太祖努儿哈赤于明万历三十五年（朝鲜宣祖四十年，1607 年）二月入朝鲜境劫掠，朝鲜"庆源府使驰报内：老乙可赤（即太祖努儿哈赤）差麿胡三名，说称：我是蒙古遗种，专仰中国"[34]这样必不为清官书记载的事实，或为证明。

当清太祖努儿哈赤统一建州过程中，感到威胁的叶赫部酋长布斋、纳林布禄兄弟联合哈达、辉发诸部及蒙古科尔沁部等，组成三万联军（科尔沁部近万人）挑战崛起的建州女真。地缘血缘上的联系，无疑是这次女真海西扈伦四部与蒙古科尔沁部结盟的深层原因。

以叶赫酋长为首的"九部联军"挑战崛起的建州女真，结果是明万历二十一年（1593 年）九月古勒山一役，建州女真大败联军。四个月之后（万历二十二年正月）古勒山一役中"弃鞍裸身乘骡马仅以身免"[35]的科尔沁贝勒明安即与漠南蒙古五部喀尔喀贝勒劳萨遣使（至建州）通好，自是蒙古诸贝勒通使不绝。[36]

至明万历三十三年（1605 年）三月：

> （漠南）蒙古喀尔喀把岳忒（巴岳特）部落达尔汉巴图鲁贝勒之子台吉恩格德尔来朝，献马二十四。[37]

翌年（1606 年）十二月，还是这个恩格德尔

> 又率蒙古国五部落喀尔喀诸贝勒之使，进驼马来朝，尊上（太祖努儿哈赤）为神武皇帝。自此蒙古各部每岁来朝，络绎不绝。[38]

上引"遣使通好"、"每岁来朝"说，出自清官书记载，虽非纯然虚构，却也不乏夸饰，尤其"蒙古各部落"一说，俨然蒙古民族整体

概念，其去事实之远，非可以道里计。但"遣使"、"来朝"毕竟是一种重要标志，明代漠南蒙古部分部落政权终于认同建州女真的崛起，并进而参与到这一过程之中。记载中涉及的明安贝勒和恩格德尔台吉二人成为金国政权中蒙古族属身份地位演变过程中的重要人物（详后）

"遣使通好"与"每岁来朝"并不足以表示其时漠南蒙古诸部落对于太祖努儿哈赤政权的从属地位，而其后金国天命一朝（1616—1626年）金国统治集团成员因十四娶蒙古贵族女，二嫁（应为三嫁，杜氏失载莽古尔婚嫁事实）蒙古贵族男[39]的事实，也只说明崛起的满洲民族与相邻蒙古诸部落政权和不相统属的漠南蒙古诸部落关系中争战、结盟状态互现见，不能稳定[40]，应是当时东北亚区域内政治格局中诸方角力逐鹿的必然过程。

金国天命四年（明万历四十七年，1619年）二月，金国军队取得对明朝的"萨尔浒大捷"，七月，克陷明开原、铁岭二重镇，同时大败助明攻金的漠南蒙古喀尔喀弘吉喇特部酋长宰赛（斋赛、介赛）统率的万余蒙古军队，生擒宰赛及其二子并诸部酋长十余人。[41]八月，克叶赫东西城，叶赫部这个曾与建州女真争夺女真民族统一主导权的一个最后也是最重要的竞争对手不复存在，满洲民族完成了以建州部主导的民族统一过程。

完成统一东北女真民族大业的太祖努儿哈赤对于其时东北亚争局中诸方的战略关系，已有明确的认识。天命四年九月，太祖对遣使示好的漠南蒙古五部喀尔喀诸酋长明确指出：

> 明国、朝鲜，语言虽异，然发式、衣饰皆同，此二国算为一国也。蒙古与我两国，其语言亦各异，而衣饰习俗尽同一国也。斋（宰）赛竟与风俗殊异之明国盟誓，欲屠戮我等相同之国人，献骨于明，以取明国金银。[42]

声罪宰赛不义同时，强调女真、蒙古民族文化上的亲缘关系重要性，暗示金国、蒙古结盟抗明的战略设计。太祖的暗示，很快得到丧失主动地位的漠南蒙古五部喀尔喀贵族的响应，双方即于当年十一月初一日在"噶克察莫都，冈干塞忒勒黑地，刑白马乌牛，设酒一器、肉一器、骨及血各一器，昭告天地"[43]，宣誓结盟，规定"我二国素与明国为仇，今将合谋征之。何时与明国修好，必共同商议而后和之"[44]。对于这次盟誓，金国统治者表现出相当重视的态度，除主动遣使往盟誓时因地远而未及与盟的扎鲁特部钟嫩贝勒处，"依照诸贝勒盟誓之例，刑白马乌牛，对天盟誓"，[45]更将与盟诸部蒙古逃来之人户"截拿"、"迎捕"[46]后，交还其蒙古旧主。另将生擒宰赛之子色特吉尔和同时被擒的蒙古扎鲁特酋长色本贝勒，大宴厚赏后释归。[47]天命四年（1619年）十一月，金国与五部喀尔喀蒙古的盟誓，并不是一个稳定的政治结盟关系。由于漠南蒙古喀尔喀诸部内涣散松懈的联系，以及其旧盟主（洪巴图鲁杜棱，又作都楞，即明人称称之炒花）因年迈而权威不再，新盟主宰赛缺位（因兵败被俘，作为人质被金国控制），更加处于一种群龙无首状态。诸部稍有实力的酋长各有想法，因此，其与金国的盟誓迅速败坏情况很难避免。"未及一年一月，尔巴噶达尔汉贝勒（五部喀尔喀强酋，宰赛之伯父，亦即明文献所称之煖兔）竟负誓言"[48]。至天命五年（1620年）六月，金国遣往五部喀尔喀蒙古的使臣归报："喀尔喀五部落贝勒俱负盟矣。"[49]使臣的奏报或不免过甚其辞，五部喀尔喀蒙古实际上并不具备统一背盟拒金的行动能力。

对于金国统治者来说，这种盟誓败坏的局面，或未出其预料。除了使金国获得声罪讨伐的道德优势外，更使曾经的对予盟蒙古诸部逃至金国之人丁户口"截拿"、"迎捕"后送还的示好政策不再，甚至政策一变为以优厚物质条件广事吸引招徕。

因蒙古诸部落背盟引至金国政策变化效果迅速显现，自天命六年（1621年）二月起，漠南蒙古诸部落蒙古族人丁、户口来归记载史不绝书：

二月三十日，蒙古扎鲁特部落钟嫩贝勒属下蒙古二十六户，八十人携妻子畜产来投。

闰二月初九日，蒙古扎鲁特地方内齐汗属下有逃民二十七户来归。

十八日，科尔沁贝勒孔果尔属下五男四女，携牛五头来归。

十九日，有八户自蒙古扎鲁特地方内齐贝勒处逃来。

三月初七日，蒙古巴噶达尔汉（煖兔）属下七户来归。

十一日，蒙古贝勒卓里克图之子巴拜台吉所属三男二女，携马六匹来归。

四月初七日，蒙古巴林部贝勒杜楞属下九十户、一百二十男丁，携马五十四、牛四百一十头，羊千只逃来。

五月十四日，蒙古巴岳特部过尔汉巴图鲁贝勒之子恩格德尔额附之弟蒙果尔台吉率子女、畜群及属下三十户来归。

十六日，又有一人携马二匹自科尔沁蒙古哈坦巴图鲁贝勒戴青囊苏喇嘛处来归。

十七日，（蒙古）古尔布什贝勒属下二十户率子女，携牧群来归。

二十一日，喀尔喀蒙古贝勒卓里克图属下之五男三女一子，携马十三匹来归；襄努克贝勒之属下四十户，率子女牧群来归；又有三十户驱牧群自古尔布什贝勒处来归。[50]

档案文献详细记录了天命六年（1621 年）二月以后的蒙古族人户丁口来归者，也记录了太祖努儿哈赤对这类归附蒙古族裔人户、丁口的优待政策："取沈阳仓老米，发给来投之蒙古人，每口月给二斗、牛每头、马每匹月给二斗，羊每只月给一斗。"[51]此外更规定"每一蒙古男丁月给米一斗及银二钱"[52]，这另给的米、银，显然是兵饷性质的"钱粮"。不再被"截拿"、"迎捕"后遣还的蒙古来投人口，其中相当数量的男性丁壮，不可避免地成为金国武装力量中的组成部分，而其组织结构形式，只能是满洲八固山（旗）下的牛录组织形式。

金国天命六年（1621 年）十一月十八日：

> 蒙古胯儿胯（喀尔喀）部内古里（尔）布什台吉、莽古儿（莽果尔）台吉率民六百四十五户并牲畜叛来。帝升殿，二台吉拜见毕，设大宴。各赐……凡应用之物皆备。以聪古兔公主（太祖第八女）妻古里布什。赐名青着里革兔（卓礼克图）。拨满洲一牛禄，以宗弟吉白里杜吉胡女妻之，亦升为总兵。[53]

非满洲族裔的蒙古族群以"六百四十五户"规模一次性整体来归，实为金国天命朝以来的第一次，不由太祖努儿哈赤不重视：裘服、绸缎、金银、鞍马、弓矢、甲胄乃至奴仆、牛马、房田赏赐之外[54]，更"拨给一满洲牛禄（录）三百人并蒙古一牛禄，共二牛禄"。记载所谓"蒙古一牛禄"容或可以太祖将此来归之蒙古"六百四十户"中男丁编审成一牛录解释，而"拨给一满洲牛禄三百人"则不能另有歧解。以满洲牛录拨给来投之蒙古酋长，使其拥有对此一牛录的相应的私属权利，这与其说是将满洲丁壮拨入蒙古之特例，实不如视其为整部落规模之蒙古族群融入满洲八固山（旗）结构的标志。区别于同一时期内大量存在，并必然会以金国政权既有的牛录形式编置的零散来归之蒙古族裔人户丁口，金国满洲统治者让渡部分权利，以确保整体来归蒙古族群的稳定、忠诚。一方面，来归的蒙古酋长领有自己私属的"蒙古牛录"乃至"满洲牛录"，金国满洲八固山（旗）体制之内既有的牛录私属权利只属于满洲领主状态被打破；另一方面，则是来归之蒙古族裔领主、酋长及其部众被以牛录形式编置整合，并必然地隶属于满洲八固山（旗）体制内的特定部分，这可以从古尔布什本人籍隶属满洲镶黄旗[55]的事实得到证实。

金国天命七年（1622 年）三月

二十九日，汗传书于自蒙古来归之诸贝勒训之曰：

> 我思自喀尔喀前来之诸贝勒编为一旗，自察哈尔前来之诸贝勒编为一旗。我念尔等来归，故编尔等为二旗，尔等若以为分旗难以度日，愿与诸贝勒结亲通婚，彼此相与，则任尔自便。若与诸贝勒和睦相处，友好度日，我更喜悦之……尔等循我国贝勒之例以度日。我国之法度比尔蒙古国之法度更为严明。[56]

天命六、七年间，包括五部落喀尔喀、科尔沁等漠南蒙古诸部落领主酋长，纷纷"率部来归（投）"，其中最具规模者，为天命七年二月十六日"蒙古兀鲁特部落明安……凡十七贝勒及喀尔喀各部落台吉，各率所属军民三千余户……归附"[57]。太祖努儿哈赤面对这种形势，择其重要者，采取了一种新的整合、接纳方式。对于此类由部落贵族领主统领下整体来归的蒙古族群体，以往既有的那种将零星、分散逃来蒙古族人户、丁口编置牛录，大致平均地于满洲八固山（旗）体制内分配安置，使其成为满洲贵族私属的接纳方式，剥夺了来归蒙古部落贵族领主的既有权利，因而在政治上显然是不足取的；而参照同属率部整体来归的喀尔喀部古尔布什台吉，莽果尔兄弟例，给这些来投部蒙古部落贵族领主若干洲满牛录以示奖赏笼络，同时编其部众为蒙古贵族私属牛录形式，虽使这些蒙古族群体纳入满洲八固山（旗）体制之内，亦因若干"满洲牛录"的领有权益改属来投蒙古贵族领主而损害满洲贵族领主旧有权益等缘故难以为继。相信是在充分权衡之下，一种既承认并保障来归部落蒙古贵族领主对其部众的既有权利。不因打散其原部落整体而制造可能的混乱，同时又遵循金国成熟的固山（旗）、牛录（佐领制度），接纳、整合来归蒙古族群体的方式由是产生。这就是在金国政权中存在了十年（1622—1632 年）左右的喀尔喀蒙古旗和兀鲁特（即档案所记载"察哈尔"）蒙古旗。

事实上，太祖"传书于自蒙古来归之诸贝勒"当日，编置相对独立的二蒙古旗方式，还只是预案设想，而且还是一种利益妥协后的最低方案。能使太祖"更喜悦之"的方式，应即训词中所称"与（满洲）诸贝勒和睦相处，友好度日"那种在满洲八固山（旗）体制内，以"结亲通婚"形式，依附从属于特定满洲贵族领主，同时又不必如对古尔布什那样需"拨满洲一牛录"为其私属方式。

档案并未记载这些来归蒙古贵族领主的选择过程，但我们仍然可以想见，太祖企图不付出相应代价（拨给满洲牛录）地获得他人既有权利让渡来实现"更喜悦之"的接纳、整合方式之难，这些来归（投）的蒙古部落贵族领主必然地选择了太祖提供的最低限度方案：从属于金国政权之下，却不隶属于满洲八固山（旗）体制；依循金国既有、成熟的固山（旗）、牛录（佐领）制度编置结构的保持相对独立性的纯蒙古族裔组织，即档案所谓的喀尔喀蒙古旗和察哈尔（实为兀鲁特）蒙古旗。这种金国政权整合、接纳来归蒙古族群体的方式，其实质就在于既实现了金国政权对这部分蒙古族群体的指挥控制（不同于以往盟主与予盟者关系），又确保这蒙古二旗自身权益不被满洲八固山（旗）贵族领主轻易染指。应当强调说明的，这种独立于满洲八固山（旗）体制外喀尔喀、兀鲁特二蒙古旗，往往在一些论述中，与天聪朝初年始出现的满洲八固山（旗）体制内以蒙古族裔丁壮组编的二作战单位（档案、文献等记此二单位，或"旗"、"固山"、或"营"，至天聪八年正月始定其名曰"左、右翼兵"说详后）被混为一谈，[58]不加区别，既歪曲了喀尔喀、兀鲁特二蒙古旗的政治属性，更难以廓清上述二作战单位的历史真相。

从上述太祖传书训词，可见这些来归蒙古诸部落领主倘不依附金国满洲八固山（旗）特定领主，或不免"难以度日"之虞。排除其说词中，太祖以依附后即可得其"豢养"之利，以诱使此没次来归蒙古诸部落在无须付出"拨满洲一牛禄"代价情况下，整合纳入既有的满洲八固山（旗）体制之内的政治、利益考量诸因素，体制内、外差别也确实存在着领主对其私属部众"豢养"义务（某种程度上亦可视为负担）转移与否衡量标准。以来归诸部落蒙古贝勒领主让渡部分独立性，以换取满洲固山（旗）新主人"豢养"义务，也确属相当大的利益诱惑。

从金国政权八固山（旗）体制角度观察，以往既有的人口，财产在八固山（旗）内"八家均分"原则和来归部落（不论女真、蒙古）领主、部民来归时不打乱打散其旧有组织格局原则，在面对整合接纳喀尔喀、兀鲁特诸蒙古投归时必然产生的矛盾冲突，也使得天命六年（1621年）十一月时整合接纳蒙古古尔布什、莽果儿的"拨满洲一牛禄三百人，并蒙古一牛禄，共二牛禄"[59]后，整体纳入太祖自将之旗方式，变得难以为继：既存在满洲固山（旗）领主们是否愿将本为私属的牛录拨归来投蒙古问题，也存在着来归诸部落蒙古于满洲八固山（旗）间平均分配的困难。因此，太祖努儿哈赤于满洲八固山（旗）

体制外，以编立具相对独立性蒙古二旗新方式，整合接纳来归诸部落蒙古，并非来归蒙古贵族领主，或太祖努尔哈赤随意选择的结果，这期间反映来归、接纳双方利益考量，体现太祖努尔哈赤的政治智慧。

天命七年（1622 年）三月编立的喀尔喀、兀鲁特二蒙古旗在金国政权中地位微妙：天命九年（1624 年）元旦朝仪排班，该二旗旗主之一的恩格德尔额驸排位仅次于大贝勒代善，位列大贝勒阿敏之前，[60] 天聪元年（1627 年）十二月，皇太极宴请来归蒙古，金国统治者排序，该二旗旗主之一的明安贝勒其位亦在太祖第七子阿巴泰等人之上，[61] 地位不无尊崇。但金国政权八固山（旗）领主"共治国政"的决策体制中，喀尔喀、兀鲁特蒙古二旗领主绝无与满洲八固山（旗）领主比肩的任何可能，在此后的作战行动中，亦未见有整旗派遣之事。直到太宗皇太极天聪五年（1631 年）始有变化，是年七月，太宗皇太极统军往攻明关外大凌河城（今辽宁省锦县）。兀鲁特蒙古旗为一整体作战单位，由贝勒明安统领，合满洲镶白旗，两蓝旗，两红旗，吴讷格、鄂本兑分统之二部（八旗满洲的体制内蒙古作战单位）及尚属外藩的蒙古敖汉、奈曼部，合称"九旗 uyun gusa"为一翼；喀尔喀蒙古旗为一整体作战单位，由额驸恩格德尔统领，合满洲正白旗，两黄旗，佟养性（西乌礼额驸）统领（汉兵）一部及外藩蒙古巴林、扎鲁特部，土默特、喀喇沁部，合称"七旗 nadan gusa"为一翼[62]，围攻大凌河城，这应是记载所见喀尔喀、兀鲁特二蒙古旗整体作为相对独立作战单位参与战事的第一次。

天聪六年（1632 年）正月初一日，金国政权朝贺排序，"外部归附察哈尔（即兀鲁特部）喀尔喀诸贝勒叩拜"，列向太宗皇太极叩拜之第二位（第一乃满洲诸贝勒、台吉），而居佟养性所率汉官、八旗满洲八旗各管旗诸臣，乌（武）讷格所率之八旗体制内之蒙古诸臣等之先，[63] 显示其时此二蒙古旗地位之尊崇。

天聪六年（1632 年）四月初一日，太宗皇太极统兵往征察哈尔蒙古，传檄归附金国的蒙古诸部会兵同征。至十三日，"各路兵汇齐，内外之兵，共有十万"。[64] 察哈尔林丹汗先期闻讯远遁，金国联军"追之无及"，遂"入明境，以图大事"。[65] 是役中，兀鲁特蒙古旗明安贝勒部、喀尔喀蒙古旗恩格德尔额驸部，分属联军左、右两翼予役。联军于明大同、宣化、张家口近边地区饱掠，并于六月二十八日与明地方官盟誓修好。[66] 至七月二十四日，大军返沈阳，[67] 是役告一段落。

作为天聪六年（1632 年）金国征察，入明境之役的尾声，太宗皇太极事后对兀鲁特、喀尔喀二蒙古旗诸贝勒领主的清算与剥夺，也是是役政治成果中极其重要，却被忽视的部分。同年九月初八日，太宗皇太极以出征中兀鲁特、喀尔喀二蒙古旗诸贝勒或"汗前持刀二次"、"擅取察哈尔财物"，或"俘获甚少，所获之羊，私自靡费，捏称无获，不同众进献"、"擅自打猎"、"一次盗牛……"、"违编户之令"等因，将其分别革职，罚银、马，"夺其所得赏"，以示惩罚。[68]并最终决策：

> 因归顺蒙古（指兀鲁特、喀尔喀二蒙古旗）诸贝勒所行悖乱，不令另编为旗，令其诸贝勒随各（满洲）旗贝勒行走，属下人员并入乌（吴）讷格、鄂本堆（兑）旗。[69]

自天命七年（1622年）三月始出现的满洲八固山（旗）体制之外的兀鲁特、喀尔喀二蒙古旗，至此走到了自己的尽头。太祖努儿哈赤当年"更喜悦之"的那种归降蒙古诸部落贵族领主借与满洲八旗旗主贵族结成的婚媾关系，实现其在满洲八固山（旗）体制的隶属关系状态，终于在太宗皇太极天聪六年（1632年）九月实现了。

此次兀鲁特、喀尔喀二蒙古旗在全国政权框架内存在方式的被取消，并不意味着这部分归降蒙古部落贵族领主对其私属既有权利的剥夺，这类被"拨与吴讷格、鄂本兑旗下管理"[70]的众蒙古族裔丁壮（依牛录制度编置），其私属权力仍为原来的蒙古部落贵族领主所有，仅在出师作战状态下改为由吴、鄂二人统率，[71]这恰与满洲八固山（旗）制内既有的蒙古牛录于出师作战时统由吴、鄂二人统率的存在状态相一致。天聪六年九月，太宗皇太极对具相对独立性的蒙古二旗"不令另编为旗"改制过程，实现了金国政权对来归部属不分民族属性的政策统一：整部来归之部落贵族领主均需隶属一特定的负有"豢养"、"管辖"责任的主人（即八固山旗主），同时在对整部落来归之部众以牛录形式编审情况下，维持、保留部落贵族领主对其旧属成员的私属权利。对于非满洲族裔的整部来归部落中的蒙古族裔丁壮，也由于采取"拨与吴讷格、鄂本兑旗下管理"这种八旗满洲体制内既有的蒙古族裔零散、分散来归丁壮人户，分编牛录，战时则单独配置为一作战单位政策统一。这一切的实质就是存在了十年之久的兀鲁特、喀尔喀蒙古二旗，从其贵族领主到部落属民，彻底地融入了金国满洲八固山（旗）体制之中，而不再具有因民族属性差别带来的相对独立性。

自太祖努儿哈赤起事以来即于实践中遵循的对周边部落征服，招徕政策中，保留率部来归部落贵族领主对其旧属部众的私属权利，既有社会管理层面成本节省之利，又有弱化在来归部落内强制实施牛录组织化改造可能带来的负面影响，有助广事招徕的强烈示范之利。对于那些因种种缘故摆脱旧领主掌握，零星、分散逃来金国的人丁户口（无论其民族属性），除极少数因"恐有违盟约"等特殊政治目的，被"截拿"、"迎捕"后归还其旧主外，绝大部分以编立牛录或补入牛录形式，顺利融入满洲八固山（旗）体制之中，成为金国社会中身份地位有别（或包衣阿哈，或平民）的成员。

金国天命四年（1613年）以前，零星、分散逃来金国之人丁、户口，多以女真族裔为主。随着太祖努儿哈赤克明开原、铁岭城，灭叶赫统一女真诸部，其兵锋所向直指其西之蒙古诸部落，零星分散逃至金国的蒙古族裔人丁、户口日增。至天命六年（1621年），此类逃来之人的记载，于文献中几乎无月无之。随着蒙古族裔人丁户口迅速增长，除将此类丁口转化为满洲贵族的直接私属（包衣阿哈）外，在满洲八固山（旗）体制内编置纯蒙古族裔丁口构成的牛录，委派官员实施管理，使之成为满洲八固山（旗）体制内某一特定旗主贵族有组织的私属牛录，也是一种合乎逻辑的结果。天命六年十一月十八日，五部落喀尔喀蒙古台吉古里（尔）布什等率部来投，太祖努儿哈赤"拨满洲一牛禄三百人，并蒙古一牛禄，共二牛禄"[72]给古里布什的记载，即令将此"拨给"的蒙古牛录理解为来投古尔布什台吉所"领率八十户一百一十五名男丁"[73]编成，也不足以判定前此金国政权内有无蒙古牛录事实，学术界一般认为的金国政权内蒙古牛录始于天命六年结论，[74]显然不能成立。依据现有记载，我们只能认定至天命六年十一月，金国政权中已然存在蒙古族裔人丁构成的牛录组织，即"以零散内附的蒙古人丁编组蒙古牛录当不迟于天命六年"[75]。事实上，天命末年始，负责统辖满洲八固山（旗）体制内蒙古族裔丁壮参加作战行动的武讷格，"（姓）博尔济吉特氏……其先盖出自蒙古，而居于叶赫。太祖创业，武讷格以七十二人来归。有勇略，通蒙、汉人，赐号'巴克什'。岁癸丑，从伐乌喇有功，授三等副将。"[76]癸丑岁即明万历四十一年（1613年），亦即天命建元前三年。武讷格归太祖必不能晚于此，唯具体时间文献失载，今难以详知。以其"居于叶赫"等情推断，武讷格来归时间极一可能为明万历二十一年（1593年），太祖破叶赫为首之"九部联军"事后不久。应该说，早于太祖崛起，统一建州，统一女真时期，即有蒙古族裔人群投附，正不待金国势力进入辽沈地区后始有。

对于太祖努儿哈赤来说，这些归附蒙古族裔丁壮所具备之不弱于女真人的骑射特长，势不会有弃而不用情况，只是限于语言，习俗差异等因，将其作为武装力量使用时，又必不能同于满洲士卒构成的作战单位。

与满洲八固山（旗）体制内出现纯蒙古族裔人丁户口建构的牛录组织相同缘故，当归附蒙古族裔人口中，丁壮数量达到一定量级后，纯蒙古族裔丁壮构成的作战单位在作战行动中出现，绝非一件不可想象的事。但与满洲族裔丁壮构成的作战单位以成员的旗籍、隶属关系为基础不同，这类以蒙古族裔士卒构成的作战单位，仅止在作战实践中方具意义，其构成人员的旗籍、隶属关系，依旧分别归属于满洲八固山（旗）旗主贵族领主。而出师作战时领兵统帅，蒙古族裔所构成的作战单位，也与满洲族裔作战单位那种多由女真贵族乃至旗主贵族出任情况不同，只在经过实践考验，获得金国统治者信任的蒙古族裔非贵族将领中选派任命，其不具备对所统辖的丁壮人口的私属权利，是其与满洲贵族统兵将领的本质差别。

天命六年（1621 年）三月，五部落喀尔喀蒙古部分贵族领主，"闻沈阳城（为金国军队所）破，欲夺取沈阳财粟器皿，遣二三千人。携马驼牛车至。（金国）留城征粮之八旗游牧蒙古，见之追击"[77]并获胜利事，可证不晚于此，金国政权架构内，已存在相对独立派遣、调用的蒙古族裔构成的武装力量单位事实。唯这部分"八旗游牧蒙古"必不可少的统辖、负责者姓名失载，以致无法明晰。

天命八年（1623 年）四月，太祖努儿哈赤"命阿巴泰阿哥、德格类、斋桑古、岳讬四贝勒，率诸申兵一千、蒙古兵一千，操炮汉兵八百"[78]长途奔袭结怨之扎鲁特蒙古昂阿贝勒部，金国军队全胜而归。五月初七日，犒赏出征人员记录中，即有"三等总兵官乌（武）讷格"、和"蒙古贝勒总兵莽古勒额驸（即六年十一月来归之莽果尔台吉），都喇勒达尔汉、青卓里克图（即六年十一月来归之古尔布什台吉）等三额驸"[79]，及出师蒙古族裔参将、游击级官员。综合记载可知，是役中金国军队蒙古族裔士兵与女真（诸申）士兵数量一致，组织有序，其统领将佐既有吴讷格这样的蒙古族裔臣僚，又包括领有私属牛录的蒙古贵族领主。只是由于战役规模所限，战役指挥权仍握于爱新觉罗贵族之手。相比六年三月"留城征粮之八旗游牧蒙古"事出仓促的应战，此时金国政权中蒙古族裔武装力量构成，显然更加规范，且更具数量规模。

天命十一年（1626 年）正月，太祖努儿哈赤统军攻明宁远（辽宁兴城）城，为明守将袁崇焕所败，乃于庚午（二十六日）"命武讷格率所部八旗蒙古，更益满兵八百，征取觉华岛（菊花岛）"。[80]这是文献明确记载满洲八固山（旗）体制内纯蒙古族裔统率指挥的，以蒙古族裔士兵组成作战单位，独立执行作战行动的第一例。记载中有两点可堪注意：首先，"高录"所记觉华岛明守军"四万"以上兵数至为可疑，[81]但其数量不少应属事实。据此，武讷格部和"更益满兵八百"得获"尽斩之"、"尽歼之"战绩，除金国军队战斗力强于明军外，武讷格部兵力亦不能太少，排除其他因素，战争中以二万胜四万，已属战争奇迹，断此时武讷格所率蒙古兵数在数千乃至近万，应无大误。其次，是役中，八旗蒙古为一整体作战单位显然，其领兵统帅有权指挥调拨来的"满兵"，知其地位不容小视。事实上，早在天命九年（1624年）金国元旦朝仪上，武讷格其人已是满洲八固山（旗）体制内蒙古族裔诸臣独立排班叩拜的领衔之人。[82]

宁远之战，明军将领袁崇焕取"凭坚城以用大炮一著"，[83]力敌尚称攻城经验丰富的满洲军队。太祖努儿哈赤知是役以攻坚为主，其所率军队中较满洲兵更长于骑兵野战，而较少攻坚陷城的蒙古兵遂不派作攻城之用。觉华岛地处海中，因严冬季节，海水冰封，明守岛军遂成无天险可依之势。太祖遣武讷格率蒙古士兵为主部队往取觉华岛，显然是用蒙古骑兵野战优长的正确部署。恰因此部署，彰显金国满洲八固山（旗）体制内蒙古族裔作战单位存在并于征战中独立调派使用的事实。"武录"满文体记载此事，于武讷格名前有"jukun gusai moggoi cooha I ejen"[84]，即"八固山（旗）的蒙古的超哈（兵）的额真（主）"定性，证明武讷格巴克什其人在金国元旦朝仪、出师征战状态下，满洲八固山（旗）制内蒙古族裔群体独立排班，调遣时的总管责任者身份，其"位亚杨古利、李永芳，在八大臣之上"[85]地位，既不能与金国领有全旗之女真贵族相比，甚至也不能与此时尚存在于金国政权架构中的五部喀尔喀、科尔沁兀鲁特二蒙古旗下如恩格德尔、古尔布什、明安一类领有该旗私属牛录属民（旧部民及金国赏调牛录属民）的蒙古族旧部落贵族领主相提并论。

随着金国势力向辽西地方的扩张，影响所及的蒙古族裔人口归金保持了一个增长态势。而此时整部归附、零星来投以及战败被俘（投降）蒙古人群，金国统治者不再采取编立具相对独立性喀尔喀、兀鲁特二蒙古旗方式，仅只坚持编置仍为旧领主私属却配属满洲八固山（旗）下和直接的牛录、包衣阿哈（奴仆）身份成为满洲贵族私属方式，其直接结果就是满洲八固山（旗）制内蒙古族人户丁口数量大幅度增长，致使这类非女真族裔牛录必须在满洲八固山（旗）间进行一次大致平均的调整分配过程。同时这类蒙古族裔人口数量的增长，也致使金国军队出师作战实践中一蒙古裔作战单位难以容纳。

金国天聪五年（1631 年）八月，太宗皇太极闻知明总兵官祖大寿于大凌河城（今辽宁凌海市）筑城，乃欲乘其未竣，亲统大军往攻，据文献记载，八月三十日，金国军队围困明大凌河城。"大凌河城明兵出，欲攻城南之台。营于城南面之镶白旗，乌（吴）讷格巴克什，正蓝旗，镶蓝旗，鄂本堆（兑）及镶红旗，敖汉、奈曼，明安贝勒，正红旗等九旗兵士击溃之，使壅集于城门而掩杀之。"[86]此为鄂本兑统辖一部记载之首见。鄂本兑所部实即满洲八固山（旗）体制内除武讷格部外的第二个由蒙古兵丁构成的作战单位，这肯定是满洲八固山（旗）体制内蒙古族裔丁壮（以牛录组织编立）对幅度增长的结果。

尽管这种大幅度的增长，致使出师的金国军队中出现了由武讷格、鄂本兑为统辖主将的二蒙古族丁壮组成的二作战单位，分别随满洲两蓝旗（吴部）、两红旗（鄂部）围大凌河城南面之东和城正西面，[87]却并不足以认定此二作战单位由是分为左、右二营。[88]尽管《清太宗实录》记此二单位领兵主将时，均以"蒙古固山额真"[89]衔称述，给人以武、鄂二人地位相埒印象。事实上，鄂本兑其人以蒙古族而为明守备。天命六年（1621 年）太祖努儿哈赤攻辽阳，鄂率兵三十五人于阵前降。[90]七年（1622 年）因从征广宁功，获游击世职。八年（1623 年）二月，缘事由一等游击降为三等游击，直至天命十一年（1626 年）[91]。天聪元年（1627 年）五月，太宗皇太极统军攻明锦州、宁远等城，"鄂本兑率五牛录（即一甲喇）甲士破敌，进二等参将"，"三年（1628 年），从上（太宗皇太极）伐（察哈尔蒙古）多罗特部……进一等参将"、"八年（1634 年）改三等甲喇章京"[92]其身份地位始终与天命八年（1623 年）即身任"总兵官"的武讷格[93]相去甚远。满洲八固山（旗）体制内蒙古牛录于作战实录中为武、鄂二人分辖两属情况，在稍后的天聪六年（1632 年）元旦朝仪上并不被认可，依照"自是年（天聪六年）始，（朝仪叩拜次序）改定照旗分以次叩拜"[94]规定，八固山（旗）内所有蒙古人等，排序于满洲八固山（旗）诸官员"率（各族旗）众叩拜"之后，由"总兵官乌（武）讷格率蒙古诸臣叩拜"[95]，其间并不见鄂本兑（或其他人）率同一类，别一蒙古诸臣人众叩拜而与武讷格平起平坐，以彰显八固山（旗）内蒙古众牛录丁壮于战争实践中已然分辖两属的事实。满洲八固山（旗）体制内蒙古牛录于作战实践中成二作战单位，分隶金国出征军队左、右翼配署，与这二作战单位各自明确为左、右两翼尚有差别，始见于天聪六年

（1632 年）四月太宗皇太极统军往征察哈尔一役。五月二十四日，太宗皇太极师次木鲁哈喇克沁地方，金国军队"分为两翼。左翼命贝勒阿济格为帅，率巴克什吴讷格、科尔沁土谢图额驸奥巴……部落兵万人，往掠大同、宣府边外察哈尔部民；右翼命贝勒济尔哈朗……等率兵二万人，往掠归化城黄河一带部民。"[96] 二十八日，太宗皇太极差人往右翼四旗传谕，档案明确记载此右翼四旗为镶蓝、镶红的"诸申（女真）二旗"和贝勒明安及鄂奔堆（本兑）的"蒙古二旗"。[97] 于作战实践中相对独立部署调遣的满洲八固山（旗）体制内蒙古族裔丁壮组成的作战单位，在相当长时间里并无一明确规定之正式称谓，仅以"瓦内革（吴讷格）率八固山蒙古"（天命十一年）[98] "巴克什乌（吴）讷格、额驸苏纳率蒙古兵"（天聪三年），[99] "巴克什乌（吴）讷格兵及蒙古兵"（天聪四年）[100] 以及"营于（大凌河）城南面之镶白旗，乌（吴）讷格巴克什，正蓝旗，镶蓝旗，鄂本堆（兑）及镶红旗，敖汉、奈曼，明安贝勒，正红等九旗"（天聪五年）[101] 这类既将满洲八固山（旗）体制内外两种操作本质差别的蒙古族裔作战单位混为一谈，更将武、鄂所部视（称）为一旗（固山），以成其"九旗"之数的混乱记载，致后世产生其时金国八固山（旗）体制内已然存在以武、鄂二人分任固山额真的二蒙古旗制度的重大误读。[102] 天聪八年（1631 年）五月庚寅（初五），太宗皇太极上谕：

> 朕仰蒙天眷，抚有满洲、蒙古、汉人兵众。前此骑、步、守、哨等兵，虽各有营伍，未分名色，故止以该管将领姓名，称为某将领之兵。今宜分辨各色，永为定制。随固山额真行营马兵为马兵，步兵为步兵，护军哨兵为前锋，驻守盛京炮兵为守兵，闲驻兵为援兵，外城守兵为守边兵，旧蒙古右营为右翼兵，左营为左翼兵，旧汉兵为汉军。[103]

另据形成于清顺治朝的满文"内国史院档"，《清太宗实录》所记"旧蒙古"左、右二"营"，被汉译为左、右二"旗"，即"旧蒙古右旗为右翼兵，左旗为左翼兵"，[104] 据此可知该文献中对应"营"、"旗"的满文应是"gusa 固山"。该文献翻译整理者译"gusa"为"旗"，而《清太宗实录》撰者则依"营伍"之简记形式——"营"。

太宗皇太极上谕所谓"虽各有营伍，未分名色，故止以该管将领姓名，称为某将领之兵"说，并非历史真实的全部。考察早期档案文献记载实践，金国大规模军事行动中作战单位的记载指称方式，大致有三种：属最外围同盟者的临时征调的漠南蒙古诸部落作战单位，一般只以其部落名指称其参战单位，此其一。第二种则集中于金国政权框架之内所有非满洲族裔丁壮构成的作战单位，包括已于天聪六年（1632 年）九月被裁撤的恩格德尔额驸，明安贝勒这种蒙古贵族自领，属满洲八固山（旗）体制外的二蒙古旗；分别由武讷格、鄂本兑二蒙古族裔将领于作战时统辖的满洲八固山（旗）体制内二蒙古族裔丁壮构成的作战单位，以及由李永芳、佟养性等人统领的汉兵作战单位。第三种则是满洲八固山（旗）体制下，以满洲族裔为主丁壮构成的，纯以正镶旗色分别指称的核心部分作战单位。事实上，除了上述第二种情况外，文献记载中，最外围与最核心的部分，均不见"止以该管将领姓名，称为某将领之兵"现象。

　　无论如何，满洲八固山（旗）体制内由"旧蒙古"丁壮（严格依女真社会牛录形式组织）的二作战单位，到天聪八年（1636 年）五月初五日，被明确"翼兵"（满文作 ashan i cooha，音译为阿思哈尼超哈[105]）且分左、右二部的正式"名色"。其与金国军队中的骑兵（阿礼哈超哈）、步兵（白奇超哈）、前锋（噶布什贤超哈），守、援乃至炮兵（乌真超哈）诸"营伍"并列且一同被规范称谓，尤能证明曾由武讷格、鄂本兑二将统辖的作战单位，尽管于记载中每见混称为"旗"、"固山"，然其实质却与上述骑、步、锋、守、援、炮一类"营伍"一致，而与金国社会既有的以四正四镶旗纛严格分野的统治领属组织结构无关。另一方面，太宗皇太极上谕"止以该管将领姓名，称为某将领之兵"说，已然昭示"旧蒙古左营……右营"称谓，只存在于此上谕之中，企图考知左、右营称谓始于何时，应是无法完成的任务。而上谕"永为定制"一说，仅就蒙古左、右翼兵在其后的记载实践并未见执行得多么认真，我们既能看到如"和硕贝勒德格类率正蓝旗巴雅喇额真，阿礼哈超哈固山额真觉罗色勒，镶蓝旗巴雅喇额真，阿礼哈超哈固山额真阿格（哥）费扬古，左翼固山额真三等公吴（武）讷格，蒙古巴林部诸贝勒兵，扎鲁特部诸贝勒兵，土默特部众大臣等六旗，进独石口"[106]一类虽未十分规范，却坚持"翼兵"即阿思哈呢超哈称谓，同时也坚持了混称为"旗"的载记方式，又能看到"镶红旗夜袭井坪城未下，正红旗、镶红旗并阿代一旗合攻之，亦未下"、"镶蓝旗攻沙城堡不克……正蓝旗、镶蓝旗及公吴（武）讷格合兵复攻之，亦不克"，[107]这类一仍"称为某将领之兵"其旧，更混以"旗"称的载记方式。事实上，既令金国于现实中严格"翼兵"称谓，以标称其体制内的"旧蒙古"作战单位，迅速发展的形势也令太宗皇太极"永为定制"的上谕要求很难实现。

天聪六年（1632年）四月，太宗皇太极率大军往征蒙古察哈尔林丹汗，令结盟归顺的蒙古诸部落会兵同征，因"镶黄旗固山额真额驸达尔汉家旧蒙古二人，盗良马六匹潜奔蒙古察哈尔国，告以满洲已举大兵无数来征汝国"[108]，察哈尔林丹汗大惧，率部渡黄河西奔青海。皇太极追之不及，遂定"先取蒙古部民，复入明地"[109]方略，除迫使大同、张家口、宣府地方明官员承认其取代原察哈尔林丹汗专享的犒赏、贸易特权，以达成停战和平局面外，更重收掠逃散的察哈尔蒙古部民诸事，并于战事实践中严格约束合兵前来的蒙古诸部兵将，巩固金国大汗的统治威权。

事实上，自天聪六年（1632年）金国大军征察哈尔蒙古，林丹汗闻讯远遁，一时称雄中国北方的蒙古察哈尔部即已分崩离析。至天聪八年（1634年）闰八月，太宗皇太极始获察哈尔林丹汗"病痘，殂死打草滩（又作大草滩，今甘肃省天祝藏族自治县境）地方"[110]确信。同月二十八日，林丹汗众福晋之一的窦土门太后即"携其所属人众来归"，[111]同年十二月，林丹汗另一福晋高尔土门太后亦率属部归附[112]为标志，走投无路的林丹汗诸福晋、亲族，察哈尔蒙古诸部落贵族、臣僚纷纷率部属归降金国，呈现一蒙古人众来归高潮。太宗皇太极除礼遇来投之林丹汗遗属福晋，优待来投之察哈尔蒙古诸部落贵族、臣僚外，对于来归部众人户亦需处置。天聪九年（1635年）正月二十二日，太宗皇太极"将自察哈尔来归诸大臣、人民，均分隶八旗"[113]将都喇尔达尔汉贝勒等20蒙古贵族臣僚所属丁壮901名，拨入正黄旗下；色楞色臣斋桑（又作宰桑，蒙古部落首领习称，用于非成吉思汗家族贵族）等11人所属丁壮365名，拨入镶黄旗下；祁他特车尔贝斋桑等6人所属丁壮118名，拨入正白旗下；鄂齐泰斋桑等10人所属丁壮457名，拨入镶白旗下；滚楚克斋桑等12人所属丁壮437名，拨入正红旗下；巴木布斋桑等10人所属丁壮321名，拨入镶红旗下；绰勒门斋桑等6人所属丁壮436名，拨入正蓝旗下；色楞布都玛尔斋桑等8人所属丁壮176名，拨入镶蓝旗下。[114]一次性将这些蒙古部落贵族、臣僚所属丁壮3211名，纳入八旗满洲体制之内。

此次拨入八旗满洲体制之内的蒙古来归丁口，其数量远少于此时期内来投之察哈尔旧属诸部人丁之数。号称统"四十万众蒙古国主巴图鲁成吉思汗（即林丹汗）"[115]一旦败亡，其属部星散。绝大部分先后投归金国，纵然不必有"四十万"之数，但其丁口数量非八旗满洲可以容纳是显而易见的。

自天聪九年（1635年）正月二十二日编立3211名察哈尔蒙古壮丁入八旗满洲各旗十五天后，太宗皇太极即"编审内外喀喇沁蒙古壮丁，共一万六千九百五十三名，分为十一旗。"[116]除以喀喇沁部长苏布地之子右鲁思辖布林掾为固山额真，下统蒙古21贵族、臣僚旧属男丁5286名一旗"以土默特右翼俄木布虎楚尔为固山额真，下统蒙古6贵族、臣僚旧属男丁1826名一旗"土默特左翼耿格二、单把二人共管固山额真事，下统蒙古22贵族、臣僚旧属男丁2011名一旗外，"其余（喀喇沁蒙古男丁）均令旧蒙古固山兼辖。"[117]此"旧蒙古固山"已经不再是即有满洲八固山（旗）体制内分左、右翼的单纯二作战单位，而是崭新的八旗蒙古制度了。其具体编置为：

正黄旗阿代为固山额真，下统蒙古9贵族、臣僚"及在内旧喀喇沁壮丁"共1250名，"合旧蒙古"为一旗；

镶黄旗达赖为固山额真，下统蒙古2贵族、臣僚"及在内旧喀喇沁壮丁"共1045名，"合旧蒙古"为一旗；

正红旗恩格图为固山额真，下统蒙古8贵族、臣僚"及在内旧喀喇沁壮丁"共870名，"合旧蒙古"为一旗；

镶红旗布彦代额驸为固山额真，下统蒙古4贵族、臣僚"及在内旧喀喇沁壮丁"共1016名，"合旧蒙古"为一旗；

正白旗伊拜为固山额真，下统蒙古7贵族、臣僚"及在内旧喀喇沁壮丁"共890名，"合旧蒙古"为一旗；

镶白旗苏纳额驸为固山额真，下统蒙古5贵族、臣僚"及在内旧喀喇沁壮丁"[118]共980名，"合旧蒙古"为一旗；

正蓝旗吴赖为固山额真，下统蒙古3贵族、臣僚"及在内旧喀喇沁壮丁"共860名，"合旧蒙古"为一旗；

镶蓝旗扈什布为固山额真，下统蒙古8贵族、臣僚"及在内旧喀喇沁壮丁"共913名，"合旧蒙古"为一旗。

八旗蒙古除每旗设固山额真外"其下设梅勒章京各二员"[119]，同时规定：

> 此次编审壮丁时，谕令凡年六十以下，十八以上并从本地方带来汉人，每家所有壮丁若干名，俱照例编审。其目不能视，足不能行，手不能持者，不入编审内。如诸贝勒、塔布囊内及一切人等，有隐匿壮丁，不送编审者，或经人举首，出首之人准其离主。将所隐之人入官，仍交刑部照例以隐匿之罪，其十家之长罚马二。永著为令。[120]

　　显然，只要无隐匿丁口行为，此次编审过程并不剥夺来归蒙古旧贵族领主对其下部民的私属权利。重要的是必须通过编审、整合、重组，按照满洲统治者的意志，在这些来归蒙古旧贵族领主私属权利之上，增加由政权指派、任命的固山额真、梅勒章京和甲喇章京（至清顺治十七年（1660 年）改称都统、副都统和参领）诸管理层级，以分掌新组建的八旗蒙古各该固山（旗）旗下政令，"宣布教养、整洁戎兵、整治田土、稽核户口"，[121] 改变了既有八旗满洲体制下旧蒙古左、右翼兵这种仅在元旦叩拜朝仪时象征性存在，出师征伐时才实质性存在的单纯作战单位缺乏牛录以上管理层级，与现实进程中蒙古诸部来归人户、丁口数量、规模激增，急需有效组织管理要求间矛盾状态。这次组建八旗蒙古，同时也是满洲领有全旗的旗主贵族间利益调整过程，在整齐八旗蒙古各固山下牛录数量条件下，使各该旗色蒙古固山（旗）以一整体，在满洲旗主贵族内依同旗色原则分别领属，即八旗蒙古分别依旗色隶归领有该旗的满洲旗主贵族，成为他们的私属权益部分。而以固山（旗）规模的归旗私属过程，也给汗权的扩张提供了条件，毕竟蒙古固山额真等官员的指派、任命，不是满洲旗主贵族可以私自实现的。

　　太宗皇太极组建全新的八旗蒙古制度，规定每蒙古固山（旗）下设二甲喇章京，依例则八旗蒙古每固山（旗）下应有十牛录（一甲喇辖五牛录）之数[122]，较自"天命九年（1624 年），八旗始编五（蒙古）牛录"[123] 时，八旗满洲内蒙古牛录总额四十个左右容量增长一倍。但此次新组建的八个蒙古固山（旗）均为"合旧蒙古为一旗"，即以原隶属八旗满洲中的部分蒙古牛录为基础，分拨新编审的"内外喀喇沁壮丁"组成新的蒙古固山（旗），所以，新编八旗蒙古理论上的八十个牛录之容量，并非均为新增容量，只是由于文献记载不足缘故，八旗满洲"旧蒙古"牛录及其被拨入新建八旗蒙古固山下牛录数量，已经很难考订明晰。

　　可以肯定的历史事实是，并非全部原隶八旗满洲体制内的蒙古牛录都在这次组建八旗蒙古时被拨入蒙古固山（旗）中。据学者统计，大约有 18 个蒙古牛录依旧留在八旗满洲体制之内。[124] 分析这些留在八旗满洲内的蒙古牛录，可以发现其一般具有来归时间早，其领属者多为地位显赫的蒙古部落贵族领主，更重要的还在于这些蒙古旧贵族领主多与满洲贵族结有姻戚关系等特点。保留这些人满洲隶属关系、旗籍，既显示其与满洲关系的近切与认同，属于满洲政权对这些人身份地位方面的格外恩宠，同时也是早期隐含更多方便监管、控制意图的反映。

天聪九年（1635 年）前后，正是金国政权收揽察哈尔林丹汗溃散的遗属、部落贵族、臣僚、部民人户丁口及牲畜财富等经济、政治遗产的高峰时期。至当年五月，以林丹汗"多罗大福晋"囊囊太后[125]，握有"传国玉玺"和代表成吉思汗以来蒙古大汗正统身份的林丹汗之子鄂尔克孔果尔的苏泰太后率众来归为代表，金国政权得察哈尔蒙古人口多至万余户。而先于二月编立八旗蒙古固山中，除了如林丹汗之子额尔克孔果尔这样具规模影响的部分，被太宗皇太极拨予义州（今辽宁义县）边外孙岛、习尔哈地方[126]驻牧而外，多数分散来投的察哈尔蒙古人户，以其领率贵族、臣僚为单位，大致平均地分派隶属于八旗满洲各旗之下，并由八旗满洲各旗主贵族负责承担其来归初期供给牛羊食品的"赡养"之责，并于稍后出师明地劫掠财物时，编其为八旗满洲各旗下相对独立的营伍，单独统计其房获数量，称为"新察哈尔蒙古"，而与八旗满洲、八旗蒙古诸部并列，不相混淆。这些"新察哈尔蒙古"（后习称"八旗游牧蒙古"），既没有拨归为被清廷封为和硕亲王的察哈尔蒙古正系——林丹汗之子鄂尔克孔果尔的私属旗民，也没有编入八旗固山之下，而是相对独立地驻牧于清廷划定的草原地方（驻牧地前后有所变化），成为贯穿有清一代的所谓"八旗察哈尔蒙古"，其政治地位介于八旗蒙古和外藩蒙古扎萨克旗之间。因其不在北京地区之内，故不细论。

清代北京地区蒙古民族中，确一相当数量的察哈尔蒙古成分，其来源为林丹汗直系的察哈尔亲王布尔尼。清崇德元年（1636 年），林丹汗子鄂尔克孔果尔被册封为察哈尔亲王，成为清朝外藩蒙古右翼诸部之盟主（左翼之首为科尔沁土谢图亲王）[127]，地位尊崇。崇德六年（1641 年）鄂尔克孔果尔病逝，其部由嫁于孔果尔的皇太极次女玛格公主领摄，至清顺治五年（1648 年），始命鄂尔克孔果尔之弟阿布鼐（奈）袭亲王爵。清康熙八年（1669 年），清廷治阿布鼐罪，将其囚禁盛京（今辽宁沈阳），察哈尔亲王爵位转由其子布尔尼承袭。康熙十四年（1675 年）三月，布尔尼乘三藩乱起之机叛，号召、求助于漠南蒙古各部，欲于盛京劫夺其父。因不得众外藩蒙古部响应，旋即为清廷所遣之大军扑灭，布尔尼兄弟于阵中为科尔沁蒙古额驸沙津射杀。同时，囚禁于盛京的阿布鼐及诸子被处斩，女子没为官奴，察哈尔蒙古大汗一系至此绝嗣。其所遗部民安置处理，清廷议政王大臣奏：

"归附及掳来之察哈尔人等，应解京隶八旗满洲蒙古佐领下披甲。其老弱人丁，赏给被伤官兵。"（帝）从之。[128]

移调入京的察哈尔蒙古人口，据出师平乱副将军图海疏报："察哈尔十二佐领人丁家口，其来投军前者，丁凡一千一百六十六，口凡六千八百八十七，奉调出征人妻子家口凡二千八百三十八，俱随大兵相继入京。其投入外藩蒙古各旗者，丁凡五百十四，口凡三千六百三十八，布尔尼所属喇嘛班第丁凡一百十六、家人男女凡三百八十三，先经奉旨察取。但外藩各旗自去岁荒歉以迄今夏，人马皆饥，往来迎送，实为艰难。请俟蒙古马肥再为移取，人数无多，取之自易"，"得旨：著暂停察取，仍令各旗主、贝勒加意赡养"。[129]据此可知，康熙十四年五月，一次即有万余察哈尔蒙古族人口迁入北京，成为京城居民。

又据《八旗通志（初集）》记载：八旗蒙古镶白旗固山下除辖有左、右二参领外，更辖有一"察哈尔参领"及"所属七佐领"[130]，这七佐领分为"在京察哈尔"三佐领和"口外游牧地方察哈尔"四佐领二种。其"在京察哈尔第一佐领"明确记载："顺治十年（1653年），以察哈尔十丁鄂尔多斯一百丁。喀尔沁六十三丁，共编为一佐领"；[131]而"在京察哈尔第二佐领"，则混记为"原系国初编设"，但嘉庆朝成书的《钦定八旗通志》记此佐领缘由，则以"谨案《旗册》，此佐领系天聪九年（1635年）察哈尔阿思琥默尔根四十户与布彦泰携带二百四十户人丁合编一佐领"[132]小注形式予以明确；"在京察哈尔第三佐领"记为"原系察哈尔地方蒙古，于天聪年间编为牛录"，[133]晚出之《钦定八旗通志》未加进一步明确。无论如何，上述二佐领人口均属清代居住北京的蒙古民族。

自金国政权在其八旗体制编设蒙古牛录，到天聪九年构建八旗蒙古固山，为这一潮流裹挟其中的这部分蒙古族人群，即走上了其与满洲民族的一体化过程。满洲、蒙古二民族之间的差异，除了语言、文字以外，原本限于"满洲有稼穑，有城堡世居之民；蒙古则逐水草为行国，专射猎而无耕种"[134]。金（清）政权中为八旗固山额真（后改称都统）至牛录额真（后改称佐领）诸层严密组织管理下的蒙古族群体，其传统的游牧生存状态不复存在。通过武装暴力、政治强权从农耕方式中获取更多也相对稳定的经济利益后，这些蒙古民族群体很难再回到相对艰苦的传统游牧生存状态，其与满洲民族的一体化进程因此再无回头的可能。当清朝定鼎燕京，八旗集团脱离了关外时期尚存的"出则为兵，入则为民，耕战二事，未尝偏废"[135]传统，彻底成为政权赖以维持的专职武装力量集团后，这一集团内部满洲、蒙古二群体间的差别，就只存在于集团内部利益分配、调整时。清初八旗集团作为一个利益整体，面对人口众多，文化、情感因素不甘心认同的中原汉民族时，这种集团利益分配调整的内部问题即变得无足轻重。更重要的事实还在于，当面对着中国北方地区仍旧保持着传统游牧生存方式的蒙古民族群体时，八旗蒙古也无法因其相同的民族属性而放弃、背叛集团的整体利益。清朝政权在对北方反叛的蒙古部落实施武力镇压时，八旗集团内的蒙古族裔群体的民族属性问题，竟然没有给满洲统治者带来过丝毫的困扰。

　　清代早期，八旗集团内部普遍存在的满洲化过程，对于集团中的蒙古族裔来说几乎是不可逆的，这与八旗集团中的汉族裔群体（汉军）明显不同。清代官方文字除满文（当时称为"清文"、"国语"）、汉文外，还应包括蒙古文，这一点可以从清代诸帝王"实录"均以满、蒙、汉文字缮写三种事实得到证明。但由于现实中蒙古语言文字的应用，多只限于朝廷"理藩院"等少数衙门，远不及汉、满语言文字应用广泛。行政领域而外，蒙古语言文字应用、传习条件更是日益恶化，至清雍正九年（1731 年）上谕："近见蒙古旗分人，能蒙古语言翻译者甚少，相习日久，则蒙古语言文字必渐至废弃"，表现出的某种程度的焦虑关注。然而仅就此谕的立意看"蒙古旗分之人，益加鼓励勤学，蒙古文字不至废弃，而理藩院亦收得人之效也"一说，相对同一上谕所称之"（蒙古旗分之人）如有学习汉书，愿就试汉文者，照准其考试，于别院补用"，[136] 明显的事实是：学习蒙古语文者仕途出路唯有理藩院一途，相比较其"学习汉书"，出路为"别部院补用"的宽泛仕途，更多机会，八旗集团中蒙古族裔群体可能的选择倾向，其实是不难想象的。到了清乾隆四十四年（1779 年），更有上谕指出："国朝定鼎至今，百有余年。八旗满洲、蒙古子弟，自其祖父生长京城，不但蒙古语不能兼通，即满洲语亦日渐遗忘。又复惮于学习，朕屡经训饬，而率教者无几。"[137] 满洲统治者看到了蒙古语言文字在驻京八旗集团内蒙古族裔群体中日渐衰落、消亡的危机，指斥其"惮于学习"，归因于"固由习俗所移，亦其人不肯念本向上"[138]，却不能认识、检讨长期以来八旗集团内满洲化进程诸政策，本就含有同化蒙古等诸非满洲民族的必然。自清代中期以降，八旗集团作为一个整体，面对不可遏制的汉化潮流，集团内的蒙古族裔群体，却并不能因前期以来不断的满洲化进程为汉化潮流打断而回归本民族传统，反而是沿着以往的满洲化方向，和满洲民族一起走上了迷失大部分民族传统的不归路。

　　然而八旗集团内的蒙古族裔群体满洲化，乃至汉化过程无论如何彻底，其进程如何不可逆，却始终也不能构成对八旗集团内部民族属性分野的彻底消解，这不仅缘于集团内满洲、蒙古、汉军等组织结构对这种分野的制度性固化，更在于王朝政权统治核心爱新觉罗家族化乃至政权民族属性的满洲独占性质。从民族范畴角度看，只有满洲民族才是王朝的统治民族。清朝帝王深刻认识到："满洲人数本少，今只将中外（指中央、地方）紧要之（官）缺补用"，[139] 始终坚持"首崇满洲"原则，统治者不可能认同八旗集团内民族属性上的无差别状态。八旗制度中与生俱来的满洲、蒙古、汉军这种与民族属性联系，并始终严格其分野，认真其识别的固化制度性安排，顺理成章地彰显、强调着民族属性带来的差异，在政权相对巩固，八旗集团内部利益有机会不在其整体利益受威胁时整合调节状态下尤其如此。有清一代，八旗蒙古都统、副都统一职满洲族裔官员可以出任（其例甚多），八旗满洲都统、副都统一职绝无蒙古族裔官员充任一类"首崇满洲"色彩浓郁诸例证，无不证明着清朝八旗集团中民族一体化程度最高的满洲、蒙古间无法根本消解的终极区别。那种以为满洲是由女真、蒙古、汉、朝鲜等多民族融合而成的一新民族的观点，在清代而言是不能成立的。清代中期以后，北京区域内能够为人们感知到的蒙古民族语言文字、风俗习惯，大率仅由清朝直接统治管辖下的游牧蒙古和相对独立的外藩扎萨克旗蒙古一类尚未脱离本民族传统游牧生存方式的王公、贵族等驻京人口体现。京旗满洲中的蒙古和京旗蒙古这类为清代满洲统治者区分得清楚明白的蒙古人，很快即无力承担传承其本民族文化、习俗的任务，只在政权强调其与满洲之别时，勉力维持着蒙古民族的心理认同。

三、八旗汉军

建州（金）政权中汉族裔人口出现甚早，除被满洲掳掠而至的汉族裔奴仆外，为满洲人所重并具影响力的汉族裔人士，太祖努儿哈赤政权初创早期即有。明万历二十三年（1595 年），朝鲜方面即有人于太祖家中：

> 见折（浙）江绍兴府会稽人龚正六……老乙可赤（朝鲜记太祖名书法之一）号为师傅，方教老乙可赤儿子书，而老乙可赤极其厚待。虏（指女真）中识字者只有此人。[140]

差不多同时，朝鲜人申忠一奉使建州，亦见：

> 歪乃，本上国（指明朝人），来于奴酋（朝鲜记太祖名书法之
> 一）处，掌文书云，而文理不通。此外之人更无解文者，且无学
> 习者。[141]

　　龚正六、歪乃是否一人事姑且不论，但其为汉族裔且有大影响于
太祖则无可疑。朝鲜人所见之明万历二十三年事，其早于太祖建元称
汗的明万历四十四年（1616年）甚多，可见作为个体的汉族裔人士于
建州政权中出现之早，即其政权尚处在女真氏族部落原始状态时已有。
就整体而言，汉族代表的民族文化，仍然是与女真民族文化尖锐对立
的异质文化，汉族、女真族间仍是一种对抗、冲突态势。个别汉族裔
人士的特例，远不足以否定这种态势。
　　汉族裔人口群体性进入金国政权，并组成金国政权架构中相对独
立，不同于既往满洲群体的组成部分，实始于天命三年（1618年，明
万历四十六年）四月。时太祖以"七大恨"告天誓师，统军克陷明抚
顺所（辽宁抚顺市区）及周边村屯五百余。明抚顺游击李永芳被迫率
众出降。金军克捷后，毁城班师，"至边界附近嘉板之野驻营，分人畜
三十万，编千户……驻五日，未将俘获分完，遂令携归尽分之。"[142]据
档案记载：

> 俾自抚顺来降之千户，未分其父子、兄弟，未离其夫妇。因
> 战事而失散之兄弟、父子、夫妇、亲戚、家奴及一应器物，尽查
> 还之。此外再给以马、牛、奴仆、衣服、被褥、粮食等。又给牛
> 一千头，以供食用。每户分给大母猪二口、犬四条、鸭五只，鸡
> 十只以供饲养，并给予器皿等一应物件，仍依明制，设大、小官
> 员，著交其原主游击李永芳管辖……并以汗（指太祖）子阿巴泰
> 之长女妻抚顺游击。[143]

　　克陷抚顺一役，是太祖公开与明朝对抗之始，是役中，金军获
"人畜三十万"数，并于满洲内部依八旗（即八家旗主）体制并战功
等加以分配，其中汉族裔人口数量自不在少，其被分配后的命运只能
是满洲人的私属奴仆。然记载所称之"来降之千户"则非被视为战场
缴获之战利品而在满洲中加以分配，而是统由"原主游击李永芳管
辖"，不但未加迫害，反而诸般优遇，并"仍依明制，设大、小官员"
结构其组织形式，交由"原主游击李永芳管辖"，虽然"原主游击李永
芳"一说尽显满洲人社会组织结构特点和满洲统治者习以为常的观念

而并非事实，李永芳归降之先，仅止是明朝抚顺所军事长官，属地方军事最高首长，只是抚顺方向军事战守诸事的指挥、管理责任者，即使职责中可能含有地方民政诸项，也与满洲部落酋长、首领具有对部属具有完全权利、义务的"主"（满语文所谓之"ejen"，额真）完全不同。但在满洲统治者看来，李永芳之于这由其管辖的归降"千户"汉族裔人口，多少有些享有其权利、承担其义务的"额真"味道。而这部分归降"千户"汉人，其在金国政权中身份地位属性，显然与被混计于牲畜中当作战利品在满洲人间分配的那部分汉族裔人口不同，更近于政权治下平民身份。

在太祖统一建州、统一女真过程中，依据女真人狩猎生产中传统的牛录组织形式，创造性发展出的牛录，固山形式结构的八旗制度。明万历四十三年（1615 年）

> 上（指太祖）既削平诸国，每三百人设一牛录额真，五牛录设一甲喇额真，五甲喇设一固山额真，每固山额真左右设两梅勒额真。初设有四旗：旗以纯色为别：曰黄、曰红、曰蓝、曰白。至是添设四旗，参用旗色镶之，共为八旗。[144]

以统政权治下全部属民。建州（金国）政权统治者对治下属民的统治管理，完全由牛录、固山体系实现而概无例外。直到天命三年（1619 年），抚顺城归降之"千户"汉人，其统治管理方式却并未遵牛录、固山制度，而是"依明制，设大、小官员"的另类形态。而囊括金国全部属民的八旗体系中，本就包含有汉、蒙古等族裔人口，抚顺一役中作为战利品在满洲将士中加以分配的"人畜三十万"中，汉族裔人口必不在少数，但这些人口均是奴仆身份随其满洲主人被纳入八旗体制之中，这也是满洲八旗制度实现过程中早已有之的现象，然而"仍依明制，设大、小官员，著交其原主游击李永芳管辖"的统治形式，出现在政权普遍的牛录、固山统治形式的金国治下，颇具标志意义。

其后数年，金军兵锋所向披靡。天命四年（1619 年）三月，太祖率军大败明辽东经略巡抚杨镐所率四路之师，六月，克陷明开原（辽宁开原市）、七月克陷明铁岭（辽宁铁岭市），明朝辽北诸重镇尽为太祖所有。同年八月，太祖攻克女真叶赫部东、西城，标志太祖成就统一女真事业。至天命六年（1621 年）三月，克陷明沈阳（辽宁沈阳市）、辽阳（辽宁辽阳市，时为明辽东都指挥使司驻所），辽河以东大、小七十余城堡尽入金国版图。此期间太祖将其政权统治机构自赫图阿拉（辽宁新宾县永陵镇）经界藩（辽宁抚顺县境浑河与苏子河交汇处山上）、萨尔浒（界藩东北二十里，苏子河南岸）等地，迁至辽阳城，更于天命七年（1622 年）三月，命于辽阳旧城东北太子河畔筑新城以居，称为"东京"。其政治中心朝东南方向，由山区迁入平原。辽河以东北自昌图（辽宁昌图县），南达金州（辽宁大连金州区），东至镇江（辽宁丹东市九连城），西抵营口广袤地区，尽为金国所有。

进入辽东地区的金国满洲统治者，除了继续面对明朝、朝鲜、蒙古乃至占据皮岛（朝鲜椵岛）的明东江镇总兵官毛文龙势力的外部挑战，更面临着其内部满洲八旗将士离开故土进入新区后棘手、复杂的迁移安置问题，以及新统治区域中数量庞大到超过满洲人口总量数倍的汉族裔被统治人口对满洲统治者统治能力造成的挑战。

金国新统治区域中汉族裔人口成为金国统治下属民过程的多样性，造成汉族人口于金国社会结构中不同性质身份地位的多样化：除了坚决抵抗者被屠戮、消灭外，辽地明朝武装力量中被迫投降、主动归附的部分，被满洲统治者依照传统熟悉的方式分别处置而外，大量非武装力量的平民（所谓"士、农、工、商"四民）汉族人口如何妥善安置，顺利地变明朝治下平民身份为金国政权治下被统治者，金国满洲统治者缺乏足够的经验和熟悉的方式、手段。天命六年（1621 年）四月初三日，

　　　汗（指太祖）降都堂阿敦、副将李永芳、马友明及汉人众游击官书曰："著将明国所定诸项章典，俱缮文陈奏，以便去其不适，取其相宜。不得以异国之人不知而行谎报。另将辽东地方之兵员几何、城堡几何，百姓几何以及木匠、画匠匠役数目，皆具文奏报。"[145]

金国政权既有之对汉族裔人口的政策，除少量主动投附的有用之人，置其于家，优遇异常如龚正六，视若牲畜于八旗将士中以战利品规则加以分配，如天命三年（1618 年）之抚顺一役中"人畜三十万"数中之汉人，以及抚顺"来降之千户（汉人）"，"仍依明制，设大小官员，著交李永芳管辖"三种而外，更无他法。而既有三法，却并不适用于人数众多，性质复杂（既有原明朝守城、守台堡一类武装人员，明朝治下士、农、工、商一类平民分类，更有顽抗被俘，被迫投降、主动降附、逃跑不及沦为异国之人乃至被视为明政权之敌的监狱中人等分类）。金国统治者通常依汉人原有属性分类，凭直观感受和实际需

要而分别处置的辽地汉族裔人群，太祖遂有参酌明制，另定新法以应的真诚愿望。

> 天命六年（1632年）十一月十九日，汗降书汉人曰："我自来辽东察得，凡派官差，皆不按男丁计数，而按门计数。若按门计数，或一门有四五十男丁，或一门有百余男丁，或一门有一二男丁。如此按门计数，富者行贿可以豁免，贫人无财而常充工。我不行尔等之制。初我颁行之制，不准诸贝勒大臣取财于下人，无论贫富，皆以男丁计数，每二十人抽一男丁从军。遇有急事，则十人出一人服役，非急事则百人出一人服役。百人以下十人以上者，视事之缓急而摊派之……倘汉人仍由汉官管束，则因其习性而贪财误国。今将（辽）河东汉人之男丁数目全部点清，其分给诸申官员之人，可令诸申官员管之。凡不愿在汉官之下，而愿来依附于诸申者，听任之。"[146]

金国满洲政权对于辽地汉人的统治管理方式，经全面的统计过程后，大致成形。然其规制，仍可见犹移不能确定性质：既"不行尔等之制（明制）"，又不同既往金国之旧制三种；既有以汉官管理汉人（应与李永芳方式有别），又听任汉官管理之汉人"依附于诸申"。满洲传统的八旗体制与辽东汉人关系亦不能明确。

以辽东汉人视角观察，通常被视为野蛮残暴之金国满洲政权刚刚取代明朝统治，周边明朝、朝鲜乃至皮岛毛文龙势力或足与抗衡，此均为辽东汉人怀抱恢复企图的合理依据。兼之金国政权一律"薙发"的强迫政策，引起从民族情感、习俗，直到现实政治局势考量（一旦剃发，很难短期恢复，而为明朝所不容）方面的恐惧冲突。更为本质的问题还在于辽地汉人经济地位、生存状态巨大变化：当太祖"自萨尔浒迁（女真人）户至辽东"，连续一月有余，[147]女真人户络绎于途时，当太祖为安置这些八旗人口而强迫惯习于农耕定居的辽东汉人迁往他乡时，当太祖为尽快安置迁入的满洲人户而下令"诸申、汉人同居一屯，粮则同食"时[148]，辽东汉人的生存状态不可避免地恶化了。天命五年（1620年）后，辽地大旱，金国境内粮食奇缺，金国满洲统治者不得不严格掌控之，除限制汉人私自售卖外，并下令申报汉人所有之粮谷数量。[149]天命八年（1623年）三月，下令"著有粮之富人，将所售之粮献汗，并少许付价，若不送来，被人首告，则尽没其粮，且诛杀其身"[150]。九年（1624年）正月，更下令对汉人粮食逐户清查，造册登记，规定"与诸申同居之汉人，一口有粮五斗者，则计入有粮人之数内；一口有粮四斗、三斗者，若有牛、驴，亦计入有粮人之数内，若无牛、驴，则取其户为奴"[151]。其后不久，竟然"选派人员前往各处，杀无粮之汉人"[152]。如此政策，只能激起金国治下汉族裔人口普遍的反抗。

新统治区域内局势不能稳定，令金国满洲统治者焦虑不安。曾经被允许、被鼓励，行之有效的满洲私属、奴仆"首告"，揭发其主不法的统治手段，带到新辟区域实践的结果，竟使金国满洲统治者对其必须赖之以实现在辽东地区统治的刘兴祚（即"爱塔"）[153]、李永芳一类早期归附并受重用的汉官，迅速轻易丧失信任。太祖于天命八年（1623年）五月命大贝勒代善统兵往复州屠城，擒刘兴祚及李永芳之子李延庚后，却"降书大贝勒曰：'勿绑缚抚顺额驸之子及爱塔族人，著人看守解来。彼等之罪，尚未询明，不知本末，实属妄为"[154]。刘兴祚、李延庚一类于金国政权中已获得很高地位的汉族裔官员确有叛金通明的事实，但太祖等其时对此情况并不能确知，对其人的擒逮罢黜以及相伴随的对复州百姓的屠城镇压，实际出于风闻、讦告显然。无确实证据而行此残暴措施，足证金国满洲统治者心态焦虑紧张。而另一方面，在金国政权中久已安富尊荣，深为满洲统治者信任、依赖的汉族裔官员，竟然真的首鼠两端，暗通明朝，实在也是进入辽东地区后，有感再难见容于金国满洲统治者的预判为前提，应非单纯的民族情感使然。

天命末年，金国满洲统治者与辽东地区以汉族为主的被统治者间的互动，最终呈现出一种难以遏制的恶性循环状态。太祖最初于金国统治区域内参酌明朝屯卫制度管控辽地汉人，以期满洲、汉族共处一隅的制度设计迅速败坏，这其中，满洲统治者挟战胜之威，以其长期生存严酷战争暴力环境形成的唯武力是赖，以为屠戮高压足以解决困局的传统，成为辽地民族矛盾冲突中的主要因素，金国政权中曾经实施的汉人编户为民，令汉官管理的形式，因这种不断恶化的民族关系而改变。天命十年（1625年）十月，太祖下令将金国治下汉人"皆建为汗与贝勒之庄屯"、"八旗大臣分路前往，下于各屯堡杀之。杀完后甄别之，当养者，以男丁十三人，牛七头编为一庄。总兵官以下，备御以上，一备御赏给一庄。此次屠杀，使贤良之书生亦被杀绝。"[155]金国治下的汉族裔人口被以一种强制手段，以奴仆身份纳入满洲八旗体制中，而不再有游离于满洲八旗体制之外的汉族裔平民人口。辽地汉人社会地位的普遍恶化，必然伴随激烈的反抗，不但增加了满洲人的统治成本，更造成金国境内经济萧条，生产倒退，直接损害了满洲民族的利益。

天命十一年（1626 年）八月，太祖崩逝。太宗皇太极继立为汗。太宗皇太极继位后颁布的第一谕称：

> 治国之要，莫先安民，我国中汉官、汉民，从前有私欲潜逃，及令奸细往来者，事属以往，虽举首，概置不论，嗣后惟已经在逃，而被缉获者死，其未行者，虽首告，亦不论。由是汉官、汉民皆大悦，逃者皆止，奸细绝迹。[156]

谕命明确倘无事实"虽首告，亦不论"政策，杜绝了听任、纵容治下汉人相互讦告，而满洲统治者风闻杀戮的现象。对于汗权威权远不及其父的太宗皇太极来说，没有金国满洲贵族统治集团普遍的支持，此一转变是无法实现的。可以说缓和辽地紧张的民族关系，已经是其时金国满洲统治集团比较一致的要求。

第三天，太宗皇太极政令再颁：

> 嗣后（城郭边墙之类）有颓坏者，止令修补，不复兴筑。用恤民力，专勤南亩，以重本务。其村庄田土，八旗移居已定，今后无事更移，可使各安其业……至于满、汉之人，均属一体，凡审拟罪犯，差徭公务，毋致异同。[157]

再谕可堪注意者：1."专勤南亩，以重本务"，是恢复、发展农业生产政策，其政策指向，主要针对金国治下的汉族裔农民。2."八旗移居已定，今后无事更移"，是满洲八旗利益于新辟区域内分配占有格局固定，这意味着以往大规模掠夺汉人已垦土地事不再。3."满、汉之人，均属一体"说，应是金国满洲统治者其时于社会生活中尽可能排除民族属性因素影响的政策追求，尽管此时金国社会成员等级、身份既繁且乱，不但满洲、汉、蒙古诸民族间，政治、经法律地位不能平等，即各民族内部，亦有贵族、官员、平民乃至不同性质奴仆、属人差别，"毋致异同"的政策宣示，不如视为金国统治者为缓和国内矛盾的主观愿望。

再过一日，太宗皇太极政令三颁：

> 先是，汉人每十三丁编为一庄，按满官品级，分给为奴。于

是同处一屯，汉人每被侵扰，多致逃亡。上洞悉民隐，务俾安辑，乃按品级，每备御止给壮丁八、牛二，以备使令。其余汉人分屯别居，编为民户，择汉官之清正者辖之。又凡有告讦，所告实则按律治罪，诬者反坐。又禁止诸贝勒大臣属下人等，私至汉官家，需索马匹、鹰犬，或勒买器用等物，及恣意行游，违者罪之。由是汉人安堵，咸颂乐土云。[158]

此所谓"先是"，即天命十年（1625年）十月，太祖将辽地汉人"甄别正法"后孑遗人口，统纳入分配给自汗、贝勒及总兵官至备御等满洲大臣庄屯为奴事。太宗皇太极此谕，使相当数量汉族裔人口恢复平民身份，并交由太宗委任的汉官管理。金国政权架构中再次出现相对游离于满洲八旗体制之外的纯汉人组织体系，与此前即已存在于满洲八旗中若干个纯由汉族裔人口构成，却依牛录制度编置，严格旗色隶属关系的汉人牛录组织形态相区别，成为太宗皇太极代表的国家政权完全支配的税赋、役力源泉。虽然这一"分屯别居，编为民户，择汉官之清正者辖之"的结构形态具有某种恢复性质（天命三年李永芳所辖"千户"形态与此相类），相对游离于满洲八旗体制之外，但此时的分管汉官们却都具有了无法摆脱的八旗旗分隶属身份，故这一汉人平民组织体系仍在满洲八旗制度大范畴之内，只是汉人平民不再以奴仆身位直接面对满洲八旗属主，而是自成系统地"分屯别居"，社会身份地位和生产、生活条件有了相当改善。上谕中对流行一时的"告讦"加以"诬者反坐"制约及明令禁止满洲贵族、官员对汉官、汉人平民的骚扰，从这一组织体系内部、外部为其稳定运行创造了条件。文献所谓"汉人大悦"、"汉人安堵，咸颂乐土"应非纯然夸饰。

任何政权，其武装力量成员由其治下平民中壮丁构成乃其常态。以汉官统辖管理的汉族裔平民，除了为政权提供税赋、役力而外，政权兵役义务也是题中应有之义。事实上，即在汉人被镇压、屠戮，被强迫编入庄屯分给满洲人为奴仆的天命朝末期，金国政权架构中仍然存在着满洲八旗体制内的汉人牛录。相当数量的戍守边地台、堡的汉族裔丁壮以及随其满洲主人于出征中充任"厮卒"、"跟役"角色的汉族裔属性的武装组织或个人，这既源自满洲统治者对其充分掌控（汉人牛录及"厮卒"、"跟役"）的自信，亦出于自身力所不逮（对边地台、堡）的无奈，与政权架构中出现具有相当数量规模、完整组织系统，相对独立于满洲八旗体系的汉族裔武装单位不可同日而语。金国政权架构下这种汉族裔平民壮丁构成的武装力量单位的出现和正常运转，除了金国满洲政权逐渐摆脱氏族部落政权传统，朝成熟王朝政权国家制度过渡等必要条件之外，还要有某种特定条件的刺激，这就是以红衣火炮为代表的先进火药武器在战场上表现出的巨大威力，以及金国军队对这种武器的迫切需求。

太祖天命十一年（1626 年）正月，金军受挫于明宁远（辽宁兴城市）城下，太祖"大怀忿恨而回"；[159] 天聪元年（1627 年）五月，太宗挥师再攻明锦州、宁远诸城，重蹈一年前覆辙，至损兵折将，无果而还。[160] 两次战役，攻守双方战争意志相当，金军具野战优长，明军有坚城凭借，是否拥有红衣大炮一类先进火药武器，就成为决定战役胜负结果最直接的决定因素。

以太祖天命三年（1618 年）对明朝作战以来几乎全胜战绩，金军中拥有不少缴获的火药武器。只是由于早期火药武器多笨重，不便骑兵携带，不利将士战胜后的掳掠，其以射程、射速乃至精度诸项表现出的战场威力，均不足以取代满洲将士精熟的弓矢武器，更兼火药武器制备、管理、操控技术复杂、危险等因，金国止将这些火药武器允作边地台、堡信（号）炮，作信息传递工具之用。即令作到这一点，仍要有台、堡壮丁（以汉族裔为主）对火药武器的既有经验，以及金国满洲统治者对此一事实尚不足以威胁自身安全的自信等条件。

当金国满洲统治者领教了先进火药武器的巨大威力并产生强烈拥有欲望时，最便捷快速的选择自非其治下已拥有火药武器制备、操控、应用经验的汉族裔人员，尤其是原明军中操控火药武器者莫属。然而将被认为是威力巨大的火药武器交付治下这部分曾与金军激烈对抗后被缴械的降附者，金国满洲统治者必不能毫无芥蒂、彻底放心。既然八旗满洲将士出于种种因素影响而放弃对火药武器的直接把握，又不愿使其为战场敌对方所专美，那么细密严格的制度设计、组织安排，就成为实现金国治下拥有火药武器必要技能之汉族裔丁壮为我所用目标的关键。

事实上，金国政权早有使用八旗体制外，非牛录、固山结构的异民族武装力量的经验。天命三年（1618 年）李永芳依明朝旧制统辖的一千编户汉人中壮丁，即属于金国武装力量中成员。就金国治下汉族裔平民人口的整体统治管理方式而言，从早期简单套用明朝辽地屯卫制度（准军事化），到其后以庄屯为基础，辅以都堂衙门、六部（吏、户、礼、兵、刑、工）等非八旗牛录、固山形式的国家政权机构实现其统治，应属顺畅而无多障碍。然既为政权治下平民身份，其政权兵役负担自是其题中应有之义。问题在于除客兵[161]形式以外，金国政权武装力量以满洲传统牛录、固山形式编就并于战争实践中表现出突出的组织结构优势，很难与本形式之外的其他组织方式相容，结局只能是套用明朝屯卫制组织形式的汉族裔壮丁，渐次转化为满洲传统牛录、固山组织形式结构下之士卒，而非相反。限于载籍文献关于这一转化过程记录严重不足，致其细节不能明了。天聪三年（1629 年）底金国军队绕过山海关，围困明京师，蹂躏京畿战役中，金军分左、右翼共十旗（每翼各四旗女真、一旗蒙古）作战单位，既不见汉族裔士卒独立作战单位，甚至不见汉族士卒身影。此事实或可证明直至天聪四年（1630 年）初，金国武装力量构成中，尚不存在独立的汉族士卒构成的作战单位。作为金国政权治下的汉人平民，其必不可免的兵役义务，仅表现为以明朝旧制（屯卫制）形态实现的地方守备等项，完全无法与满洲乃至蒙古士卒等量齐观。

天聪四年（1630 年）十月，太宗皇太极于例行的国家壮丁编审过程规定：

> 凡总兵、副将、参将、游击、备御等官，俱宜自誓。牛录额真各察其牛录壮丁。其已成丁无疑者，即于各屯完结……此次编审时，或有隐匿壮丁者，将壮丁入官，本主及牛录额真、拔什库等俱坐以应得之罪……凡诸贝勒包衣牛录，或系置买人口及新成丁者，准与增入。毋得以在外牛录下人入之。[162]

国家编审壮丁本有规定，原不涉及八旗旗主贵族完全私属的包衣牛录。所谓"包衣牛录"本是奉职于私属主人（即旗主贵族）的那部分以牛录形式组成的奴仆，其与所谓"外牛录"一类依八种颜色分属八旗旗主贵族的"奉职于国"的"正身旗人"有严格区别。包衣牛录下人员具有民族属性多样，尤以汉族裔人口居多等特点。太宗规定壮丁编审亦涉及之，并非无意义之举。无论如何，金国治下所有汉族裔人口（包括奴仆、平民）中壮丁数量的准确统计，都是其由旧制（屯卫制）结构而满洲传统牛录、固山结构转化的必要前提。

天聪五年（1631 年）正月二十一日，太宗皇太极敕谕额驸佟养性等曰：

> "凡汉人军民一切事务，付尔总理，各官悉听尔节制。如属员有不遵尔言者，勿徇情面，分别贤否以闻……恤兵抚民，竭力供职……"又谕诸汉官曰："凡汉人军民一切事务，悉命额驸佟养性

总理，尔众官不得违其节制，如有势豪嫉妒藐视不遵，非藐视养性，是轻国体而玩法令也。"[163]

　　敕谕所涉及额驸佟养性，其先世为汉族化之女真人，居明抚顺为商。天命元年（1616年），佟养性潜通金国，为明边吏逮捕下狱。后脱逃，投附太祖。"太祖妻以宗女，号施吾理额驸，授三等副将。从克辽东，进二等总兵官"。[164]至天聪四年，佟养性已经取代李永芳成为金国汉官中地位最高之人，宜乎以其"总理汉人军民一切事务"。

　　金国满洲传统八旗制度，本即各旗所隶属人口"军民一切事务"的责任管理体系。金国治下"汉人军民一切事务"责成佟养性一人"总理"，似有八旗制度行于金国汉族裔人口之意。但事实上八旗制度以牛录、固山形式组织结构，隶属特定满洲旗主贵族的本质属性，于此时金国汉族裔群体中并不存在，佟养性非但不是"汉军一旗"的旗主，甚至连满洲一旗责任管理者——固山额真亦不能及。天聪五年（1631年）七月，明、金大凌河城一役中，金国军队"其随营红衣炮、大将军炮四十位，及应用挽车牛、骡，皆令总兵官佟养性管理。"[165]是役，红衣炮威力彰显且多有缴获，太宗皇太极遂派人往沈阳，传命留守之"八家（即八旗旗主之家）抚顺汉人，无论有用与无用，由每家酌抽一百兵备一纛遣来（前线），每一（旗）主下若有旗鼓，可由旗鼓率领前来，以掌所获炮。"[166]此所谓"八家抚顺汉人"，应即天命三年（1618年）金军克陷明抚顺城中俘获，并于满洲八旗内分配的"人畜三十万"数中的汉族人口，甚至包括其时"仍依明制，设大、小官员，著交原主游击李永芳管辖"的"来降之千户"[167]编户汉人。而所谓"主下旗鼓"，则更属满洲旗分中高度私属于各该旗主贵族的汉姓人口。姑且不论这二类被临时征调到前线，临时拨归佟养性管理的汉人壮丁是否具有同样的身份属性，其先及此后均不为佟养性"总理"之人口却是显而易见的事实。倘非战场特例及临时性质，事关八旗旗主利益的人员归属问题，太宗皇太极亦难轻易改动，遑论"总理汉人军民一切事务"的佟养性。此类汉族裔人于常态下归佟养性"总理"绝无可能。

　　天聪六年（1632年）正月，佟养性借大凌河一役中，红衣炮一类先进火药武器战场作用为满洲统治者普遍认可并重视等机会，上书建言，称"（金国）往时汉兵不用，因不用火器。夫火器，南（明）朝仗之以固守；我国火器既备，是我夺其长技。彼之兵既不能与我相敌抗，我火器又可以破彼之固守，何不增添兵力，多拿火器，以握全胜之势。目今新编汉兵马、步仅三千余，兵力似少，火器不能多拿……再思我国中各项汉人尚多，人人俱是皇上赤子，个个俱当出力报效。若果从公查出，照例编兵，派定火器，演成一股。有事出门，全拿火器，大张军威，无事归农，各安生理。"[168]云云，是佟养性于大凌河一役中曾经临时性统辖自沈阳征调至阵前的千六百员额"八家抚顺汉人"、"旗鼓"汉人的经验之谈，"我国中各项汉人"多不由佟养性"总理"显然。然其建言中露骨的改变"国中各项汉人"私属身份性质，极力扩张自己"总理"之人员规模、数量等要害，使自即位之初即满怀抑制八旗旗主贵族权力，极力扩张汗权权威的皇太极亦无法毫无顾忌地立即采纳实行，佟氏建言被束之高阁，直到一年半之后的天聪七年（1633年）七月，佟养性扩充汉族裔兵额建议方得到有限的实施。

天聪七年（1633年）七月初一日：

> 汗（太宗）命满洲各户有汉人男丁者，每十人授甲一副，共一千五百八十户，交付汉军额真马（光远）总兵官、石（廷柱）总兵官，分补旧甲喇之缺额者。[169]

"满洲各户"中的千五百八十户中，依十丁抽一比例披甲，给马、石二汉人总兵官统辖。以满洲各户拥有私属汉人数量多至千数，而数百、数十更为普遍，故千五百八十户所抽出之汉人披甲丁壮，自应多于千五百八十户之数。而金国（建州）政权中甲喇制度，据《清太祖高皇帝实录》记载，明万历四十三年（1615年，即天命建元前一年）"上（太祖）既削平诸国，每三百人设一牛录额真，五牛录设一甲喇额真，五甲喇设一固山额真，每固山额真左右设两梅勒额真。"[170]是为满洲八旗组织基本构成形式。甲喇额真后改称"甲喇章京"，入关后定名为"参领"。此上谕所谓"旧甲喇"，且以汉族裔新壮丁补入，应是以汉人壮丁构成的牛录、甲喇结构的单位。事实上，汉官出任甲喇额真早在天聪四年（1630年）即有，[171]而于一年余前佟养性建言扩充汉兵人数同时，即有六位汉官甲喇额真被太宗皇太极表彰赏赐事。[172]但此事实与汉军一旗制度存在与否纯然两事，据《天聪朝臣工奏议》等文献，直至天聪九年（1635年）二月，金国治下汉人官民分隶自正黄至镶蓝等全部满洲八旗下之事实未有改变，所以文献记载之天聪六年（1632年）正月获赏赐之"六甲喇额真"以及天聪七年（1633年）七月所谓"旧甲喇"等事，并不意味着这些以牛录、甲喇结构组成的汉人单位已然组成一独立的固山（旗）一级单位。由汉官管理的"六甲喇"，虽然已经超过了"五甲喇设一固山额真"的数量标准，但却依然归属各自特定的满洲旗分，只是在操炮训练乃至出征作战时，因火药武器性质所限，组成某种相对独立且由出师统帅（多为太宗皇太极）直接指挥的作战单位。而负责管理这"六甲喇"的汉人官员乃至"总理汉人军民一切事务"的额驸佟养性，甚至不能与天命六年（1621年）十一月归附金国的蒙古喀尔喀部古尔布什、莽果尔二台吉相比，"六甲喇"汉官额真以及佟养性仅只是负有管理职任的责任者，绝不是这类被管理者的属主。六甲喇汉人兵丁的属主，只能是满洲八旗从旗主贵族到拥有汉族裔人口属民的一般满洲平民。这也正是天聪七年（1633年）七月初一日太宗之命令以"满洲各户有汉人男丁者"中以十丁抽一比例，抽派新丁"分补旧甲喇之缺额者"得以执行的基础。"满洲各户"下的"汉人男丁"，无论其身份属性如何认定，其抽出披甲当兵前后的既有隶属关系并无变化，其"满洲各户"旧主人私属权利并未被剥夺，只是于平时训练、战时出师的管理统辖权转移到责任汉官身上，并最终体现在统兵出征的女真（女真）战场主帅身上。

天聪八年（1634年）五月初五日，太宗皇太极谕称：

> 朕仰蒙天眷，抚有满洲、蒙古、汉人兵众。前此，骑、步、守、哨等兵虽各有营伍，未分名色，故止以该管将领姓名称为某将领之兵。今宜分辨名色，永为定制。随固山额真行营马兵名为骑兵，步兵为步兵，护军哨兵为前锋，驻守盛京炮兵为守兵，闲驻兵为援兵，外城守兵为守边兵，旧蒙古右营为右翼兵，左营为左翼兵，旧汉兵为汉军，元帅孔有德兵兵为天佑兵，总兵官尚可喜兵为天助兵。[173]

《清太宗实录稿本》（残二卷）记此，用字多有不同，其中："旧汉兵为兀真超哈"[174] 载记方式，亦为《清初内国史院满文档案译编》整理、汉译者所用。[175] 兀真超哈满文作 ujen cooha。Ujen 即轻重之重，端重之重义，cooha 有军、武、兵等义，故 ujen cooha 又有直译为"重兵"事实。"汉军"一词自清顺治十七年（1660 年）为官方明确规定止与满语文之"ujencooha"（汉字多记作"乌真超哈"）相对应后，终清一代不再改变。

无论满语文中"ujencooha"一词何时被固定对应为汉语文中"汉军"一词的专用译写形式，对于判断金（清）政权中八旗汉军制度的形成发展过程并非毫无意义，清官方定本《太宗实录》将"汉军"一词之初现系于天聪八年五月初五太宗上谕，亦非历史真实（上谕中只是满语文之"ujencooha"），而非汉语文之"汉军"。直到清崇德二年（1637 年）七月，清内秘书院大学士鲍承先书奏中尚不见"汉军"称谓，而仅止"汉营"、"汉固山"称谓事[176]足证，然毕竟自此上谕起，金国政权中汉人构成的武装力量单位有了一个明确、正式，且可与八旗满洲、蒙古诸色营伍称谓相同性质的称谓。

天聪十年（1636 年）四月十一日，太宗皇太极率众祭告天地，受皇帝尊号，改大金国号为大清，改天聪年号为崇德，完成了本人由汗到皇帝，政权由金国到清朝的华丽转身。这一充满象征意义的过程中，一件更具象征意义的事引发一系列实实在在的后果：朝鲜驻沈阳使臣出席太宗皇太极的祭告典仪，却公然拒绝跪拜，明确宣示朝鲜对太宗皇太极称帝改元事的立场。当年（改为崇德元年）十二月初一日，清帝皇太极亲统大军往征朝鲜，朝鲜国王降，"更兄弟之国为君臣"[177]其时驻扎朝鲜皮岛的明军亦在此役中为清军所败，清朝侧翼的困扰威胁彻底不再。作为此事件中重要的附带结果，征皮岛一役中，清军"昂邦章京石廷柱所统乌真超哈全部"[178]糟糕的战场表现，令清统治者极为不满，崇德二年（1637 年）七月十五日，太宗皇太极痛责参战"诸汉官"称：出师之际，"经朕告诫再三，尔等辄违朕训，反身先倡率，攘夺殃民，乱法滋甚，则尔等之欺诈虚伪，不可信任，朕已洞烛之矣！"[179]翌日（十六日），内秘书院大学士鲍承先书奏：

> 蒙皇上圣谕，令臣等赧颜无地，虽生犹死，实负圣恩。今汉营所立规矩不善，以致混乱军法，凡□知者惟一一陈之（□为原缺字，当系臣字——作者）。汉固山内，一家有至三五百丁□七八百丁者，虽立牛禄拨什库所管，亦系□□（似缺"虚设"二字——作者）。上至固山额真，下至牛禄拨什库，有势者□□偏苦（似缺"得利，无势"四字——作者），是何法纪！？所因者何？只因石总兵□□（似缺"所订"二字）之旧规，不以火炮为重，纵肆掳掠，慢无禁治，□（似缺"苦"字）乐不均，人心不鼓，所以误事。今汉营兵丁，原□（似缺"蒙"字）皇上恩养，其骑射胆略，素不精锐，若用之火□□□（似缺"器乃其"三字）长技，若用之冲锋破敌，臣恐误国损威，□□□（似缺"致干犯"三字）重法，何偿我国之声名？……□□（似缺"明国"或"南朝"二字）民有州县卫所，兵有营哨司队，如我国有□□（似缺

"固山"二字），有家喇额真，有牛禄额真。今我国汉营
□□□（似缺"既非我"三字）国规矩，又不是蛮子规矩，所以
令人难守其□□（似缺"制、臣"二字）愚见将官下人丁，照满
洲规矩，每三百人编□□□（似缺"一牛禄"三字），照满洲披
甲兵丁之数，人人挨查，苦乐均平……。今我国渐大，人众炮多，
然马步兵丁近万□，分为两营，不惟行走利便，抑且药炮易于看
□（似缺一"管"字）。出兵蛮子，固山兵丁不可令其散
抢……[180]

鲍氏书奏，《清太宗实录》不载，档案本身亦有残损，据今所能见
部分，仍多可堪注意者。首先，崇德二年（1637 年）清朝之汉军（乌
真超哈）于鲍氏书奏中，止称为"汉营"、"汉固山"，并不见"汉军"
称谓。其二，"满洲规矩"三百丁为一单位，而其时清朝"汉营"则
"一家至有三、五百丁□七、八百丁者"，员额不能整齐之外，既非明
朝屯卫制度，又非清朝八旗制度，虽"固山额真"、"牛录拨什库"
（此书奏所见，实另有甲喇额真、牛录额真等）诸八旗制职官俱全，却
终与"满洲规矩"有别。其三，"汉营所立规矩不善"，又与责任者石
廷柱相关，至有"混乱军法"、"不以火炮为重"、"苦乐不均"诸弊。
其四，时清朝"汉营"员额"马、步兵丁近万数"，堪称"人众炮
多"。鲍氏书奏所见信息，其非几经修饰之清人官书能比，自是当时历
史真实。

崇德二年（1637 年）七月乙未（二十九日），即鲍氏书奏十四天
后，太宗皇太极命：

分汉军为两旗，以昂邦章京石廷柱为左翼一旗固山额真，昂
邦章京马光远为右翼一旗固山额真。照满洲例编壮丁为牛录。[181]

是命显然是对鲍承先书奏的回应，同时也是对皮岛一役中表现不
堪的石廷柱实施的分削其权力惩罚。"照满洲例编壮丁为牛录"一句，
足证清人官书实录所谓"汉军一旗"，虽一旗乃至牛录、甲喇、固山诸
称谓具备，却终属与"满洲例"（即纯正八旗制度）有别的制度另类。
这应是清人官书饰笔的疏失：既久已为"汉军一旗"，缘何至此始"照
满洲例"编丁疑问，因此难以自圆。

崇德二年（1637 年）七月乙未"分汉军为两旗"谕命，其"照满
洲例"编丁细节已难详知，但"汉营"结构朝向完备八旗制度，这显

然是决定性的一步。金（清）政权军队出师征战，惯分其军为两翼，其源应自满洲围猎生产传统。金（清）政权军队中非满洲裔作战单位分左、右两翼随八旗军队作战事，非自治下汉族裔始。天聪八年（1634年）五月初五日，"营伍"称谓定制上谕中"旧蒙古"左、右营定称"左、右翼兵"，是金（清）政权中蒙古裔作战单位分为两翼早于汉族裔作战单位事实，以及天聪四年（1632年）四月，太宗皇太极统军征蒙古察哈尔林丹汗一役中，金国政权治下"旧蒙古"二作战单位既已然分属出师大军左右两翼事实[182]，均是金国治下汉族裔人员构成的作战单位分为左、右翼并不具制度创新意义的明证。崇德二年七月"分汉军为两旗"，称左、右翼性质，与天聪八年五月明确"旧蒙古"为左、右翼兵并无二致。只是清人官书载笔用字，一称"汉军 ujencooha"，加缀"旗（固山）"，一称"翼兵 ashanicooha"[183] 不缀"旗（固山）"字样差别。限于汉军以炮为主特点，其崇德三年（1638年）征明一役中，已明确分属左、右两翼的"汉军两旗"，并未随由多尔衮、岳讬分统的左、右翼清军入明境作战，而仍为一不分左右的整体，由太宗皇太极统辖，往明山海关、锦州一线牵制作战。以实现策应出师明地左、右两路清军战略目标，足见左、右翼之分"汉军两旗"，并无多少战场实际意义。

崇德三年（1638年）九月、四年（1639年）二月，太宗皇太极为"牵制彼（明）兵，使其东西疲于奔命，首尾不能相顾，我西征（指左、右翼入明境清军）将士得以从容直捣中原耳"[184]，亲统包括"汉军两旗"乃至所谓"三顺王"[185]孔有德、耿仲明、尚可喜所部在内的清军，于明山海关、宁远、锦州一线二度出师，围攻锦州、松山（辽宁锦州市南松山）等城。此二役，或实现太宗皇太极牵制明朝关、宁、锦大军入援京师的战略目标，然其二次出师，除攻破周边小台堡，竟未能克陷一城，甚至天聪五年（1631年）十月即以大凌河城降金，后为太宗皇太极纵还锦州，预为金军内应的明总兵官祖大寿，亦未能再次迫之降。清军二次出师除消耗而外，无多掳获。尤其崇德四年二月攻明松山城，太宗皇太极亲自坐镇指挥，多次会议讨论，穷尽红衣大将军炮、穴地凿城诸手段，连攻三十五日终不能克，只好"遂罢攻城之议，令三顺王、汉军固山额真石廷柱、马光远等还盛京"[186]，关、宁、锦一线战事不了了之。比较由多尔衮、岳讬等分率之破关入明地，转战二千余里，"旌旗所指，无不如意。败敌五十七阵，攻克山东济南府，并三州、五十五县、二关；斩总督及以下将领甚多……俘获人畜四十六万二千三百有奇"的左、右翼清军战绩，足令太宗皇太极自觉尴尬。除在其给朝鲜国王的敕书通报中,以"朕亲率大军,西至宁、锦等处,原非为攻取城池"[187]自解而外,其胸中一股无名之火,只好朝其所统辖之下的汉军诸将领发泄。崇德四年(1639 年)六月庚寅(初四),太宗皇太极"集汉官于笃恭殿",使大学士范文程、希福、刚林等人宣谕:"数固山额真石廷柱、马光远等罪"。其所责罪名,除是役中攻城作战时红衣将军炮所用炮子数量、炮子本身质量及炮子转输等节有"致玩误军机"、"疲弊士卒马匹"诸失,尚与此牵制作战相关,罪名属实外,其余历数之崇德三年(1638 年)"盛京以西大路"、"尔等所修殊属草率";崇德元年(1636 年)攻皮岛一役"坐视不援";天聪三年(1629 年)"征明时,石廷柱为前探,反被敌杀我兵二人"[188]对十年以来旧账,明显有欲加之罪味道。更有"满洲副将阿山、叶臣等之官爵奉养(与汉官)果相对乎……尔等有何功勋而高官厚禄反过于彼耶"这种本不当出自帝王之口,几近牢骚的怨辞。最为莫名其妙之处还在于众汉官惶恐认罪,表示"自今以后,务竭忠诚,以图报效"后,太宗皇太极宣称"诸臣之罪尚可宽免。惟固山额真石廷柱、马光远法不容贷耳!至从前获罪免死之金玉和、金砺、吴守进、石达尔汉(廷柱子)、郎绍贞等,既不图功自赎,嗣后著与石廷柱、马光远同在家闲住。若伊等欲往明国、或往蒙古、或往朝鲜,听其所之,去时奏闻可耳!"[189]这种公然载入官书却明显荒唐的处置办法。

六月庚寅(初四日)一番无厘头的发泄之后,丙申(初十日)刑部奉旨议诸汉官罪议报至:所铸炮子质量不能合格,致"失误军机"之牛录章京季世昌"应论死",不能将炮子尽用于攻城而将其"留剩携还"的昂邦章京王世选、梅勒章京孟乔芳"应革职,罪银百两",不遵上命诈称炮子用尽的固山额真石廷柱"应籍家产三分之一",与廷柱相同罪名而外,更有徇庇季世昌,攻城时不竖云梯乃至丢弃二架云梯之马光远"应论死,罪赎"。出人意料的是太宗皇太极一改先数日时的态度,乾纲独断地决定对松山攻城一役中曾独持异议,反对掘地道攻城方案,被皇太极斥为"懦怯无战意"[190]的石廷柱只予"罚银二百两"处罚,其余"应论死"之季世昌,"应革职罚银百两"的王世选、孟乔芳"俱从宽免",而罪至"论死、罚赎"的马光远,则以"冒昧无知"[191]这样荒唐的理由,轻松放过。

倘以为帝王雷霆震怒,就此轻松带过,似乎也不是事实的全部。太宗皇太极赦免汉官议定之罪后宣布:

> 分(汉军)二旗官属兵丁为四旗,每旗设牛录十八员,固山

额真一员、梅勒章京二员、甲喇章京四员。正黄、镶黄两旗以马光远为固山额真（以下为本旗梅勒章京、甲喇章京名单，略不引。下同）；正白、镶白两旗以石廷柱为固山额真……；正红、镶红两旗以王世选为固山额真……；正蓝、镶蓝两旗以巴颜（李永芳第五子）为固山额真……初，两旗（汉军）纛色皆用元青。至是改马光远纛以元青镶黄，石廷柱纛以元青镶白，王世选纛以元青镶红，巴颜纛纯用元青。[192]

当日为刑部奉旨议罪，"审实"论罪诸汉官，除季世昌为牛录章京，依例不见载于只记甲喇以上官员的实录官书中，其余诸人均列名此次任命（孟乔芳为两红旗梅勒章京，略未引）名单。

以问罪出师时统率之下官员，以推卸二次策应作战只有消耗，不见战果之责，亦是在上者题中自有之义。但此一结果，似可证太宗皇太极对汉军官员痛责、声罪，却无深究、清算之实，惩罚之剑高高举起又轻轻放下，推卸其统率指挥不利责任意图又在其次。通过此事而使"汉军两旗"一变为汉军"八旗四固山"[193]结构，才是大清皇帝的真实目的。毕竟汉军一旗乃至"汉军两旗"名不副实的左、右翼状态下，其中人员所具各不相同的八旗满洲旗籍属性，以及这种属性所规定的私属关系中全部利益、义务很难确保实现。而汉军"八旗四固山"这种同一旗色下不分整（正）镶的结构形态，则在一定程度上缓解了这一难题，同一旗色下满洲旗主贵族与其私属汉族裔平民间既有的权利、义务，得以在此结构中比较顺利地实现。

金（清）政权中汉军一旗乃至左、右翼汉军两旗的制度设计，是天聪以来太宗皇太极为巩固其汗（皇）权权威，削弱因天命末年太祖所定"八王共治"体制造成满洲旗主贵族权力威胁汗权局面系列措施的重要组成部分，这种制度设计实现了政权治下汉族裔人员组成的武装力量单位超越既有的满洲贵族属主与私属汉族平民的隶属关系，其指挥统帅之权仅归太宗皇太极一人。拥有对其中人员无可置疑的私属权利的所有满洲贵族属主不能掌握其指挥支配权，这一点可以汉军（乌真超哈）作为一整体作战单位，始终由太宗皇太极亲统，绝无分属八旗满洲某一旗下事实可知。只是缘于崇德三、四年间，左、右翼汉军两旗（固山）为太宗皇太极亲统并直接指挥的二次出师明锦州、松山一线策应作战，其既无克陷，无招降，消耗而外无多掳获的战绩，无可避免地为其所策应入明地转战的左右翼清军堪称辉煌的战绩相比照，以致显得更加不堪。尽管太宗皇太极可以清算问罪其统辖之汉军将领，以推卸部分责任，然其亲统并直接指挥作战的事实，还是因不堪的战绩令太宗尴尬，使其有不得不对八旗满洲旗主贵族们稍作权利让渡的为难之处。汉军"八旗四固山"制度比较曾经的汉军一旗（固山）、左右翼两旗（固山）制状态，太宗皇太极独占的战役调遣、战场指挥之权，终于产生了相同旗色满洲旗主贵族可以分一杯羹的可能。一个必要的前提还在于：太宗皇太极此时的这种权利让渡，对于久已巩固的皇权权威不再构成威胁。

自天聪三年（1629年）太宗皇太极统军取道蒙古地区，破边入明境作战起，金（清）军数度绕过明朝（山海）关、宁（远）、锦（州）防线，深入明朝腹地作战，取得明显削弱明朝、壮大自身的效果。绕道入边不失为一极明智的战略选择。随着明、金（清）双方力量对比的变化，以及明金（清）于辽西走廊一线争夺作战历史中，自太祖天命十一年（1626年）初受挫于宁远城下，直到太宗崇德三、四年（1638、1639年）间两征明锦州、松山之役无果。唯于天聪五年（1631年）大凌河城一役，金军颇有斩获，得围城打援，外困破城，迫降守军等战场经验外，更多是攻坚不利的教训事实，辽西走廊关、宁、锦一线长期处于一种明、金（清）对峙态势，号称"无敌"的八旗劲旅，遇到了同样强劲的战场对手。金（清）军队绕开关、宁、锦一线入边侵扰的战略选择，日益显露出金（清）之前于关、宁、锦一线苦无良策乃至畏敌怯战的无奈。

崇德五年（1640年）二月，太宗皇太极以义州（辽宁义县，距锦州九十里）为基地，取明人惯用的筑城固守、渐次推进战略，派郑亲王济尔哈朗、贝勒多铎为左、右翼军主帅，统"官兵往修义州地，驻扎屯田"[194]，揭开了明、清辽西走廊决战序幕。

是役自崇德五年（1640年）二月，清廷决策屯驻义州始，至崇德七年（1642年）四月二十五日，清军毁所克松山、杏山、塔山三城，仅以饶余贝勒阿巴泰守锦州，大军班师沈阳止，历时二年有余。明统军主帅蓟辽总督洪承畴因困守松山城，城陷被俘后降，明据守锦州城总兵官祖大寿获援无望、困守难持，被迫据城再降。太宗皇太极被臣僚称为"天威远震，庙算靡遗，战无不胜，攻无不取"[195]。但明朝防御金（清）的辽西走廊九城（以山海关、宁远、锦州为枢纽）中，清军是役亦仅破其四（锦州、松山、杏山、塔山），虽然进一步扭转了辽西走廊地区明金（清）争夺战中双方相持难下的战略态势，但破明锦州四城，清军已然有力竭之态。清廷欲打通辽西走廊，兵锋直抵山海关城下的战略目标不能实现。明朝驻（山海）关、宁（远）守军，经此一役后，元气大伤，不再具有北向推进的进攻实力，但依旧令欲经山海关入明境的清军深所忌惮。崇德七年十月，太宗皇太极借口明朝拒绝和议，派遣饶余贝勒阿巴泰为奉命大将军，统军入明境掳掠作战，依旧经往昔旧途，绕过山海关一线，破边墙入明内地。其先太宗皇太极给明帝崇祯的议和回书中，亦只坚持"以宁远双树堡（今辽宁兴城市东北双树乡）中间土岭为贵国界，以塔山（今辽宁葫芦岛市连山区塔山乡）为我国界，以连山（今辽宁葫芦岛市连山区）为适中之地，两国俱于此互市"[196]，而并未理会清都察院祖可法、张存仁、库尔缠等人"以黄河为（明、清）界，上策也；以山海为界，中策也；以宁远为界，下策也"[197]的建言。可见清军虽已取得松（山）、锦（州）大捷，但残余之明朝（山海）关、宁（远）守军，仍旧是太宗皇太极难以逾越的心理障碍，并因此成为居进取态势的清朝难以逾越的障碍。

清军费时二年余在辽西走廊取得的胜利（松、锦大捷），其实际历史意义主要表现在洪承畴、祖大寿二人的降附和汉军八旗结构的最终完成。崇德七年（1642年）六月甲辰（初六日）

> 初汉军止设四旗，至是编为八旗。以祖泽润、刘之源、吴守进、金砺、佟图赖、石廷柱、巴颜、墨尔根侍卫李国翰八人为固山额真；祖可法、张大猷、马光辉、祖泽洪、王国光、郭朝忠、孟乔芳、郎绍贞、裴国珍、屯泰、何济吉尔、金维城、祖泽远、刘仲金、张存仁、曹光弼为梅勒章京。[198]

清朝四旗汉军扩展为八旗，与松、锦一役中明朝降附人口使清政权治下汉族裔人口增长直接相关。明、清松锦大战迁延二年余，明朝守、援军队拼死抵抗，造成了清军巨大伤亡损失。及城陷，清军自以传统的报复性屠戮战俘政策应对，如清军攻陷塔山城，城内明守军三营七千余人尽被屠戮。但为清军内应，献松山城而降之明副将夏承德部1863口，被迫再降的锦州祖大寿部4580口和被迫降附的杏山明守军6838口官民人等，总计万三千余口，[199]如此数量归降汉族裔人口及其中相当数量的职业武装人员，其安置处分办法，编入清朝汉军结构中，自应是清统治者的选项。另一方面，借八旗汉军组织扩展之机，清统治者也一举解决了天聪五年（1631年）明大凌河城降附之万一千余祖大寿部众官兵在清政权治下奇怪、尴尬存在状态问题。自天聪五年十一月，太宗皇太极纵祖大寿回锦州，约为内应，大寿失约，反据锦州城抵抗金（清）以来，归降之大凌河祖大寿系官兵，即不为金（清）

统治者信任，其组织结构虽未加牛录形态编制改造，但其百名守备以上将领"俱付旧汉官收养。其军士分定河东、河西，以河西人归于八旗旧汉民内，以河东自辽东逃亡之人，给还原主"[200]，物质上优遇之，而政治上限制、防范之，使其成为金（清）政权中汉族裔人群中奇特怪异的部分。松锦战后，祖家军系统首领人物祖大寿再降，战斗力极强悍的"祖家军"[201]系势力大至完整地成为清政权治下部分，而不再如以往那样分属交战的明、清双方，令清人忌惮。祖家军一系大凌河等城旧降人和锦州城新降人编入清朝八旗体系再无障碍。崇德七年（1642年）六月八旗汉军官员任命名单所见固山额真祖泽润、梅勒章京祖可法、祖泽洪、祖泽远、裴国珍、张存仁等，俱属天聪五年（1631年）大凌河等城一役时降附的祖家军系将领。而崇德四年（1639年）六月汉军四旗初设时，其固山额真、梅勒章京乃至甲喇章京任用名单，并不见大凌河城降附之祖家军系将领。祖家军系将领其时或有金（清）政权部、院职司官员之任，然其出司领军之职，实自崇德七年八旗汉军构建始。

清朝统治者以崇德四年所谓"八旗四固山"汉军为基础，补充以天聪五年即已降附，却长期严加防范不与编旗的大凌河对城"祖家军"一万一千余丁壮和松锦战后降附的一万三千余（包括部分"祖家军"）丁壮，扩"八旗四固山"汉军为八旗八固山，其各汉军固山虽非足额，但所差并不太多。祖家军首领人物祖大寿，给总兵官职爵，入汉军正黄旗（其嫡子祖泽润为正黄旗汉军固山额真），地位又与被任命的统辖一旗事务官员——固山额真有所不同，其位崇而其权虚。

八旗汉军的构建，使之成为清朝满洲旗主贵族（清统治集团核心利益拥有者）中隶属关系明确的三大构成（八旗满洲、八旗蒙古、八旗汉军）部分之一。非但曾具有某种程度相对独立性的汉人武装力量单位（固山）意义，更在崇德四年（1639年）六月汉军"八旗四固山"基础上，进一步明确了满洲正、镶八色旗主贵族对相同旗色汉军的属主身份，而且相应旗属下汉族裔人口（非武装力量成员的汉裔平民）同时被一体纳入清朝八旗体系之中，清廷政权治下汉族裔人口社会经济、政治地位有所提高。八旗汉军构建不久的崇德七年八月，清政权治下处于八旗体系以外的恭顺王孔有德、怀顺王耿仲明、智顺王尚可喜、续顺公沈志祥联名奏请，将"所部兵（均为汉族裔）随汉军旗行走"[202]，崇德八年（1642年）正月，清宗室贵族贝勒罗洛宏（礼亲王代善长孙）抱怨"时势颠倒"，至宗室贵族竟有不及汉人者等因，被议罪革爵[203]等情，均能旁证此一时期清朝治下汉族裔人员因八旗汉军结构之设，地位有明显提高。八旗汉军从早期单纯武装力量单位，多只服从于太宗皇太极一人统辖指挥，随金（清）军出师征战，于征战之外不体现其存在的状态，渐次发展成清朝满洲旗主贵族为其明确属主的八旗体系三大组成部分之一，早期政权治下汉族裔人员个人均具的八旗籍隶属属性，与汉军一旗（固山）乃至两翼组织结构，旗属关系无以明确的内在冲突，至此不复存在。清朝统治者成功地实现了早期汉军组织仅只服从于战场战术目的，以及服务于太宗皇太极继立后十分迫切的巩固、加强汗（皇）权权威政策目标，到融政权治下汉族裔人员于极具满族特点的八旗制度体系的完善转化过程。相比清朝军队数量的增长、战斗力的提高，这种完美转化无疑更具历史意义。

对于清政权融治下汉族裔人口于八旗体系事实的强调，着眼于清代社会组织管理结构形态，与入关前清朝社会成员民族属性的认定无多关联。那种认为"（清）入关前已入旗的汉军旗人的民族成分为满族是不应该成问题"[204]的说法，根本上否认了入关前清朝已然是一个以满洲为统治民族，由多民族社会成员组成的地方国家政权，极不恰当地将入关前的清朝政权降低为较原始的民族部落政权。且不论当时的"满洲"是否即等于今日之"满族"，仅就清代八旗中人（即所谓"旗人"）属性的判定，从来都是与八旗体系之外的人（即所谓"民人"）相对应而成立一点论，和"民人"一词极少被误判为专指汉民族而被用作民族概念于叙述中使用一样，"旗人"概念也不能当作单一民族概念使用。入关前夕的清朝社会成员构成中，与"旗人"相对应的"民人"，其存在及规模自不能与入关后的清朝相比，但绝非不存在，三顺王、续顺公所部明确的汉族裔人口，即属入关前清政权"旗人"之外的特例。事实上，清朝八旗汉军的建构，既是一种融入性质的标志，但同时更是一种对于区别明确强调的标志，彰显出八旗汉军成员因其民族属性特征而与八旗满洲、八旗蒙古的本质差别。

崇德八年（1643 年）是清朝入关前的最后一年，就其社会民族关系结构而言，既是清政权八旗制度下民族结构关系确定的一年，也是决定清入关后北京地区民族关系结构决定性的一年。我们可以看到清政权治下汉族裔人员的几种不同社会层次结构：八旗满洲中的汉姓人，八旗汉军以及八旗体系外的三顺王，续顺公所部汉人。这其中八旗满洲中汉姓人口（旗鼓佐领、包衣佐领、管领下人）与满洲关系最为切近，属于汉人之满洲化程度最高的部分，尽管其因私属奴仆身份卑下，但其于满洲主人关系密切，其实际生存状态绝非奴隶概念限定的那样只有悲惨，更多情况到往往是相反，八旗满洲中汉姓人与其属主（奴隶主）间隶属关系密切程度，与其个体身份自由程度成反比，但却与其从属主处获得诸种利益多少成正比关系。这部分清政权架构中的汉族裔人口，属于在文化、心理乃至习俗传统上满洲（女真）化程度最高的部分。清朝政权架构中三顺王（孔、耿、尚）、续顺公（沈）所部汉族裔人口，其存在状态显然游离于八旗体系之外，比较多地保留着汉民族身份属性和习俗传统。这类群体有组织地存在于清朝政权架构中，使清朝政权不是以单一八旗体系涵盖全部的简单制度结构，同时也使清朝统治者在入关后面对数量极其庞大的民人（以汉族为主）群体时，并非全无统治管理经验和相应制度准备。占清政权入关前治下汉族裔人口大多数的八旗汉军群体，介乎于八旗满洲中汉姓人与三顺王、续顺公所部之间。八旗汉军成员均有明确的满洲旗主贵族属主，又只接受系统中汉族裔官员（牛录、甲喇章京乃至固山额真）的直接管辖；既有常备武装力量单位（乌真超哈）中的将士兵丁，又有依八旗体系规定的隶属关系，被束缚在田庄土地上力耕输赋的汉族裔平民。上述三种身份属性有别的清政权治下汉族裔人群体，不同程度地扮演了曾经尖锐对立的满洲、汉两种异质文化间融合沟通津梁角色。

据《八旗通志（初集）》记载统计，清入关时八旗汉军大致有137个牛录（佐领），极不均衡地分置在八旗汉军各固山下五个甲喇（参领）之中，其中镶黄旗23个，正黄旗23个，正白旗26个，正红旗14个，镶白旗16个，正蓝旗23个，镶蓝旗15个；每甲喇所领牛录数差别也极大，如正白旗汉军第一甲喇下有7牛录属入关前编置，而镶蓝旗第二甲喇下仅止1牛录属入关前编置。[205]这种状态的存在，既是入关前八旗旗主贵族领属汉族人口数量实际的反映，也是八旗汉军制度仍处发展过程之中，尚不完备所至。

崇德八年（1634年）八月初九日，太宗皇太极猝然崩逝，八月二十六日，时年仅六岁的太宗第九子福临继立，改明年为顺治元年，以睿亲王多尔衮、郑亲王济尔哈朗二人摄行政事。清朝政权渡过换代危机，迅即将兵锋指向锦州以南的辽西走廊。九月初九日，清廷即命郑亲王济尔哈朗、武英郡王阿济格等将士"释服"，脱去国丧必着之丧仪服饰，九月十一日，统"大军西发"[206]。清军于国丧期间，绕过明宁远（辽宁兴城市）城，九月二十五日，克陷明中后所（辽宁绥中县）城，十月初一日，克陷明前屯卫（绥中县前卫镇）、中前所（绥中县前所镇）二城，兵锋直抵山海关关城之下。明辽西走廊重镇宁远与山海关联系被切断，成为一座孤城。至顺治元年（1644年）"三月中，明宁远、沙后所（兴城市沙后所镇）二城人亦弃城走，（明）山海关外地方，尽为我（清）有"[207]，打通辽西走廊的战略目标轻松实现。

　　明崇祯十七年（清顺治元年，1644 年）四月，大顺政权李自成部、明平西伯吴三桂部以及多尔衮统帅的几乎是倾巢而出的清军在山海关下展开的那场决定了中国历史走向的大战，最终以吴三桂联合清军击败李自成部结束。清军乘胜进入李自成主动放弃的北京，一举成为北京城中的新主人。

　　入据北京的多尔衮一方面命阿济格、多铎、吴三桂统精兵追击西撤的李自成部，以期重创乃至消灭这支仍具实力的竞争对手，同时夺取李自成西运的巨量财富；另一方面，采用范文程、洪承畴等清朝汉官的建言，始终以"解民倒悬"、"为明帝复仇灭贼"标榜，同时下令"官民人等为崇祯帝服丧三日，以展舆情。著礼部、太常寺备帝礼具葬"，"令在京内阁、六部、都察院等衙门，俱以原官同满官一体办事"[208]而不追究这些归降的明朝官吏其原属阉党、东林，亦不追究其是否曾投降大顺的既往，甚至以往持之极其严厉的"薙发"政策，竟也令"自兹以后，天下臣民照旧束发，悉从其便"[209]。京畿地方镇压叛乱、平定不服的任务，均派八旗汉军完成。实现对清朝新据地区中占人口总数绝大部分的汉族裔官民的统治，八旗汉军自有满洲、蒙古无可比拟的优势。

　　在多尔衮决策清朝定鼎燕京，并奏报尚在盛京（沈阳）的小皇帝福临前的顺治元年（1644 年）五月十一日[210]多尔衮即令京城旗、民分城居住，以内城居八旗将士，外（南）城居旗人之外的民籍人口。内城左翼（东侧）以镶黄旗据安定门内，正白旗据东直门内，镶白旗据朝阳门内，正蓝旗据崇文门内；内城右翼（西侧）以正黄旗据德胜门内，正红旗据西直门内，镶红旗据阜成门内，镶蓝旗据宣武门内。再以京师皇城为中心，取靠近皇城区域划为各该旗色八旗满洲驻营之区，稍远为各该旗色八旗蒙古驻营之区，最外为各该旗色八旗汉军驻营之区原则，令八旗各固山、甲喇、牛录限定区域，不容混淆。北京城市布局中以内、外城分处旗、民，京师内城八旗驻营分布原则自此确立，终清一代未有大变。

　　清朝统治者在北京最初的统治政策，充分采纳清朝汉族官员建言，以稳定、招徕、安抚为总原则，其如为明帝发丧，以助明复仇讨贼相标榜，暂停薙发易服等严令政策，一时正面效果明显。同时也有因广事招徕以致"前（明）朝犯脏除名，流贼伪官一概录用，虽云宽大为治，然流品不清，奸欺得信"[211]一类负面效果显然的状态。但事涉自身安全，自身管理便利等因，加以无法避免的占领者心态，京城旗、

311

民分城居住政策也就无法避免地在稳定原则下，突破了招徕、安抚等政策目标。清军入关之初的京师内外流言四布，人心不稳，"城中之人相继为盗，多有杀越掠夺之患"[212]，"辇毂之地，几近化外"[213]的严峻形势，竟也使得旗、民分城居住政策具有了某种程度的合理性。如果再强调战胜者对新占领区域内人民几乎是不可避免的骚扰侵害，这种旗、民区隔政策简直就是必须肯定的善政。事实上，这也就是导致清初畿辅地区恶政之首的"圈地"事实，竟是首先出自降清汉官顺天巡抚柳寅东那篇以保护京畿地区民人利益为出发点的著名疏奏建言缘故。

顺治元年（1644 年）十二月己未（初五日），柳寅东疏称：

> 清察无主之地，安置满洲庄头，诚开创宏规。第无主之地与有主之地犬牙相错，（满洲）势必与汉民杂处，不惟今日履亩之难，恐今后争端易生。臣以为若先将州县大小，定用地多寡，使满洲自占一方，而后以察出无主地与有主地互相兑换，务使满汉界限分明，疆理各别而后可。[214]

自顺治元年六月丁卯（十一日），多尔衮与在北京诸王、贝勒、大臣议定清廷"应建都燕京"，[215]留守盛京（沈阳）的郑亲王济尔哈朗等葬太宗于昭陵后的八月乙亥（二十日），顺治帝车驾启行往燕京，九月甲辰（十九日）顺治帝车驾自北京正阳门入紫禁城，十月乙未朔（初一日），顺治皇帝"亲诣南郊，祭告天地，即皇帝位"[216]。除以再次即位的行动明确宣示清朝已不再仅是中国北方边外一个与明朝敌体的政权，而是中国取明朝而代之的正统的"天下共主"之外，更证实了前此多尔衮为应对京城坊间流言而公开宣示的"（清朝）皇帝携带（八旗）将士家口不下亿万，与之俱来（燕京）"[217]的事实真实性。"亿万"数目自是夸饰，但数量大大超过占领北京的八旗武装力量却是不争的事实，这其中即包括必然要居驻在京师内城之中的皇室贵族、八旗将士家口眷属及相应的服务机构员额外，数量更为巨大的却是清朝八旗体制下，以八旗庄园（满文作 tokso，音译托克索，汉义即庄、屯）[218]形态从事农耕生产，以供奉其各自不同八旗主人的原辽地汉族裔人口。这部分人口并不因清朝的战胜态势而使身份地位有所改变，其随清帝入关，进入京畿地区，仅止是清朝统治者为确保自身的既有利益，继续使其为八旗主人提供必要的物质财富，因此必须以大量的土地加以安置。京畿地区五百里之内战乱后出现的无主土地就成了朝廷安置这部分人员的最佳选择。

　　清朝关外时传统的八旗庄园（托克索）生产形态与京畿地区成熟的土地私有制生产形态间的差别客观存在，但讨论其生产形态的落后与先进，至少在当时并无多少实际意义：并无充分的事实足以证明八旗庄园（托克索）就必然带来生产力的破坏与倒退，也没有充分的事实证明八旗庄园之上的劳动者就一定比自耕农民承受更多的苦难。问题只在于这两种不同的生产关系形态处于同一区域内时，必然会产生的矛盾冲突，以及这种矛盾冲突造成的社会动荡结果。也许从民族关系、社会分层角度认识这一事实，更能把握问题的实质，更接近历史的真实。

　　柳寅东疏奏被要求"下部详议"，十八天后的十二月丁丑（二十三日），朝廷谕户部：

> 　　我朝建都燕京，期于久远。凡近京各州、县民人无主荒田及明国皇亲、驸马、公、侯、伯、太监等死于寇乱者，无主田地甚多。尔部可概行清查。若本主尚存，或本主已死而子弟存者，量口给与，其余田地尽行分给东来诸王、勋臣、兵丁人等。此非利其地土，良以东来诸王、勋臣、兵丁人等无处安置，故不得不如此区画。然此等地土，若满、汉错处，必争夺不止，可令各府、州、县分村，满汉分居，各理疆界，以杜异日争端。今年从东先来诸王、各官兵丁及见在京各部院衙门官员，俱着先拨给田园，其后到者，再酌量照前与之。至各府、州、县无主荒田及征收缺额者，著该地方官查明造册送部，其地留给东来兵丁。[219]

　　谕旨强调了以田土安置东来人口的必要性以及"满、汉（实为旗、民）分居，各理疆界"原则，却并不强调柳寅东疏奏中极力主张的同等条件兑换土地的操作办法，隐然含有战胜者政治强权的味道，结果也就只能是京畿地区百姓的灾难。

　　清朝统治者在京畿地区大规模圈地外，还实施了另一项著名的恶政——投充。所谓"国初，投充名色起于墨勒根王（指多尔衮），许各旗收投充贫民为役使。嗣则有地土者带地投充。奸蠹无赖或恐圈地，而以地投；或本无地，而暗以他人之地投"[220]。投充旗下之人，其民族属性多为汉人，因投充而改原州、县籍贯为隶属八旗，变平民身份为私属奴仆、庄丁。无论其以身投充抑或带地投充，其性质都属于京畿地区平民人口脱离州、县制度而进入八旗体系。投充之人除为家内奴仆提供主人役使外，更多的投充人口，尤其是带地投充人口，清朝统治者则以关外传统的八旗庄园制度（托克索）组织生产，设庄头（一般为投充地多、强势之人充任，可世袭）管理，为其八旗属主提供以银两为主的收入，而不再承担经州、县政权实现的国家粮课、力役，以至京畿地方国家财税收入大减。无论如何，投充之人的行为，多数为社会动荡条件下投充之人为现实利益权衡后自主选择的结果。因勒逼强迫而投充之事必然存在，但以为投充一事完全出自战胜者的强制而否认投充者的自主选择，则是违背事实逻辑的误解。在赋、役负担与国家正项赋、役相差无几（甚至少于国家正课）条件下，投充带来的新政权统治者私属身份，以及伴随这种身份而必有的来自属主政治强权荫庇实惠，毕竟是社会动荡时期一般州、县平民很难具有的生存优势。所谓"近闻汉人不论贫富，相率投充，甚至投充满洲之后，横行乡里，抗拒官府，大非轸恤穷民初意"⁽²²¹⁾，应即这类生存优势合乎逻辑的发展结果。

清初京畿地方大规模地"圈地"以安置"从龙入关"的大量辽地汉人，"投充"政策使京畿平民改录旗下，此二事极大地改变了北京地区的社会、民族结构关系构成。"从龙入关"的辽地汉人和投充旗下的京畿平民当然无法与八旗汉军一类的正身旗人相提并论，他们只是八旗体系中外围的、边缘化的汉族裔人口，其鲜明的民族属性在有清一代始终为满洲统治者清醒认识，不曾丝毫混淆。但这一事实却并不妨碍这两类人口在清代京畿地区民族关系中极特殊的地位。恰因这种独特的地位，使这两类人中的相当部分成为近代北京满族人口的重要构成来源。相反，较这两类人口更加接近八旗体制核心的八旗汉军正身旗人，却因八旗生计等因，部分人口脱离八旗体制，取得了明确的民人籍贯，复因清末民初，旗籍带来的生存困境，以至八旗汉军正身旗人反到较少成为北京满族人口的构成来源。

清代八旗人口，尤其是八旗丁壮数目属国家机密，并不公布。据雍正朝总理户部事怡亲王允祥奏报顺、康间八旗男丁数称，顺治五年（1648 年）编审男丁册载：满洲五万五千三百三十，蒙古二万八千七百八十五，汉军四万五千八百四十九，包衣阿哈尼堪二十一万六千九百六十七。总计八旗男丁为三十四万六千九百三十一。⁽²²²⁾数目出自户部档案，详至个位，但包衣阿哈尼堪的二十一万六千九百六十七数目，是否包括"从龙入关"的八旗庄园男丁，甚至顺治五年前投充旗下为奴的男丁人口尚难确认。即令此数不包括八旗庄园男丁及投充人口，八旗男丁总数中，汉军及包衣阿哈尼堪人口占到绝大多数都是不争的事实。

　　清廷以八旗制为国家根本，"首崇满洲"政策以及政策造成的旗、民生存状态的巨大差别，八旗体制繁复细密的身份属性差别带来的同样重要的生存状态差别，使八旗体制之外的民人百姓具有不吝投入体制之内的冲动，同样也使体制之内的八旗人口充满了改变既有身份属性以追求更好生存条件的冲动，这就造成了清初北京地区一次强劲的满洲化浪潮。民人投充旗下为奴或不为满洲统治者反对，但八旗体制内汉族裔人口身份属性的提升改变，却是对满洲利益的分割损害。正身旗人家下不具独立人格的阿哈奴仆随主人出征，获战功，被允许豁除其奴仆身份，在原牛录（佐领）下开户，获得相对独立的八旗户籍，称为"开户人"。八旗满洲中的"开户人"，往往因其满洲旗份的优势地位，获取八旗户籍中很多正身旗人亦难以企及的种种利益，如被挑补为前锋、护军一类待遇优厚，规定只为满洲、蒙古正身旗丁才能充任的职任，而八旗汉军不得染指等。这种状态发展到一定程度，终于引来清朝统治者的大规模甄别清理。甄别清理的一个直接后果是形成了"另记档案人"这样一个新名目。如此，在清代雍正、乾隆朝，北京地区八旗体制内的汉族人口即已有八旗汉军正身旗人、另户（正身旗人兄弟分家另立之户）人、八旗满洲中汉姓（包衣奴仆身份）人、开户人、另记档案人等以档案户籍的不同严格区别的层级分类，居于内城或郊区营房中，依赖粮、饷为生的八旗人口和京畿范围内八旗庄田（包括皇庄、王庄、八旗兵丁庄田）中汉族裔丁壮人口（又细分为从龙从关的辽地八旗庄园旧人和京畿投充汉人两部分）这样以生产、消费过程位置两种分类。

　　清代北京地区八旗体制内的汉族裔人口并非无差别的一整体，在制度化的编审和详细档案记载基础上产生的体系内汉族人口繁复的层级、类别，始终没有被清朝统治者遗忘，而是通过相应的则例、法条、政令加以固化，并视实际情况随时加以强调。

　　清入关后整顿旗制，坚持"首崇满洲"原则，曾经的八旗汉军固山额真（后改称都统）纯由汉军充任，渐变为由满洲宗室贵族充任；八旗体制内待遇优厚之前锋、护军等，惟满洲、蒙古方得出任挑补，汉军不能染指；同样的养育兵、官学生乃至被优恤的"八旗孤寡"，汉军待遇明确规定少于满洲、蒙古；法律制度上，同为八旗中人，满洲、汉军地位亦不能一律：满洲、蒙古不得给汉军为奴，反之则不限，犯罪责罚，满洲、蒙古明显轻于汉军。种种法规律条，虽充分体现了"首崇满洲"原则，却使朝廷"八旗一体"的宣示变得虚伪不实。至清乾隆朝，官修《贰臣传》，视入传之人为"大节有亏者"，从传统道德高度给入传者予以否定打击，而入传者中十之八、九为隶属八旗汉军之人。

清人关前即已出现，入关和很快即发展到顶峰的社会风俗满洲化进程，渐为虽缓慢，但却是潜移默化、难以抗拒的汉化进程取代。清朝满洲统治者对此保持清醒的认识和强烈的防范心理。当这种不为清朝满洲统治者所乐见，却不以其意志为转移的汉化趋势日甚一日，再叠加上日益严重的"八旗生计问题"时，体制内的汉军遂成为首先受到影响的群体。

清人关后，八旗汉军经过顺治初年编制归附的明军入汉军、康熙二十一年（1681 年）平定三藩之乱前后，编三藩旧部入汉军这样两次大规模的扩展过程。至清乾隆末年，八旗汉军佐领数，由初入关时的一百六十牛录（佐领），扩展到二百八十佐领。比较初入关时八旗满洲的二百五十八牛录（佐领），扩展到乾隆末年的六百八十一佐领情况，[223] 则无论佐领总量、扩展速率，八旗汉军均无法与八旗满洲相比。尤其考虑到八旗满洲入关后的佐领数扩张，多由人丁滋生，而较少如八旗汉军那样以体制外人员大规模编入情况，八旗汉军的规模（以佐领数为准）受到清朝满洲统治者的严格限制是显而易见的。据学者研究统计：清雍正元年（1723 年），八旗体系内汉军及汉人家奴壮丁共计四十四万余数，占其时八旗壮丁总额的百分之七十二。其后历经乾隆一朝旷日持久的"出旗为民"政策，至清嘉庆元年（1796 年）统计，上述壮丁仅余二十万余，占其时八旗壮丁总额的百分之四十三。[224] 应予格外强调的是，清朝满洲统治者推行的"出旗为民"政策所涉八旗体制内汉族裔人口，多是入旗较晚，且为国家财政负担其钱、粮开支而不事生产的八旗汉军正身旗人。那些于八旗体系中更为边缘化的八旗庄园壮丁一类汉族裔群体，因其本身的存在非但不构成国家财政的负担，反而以其劳动为八旗属主贵族提供物质财富，故从未有被"出旗为民"政策转其为民籍事。于八旗体系中更接近核心的八旗满洲中的汉姓人口（清代中后期，又被混称为"包衣汉军"，实不确），虽消耗国帑，但因其明确的私属奴仆性质，亦不为清朝满洲统治者"出旗为民"政策涵括涉及。大规模的"出旗为民"政策指向，集中在八旗汉军正身旗人群体，八旗汉军因此呈现出发展停滞、萎缩状态。

第二节　八旗中的其他民族

八旗满洲是八旗社会结构的主导部分，这一判断并不以民族人口数量多少为依据。八旗组建之初，即以满洲民族为主体。在其后的复杂、扩张过程中吸纳部分蒙古、汉、朝鲜、鄂温克、鄂伦春、达斡尔、赫哲等民族。清朝入关以后，又吸纳了俄罗斯、藏、维吾尔、锡伯等民族，除蒙古、汉二民族独立编置为八旗蒙古、八旗汉军外，其他人数远少于八旗蒙古、汉军的非满洲族裔，统统以牛录组织加以编置，隶属八旗满洲籍下。如果说八旗蒙古、八旗汉军其民族属性尚称单纯（清人未必如此认识），八旗满洲则内部民族成分最为复杂丰富，绝不可以满洲一族笼统视之。除八旗满洲隶下明确清晰的各个非满洲族牛录以外，满洲族裔的牛录，亦有新、旧（陈）满洲的差别。

"新满洲"（达斡尔、鄂温克、锡伯等族），满文作"ice manju（伊彻满洲）"，是相对"旧（陈）满洲"，满文作"femanju（佛满洲）"而言的身份性概念。清入关前，相对较晚编入八旗满洲籍下的部分东北边远地区居民，被称为"新满洲"。这里，较晚编入旗籍和祖居地相对边远是其定性的决定因素。然而所谓边远地区，正是长白山脉、黑龙江（包括图们江、乌苏里江）流域，即白山黑水间广大地域，原本就是满洲民族生息繁衍的故乡，这时新、旧满洲的差别，不过是满洲民族南下崛起进程先后的差别，虽然这其中也包含了部分非满洲的东北亚民族。

清顺治元年（1644年），满洲主体以八旗结构形式整体迁移至北京，清朝统治者对于满洲民族发祥之地的控制力相对削弱。而当这种纯粹人为造成削弱的控制力，遭到东进、南下势头强劲的沙俄势力的挑战，问题才变得严重而紧迫。苦于在内地与南明政权的战争等因，清廷无力组织已入关的八旗劲旅去反击沙俄的侵略，只好采取将黑龙江上、中游北岸的边民迁至嫩江、宁古塔为中心的牡丹江流域这样的退缩政策，同时大力招徕当地尚未编入旗籍的部族，康熙十年（1678年）初，编置新的佐领（即牛录）四十个，以"新满洲"身份纳入八旗满洲序列，成为稍后（康熙初）抗击沙俄侵略的主力军。据学者统计，至清雍正九年（1731年），清廷将三姓城（今黑龙江省依兰县）的协领衙门升格为副都统衙门时所增编的十六个满洲佐领（牛录）为止，编入旗籍的丁壮超过七千人，总人口在四万左右。[225]"新满洲"旗人绝大部分驻防在东北地区，但仍有相当部分后南迁至京城，成为京旗满洲。

始自清顺治年间的东北地区大规模徙民编旗活动，前后持续八十余年，此阶段内被编入八旗满洲籍下，并统一以"新满洲"称呼的旗人，汇聚了来自黑龙江、乌苏里江流域广大区域内众多的土著居民，其民族属性记载明确而清晰，他们被称为达斡尔人、索伦人、锡伯人、卦尔察人、赫哲人、恰喀拉人以及蒙古人等。这些土著居民以新满洲身份进入八旗组织，统隶八旗满洲管辖之下，体现了东北地区土著居民满洲化的趋势以及八旗满洲隶下成员民族属性的复杂、多样特点。事实上，这类"新满洲"融入满族的过程与结果也不尽一致，同样呈现复杂多样的局面。明确、清晰的记载给坚守"首崇满洲"政策，确保自身优势地位的满洲（佛满洲）统治者区别对待诸类人群提供了极大的方便，也造成后来者（如新满洲）彻底融入满洲民族的障碍。

一、鄂罗斯、罗刹（俄罗斯族）

于清初新满洲佐领编置过程互为因果的，是八旗组织中十分独特的俄罗斯佐领。

早在清崇德五年（1640年），清太宗皇太极用兵黑龙江中上游地区，雅克萨城（额木尔河汇入黑龙江河口北岸，今属俄罗斯联邦境）为战火所焚。不久，雅克萨城为索伦部达斡尔酋长阿尔巴西率众复建。清顺治八年（1651年）沙俄哥萨克攻占该城，以城主阿尔巴西之名，称该城为"阿尔巴津"。清康熙二十一年（1682年），基本巩固了在中原地区统治的清廷着手反击沙俄势力在黑龙江流域地区的扩张，先后经二十二年（1683年）至二十五年（1686年）数次进剿，攻克沙俄盘踞的雅克萨城，并于二十八年（1689年）签订《中俄尼布楚条约》，确定中俄在黑龙江流域地区的边界。

清康熙朝抗击沙俄势力在黑龙江流域扩张的过程中，有相当数量的沙俄殖民扩张势力为清军俘虏，或被迫向清军投降。这部分为俄国史籍称为"阿尔巴津人"的俄罗斯殖民者，除了战败乞降，后被遣返回国的大多数以外，不愿回国的人口被清廷编入八旗满洲，成为旗人社会中的新成员。

据《钦定八旗通志·旗份志三》记载：镶黄旗满洲下"第四参领第十七佐领，系康熙二十二年（1683年）将尼布绰（尼布楚）等地方取来之鄂罗斯（俄罗斯）三十一人及顺治五年（1648年）来归之鄂罗斯伍郎格里、康熙七年（1668年）来归之鄂罗斯伊番等编为半个佐领，即以伍郎格里管理。后二次又取来鄂罗斯七十人，遂编为整佐领"[226]。据此记载可知，早在康熙朝编置俄罗斯佐领之先，八旗组织中就有少量俄罗斯族裔人口存在。又据俄人自己的记载可知，雅克萨俄罗斯人之有被清廷俘获，其时又在清顺治朝。[227]如何对待这批族属、信仰、习俗与满洲大异的俄罗斯人，清廷内部曾有不同意见。清廷户部就曾题请将其分散编入正白旗满洲各佐领下，但这一方案为康熙皇帝否决，并依旧有成例，将这百余俄罗斯人（仅计丁壮，不含随丁壮而来的妇孺）"令其彼此相依，庶有资济"[228]而集中编置佐领。使"他们完全和满洲人一样受到尊重。给他们安排了住房，派了佣人，还规定每隔三年发给他们四时所需的衣服，将步军统领衙门收押的女犯配与他们为妻，还给他们当中的某些人匹配了大户人家的妇女"[229]，应当说清廷对俄罗斯族旗人的待遇是相当优厚的。这些人和八旗组织中的正身旗人一样，以当兵为职业，按月、季领取饷银、口粮。清廷利用他们的俄语特长，令其担任与俄罗斯交涉过程中的翻译工作。

八旗满洲之下的俄罗斯佐领虽然特点鲜明，却并非世袭佐领，即佐领一职并非由一家血缘之内传承。最初的佐领伍郎格里故后，佐领一职由其子罗多珲继之。罗多珲故后，俄罗斯佐领即为镶黄旗满洲公中佐领（即佐领一职由本旗选派），佐领一职由满洲富察氏之马齐兼任。马齐其人曾任总管内务府大臣、大学士，身为一品大员，负责朝廷对俄交往（外交、商贸）诸事，位高权重。马齐之后，俄罗斯佐领由世袭一等公阿灵阿兼任。阿灵阿为满洲钮祜禄氏、满洲开国勋臣额亦都之后，曾任清廷理藩院尚书，负责对俄事务。仅此二例，可见清朝统治者对于俄罗斯佐领的重视。

应该说，清代这部分俄罗斯族旗人，其原有习俗、信仰与满洲、中原文化相比差异最称巨大，既编入旗籍，初期同样不免被强迫的满洲化过程，稍后又长期面对广泛深厚的中原汉文化，必然存在潜移默化的影响，更为本质的还在于这些俄罗斯族旗人群体经婚姻而达致的血缘融合，经过近 200 年的岁月，当俄国外交官在道光二十五年（1845 年）时见到北京城中的八旗满洲俄罗斯佐领下人时，感觉"他们的服饰、语言、容貌一点都不像俄罗斯人"[230]。这种结果，当然不能说与清廷的民族政策无关，但却绝非清朝统治者政策的主观目标。相反，清朝统治者例来悬为严禁的对于"洋教（天主教、基督教）"在八旗组织内乃至社会上传布的生硬政策，在八旗满洲的俄罗斯佐领那里却变得格外温柔。康熙二十四年（1685 年）来归之雅克萨俄罗斯人中，即有一名叫马克西姆·列昂季耶夫的东正教神职人员，康熙帝遂于京城镶黄旗满洲下俄罗斯佐领驻地胡家圈胡同内旧有一所关帝庙，拨给列昂季耶夫，充作其宗教活动场所，并赐其七品官衔，命其主持教堂事务。因此宗教场所鲜明特点，以致成其时京城独特一景，该教堂当时人称"罗刹庙"，[231]这一京城中最早出现的东正教教堂，自创建伊始，即有俄罗斯佐领下人以外的在京俄国商人前往参加宗教活动。至康熙五十年（1711 年），康熙帝同意了由俄国方面派出传教士，接替年老体衰的列昂季耶夫主持"罗刹庙"的请求，异常宽容地承认了东正教对于俄罗斯旗人宗教信仰的主导权力。然而清廷对其直接属下的俄罗斯族旗人宗教信仰权力的让渡，并未能改变八旗社会整体文化融合的大趋势。单纯的宗教热情无力抗拒漫长岁月的消磨，也无法抵御弥漫在日常生活所有角落的满、汉文化的浸淫，俄罗斯东正教对于八旗俄罗斯佐领下人们的影响并未因朝廷宽松政策的得到强化，甚至列昂季耶夫的孙子，八旗俄罗斯佐领下人扎哈尔终其一生也未曾踏入过其祖父主持的教堂。以致清廷网开一面为俄罗斯佐领下人开设的"罗刹庙"，最终成为来京俄国商人及其外交人员[232]的宗教活动场所。清咸丰八年（1858 年）五月，清廷与列强签订《天津条约》，各国教会获在中国境内自由传教特权，而早有基础的北京地区俄罗斯东正教对八旗满洲俄罗斯佐领下旗人的影响，也一改长期以来毫无作为的局面。据清光绪十二年（1886 年）北京东正教教徒名册，四百五十九名教徒中俄国雅克萨人后裔（即俄罗斯佐领下人）占一百四十九人。[233]这无疑与清晚期八旗制度困局及列强在华势力增长形势相关。

二、朝鲜（高丽）

清太祖努儿哈赤崛起过程，其所依恃的非满洲族裔力量中，朝鲜（高丽）人应属出现比较早的。

1619 年（明万历四十七年，金天命四年）二月，明朝以辽东经略杨镐为统帅，率兵十余万（号称四十七万），分四路征讨建州，以期一举荡平。此役明军一方，即有征调朝鲜的一万三千兵，配属明军东路总兵刘綎方向，自宽奠（今辽宁宽甸）向赫图阿拉（辽宁新宾）方向进击。是役明军大败，东路一支统帅刘綎力战阵亡。朝鲜统帅都元帅姜弘立，副元帅金景瑞被迫率队阵前投降。除战场阵亡及少数逃跑者外，这一支朝鲜军队尽为清太祖努儿哈赤所俘，朝鲜都元帅姜弘立幕僚李民寏亦在其中。第二年（1620 年）七月李民寏随姜弘立等人被释放回国。其被俘居建州凡十七阅月（天命四年三月至天命五年七月），其间经历撰为《栅中日录》；返回朝鲜后给朝鲜国王的正式报告，题签为《奴中闻见录》，李民寏故后百年，其遗著出版时改题《建州闻见录》。此二书属著者亲历，颇具史料价值。据《建州闻见录》记载：姜弘立一行到建州之先，即已有朝鲜（高丽）人口"居奴（指清太祖）城（即赫图阿拉）外三十余家，称之为高丽村"，但这些人并不为满洲统治者信任，"皆作奴仆，而绝无为军兵者。胡之相语曰：'虎豹亦可训，而惟朝鲜（高丽）人不可训云'。"这些被掳至建州的朝鲜（高丽）人或因某种独特技艺而以奴仆身份为满洲统治者提供服务，并非牛录组织中的兵丁。但事有例外，据同书记载："上年（即天命四年）五月间，（朝鲜）军官金洽闻诸我国军卒之说，则曰：渠见一老胡通我国语言者……仍问：'何以能通我国语言？'曰'我是京城居两班郑姓人，己丑年（明万历十七年，1589 年，亦即清太祖起兵后第七年）郑汝立之狱，逃来于此，居在外村部落，生四子皆军兵云'。"[234]记载所谓"通我国（朝鲜）语言"之一"老胡"，竟然是天命前二十七年因朝鲜内部政治斗争而逃至努儿哈赤部中之朝鲜人，且其一眼望去的"老胡"形象，显示其人已然彻底满洲化，自非那些很可能是被掳掠而来的"高丽村"中人所能比，其子辈得以成为努儿哈赤军队中的成员，也就不奇怪了。

明、金萨尔浒一役中，太祖努儿哈赤迫降的朝鲜都元帅姜弘立一军五千人，[235]是金国政权俘虏的最大一批朝鲜人。这部分朝鲜人除逃跑、被杀以外，大部分被遣送回国。据《八旗通志（初集）》记载，正黄旗满洲四参领隶下第九佐领、正红旗满洲一参领隶下第十二、十四佐领"系国初以朝鲜来归人丁编立"，正红旗满洲一参领下第十三、十五佐领，又为第十二、十四佐领"内滋生人丁，分编佐领"[236]而成。此类主动"来归"，明显与姜弘立等被迫投降，身为俘虏性质有别。以正红旗满洲一参领隶下第十四佐领编立为例：该佐领（牛录）首任额真（佐领）韩运（又记作韩润、韩云），本天命十年（1625 年）正月，朝鲜内乱，其父原朝鲜总兵官韩明廉为新国王所杀，韩运遂与其堂弟韩泥（义）力战出逃，投奔清太祖努儿哈赤，并提供朝鲜义州、皮岛明总兵毛文龙等处情报，遂为太祖努儿哈赤授以游击、备御之职，"给足所用之物"[237]。后以"朝鲜来归人丁，编为半个牛录，始以韩运管理……康熙三十三年（1694 年），人丁繁盛，定为整佐领。"韩运后因对明朝作战有功，获"授为一等轻车都尉"世职[238]。

《八旗通志（初集）》又记，正黄旗满洲包衣第四参领隶下，有"高丽佐领"二，一为"国初编立"，一为"康熙三十四年（1695年）""高丽佐领人丁滋盛，分出一佐领"[239]，"始以辛达礼管理"。辛达礼又作新达理，朝鲜人，本名金南海。金国"天聪元年（1627 年）率子弟归来，授为通事官"，清"崇德二年（1637 年），从征高丽"有功，"太宗文皇帝（皇太极）优加赏赉，以俘获高丽人户分编佐领，特命新达理统之，兼内务府三旗火器营总管"。[240]辛达礼（新达理）属"率子弟来归"者，但其身份却是"正黄旗包衣人"，与同来投归金国的韩运（润、云）身份有别。而战场"俘获高丽人户"编置包衣佐领则是毋庸置疑的。

　　无论是旗分佐领，抑或是包衣佐领，这些金国（清朝）八旗组织内部的朝鲜族裔，主体都在顺治元年（1644 年）随清军进入北京成为了北京人。进入八旗组织的朝鲜族裔将其文化、生活习俗带入满洲，如天命八年（1623 年）五月，清太祖努儿哈赤"对八贝勒之家人曰：'陈放于宴桌之物，计麻花饼一种，麦饼二种、高丽饼一种……著将此言缮录八份，分送八贝勒家各一份'。"[241] 饼一种，以高丽名之，且为满洲贵族宴席桌上必备之物，可见朝鲜食俗的影响。

　　编入八旗组织内的朝鲜族裔，同样有薙发易服的过程，满洲文化的影响无疑是其发展初期的主流方向。以辛达礼、韩运等人以及其后世命名的满洲化倾向，即说明这些八旗组织中的朝鲜族裔，很快即融入满洲民族之中。以《八旗满洲氏族通谱》所列四十三个朝鲜姓氏，其姓氏以外，几乎全部为满洲化的名字以及相当多"原籍无考"现象，均证明这种文化融合之迅速与彻底。只是这种融合过程主要体现在文化习俗方面，鲜明的高丽（朝鲜）佐领组织却也是这些人融入满洲的标识性障碍而很难逾越。

三、回部（维吾尔族）

　　天山南路维吾尔族（旧称"回部"）聚居地区，旧属元太祖成吉思汗次子察合台汗世封之地。清初，元太祖十九世孙阿布都拉伊目为叶尔羌汗，并以其弟分驻吐鲁番、阿克苏、库车、和田、喀喇沙尔、乌什和喀什噶尔等七城，以叶尔羌为其政治中心。但伊斯兰教在这一地区发展壮大，元裔势力日见衰弱，终至大权旁落，权柄由回部和卓（khoja）掌控。和卓又作和卓木，即掌（回）教，（回）教长之谓，[242]属当时伊斯兰教的宗教领袖。新疆南路回教（伊斯兰教）势力分为黑山、白山二宗派，彼此一时争竞对立。白山宗首领阿巴克为黑山宗首领伊司马衰所逐，阿巴克转入西藏地区，向五世达赖喇嘛求援。达赖喇嘛因命厄鲁特蒙古准噶尔汗噶尔丹出兵相助。康熙十七年（1678 年），噶尔丹统军逾天山，进军回部，击破黑山宗势力，俘虏回部喀什噶尔城酋长阿部都实特及元裔诸王，将其拘禁于伊犁，同时扶持回（伊斯兰）教白山宗势力，命阿巴克居叶尔羌城，建傀儡政权，统回众，管辖天山南路回部各城。

　　清康熙三十六年（1697 年），漠西厄鲁特蒙古[243]准噶尔汗噶尔丹为清军所败，自杀身亡。回部阿部都实特之子玛罕木特（又作和卓木墨特）欲乘机摆脱准噶尔部势力的控制自立。继起之准噶尔首领策妄阿拉布坦（噶尔丹之侄）复擒玛罕木特，拘囚于伊犁至死。"和卓木墨特（即玛罕木特）在伊犁生二子：长曰布拉敦，亦曰布拉伊敦（又作波罗泥都），次曰霍集占（又作和集占），即回子（维吾尔）所称之大、小和卓也。和卓木墨特死，二子仍在伊犁。准噶尔虑其生事，不肯放入回城。"[244] 雍正五年（1727 年）准噶尔汗策妄阿拉布坦死，其长子噶尔丹策零继立为汗。雍正九年（1731 年），噶尔丹策零邀截和通泊北路清军，清军损失巨大，双方遂议和。

清乾隆十年（1745 年）九月，噶尔丹策零病殁，准噶尔部陷入长达十年的内乱。噶尔丹三子，长喇嘛达尔扎庶出，次策妄多尔济那木扎尔（时年十二岁），三蒙库什（又作莫克什），一女乌兰巴雅尔（又作鄂伦巴牙喇）。初，准噶尔部诸臣议立策妄多尔济那木扎尔为汗。乾隆十五年（1750 年）策妄多尔济那木札尔被杀，其兄喇嘛达尔扎立，报复凶残，内部不安。乾隆十七年（1752 年），喇嘛达尔扎在伊犁被准部额尔济斯沙喇泰地方实力人物，策妄阿拉布坦堂兄大策零敦多布之孙达瓦齐攻杀，达瓦齐自立为台吉。准噶尔部众多不服，纷纷投清内附。噶尔丹女乌兰巴雅尔之子阿睦尔撒纳亦率部归附清廷。乾隆十九年（1754 年），清帝于承德避暑山庄赐宴，封阿睦尔撒纳为辉特亲王，并赏用镶黄旗纛，命其为平准定边左副将军，率部配合清军攻讨伊犁。二十年（1755 年）五月，清军克复伊犁，达瓦齐逃亡乌什，为回人酋长阿各木伯克霍机（集）斯擒获。至此，准噶尔全境荡平。十月十七日，达瓦齐被解送到京师，行献俘礼。乾隆帝特旨免交刑部，且加恩封亲王，赐第京师，领其子及旧属四五十户居住。

清军克复伊犁，定北将军班第奉谕遣被囚禁之大和卓木布拉尼敦释还旧地，使其安抚叶尔羌等处回部人众，而其弟小和卓木霍集占则仍留伊犁。乾隆二十年（1755 年）七月，阿睦尔撒纳据伊犁叛清，霍集占附叛，颇为阿睦尔撒纳所用。乾隆二十一年（1756 年）三月，清军再入伊犁，阿睦尔撒纳遁入哈萨克，霍集占逃回叶尔羌，与其兄布拉尼敦合，谋自立，僭称巴图尔汗。

清军剿灭准噶尔残余势力时，遣镶蓝旗蒙古副都统阿敏道至回部议事，为霍集占诱捕扣押，未几杀害。乾隆二十三年（1758 年）上谕曰："办理回部一事，从前因逆贼霍集占等系我兵平定伊犁时，出诸厄鲁特拘禁之中，俾仍长旧地。而狼子野心，旋复戕害我副都统阿敏道，负恩肆逆，不得不行剿灭。"[245] 在清军打击之下，大小和卓布拉尼敦、霍集占势穷，放弃喀什噶尔、叶尔羌等城，逃奔巴达克山。乾隆二十四年（1759 年）七月，巴达克山首领素尔坦沙拘擒大、小和卓木兄弟，八月将二人戮死，并将小和卓木霍集占首级献至军前（大和卓木布拉尼敦尸体被劫，下落不明），至是，所谓乾隆帝十全武功之一的平定回部之役底定。

清军统帅兆惠、富德将小和卓木首级并俘获之回众押解至京师，乾隆二十五年正月十一日行献俘礼。同行之回部归附诸酋长首领随行，至京师入觐。同月十六日定"在京安插回人内，额色尹系公品级，玛木特、图尔都、和卓系扎萨克应归理藩院管辖。又乐工、匠役人等，共编一佐领，其佐领著白和卓补授，归内务府管辖。嗣后续到回人，均入此佐领下。"[246]据《钦定八旗通志·旗份志七》记载，此回人佐领为满洲"正白旗包衣第五参领第七佐领"，其佐领办公之所即今西长安街新华门（时称"宝月楼"）对面的文昌阁、石碑胡同一带。回人佐领集中居住的营房，俗称"回回营"。初期"回回营"中计有房屋147间，安置回部居民108户795人。[247]乾隆二十七年（1762年），在"回回营"西，建伊斯兰风格的"普宁寺"，为回部伊斯兰教信众礼拜之用的清真寺。该寺于1915年为袁世凯下令拆除。

四、川西吐蕃（藏族）

清代初年，朝廷踵继明朝故事，对西南地区川、滇、黔诸省少数民族部落，仍其土司制度。归附诸部，即由朝廷颁发印信号纸，俾使其酋长世守其土，统辖部众，以安地方。

四川省西部地区，大渡河上游二支流，即所谓"大、小金川"，其地南连云贵，西接康藏，北界青海，东通成都平原，境内山大沟深，交通不便。民风强悍尚武，男子满十二岁即佩短刀。清顺治九年（1652年）小金川归附清朝，清康熙六十年（1721年）大金川归附。清廷以番制番政策，铸"大金川安抚司印"颁给，以分强横当地的小金川部势力。大金川受清廷之封后，每恃强劫掠，地方几无宁日。清廷遂于乾隆十二年（1747年）二月，兴师进剿。十四年（1749年）正月班师。同年九月，乾隆帝特"于香山另立一营，设护军一千，操演云梯"[248]。乾隆帝此举虽明言为养赡未食钱粮之八旗兵丁，但此"操演云梯"之"香山营"（即健锐营，又称健锐云梯营）之设，与初征金川之役遇土司碉楼，官军攻伐不利相关。设营之初，即令"金川降虏及临阵俘番习工筑者数人"，照当地形式于营内筑建碉楼，供营兵演习云梯工战。其人则"令附居营侧"[249]。

至清乾隆三十六年（1771年）六月，朝廷复议两金川，至四十一年（1776年）二月底定荡平，前后历时四年又四月。四月行献俘礼，乾隆帝于午门受俘，并于丰泽园亲自审问逆酋，十二犯凌迟处死，十九犯获斩，另永久圈禁十六名，发往各地为奴二百余。[250] 同时解到京城之归降"番子男妇一百八十九名口，尊旨照回人例，编一佐领，入内务府正白旗，请设佐领一员，骁骑校一员，领催四名，马甲七十名……至伊犁等栖止之所，请交健锐营大臣，于香山附近，令其建碉居住。"[251] 这批入旗人应是北京地区常住藏族之始。作为旗人的藏族因集中居住于北京城外，故较多地保留了本民族的风俗特点。乾隆四十一年以降，每年腊月三十至正月十五，藏族艺人均至雍和宫为王公贵族、官员百姓表演苗藏族歌舞，此一传统直到清末宣统为止。

注释:

（1）雍正五年十一月敕纂《八旗通志》上谕。

（2）《八旗通志（初集）》卷六八，"艺文志四"。

（3）《清太祖高皇帝实录》（以下简称"高录"）卷一〇，天命十一年七月乙亥。

（4）《八旗满洲氏族通谱》凡例。

（5）《清世祖实录》卷七二，顺治十年二月丙午，顺治帝福临称："若以理言，首崇满洲，固所宜也"，类此表述，有清一代多所见。

（6）孙文良等：《满族大辞典》，第405页。

（7）《清世祖实录》卷五，顺治元年五月庚寅。

（8）牛录额真（佐领）由本牛录（佐领）内二族交替承袭，称"互管佐领"。

（9）尼堪（nikan），满语"汉人"之谓，又细分为尼堪、台尼堪、抚顺尼堪数种。

（10）《八旗满洲氏族通谱·凡例》，第3—4页。

（11）王钟翰：《关于满族形成中的几个问题》，载《王钟翰学术著作自选集》，第129页。

（12）《八旗满洲氏族通谱·凡例》，第2页。

（13）《钦定八旗通志·敕谕六》"乾隆五十一年四月十九日上谕"。

（14）上三旗（指镶黄、正黄、正白三旗）包衣佐领，即所谓"内务府三旗"佐领。

（15）《钦定八旗通志·旗分志》所记八旗满洲旗分佐领极少明示蒙古字样，只能依扎鲁特、喀尔喀、乌鲁特、巴约特等部落以及台吉等称谓制断，故遗漏难免。

（16）《上谕旗务议复》，卷八。

（17）（18）《清高宗实录》卷一六三，乾隆七年三月戊寅。

（19）《（光绪）大清会典事例》卷一一，页一记"天聪三年（1629年），设文馆于盛京"，实则"书房"、"文馆"均为满文"bitte boo"一词之汉语意译，除规模外，二者并无实质与称谓的不同。参见赵志强：《清代中央决策机构研究》，第163页。此处姑两称之，以强调差别。

（20）《满文老档》（下），第1403—1404页。

（21）〔清〕谈迁：《北游录》纪闻下。

（22）陈文石：《清代满洲政治参与》，载台湾《中央研究院历史语言研究所集刊》第48册，1977年。

（23）《清太宗实录》卷二二，崇德元年四月丁丑。

（24）《清朝文献通考》卷二四六。

（25）《钦定八旗通志》卷首八，敕谕二。

（26）《清文献通考》卷二四六。

（27）承爵之人身故，仅嫡子一人袭爵（或降一等袭），余子（仍为嫡出）、庶出（侧室）、妾媵子（别室）各降等给爵。至奉恩将军，除嫡子袭爵不降外，余子以下均不给封，称"闲散宗室"。

（28）《满文老档》（上），第278页。

（29）〔清〕福格：《听雨谈丛》卷一。

（30）〔清〕刘献廷：《广阳杂记》卷二。

（31）《听雨丛谈》卷一"满洲原起"。

（32）"高录"卷六，天命四年八月已巳。

（33）《清太宗实录》卷十五，天聪七年九月癸卯。

（34）《朝鲜李朝实录·宣祖实录》卷二〇八，四十年二月已亥条。

（35）"高录"卷二，癸已（1593年）九月。

（36）"高录"卷二，甲午（1594年）正月。

（37）"高录"卷三，乙巳（1605年）三月。

（38）"高录"卷三，丙午（1606年）十二月，"武录"记此作"尊太祖为昆都仑汗"。

（39）参见杜家骥：《清朝满蒙联姻研究》附"满蒙联姻总表"。

（40）天命四年（1619年）漠南蒙古五部喀尔喀强酋宰赛助明攻金，为金军所败。是役被金军生擒之蒙古"六贝勒"中，即有身为金国国舅身份的桑阿尔寨（科尔沁部明安贝勒之子）。

（41）《满文老档》（上），第102页。

（42）《满文老档》（上），第119页。

（43）"高录"卷六，天命四年十一月庚辰朔。

（44）《满文老档》（上），第122页。

（45）《满文老档》（上），第131页。

（46）《满文老档》（上），第127、131页。

（47）《满文老档》（上），第131页。

（48）《满文老档》（上），第146页。

（49）"高录"卷七，天命五年六月庚戌。

（50）《满文老档》（上），第161、164、166、175、193、201、202、203等

页。蒙古族来归者，少则一人，多至近百户，再无遣归之事。天命六年（1621 年）五月以降，蒙古零散来归人口无月无之，不枚举。

（51）《满文老档》（上），第 282 页。

（52）《满文老档》（上），第 283 页。

（53）"武录"卷三，页四，"高录"卷八，天命六年十一月乙卯，记载略同。

（54）"以聪古兔公主妻古里布什"为天命十年（1625 年）正月事，参见《满文老档》（上）第 624 页。赐号时间待考。"实录"所载时序有误。

（55）《钦定八旗通志》卷一三六"古尔布什传"

（56）《满文老档》（上），第 369 页。

（57）"高录"卷八，天命七年二月壬午。

（58）《清代中央决策机制研究》第 118—119 页。

（59）"武录"，卷三，天命六年十一月十八日。

（60）《满文老档》（上），第 570 页。

（61）《满文老档》（下），第 871 页。

（62）《满文老档》（下），第 1145—1146 页。

（63）《满文老档》（下），第 1187 页。

（64）《满文老档》（下），第 1267 页。

（65）《满文老档》（下），第 1282 页。

（66）《满文老档》（下），第 1306 页。

（67）《满文老档》（下），第 1325 页。

（68）《满文老档》（下），第 1336—1337 页。

（69）《满文老档》（下），第 1337 页。

（70）《清太宗实录》卷十二，天聪六年十一月癸卯。

（71）《清太宗实录》卷十八，天聪八年五月丙申，皇太极曰"凡随满洲旗蒙古贝勒所属牛录甲兵，令各该管甲喇章京率之以行；其蒙古贝勒则各该固山额真率之以行"。

（72）"武录"卷三，天命六年十一月十八日。

（73）《满文老档》（上），第 283 页。

（74）王钟翰："清初蒙古八旗考"，载《清史杂考》等。

（75）张晋藩、郭成康：《清入关前国家法律制度史》，第 269 页。

（76）《清史稿》卷二三〇《吴讷格传》。

（77）《满文老档》（上），第 181 页。"高录"卷七，页二二记载略同。"武录"卷三，页三作"时一满洲移营蒙古"。

（78）《满文老档》（上），第 465 页。

（79）《满文老档》（上），第 481 页。

（80）"高录"卷十，天命十一年正月庚午。"武录"卷四，页二四作"命瓦内革率八固山蒙古，又益兵八百，往取之"。

（81）"高录"详记觉华岛明军冰上列阵四万兵，岛上另有二营兵事。"武录"则不载此"四万"兵数。

（82）《满文老档》（上），第 570 页。

（83）《明熹宗实录》卷七九，第 19 页。

（84）"武录"满文体，卷四，第 104 页。

（85）《清史稿》卷二三〇《吴讷格传》。吴讷格即"高录"所记之武讷格。

（86）《满文老档》（下），第 1145 页。其中敖汉、奈曼部蒙古为一作战单位，始合记载所称"九旗"之数。

（87）参见《清太宗实录》卷九，天聪五年八月戊申。

（88）张晋藩、郭成康：《清人关前国家法律制度史》，第 272 页。

（89）《清太宗实录》卷九，天聪五年八月戊申。

（90）（92）《清史稿》卷二二九《鄂本兑传》。

（91）《满文老档》（上），第 312、408、677 页。

（93）《满文老档》（上），第 457 页。

（94）《满文老档》（下），第 1188 页。

（95）《满文老档》（下），第 1187 页。

（96）《清太宗实录》卷一一，天聪六年五月庚申。吴讷格即武讷格。

（97）《满文老档》（下），第 1285 页。

（98）"武录"，卷四，天命十一年正月二十六日。

（99）《满文老档》（下），第 961 页。

（100）《满文老档》（下），第 1081 页。

（101）《满文老档》（下），第 1145 页。又参见《清太宗实录》卷九，天聪五年八月戊申。

（102）戴逸、罗明主编：《中国历史大辞典·清史》（上），第 11 页。

（103）《清太宗实录》卷十八，天聪八年五月庚寅。

（104）《清初内国史院满文档案译编》（上），第 80 页。

（105）满文 ashan，陪伴、侍、旁、侧义；cooha，兵、军义。

（106）《清初内国史院满文档案译编》（上），第 89 页。引文标点有改动，以清眉目。

（107）《清太宗实录》卷二十，天聪八年闰八月庚寅。又此时阿代取代鄂本兑，为蒙古右翼固山额真。

（108）《清太宗实录》卷十一，天聪六年四月乙酉。

（109）《清太宗实录》卷十一，天聪六年五月戊申。

（110）《清太宗实录》卷二十，天聪八年闰八月庚寅。

（111）《清初内国史院满文档案译编》（上），第 106 页。

（112）《清初内国史院满文档案译编》（上），第 127 页。

（113）《清初内国史院满文档案译编》（上），第 132 页。

（114）《天聪九年档》，第 7—8 页。

（115）"高录"卷七，天命五年正月丙申。

（116）《清太宗实录》卷二二，天聪九年二月丁亥。

（117）《清太宗实录》卷二二，天聪九年二月丁亥。

（118）《清太宗实录》卷二二，天聪九年二月丁亥。档案则均记为"并入旧蒙古"。

（119）《清太宗实录》卷二二，天聪九年二月丁亥。

（120）《清太宗实录》卷二二，天聪九年二月丁亥。

（121）《清通典》卷三一。

（122）至清乾隆朝，八旗蒙古仍为一固山下设二甲喇（参领）配置，唯其时一甲喇（参领）下辖牛录（佐领）多至十一至十五个。

（123）《八旗通志初集》卷一七一，"甘笃传"。又同书卷二一七，"托克托传"记："（国初），时方以蒙古分隶八旗，每旗共设五牛录。"

（124）《清入关前国家法律制度史》，第284、285页。

（125）《清初内国史院满文档案译编》（上），第179页。

（126）《清太宗实录》卷二六，天聪九年十一月丁亥朔。

（127）《清初内国史院满文档案译编》（上），第258页。

（128）《清圣祖实录》卷五五，康熙十四年五月丁丑。

（129）《清圣祖实录》卷五五，康熙十四年五月庚辰。

（130）《八旗通志（初集）》卷十二，第215页。八旗蒙古八固山除镶白旗外，均辖二参领，或称一、二参领，或分左、右参领。

（131）《八旗通志（初集）》卷十二，第215页。

（132）《钦定八旗通志》卷二十，第357页。

（133）《八旗通志（初集）》卷十二，第216页。

（134）《听雨丛谈》卷一"满洲原起"。

（135）《清太宗实录》卷七，天聪四年五月壬辰。

（136）《钦定八旗通志》卷一〇六，第1611页。

（137）《钦定八旗通志》卷首十二，敕谕六，第272—273页。

（138）《钦定八旗通志》卷首十二，敕谕六，第273页。

（139）杨学琛：《清代民族史》，第1页。

（140）《朝鲜李朝宣祖实录》，卷七十。

（141）《朝鲜李朝宣祖实录》，卷七一，又见申忠一：《建州纪程图记》，第18页。辽宁大学历史系，1979年。

（142）《满文老档》（上），第59页。

（143）《满文老档》（上），第63页。

（144）"高录"，卷四，乙卯（1615）年十一月。

（145）《满文老档》（上），第189—190页。

（146）《满文老档》（上），第255—257页。

（147）《满文老档》（上），第258页。

（148）《满文老档》（上），第260页。

（149）《满文老档》（上），第268页。

（150）《满文老档》（上），第441页。

（151）《满文老档》（上），第585页。

（152）《满文老档》（上），第 589 页。

（153）《满文老档》（上），第 212 页，记"乙巳年，爱塔弃其父母妻子及土地来投汗。"乙巳为明万历三十三年（1605 年）。

（154）《满文老档》（上），第 491 页。

（155）《满文老档》（上），第 646 页。

（156）《清太宗实录》卷一，天命十一年九月甲戌。

（157）《清太宗实录》卷一，天命十一年九月丙子。

（158）《清太宗实录》卷一，天命十一年九月丁丑。

（159）"武录"卷四，天命十一年二月初九日。

（160）《清太宗实录》卷三，天聪元年五月癸巳记太宗谕："昔我皇考太祖攻宁远不克，今我攻锦州又未克，似此野战之兵尚不能胜，何以张我国威耶！"然"终难以骤拔"不得已"引军还"。是役金军伤贝勒济尔哈朗等，战殁游击觉罗拜山等，应属损兵折将败还。

（161）指战役中约集的非属部，同盟关系政权武装力量。金国天命、天聪朝以蒙古诸部落兵为主。

（162）《清太宗实录》卷七，天聪四年十月辛酉。

（163）《清太宗实录》卷八，天聪五年正月乙术。

（164）《清史稿》卷二三一"佟养性传"。

（165）《清太宗实录》卷九，天聪五年七年庚寅。

（166）《满文老档》（下），第 1158 页。

（167）《满文老档》（上），第 63 页。

（168）《天聪朝臣工奏议》卷上，第 7 页。

（169）《清初国史院满文档案译编》（上），第 24 页。《清太宗实录》卷十四，天聪七年七月辛卯朔，记载略同。

（170）"高录"卷四，乙卯（1615）年十一月。

（171）天聪五年（1631 年）十二月，金国书房汉臣宁完我书奏有"昨年副将高鸿中出管甲喇额真"句，在《清太宗实录》卷十，天聪五年十月壬辰。

（172）《清太宗实录》卷十一，天聪六年正月癸亥，载："并赐六甲喇额真其副将石国柱、金玉和、高鸿中、金砺，游击李延庚，备御图瞻。"《满文老档》（下），第 1226 页，记此事，"六甲喇"数并不明确。

（173）《清太宗实录》卷十八，天聪八年五月庚壬辰。

（174）《清太宗实录稿本》，第 8 页。

（175）《清初内国史院满文档案译编》（上），第 80 页。

（176）鲍氏书奏载《明清史料》丙编第一本，第 51 页。

（177）《清太宗实录》卷三七，崇德三年七月壬辰。

（178）《满文老档》（下），第 1702 页。

（179）《清太宗实录》卷三七，崇德二年七月辛巳。

（180）鲍承先书奏载《明清史料》丙编第一本，第 51 页。转引自《清入关前国家法律制度史》，第 311—312 页。引文中括号内文字为原著者所加。

（181）《清太宗实录》卷三八，崇德二年七月乙未。

（182）参见《清太宗实录》卷十一，天聪四年五月庚申；《满文老档》（下），第1285页记载。

（183）汉字记音作"阿思汉（哈）尼超哈"；"ashan"陪伴、侍、旁、侧等义。

（184）《清太宗实录》卷四六，崇德四年五月已巳。

（185）崇德元年（1636年）四月，封孔有德为恭顺王，耿仲明为怀顺王，尚可喜为智顺王。

（186）《清太宗实录》卷四五，崇德四年三月甲申。

（187）《清太宗实录》卷四六，崇德四年五月己巳。

（188）《清太宗实录》卷四七，崇德四年六月庚寅。

（189）《清太宗实录》卷四七，崇德四年六月庚寅。

（190）《清太宗实录》卷四五，崇德四年六月庚寅。

（191）《清太宗实录》卷四七，崇德四年六月丙申。

（192）《清太宗实录》卷四七，崇德四年六月丙申。

（193）《清史稿》卷二三一《石廷柱传》记：崇德四年六月"时乌真超哈复析为八旗，合二旗为一固山，于是汉军旗制始定"。

（194）《清太宗实录》卷五一，崇德五年二月戊戌。

（195）《清太宗实录》卷六十，崇德七年五月丙申。

（196）《清太宗实录》卷六一，崇德七年六月辛丑。

（197）《清太宗实录》卷六十，崇德七年五月丙申。

（198）《清太宗实录》卷六一，崇德七年六月甲辰。

（199）数据引自实录，均包含"妇女幼孺"，但其中丁壮应占三分之一。

（200）《清太宗实录》卷十，天聪五年十一丙戌。

（201）太宗皇太极曾在给朝鲜国王的敕谕中称："明所恃者，惟祖大寿之兵"云云。参见《清太宗实录》卷六五，崇德八年六月癸未。

（202）《清太宗实录》卷六二，崇德七年八月甲子。

（203）参见《清太宗实录》卷六四，崇德八年正月辛酉。

（204）张晋藩、郭成康：《清入关前国家法律制度史》，辽宁人民出版社，1989年，第319页。

（205）参见《八旗通志（初集）》旗分志，卷十三—十七。

（206）《清世祖实录》卷二，崇德八年九月庚子。

（207）《清世祖实录》卷四，顺治元年四月甲子。

（208）《清世祖实录》卷五，顺治元年五月己丑。

（209）《清世祖实录》卷五，顺治元年五月辛亥。

（210）《皇朝掌故汇编》内编卷四七。顺治元年六月丁卯（十一日）多尔衮始奏报定都燕京事。

（211）《清世祖实录》卷五，顺治元年六月甲戌。

（212）吴晗辑：《朝鲜李朝实录中的中国史料》上编，第3734页。

331

（213）《明清史料》丙编第五册，"清兵部侍郎金之俊疏"。

（214）《清世祖实录》卷十二，顺治元年十二月己未。

（215）《清世祖实录》卷五，顺治元年六月丁卯。

（216）《清世祖实录》卷九，顺治元年十月乙未朔。

（217）《清世祖实录》卷八，顺治元年九月丙戌朔。

（218）《御制增订清文鉴》卷十九，"使令人种田居住的地方叫托克索"。托克索皆有八旗属主，设庄头管理。

（219）《清世祖实录》卷十二，顺治元年十二月丁丑。

（220）〔清〕吴振域：《养吉斋余录》卷一。

（221）《清世祖实录》，卷三一，顺治四年三月己巳。

（222）《清初编审八旗男丁满文档案选译》，载《历史档案》1988年第4期。此档案为允祥于雍正元年（1723年）五月奏报，官书实录不载。

（223）数据源自《八旗通志（初集）》"旗分志"和《钦定八旗通志》"旗分志"。

（224）刘小萌：《清代北京旗人社会》，第474—475页。

（225）《清代北京旗人社会》，第444页。

（226）《钦定八旗通志》卷三。第44—45页。

（227）〔俄〕尼·伊·维谢洛夫斯基：《俄国驻北京传道团史料》第一册，第19页。商务印书馆1979年杨诗浩等译本。转引自刘小萌：《清代北京旗人社会》，第47页。

（228）中国第一历史档案馆编：《康熙起居注》，第1074页。

（229）〔俄〕尼·伊·维谢洛夫斯基：《俄国驻北京传道团史料》第一册，第31页。转引自刘小萌：《清代北京旗人社会》，第487页。

（230）阎国栋等译，〔俄〕叶·科瓦列夫斯基：《窥视紫禁城》，第116页。转引自刘小萌：《清代北京旗人社会》，第487页。

（231）"罗刹"一词，源自佛经，为梵文"raksasa"的汉语音写，含"恶鬼、邪气"意，明末清初时中国人用以指称向黑龙江流域地区扩展的俄罗斯哥萨克人。

（232）俄国派遣的东正教传教团在清同治三年（1864年）以前，一直兼有驻华代表的身份和职能。

（233）刘汉明等译：〔俄〕阿·马·波兹德涅耶夫：《蒙古及蒙古人》，内蒙古人民出版社，1983年。

（234）《建州闻见录校释》，第45页。辽宁大学历史系编：《清初史料丛刊》，第九种。

（235）《满文老档》（上），第87页。

（236）《八旗通志（初集）》，"旗分志"卷四。

（237）《满文老档》（上），第620页。

（238）《八旗满洲氏族通谱》卷七二。

（239）《八旗通志（初集）》"旗分志四"，卷四，第66页。

（240）《八旗满洲氏族通谱》卷七二，第1页。

（241）《满文老档》（上），第491页。

（242）《小方壶斋舆地丛钞》第二帙，第109页载："和卓木者，译言圣裔也，回部以为贵种，所至辄拥戴之。"

（243）明代以降，蒙古民族分为漠南（内蒙古）、漠北（外喀尔喀）、漠西（厄鲁特）三大部。漠西厄鲁特蒙古又分为准噶尔、和硕特、土尔扈特、图尔伯特四部，各自称汗，不相统属。清初，准噶尔噶尔丹崛起，并厄鲁特四部，据天山北、南路。

（244）〔清〕七十一：《异域琐谈》，载《西域总志》卷二，第8页。

（245）《清高宗实录》卷五六九，乾隆二十三年八月己卯。

（246）《清高宗实录》卷六〇五，乾隆二十五年正月壬戌朔。

（247）北京市地方志编委会：《北京民族志》，第129页。

（248）《清高宗实录》卷三四九，乾隆十四年九月甲戌。

（249）《（光绪）顺天府志》卷八引"御制赐健锐营军士食即席得句"，第243页。

（250）《清高宗实录》卷一〇〇八，乾隆四十一年五月壬申。

（251）《清高宗实录》卷一〇〇九，乾隆四十一年五月庚寅。一说安置今海淀四季青乡门头村（见《北京民族志》，第193页）。

第三章　二元结构下的冲突与融合

　　满洲文化属于中华传统文化遗产中特点鲜明的重要组成部分，对中华民族整体格局和历史发展走向曾起到过决定性的影响。相比全国其他地区，满洲文化对北京地区而言，其影响更加深刻、重要。这与北京作为清王朝都城，区域内人口构成比例中，满洲乃至八旗人口所占比重之大，长期为全国之最等因素相关。尽管北京地区内满洲乃至八旗人口的绝对数与庞大的"民人"数量相比，依旧是少数的那一部分，但其文化的内向凝聚力和外向辐射力却并未因此而稍减。

第一节　二元结构的强化与瓦解

　　金（清）政权在关外时期的统治管理结构就已经具有二元性质，即既有满洲传统的八家旗主贵族（均为太祖子侄、孙辈）通过各该旗固山额真（后改称都统），梅勒章京（后改称副都统）、甲喇章京（后改称参领）、牛录额真（后改称佐领）系统，实现对属民的统治管辖这样的一套结构体系，另有以汗（皇帝）为中心，以内三院（内弘文院、内秘书院、内国史院）、六部（吏、户、礼、兵、刑、工）以及都察院、理藩院一类以中原政权传统范式结构的统治、管理体系。尽管入关前的金（清）政权并无多少八旗系统之外的治下人口，天聪后期的孔有德、耿仲明、尚可喜、沈志祥的部下属人算是此类人口，但孔、耿、尚、沈诸头面人物，却已然明确归隶于旗下了。二体系运作差异虽大，却能相安无事地共存了很长时间，这为清朝满族贵族统治者取得全国政权后，在全国实践旗、民二元结构下的政治统治，提供了宝贵的先期经验。入关后的清朝统治者既无将女真（满族）传统的八旗制度在治下全体任课中推广实施的愿望，更无取消熟悉的八旗体制，采用皇帝总揽，中央各部院衙门、地方省、府、州、县体系统治管辖八旗旧部的愿望，于是只能坚守旗、民分治的二元结构，强化八旗体系的管理制度，以抗衡来自另一结构的对八旗体系的损害。

八旗体系的物质保障除八旗庄田经济的产出各归其属主这类尚称规范的固定部分外，其关外时期占极大分量的靠武装掳掠所获，以"八家均分"原则分配的部分，及汗（皇帝）不定期赏赐部分是其来源的主体。以政权财政收入支付的部分并非没有，但却属出现较晚且数量有限的部分。入关后，可以"八家均分"的战争掳掠部分财富收入不再，政权财政收入成为维持八旗体制存在的物质保障来源。作为政权常备武装力量集团，其开支预算统由国家财政承担十分正常，问题在于清代八旗体系并非单纯的政权常备武装力量集团，而是一个以关外时满洲传统社会组织结构的社会存在，除八旗庄园中劳作的庄丁外，八旗体制中人被严格限制，规定不得从事任何经营性生产劳动，其生活完全依赖政权财政提供的银钱、饷米保障。八旗体制中人口普遍享有的这种曾尚称丰厚的物质保障，无论如何都是一种明显的生活生存优势，足以诱使人们不惜犯罪去挑战规则，以求自身利益的最大化。另一方面，政权财政收入所能提供的物质保障永远跟不上人们无尽的欲望，统治者只能强化管理，以严格的编审甄别详细完备的档案记载以及严厉的惩罚应对规则的挑战者。

据《钦定八旗则例》规定：

> 八旗丁册，每三年编审一次。凡佐领下人丁身高满五尺，或未满五尺而已食钱粮之人，造丁入册。分别另户、开户、户下，于各名下开写三代履历。其户下之人之祖父，或系契买，或系从盛京带来，或系带地投充，或系乾隆元年以前白契所买，俱于本名下注明。[1]

所谓"另户、开户、户下"，是八旗户籍中"正户"之外的三种。另户属正户因兄弟分居而另立户口，其权利略同于正户；开户则是正户之下奴仆人口因赎买、战功等因，被豁除奴仆身份而独立门户的人口，其身份仅止摆脱原主户下的隶属关系，但仍不能与正户、另户一类地位一致；户下则是有明确八旗正户属主的奴仆，并无独立户籍，仅随其属主登记编审。这四类户口均由所在佐领长官负责管理，每三年一次的比丁甄别，户口册载记内容之详审，除父、祖父三代姓名、职业，本人年龄、职任、婚姻、亲属关系外，甚至还有"面黄有须"一类形象描述，户下奴仆更有契买、带来、投充一类来源记录，管理之严，显然是因八旗制度于入关后遇到的种种挑战而来的制度强化。事实上，这类制度强化又不仅止限于八旗佐领下人口，处于八旗体系边缘的八旗庄园壮丁人户包括在内，同样实行严格的户口比丁登记甄别管理制度，凡有户口、人丁冒滥隐瞒等情，一经举报告发，审实后一律从重治罪。

八旗满洲、蒙古、汉军凡二十四固山额真（后称都统）掌一旗旗务，官秩一品。然其常设理事衙门设立却晚，直到清雍正朝（1723—1735 年），京师八旗满、蒙、汉军二十四都统衙门始俱全，其分布大致于京师各该旗驻地之内或左近。至乾隆朝，更严办事规则，各该旗都统、副都统"俱令每日进署（各旗都统衙署）办公"，一改既往八旗官员"不入公署，只在家办公"现象。[2] 至雍正朝，朝廷设立统辖管理整本八旗（满、蒙、汉军各旗）事务的值月衙门，依当月按班轮值的八旗大臣总承二十四旗公办事务。该衙门设在地安门外雨儿胡同。至乾隆朝，复改八旗值月为值年，当值八旗官员负责一年内秉承谕旨，传集各旗都统官员、会议八旗事宜诸项。雍正元年（1723 年），命于八旗内以"调旗派用"之法，各旗设满洲御史二员，负责各该旗事务的监督、稽查工作。八旗体系的值月（年）官、监察御史官员之役，当然是制度体系的强化，但当值官员、监察官员超越旗主利益，只对皇帝负责，却又是满洲传统八旗制度的根本原则——八家权利分享本质的消解。此后的八旗制度体系在王朝政权架构中只能是变得越来越不那么重要。当曾经所向披靡的八旗劲旅变得不堪驱使，当相对有限的财政预算难以应对八旗人丁近乎无限的增长，当无论怎样强化八旗制度都仿佛是在瓦解它，清朝特有的八旗体系算是走到了尽头。

制度的强化首先表现在制度规定所设限制的强化。清代北京八旗体系中人受到经佐领一级结构实现的制度化管理统治，这较民人所受到的经县衙制度实现的管辖、统治要近切方便、严格缜密得多。八旗佐领这样的基层单位相对小且集中（特定街区）的辖区，相对少且属性单纯（数百有血、地缘联系）的丁口数量，加上佐领一类基层管理者对其辖（属）下人丁个体利益的实现过程极大的影响力，八旗体制内管理的强化是极方便的事情。清代北京旗民二元结构在管理制度方式上的差别，颇有类于军队与普通百姓管理上的差别。问题在于满足传统八旗体制的原始出发点是"出则为兵，入则为民，耕战二事，未尝偏废"[3] 的全民体制，即金（清）政权内外上下举国一致的单一体制。入关后的清朝旗、民二元结构格局，"旗人所以借生计者，上则服官，下则披甲，二者皆取给于大官（朝廷）之钱粮。夫国家之经费有定，户口之滋息无涯，于此而欲博施济众，虽尧舜犹有所不能也。"[4]旗人不再有"入则为农"事实，此一基础之上，则无论八旗子弟有多少管理措施上的强化，也无论八旗特权有多少追加，其实质也都是八旗制度创立之初兵民一体立意的消解。以确定北京"旗、民分内、外城居住"政策，旗、民不交产，旗、民不通婚这三类清统治者为方便管理、确保旗产不流失、确保旗（尤指满洲）人血缘纯正的制度演变为例，北京清代旗、民二元结构的强化、瓦解过程十分明显。

清顺治初驱北京内城旧居民人出城，顺治六年（1649 年）前后大致实施完成。然而，即令北京之内城因旗、民分城居住政策一度为一座巨大的八旗兵营，却也无法改变、降低数十万人口的上至八旗满洲贵族统治者，下至一般旗人兵丁及他们的眷属日常生活对于商业、服务业的依赖。制度所限，这类必需的商业、服务业从业者不可能是居住内城的旗人，城内之旗人群体必需的商业、服务业只能由民人经营提供。北京内城不允许民人居住政策，则只能是民人日间入城经营，夜则出城居住方式解决，而这种状态之不能持久是十分肯定的。目前有明确证据说明外城民人已进入内城经营商业、服务业的时间，大致在清康熙朝中期，康熙五十九年（1720 年），朝鲜使臣记述北京城商业、手工业发展状态称"市肆：北京正阳门外最盛、鼓楼街次之（原注：在宫城北）……日用饮食、书画器玩，以致百工贱技，无不列肆以售。"[5]京城正阳门外商业、服务业发达，自是清朝北京旗、民分住，民人居外城政策的必然结果，而皇城（朝鲜人称"宫城"）北之"鼓楼街"则确属京师内城，是规定不允许民人居住的区域，这里出现"百工贱技，无不列肆以售"，肯定是严格旗、民分区居处政策的破产、瓦解。"鼓楼街"为东、西、南三方向上两黄旗，内务府交界之区，此区域最先实现民人进入内城经营商业、手工业并形成规模，与八旗体系中的核心部分（上三旗内务府）对日常生活需求的方便丰富性追求和满洲统治者的默许相关，其后发展到清朝嘉庆、道光间比较城形成所谓"东四、西单、鼓楼前"这样的京城商业格局，竟是以旗人居住的内城为主了。

清朝入关之初，满洲贵族、清朝各级官员即按爵、级，获得数量不等的田土、庄园，八旗兵丁亦"计丁授田"作为旗人负担兵役的物质保障。这些被称为"旗地"的田土分布畿辅周边。而北京内城中旗人所居房屋，亦由朝廷依爵、职分配，王公府邸而外，一品官给房二十间，递减至八品官给房三间，八旗护军、领催、甲兵给房二间。[6]包括王府在内这些房产本质上属于八旗公产，旗人只拥有使用权，政权承担着保证八旗人丁居者有其屋的义务。这也就决定了这些旗田、内城房屋的所有权不能任由使用占有者任意处置，是旗、民不交产（即八旗田土、房屋等不动产不能随意与民人交易转让）政策的所有制基础。

居住北京内城以外的"民人"因经营商业、服务业，进入曾仅限八旗人口居住的北京内城，首先遇到的就是经营所需铺面、库房乃至居所等房产问题。格于朝廷严禁，初期只能是以租赁北京内城旗人私建、自盖的房屋使用方式解决之。尽管这样的租赁行为，双方都极力避免涉及八旗公产物权转移，且事实上也作到了这一点，但仍因朝廷限制，租赁过程多以民间白契（区别于官方收取交易税金后出具的印制格式化、加盖官防后正式颁给并予以法律保障的所谓"红契"）形式实现。随着"民人"对北京内城房屋铺面等不动产稳定占有需求和"旗人"指不动产换取一时急需的货币银两事的增长，北京内城房铺面等不动产交易又出现了"老典"形式，且渐有取代一般房屋租赁形式的趋势。所谓"老典"，即指房屋铺面出典一方和收典一方约定二十年以上（甚至有至百年者）始得由出典方原价赎回使用权的物权交易方式。其实质是房屋铺面的拥有者以二十年以上的使用权为抵押，获取收典方支付的货币款项，以约定限期内的不动产使用权作为款项使用必须支付的利息。双方约定禁赎期越久，出典一方获得的典价就越高。但因即使是二十年期以上的"老典"，也只意味着期限之内不动产使用权的转移，理论上完全区别于不动产所有权的彻底改变，即不同于不动产的永久性售卖。不动产出典人倘为北京内城旗人，则"老典"方式即足获得远较短期出租为多的收益（百年"老典"则典价与"售卖"价格相去无几），同时也可规避擅将八旗公产性质的不动产所有权转让民人的重罪指控及相应严厉惩罚；另一方面，以"老典"形式收典一方的民人，则可因此获得禁赎期内稳定使用这些不动产的保障，相对所有权完全转移的售卖形式，典价相对低廉也具有极大的吸引力。

乾隆四十七年（1782年）十月，八旗都统奏准：

> 民人对多有因谋买卖租赁典买旗房，或自己居住或出租取重息者，除已经卖与民人者毋庸置议外，嗣后旗人房间永远不准民人典买。如有阳奉阴违，一经发觉，即照偷典买之例，将房撤出，并将价银追出入官，仍治以违禁之罪。[7]

此记载只明确了清朝官方对于"旗、民交产"禁令诸项，并无明确这种"旗、民交产"事造成的"旗、民分城居住"禁令被突破事。然而对既往"旗、民交产"事实"毋庸置议"的认可和"嗣后永远不准"，并"一经发觉，照例治罪"禁令，是明显的一事而两例，其禁令成为一纸空文就是必然的下场。而其连带影响也必然是"旗、民"分城居住规则也成为一纸空文。

清朝政权对北京内城旗、民间房地产交易的限制禁令，不能说对"旗、民交产"事实没有影响，但终究还是不能阻碍旗、民交流融合的大趋势。据《金吾事例·章程》卷三记载，清咸丰元年（1851年）秋，北京八旗衙门查报《住户、铺户、庙宇约计总数》数据，其时北京内城居民总户数为76433户。这数为包括内城居住的八旗户数、民人户数，甚至包括内城庙宇人口数。到宣统二年（1910年）的统计，北京内城仅八旗户口之外的民人户口即达到83808户，[8]"化除旗、民畛域"，消弭满、汉界限已然是社会的共识和社会现实。旗、民居住区隔的畛域本打破，对清代北京旗、民二元结构固有形态带来广泛、重要影响，旗人依恃政治特权获得的生存优势不断因市场化的交易行为稀释；旗、民二元结构基础上的文化习俗差异渐成为一种相对平等的势位上相互汲取、吸收，北京地区旗、民二元不同群体人群共同实现了北京区域文化特点的塑造过程。

清代北京地区旗、民二元结构中不同社会成员间的婚姻事，本为忙于巩固其政权统治的朝廷无暇顾及之事。而入关前金（清）政权治下满、汉人通婚事实，似无明确记载的限制，除了为解决八旗兵丁无力婚娶问题，进而集中地将治下寡居、独身妇女（包括掳掠人口中的适龄女性），不计其民族属性因素，以赏赐方式，通过八旗组织系统分派，促其婚配，这种近似救济，更类战利品分配的"婚姻"形态而外，更多被记载下来的，就只有满洲统治者以联姻手段，团结、笼络蒙古、汉人上层人物一类政治性婚姻，甚至天聪六年（1632年）为安抚新降之明朝大凌河城"祖家军"集团，金国管兵部事贝勒岳讬建言以满洲贝勒、官员之女给降人中官居一、二品者为室，宣称"彼既离家室，孤踪至此，诸贝勒、大臣以女与之，岂不有名，且使其妇翁衣食与共，虽故土亦可忘也。即有一二异心而逃者，决不为怨我之词矣"[9]这样远离婚姻本质的联姻之事。而天聪九年（1635年）以察哈尔蒙古林丹汗众多遗孀在满洲贵族间再嫁（亦属战利品分配）过程中，因众遗孀各自拥有财富、部众数量差别而引来满洲贵族统治者争竞口舌事，[10]又足证满洲统治者上层婚姻关系中政治、经济因素远超出民族属性因素事实。入关前金（清）政权治下普遍的婚姻形态中，并不见有明确的民族属性禁忌、限制的记录。仅就满洲、汉人间婚姻关系论，除李永芳、佟养性一类被炫耀的政治性联姻关系而外，一般民间满、汉通婚实际状态，因记载的缺乏，今已无由了解。唯可确认的事实是迄今未发现金（清）政权对满、汉联姻的任何制度性规定。

清入关后的顺治五年（1648年）六月壬子（二十日），谕礼部：

> 方今天下一家，满、汉官民皆朕臣子，欲其各相亲睦，莫若使之缔结婚姻，自后满、汉官民有欲联姻者，听之。[11]

这道以顺治皇帝名义发布的上谕，被学者认为是为"缓和满、汉矛盾，巩固立足未稳的统治，曾号召满、汉通婚"[12]的依据。上谕中"莫若使之……"说，或有些许号召、提倡意味，但决策结论的"听之"，则仅止是不设限制（实际是少设限制），这显然与"号召满、汉通婚"的判断存在重大的差别。将上谕中最终规定的"听之"式放任态度，说解为更加积极主动的"号召"态度，有过度诠释史料之嫌。

文献记载缺乏此上谕出现缘由的背景交代，但前此一日（辛亥，十九日）。清政权因"京城汉官、汉民原与满洲共处，近闻争端日起，劫杀抢夺，而满、汉人等彼此推诿，竟无已时"等因，而再次强调"（内城）凡汉官及商民人等，尽徙南城居住……定限来岁岁终搬尽"[13]这样严厉的区隔政策；以及其后七日（庚申，二十八日）上谕户部，对此前"上谕礼部"的"听之"政策，更分别差等，具体规定"报部具奏"等明确的制度限制[14]，均倾向证明其时普遍的满、汉乃至旗、民隔阂，非但中国传统的婚姻缔结过程中遵循的如门当户对，如父母之命、媒妁之言一类原则，在满、汉乃至旗、民联姻过程中缺乏实现的基础。即令朝廷公布的"听之"这样的放任政策在现实生活中落实，且不打任何折扣，满、汉间的联姻也是个别的特例。清代满、汉间通婚事，更多为当事双方的文化认同程度决定：文化冲突而缺乏认同，则无联姻可能，反之则有联姻可能。事实上，清代制度层面的联姻限制，"满、汉联姻"更多地表述为"旗、民通婚"。据清代《户部则例》卷一"旗人婚嫁"载：

> 旗人之女不准嫁与民人为妻。倘有许字民人者，查系未经挑选之女，将主婚之旗人照违制律罪治罪；系已经挑选及例不入选之女，将主婚之旗人照违令律治罪。聘娶之民人亦将主婚者一例

科断，仍准其完婚，将该旗女开除户册。若民人之女嫁与旗人为妻者，该佐领、族长详查呈报，一体给予恩赏银两。如有谎报冒领情弊，查出从重治罪。至旗人娶长随家奴之女为妻者，严行令止。

　　清代户部例为民间婚姻的制度管辖责任机构，其《户部则例》详制规矩，又非一时朝廷上谕那样多具临时、随意性质，而更多相对稳定，日常规范意义。上引《户部则例》文字，足证清代普遍存在的"旗、民通婚"禁令，远非"旗、民不通婚"这样彻底、简单。从八旗体系角度观察，《户部则例》规定的制度，属于一种只许娶入而禁止嫁出的单向度婚姻限制。尽管这种被制度允许的，由民人之女一方通过联姻方式将其遗传因素带入旗（满洲）人血统中的事实，尚不能认为全无文化融合的影响，但在一个以男性主导，纯以父系计算家族血缘传承的社会中，《户部则例》规定的单向度婚嫁限制，理所当然地被认为不可能淆乱旗（满洲）人血缘、血统的纯正，进而为社会习俗乃至社会主流所允许。对于违禁行为的惩罚，《户部则例》又规定了有重大区别的"违制罪"和"违令罪"罚则，以分别应对旗人之女挑选秀女前后许字民人的犯禁者。将未经朝廷挑选秀女过程的旗人女子擅许民人，其行为既是对满洲贵族统治者实际利益的侵犯，更隐含对满洲贵族统治者拥有的旗下女性优先选择权的藐视和挑战，是必须予以较单纯违禁更严厉的惩罚。另一方面，惩罚之后"仍准其完婚"规定，颇见人性化的宽容。相应将违禁旗女"开除户册"规定，又体现纯洁八旗体系的制度立意，甚至隐有减少八旗人口的潜台词。至于"恩赏银两"，则又非特因民人之女嫁入八旗人家的优遇政策。制度规定，旗人婚丧均有正式钱粮以外的赏赐银两，依护军、马甲、步兵职位差等给银，以皇帝拨于八旗都统衙门的生息银款项下支用，故称"恩赏银两"。该"恩赏银两"支用，例先由佐领、领催、族长出具图记保结，即可赴该旗银库支领，后补行呈报该旗都统衙门，以致"谎报冒领情弊"难免。以"恩赏银两"鼓励旗人娶民女的事并不存在。

　　朝廷制度规定，于社会生活实践中变通为仅止限于嫡妻正室身份，侧室、媵妾不在其限制。至于八旗内部满、汉通婚，更属制度允许的常见之事，并不因乾隆朝"汉军之初，本系汉人"[15] 的官方正式定性而稍减。终清一代，满、汉间的血缘融合趋势始终存在，非清末光绪二十七年（1901 年）朝廷公布取消满、汉通婚禁令[16] 后始有。

　　清入关后实施的旗、民二元社会结构，因中原汉地的反抗等因而强化。随着清朝对中原的战争征服、军事占领转变为相对稳固的常态合法统治，旗、民二元社会结构的存在意义随之衰减。当八旗制度因生计一类问题渐成朝廷难以承受的重负时，旗、民二元结构的逐步瓦解就成为一不可逆转的趋势。

第二节　二元结构下民族冲突与融合

对清代北京地区民族及民族关系历史的考察，必然因其鲜明的旗、民二元社会结构特点，分其为八旗体系之内民族、民族关系和旗、民二元结构社会间民族、民族关系二类（事实上这种分类考察还应当包括民人社会一元中诸民族、民族关系的一类。这里因此类民族、民族关系的社会影响、历史影响以及文献记载均属缺乏，略而不论）加以分析、认识。

作为清代北京地区社会二元结构中居于主导地位的一元——旗人社会，其内部成员从来都不是由单一民族组成，八旗体制结构也并非一个可以忽略其构成者民族属性因素影响，浑然一统的民族熔炉。八旗体制下个体成员特定的民族属性因素，并不存在被编于旗下而有丝毫削弱乃至无差等事实；相反，八旗体制中人的民族属性不断被制度强调。民族属性因素对旗人社会一元中的任一个体的影响，远较社会另一元——民人社会中任一个体为大。清代民人社会中汉、回等民族属性因素，基本不构成对其个体成员社会政治、经济地位的决定性影响，以致很多时候这一因素可以忽略不计。反观旗人社会一元中，满洲、蒙古、汉等民族属性因素，于其个体成员社会政治、经济地位的影响，则具有明显的决定性意义，不容丝毫忽视。旗人社会中繁复、严密的等级制度区别于一般封建社会常见的等级制度，民族属性因素的重要决定性作用就是基础背景色中独有的特点，舍此则不能正确认识清代北京地区的旗人社会。

清代北京地区旗人社会一元中，不同民族关系于不同时期内呈现出的冲突、融合态势，与同一时期内旗、民二元结构下民族关系中呈现的冲突、融合态势的异同、消长，应是清代北京地区民族发展历史的关键点：两类不同社会层面的民族问题，其通常呈现为一种旗人社会一元内部民族关系紧张、冲突时，旗、民二元结构下民族关系则相对缓和；当旗、民二元结构下民族关系紧张冲突时，旗人社会一元内民族关系又因其整体利益要求而趋向缓和、强调团结。强调北京地区两类不同层面上民族关系这种相反方向、互补互动的过程态势，往往造成对清代北京同一时期民族关系冲突与融合形态认识判断上几乎完全相反的结论。

八旗体制之下，满洲、蒙古、汉乃至人数更少的其他民族，大体依照同一宗族之人编置于同一牛录（佐领）下，同一部落（汉人多为同一武装集团）之人编置为若干牛录（佐领）后，再分隶于不同旗色之下的原则结构组织。这种始于太祖时期的八旗形式吸纳归附人员的结构组织原则，既带来保持宗族为单位的血缘基础认同所独具的管理便利，同时也有效地消解了可能威胁满洲贵族统治者利益的旧部落（集团）、单一民族群体等既有结构的存在基础，促使一种超越旧部落（集团）结构、不同民族属性等因素影响的全部的八旗整体认同感的形成。

入关前金（清）政权相对单一的八旗社会结构特点，虽并无一庞大的异质一元——民人社会与之对立，但却因政权与其周边明朝、朝鲜、蒙古等政权势力呈激烈对抗竞争态势，金（清）政权内部单一的八旗结构下成员不同民族属性的影响，必须服从于政权（表现为八旗组织的全部）整体利益。金（清）政权的巩固、发展，除了领土的扩张之外，还主要表现为治下人口数量的增长。尽管这些民族属性各异，却统被满洲贵族统治者将其纳入八旗体系之中，并进而产生整体认同感的八旗人口，虽存在被强制划分为身份地位层次繁复（以人身隶属关系呈现），又为制度严格编审、载记不容丝毫混淆这样一些不利八旗整体认同感形成，阻碍八旗结构下民族融合实现的因素，终究受制于明、清竞争大格局的影响，致八旗体系下整体认同感，成为上至满洲贵族统治者，下至金（清）政权下层各族被统治者中普遍存在的事实。这也导致关外时期金（清）政权大规模汲取中原汉地制度成法，但八旗体系内部却始终坚持了满洲化为主导趋势的过程。

清军入关后，北京地区鲜明的旗、民二元社会结构特点，更因其军事征服的突然性，颇有些突兀地呈现在旧居民和新占领者面前。二元结构的双方间被迫的适应、调整过程，决定了北京地区民族关系在清顺治（1644—1661年）一朝，整体上都是处于对立、冲突的态势，同时也决定了北京社会八旗一元结构内部民族关系处于从属的、相对缓和稳定的态势。这一历史阶段中，北京地区大量的以汉族裔为主的民人被纳入八旗体系之中，成为八旗体制内正身旗人身份的汉军以及东来旗人（以统治者上层为主）私属的家内奴仆和旗人庄田上的壮丁一类所谓"随旗人"这样身份差别被严格区分的新成员，再次展示了八旗制度强大的民族包容性特点。京城八旗一元社会人口扩张，往往构成民人一元社会人口的等量消减，但人口在社会旗、民二元结构中的转移，还不是旗、民二元社会间民族冲突对立的主要原因。北京地区旗、民二元社会结构同时间、同空间内无法相互取代的事实，双方共处经验的缺乏，均使清初北京地区旗、民二元结构的冲突、对立，呈现民族矛盾尖锐对立难以避免态势。顺治元年（1644年）十二月，清顺天巡按柳寅东疏奏中首先提出的社会旗、民二元结构下人群、田土乃至居住区域于地理空间上加以区隔的政策建言，不但是出自京畿地方民人社会结构一元（即柳寅东负管辖治理之责部分）为免却来自八旗社会结构另一元依恃战胜强权而必有的扰害愿望，同时也深合清朝统治者既要确保东来八旗社会结构一元中人的既得利益，又须负起新占领区域中民人社会结构一元稳定之责，承担减低、消弭社会整体因民族矛盾冲突紧张度提高以致威胁自身统治稳固义务要求。旗、民二元社会结构于地理空间上区隔政策的实施，是否实现了缓解京畿地区社会民族矛盾冲突的政策目标姑且不论，这一政策不可能产生旗、民二元社会及这种社会结构之下民族关系融合向度上任何一点促进效果却是十分肯定的事实。

以康熙元年（1662年）四月，南明永历帝朱由榔被吴三桂缢杀于昆明为标志，中国境内大规模抗清运动只余部分尾声，清朝政权统治基本稳固，曾促使清朝八旗结构高度凝聚、团结的一重要外来刺激因素不复存在，八旗结构中固有的民族矛盾失去了一个制约其产生、激化的外在条件。

清代京师旗人社会结构一元，于旗、参（领）、佐（领）组织外，另编有更具军事化色彩的营伍组织结构，如骁骑营、亲军营、前锋营、护军营、步兵营、火器营乃至健锐营等名色。营伍编设，其始自清朝关外传统，以及军事战争的实际需求，其构成原则无不体现防范、歧视同为八旗体系中人的八旗汉军意味，八旗满洲、八旗蒙古大体一致的政治、经济地位，又非"首崇满洲"一说可以尽括，而八旗体系之内"满、汉（军）一体"的政策宣示则更是清朝政权巩固后的一句空洞口号。以八旗营伍编设，同为八旗正身旗人，汉军除与满洲、蒙古共同编为骁骑、步军营外，亲军、前锋、护军类钱、粮待遇优厚的诸营例不用汉军。即同一营伍、同一兵种，满洲、蒙古兵壮为一等，汉军兵壮为一等，待遇亦不能一样。如为缓解旗人生计问题而新设"养育兵"名目，满洲、蒙古则月给银是三两，汉军只给二两；八旗官学生名目，满洲、蒙古月给银一两五钱，汉军只给一两；八旗中孤寡，例有赡养银两，此一项下，满洲、蒙古、汉军不加区别，一律月给银一两五钱，但银钱以外，满洲、蒙古孤寡另有岁米一石六斗，汉军无之。相同名目项下，给银、给米待遇，满洲、蒙古、汉军正身旗人已不能一律平等，而相同名目于满洲、蒙古、汉军的员额（有权支领相应名目银米的人口数额），乃至八旗诸营伍正差员额，满洲、蒙古恒多于汉军。

制度规定体现的因民族属性因素决定的八旗体制内政治、经济地位差等，虽属显而易见的民族歧视事实，但却是其来有自相沿已久的传统政策，清入关后所有为解决八旗生计问题而新增名目，照旧坚持"首崇满洲"，而汉军减等的原则，亦不出人意料，问题在于八旗体系内部的民族歧视政策在清政权全面巩固，而八旗生计问题日渐严重且缺乏手段的新形势下，传统歧视政策的扩展、延伸，只能是八旗体制内汉军群体被进一步边缘化，其极致便是乾隆一朝的"汉军出旗"措施。

乾隆七年（1742年）四月壬寅（十三日），为"筹汉军归籍移居"事，上谕：

> 八旗汉军自从龙定鼎以来，国家休养生息，户口日繁。其出仕当差者原有俸禄钱粮，足资养赡。第闲散人多，生计未免窘迫，又因限于成例，外任人员既不能置产另居，而闲散之人外省即有亲友可依及手艺工作，可以别出营生者，皆为定例所拘，不得前往，以致袖手坐食，困守一隅，深堪轸念。朕思汉军，其初本系汉人。有从龙入关者，有定鼎后投诚入旗者，亦有缘罪入旗与夫三藩户下归入者，内务府王公包衣拨出者，以及招募之炮手，过继之异姓，并随母因亲等类，先后归旗，情节不一。其中惟从龙人员子孙，皆系旧有功勋，历世既久，自无庸另议更张。其余各项人等，或有庐墓产业在本籍者，或有族党姻属在他省者，朕意欲稍加变通，以广其谋生之路。如有愿归原籍者，准其与该地民人一例编为保甲；有不愿改入原籍，而外省可以居住者，不拘道里远近，准其前往入籍居住……其有原籍，并无依赖，外省亦难寄居，不愿出旗，仍旧当差者，听之。所有愿改归民籍，与愿移居外省者，无论京外官兵闲散，俱限一年内具呈，本管官查奏。如此屏当，原为汉军人等生齿日多，筹久远安全计，出自特恩，后不为例。此朕格外施仁，原情体恤之意，并非逐伊等使之出旗为民，亦非国家粮饷有所不给。可令八旗汉军都统详悉晓谕，仍询问伊等有无情愿之处，具折奏闻。[17]

乾隆帝上谕，既称"汉军，其初本系汉人"，详列汉军入旗缘由种种，强调八旗汉军结构存在的差异，又称"出自特恩，下不为例"，除"无庸另议更张"的部分外，其余诸种汉军循自愿原则"出旗为民"，格外强调此举属纯为汉军出旗人户利益考虑的制度变通，既非"逐"出旗籍的惩罚，更非国家财力不济，全不顾上谕中"汉军其初本系汉人"的明确定性和"生计未免窘迫"的描述逻辑。乾隆帝否认汉军出旗为民政策中，八旗制度本有的民族属性歧视因素，八旗生计问题带来的朝廷财政压力因素的存在，突出强调只是制度"稍加变通"且"后不为例"的"格外施仁"之举，说明专制君主如乾隆帝者，其于八旗旧制，亦须小心谨慎。尽管已有康熙、雍正两朝皇权对八旗旧制的充分改造，满洲旗主贵族权利大受抑制，不再构成对皇权的威胁，皇帝成为超越八旗各该旗主的八旗总主，但标榜自愿出旗原则下，各旗利益的平衡仍旧是必须认真对待的事情。毕竟名义上分属于满洲贵族王公的下五旗（上三旗为皇帝私属自将旗份）旗主贵族利益，帝王亦不能完全视为无物，八旗汉军属民出旗造成的旗主权益损失，也迫使乾隆上谕八旗汉军出旗政策必须是"后不为例"为说辞。

乾隆帝上谕规定一年期限到期，北京八旗汉军都统衙门呈报，计有一千三百九十六人自愿改入民籍，[18]这一数字与八旗总丁口属相比，可算微不足道，乾隆帝的八旗汉军出旗为民政策效果不显。于是乾隆十九年（1754年）三月，乾隆帝复谕命各省之驻防八旗汉军出旗为民，"各听其散处经营，或将军标绿营兵缺出，将伊等转补；所出之缺，即将京城满洲兵派往顶补，则京城满洲既得以疏通，而（驻防）本处汉军等生计之道亦得自由，诚为两便。"[19]此次驻防八旗汉军出旗为民，与乾隆七年（1742年）京师八旗汉军出旗规定之自愿原则有所不同，带有强制色彩。驻防汉军与京师汉军相对集中不同，因其事涉多地，故其出旗为民政策实施必迁延时日。至乾隆二十年（1755年）十月，广州驻防将军锡特库奏称，广州八旗驻防汉军计三千余户，拟先以一千名出旗，其余二千名，分年办理。乾隆帝上谕训斥，将锡特库于朝廷办理驻防八旗汉军出旗为民事宜之本意"殊未明晰"，并再三强调，"汉军生齿日繁。若令专隶八旗，坐守驻防之缺，转不能如汉人之随便谋生，所以令其出旗，正为伊等生计起见。而所遗甲缺，即以满洲充补，亦于满洲生计有益，所谓一举而两得也。若如（锡特库）所奏，汉军出旗后，复为料理安插，亲族户口辗转筹画，是使伊等仍就拘束，不能随便营生，其与不令出旗何异？至于改补绿营粮缺，乃专为汉军中只能披甲食粮者而设，初非驱散处之汉军尽入绿营也"。[20]

乾隆帝再三申明汉军出旗为民的"本意",是使其"如汉人随便谋生",政策中补入绿营继续当兵食粮饷一途,仅只是必须出旗的披甲汉军中别无谋生长技者的特殊安排,这也足以证明,驻防八旗汉军即使无谋生技能,亦必以绿营兵形式改入民籍,早期京师八旗汉军出旗为民是当事八旗汉军旗人的自主选择情形不再,各省驻防八旗汉军出旗为民政策,已然是强制性统一的规定。最终除山海关外驻防汉军、伊犁驻防汉军、福州水师驻防汉军及广州驻防汉军部分未令出旗为民外,其余福州、京口(今江苏镇江)、杭州、绥远(今内蒙古呼和浩特)、凉州(今甘肃武威)、庄浪(今甘肃永登)、西安等处驻防八旗汉军,基本全数出旗,乾隆帝弃汉军如敝履心态显然。

各省驻防八旗汉军出旗为民,尽管其"所出之缺,即将京城满洲兵派往顶补",故不能说对京师全无影响,但于京城旗、民二元社会结构影响不大。至乾隆二十一年(1756年)二月,乾隆帝再定"八旗另记档案人为民例",规定"著加恩将现在京八旗,在外驻防内另记档案及养子、开户人等,俱准其出旗为民……此番办理之后,隔数年似此查办一次之处,俟朕酌量降旨。"[21]编审八旗时出现的另记档案人、开户人等,均属八旗正身旗人之外的"旗下世仆,因效力年久,伊主情愿令其出户",从而部分摆脱私属奴仆身份,于旧主所在旗份牛录(佐领)下开立相对独立户籍人户,而养子一类则专指旗下人户因乏嗣而抱养民人之子为嗣情况,此类旗下户口因严格的编审呈报、记录等因素,其出身、历史使其终不能等同于八旗正身旗人,政治、经济地位明显低于正身旗人。此类八旗体制内形成的等级差别表面上属于社会阶级、阶层范畴,但更多是以民族属性区别。养子一类来自民人社会一元,其民族属性多为汉人情况可以不论;另记档案人、开户人一类,在清朝京师八旗一元社会中,仍然是以汉族裔民族属性者居多,这与清初大量汉人以奴仆身份投入八旗一元社会中相关。是故乾隆帝以八旗另记档案人、开户人俱令出旗为民的政策,其目标指向,仍旧是以旗下人口中的汉族裔部分。至乾隆二十一年,京师八旗汉军出旗为民、驻防八旗汉军出旗为民政策实施有年,八旗体制内部政治、经济地位均在正身八旗汉军之下的另记档案人、开户人、养子之类被强迫出旗自是顺理成章的事。乾隆二十一年二月谕令最可堪注意的,到是乾隆帝不再以"后不为例"作说辞掩饰,反而是公然宣称"隔数年似此查办一次之处,俟朕酌量降旨",逐八旗体制一元中汉族裔人口出旗为民几成定期的制度化清理门户之举,其间帝王自由裁量权力,早已不是八旗旧制既有的状态了。

有清一代，中国社会特有的旗、民二元结构下，八旗社会一元民族属性的多样性、重要性，远不及民人社会一元多样及影响巨大，但这仅是就全中国范围而言，具体到北京地区，情况则恰恰相反。北京地区八旗社会一元因其所居的统治、主导地位，彰显出与全国范围视角下不同的重要性，同时也因民人社会一元的存在而表现为一种必须强调一致与团结的整体，八旗社会结构内民族属性差异往往因此而被弱化乃至掩盖。乾隆朝以降朝廷实施的八旗汉军出旗为民政策，某种程度上具有强化社会旗、民二元结构分野的效果，因此可视此一政策为既属于八旗社会一元中因民族属性差异因素而产生的利益冲突，亦属于八旗社会一元与民人社会一元间的交流融合。事实上，八旗社会一元内部利益在相对于民人社会一元时产生的整体性要求，必然产生八旗社会结构中满洲之外其他族裔人口的满洲化趋势，这又显然属于八旗社会一元内部民族融合范畴。

汉族裔人口进入建州女真政权中并深度满洲化事实，早在太祖起兵之初即有。太祖创业之初，其家内近侍洛汉即突出一例。[22]其人事迹，散见"实录"、《八旗满洲氏族通谱》和清人笔记中，唯其名只记音，汉文用字不能统一。据昭梿《啸亭续录》，"有洛翰者，本姓刘，中原人，以佣至辽。初给事于建州，颇勤俭有勇力，高皇帝赏识，拔为侍卫。"[23]《八旗满洲氏族通谱》第七十四卷"附载满洲旗份内之尼堪姓氏"刘姓项下，记"劳翰……太祖高皇帝时，每行军时，随侍不离……太祖高皇帝甚爱重之，赐姓觉罗氏"[24]。其后裔取名，多取满洲习惯。倘非清人档案记录详密，始终归其家族于"满洲旗份内尼堪姓氏"，则其家族纯然满洲耳。晚于洛汉家族，金国额驸李永芳情形亦相类似，其九子中除长子李延庚（清人又记作"洋阿"）、次子李率泰外，其余八子俱从满洲习俗命名。

清入关后，此类事例尤以冯铨及其后裔为突出。冯铨，涿州人，明万历进士。在明为魏忠贤阉党，曾拜相入阁。崇祯帝即位，清算阉党，冯乃被斥罢。清人入关，录用明朝旧臣，冯以大学士原衔入内院佐机务，任清初礼部尚书、中和殿大学士。清帝赐婚内务府总管鄂貌图（纳兰氏）之女。其后裔均隶属内务府镶黄旗。乾隆朝大学士英廉即其后裔，英廉之曾孙福格，字申之，即《听雨谈丛》作者，该书扉页福格自题"长白福格申之撰"字样。所谓"长白"，即指吉林长白山，向为满洲视为祖先肇兴之处，为有清一代满洲人血统、文化的重要象征。福格自属"长白"而不依事实标其祖籍涿州，是其彻底满洲化使然。乾隆间官历浙江总督、抚州将军、兵部尚书等显赫职位的正蓝旗满洲性桂，其先祖乃辽东义州（今辽宁义县）汉人王国左。天命七年（1622 年）随着蒙古兀鲁特部酋长索诺木归附金国。其后裔子孙世代隶属满洲旗下，性桂名列《满洲名臣传》，出仕亦占用满缺，全然不顾其先汉族裔血统，仅就其名，纯然满洲习俗。满洲旗下汉人中如性桂这样纯以满洲身份发迹事固属寥寥，但这类人口满洲化事实却相当普遍。[25]

八旗体系内汉族裔人口命名遵从满洲习俗事，可见武职之家多于文官的特点，其如著名的范文程家族，即始终坚持汉族命名习俗而不为满洲习俗所影响之著例。此事实又颇有深意，应是汉文化素养深厚使然。毕竟以汉族为代表的中原文化博大精深，入主中原的满洲人亦不能不受其影响。清人关后满洲的所谓"汉化"，其实质也是属于民族融合范畴之事。

满洲人自有姓氏，满语称"hala"，汉字记音写为"哈拉"。一般社会交往中，满洲人有"称名不举姓"习俗，即一般场合仅以名相称，姓名连称如汉人习俗情况是不存在的。此类现象应是自元代以降，留居中国东北地区故乡的女真人受蒙古文化影响所至。所谓"蒙古有的有姓，有的没姓。如成吉思汗姓博尔济吉特氏，是有姓的。一般蒙古人没有姓，只有名"。"蒙古从来没有姓名连称的习惯，只称名不称姓。"[26]而（完颜）金代女真人均有姓，且姓名连称，如完颜亮、完颜宗翰、纥石烈牙吾塔，夹谷清臣等，其中完颜、纥石烈、夹谷均为女真姓氏。元、宋联手灭掉（完颜）金朝后，蒙古文化构成对中国北方诸族影响的主体。至少到明代初期，东北地区的女真人就已是称名不举姓的习俗了。其时东北地区女真人聚族而居的氏族部落社会形态，其氏族血缘纽带因其聚族居住而本即联系紧密，客观上缺乏以姓氏标识强化血缘联系的社会需求。满洲这种本有姓氏，却于日常生活中称名不举姓的鲜明姓氏称谓习俗，在与中原地区民族交往过程中，遂产生出满洲无姓氏，满洲父子不同姓一类重大文化误读。这种误读既来自中原民族历史悠久，影响深刻的传统宗法观念，同时也来自清朝满洲统治者强烈的保持自身既有文化习俗，以抗衡中原文化影响的愿望，故也可视之为旗、民二元文化冲突的一个例证。

与满洲姓名称谓习俗相联系，满洲（女真）人命名习俗亦具有鲜明特点。早期女真社会的渔猎生产形态，造成其语言之凡与渔猎相关的词汇既丰富又细腻，其幼儿命名亦善用与之相关字样。如舒尔哈齐即小野猪皮之意、雅尔哈齐即豹皮之意、阿敏即马鞍之意、多尔衮即獾之意等。满洲（女真）人命名纯出天然，少礼仪文化的束缚浸染，以至于富勒塔即烂眼圈之意、席特库即尿炕孩之意、伊巴罕即鬼怪之意一类有欠文雅却也特点鲜明的人名亦极常见。事实上，满洲（女真）人早期崇尚英雄、崇尚自然，并不格外追求社会人际交往、人情世故上的文雅、礼仪要求，其语言词汇中更缺乏汉语中相关丰富、细腻的词汇，以至于形成清入关之初官方诰敕满汉文用字上的难以对应现象，如汉语中吉、福、禧诸义，满语统以"乌尔恭阿 urgungga"一词表示，并不区分。清顺治十一年（1654 年）正月，清廷"始颁文武封赠制诰"，因诰书文字"兼满汉书，翻译为难。如文制曰仁、曰懿、曰庸等字，俱译作好；武则曰元老、曰长子、曰文人、曰总帅，俱译作总兵。以满字少，故不顾文义。强相凑泊"[27]。时至顺治十一年，尚存在此类问题，足证满洲人早期命名字词选择，既缺乏文雅寓意的字词基础，也不存在于人名用字词表现文雅乃至福寿祈盼追求的主观愿望。

从建州、金国政权角度观察，满洲统治者必须更多专注与武力征服相关的现实生存、发展问题，其于属社会意识形态范畴的礼仪制度规范以及更加虚幻的优雅文辞，很难有所顾及。一个极其突出的实例足以证明这一事实：成书于清崇德元年（1636 年）四月的《清太祖武皇帝实录》汉文本，凡涉及满洲人名，其汉字记音，用字多不讲求文雅，一般如厄儿得溺（额尔德尼），厄革腥格（额克星阿）、虎儿憨（扈尔汉）一类近羞辱的用字法，即尊贵为太祖，其讳汉字如"弩儿哈奇"，其余如忝儿哈奇（舒尔哈齐）、牙儿哈奇（雅尔哈齐）、木耳哈齐（穆尔哈齐）等太祖兄弟行；刘谙（刘阐）、厄墨气[28]等太祖长辈；卿家奴、杨机奴（叶赫部贝勒）；多里哄（多尔衮）、多躲（多铎）等太祖晚辈，其人名用字，不但无雅致追求，甚至不忌如溺、腥、憨、儿、厄、奴、哄、躲等类汉字既有含义。倘据此判断其时清朝政权中，负责汉文文献写、译的汉官词臣，仍如明万历二十三年（1595 年）朝鲜人申忠一出使建州时一样，仅有"歪乃"一人于"奴酋处掌文书云，而文理不通。此外之人，更无解文者，且无学习者"[29]。以夷狄野蛮视之，略加轻侮，又不免随时为人告发触怒权贵而生性命之虞，亦不合其时汉官实心效力，积极建言，至金（清）政权始知有修撰太祖实录必要的事实逻辑。无论如何，清朝满族贵族统治者此时[30]尚缺乏在命名时使用吉祥、文雅字样这种所谓"文化末节"习俗的普遍追求，同时对日常生活中须敬避祖先名讳的汉俗规则不甚了了，乃至不以为然。虽然其时已有顺治皇帝之名，汉字记为"福临"，属效仿汉俗，命名时追求吉祥寓意事实，但却同时反映了其不改满洲人命名中率真、直接传统，以至颇有用力过猛之嫌。至于顺治皇子中，竟有命名"福全"

者事实，又属汉俗中大忌，说明清初满洲命名习俗演变的真实态势。清初顺治一朝，满洲贵族统治者始大规模接触主要以江南士子代表的，以优美典雅为特点的中原文化，以及汉地历千年积累凝练而成的细密、繁琐的宗法、礼仪观念、制度，其追慕之心与防范之情，在政权巩固、社会稳定、经济恢复发展条件下，开始产生变化。表现在满洲（尤其上层）命名习俗、称谓避讳制度方面，呈一种显而易见的弃满俗而就汉俗趋势，并在康熙朝达到极致。

　　清圣祖康熙是一位汉文化知识极丰富、对汉文化认识相当透彻的帝王。以其皇子命名事看，非但顺治朝那种满洲人不屑汉俗中种种规则的传统命名习俗，如皇帝汉名"福临"，皇子汉名竟有称"福全"者情形不再：康熙众多排序之皇子命名统限二字，并一律以"胤"为命名首字，以体现兄弟行辈关系；同时更规定"胤"下一字必须于"示"部诸字中择一用之，形成胤禔、胤礽、胤祉、胤禛、胤祺、胤祚、胤祐、胤禩、胤禟……胤祕等24位皇子命名规律、整齐状态。康熙帝早婚早育，多子而高寿，其在世时子孙同时及见者竟达数百，遂有康熙孙辈命名首字均用"弘"，"弘"下一字均以"日"部内诸字择用；曾孙辈命名首字均以"永"，"永"下一字均以"玉"部内诸字择用规则，形成孙辈如弘昱、弘晢、弘晴、弘历、弘升[31]、弘曙……；曾孙辈如永玮、永璞、永瑛、永琰、永瑞……状态，其排列有序，蔚为壮观，一举达到汉地命名行辈用字习俗中少数如皇室、贵族方有的最高境界。

　　父、祖辈名讳的敬避规则，亦是汉地制度，属满洲旧俗中所无的内容。至康熙朝，这套避讳制度为满洲统治者很自然地接受并严格遵行。如康熙帝汉名作"玄烨"，京师紫禁城北门之名"玄武门"，即改为"神武门"；民间蒙学课本《千字文》首句"天地玄黄"，即改作"天地元黄"，甚至有《后汉书》撰著者范烨，改作"范蔚宗"事。这种状态，清入关前没有，入关后的顺治朝亦罕见。

　　皇子命名从汉俗整齐划一，朝廷名讳敬避规则又奉行严格，于是必有嗣皇帝与其众兄弟内一字全同，于例当避改的局面。雍正帝即位不久，"宗人府奏称：亲王阿哥等名上一字，与御讳同，应请更定。上以名讳由圣祖钦定，不忍更改，礼部宜奏请皇太后裁定。至是礼部等衙门具折启奏。得旨：朕曾奏闻皇太后，诸王阿哥名上一字，著改为'允'字。"[32]于是除世宗雍正皇帝得保留胤禛原名，却因敬避规则不得见诸文字外，其余康熙诸子之名字中"胤"字一律改作"允"字，一时如允禔、允礽、允祉……取代以往胤禔、胤礽、胤祉……事充斥

《玉牒》等类文件。事实上，此举除引起载记修改等琐细麻烦之外，一个重要的事实是：康熙帝钦定子辈"胤×"人名模式，因仅止嗣皇帝一人占有使用，却因御讳敬避制度致使该模式几近消失不见的结果，并非满洲统治者初衷。于是至乾隆帝即位，又详细讨论此事：

> 朕之兄弟等，以名字上一字与朕名相同，奏请更改。朕思：朕与诸兄弟之名，皆皇祖圣祖仁皇帝所赐，载在《玉牒》。若因朕一人而令众人改易，于心实有未安。昔年诸叔恳请改名，以避皇考御讳，皇考不许，继因恳请再四，且有皇太后祖母之旨，是以不得已而允从，阙后常以为悔，屡向朕等言之，即左、右大臣亦无不知之也。古人之礼，二名不偏讳，若过于拘泥，则帝王之家祖、父命名之典，皆不足凭矣……斯则尊君亲上之大义，正不在此仪文末节间也。所奏更名之处，不必行。⁽³³⁾

事实是康熙孙辈中人名上一字用"弘"字者人数太多，如依雍正初年，人名"胤"字一律改作"允"字，以示敬避御讳旧例，则所费之事，涉事之人，均非雍正初情况所能比。更兼倘设此为定制，其后世制造的麻烦只能是愈来愈大。乾隆帝力证雍正初年改"胤"为"允"字之举，实为其父无奈违心而外，又祭出"二名不偏讳"之所谓古礼，更定义帝王名讳敬避制度实为不应拘泥的"仪文末节"，实在也是乾隆帝乃满洲统治者中，于中国传统文化领域举凡知识、体悟均居领先地位的明证，也远非汉地腐儒能比。问题在于其讨论结论的"不必行"一句，较"不准行"口气稍缓，不能阻止朝中饱学臣工竞相援汉地古礼标榜，期以讨得嗣皇帝欢心之举。遂有十天后（雍正十三年九月丙辰日），乾隆帝再论此事：

> 又谕大学士鄂尔泰等：奏请迴避朕之御名，上一字拟书"宏"字，下一字拟书"歷"字。朕思尊君亲上，臣子分谊当然，但须务其大者，以将恭敬。至于避名之典，虽历代相沿，而实乃文字末节，无关于大义也……揆诸古人二名不偏讳之理，既不相符，且区区拘泥之见，亦不足以明敬悃，甚无取焉。所请改写"宏"字、"歷"字，不必行。嗣后凡遇朕名之处，不必讳。若臣而名字有同朕，心自不安者，上一字少写一点，下一字将中间"禾"字书为"木"字，即可存迴避之意。尔部传谕中外，一体遵行。⁽³⁴⁾

再讨论亦非多余，乾隆帝兄弟行名字中"弘"一字不必改易他字事无须再议。然乾隆名讳"弘历"二字日常使用率颇高，平时之敬避规则亦应早定，于是有大学士鄂尔泰等人拟出避改之字样，其奉旨行事显然。倘认为鄂尔泰等一干臣僚偏拟二字以供御定，是遗忘了十日前皇帝所言"古人之礼，二名不偏讳"一说，怕是低估了臣僚们的智力水平。被嗣皇帝斥之为"区区拘泥之见"时，鄂尔泰等人恐非但无丝毫惶恐惊惧之感，竟或是颇为受用亦未可知。

清帝一系命名行辈用字统一，帝王名讳敬避规则诸种，均为汉化传统，满洲旧习本无。乾隆帝"稽古右文"，于此详加规范，以成"永远遵行"之定制，足见汉俗影响之深刻。又所谓"上有所好，下必甚焉"，皇室命名称谓制度从汉俗如此，则一般八旗满洲人受汉俗影响，仅止姓名习俗一项，难免有令满洲皇帝亦不能容忍者例。

满文本属拼音文字，满洲人名以满文表示，其字连写，不能分开。如乾隆朝大学士鄂尔泰，其名满文作"ortai"，更不得书写成"O r tai"或"O rtai"。然因其后辈命名为鄂容安、鄂津之类，依稀以鄂为姓，其本姓西林觉罗氏事实反不彰，进而至于满文载记多有"o rtai"分写样式。流风所及，至成一时普遍现象。

乾隆二十五年（1760年）奉旨：

> 昨因文敏将满洲等名字，照依汉人单字缮写具奏，朕即降旨，谕令满洲等名字，理宜连写，毋得单字缮写。今阅正黄旗满洲都统奏，署纳丹珠之佐领进呈家谱内，将那奎、成安、玉麟名字，因何仍行单写，若连写有何不可！著该旗大臣等明白迴奏。复将此通谕八旗、各省：嗣后满洲等名字，俱行连写，如有复行单写者治罪。至宗室等名字，单写者多，然近派宗室名字，尚可单写，远派宗室亦不可如此单写，此亦是分别尊卑之一道。著通行传谕。[35]

正黄旗满洲都统呈奏之满文家谱内其人名单写、连写事，本不能受前一日皇帝上谕的影响，乾隆帝就文敏将满文名字单写事降旨，命一律连写时，纳丹珠佐领进呈家谱，应已在御前，有单写也无改缮机会以遵皇帝新谕。乾隆帝无非借此重申禁令而矣。唯皇帝谕旨内，又坦承近支宗室名字满文允许分开单写事实，并格外强调，此属"区别尊卑之一道"，公然成一种从汉俗而满文名字允许分开单写者身份尊重，反之则贵重有所不及的逻辑。这一逻辑源于入关后清帝本人命名及满文书法演变的事实。世祖福临，其名汉字字面意思吉祥，但其仍属满语名字的汉字音写。世祖满文名为 fulin，其本满语一名词，有形成、生成、成就、完成诸义，其形容词形式 fulingga 更有天生有福的、有天命的诸义。世祖之命名，仍保持了满洲命名习俗中人名为满语一词，本有含义特点，只是稍改满洲命名时多取像自然，且率真、直接的旧传统，变得有类汉人命名习俗中美好、吉祥诉求。只是缘于 fulin 本即满语一固有词汇，故世祖满文名字不能分开单写。圣祖玄烨，其名满文作"hiowan yei"[36]，虽与其汉字名仍属对音，但已非满语中固有词汇，除表音外，再无满文实义，因此其满文名字得以依汉字音节，分开单写。至于"玄烨"二汉字，虽不及福临吉祥得直白，却于文雅方面更胜，已属汉文化素养极高层次。圣祖康熙帝以"胤"字为皇子命名中第一字，下一字又定以"示"部字中选择，已然不存在命名时遵从满洲传统的任何可能，皇子命名上并无内在关联的二汉字，又使其名字的满文书写形式更宜照汉字音节分开单写。上述即乾隆二十五年（1760年）"近派宗室名字，尚可单写，远派宗室亦不可如此单写"上谕的事实基础。无论如何，这种满文满洲命名习俗变化引起的满文名字书写形式上，分开单写等于尊贵范式的存在，朝堂上的满洲贵族统治者，又何能指望这一纸谕令即扭转普遍的满文名字分开单写趋势。

清代满洲人姓名中汉俗影响还存在另一种现象，曾引起乾隆皇帝大不满。乾隆三十二年（1767年）上谕：

> 昨吏部带领引见之满吉善，系满保之子，其名满吉善者，竟以满为姓矣。朕将满吉善之名改为吉善，吉善乃系觉罗，甚属尊贵，吉善竟不以觉罗为尊，以满为姓，照依汉人起名，是何道理！似此者，宗人府王公理应留心查禁，今竟不禁止，王公所司何事！恐尚有似此等者，着交宗人府王公等查明，俱行更改，将此严禁，嗣后不可如此。[37]

所谓"觉罗"，曾是满洲中一著姓，属常见且分布极广的女真姓氏，后分化为若干种。清王朝则将"觉罗"称谓规定为特定的血缘身份人群的专指，专用于爱新觉罗家族中，除太祖之父塔克世一支以外的全部，另以"宗室"称谓标识塔克世一支，即太祖及诸兄弟后嗣之人群。"宗室"、"觉罗"之属，均为宗人府负责管理，并规定宗室腰系黄带，觉罗系红带相互区别并区别于爱新觉罗一系以外之人。除这些明确的规定之外，觉罗一辞又习惯性地成为属觉罗之人署名时必须冠写于名字之前的身份性标识，形成满洲习俗称名不举姓通例的一个奇特的例外，仿佛为汉俗之姓氏。这类事例于清代官修诸文献卷首必有的修撰予事臣工名单中表现得十分明显。这类名单书写惯例除详列各该臣工官爵职级后，于小字"臣"下，汉人、汉军姓名俱全，满洲、蒙古则"称名不举姓"，独"觉罗"身份之人，必写为"觉罗"形态，其"觉罗"二字于书写格式上，略与汉人姓氏相当。相应"宗室"身份之人，则无此例，"觉罗"之属必于人名前标注强调事，并不见朝廷明文规定，应属其时不成文之惯例。乾隆帝于满保、满吉善父子的觉罗身份，应即因这种标注惯例而获知。

事实上，满洲、蒙古人于命名习俗上受汉俗影响，如鄂尔泰、纳（那）丹珠等人后嗣，纷纷以鄂、纳（那）为其名首字，俨然演成鄂、纳（那）姓氏形态等情，已是相当普遍的现象。乾隆帝严禁"照依汉人起名"谕令，得于爱新觉罗家族内贯彻已属不易，毕竟入关后的清皇室起名制度，已然远离满洲习俗，即严定汉字，注重偏旁；不但皇子人名首字明辈分排行，更以第二字偏旁示支派远近，其余名讳敬避制度诸般，均非满洲习俗，纯为汉地社会上层部分精英人群的制度化追求，满洲贵族很早即于如铁岭李成梁家族、宁远祖大寿家族命名事实，对这一制度习俗有详实的认识。至于姓名以外的表字、别号乃至室名、斋号一类的文人闲情，更属汉文化中极文雅精致的伎俩，却为入关后的清皇室贵族身体力行，表率倡领，相应弃满洲既有的率真、自然，却不免粗陋的命名称谓习俗如敝屣，则皇室以下一般满洲臣民竞相仿效，更无底止，其汉化趋势，又非一纸上谕可以阻止。

满洲统治者上层对于自身文化传统的发展很早就怀有深刻的危机意识。早在入关之前，太宗皇太极读《金史》，对完颜金朝统治者"效汉人之陋习"、"忘其骑射，至于哀宗社稷倾危，国遂灭亡"历史教训颇有汲取，以至被臣工"辄以为朕不纳谏"亦不为意，坚决否定巴克什达海、库尔缠等人"屡劝朕改满洲衣冠，效汉人服饰制度"[38]一类建言，其出发点虽仅限于汉俗宽服大袖不便骑射，但其坚持本民族传统习俗，抵制汉文化全方位影响的政策朝向却十分鲜明。清初以来朝堂之上的满洲服制以及血腥强制下于全社会推行的满洲发式，已然是超越了单一旗人社会一元的普遍的满洲化进程，而满洲人引为骄傲的"国语骑射"这样区别于民人社会一元的标识性传统，更成为历代清朝统治者不变的坚守。作为必须坚守的既定国策，"国语骑射"于八旗社会中的强调实践，及其于民人社会一元中的完全无效事实，自然构成清代旗民二元社会差异性的强化。

　　清朝满族贵族统治者始终坚持的服制发式和"国语骑射"政策，其最终的结果却出乎意料：事涉旗民二元社会全体的服制发式，除初期惨烈的抵制而外，有清一代并未见多少来自统治者的强调，竟然完整地保持，直至清末，甚至更为民人社会中的保守势力当作民族传统而顽固坚守；而仅涉及旗人社会一元的"国语骑射"，则早于乾隆末年即已露出难以抑制的衰落之态。

　　清朝满洲贵族统治者自太宗皇太极始，渐接受中国传统儒家理论。入关前清朝一元化的旗人社会条件，使太宗皇太极亦只是"参汉酌金"地"渐就中国之制"。[39] 入关后的顺治一朝，世祖福临本人"笃好儒术，手不释卷"，[40] 但于政治生活中却受到其母孝庄太后的制约。[41] 至康熙一朝，圣祖玄烨亲政前月余，亲诣京师太学，礼祀孔子，恭行三跪九叩大礼，并公开宣称"圣人之道，如日中天，讲究服膺，用资治理"[42]。贯穿有清一代的政权官方意识形态——儒家程、朱之学代表的思想，成为王朝科举考试尊奉的价值标准，彻底完成了王朝主流意识形态上的儒家化过程。

　　清代官方意识形态的儒家化，确立了满洲统治合法性的中国式理论依据，同时也就决定了满、汉二种异质文化碰撞、交流过程的必然结果，决定了满、汉两种异质文化发展的主流朝向：满洲文化以其生动、鲜活，不乏强悍特点，挟其政权、武力优势，最大限度地参与到以汉文化为主体的中华民族传统文化的整体发展进程之中，并留下了深刻的文化烙印。这一过程的外在形态，除了体现民族统治强权的服制、发式等普遍的制度形态而外，还存在着一种八旗满洲（尤其上层）普遍、强烈并迅速实现了的追求那种以汉字文化体现出来的优雅、精致生存状态的潮流形态。制度形态是朝向满俗的强制性统一，而潮流形态却是朝向汉俗的人性化追求。

　　入关后的满洲贵族统治者始终坚持"国语骑射"政策，确是一种以满洲为中心的八旗社会一元中最本质文化特征的坚守。所谓"国语"，即满语文，又称"清语"，其最纯粹的原生形态，具有极鲜明的生动、鲜活、简洁、直白，但却不具优雅、精致的特点。当同样精通满、汉两种语文，并努力以汉语文同样优雅精致的标准规范了满语文的乾隆皇帝，一再地训诫那些在以满语文奏对时不那么优雅、精致的满洲臣僚们，强迫他们使用被自己规范了的满语文。乾隆帝将满语文朝向优雅、精致方向规范的一切努力，竟带来满洲臣僚们尽可能放弃以满语文奏对的效果。清朝中期以降，满语文的衰落，并非完全是汉语文大环境强势的影响。而"骑射"一节，突出地表现了满洲乃至八旗社会一元强悍的风格，朝廷制度的种种保障，使这一特点在清朝的大部分时期中存在，并构成旗、民二元社会中八旗社会一元的重要标识。只是伴随统治者对"骑射"传统的强调，现实中和平的城市生活以及对这种生活更加优雅、精致化的追求，无时不在强化、销蚀着政策强调的效果。但是，直到由技术的进步实现的对"骑射"传统的彻底否定前，八旗社会一元都是以优长的"骑射"特征区别于民人社会另一元的。

清代北京地区的八旗社会，相比中国其他地区，其占据社会政治、经济的绝对主导地位，是一特点鲜明的历史事实，清代北京地区的民族和民族间关系互动的历史，就是在这样一个特定的事实基础上展开的。从民族文化间冲突与融合的视角观察，清朝满洲贵族统治者以政权强力的制度化规定，以满洲贵族统治者上层现实追求上的倡领表率作用，不但于八旗社会一元中具有决定性的影响，更以八旗社会一元整体，对全中国尤其是北京地区产生深刻的影响。另外，北京作为王朝都城，必然聚集全中国文化精英的现实，又使底蕴深厚的中原汉文化于京城凝聚，并以民人社会一元的身份，展示其强大且持久的影响。

两种本属异质，又为北京这种王朝都城性质所放大、强化的文化力量，在有清一代，以鲜明的旗、民二元社会结构形态，实现了其冲突、融合的部分内容。这一历程的一个重要结果，应就是清朝的统治民族——满洲，逐渐发展演变成为一个在族群构成、民族心理和文化认同等方面与汉民族相类，既丰富复杂，开放包容，又特点鲜明的现代满族。

注释：

（1）《钦定八旗则例》卷三，第41页。

（2）《（光绪）大清会典事例》卷一一四四。

（3）《清太宗实录》卷七，天聪四年五月壬辰。

（4）〔清〕苑咸：《八旗屯种疏》。载《皇朝经世文编》卷三五，"户政"。

（5）〔朝鲜〕金昌业：《燕行日记》，转引自刘小萌：《清代北京旗社会》，第83页。

（6）《八旗通志初集》卷二三，"营建志"。

（7）〔清〕裕诚等纂：《钦定总管内务府则例·会计司》卷四，故宫博物院民国二十六年校印本，第81页上。转引自刘小萌：《清代北京的旗民关系》，载《清代满汉关系研究》，第173页。

（8）《北京市志稿·民政志·户口》，参见韩光辉：《北京历史人口地理》，北京大学出版社，1996年，第125页。

（9）《清太宗实录》卷十一，天聪六年正月癸丑。

（10）参见《天聪九年档》九月记事。

（11）《清世祖实录》卷四十，顺治五年六月壬子。

（12）杜家骥：《八旗与清朝政治论稿》，第512页。

（13）《清世祖实录》卷四十，顺治五年六月辛亥。

（14）《清世祖实录》卷四十，顺治五年六月庚申。

（15）《清高宗实录》卷一六四，乾隆七年四月壬寅。

（16）《清德宗实录》卷四九二，光绪二十七年十二月乙卯。

（17）《清高宗实录》卷一六四，乾隆七年四月壬寅。

（18）《清高宗实录》卷一八九，乾隆八年四月戌甲。

（19）《清高宗实录》卷四五九，乾隆十九年三月丁丑。

（20）《清高宗实录》卷五〇〇，乾隆二十年十一月癸酉。

（21）《清高宗实录》卷五〇六，乾隆二十一年二月。

（22）"高录"卷一，甲申（1584）年四月。

（23）〔清〕昭梿：《啸亭续录》卷三，载《啸亭杂录》，第465页。

（24）《八旗满洲氏族通谱》卷七四，第7页。

（25）参见刘小萌：《清代北京旗人社会》，第448页。

（26）金启孮、张佳生主编：《满洲历史与文化简编》，第87页。

（27）谈迁：《北游录·纪闻下》。

（28）刘阐，即宁古塔六贝勒之二，太祖祖父觉常安之兄（觉常安行四）。厄墨气，太祖生母之名。"高录"卷一记为"显祖（太祖父，名塔克世）嫡妃，喜塔喇氏，乃阿古都督女，是为宣皇后"，不书名讳。

（29）《建州纪程图记校注》，第18页。

（30）今所见《清太祖武皇帝实录》汉文本，实为顺治朝重缮之本。

（31）历，繁体作暦，弘历即乾隆帝之名。升，繁体作昇。

（32）《清世宗实录》卷二，康熙六十一年十二月辛末。

（33）《清高宗实录》卷二，雍正十三年九月甲辰。

（34）《清高宗实录》卷三，雍正十三年九月丙辰。

（35）（37）《（光绪）大清会典事例》卷一，宗人府一，天潢宗派。

（36）胡增益：《新满汉大词典》，第294页。

（38）《清太宗实录》卷三二，崇德元年十一月癸丑。

（39）《天聪朝臣工奏议》卷中，"宁完我请变通大明会典设六部通事奏"，第71页。

（40）《养吉斋余录》卷三，《养吉斋丛录》，第298页。

（41）朝鲜使臣归国后答其国王问，称"闻其太后甚厌汉语，或有儿辈习汉俗，则以为汉俗盛则胡运衰，辄加禁抑之矣"。参见吴晗辑：《朝鲜李朝实录中的中国史料》，第九册，第3938页。

（42）《清圣祖实录》卷二八，康熙八年四月丁丑。

民国时期

　　民国时期，北京少数民族的人口在逐渐减少。据 1929 年的文献记载：“北京城内的人口中，汉人约占 70% 至 75%，满人占 20% 至 25%，回人占 3%。”[1] 当时北京的人口数为 1375452 人。依照推算，北京城内的满族有 30 万人左右，回民达 4 万多人。而根据 1949 年 10 月当时北京市行政区划（1255 平方公里）城市居民的户口统计，北京市总人口为 1948902 人，汉族人口为 1856389 人。据有些相关统计数字显示，这时的北京只有 5 个少数民族，92513 人。其中：回族 60256 人，占全市总人口的 3.09%；满族 31012 人，占全市总人口的 1.59%；蒙古族 1220 人，占北京市总人口的 0.06%；藏族 24 人；苗族 1 人。民国时期，北京的少数民族受到统治阶级压迫与歧视，经济生活贫困，文化教育落后。

第一章　民国时期北京地区的回族

第一节　回族的政治状况与革命活动

　　辛亥革命时期，孙中山在《临时大总统就职宣言》中提出了"汉、满、蒙、回、藏""五族共和"的口号[2]。这一主张虽多次为历届国民政府所标榜，但实际上并没有真正贯彻执行。

　　民国时期，回族、满族、蒙古族等北京少数民族，除了像汉族人民一样遭受帝国主义、封建主义和官僚资本主义三重压迫外，还要受到民族歧视和压迫。反动当局有意挑拨汉族和各少数民族之间的关系。例如故意制造混乱，致使一些不明底细的兄弟民族把对清朝统治者的仇恨错误地倾洒到满族人民身上。很多满族、蒙古族人只好瞒报族别或隐姓埋名以图生存。清末民初，北京约有满族 60 余万人，而到民国末期，只有 3 万余人。国民党政府根本不承认有什么少数民族，他们认为汉族以外只存在着宗族。有些少数民族的称呼甚至以"犬"或"虫"字偏旁冠名。对北京世居民族回族，国民党政府也是采取了不承认政策，他们只认为回回问题不过是宗教问题。国民党政府的民族压迫政策，给日本军国主义侵略政策提供了方便条件。

　　自清末以来，面对帝国主义侵略和封建压迫，北京少数民族中的先进分子投身辛亥革命，为旧民主主义革命进行了不懈的斗争。中国共产党成立后，北京的少数民族群众在中国共产党的领导下，积极参加反帝、反封建斗争，在第一次国内革命战争、抗日战争和解放战争中涌现出一批可歌可泣的英雄人物。

一、政治状况

民国时期，不管是北洋军阀轮番割据，还是国民党政府的统治，对待少数民族都是采取政治上的歧视。蒋介石政府推行大汉族主义民族压迫政策，不承认回回是民族，而是"国内生活习惯特殊之国民"，为汉族之"分支"，回族长期被称为"回教人"。

二、社团组织的建立

民国时期，北京回族先后成立了一些社团组织。这些组织按性质可分为两类。一类是群众自发成立的团体，其宗旨是联谊回族群众，办理宗教事务，兴办回族文化事业，发展回族教育，兴办回民学校。另一类主要是为日本侵略者服务的日伪组织。

1. 中国回教俱进会

中国回教俱进会（以下简称俱进会）于民国元年（1912 年）在北京成立，是北京最早的回族群众团体。本部设在西单清真寺内。创办人是著名的牛街礼拜寺王宽阿訇（字浩然，北京人）。至于创办的目的和宗旨，他在《中国回教俱进会本部通告·序》中说："余游土耳其归国后，始知世界大势非注重教育，不足以图存，遂即提倡兴学。未几，而清真学堂以立。然每叹吾教之散漫，欲筹收束之方，而未由也。天相中国，共和缔造，集会结社载在条文。宽乃纠合同志，创设此会，惨淡经营，苦心孤诣……际兹《通告》刊行，宽有数言。我最亲爱之穆民，其听之！回汉相处，千载有余，而乃交哄时闻，感情恶劣，殊非五族一家之道。汉、满、蒙、藏，譬犹兄弟，操戈同室，贻笑外人。总宜相亲相近，切勿疑忌疑猜。余各处演说，皆以此语反复言之。实不愿酿兄弟阋墙之祸，而妨碍闾里之安宁也。"他主张办教育，倡导五族共和，民族团结，并主张与土耳其通商。该会章程规定：组织适合本教之报社；倡设男女小学校；倡设男女工艺厂，并力谋生计改良之法；提倡俭德，劝导剪除发辫及阻止妇女缠足等。马邻翼（回族，北洋政府教育部首席参事）任俱进会会长，王宽任副会长，各有关省市设分会。俱进会拥护孙中山领导的民主革命。1912 年孙中山和黄兴来北京，俱进会在东珠市口织云公所召开欢迎会，很多回民各界人士参加欢迎会。1917 年孙中山在广东成立军政府誓师北伐，曾致函王宽会长"令举西北实力参加革命"以为北伐之策应。王即致函西北回族军政要员，并派他的学生孙绳武去广东面向孙中山汇报。俱进会主办有

《穆声月报》、《穆光半月刊》、清真学理译注社。1936 年 5 月 2 日北平市政府下令"查回教团体，中央已批准中华回教公会之组织，并发给证书在案。依照民运法令规定，同一性质之人民团体，以一个为限"，俱进会被迫停止了活动。

2. 北平回民公会

1928 年在教子胡同清真寺召开成立大会，马邻翼任理事长，理事有刘仲泉、赵振武、马天英等。其宗旨是争取民族平等权利，兴办文化教育事业，维护回民的合法权益。回民公会曾举办教义广播演讲，回族妇女教义讲习会；处理"教案"；成立回民食品营业审查委员会；创办回教临时难民救济会，设立收容所 7 处，收容难民 1200 余人。1937 年七七事变后停止了活动。

3. 中国回教协会北平市分会

抗战后成立，总会前身为"中国回民救国协会"，1945 年日本投降后改为中国回教协会，白崇禧任理事长。中国回教协会北平分会理事长为永宝斋玉器铺经理常子椿。在王府井开办了信用合作社，主要从事黄金投机生意。开办了天坛农场、普慈施门诊部等。1949 年停止活动。

4. 中国回民青年会北平市分会

中国回民青年会的前身是中国伊斯兰教青年会，1939 年成立于重庆。1945 年日本投降后，经召开中国伊斯兰教青年会临时代表大会决定，更名为中国回民青年会。其宗旨是"团结全国回民，争取回民利益，融洽民族感情，共负建国任务"。主要成员有薛文波、马汝邻、闪克行（闪克）、马述尧等。1947 年 12 月，中国回民青年会北平市分会在西单清真寺成立，推举薛文波（国立成达师范学校校长）为理事长，马耀、马金鹏、张德吾、马国玺等为理事。该会成立后曾与中国回教协会北平分会组织成立"中国回民援助阿拉伯圣战大同盟"，在薛文波主办的《北平小报》上辟有《回民青年》专栏，举办穆罕默德圣纪报告会等。1948 年停止了活动。

5. "北京回教会"

1937 年七七事变爆发后，侵占北平的日军拉拢回族上层中的少数卖国分子，于 1937 年 8 月成立了伪"北京回教会"，谎称愿意"帮助回民自治"，实现"回民的自决独立"。他们拉拢少数回族的上层分子，挑拨回汉两族的民族感情。日军打着"尊崇回教"、"维护回教"的幌子，进行反对共产党，破坏民族团结，破坏抗战的活动。

6. "中国回教总联合会"

日本帝国主义出于长期侵占中国的政治目的，感到"北京回教会"不能适应形势变化，所以在北京拼凑组成一个涵盖面较大的"中国回教总联合会"（以下简称伪"回联"）。1937 年末，由日本占领军牵线，伪满方面派出陆军少将刘锦标以满铁嘱托的名义，携近 10 名回民赴北京与唐易尘等商谈建立伪"回联"事宜。翌年春节过后，唐易尘率"北京回教会"的职员到宣内绥水河胡同小池定雄的家中进行筹建活动。

1938 年 1 月，伪"回联"由日本华北方面军顾问高垣信协助回奸马良及王瑞兰、刘锦标等在北京组建，会址设在广安门大街东北大学旧址处，同年 2 月 7 日在中南海怀仁堂召开成立大会。刘锦标以咨议身份所致开幕词中宣布了内定好的委员长和委员名单，会后还在电台为伪"回联"的成立作宣讲演讲。同时，该会还在北京散发传单，市内各报均作了报道。伪"回联"主持日常事务的是总务部长唐易尘，下设文书课、会计课（课长为日本人长川，后为桥口）、教育课、救济课、刊物课、调查部，以后还成立过宣化部。曾组织过对回教人口及沦陷区清真寺寺况调查。作为总负责的刘锦标完全秉承日本占领当局的旨意办事，事无巨细均由日本顾问签字才能办理。

北京设伪"回联"的区本部，各清真寺设分会。伪"回联"成立后，日伪勾结回奸进行了一系列反对中国共产党，出卖祖国与民族利益的活动。伪"回联"在北京所从事的一些重要活动有：

其一，1938 年 5 月在牛街地区建立一个叫"回教青年团"的准军事组织，它名义上称宗旨是"养成回教青年指导员"，实际上是以介绍职业为诱饵，为反共防共培训回民武装和警特的军训组织。1940 年，"回教总会"派数名回教青年团员去日本人警官学校，但只学了一年日语，因太平洋战争爆发而辍学回家。

其二，为日本侵略者征集劳工。约在 1941 年，伪"回联"的日本顾问要北京各清真寺出面动员回族青年去东北"勤劳奉仕"（日语为义务劳动）。但在总会组织讨论时，大家一致以回民拖家带口，外出饮食不便等理由推托过去，最后不了了之。

其三，伪"回联"下设的刊物课于 1938 年创办《回教》月刊，刊名由日本人茂川秀和题写，约出版2卷。第1卷第1期为回教总会成立大会特辑，收录了"回教总会"宣言、标语、章程、组织系统图、成立经过介绍、大会发言、"庆祝游行"路线、会场分布及各种请柬样式。以后各期内容都为报道华北各地分会活动消息，介绍京津冀清真寺调查情况，虽然摘登伊斯兰教典籍中的篇章段落，但也刊登亲日反共的文章。此外，每期卷首均刊载多幅会务活动及新闻照片。1940年停办月刊，8月24日改出《回教周报》，每期6版，逢主麻（星期五）出版。每期头版左侧均刊登其办刊宗旨："联合全体教胞，筑成反共壁垒。"所设栏目有回教圈政治、军事新闻、宗教教义探讨、世界回教动态、国内回教消息、清真寺寺务记事等，反映了日伪时期沦陷区穆斯林的宗教、社会、经济活动情况。

三、杰出人物的革命活动与回族人民的革命斗争

北洋军阀的倒行逆施，激起了一批有思想的仁人志士的强烈不满，其中不乏回族先进的知识分子，以笔为旗，猛烈抨击北洋政府的反动腐朽统治。其中以北京的丁竹园、丁宝臣等人为代表，他们创办报纸，撰文立说，抨击时政，针砭时弊。同时，宣传回族的爱国思想和精神。

丁竹园（1869—1935年），名国瑞，号竹园，字子良。北京马甸人（今属海淀区）。幼学诗书，聪颖过人。受其叔父影响，青年时研习中医，颇有造诣。1895年到天津谋生，曾任正兴德茶庄司账，与茶庄经理穆竹荪（回族）交往甚密；又在津行医，对内、妇、儿科均精通。1906年联络同业成立医药研究会，并在其家开设"敬慎医室"。他行医不忘爱国，"以医济人"，"以言济世"。倡导白话文，1907年自创《竹园白话报》，次年改称《天津竹园报》。为民说话，为国分忧。他生活的时代，是中国国难当头，人民水深火热的年代。他说："鄙人亦是中国一分子，对于国家的安危，岂能漠不关心。"他以"竹园演说"著文，在天津《直报》、《中外实报》发表，又不断为《大公报》、北京《正宗爱国报》撰写文章，"议论国事切中要害，开导人心言辞诚恳"，以"忧世忧民之苦心，阐发公理，持论正大，规谏政府"，"救国情殷"[3]。

当袁世凯窃取政权，冒天下之大不韪，实行独裁统治时，丁竹园入木三分地指出："要知国家改为共和，扫除专制，是求国利民福起见。不是专为改名目，亦不是专为改形式。人民所盼望的，是做官的不贪赃，不卖缺，不卖法，不克扣军饷，不位置私人，不钻营运动，

不依势压人。"[4] 又指陈："甘做外人傀儡，或名为救国而实乱国，或阳示改革而阴实破坏，或意气用事不顾大局，或借端诈财鱼肉百姓。"[5] 他明知"言出祸随"，却将个人的安危置之度外，仍坦诚直言，指斥北洋军阀的黑暗统治，批判北洋政府的官吏搜刮民脂民膏，祸国殃民，表现出了一个回族知识分子"救国情殷"的赤子之心。同时面对国破山河，任人宰割的祖国，他向所有回回人大声疾呼"清真教人宜速奋起"，指出："目下，国基初定，外患频来，凡我清真教人，宜速联络，或投身军界，或捐助军饷，为国家出力边疆，折冲御侮。保国即是保教，爱国即是爱身……既是中国民，就当同心努力地维持我们国家大事。没了国，还能保得住教吗？"[6] 尤其是"保国即是保教，爱国即是爱身"的呐喊，成为20世纪回族爱国的最强的心声。丁竹园在当时历史条件下，正确认识国家和民族及宗教的关系，以爱国为己任，不愧是回族先进分子。[7]

丁宝臣（1874—1914年），北京马甸人（今属海淀区），丁竹园弟。幼从叔父学医，有医术，在北京行医。1900年庚子之役八国联军入侵北京，列强瓜分中国，丁宝臣目击时艰国难，清光绪三十年（1904年）在京创办《正宗爱国报》，首开中国回族办报之先河。顾名思义，《正宗爱国报》以宣传爱国思想，宣扬民主，启蒙民众，力图挽救民族危机为己任。其办报的宗旨是唤起国人"痛痒相关，彼此相顾，同心协力，共谋同种幸福，以国土为性命，人人发出一团热力爱国如命……保卫中华，万万年"[8]。

《正宗爱国报》关注国情，针砭时政，传播民主，言论自由，痛快淋漓，深受读者喜爱。其兄丁竹园的文章，大量刊载于《正宗爱国报》，为其阐发爱国言论的主要阵地。1912年孙中山到北京，丁宝臣与报界开会欢迎，追随孙中山革命。1913年宋教仁被袁世凯派人刺杀于上海东站，孙中山发动"二次革命"讨伐袁世凯。《正宗爱国报》广泛报道各省反袁活动，激励民情。"二次革命"失败后，孙中山东渡日本，袁世凯解散国民党，积极准备复辟帝制。丁宝臣利用《正宗爱国报》，揭露袁的反动活动，同时以具体数字说明国会议员和当兵者收入之悬殊，同情底层人民苦难，鞭笞统治者之荒淫。袁世凯以"乱军心罪"将丁宝臣逮捕，判处死刑。经多方营救无效，1914年7月丁宝臣被杀害，时年39岁[9]。

吴祯（1880—1923年），河北省涿州人，长辛店机械厂工人，长辛店工会委员及工会所属的调查团团长。1922年8月，在驱逐工贼谢德清，赶走比利时厂长祚曼的斗争中，吴祯始终站在斗争前列。1923

年 2 月 4 日，京汉铁路全线大罢工，吴祯与工友一起举行了示威大游行。2 月 6 日被捕入狱，在狱中受尽严刑拷打，牺牲时 43 岁。

第一次国内革命战争时期，在北京开展革命活动的回族代表人物主要有共产党员马骏、刘清扬、郭隆真等。

马骏（1895—1928 年），黑龙江省宁安县人。1919 年于天津南开中学就读。五四运动爆发后，被选为天津学生联合会副会长和天津各界联合会负责人，他与周恩来等一起立即组织发动了天津学界的罢课示威活动。6 月 9 日，马骏领导天津学生联合会举行了公民大会，以声援北京学生的斗争，马骏致开幕词，要求天津商界罢市。

6 月底，马骏被天津各界联合会推选为总代表，同郭隆真、刘清扬等十多名代表赴京，联合北京学生三十多人到新华门向北洋军阀政府请愿，迫使北洋政府未敢在"巴黎和约"上签字。示威斗争取得了胜利。

1919 年 8 月，山东省镇守马良竟杀害了爱国团体回教救国会领导人马云亭等三人。北洋政府不仅不予惩治，反而拘捕了声援"济南惨案"的山东代表，8 月 23 日天津学联为声援山东惨案，派郭隆真、刘清扬等 10 人为代表，联合北京代表等 15 人，于清晨齐聚总统府前请愿被捕。天津学联召开紧急会议，推选代表 40 人组织第二批请愿团，由马骏率领赴京支援北京的斗争。马骏被推为京津代表总指挥，率领天津、北京、济南、烟台等地请愿代表五千多人抵达总统府门口，在天安门前宣传、讲演爱国思想，与军警对峙达三天三夜。29 日，军警恼羞成怒，竟以皮鞭、枪托殴打学生，马骏挺身而出。两个警察抓马骏的双臂，警官用枪口顶住马骏的前胸，杀气腾腾地说："立即给我下令解散队伍！"马骏面不改色，厉声回答："释放代表，答应请愿要求，大家自然会解散。"遂被捕关押。此前他还讲："吾人死为国死，死为争国不亡而死，死后惟愿全国父老以及后之来者，万不可把国忘了。"[10]马骏被捕的消息传出后，京、津、济、烟等地各界联合会的抗议电报飞向北京，在全国声援下最终获释。因他英勇指挥天安门示威游行的斗争，乃获"马天安"的美誉。

1920 年，马骏加入社会主义青年团；1921 年在北京加入中国共产党。1925 年，马骏被派往苏联莫斯科中山大学学习。1927 年大革命失败后，国民党反动派在全国范围内屠杀和逮捕共产党人。4 月，中共北方党组织领导人李大钊惨遭杀害，北京市委遭到破坏。危难之际，马骏奉调回国，就任中共北京市委书记兼组织部长，负责重建北京市委。他以出色的工作，很快恢复了遭到破坏的北京地下党组织。

1927 年 12 月 3 日，由于北京市委青年学生部长被捕叛变，临时市委遭到破坏，马骏不幸被捕。张作霖始则以教育次长的高位诱降，马骏当场痛斥，继则施以酷刑。马骏坚贞不屈，敌人一无所获。马骏还从容地写下"故共产党员马骏之墓"九个大字，说道："我活着是共产党员，死了还是共产党员。"张作霖毫无办法，以"大元帅指令九十八号"文批准马骏死刑[11]。

1928 年 2 月 15 日，马骏在北京英勇就义，年方 33 岁。他"上衣被剥，双手被绑，两脚加镣。他挺身端坐在黄包车上，昂着头，睁着眼，他那六七寸长的黑须迎风飘逸。"他唱着《国际歌》，沿途大声高呼："回汉族联合起来，反对帝国主义！""只有共产党才能救中国！"沿街的千万民众为他的革命精神感动，有的流下眼泪。[12] 刑前的马骏大义凛然，一身正气。作为一个爱国主义者和共产主义者，他以自己的鲜血和生命去殉自己的祖国、殉自己的信仰。

刘清扬（1894—1977 年），女，中国共产党早期党员。1894 年 2 月 15 日出生于天津一个传统的回族家庭。1906 年，天津爱国人民为了建立海军以巩固国防，发起一场群众性的爱国储金运动。在一次募捐大会上，讲演人的慷慨陈词，群众的踊跃捐献，激发了少年刘清扬的爱国热忱。她当场把身上的零花钱都捐了出来，还觉得没有尽到自己的爱国心力，又毅然摘下自己心爱的金戒指捐给大会。"十三岁的女学生捐出一个金戒指"的故事从此宣扬开来，传为佳话。

1919 年，北京学生点燃了五四运动的火炬，刘清扬和直隶女师的同学邓颖超、郭隆真等发起成立了"天津女界爱国同志会"，她本人当选为会长。她们上街游行，高呼"国家兴亡，匹夫有责"、"外抗强权，内除国贼"等口号。她们在大街小巷宣讲提倡国货、抵制日货的道理，和天津学联并肩战斗、相互支援，举行声势浩大的集会和示威游行。对此，时报评论说："以少数弱女子具精诚毅力，始终不渝，我中国可不亡矣！"[13]

1919 年 6 月下旬，因《凡尔赛和约》签字日期迫近，天津各界联合会于 26 日开会决定派刘清扬等 10 位代表进京，会同山东、北京代表请愿，要求政府拒绝在和约上签字，她被捕。后在马骏的领导下取得斗争胜利。1919 年 9 月与周恩来、马骏一起发起组织了"觉悟社"，之后，又与马骏赴上海发起组织全国各界联合会，任会长。

九一八事变后，刘清扬发起组织北平妇女界救国会，任主席，从事抗日救亡运动。

郭隆真（1894—1931 年），女，河北省大名县金滩镇人，中国共产党早期党员。1924 年，赴苏联莫斯科东方大学学习。1925 年回国，在北京协助刘清扬做妇女工作，主持创办妇女职业学校——"缦云女校"。还负责主办《妇女钟》、《妇女之友》等杂志。《妇女之友》宣传妇女解放，抨击军阀政府的卖国行径，以马克思主义的观点分析问题，被当局勒令停刊。郭隆真便不顾个人安危，用各种办法躲过敌人的检查，冒着生命危险，使《妇女之友》不断地出现在北京城内，直到大革命失败才被迫停刊。

"五卅"惨案后，郭隆真与刘清扬等爱国人士在北京组织"回民沪案救国会"，号召各地回族群众反对帝国主义，捐款救助伤亡人员。她还利用自己的公开身份经常到香山慈幼院、北京女高师及清华大学、燕京大学等处活动，进行发展党团组织等工作。1927 年被捕，后经党组织营救被释放。出狱后继续坚持革命斗争。1930 年，到山东青岛开展革命工作，任中共青岛市委宣传部部长。是年秋被捕，1931 年 4 月 5 日，在山东济南千佛山被害。

抗日战争期间，北平回民群众以各种方式开展抗日救国斗争。他们兴办杂志宣传抗日救国。其中，民铎中学抗日救国会创办的《醒民》杂志，先后发表了《抗日的决心及觉悟》、《不抵抗主义与亡国主义》等一系列文章，对投降派进行抨击。《月华》杂志 1932 年 1 月 25 日第 4 卷第 7 期发表了《困难时期伊斯兰人应有的呼声》一文，表达了广大回族群众的抗日决心。《成师校刊》在 1936 年 8 月 31 日第 3 卷第 24 期上发表文章，揭露日本侵略者收买回奸的阴谋。"卢沟桥事变"发生后，北平回族迅速成立了"北平回民抗敌守土后援会"，7 月 29 日在《北平晨报》上发表《卢沟桥事变的通电》表达北平回族抗日的决心。北平回民抗敌守土后援会同北平学联等抗日团体一起，广泛进行抗日宣传，成立义捐团、慰问团、看护队、战地服务团等，进行抗日活动。

日本侵略军在进行武装侵略的同时，千方百计拉拢少数回族上层分子，为其侵略战争服务。1938 年伪"回联"成立之后，在日本特务机关的控制下，到处进行反共诱降活动。伪"回联"委员长王瑞兰企图以师徒关系，让杨明远阿訇充当伪回联北京区本部委员长，杨明远以身体欠佳，不识汉字为由坚辞不受，表现了爱国爱教的气节。

北平沦陷后，马甸牛羊市场被禁止，回族的牛羊行业受到很大损失。日本侵略军为垄断屠宰业，推出一傀儡为股东，双方约定 3% 的纯利归股东，其余归日方，回民群众得知后，自发组织起来闯入股东家，将股东割去一耳，剜去一目，对与日本侵略者勾结的股东给予了严惩。

在抗日斗争中，许多回民群众得到了锻炼，经受了考验，一些回族青年在斗争中加入了中国共产党，后来均成为中国革命的骨干力量。

解放战争时期，北平回族革命活动的主要力量是回族学生、工人和职员中的中共回族党员。他们响应中国共产党的号召，反对国民党蒋介石发动内战，广泛开展民主活动，国立成达师范（回民学校）的回族进步学生组织全校同学举行罢课，反对校方任意开除学生，克扣学生公费，在社会上造成了相当大的影响。

第二节　回族的社会经济生活[14]

一、经济状况

民国时期，北京回族经济的突出特点是以小商贩为主的经济结构，人们常常用"两把刀、八根绳"来概括。"两把刀"是指牛羊肉业和切糕业的主要工具；"八根绳"是对挑担行商小贩的泛称，一根扁担，两个筐，前后各以四根绳系起来。为了表示同汉人的区别，此行的作坊、浮摊或售卖商店都挂有"汤瓶牌"。这种标识，大半都是用木头或铜、铁、玻璃等物制成，上面绘以回教人沐浴时用的储水壶。因为回教人称沐浴的储水壶为"汤瓶"，故此回教食品商所挂的标识，即称它为汤瓶牌。北京城区回族从业人员最多的是牛羊肉业和饮食业，其次是菜行、骡马行和珠宝业，从事工业的人员相对较少。

显然，小商贩为北京回民的主要生计，若连经营小商贩的能力也失去时，只能以"打执事"、"提炉"为生（执打婚丧娶嫁的仪杖与提香炉，形同乞丐），他们大多数人过着朝不保夕的生活。

北京回族经济生活的另一特点是：姓氏与其所从事的行业混称，并成为堂号或绰号，以牛街为最多。如骆驼刘（专门从事贩卖骆驼）牛羊肉业、珠子沙（珠宝行）（以下略称）、膏药王、香儿李、画壶马、年糕张、果子贾、菜王、韭菜杨、小桌王、草王、面马、爆肚满、厨子梁、车户李、干果王、风筝哈、芍药花王、鱼胡、葱胡、草张、骨头金、驴子孙、瓶子陈、酪魏、奶茶马、皮连、貂鼠刘等。这也反映了回族从事行业的多样性与小本经营的特点。此外，这种以家族职业、行业字号等特征放在姓氏之前加以区别，还包含了另外一层含义，就是回族手工业要以家族传承的方式传递技术和行业知识，从事手工行业是一种血缘式的家族生活传统。

北京城市回族失业的相当多，据1949年调查，回族失业的共2837人，占回族总人口（6万余人）的4.71%，半失业的约1万人。又据对牛街2671户回民经济生活状况调查：

（1）依靠小商贩个体劳动为生的占调查总户数的39.1%，生活很不稳定，往往全家操作，有时仍不能维持最低生活。

（2）从事饮食、牛羊肉、骡马、菜、粮业、玉石摊的人员占30%。

（3）教职员、自由职业者占4.5%。

（4）无固定收入和失业者占26.4%，他们的生活更加困难。

以上第（1）（4）两类占调查总户的65.5%，属于回族最困难的户。

当时北京的郊区有回族的村镇40余处，回族农民1841户，一般土地较少，平均每人有土地1—2亩，大多是半农半商，春秋务农，夏冬做小买卖。

二、手工业与工业

民国期间，北京的回族没有大型的近代工业，主要为手工业。这些手工业资金少，缺乏技术人才，一般都是小作坊，主要从事加工、修理等业务。如骨制品业，全市共有164户，其中回族兴办的只有16户，职工26人。开办最早的是复兴和骨制品厂，创建于清末，主要提炼牛、羊骨油，供制造肥皂用，下脚料炼制骨胶。

机器加工业全市共有1095户，回族兴办的只有2户，6名职工均为回族。其中永合铁厂设备仅有八尺旋床、打眼床、电焊机各1台，主要修理兽类大车，修补电焊车轴等。荣兴德是1938年自保定迁京的制革业工厂，创办者为回族李庆荣、李庆喜兄弟。设备有压光机、转鼓机、电动机各1台，每月可制牛皮100张。化学工业有艾宜栽（曾任成达师范教务主任）在东四牌楼清真寺院内兴办的建中化学工业社，有股东5人，职工4人，主要生产制革原料氯化钡、煤染剂、硫化钠等。

此外还有玉器雕琢、象牙木石雕刻、镶嵌、玩具制作等回族特种手工艺16户。

据1950年统计，北京全市由回族兴办的小型工业企业有81户，从业人员256人（见表1—1）。

表1—1　北京市回族工业情况（1950年）

业别	全市总数	回民户数	职工数	备考
机器	1095	2	6	
橡胶	206	4	25	
羊肠	68	9	43	
针织	709	8	23	
制革	212	4	9	
骨制品	164	16	26	
造胰	255	12	48	
芝麻油	143	10	34	
其他	1857	16	42	地毯、皮毛、化工等
合计	4709	81	256	

　　资料来源：彭年：《北京回族的经济生活变迁》，载《回族研究》1993年第3期。

三、经营的主要行业

1. 饮食业

　　饮食业是北京回民经营最多的行业之一。民国时期，全市有清真饭馆达千余家，从业人员1700多人。

　　清末民初，北京清真餐饮业获得长足发展。烤肉宛、东来顺、元兴堂、两益轩、同聚馆、西来顺、又一顺、正阳楼、瑞珍厚、鸿宾楼、西安饭庄等都是著名的清真餐馆。民国时期，在前门一带开业的清真餐馆就有元兴堂、两益轩、同和轩、同益轩、西域馆、西圣馆、庆宴楼、萃芳园、畅悦楼、同居馆（馅饼周）、恩元居（炒疙瘩）等数十家。

　　1930年，清真饭庄"西来顺"在繁华的西单路口开张营业，立即轰动了京城。其中原因是出任西来顺饭庄经理的是名冠京城的清真厨师诸祥。诸祥原名诸连祥，是著名的清真菜肴革新家。他因烹饪技艺高超，清末曾到皇宫御膳房任职。民国初年，又到"两益轩"等饭庄指导烹调技艺，带出了许多高徒。诸祥见多识广，思想开明，在清真菜的革新上，大胆吸收了西餐和中国南北菜肴的一些技艺，创制出"炸羊尾"、"生扒羊肉"、"炒甘肃鸡"、"油爆肚仁"等新的清真菜肴百多种，并首创清真海味菜肴，在同行和食客中享有盛名。京剧大师马连良是回族，经常到西来顺宴客和用餐，并与诸祥结下深厚友谊。由此带动了许多文化、戏剧界的名流，竞相光顾西来顺。

回族开办的餐饮业均在门面或招牌上书写有"清真"二字或用阿拉伯文书写的"都阿宜"（祈祷词）。北京的清真菜肴、风味小吃与面点品种繁多，做工精细，后又吸收了淮、鲁两大菜系及西餐的某些长处，从而形成独具特色的清真食品。据现已出版的各种北京《清真菜谱》所载，北京的清真菜肴已达500多个品种。许多老字号，如月盛斋的酱牛羊肉、大顺斋的糖火烧、馅饼周的馅饼、豆汁张的豆汁、羊头马的白水羊头、爆肚冯的爆肚、年糕王的切糕等，都是历经数百年的名吃，享誉海内外。

清真菜肴大致分东、西两派。东派以白魁的烧羊肉，义和轩（通县小楼）的烧鲶鱼，粮食店小楼的红烧牛肉为代表。西派以两益轩、西来顺等为代表。东派重传统，西派重创新。回族著名厨师褚连祥、杨永和等主张改革清真菜肴，经他们的努力，北京清真菜中开始有了鱼肚、鱼骨、鱼唇、燕窝等为原料的海味菜。随后，清真菜中出现了如西法大虾、炸卧虎饼、沙拉子、炒菠萝饭等多种中西结合的菜点。在北京的清真菜中，牛羊肉、鸡鸭鱼虾、山珍海味类菜肴总数达到768种之多。其中东来顺的涮羊肉，烤肉宛、烤肉季的烤肉，月盛斋的酱牛肉尤为著名。

风味小吃与清真糕点很有特色。这些小吃选料考究，或蒸、或炸、或煮、或烙，花样繁多。1948年末，北京城内经营清真糕点的企业共有75家，职工总数307人，其中回族占40%。著名的有清华斋、祥茂斋、祥聚公等。这些字号大多设有作坊，也有的是前店后厂，自产自销。

2. 牛羊肉业

牛羊肉业是回族经营的传统行业。这一行可细分为牛羊栈业、屠宰业、贩卖业等。过去都曾建有各自的同业公会。据北京解放初期统计，直接从事牛羊肉业者约有1千户以上；劳资双方从业人员有1884人。牛羊栈业18家，店员72人（其中回族有40人），店址大部在马甸。

牛羊栈业属于经纪牙行，牛羊贩从内蒙古等地贩运牛羊来京后，即落入栈内委托以出售，待成交后，栈方从买卖双方收取佣金。马甸是回族聚居的重要地区，是自内蒙古地区贩运牛、羊进京的必经之地，马甸的回族大多从事牛、羊长途贩运，俗称"赶羊趟子"，或开羊栈。与内蒙古、张家口地区的客商贩运牛、羊交易，马甸成为京郊最大的牛羊交易场所。

为维护牛、羊肉行业的基本利益，1925 年，北京市羊肉业同业公会成立，1939 年 5 月，牛羊驼商成立了北平市牛羊驼商同业公会分会，随后，羊锅坊、牛肉贩卖业，牛羊栈业也分别建立了同业公会。1945 年，羊行、牛肉贩卖业合并成立了北平市牛羊贩卖业同业公会。

1937 年北平沦陷后，日寇为了控制牛羊的来源，实行统制，成立牛羊肉类组合，而明令禁止在马甸进行牛羊交易，致使牛羊店纷纷倒闭。原有 30 多户的牛锅坊，到 1938 年只有十余户。1939 年 7 月牛羊驼商同业公会分会成立时的宣言说："惟我牛羊驼商，为星罗棋布。近两年来被少数分子操纵把持，资多者损失固多，资少者亦无法营业。因之，失业不能生活者，不下千百家。"当时有人撰文《回教屠宰业漫谈》说："最近春节之后，市内牛肉铺多有'亮案子'（即无肉可卖）三四天者，原因是牛只来源不旺，以致牛价上腾。"[15] 又有文章写到牛羊行业状况时则哀叹："牛肉铺回教商人饱尝压迫矣，卖牛之乡民任其宰割矣"[16]。当时入城的牛羊已大大下降，每年不过五六万只。著名的月盛斋酱羊肉铺老经理马霖回忆说："我在月盛斋管事是在抗日战争的中期（约 1940 年），这段时期是月盛斋自创办以来最艰苦最难熬的时候，自北平沦陷后，日寇疯狂掠夺中国人民的财富，北平百业凋敝，工商业纷纷倒闭。月盛斋的生意还可勉强维持，并不好卖，没办法，就开始酱制牛肉，这是做酱牛肉的开始……到北平解放前夕，月盛斋已奄奄一息。"[17]

回民从事屠宰业有 280 家，屠宰场有 3 处，南场在天桥，北场成立于 1945 年日本投降之后，解放初又在东郊建东场。据 1949 年统计，三个场每年屠牛 34679 头，宰羊 142567 只。三个场共有工人 237 人（其中除汉族 30 人外其余都是回族）。

此外，还有倒肉的（即搞运输的）、从事牛羊下水、羊肠、牛羊骨等行业的回族从业人员有 242 人，牛羊肉零售户为 426 户。

3. 珠宝玉器业

珠宝玉器业是北京回民的传统行业之一，也是从业人员较多的一个行业。该行的主要原料玉石产自新疆和田居多，由于回民与玉石产地的人具有相同的宗教信仰，并且语言相通，所以垄断了与西域原产地商人之间的贸易交往。[18]

民国初期，北京有 62 户珠宝玉器行业，回族、汉族各占一半，并成立有玉器业同业公会。1936 年因选举事发生矛盾。北京市珠宝玉石业公会理事会的选举，曾规定了回民理事席位的比例应占 1/3，但选举揭晓后，全部理事几为汉民所占有，因而引起回族会员的强烈不满。全体回族会员当即退出会场，遂另行组织回民的"珠宝玉石业公会"。[19]

至 1948 年底，由回民开设的珠宝玉石铺和摊商 151 家，大多设在前门外廊房二条、王府井和崇文门外。东安市场有玉器作坊 15 家，崇文门外青山居玉器市场有 98 家。从业人员约 2000 人，其中回民占 70%以上。

从所经营的货物及其原料来看，珠宝玉石业包括：珠，就是珍珠，过去都是海水、淡水中的蚌贝内自然生成的。后来才有人工培养的珠子，称"养珠"。宝，是一个大类，主要指红、蓝宝石和"猫儿眼"，还有钻石。玉石主要指翡翠和白玉。还有玛瑙、琥珀、青金、水晶等。珠宝玉石业也有兼营古玩旧瓷的。玉器铺兼营杂项的，包括高档红木、紫檀家具、螺钿、雕漆、镶嵌银器等，以廊房二条的瑞文斋和打磨厂的润宝成较有名。[20]

按营业对象来分，珠宝玉石行业可分为"洋庄"，即以外国人为对象；"本庄"，以本国人为对象；此外，还有"蒙藏庄"，其销售对象为蒙古、西藏等少数民族客商。

北京回族在玉器行中有成就者不乏其人，如余宝斋闵姓，义宝斋张姓，荣兴斋梁姓等都很有名。

被称作"翡翠大王"的铁宝廷，是回族玉行中著名的大亨。20 世纪初，铁宝廷与其父铁志文在北京廊房二条街创办了珠宝玉器商号德源兴。由于铁宝廷善识货、精通商务、讲究信誉，到 20 年代德源兴的业务大大发展，三四十年代其资产达到顶峰。铁宝廷所经营的德源兴，凡珠宝玉器无所不营，尤长于"绿货"加工，如翡翠戒指、祖母绿、猫眼石等加工工艺精湛，在京城一花独放。铁宝廷开拓新门路，选购璞料，取其天然独特之处加以设计、加工，往往成为稀世珍宝，引得国内外珠宝商和珠宝爱好者竞相购买。当时社会各界名流如李宗仁、白崇禧、顾维钧、马鸿逵、梅兰芳等均为德源兴常客，外商来京欲购珠宝必直找铁宝廷。宝廷因此而被海内外报界称为"翡翠大王"。又因曾一次与美商成交额达 130 万美元，而获"铁百万"的美名[21]。

4. 香料业

香料业也是回民的传统行业之一，自唐至清，辗转相承。回民经营香料业者很多。北京牛街的大户，在清朝至民国初年还有皂荚（角）黄家，原有几个大商店，到了1931年左右，只剩下朝阳门吉市口的馥兴斋一家，经营沉香、芸香、檀香、乳香、攒香（由樟脑、冰片等合成），燃香用的炭饼，和自制的肥皂。

由于回民忌用猪油加碱合成的胰子球，就由香料业出售用牛油、皂荚制作的清真胰子球。"皂荚黄家"的称谓即来源于此。继清真胰子球之后，又有几家专制作清真肥皂的。馥兴斋还把香科屃入大香（烧香用的）做成棒香，也叫安息香。但是回民经营的香店抵不住非回民经营的大香料店的竞争，而且货源不继，销售对象日少，很多香料逐渐由中药业经营，馥兴斋也终于倒闭了。继之而起的有妙香阁，是回民杨毓光经营的，棒香或线香兴旺了一阵，到了新中国成立后合并于香厂。[22]

5. 牙行业

牙行是一种中间行业，处于供、求二者之间，代客买卖，交互说合，成交后从中抽取佣金。开设牙行要由官方照准，并领取凭证"牙帖"才能从事商业活动。明代以后，北京的牙行发展较快，其中，由回族经营的牙行占有相当比例。据传，明清之际，北京回族掌有的牙帖最多时达444.5张，半张指的是芍药花帖。明代，北京回族持有的牙帖中，相当一部分是因战功皇帝赐给的"龙帖"。往后，有的因经营不善，倒给汉族，有的因市场不畅而停止经营。1949年以前，北京回族经营的牙行主要有蔬菜、干鲜果品、牛羊、骡马、皮革、油脂、骨、羊毛、玉石、银钱及人工介绍等行业，其中菜行、果行、骡马行规模较大。

菜行，也称菜牙行，它是牙行中场面较大的一种，有交易场地、货场、库房及招待客户的住房等等。规模较大的有工作人员几十人。卖方多是菜农，称"当家"的，买方是副食店、菜铺和小商贩，统统称作"行贩"。每天凌晨开市，约上午九点钟左右即收市。市场只批发，不零售，卖货不收现金，买方不当时付款，凭"信用"，所以小贩趸货对，议价检斤之后，即把货提走，晚间进行结算，正价之外另付10%佣金。1948年底，全市有菜行57家，其中广安菜市场有回族15

家，天桥菜市有回族 3 家，月坛和朝阳门外菜市，有回族 4—5 家，合计 20 多家。约占全市菜行的 38%。

果行在回族中主要有两种，一种是属牙行的果子市，一种是门市坐商或摊商的鲜果商。鲜果铺也称"果局子"。果子市有南北二市。北市在德胜门内丁字街（今鼓楼西大街西段）一带，1948 年底，有果行 13 家；南市在前门外路东今果子胡同一带，有果行 60 多家。永盛号贾家店由贾姓回族经营。经营者居住牛街，牛街人称为"果子贾家"。自清初至 50 年代公私合营之前，独家经营红果长达三百余年。牛街另一经营果品的"红果张家"既不零售，也不批发，而是专供各大饭庄用货。"红果张家"除经营鲜果外还兼营干果和各种蜜饯果品。

骡马行，一般称作骡马店，既是骡马交易的场所，也是贩马客人投宿的地方。成交后，由买卖双方付给店方佣金六分。1948 年底，北京有骡马店 55 家，回族经营的 44 家，大多集中于德胜门外关厢一带。

第三节　回族的教育与文化[23]

一、初等教育

清光绪三十二年（1906 年），回族人安铭（1874—1941 年）在北京创办了宛平民立初级小学，是北京创办最早的回民小学。为改变经堂教育"教学方法陈旧迂拙；事繁效鲜与学塾等"的状况，以普及新的宗教文化教育，提高经、汉知识水平为宗旨，光绪三十四年（1908 年），人称王五阿訇的回族人王浩然（1848—1919 年），联系同道于牛街礼拜寺创办京师清真第一两等小学堂，并分设 4 所小学于城郊各处。由当时任学部主事的马邻冀为监督，乡老孙芝山等为学董，王宽自任堂长，延请南北知名之士前来任教，在社会上影响较大。这是回民自己举办的第一所区别于经堂教育、具有普通教育特点的学校。民国元年（1912 年）改为公立，名称改为京师公立第三十一两等国民小学校。民国七年（1918 年），改称京师公立第二十小学校。民国十七年（1928 年），改为北平市公立第二十小学校。七七事变后改名为牛街小学。学制七年，初小四年，高小三年。课程有修身、国文、算术、格致（自然科学）、体育、图画、手工、音乐等；高小有历史、地理、几何、代数等。每周教授阿拉伯文课五节，为方便回民子弟参加聚礼（主麻日），每星期五下午放假半天。其他回族聚居区也先后办起清真小学堂，较早的有宣统三年（1911 年）阜外三里河村回民集资兴办的

"二小"，崇文门外花市大街的"三小"，教子胡同的"四小"，德胜门外马甸的"五小"。1921 年时任京师学务局劝学员的舒庆春（老舍）协助开办了马甸清真寺公立国民学校。

北京回族举办的小学中，有些是由行业公会兴办的。如 1921 年羊行公会在东四清真寺兴办育德小学，1922 年北京驼业公会兴办驼业公会子弟小学（1929 年改称振育小学），1927 年刘伯余、王梦扬等在牛街麻刀胡同创办中才小学等。

1928—1936 年间，回民小学教育有了进一步发展。1936 年以后，北京市回民聚居区设立的短期义务教育小学有 21 处（见表 1—2），到 1939 年，这些短期小学经合并建成了老君地、雷家胡同、东四牌楼、南中街、西村、西红门等六所简易回民小学。

表 1—2　1936 年北京回族兴办的短期小学一览表

地区	校名	地区	校名
牛　街	牛街礼拜寺小学 丁家胡同小学 老君地小学 教子胡同小学	朝阳门外	朝外南中街小学
天　桥	天桥清真寺小学	安定门	安内大二条小学
崇　外	手帕胡同小学 雷家胡同小学	德外	关厢小学 马甸小学 黑寺小学
朝阳门	禄米仓小学	西直门外	关厢小学
海　淀	海淀镇小学 安河桥小学 树村小学 清河镇小学	阜成门外	三里河小学
南　苑	西红门小学	东直门外	二里庄小学

资料参考：彭年：《北京回族教育八十年》，载《回族研究》1997 年第 1 期。

1909 年，崇文门外手帕胡同清真小学在七七事变后迁至崇文门外花市，改称穆德学校，这是北京市第一家"穆"字学校。到四十年代，又相继兴办起一批"穆"字学校，计有 17 所穆字小学和 2 所伊斯兰小学，总数达 19 所，大多分布在城区清真寺内（见表 1—3）。

表 1—3　穆字小学一览表

校名	创办人	年份	地址	校名	创办人	年份	地址
穆光	金吉堂	1940	通县城关	穆英	回学融	1949	蓝靛厂清真寺
穆成	马骥腾	1942	天桥福长街	穆辉	金德龙	1948	禄米仓清真寺
穆民	马耀	1941	通县张家湾	穆耀	马少斋	1948	安内大二条
穆明	马元魁	1947	海淀清河镇	穆慎	杨玉贞	1950	朝外南中街
穆慈	不详	1948	豆芽菜胡同清真寺	穆兴		1948	花市铁辘辘把
穆华	魏育才	1948	锦什坊街清真寺	穆安	沙岳川	1949	王府井清真寺
穆林	闻省三	1944	牛肉湾清真寺	穆荣	赵彦泉	1952	笤帚胡同清真寺
穆化	李贵祥	1948	牛街礼拜寺	穆新	马芝轩	1948	南小街清真寺
穆强	薛文波	1948	德外清真寺	伊斯兰	李玉仁	1943	北沟沿清真寺
				伊斯兰	何松泉	1947	西直门外南关

资料参考：彭年：《近百年北京回族穆斯林教育概述》，载《中国穆斯林》1991 年第 1 期。

1928 年在牛街成立的清真中学附设 5 个小学部。小学部分布在回族聚居区。2 所位于城内，3 所位于城近郊（见表 1—4）。课程按教育部规定，加授阿拉伯文及伊斯兰教义。

表1—4　清真中学小学部一览表

名称	初、高小班数	人数	地址
小学一部	12	630	牛街
小学二部	6	250	崇外手帕胡同
小学三部	6	220	阜外三里河
小学四部	4	150	德外马甸
清河镇小学	1	40	清河镇
总计	29	1290	

资料参考：彭年：《北京回族教育八十年》，载《回族研究》1997年第1期。

二、中等教育

北京回族创办的中等学校始于清末。清光绪三十三年（1907年），王浩然等人在北京首先创办了回文师范学堂。1925年后，回族集资相继兴办了5所中学，影响最大的为成达师范，其余4所是北平清真中学（后改称西北中学）、新月女中、实践女中与燕山中学。

成达师范。1925年由马松亭、唐柯三、法静轩、穆华庭等人创办于山东济南，校名取"成德达才"之意。以培养伊斯兰教"经汉兼通"，并能胜任教长、宗教团体会长和学校校长的新型阿訇为宗旨。由唐柯三任校长、马松亭阿訇主持教务。学制为四二制，前四年为初级师范，后两年为高级师范。除招收普通班外，还招收研究生班，生源大多是来自全国各地的海里凡（清真寺学员）和青年阿訇。课程除伊斯兰教教义与宗教知识外，还设有国文、常识、地理、历史、教育学等科目。1929年秋，该校迁至北平，校址设在东四清真寺内，并招收了第三班学生。学校经常邀请各清真寺教长和北平学术界名流，如顾颉刚、冯友兰、张星烺、白寿彝等来校演讲或作学术报告。为活跃学术空气，有的专业课的讲授，由学生自讲，并大力提倡讲演活动，内容涉及宗教理论、宗教与科学、宗教与人生、回族文化与中国文化的关系以及伊斯兰与现实社会等许多方面。为办好学校，马松亭于1932年、1936年两次赴埃及考察，埃及国王福德一世向学校赠图书441部，派达理与依卜拉欣博士来华讲学。七七事变后，学校迁至广西桂林。

1941 年，改为国立成达师范，学校虽然由培养新式阿訇和宗教师资的性质改为普通师范学校，但仍保持了开设阿拉伯文与伊斯兰教教义的课程，并开设阿文专修班。1943 年，桂林沦陷，学校迁至重庆。抗日战争后，1946 年迁回北平，校址在什刹海后摄政王府旧址。

北平清真中学。1928 年 9 月，由北平回民集资创办，校址设在牛街原守备署旧址。最初只有四二制初中一个班，学生 60 人，课程均按教育部规定进行，每周增授伊斯兰教教义一小时。1931 年改为西北公学，以普通课程为主，设有阿拉伯文与教义课。土耳其教师阿卜杜拉曾到校授课。1935 年改称西北中学。七七事变后，改为西北学院。除附属一小外，其余附小均停办。1945 年改名为西北中学，设初中、高中两级，孙绳武、杨明德、刘仲泉、孙敏、金鼎铭曾先后任校长。

新月女中。1935 年由杨明德、陈永祥（程千里）创办，校址设在牛街沙栏胡同。为北平兴办的第一所回民女子中学，仅设初中班，招收回民学生 60 人。1937 年七七事变后停办。

实践女中。七七事变北京沦陷后，由伪北京回教会创办，校址设在法源寺后街谢公祠旧址。只设初中班。1942 年杨明德任校长，后改称西北女中。

燕山中学。这是历史最短，规模最小的回民中学。是薛文波用"子香教育基金会"（子香即马步芳）创办的，张凤山任校长。校址设在德胜门外黑寺喇嘛庙。开设初中三个班，大多为汉民学生，回族学生仅有 28 人。

1949 年 4 月根据中共北京市委关于接管三所回民中学，培养回族干部的指示，首先接管了原国立成达师范学校，北平市回民工作委员会主任马玉槐兼任校长。

三、回族教育的特点

其一，由经堂教育向普通教育的转变。从 1908 年王浩然创办京师清真第一两等小学堂，倡导普通教育至三四十年代回族中、小学教育的兴起，不仅突破了清真寺经堂教育的狭小天地，回族有了普通教育，这是适合时代潮流的一大变革。这一重大变革打破了回民长期"退居寺内、谨守教功"的消极状态，回民青少年有了接受新式教育、学习汉语、科学文化的机会，从而在不同程度上促进了回族经济和文化教育的发展进步。

在课程设置上，回民中小学从"经汉兼学"逐渐改为均按当时教育部的规定，以普通学校各学科为主。但各学校也都设有与回族宗教信仰和风俗习惯有关的阿拉伯文和宗教教义，回族历史课，保持了本民族的传统特点。

其二，克服困难，惨淡办学。1930 年 5 月，薛文波先生在《马甸之回民现状》[24] 一文中说："马甸教育言之殊为可悲，以其现状而言，直可谓之无教育。马甸回民约四百户，以平均一家一人论，则不下四百人，试观教育之处所，有学校一处……马甸儿童受国民教育者，只赖此校维持一线光明耳……适李虞宸阿訇在马甸，目睹斯情，提倡兴学，马甸教育又有曙光，读书儿童竟有百人之谱。成绩殊为可惊。然好事多磨，毁者众，不久生命又为断绝。七八年来，再无敢问津兴学者。年前羊行公会购买德茂羊店，作为学校之筹备，而风潮猝变，新旧交替，办学校之议又托空言。"他感叹地说："甚矣，马甸教育之厄运也。试观受高小教育者，全马甸无一人，受中等教育者无一人，受专门教育者只一人，受大学教育者只一人。"他认为"惟马甸之所以如此现象"有五点原因，其二即是"政府之漠视。马甸属北郊，非京非县，各不负责，以马甸每年羊只之捐税，不下三四十万元，其他捐税，教民莫不景然认缴，负担之义务，不可谓轻。政府对于马甸公益毫不关心，不知人民所享之权利何在，此素所痛心疾首者也"。最后他大声疾呼："故彼以为欲焕发马甸之精神，非从教育入手不可，故言教育最为挚。"他"希望于政府者：马甸辟处多野，于国民之义务教民不敢视，望政府重视本地之公益事业"。薛文波揭露的事实，反映了民国期间北京回民教育的悲惨状况。

自清光绪三十二年（1906 年）至民国三十七年（1948 年）底，北京共创办 50 余所回民小学，这些学校均为回民捐资助学，经费无保证，有的学校开办不久即告停办。至 1948 年底仅存 17 所，内有公立 6 所，在校回族学生 1708 人，连同在普通小学读书的回族儿童共 2700 人，占回族学龄儿童的 34.6%。三所回民中学也是苦不堪言，奄奄一息。1948 年底，成达师范、西北中学与燕山中学只有回民学生 500 人，连同在其他中学读书的回族学生，全市共有 1215 名回民中学生。全市专科以上回民学生只有 30 人。

为了争取本民族的生存和发展，依靠本民族的群众和热心于民族教育事业的有识之士，克服重重困难，因陋就简，自己办学。回民群众以"一文捐"（捐一个铜板）的精神，支持兴办回族教育事业。

京师清真第一两等学堂及分设的五处小学，每月开支达八百余元。各项开支"仰给捐款，常感不敷，从众议呈准外城巡等分厅，售彩票筹款"。后来官方禁售彩票，经费恐慌，创办人王浩然阿訇只得靠典当衣物维持开支。"票既停售，捐款难恃，益将不支，一切费用又势不可少，尝典房质衣以充经费"。后来困难到无物可当，王阿訇只好解下自己扎腿带子去当铺典当。"某日因教薪届发，不愿衍期，衣物搜罗既穷"，王浩然"乃解扎腿之带，使人持赴至今乐道之烂面胡同典肆质银五十两，薪及得发"。一副腿带子怎么能当银五十两呢？这完全靠浩然阿訇的威望与为人。"盖阿訇平日物望允孚，肆主钦其为人，故虽微亦可质多金，谈者皆论为异事，至今乐道之"[25]。可见当时办学之艰苦。

1927年刘伯余、王梦扬等创办的中才小学也是十分艰难的。"在创办的时候，因为经济之困窘，开办费是由几个同志凑了四十个铜元作为广告费及零星必要的教授物之用，至于教室，暂借刘君伯余家中的三间住房（注：牛街麻刀胡同），桌凳尤其困难了，也是由同志们自己家中凑了些长条凳、木板之类来充用，一切劳动事务，完全由同志们自手去做……办公费只赖着每月收入的几元学费来开销，至于教员的生活，完全是自己想法子维持。几个人历尽困难，备受挫折，经过一年的努力奋斗，颇引起学生家长和各界的同情"[26]。

西北中学则靠回民群众微薄的收入，每天捐助一个铜板，当时称为"一文捐"，积少成多，用铜板兑换成银元支持学校的开支。

1948年北京解放前夕，由于国民党政府通货膨胀，物价一日三涨，整个经济陷于崩溃，回族中小学的经费更加困难，濒于停办的地步。

四、报刊出版

民国期间，一些回族社团陆续创办了许多报刊，总数达到27种（见表1—5）。

表1—5　北京近代回族报刊一览表

报刊名	创办人	创办组织	发行时间	（年、月）备注
《正宗爱国报》	丁宝臣		1906.1—1913	
《清真学理译著》	王友三	北平清真学理译著社	1916	共出1期
《清真周刊》	马魁林	北平清真书报社	1921.1	
《穆声周刊》			1924—1932	

续表

报刊名	创办人	创办组织	发行时间	（年、月）备注
《月华》	赵振武	北平月华报社	1929.1—1948	旬刊。1937年迁桂林，改月刊；1944年迁重庆，1946年复刊，改旬刊；1947年迁北平，改月刊。1948年停刊
《穆光半月刊》		穆光半月刊社	1929	
《成达学生会月刊》		成达学生会本部	1930	
《伊斯兰青年》		东北伊斯兰学友（卷一）		卷一出2期
		西安伊斯兰青年社（卷二）	1931—1933.4	卷二出3期
《北平伊斯兰》	刘玉峰		1931	月刊
《正道》	刘屺夫	北平清真书报社	1931.5—1946.12	原为《追求》学会主编，半月刊，1934年1月改月刊
《震宗报》	唐易尘		1931—1943.12	月刊。初创于1927年，1931年改组，共出7卷
《励进》	闪毓华		1931	
《伊斯兰学友会丛册》	刘柏石	伊斯兰学友会	1931.11	半年刊
《醒民》		醒民月刊社	1932	月刊

续表

报刊名	创办人	创办组织	发行时间	（年、月）备注
《回族青年》	杨新民	中国回族青年会	1933.1—1934.4	
《西北》		北平西北公学	1933—1935	月刊
《觉醒钟》		北平西北三小	1934	月刊，共出5期
《成师月刊》		成达师范出版部	1934.4—1936.4	
《成师报刊》		北平成达师范	1936.4—1945	由《成师月刊》改，1939年迁桂林，抗战后迁回北平，5日刊
《西北周刊》		北平西北公学	1936	由《西北》月刊改
《回族文化》		中国回族青年学术研究会	1937.7	
《回教》	刘锦标	中国回教总联合会华北联合总部	1938.4	月刊，日伪刊物
《回教周报》		中国回教总联合会	1940—1945	日伪刊物
《回协》		中国回教协会北平分会	1947.3—1947.6	月刊
《月华周报》		月华报社	1947.8—1948.3	
《古尔邦》		古尔邦期刊社	1947.7	
《伊联》	刘有强	伊斯兰联谊会	1948	月刊

资料来源：北京市地方志编纂委员会：《北京志·民族·宗教卷·民族志》，北京出版社，2006年，第46—47页。

1906 年丁宝臣在北京创办的《正宗爱国报》是全国创办最早的回族报刊。在孙中山发动的讨袁运动中，《正宗爱国报》对全国各地的讨袁运动进行了大量报道，对袁世凯复辟帝制的阴谋进行了揭露。

1929 年 1 月，成达师范创办了《月华》，所刊文章多为学术研究、调查记事、史料文物等内容，是北京回族创办的历史最长，学术水平较高的刊物，1948 年停刊。北平解放初期庞士谦阿訇创办了《回民大众》报，后停刊。

注释：

（1）李景汉：《北京郊外之乡村家庭》，商务印书馆，1929 年。引自北京市地方志编纂委员会编：《北京志·民族·宗教卷·民族志》，北京出版社，2006 年，第 9 页。

（2）孙中山：《孙中山选集》上卷，人民出版社，1956 年，第 82 页。

（3）丁竹园：《竹园丛话·序》全二十四卷，天津敬慎医室刊，1923—1926 年，中国国家图书馆等藏。

（4）丁竹园：《清内奸议》，载《正宗爱国报》1913 年 6 月 20 日。

（5）丁竹园：《无意识之可怜》，载《正宗爱国报》1913 年 4 月 6 日。

（6）引自张怀武主编：《近现代回族爱国斗争史话》，宁夏人民出版社，1996 年，第 60 页。

（7）白寿彝主编：《回族人物志》（近代），宁夏人民出版社，1997 年，第 249—255 页。

（8）《正宗爱国报》，1906 年 11 月 3 日。

（9）白寿彝主编：《回族人物志》（近代），第 265—269 页。

（10）《马俊口中的马俊》，载《天津联合会会报》第 43 号。

（11）《世界日报》第 7 版，民国十七年（1928 年）2 月 13 日。

（12）陈绍禹：《纪念我们的回族烈士马骏同志》，载《近代史资料》1958 年第 2 期。

（13）《益世报·女学界之光荣史》1919 年 6 月 6 日。

（14）本节回族部分主要参阅胡振华主编：《中国回族》，宁夏人民出版社，1993 年，第 20—25 页。彭年：《北京回族的经济生活变迁》，载《回族研究》1993 年第 3 期。

（15）1939 年 6 月《回教》月刊，第 2 卷第 1 期。

（16）1939 年《回教》月刊，第 1 卷第 6 期。

（17）北京市政协文史资料研究委员会编：《驰名京华的老字号》，文史资料出版社，1986 年，第 209 页。

（18）〔日〕仁井田陞：《北京工商ギルド资料集》，东京岩波书店，1951 年，第 37 页。

（19）刘东声、刘盛林：《北京牛街》，北京出版社，1990 年，第 67 页。

（20）刘东声、刘盛林：《北京牛街》，北京出版社，1990 年，第 64—65 页。

（21）参见余振贵主编：《中国回族之最》，宁夏人民出版社，1998 年，第 81 页。

（22）刘东声、刘盛林：《北京牛街》，北京出版社，1990 年，第 70—71 页。

（23）本节回族教育主要参考彭年：《北京回族教育八十年》，载《回族研究》1997 年第 1 期。彭年：《近百年北京回族穆斯林教育概述》，载《中国穆斯林》1991 年第 1 期。

（24）载《月华》第 2 卷第 15 期。

（25）参见尹伯清：《王浩然阿訇传》，载李兴华、冯今源编：《中国伊斯兰教史参考资料选编（1911—1949）》（下册），宁夏人民出版社，1985 年，第 610 页。

（26）《北平特别市中才小学略史》，载《月华》1930 年第 2 卷第 1 期。

第二章　民国时期北京地区的满族

第一节　满族的政治生活与革命斗争

一、政治生活

辛亥革命后，结束了清王朝的封建统治，建立了中华民国。满族人的社会地位不断下降，受歧视的现象日益严重。

满族贵族阶层在民国初期享有民国政府的优待政策，虽在政治上丧失了特权，但在经济上和其他方面享有一些特权，仍然过着奢侈享乐的生活。王公照旧袭爵，如顺承郡王讷勒赫于民国六年（1917 年）去世后，因无子而过继堂弟之子文葵并由子袭爵，其手续是报宗人府审查通过后由皇帝批准，再报民国大总统打制封册，将封册转回宗人府后，再举行册封仪式。部分职官仍保持世袭官职，有些满族上层到民国政府中任职，如讷莫图为民国参议院议员，曾在清朝任内阁学士；荣勋民国后担任内务部次长；荫昌曾任总统府侍从武官长等。当时满洲新贵溥伦、载洵、载涛都曾以允许侍从武官穿军服佩军刀为荣。时人诗讽："依然乘马褐轻貂，何论新朝与旧朝。亲贵不知亡国恨，侍从争愿佩军刀。"

对广大的北京满族旗人而言，这段时期是最困苦的时期，旗人生计危机。清廷入主中原后，实行"居重驭轻"政策，以数十万八旗人丁，聚集京师，除"上则服官，下则披甲"外，禁止旗人从事其他职业。甚至严令旗人不得离开居住地，即使外任旗员，其子弟满 18 岁后也要遣回京师当差。其结果必然造成京师人口的日益膨胀和闲散旗人的大量增加，使清政府背上越来越重的财政包袱。

民国政府在与皇室签订优待条件的同时，1912 年公布了《关于满、蒙、回、藏各族待遇之条件》。对满族旗人最重要的一条就是未筹定八旗人丁生计之前，所有八旗兵丁俸饷，仍照旧支发。但政局不稳定，军阀混战，民国政府无暇顾及八旗生计问题。从 1914 年粮饷就开始逐渐停发，每次也仅有几十枚铜板。1924 年冯玉祥允诺"特支出 200 万元，开办北京贫民工厂，尽先容旗籍贫民"，但粮饷断绝仍使旗人生计陷入绝境。满族人找职业难，许多旗人妇女生计无着而沦落。满族人民的民族自尊心受到伤害，大批满族人隐瞒民族成分，改报汉族。这一阶段，北京城的满族习俗在急剧消失，妇女不再梳两把头，也不再戴 6 个耳环，改穿汉服；旗人见面也不再请安。满族长期具有的祭祀、婚丧、节日等习俗也随之改变。

1928 年民国政府南迁，北京更名北平，此时满洲贵族的政治与社会地位急剧下降，许多王公贵族子孙过着潦倒的生活。也有不少人因在诗棋书画或戏曲艺术上有较高造诣，成为有名的作家、画家、音乐家、戏剧家，有的则在科技领域里有很高成就，成为满族知识分子队伍的一员。

二、满族人民的反帝爱国斗争

1921 年，中国共产党宣告成立。自 1922 年 1 月起至 1923 年 2 月止，中国掀起了第一次工人运动高潮。1923 年北京长辛店工人政治大罢工时，北京各地毯厂的满族工人积极响应，向本厂的资本家展开了斗争，要求提高工资，反对打骂工人等。"济南惨案"之后，北京满族工人也参与罢工活动。

满族工人中的先进分子积极参加中国共产党组织，投身于反帝、反军阀的斗争。王俊（1877—1940 年），出生于一个房山满族坟丁的家里。1912 年，王俊经人介绍到长辛店机车厂修车厂当油漆匠。在革命思想的启迪下参加了五四运动。而后到北京共产主义小组创办的长辛店劳动补习学校学习，受到马列主义的熏陶，确立了为工人阶级翻身解放而斗争的坚定信念。1921 年 5 月 1 日，京汉铁路工人成立了第一个自己的组织——长辛店铁路工会。王俊被选为工会俱乐部交际委员、主任，是长辛店工人运动的中坚力量。是年冬天，王俊光荣地加入了中国共产党，是我党最早的一批工人出身的党员之一。

1922 年 8 月，在共产党北京支部、劳动组合书记部和邓中夏的领导下，长辛店 3000 多名工人举行了声势浩大的罢工斗争，王俊等积极参加领导，不到三天就取得了胜利，打响了北方铁路工人斗争的第一炮，使长辛店成为当时北方工人运动的中心。王俊被誉为"北方劳动界的一颗明星"。

1922年11月，共产国际第四次代表大会在苏联彼得格勒（后移到莫斯科）召开，经中共中央决定，由陈独秀、刘仁静、王俊分别代表党、团、工会前往参加。会议期间，王俊聆听了列宁作的《俄国革命五周年和世界革命的前途》的报告，并在大会上受到列宁的接见。这次他还参加了赤色职工国际大会，了解了国际工运状况，备受启发。

1923年2月3日，王俊领导长辛店工会参加京汉铁路大罢工的斗争。在中国共产党的领导下，震惊中外的二七大罢工爆发了。长辛店的军警开始在街上戒严并四处搜捕工会委员。王俊得知消息后，巧妙离开长辛店，急忙进北京去向党组织汇报，以避免更大的损失。1923年6月，中国共产党第三次代表大会在广州召开，北京党组织派王俊前去参加了会议。王俊在会上报告了二七大罢工被军阀镇压的情况。三大以后，党组织决定派王俊第二次去苏联学习。

1925年2月，王俊从苏联回国，来到前门火车站广告厂工作，仍以油漆匠身份为掩护，继续秘密从事党和工会的工作。1928年8月，由于工贼告密，王俊被北平警备司令部以共产党嫌疑犯的罪名逮捕，先后被押解到北平地方法院检查处和河北省高等法院关押。王俊始终坚贞不屈，没有暴露身份。在找不到任何证据的情况下，敌人只好于1929年2月将王俊取保释放，严密监视起来。两年后，王俊又来到长辛店电务段做工，去作苦役，终因劳累成病于1940年在海淀的家中去世。

九一八事变后，日军在东北建立了傀儡政权，末代皇帝溥仪当了伪满洲国的皇帝。但是满族人民则与汉族及其他少数民族一样，对此深恶痛绝。

1937年7月7日，日军突袭卢沟桥，抗日战争全面爆发。当时任29军副军长、军官教导团教育长的满族人佟麟阁（1892—1937年）将军奉命驻守北平南苑。7月28日，日军对南苑发动大规模进攻，佟麟阁沉着指挥战斗，激战至下午，率部向大红门方向突围，途中被敌机枪射中眼部，又被日飞机一枚炸弹击中，壮烈殉国，时年45岁。他是抗日战争时期为国捐躯的第一位高级将领。抗战胜利后，北平城内的南沟沿路即更名为"佟麟阁路"以纪念这位抗日名将。

北平被日军占领后，北平满族人民不甘做亡国奴，出现了一批为国捐躯的英烈。

　　白乙化（1911—1941 年），字野鹤，人称"小白龙"，满族人，生于辽宁省辽阳县石场峪村。1929 年考入北平中国大学政治系。1930 年加入中国共产党。1931 年九一八事变后，返回家乡辽阳，组建起"平东洋"抗日义勇军，任司令。之后转战于辽西、热东，队伍也迅速扩展到 3000 余人。1933 年春，由于日军"围剿"，白乙化所部粮弹不继退入关内，被国民党三十二军在冷口强行缴械遣散，含愤返北平中国大学继续读书。1935 年大学毕业，是年冬，参与领导"一二·九"爱国学生运动。1936 年夏，白乙化奉党的指示，赴绥远省和硕公中垦区（又称东北义勇军垦区）工作，担任垦区工委书记，后任特委书记。

　　七七事变后，白乙化筹组武装暴动。1937 年 10 月暴动成功，建立"抗日民族先锋总队"，任总队长。次年 6 月率部东进，1939 年初到达平西抗日根据地。4 月，其所部奉命与冀东抗日联合军编为华北人民抗日联军，任副司令员。是年底，其所部编为八路军晋察冀军区步兵第十团，任团长。

　　1940 年初，近万名日伪军分十路"包剿"平西根据地，白乙化率十团与兄弟部队阻击 4000 多敌人，并击落敌机一架。4 月奉命开辟平北根据地。8 月下旬，为配合"百团大战"，他率十团指战员出击平古铁路，炸毁敌陈庄铁路大桥，焚毁火车站。历经 56 次大小战斗，共毙伤俘敌 400 余人，缴获大批军用物资。1940 年 9 月，日军调 4000 余人围剿十团活动的丰滦密地区，白乙化率一营转到外线同敌作战，经百余次战斗毙伤俘敌 600 多人。

　　1941 年 2 月初，白乙化被任命为平北军分区副司令员。赴任前与来犯日军激战，2 月 4 日，指挥马营战斗，消灭伪满道田讨伐大队 117 人。战斗中，不幸被敌人的冷枪击中头部，壮烈牺牲，终年 30 岁。1944 年，丰滦密联合县在降蓬山下为其树立了"民族英雄"纪念碑。

　　沈爽（1896—1942 年）字子儒，化名白涤非，满族人，生于吉林省双城县。1931 年加入中国共产党。九一八事变后，在双城县东部地区组建起 1000 余人的抗日自卫军，被推举为司令。七七事变后，参加活动在北平西北郊的国民抗日军，任司令部参谋。1937 年底，国民党抗日军改编为八路军晋察冀军区第五支队，沈爽遂成了八路军战士。1940 年夏，他被调到中共北平地委做敌后工作。1941 年 11 月，就任丰滦密县长。1942 年 4 月初，在密云县黄花顶山中的臭水坑与日军英勇拼杀，宁死不当俘虏饮弹自尽，壮烈殉国。敌人残忍地割下他的头颅示众。1944 年，中共丰滦密县委、县政府在臭水坑建立纪念碑，以示追念。

何宜之（1916—1940 年），北京满族人，原清华大学学生。曾参加"一二·九"运动。七七事变后领导中华民族解放先锋队，后辗转到冀东从事武装革命斗争，任共产党领导的冀东抗日游击队 12 团总支书记。1940 年夏，在遵化县北娘子庄一次战斗中与敌人遭遇，不幸牺牲，年仅 24 岁。

怀柔县汤河口的彭姓满族也英勇参加了抗日战争，据不完全统计，在抗日战争和解放战争期间，汤河川牺牲的烈士中，有彭姓满族 41 人。

第二节　满族社会经济生活的震荡[1]

辛亥革命对满族来说，是一次最大的震荡，特别是满族统治阶级，在这场革命的冲击下，发生了迅速的变化。

一、贵族和官僚生活

1. 满族贵族

辛亥革命结束了清王朝统治。随着皇帝的退位，王公贵族失去了政治上的特权。绝大多数贵族的俸禄被取消了，只有一小部分人通过优待皇室条例，暂时保留了一定的官职和经济待遇。

辛亥革命以后，按当时规定的优待条例，八旗粮饷仍照旧发放。据满族老人记忆，民国二、三年，粮食就不发放了，饷银一直发放到民国十三年（1924 年），在袁世凯当政时，饷银没有拖欠过，标准与清末差不多，只是将银两折合成银元和铜板来发放。但到袁世凯死后，饷银就出现拖欠现象，因而就经常发生二十个都统联合向总统府索饷的事。到民国七、八年时，旗饷支给就更困难[2]。

面对无可挽回的形势，满族贵族集团必须谋求新的出路。大体说来，满族贵族在辛亥革命后有以下几种情况。

一是将大部分财产转移，经营企事业。在京津等地，一些满族贵族开了不少当铺、银行、商行、旅馆以至澡堂等企业，经营面很广泛。曾任军机大臣的那桐之后人，张寿崇之兄，成了北平银行的董事，并经营三个规模相当大的当铺，成为北京有名的富翁之一。他们用剥削来的巨款，购买许多房产及大量珍珠宝物。如察存耆家的房产遍及大连、沈阳、上海、天津、北京等地，单北京一处，就有 300 来处。

二是仍然保留了一些家产，企图继续维持旧的局面，但无经营本领，因而接近破产。这类贵族在清亡后，仍然维持一个"阔富"的架子。但是，他们无经营本领，不久就感到生活紧张了。他们开始拍卖房产、浮财，在银行存款吃息。有的投靠在东北的溥仪企图重整家园。但日本人并不比国民党对他们好，又只好逃回北京，抱残守缺，继续出卖残财，并开始谋求职业。后因又有了职业，所以仍有一定收入，生活还过得去。

三是破产的贵族。这些贵族在清亡后，继续过着奢侈无度的豪华生活。如睿王府在清亡后，收入虽然逐渐减少，开支仍然很大，在府内大修花园、工官，大部房屋装有电话，吃的除了中餐外，又有西餐，穿的也很讲究，要到杭州去做最漂亮的时装，如做同质同色的三套衣服，衣服上的图案花要同种的但要有不同的变化，早晨穿的是花未开的，中午穿的是花已盛开的，下午穿的是花已闭合的。王府有两辆小汽车，十一辆马车，出门进门，仆人车前马后伺候。由于这时收入中断，他们又挥霍无度，开支庞大，因而这些王公、贵族后来只好靠卖王府、土地、珍宝、古物等来维持生活。再加上日伪及国民党反动政府的敲诈勒索（这不是主要原因），他们多数是在新中国成立前就倾家荡产，一贫如洗的。有的人竟让别人以自己的名义出卖古物，以糊家口，有的人卖破烂度日子，有的以画画为生，有的东游西荡、投亲靠友乞食。总之，这帮贵族老爷已经穷途末路了。

2. 一般官僚

一般官僚在辛亥革命后，有的开古玩店、饭馆、茶馆等消费性行业；有的经营当铺和钱庄。内务府的一般官员经营这些行业较多。也有少数人开办企业，但后来，由于资金少和经营不善而多半关闭了。

小官僚阶层中的人多半有一定文化水平。后来从事工商业和文化艺术的，很多是出身于这个阶层。其中年轻一辈学习技术，从事劳动的很多，在邮政、电报、印刷等行业工作的也较多。如赵伯禹的父亲是清代七品笔帖式，到了民国年间，赵伯禹就学习化妆品制造技术，开出售化妆品的小企业。苏雅英的公公也是前清的官吏，而苏雅英的丈夫后来成为银行职员、关承谊的父亲是清末的小官，辛亥革命后，做了医生。郎桩年是领催的儿子，辛亥革命后做了邮差。

二、平民生活

辛亥革命后，京旗兵丁钱粮减少以至断绝。民国七、八年时，旗饷支给困难。旗兵只能在三大节时（正月、五月、八月）领些钱，饷银变成了救济费。到了最后，只能领到十几个铜元而已。据刘开泰谈，他父亲是三两马甲，民国十三年（1924 年）最后一次领饷银时，只领到 50 个铜钱[3]。京郊旗人的生活也陷于困境，据记载："京西蓝靛厂、香山、圆明园一带的满族人陷入绝境，投河自缢者不断发生，卖妻卖子者时有可见，更多人四处乞讨，贫寒饥饿，使京郊满族人处于绝望之中。"[4]政府南迁后的北平，生活在最底层的贫民中，满族占了相当大的比例。据统计，在 1933 年北平被救济的 1200 户贫困户中，满民占 393 户，为 32.75%，许多旗人妇女生计无着落而沦落风尘[5]。

困窘的生活，迫使广大的满族平民全面走向劳动。满族平民在职业上发生了较大的变化。其主要表现在以下几方面。

其一，劳动人数大大增加，不仅有劳动能力的男子全部参加了劳动，而且多数满族妇女和学龄儿童也不得不为吃饭而奔走。据 100 户典型调查，1948 年，满族从事劳动的共有 170 人（包括半失业人数），每户平均有 1.7 人。新中国成立前，满族妇女主要是搞家庭副业，如糊火柴盒、挑花、缝补、收袜口、做保姆、佣工、捡破烂。失学儿童出外捡破烂、捡煤核、卖报，稍稍成年就去做学徒或当小商贩，很少有学习文化的机会。

其二，职业范围扩大。辛亥革命后，北京满族从事的主要职业，虽然还是以小商小贩、零散工、拉人力车、当警察的居多，但是职业范围和行业比辛亥革命前扩大了。不少满族人，在极端恶劣的条件下学会了织地毯、印刷，驾驶电车、汽车，修理汽车、自行车、钟表、镶鞋、镶牙、做首饰等技术。做小生意的除了卖菜、卖水果、收废品外，有的还卖冰棍、茶水、豆汁、烧饼、馃子、臭豆腐，少数人当了厨师和佣人。在旧社会最被人瞧不起的打执事、鼓手等行业中，也有满族人民的足迹了。根据调查资料，1948 年，北京市 100 户满族居民中，有工人 31 名，占从业人员总数的 24%；手工业工人 19 名，占 14%；职员、技术人员 10 名，占 8%，警察 4 名，占 3%；其余十类 17 人，占 12%。由此可见民国期间北京市满族居民从事职业的一般情况。

其三，职业不固定。除了少数的职员、教员和医生外，大多数满族人的职业和收入是不稳定的。因为收入少，物价上涨，生活难以维持，所以，一个人要同时做几种工作赚钱，但是他们还有失业的威胁。张鸿烈在国民党统治时，白天在电车上卖票，晚上利用歇班还得跑生意。有的工人下班后，又去市场做小买卖。卖水果的小商贩和泥瓦工人到了冬天就失了业。还有的是因为缺乏劳动技能，不得不经常变更工作。解放前夕，100户满族居民中，零散工人和失业人员就有48名，占当时从业人员的25%。这些人连最低的收入也没有保障。他们的生活是极端痛苦和悲惨的。

第三节　满族的教育与文化

一、教育状况

民国时期，由于军阀混战，满族人民深受战争及饥饿痛苦，已经无法维护民族的优良传统了，加上大汉族主义的歧视与偏见，满族的文化教育受到严重影响，文化教育已经岌岌可危。

民国三十六年（1947年），北平的满族人成立了文化协进会。当年5月26日《大公报》以"北平满族盛会"、"满族文协成立"、"何思源盛赞满族文化"为题，作了详尽报道。成立会议推举关丽、溥儒、溥芸天为主席团成员，并报告了该会成立的经过，肯定满族文化的优良传统，号召发扬满族文化精神，为中华民族作出贡献。会议最后提名画家溥儒等选为监理事。

新中国成立之前，北平只有一所满族学校，是以广渠门外架松村肃王坟的享殿作教室建起的私塾性质的学校。当时由满族人关受光承办并任教。最初学生10余人，经费由学生学费内解决，后来学生增加到2个班50多人，学校名为架松小学。由于办学条件较差，教师又极缺，所以学校只是勉强维持。

二、文化状况

经受五四新文化运动洗礼的满族青年知识分子，一部分人投身于文学创作事业之中。他们当中知名的有老舍、善鲁安、颜一烟、关沫南等。其中老舍是中国现代文学的先驱者之一，对中国现代文学的发展作出了杰出贡献。

老舍（1899—1966年），原名舒庆春，字舍予，世居北京。熟悉北京的下层群众生活，以劳动人民为题材写了《骆驼祥子》、《月牙儿》、《我这一辈子》、《四世同堂》、《龙须沟》、《茶馆》等作品，反映了劳动人民苦难生活的经历。

注释：

（1）以下有关内容参见了中国社会科学院民族研究所、辽宁少数民族社会历史调查组编写：《满族社会历史调查》，辽宁人民出版社，1985 年，第 95—98 页。

（2）（3）《满族社会历史调查》，第 89 页。

（4）《益世报》（北京）1923 年 5 月 13 日。

（5）北京市地方志编纂委员会：《北京志·民族·宗教卷·民族志》，北京出版社，2006 年，第 84 页。

第三章　民国时期北京地区的蒙古族

第一节　蒙古族的政治活动

一、北京世居蒙古族的政治地位

民国时期，北京世居蒙古族人与北京的满、回等世居少数民族一样，政治、经济地位急剧下降。随着清王朝的覆亡，在清廷及各级政府中任职的北京蒙古族许多大小官吏，官职被自动罢免，其地位一落千丈，成为被人唾弃的对象。北京蒙古族普通老百姓则与北京的其他少数民族一样除了遭受帝国主义、封建主义、官僚资本主义三重压迫之外，还要受到民族歧视和压迫。由于当局采取民族歧视政策，不作宣传疏导工作，致使一些不明真相的人把对清朝统治者的仇恨错误地倾洒到满、蒙族人身上。很多满、蒙族人只好隐姓埋名，谎报汉族，以图生存。据宣统二年（1910 年）民政部京师户口调查，京旗中的八旗蒙古正户有 22129 户。每户以 5 口人计算，蒙古人达 11 万人以上。加之，当时隶属满、汉旗分中的蒙古人也有 1 万多人。而到 1949 年 10 月，在城区报蒙古族者只有 1220 人。从这点上也能看得出民国时期北京蒙古族人民的政治经济地位之低下。

二、驻京蒙古王公的政治活动

清代蒙古地区的一些封建王公在清廷任职，在京师有自己的王府，经常居住在北京。当辛亥革命爆发，清王朝将要覆亡、共和将兴时，这些蒙古王公从维护自身的利益出发，为挽救清朝的统治，在北京极力奔走。

清朝覆亡前夜，驻京蒙古王公有：清廷御前大臣中的喀尔喀赛音诺颜札萨克亲王那彦图、科尔沁辅国公博迪苏、任八旗都统的科尔沁札萨克亲王阿穆尔灵圭、土墨特札萨克贝子棍布札布、科尔沁辅国公达赉、喀尔喀亲王那彦图之子祺诚武、资政院钦选议员中的喀喇沁札萨克郡王贡桑诺尔布、喀尔喀车臣汗部郡王多尔济帕拉穆；新疆旧土尔扈特部札萨克郡王帕勒塔、科尔沁札萨克宾图郡王棍楚克苏隆、巴林札萨克郡王札噶尔、奈曼札萨克郡王苏珠克图巴图尔等。其中，那彦图是清朝前期平定准噶尔时的著名功臣超勇襄亲王策凌的后裔；阿穆尔灵圭则是博多勒噶台忠亲王僧格林沁的曾孙；贡桑诺尔布是以"兴业变革"而闻名的蒙古王公；棍楚克苏隆也在本旗兴办民团、学校；帕勒塔是留学日本后"入京当差"又兼任陆军贵胄学堂的蒙旗监生。他们中的大部分人在北京有宅第，无事时可驻京邸，有事可率本旗蒙古兵听候调遣。

驻京王公是在当时蒙古王公中思想活跃，踌躇满志的人物。他们既是蒙古上层人物，也是清朝统治者在蒙古地区的代表。在历史转折关头，他们纷纷站在清廷一边，为挽救清王朝的命运，在京进行了一系列政治活动。1911 年 10 月 10 日武昌起义爆发，24 日上述蒙古王公在北京成立了"蒙古王公联合会"，订立《章程》共 8 章 21 条及《附件》1 条。联合会以"开通蒙古风气，改良政治，保存权利，联络全体，互相结睦"为宗旨，规定以蒙古汗、亲王、贝勒、贝子、公、札萨克、议员及现有任职之台吉、塔布囊等为会员。又规定，设总会于京师，设分会于蒙古各地。

蒙古王公联合会在京成立后，立即以全体蒙古王公的名义，于宣统三年（1911 年）11 月 7 日向清朝内阁总理大臣袁世凯呈递了一件信函（即请愿书）："代表等世居朔漠，久濯王灵，于大皇帝无二心，于强邻无异志……故代表等痛心疾首，期复旧观。"[1]信中极力表示驻京蒙古王公忠于清朝"大皇帝"，并继续效忠清王朝的统治。他们除通过蒙古王公联合会致函袁世凯外，还多次参加了隆裕太后主持的宫廷御前会议，同皇族近支和袁世凯一起讨论是否同意共和国体、清帝退位和优待条件等问题。1911 年 12 月 28 日的一次御前会议上，有不少皇族亲贵和蒙古王公提出"万不宜行共和"，反对召开临时国会和通过国会投票决定国体。

1912 年 1 月 1 日，孙中山在南京就任临时大总统。中华民国宣告成立后，那彦图、贡桑诺尔布、帕勒塔、棍楚克苏隆和博迪苏等驻京蒙古王公中的主要代表人物的政治活动更加频繁。1 月 17 日的御前会议上，宗室、弼德院院长奕劻主张自行退位，清太后伏案啜泣，满座无声，忽有一个列席的蒙古王公，慨然起而反对，和奕劻争论[2]。最后，因有驻京蒙古王公多数人反对，所以仍未能定议。1 月 18 日，开第二次御前会议，奕劻仍执前议，并将密定的优待条件案提出，驻京蒙古王公反对更为激烈，"亲贵中或意气沮丧，或稍活动，仍无果而散"。当时报纸还以《帕邸不认共和之声明》为题报道："京函云，现蒙古各王公之反对共和，已纪各报。兹闻其反对者，除喀尔喀王那彦图以外，以旧土尔扈特帕勒塔为尤甚"[3]。19 日的御前会议上，当袁世凯内阁列席代表提出在天津另组一临时政府时，"满、蒙的王公亲贵，一致反对"，仍无果而散[4]。1 月 21 日，东三省总督赵尔巽致电在本旗的"阿王"（阿穆尔灵圭）："实御前会议那（喀尔喀亲王那彦图）、喀（喀喇沁贡桑诺尔布）两王反对共和，未解决，然甚危，请合力争之。"次日，赵尔巽又给热河都统锡良发去同样内容的电报。[5] 1 月 23 日，御前会议上仍由于"赖亲贵力争，未准共和之议"。由于那彦图、贡桑诺尔布等驻京蒙古王公竭力反对，致使几次御前会议未能达成共和的"决议"。

数天后，情况发生突变，"宗社党"头目良弼被革命党炸伤身亡，袁世凯联合北洋军阀势力催逼清帝退位日甚，清王朝的命运已无可挽救。这时驻京蒙古王公才不得不急转弯。1 月 29 日的御前会议上，他们表示："若以中国国体而论，本宜于君主，而不宜于民主。惟今日全国人心既皆坚持共和，且各亲贵亦多赞成此事，我辈又何所用其反对。今惟全听御前会议如何解决，如决定共和，我蒙古自无不加入大共和国家。"[6] 鉴于清王朝大势已去，这些驻京王公为了维护自身的特权及民族的利益，又直接向南方革命势力提出了意愿和要求。2 月 1 日，那彦图、阿穆尔灵圭便以蒙古王公联合会的名义，致电孙中山、伍廷芳，表示："合五大民族组织共和政体……此本无所用其反对。唯以蒙古制度、风俗、语言、文字与内地不同，又以地居全国大半，民风强悍，逼外强邻，危险实多。"要求中华民国政府不仅要保护蒙古王公的特殊利益，而且应该维持蒙古旧的封建制度，保持语言文字等文化传统。

2 月 12 日，清帝正式颁诏退位。驻京蒙古王公在袁世凯召集的皇族近支、军政会议上又表示："某等对于君主，共和并无成见，只要双方和平了解，则为五大族之幸福。况朝廷已欲颁诏共和，某等敬谨遵旨，决不反对。"驻京蒙古王公联合会还向南京政府正式宣布："由本会代表全蒙推项城任统一新政府临时大总统。"

三、"贡王"在北京的政治活动

民国初期，贡桑诺尔布被袁世凯政权笼络，出任蒙藏院总裁，常居北京。贡桑诺尔布（1871—1930 年），别号乐亭，又号夔庵，系成吉思汗勋臣乌梁海氏折里麦的后裔，世袭卓索图盟喀喇沁右旗札萨克多罗都楞郡王，兼卓索图盟盟长。光绪二十四年（1898 年）承袭了喀喇沁王的职爵，时年 27 岁，人称"贡王"。他在旗里办工厂、学校和报纸，并派留学生到日本，培养了大量人才，成为当时的蒙古王公中少有的开明封建贵族。光绪帝和西太后相继崩逝，溥仪入承大统以后，军咨府大臣贝勒载涛因有建立皇宫禁卫军计划，命贡王协助招募旗兵。他由旗民中精选 300 名壮丁，送入新建的禁卫军内编为马队第三营，因此邀功清室，被钦命为"御前行走"，驻京当差，位于驻京蒙古王公的班列。在这期间，他交游极广，除了和一些满族权贵们过从极密外，还和严复、梁启超、吴昌硕等人建立了深厚的友谊。通过这些人的介绍，结交了一批江南名士，这些人很想协助贡王作出一番"复兴蒙古的伟业"，以伸壮志。

贡王在清朝将要崩溃之际，与其他几位驻京蒙古王公一起，在数次御前会议上反对清帝退位，阻碍了共和的进程。但清帝国大势已去，实无挽回余地时，他有了乘外蒙古独立之机，搞内蒙古独立的野心和意图。民国元年（1912 年）正月，贡王向北京的日本正金银行借到白银三万两，并和日本泰平公司订立了一份购买枪支弹药的合同。他又仓促回本旗，招兵买马，拟取得武器后即行起事。对他的主张，大部分旗员持不赞同态度。购买的枪支弹药，在运送途中被发现没收。他很悲观，放弃了内蒙古独立的想法。他不久又提出了"在热河境内实行自治"的倡议，同年冬季，他召集热河境内各蒙旗王公札萨克和各县士绅的联席会议，讨论热河境内实行自治的具体方案，大家推举他为筹备自治的总负责人。袁世凯探知贡王的这些活动，用调虎离山之计，任命他为北洋军阀政府下设的蒙藏事务局总裁，晋爵亲王，予以双俸，电促赴京就职。袁世凯赐邸于景山之阴（即北京太平街王府）。他从此不亲旗政。袁世凯称帝时，贡王又被位于"上卿"之列。

贡王在民国初年曾参加过同盟会，和孙中山也有交往，孙中山到北京的太平街王府访问过几次，在国民党的中央党部刊印出来的初期同盟会会员名单中，有贡桑诺尔布的名字，事实证明贡王曾是同盟会会员。

贡王任蒙藏事务局及蒙藏院总裁前后达 16 年之久（1912—1928

年），在这期间，北洋军阀政权频繁变迁，袁世凯以后黎元洪、冯国璋、徐世昌、曹锟、段祺瑞等相继为大总统或执政，贡王的蒙藏院总裁一职始终是安若磐石，没有受到任何影响。他跃居蒙古王公首位，德高望重，表面上看来好像很活跃了一个时期，但实际所起作用并不大。北洋军阀政府先后设置"蒙藏事务局"、"蒙藏院"是形同虚设，徒有其名。袁世凯时代的蒙藏事务局，统由袁世凯的亲信、以熟悉蒙情自居的副总裁姚锡光包办一切，贡王虽负总裁之名，实际上不过是一个"虚位"而已。姚锡光去世后，他才掌握了很有限的实权，北京的蒙藏学校是他倡导创办的。北伐战争之后，他还一度任该校校长。他在力所能及的范围内为蒙古族及其他少数民族做了一些事情，帮助特睦格图创制蒙文铅字，创办北京蒙文书社等。

贡王的晚年生活比较凄惨，政治上的失意及生活上的拮据，使他忧郁成疾，于民国十九年（1930年）秋，患脑溢血死于京邸，享年59岁。

四、蒙古族旅京学生的政治活动

辛亥革命以后，尤其是五四运动前后，内蒙古一些青年受新思潮的影响，到沈阳、北京、南京求学者逐渐增多，其中去北京的人数最多。这些来自蒙古地区的学生在周围环境影响下，与当地学生一道，在北京进行了各种政治活动，为觉醒蒙古民族而积极奋斗。

荣跃先（1895—1927年），蒙古族，又名谦登若宪。1895年出生在内蒙古土默特左旗察素齐镇的一个贫苦农民家庭。23岁到北京蒙藏学校读书。当时全国正掀起新文化运动，北京处于新文化的运动中心。这位来自内蒙古草原的青年，被这些新思想迷住了。他兴奋地吸取新思想，严肃思考新问题，并以极大的热情投身到各种进步活动中去。1920年，在北京宣武门里一个庙内，他参加了李大钊等组织的马克思主义研究小组。1923年，经中共北方区委委员韩麟符，中共热察绥特别组织负责人李渤海介绍，荣跃先加入了中国共产党，成为蒙藏学校的第一个共产党员。同年，他受李大钊委派，返回内蒙古，以招生为名，鼓励蒙古族进步青年到蒙藏学校学习。这一次他动员了乌兰夫等20多人来校，使蒙藏学校成为中国共产党培养少数民族干部的革命场所。

1924年1月，荣跃先遵照党的指示进入黄埔军校（第一期）学习。北伐战争中，他所在部队属国民革命军第一军第三师。荣跃先担任过排长、连长、营长、团长等职。在战斗中，他身先士卒，英勇顽强，北伐战报曾以《蒙古族营长荣跃先的英勇事迹》为题载文，高度赞扬他。1927 年 2 月，荣跃先不幸在战斗中英勇牺牲，年仅 32 岁。

中国共产党第一个蒙古族支部是由在京学习的蒙古族学生建立的。20 世纪 20 年代初，云泽（乌兰夫）、多松年、奎璧、吉雅泰、李裕智、佛鼎等蒙古族青年来京，在蒙藏学校读书。当时，中共北方区党委的主要领导人李大钊认识到蒙藏学校的蒙古族青年，乃是争取蒙古族人民解放的中坚力量和希望，必须及时地引导，使之走上中国共产党所领导的革命道路。1923 年 10 月，邓中夏、赵世炎、恽代英、谭平山、黄日葵等经常到该校从事秘密活动，向这些青年学生宣传马列主义。邓中夏经常深入到这些蒙古族青年学生当中，向他们灌输社会主义和共产主义思想，深入浅出地介绍俄国十月革命和蒙古人民革命的胜利，以及中共"二大"制定的关于解决国内外民族问题的纲领。这些蒙古族青年很快地接受了革命的真理，迫切渴望为真理而斗争。是年冬，邓中夏分析这批青年在共产主义思想哺育下成熟情况，并根据李大钊的意见，先后发展了乌兰夫、奎璧、赵诚、高博泽布、康根成、佛鼎、多松年、吉雅泰、李裕智等为社会主义青年团团员。次年，邓中夏又以这批青年团员为核心，建立了马克思主义研究小组，指导他们系统地学习《共产党宣言》及《向导》、《新青年》等革命刊物所刊登的文章，并陆续发展这批青年团员中的骨干分子成为中共党员，创建了中国共产党历史上第一个蒙古族党支部。到 1925 年，全校 120 名学生中，就有 90 多名党员。

在蒙藏学校创建的蒙古族党支部，培育和锻炼了蒙古族革命青年，引导和组织蒙古族青年为真理而奋斗。这批蒙古族出身的共产党员，在党的培育下成长，并在党所领导的革命斗争中，发挥了骨干作用，作出了巨大贡献。

民国时期，在北京学习工作的蒙古族学生等创办了一些刊物，旨在启发民智，加快蒙民求得自由解放的步伐。这些刊物中《蒙古农民》是在中国共产党组织领导下，多松年等革命青年创办的周刊，1925 年 4 月 18 日创刊于北京蒙藏学校，为农工兵大同盟的机关刊物。以蒙、汉两种文字印行，64 开铅印本。

第一次国内革命战争时期，全国人民的任务是团结全国各民主阶级，反对帝国主义及北洋军阀，实行广泛的统一战线，实行国共合作。《蒙古农民》正是在这种形势下，适应这种革命任务的需要而产生并在中国共产党北方区委先驱者李大钊的直接指导下创办的。

1925 年 3 月，李大钊发表了《蒙古民族解放运动》一文，分析蒙古族错综复杂的阶级矛盾，明确地提出了蒙古民族求得解放的革命必由之路。这就为创办《蒙古农民》奠定了坚实的思想基础。蒙藏学校蒙古族学生党支部又根据李大钊的指示，将多松年等人留在北京负责创办《蒙古农民》。

《蒙古农民》是装帧精致，内容丰富，体裁多样，文笔辛辣，充满战斗力，富有蒙古民族文化特色的铅印刊物。它通过文章、歌曲、漫画等各种形式，形象地向广大蒙古族劳苦大众宣传革命道理和中国共产党的反帝反封建革命纲领。指出了帝国主义及军阀、王公贵族是蒙古人民的敌人，阐述了只有蒙汉等各族人民联合起来，投入中国革命的大洪流之中，在共产党领导下通过武装斗争，夺取政权、走社会主义道路，才能求得人民的幸福，民族的解放。《蒙古农民》于1926年停刊。

在北京学习的蒙古族青年还曾成立蒙古旅京学生会。1925年以后，20多名蒙古族大学生在北京大学、北京师范大学等国立大学和一些私立大学读书。还有近200名蒙古族学生在蒙藏学校等学校读书。1926年，经旅京蒙古族大学生的倡议，蒙藏学校蒙古族同学的积极支持响应，成立了蒙古旅京学生会，并于1926年9月在北京蒙藏学校大礼堂召开会员大会。出席大会的有180多人。在大会上，讨论通过了蒙古旅京学生会会章。会章的主要宗旨是："以敦睦乡谊，团结互助，切磋砥砺，发奋读书，为复兴蒙古民族而共同奋斗。"

会员大会上选出北京师范大学的陈封（蒙名那木海扎布）、经天禄（字革陈）、北京大学的亢仁、任秉均，中国大学的康济民，朝阳大学的关荫南和蒙藏学校的赵文儒（蒙名玛哈希瑞）等15人为执行委员，组成了蒙古族旅京学生会的执行机构——执行委员会。执行委员的任期3年，任期满后，在下届会员大会上改选。会员大会上还决定：由蒙古旅京学生会创办蒙汉文合编的不定期会刊——《蒙古》，责成执行委员会负责编辑出版。

1929年7月蒙古旅京学生会召开第二次会员大会，改选了执委会成员，除第一届执行委员会大部分连任外，新选了北京大学学生富连科（蒙名达瓦敖斯尔）、兰玉芳，朝阳大学学生马星南为执行委员。

蒙古旅京学生会两届执行委员会在任职期间（1926—1932年），组织带领旅京蒙古族学生为实现其会章所制定的宗旨而努力奋斗，为增进乡谊，加强团结，激励大家发奋读书等方面发挥了一定的作用。他们的会刊《蒙古》，前后共出版发行8期，对促进内蒙古等地区广大蒙古族群众的文化知识和进步思想起到启蒙作用。

五、乌兰夫和齐燕铭的政治活动

民国时期，在北京的世居蒙古族和迁居的蒙古族中出现了一些政治活动家，如乌兰夫、齐燕铭等。

乌兰夫（1906—1988 年），又名云泽、云时雨。内蒙古土默特左旗人。1923 年入北京蒙藏学校学习，同年加入中国共产主义青年团。1925 年转为中国共产党党员，并被派往苏联莫斯科中山大学学习。1929 年回国后，任中共西蒙委书记、蒙旗独立旅党委书记。1941 年后，任陕甘宁边区政府民族事务委员会主任委员、延安民族学院教务长、蒙古文化协会主席。1945 年，任绥蒙政府主席、中共晋察冀中央局委员、中共内蒙古工委书记。同年奉命回内蒙古，成立内蒙古自治运动联合会，任主席兼军事部长，创办了内蒙古军政学院、自治学院，任院长。1947 年 5 月 1 日主持召开了内蒙古人民代表会议，成立了我国第一个民族自治区———内蒙古自治区。

齐燕铭（1907—1978 年），原名齐振勋，又名齐振学、齐震，齐利特氏，北京人，祖辈属镶蓝旗蒙古。青年时代读了马克思和恩格斯的《共产党宣言》等大量书籍，思想观念发生了很大变化。从此他和老师同学一起走上社会，从事救亡活动。他们创办了《文史》、《盍旦》、《时代文化》、《文化动向》等刊物。发表的文章内容多为反对黑暗统治，呼吁救亡图存，因而受到国民党当局的迫害，刊物被查封。

1930 年毕业于北平中国大学国学系之后，在中法大学、中国大学、东北大学、民国大学和大同中学任教。1937 年，七七卢沟桥事变后，党组织考虑安全及工作需要派他到济南。他以左翼文化人的身份在韩复榘的十三路军政训处处长余心清手下工作，在政训处干部训练班教课并担任教务长。这期间，齐燕铭还担任《救国报》总编。济南沦陷后，他到鲁西北参加抗日战争，并加入中国共产党，担任鲁西北《抗战日报》总编辑，政治部干部学校教务长。

1940 年以后，齐燕铭奉命调到延安，在延安马列学院、中共中央党校、延安中央研究院等单位工作。在延安参加过"整风运动"，聆听过毛泽东主席《在延安文艺座谈会上的讲话》，并编导《逼上梁山》、《三打祝家庄》等戏剧。

1945 年后在重庆、南京任中共代表团秘书长，兼负责与各民主党派联系的工作。其后曾任中共中央城市工作部（统战部的前身）秘书长，统战部秘书长。

第二节 蒙古族的教育与文化

一、教育状况

1912 年 11 月，中华民国政府成立不久，当时任蒙藏事务局（后改为蒙藏院）总裁的贡桑诺尔布"鉴于蒙藏两族，地界边陲，教育落后"[7]，于是力促几位蒙古族议员，联合提议国会，"请将前清所设景山、宗室、觉罗三学，及理藩部所设之蒙古学堂归并改设蒙藏学校"[8]。很快得到政府同意，交由蒙藏事务局筹办。教育部在核准时，依据1912 年《普通教育暂行办法》中"从前各项学堂，均改称学校"的规定，定名为蒙藏学校。1913 年教育部正式公布了《蒙藏学校章程》。1913 年 3 月，由清代咸安宫学、唐古忒学、托忒学（简称咸安宫三学）及理藩部蒙古学校合并而成的国立蒙藏专门学校成立，成为民国后第一所专门招收蒙古族学生的官费学校。当时校址设在北京西皇城根西南角转马台内孙家花园。除咸安宫三学转来的学生外，后来又不断从蒙古、西藏地区以及内地招生。课程最初只设政法，具有补习班和预备班的性质。后又增添了蒙古文和藏文，其余课程与普通中学相同。1916 年 6 月"因受帝制影响，经费困难，蒙藏院不能垫付，函商停办"[9]。同年 8 月，由蒙藏委员会会同财政部资助，租用西单牌楼石虎胡同预公府为校址，复课。课程除设蒙藏文之外，将预备班改为中学科，增设法律、政治、经济、畜牧、农事及师范等专科班次。后又因经费无着落，于 1927 年至 1929 年停课两年之久。1929 年改属南京政府蒙藏委员会管理，复课，改名北平蒙藏学校，并全部购置了东邻松坡图书馆，扩大校舍，所有班次及专科多有变更。1935 年以后，设初中、高中和补习班，课程设置及教学体制与一般中学相同，初、高年级还设蒙、藏史地课程。1937 年七七事变后，学校坚持上课，开始招收少量其他民族和汉族自费生。1948 年增设师范专科班。1949 年1 月北平解放后，学校进行整编，设师资速成初中、高中和补习班，将当时暂驻北平的热河蒙旗师范学校并入，实行公费制。

此外，1912 年，教育部将前殖民学堂及满蒙文高等学堂，改为北京筹边高等学堂，专门培养发展边疆教育和治理开发边疆的人才。

二、特睦格图的文化活动

特睦格图（1887—1939 年）汉名王睿昌，字印侯，中国近代蒙古族蒙文铅字发明家、出版家。清光绪十三年（1888年）十二月七日生于喀喇沁右旗王府大西沟门一个普通农民家里。特睦格图自幼聪敏好学，才智过人，在贡桑诺尔布王爷所办崇正学堂毕业后，受贡王赏识，1903年派他到北京东省铁路俄文学校专攻俄文。1906年冬又被贡王选派赴日本东京振武学堂学军事，后转学医，6年后回国。1912年至1913年在王府、赤峰行医年余。

1914年贡王进京任蒙藏事务局总裁后，任特睦格图为局首席翻译官兼庶务科长、典礼司员及北平蒙藏学校教授等职。在著书立说从事翻译工作时，特睦格图深感出版蒙文书籍之难。当时蒙文印术，只有少量木刻印和石印，尚未出现铅印，对此他十分痛心。国内外许多有志者，尤其蒙古族的技术人才，虽曾多次努力创制蒙文铅字印刷，但都未获成功[10]。国外1913年俄国人在哈埠出版过蒙文铅印杂志，1920年日本人在东北出版过蒙文铅印日报，但对中国技术保密，未得传入。而国外制成的蒙文铅字，字形难辨，工料毛糙，印刷体上下衔接不合缝，十分不精致，所以国外也是制而少用。富于强烈，民族感的特睦格图决心昌盛本民族文化，不委外辱，开始着手研究创制中国的蒙文铅字。

特睦格图创制蒙文铅字的事业，是从"漠南景新社"开始的[11]。他从日本回国以后，在北京私宅设立"漠南景新社"——家庭照相馆，专为旅京蒙、藏人服务。由于他摄影技术的高明，曾博得了中外好评，所以他意图以"漠南景新社"的名义，石印蒙、汉合璧教科书出售，借以筹资创制蒙文铅字的准备。为了研制工作的顺利进行，当时在京的蒙古族王公贵族也以入股形式，为其事业筹集了一些资金，其中最大的助资者还是其义父喀喇沁旗王贡桑诺尔布。

1915年前后，特睦格图对中外铅印工艺作了充分研究之后，他首先将蒙文、满文上、中、下三体四百余字（蒙文三百二十四，外加满文等特需字头）书写成整洁的正楷字，然后分类排队，选其美观大方的字形，以他的妙手精雕细刻，反复实践，第一次用牛角刻出过八十五个字形，"用解剖之方，成聚珍之板，以一字之剖用，能做数字之运用"[12]。但应用于印刷时上下深浅不一，粗细不均，未获成功。但特睦格图从不灰心，继续坚持攻关，他第二次改用日本黄杨木作材料，手刻数百蒙文字头，改进后的字形略有改进，但我国京津地区不能承制木刻活字版，如若用木刻字模，必须到日本，当时无任何经济外援的特睦格图怎么能到国外？因而试制蒙文铅字又告失败。

特睦格图囊空如洗，创制蒙文铅字不得不暂停。到1919年，在贡王的支持下，他数奔天津向日本人学习有关雕刻技术，切磋琢磨，初步制成了蒙文铅字，作了铜模，铸出了字。这是巨大的进步，他终究看到了自己为民族事业奋斗的希望。这时的蒙文铅字，在拼制时上下衔接仍有配合不当之处，他继续以顽强的毅力克服困难，工作不止，又经过反复试用、改进，终于在1922年冬，蒙古铅字印刷术在我国第一次获得成功[13]。

蒙文铅字创制成功后，特睦格图游说于热心蒙古文化的蒙古族社会贤达，征集了少数资金共计约股金五千元左右，于1922年，特睦格图等写出"蒙文铅字说明书"，呈请立案。1923年民国政府农商部发奖表彰，不征捐税，发给三十年专利证书[14]。与此同时，特睦格图创制的满文铅字亦同蒙文铅字双双问世，我国满文铅印亦由此诞生了。

1923年春，特睦格图在北京创办蒙古民族有史以来第一家出版社——蒙文书社，自任总经理，云集当时在京蒙古族著名学者，决心启蒙蒙古民族。同时兴办了蒙文书社蒙文印刷厂，他们蒙文铅印的第一部书是《西汉演义》。从此，开创了蒙文铅印时代，可以说，特睦格图是我国近代蒙文铅字印刷的创始人。

特睦格图创制的蒙古文铅印版印刷技术当时对国内外影响极大，该消息传入欧洲后，西欧的一些人纷纷到北京蒙文书社学习蒙古文铅印技术，他们都得到了特睦格图无私的帮助和热情的指导。1924年，蒙古人民共和国建国后，也派人至京学习蒙古文铅印印刷技术，不久就使用铅印版印刷书刊。

在国内，继特睦格图创制蒙文铅字以后，所开办的蒙文印刷厂，大都是在北京蒙文书社技术传播下兴办起来的，诸如内蒙古东部影响最大的东蒙书局（在今沈阳），曾于1923年由郭道甫派两名蒙古人前来蒙文书社学习后，于1924年创办。1925年上海商务印书馆聘请蒙文书社技工师乡亭赴上海，在商务馆开始印刷蒙文书刊。内蒙古西部于1926年创办的察哈尔盟（商都）蒙文印刷厂，也是先在蒙文书社培养技术人才，然后回商都开办起来的。

1925年，特睦格图受段祺瑞政府委托，他又继续创制了藏文铅字，在蒙文书社内铅印藏文典籍。第九世班禅到京后，特睦格图在北京瀛台兼班禅照料处处长，又兼班禅印经处处长[15]。

从1922年到1929年末，是蒙文书社的鼎盛时期。由特睦格图主编、翻译、出版的蒙、满、汉、藏文历史和现代书籍多达50余种，10万册以上。这些书在国内及日俄、法国广为发行，《蒙日语会话》、《蒙文教科书》（8册）成为日人等外族人员学蒙文蒙语的入门书籍，受到好评。

1939 年 5 月 2 日病故于王爷庙，终年 53 岁。

注释：

（1）中国史学会主编、柴德赓等编：《辛亥革命》（七），上海人民出版社，1957 年。

（2）李剑农：《戊戌以后三十年中国政治史》，中华书局，1965 年，第 133—134 页。

（3）渤海寿臣辑：《辛亥革命始末记》，《要件》，文海出版社，1969 年影印本。

（4）李剑农：《戊戌以后三十年中国政治史》，中华书局，1965 年，第 134 页。

（5）中国第一历史档案馆编：《清代档案史料丛编》第八辑，中华书局，1982 年。

（6）渤海寿臣辑：《辛亥革命始末记》，《要件》（十五），文海出版社，1969 年影印本，第 907 页。

（7）（9）田琳、于·布仁巴雅尔主编：《中央民族大学附中校史（1913—2008）》，北京教育出版社，2008 年。

（8）《教育杂志》第 4 卷第 10 期《记事》。

（10）顾盖侯：《蒙文铅字感言》，南京顾盖侯先生捐献本，未刊。

（11）白彦巴图：《汪睿昌和他创办的蒙文书社》，载《内蒙古文史资料》第五辑，内蒙古人民出版社，1965 年。

（12）汪睿昌：《蒙文铅字说明书》，蒙文南京顾盖侯捐献本。

（13）汪睿昌：《蒙古铅字发明者的自述》，蒙文。

（14）"农商部褒状"第壹百肆拾壹号，中华民国 13 年 8 月 12 日发给（1925 年 8 月 12 日）。"教育部批"，授予四等三级文杏章，第三二号，中华民国 14 年 1 月 20 日（1926 年 1 月 20 日）。

（15）据汪云腾：《蒙藏文活版铅字印刷创始人》，1980 年 1 月 8 日，未刊初稿。

第四章　民国时期北京地区其他少数民族的革命活动

民国时期，由于统治者采取民族歧视政策，一些少数民族不被承认，有些少数民族被迫隐瞒族别，北京的少数民族成分及人口越来越少。但是，朝鲜族、白族、土家族等少数民族依然投入到革命斗争中，在北京政治史上留下了不可磨灭的贡献。

施滉（1900—1934 年），字动生，白族，1900 年生于云南省洱源县一个贫寒的家庭里。十六岁时，施滉以优秀的成绩考入北京清华学校。五四运动爆发时，施滉投入到这场反帝反封建的爱国运动，成为清华园中的举火人。[1]五月四日晚上清华学生得到白天城内学生游行示威的消息后，在作为准备出国留学的清华学生是否应参加社会运动的问题上，展开了激烈争论。最后的结论是：应与"各学校一致行动"[2]，终于以施滉等为首的爱国学生取得了辩论的胜利。六月三日，为了抗议北洋政府对爱国学生的一再镇压，施滉带领清华同学步行进城，同兄弟学校一起游行，他们一路高呼"外争国权，内惩国贼"等口号。施滉遭反动军警逮捕，被投入牢房。坐牢使他进一步认识到在封建军阀统治下中国社会的黑暗，增强了他寻求救国真理的决心。

五四运动后期，学习、宣传马克思主义成为一种思潮、一种运动，各种群众性的学习社团，及宣传新思想的刊物如雨后春笋般地涌现出来。清华园也不例外，先后出现了许多社团和刊物。

"唯真学会"是清华园中少数追求救国真理的爱国青年的组织。施滉就是发起者和负责人之一。该会具有以下几个特点：

第一，具有明显的目的——追求真理。正如其宗旨所说："真理所在即趋附之。"他们提出"政治救国"和"本互助和奋斗的精神，研究学术，改良社会，以求人类的真幸福"[3]的主张。会员们为了追求真理，在认真学习马克思主义书籍和进步刊物的同时，重视社会调查和经济问题的研究。

第二，学以致用，身体力行。会员们如饥似渴地学习李大钊等人的著作，并在领会其精神实质后，能付诸实践。例如他们在学习了《我的马克思主义观》等文章后，在"劳工神圣"观点的影响下，组织了"工读团"。在校内借了一间房子作为工场，规定每个会员每天都要到那里印信纸、信封售卖，或到固定地点开荒种菜一个小时，亲身参加体力劳动。同时，为了与劳动人民接触，观察、体验其生活，学习他们的优秀品质，会员们还经常走出校门到劳苦群众之中去。清华附近劳动人民休息和吃饭的地方，是他们常来常往之处。

1920年国际劳动节前夕，他们编印了一期名为《劳动者》的刊物，散发给工农大众，启发他们的觉悟。

此外，施滉还主编过《清华周刊》上的"国情报告"专栏。他以生动、辛辣的小短文揭露北洋政府的腐败、社会的黑暗；报道工人、知识青年反帝反封建斗争的英勇事迹；宣传马克思主义，引导同学们关心政治。

第三，强调会员个人的道德操守。在封建军阀的反动统治下，社会风气很腐败。"唯真学会"要求会员做到"不抽烟、不喝酒、不嫖、不赌、不讲假话"[4]，要朝气蓬勃地学习、工作和劳动。

"唯真学会"在清华园的许多社团中，成为最有影响的"左"派势力的代表，赢得广大学生的拥护。1923年秋，施滉被选为清华学生会会长。

1924年7月，施滉赴美国斯坦福大学学习。在美共领导下，施滉等人成立"美洲华侨和中国工农革命大同盟"，筹办《国民日报》即后来的《华侨日报》等，团结爱国侨胞，声援国内反帝爱国运动。1927年3月，施滉加入美国共产党，并当选为美共中央中国局首任书记。1928年12月，施滉被美共中央派往古巴、加拿大，在华侨中发展共产党的秘密组织。1929年，施滉受党组织派遣到莫斯科学习。

1930年，施滉同志回到阔别多年的祖国，在党中央担任翻译工作。1931年，他被派到香港从事海员工会工作。原来党在这里的工作就有基础，加之，施滉在国外时同海员工人就经常往来，他又善于团结群众，工作开展得很顺利。可惜不久他就被捕，又一次被投入牢房并受尽酷刑。后来经党多方面营救才出狱。出狱后到上海仍担任工会工作。不久，他又被调到北平。在白色恐怖之下，施滉以在"北平艺专"教书为掩护，担任河北省委宣传部部长、省委书记。1933 年冬，施滉在北平召开会议时，因叛徒出卖而被捕。1934 年初，施滉被反动派杀害于南京，年仅 34 岁。

施滉虽然牺牲了，但他的精神永远活在各族人民心中。过去，美国华侨为缅怀这位烈士，规定每年一月一日为施滉同志的纪念日[5]。今天，清华大学图书馆门厅墙壁上可见到一块汉白玉烈士纪念碑，铭文写着："他是清华最有光荣的儿子，他是清华最早的共产党员，他为解放事业贡献了生命，施滉的革命精神永垂不朽！"

刘仁（1909—1973 年），土家族，原名段永鹬，重庆酉阳县龙潭镇五育村人。1923 年毕业于酉阳龙潭高等小学堂，1924 年考入北京师范大学附属中学。1927 年加入中国共产党，先后在北京、上海、武汉、天津等地从事党的地下工作，领导工人运动。

1939 年中共北方分局成立，刘仁任秘书长，1941 年中共中央北方分局改为中共中央晋察冀分局，同时成立城市工作委员会，刘仁兼任委员。1944 年改为城市工作部，刘仁任部长，领导开展平津的地下斗争。城工部遵照"隐蔽精干，长期埋伏，积蓄力量，以待时机"的地下工作方针，一方面派遣在北平有社会关系、有条件活动的干部进城开展工作，开辟地下斗争阵地；另一方面从城里动员进步青年到根据地学习，从中发展新党员，再经选派回城工作。到新中国成立时，北平地下党已发展党员 3000 余人，党的外围秘密组织民主青年同盟、民主青年联盟约有 5000 盟员。城工部下设学委、工委、铁委、平委和文委等 5 个委员会。在城工部的领导下，1945 年 10 月，北平掀起了反甄审学生运动（反对国民党对收复区学生进行所谓"甄审"考试），次年 6 月取得了胜利。1946 年 12 月底，北平学生举行了抗议美军强奸北大学生暴行运动，激起全国几十个大中城市，50 万人的反美示威游行；1947 年 5 月 20 日，北平掀起了"反饥饿"、"反内战"的学生运动。1948 年，爆发了以反迫害为中心内容的四次大规模群众斗争。北平解放前夕，刘仁派北平地下党的同志与傅作义建立了联系，对地下电台和谈判代表的安全措施作了周密的部署。派中共地下党员、傅作义的女儿傅冬梅随时了解傅作义的动态，报告解放军前线司令部。1949 年 1 月 31 日，北平和平解放。

主要参考文献

一、正史

〔汉〕司马迁：《史记》，中华书局标点本。

〔汉〕班固：《汉书》，中华书局标点本。

〔南朝宋〕范晔：《后汉书》，中华书局标点本。

〔晋〕陈寿：《三国志》，中华书局标点本。

〔唐〕房玄龄等：《晋书》，中华书局标点本。

〔南朝梁〕沈约：《宋书》，中华书局标点本。

〔南朝梁〕萧子显：《南齐书》，中华书局标点本。

〔唐〕姚思廉：《梁书》，中华书局标点本。

〔唐〕姚思廉：《陈书》，中华书局标点本。

〔北齐〕魏收：《魏书》，中华书局标点本。

〔唐〕李百药：《北齐书》，中华书局标点本。

〔唐〕令狐德棻：《周书》，中华书局标点本。

〔梁〕萧子显：《南齐书》，中华书局标点本。

〔唐〕魏征等：《隋书》，中华书局标点本。

〔唐〕李延寿：《北史》，中华书局标点本。

〔后晋〕刘昫等：《旧唐书》，中华书局标点本。

〔宋〕欧阳修等：《新唐书》，中华书局标点本。

〔宋〕司马光等：《资治通鉴》，中华书局标点本。

〔宋〕薛居正等：《旧五代史》，中华书局标点本。

〔宋〕欧阳修等：《新五代史》，中华书局标点本。

〔元〕脱脱等：《辽史》，中华书局标点本。

〔元〕脱脱等：《金史》，中华书局标点本。

〔清〕施国祁：《金史详校》，广雅丛书本。

〔明〕宋濂等：《元史》，中华书局标点本。

〔民国〕屠寄：《蒙兀儿史记》，中国书店 1984 年影印本。

〔民国〕柯劭忞：《新元史》，上海书店影印本。

《清史列传》，中华书局，1986 年。

二、实录、档案

《明实录》，中央研究院影印本。

《清实录》，中华书局影印本。

《朝鲜李朝实录》，日本学习院 1953 年、朝鲜科学院 1959 年影印本。

中国第一历史档案馆、中国社会科学院历史研究所译注：《满文老档》，中华书局，1990 年。

广禄、李学智译注：《清太祖朝老满文原档》第 1—2 册，台湾商务印书馆，1969、1970 年。

张葳译注：《旧满洲档译注》〔太宗朝〕第 1—2 册，台湾故宫博物院，1977、1978 年。

中国第一历史档案馆译注：《清初内国史院满文档案译编》，光明日报出版社，1989 年。

关嘉禄、佟永功等：《天聪九年档》，天津古籍出版社，1987 年。

清官修：《皇清开国方略》，清光绪十年刊广百宋本。

三、政书

〔清〕姚彦渠：《春秋会要》，中华书局，1955 年。

〔清〕孙楷：《秦会要》，中华书局，1956 年。

〔南宋〕徐天麟：《西汉会要》，上海人民出版社，1977 年。

〔南宋〕徐天麟：《东汉会要》，上海古籍出版社，1978 年。

〔清〕杨晨：《三国会要》，中华书局，1956 年。

〔清〕朱铭盘：《晋会要》，上海古籍出版社，1984 年。

〔清〕朱铭盘：《南朝会要》，上海古籍出版社，1984 年。

〔宋〕王溥：《唐会要》，上海古籍出版社，1991 年。

〔唐〕李林甫等：《唐六典》，中华书局，1992 年。

〔唐〕杜佑：《通典》，中华书局，1988 年。

〔宋〕宋敏求：《唐大诏令集》，学林出版社，1992 年。

〔元〕马端临：《文献通考》，浙江古籍出版社，十通影印本，1988年。

〔南宋〕郑樵：《通志》，中华书局，1987年。

〔清〕吴廷燮：《唐方镇年表》，中华书局，1980年。

陈述：《金史拾补五种》，科学出版社，1960年。

元代官修：《大元圣政国朝典章》，中国广播电视出版社，1998年。

元代官修：《通制条格》，浙江古籍出版社，1986年。

〔元〕徐元瑞：《吏学指南》，浙江古籍出版社，1988年。

〔明〕徐学聚：《国朝典汇》，书目文献出版社，1996年影印本。

二十五史刊行委员会编：《二十五史补编》，中华书局，1955年。

《大明律集解附例》，清光绪三十四年重刻本。

《清会典》及《清会典事例》，中华书局，1991年影印本。

张寿镛等：《皇朝掌故汇编》，求实书社1902年。

四、类书、辞书、总集

〔宋〕李昉等：《文苑英华》，中华书局，1966年。

〔宋〕王钦若等：《册府元龟》，中华书局，1960年。

〔清〕董诰等：《全唐文》，中华书局，1983年。

〔清〕张金吾：《金文最》，中华书局，1990年。

〔元〕周南瑞：《天下同文集》，文渊阁四库全书本。

〔元〕苏天爵：《国朝文类》，文渊阁四库全书本。

〔清〕《御制增订清文鉴》，民族出版社，1957年影印本。

〔清〕顾嗣立：《元诗选》，中华书局，1987年标点本。

《中国大百科全书·民族卷》，中国大百科全书出版社，1988年。

商鸿逵等：《清史满语辞典》，上海古籍出版社，1990年。

胡增益：《新满汉大词典》，新疆人民出版社，1994年。

五、志书

〔清〕鄂尔泰等：《八旗通志〔初集〕》，东北师范大学出版社，1985年。

〔清〕纪昀等：《钦定八旗通志》，吉林文史出版社，2002年。

〔清〕于敏中等：《钦定日下旧闻考》，北京古籍出版社，1981年。

〔清〕周家楣等：《光绪顺天府志》，北京古籍出版社，1987年。

吴廷燮等：《北京市志稿》，北京燕山出版社，1998年。

吴敬恒等：《中国民族志》，商务印书馆1928年初版。

北京市地方志编纂委员会：《北京志·民族·宗教卷·民族志》，北京出版社，2006年。

〔清〕缪荃孙：《顺天府志》〔据《永乐大典》辑〕，北京大学出版社，1982年。

六、诸子、文集笔记

《十三经注疏》，中华书局，1980年。

《国语》，上海古籍出版社，1988年。

〔春秋〕左丘明：《春秋左传集解》，上海人民出版社，1977年。

〔宋〕宇文懋昭：《大金国志》，中华书局，1986年。

〔金〕佚名：《女真传》，见《大金国志》附录。

〔金〕佚名：《金志》，见《大金国志》附录。

〔清〕李有棠：《金史纪事本末》，中华书局，1980年。

〔宋〕洪皓：《松漠纪闻》，国学文库本。

〔宋〕苏辙：《栾城集》，文渊阁四库全书本。

〔宋〕李心传：《建炎以来系年要录》，中华书局，1956年。

〔宋〕徐梦莘：《三朝北盟会编》，文渊阁四库全书本。

〔宋〕许亢宗：《宣和乙巳奉使金国行程录》，载《三朝北盟会编》。

〔宋〕文惟简：《虏廷事实》，吉林文史出版社，1990年。

〔宋〕张汇：《金节要》，吉林文史出版社，1990年。

〔宋〕张棣：《金图经》，吉林文史出版社，1990年。

〔宋〕张棣：《正隆事迹》，吉林文史出版社，1990年。

〔宋〕楼钥：《北行日录》，文渊阁四库全书本。

〔宋〕周煇：《北辕录》，文渊阁四库全书本。

〔宋〕范成大：《揽辔录》，文渊阁四库全书本。

〔金〕王寂：《拙轩集》，文渊阁四库全书本。

〔金〕赵秉文：《滏水文集》，文渊阁四库全书本。

〔金〕王若虚：《滹南遗老集》，文渊阁四库全书本。

〔金〕王庭筠：《黄华集》，文渊阁四库全书本。

〔金〕元好问：《中州集》，文渊阁四库全书本。

〔金〕刘祁：《归潜志》，中华书局，1983年。

〔民国〕陈衍：《金诗纪事》，上海古籍出版社，2003年。

〔元〕佚名：《蒙古秘史》，河北人民出版社，2001年。

〔宋〕孟珙：《蒙鞑备录》，王国维校注本。

〔宋〕彭大雅：《黑鞑事略》，王国维校注本。

〔元〕耶律楚材：《湛然居士文集》，中华书局，1986 年。

〔元〕郝经：《陵川集》，文渊阁四库全书本。

〔元〕许衡：《许文正公遗书》，文渊阁四库全书本。

〔元〕胡祗遹：《紫山先生大全集》，文渊阁四库全书本。

〔元〕王恽：《秋涧先生大全集》，文渊阁四库全书本。

〔元〕程钜夫：《雪楼集》，文渊阁四库全书本。

〔元〕赵孟頫：《松雪斋集》，文渊阁四库全书本。

〔元〕姚燧：《牧庵集》，文渊阁四库全书本。

〔元〕王义山：《稼村类稿》，文渊阁四库全书本。

〔元〕马祖常：《石田集》，文渊阁四库全书本。

〔元〕张养浩：《归田类稿》，文渊阁四库全书本。

〔元〕吴澄：《吴文正公集》，文渊阁四库全书本。

〔元〕袁桷：《清容居士集》，文渊阁四库全书本。

〔元〕虞集：《道园学古录》、《道园类稿》，文渊阁四库全书本。

〔元〕黄溍：《金华黄先生文集》，文渊阁四库全书本。

〔元〕欧阳玄：《圭斋集》，文渊阁四库全书本。

〔元〕揭傒斯：《揭傒斯全集》，上海古籍出版社，1985 年。

〔元〕苏天爵：《滋溪文稿》，中华书局，1997 年。

〔元〕苏天爵：《国朝名臣事略》，文渊阁四库全书本。

〔元〕许有壬：《至正集》，文渊阁四库全书本。

〔明〕刘若愚：《酌中志》，北京古籍出版社，1994 年。

〔明〕余继登：《典故纪闻》，中华书局，1981 年。

〔明〕沈德符：《万历野获编》，中华书局，1997 年。

〔明〕沈榜：《宛署杂记》，中华书局，1992 年。

〔明〕陆容：《菽园杂记》，中华书局，1985 年。

〔明〕陈邦瞻：《元史纪事本末》，中华书局，1979 年。

〔元〕陶宗仪：《南村辍耕录》，中华书局，1959 年。

〔明〕叶子奇：《草木子》，文渊阁四库全书本。

〔明〕凌迪知：《万姓统谱》，文渊阁四库全书本。

〔明〕谈迁：《北游录》，中华书局，2006 年。

〔明〕顾炎武：《日知录》，岳麓出版社，1994 年。

〔清〕计六奇：《明季北略》，中华书局，1984 年。

〔清〕吴振棫：《养吉斋丛录》，北京古籍出版社，1983 年。

〔清〕昭梿：《啸亭杂录》，中华书局，1980 年。

〔清〕福格：《听雨丛谈》，中华书局，1984 年。

〔清〕孙承泽：《春明梦余录》，上海古籍出版社，1993 年。

〔清〕震钧：《天咫偶闻》，文海出版社，1968 年。

〔清〕富察敦崇：《燕京岁时记》，北京古籍出版社，1981 年。

陈文和主编：《嘉定钱大昕全集》，江苏古籍出版社，1997 年。

〔清〕钱大昕：《辽金元三史拾遗》，清广雅书局刊。

〔清〕钱大昕：《廿二史考异》，商务印书馆 1937 年。

〔清〕赵翼：《廿二史札记》，中华书局，1984 年点校本。

〔清〕赵翼：《陔余丛考》，中华书局，1963 年。

〔清〕王士祯：《池北偶谈》，中华书局，1982 年。

〔清〕陈康琪：《郎潜纪闻初笔》，中华书局，1984 年。

七、今人著述

白寿彝主编：《中国通史》，上海人民出版社，1989 年。

王桐龄：《中国民族史》，文化学社，1934 年。

吕思勉：《中国民族演进史》，上海亚细亚书局，1935 年。

林惠祥：《中国民族史》，晌午印书馆，1993 年。

江应樑主编：《中国民族史》，民族出版社，1990 年。

王钟翰主编：《中国民族史》，中国社会科学出版社，2001 年修订版。

中国社会科学院民族研究所主编：《中国民族史研究》，中国社会科学出版社，1987 年。

翁独健主编：《中国民族关系史纲要》，中国社会科学出版社，1990 年。

黄烈：《中国古代民族史研究》，人民出版社，1987 年。

傅朗云等：《东北民族史略》，吉林人民出版社，1983 年。

内蒙古大学蒙古史研究室编：《中国古代北方各族简史》，内蒙古人民出版社，1977 年。

《中国古代北方民族史丛书》，广西师范大学出版社，2006 年。

《中国古代北方民族文化史，专题文化卷》，黑龙江人民出版社，1995 年。

田继周：《先秦民族史》，四川民族出版社，1996 年。

田继周：《秦汉民族史》，四川民族出版社，1996 年。

白翠琴：《魏晋南北朝民族史》，四川民族出版社，1996 年。

卢勋：《隋唐民族史》，四川民族出版社，1996 年。

陈寅恪：《唐代政治史述论稿》，上海古籍出版社，1997 年。

严耕望：《唐史研究丛稿》，新亚研究所 1969 年。

许倬云等：《中国历史论文集》，台湾商务印书馆，1987 年。

王寿南：《唐代藩镇与中央关系之研究》，台北大化书局，1978 年。

郁贤皓：《唐刺史考全编》，安徽大学出版社，2000 年。

孙进己等：《女真史》，吉林文史出版社，1987 年。

韩儒林主编：《元朝史》，人民出版社，1986 年。

李剑农：《戊戌以后三十年中国政治史》，中华书局，1965 年。

曹子西主编：《北京通史》〔全十卷〕，中国书店，1994 年。

曹子西主编：《北京历史纲要》，北京燕山出版社，1990 年。

于杰等：《金中都》，北京出版社，1989 年。

陈高华：《元大都》，北京出版社，1982 年。

沙之沅等：《北京的少数民族》，北京燕山出版社，1988 年。

邓之诚：《骨董琐记》，中国书店 1991 年。

孟森：《明清史论著集刊》，中华书局，1959 年。

孟森：《明清史论著集刊续编》，中华书局，1986 年。

郑天挺：《探微集》，中华书局，1980 年。

张晋藩等： 《清入关前国家法律制度史》，辽宁人民出版社，1988 年。

刘小萌：《清代北京旗人社会》，中国社会科学出版社，2008 年。

金启孮：《北京郊区的满族》，内蒙古大学出版社，1989 年。

金启孮：《北京城区的满族》，辽宁民族出版社，1998 年。

爱新觉罗瀛生：《老北京与满族》，学苑出版社，2005 年。

中国社会科学院民族研究所、辽宁少数民族社会历史调查组编写：《满族社会历史调查》，辽宁人民出版社，1985 年。

胡振华主编：《中国回族》，宁夏人民出版社，1993 年。

白寿彝主编：《回族人物志》〔元代〕，宁夏人民出版社，1985 年。

白寿彝主编：《回族人物志》〔近代〕，宁夏人民出版社，1997 年。

余振贵主编：《中国回族之最》，宁夏人民出版社，1998 年。

刘东声等：《北京牛街》，北京出版社，1990 年。

张怀武主编： 《近现代回族爱国斗争史话》，宁夏人民出版社，1996 年。

杨志玖：《元代回族史稿》，南开大学出版社，2003 年。

《回族简史》编写组：《回族简史》，民族出版社，2009 年。

《蒙古族简史》编写组：《蒙古族简史》，内蒙古人民出版社，1985年。

韩光辉：《北京历史人口地理》，北京大学出版社，1996年。

曹树基：《中国人口史》，复旦大学出版社，2000年。

尹钧科：《北京郊区村落发展史》，北京大学出版社，2001年。

尹钧科：《北京历代建置沿革》，北京出版社，1994年。

于志喜：《明代军户世袭制度》，台湾学生书局，1987年。

张秀松：《东北民族史研究》，中州古籍出版社，1997年。

张鸿翔：《明代各民族人士入仕中原考》，中央民族大学出版社，1999年。

彭勇：《明代班军制度研究》，中央民族大学出版社，2006年。

胡振华主编：《中国回族史》，宁夏人民出版社，1993年。

林松等：《回回历史与伊斯兰文化》，今日中国出版社，1992年。

陈楠：《明代大慈法王研究》，中央民族大学出版社，2005年。

滕绍箴：《满族发展史初编》，天津古籍出版社，1990年。

袁闾琨等：《清代前史》，沈阳出版社，2004年。

萧一山：《清代全史》，台湾中华书局，1977年。

王戎笙等：《清代全史》，辽宁人民出版社，1991年。

孙文良等：《崇德帝》，吉林文史出版社，1993年。

赵志强：《清代中央决策机制研究》，科学出版社，2007年。

八、报刊与资料

《正宗爱国报》。

《革命文物》。

《明清史料》，商务印书馆1931—1951年。

辽宁大学历史系编：《清初史料丛刊十四种》，辽宁大学历史系1978—1981年排印本。

吴晗：《朝鲜李朝实录中的中国史料》第12册，中华书局，1980年。

李兴华等：《中国伊斯兰教史参考资料选编〔1911——1949〕》，宁夏人民出版社，1985年。

田琳、于·布仁巴雅尔主编：《中央民族大学附中校史〔1913—2008〕》，北京教育出版社，2008年。

中国史学会主编、柴德赓等编：《辛亥革命》〔七〕，上海人民出版社，1957年。

北京市政协文史委编：《文史资料选编》第 3 辑，北京出版社，1979 年。

《天聪朝臣工奏议》，辽宁大学历史系 1980 年排印本。

戴金编：《皇明条法事类纂》，文海出版社，1985 年。

潘喆等编：《清入关前史料汇编》一、二、三辑，中国人民大学出版社，1984、1985、1991 年。

九、译著

〔清〕洪钧：《元史译文证补》，河北人民出版社，1990 年。

〔意〕马可波罗著，冯承钧译：《马可波罗行纪》，上海书店出版社，2000 年。

〔瑞典〕多桑著，冯承钧译：《多桑蒙古史》，上海书店出版社，2001 年。

〔德〕傅海波、〔英〕崔瑞德编，史卫民等译：《剑桥中国辽西夏金元史》，中国社会科学出版社，2005 年。

后　记

　　本书的撰写工作，由北京市社会科学院的科研人员合作完成并邀请院外相关科研人员撰写了部分内容。其中，王岗负责撰写"概述"及"金代"、"元代"部分；赵雅丽负责撰写"先秦至两汉时期"部分；许辉负责撰写"魏晋十六国北朝时期"及"隋唐时期"、"五代及辽代"部分；彭勇与丁慧倩负责撰写"明代"部分；徐丹俍负责撰写"清代"部分，并由刘仲华进行修改；章永俊负责撰写"民国时期"部分。全书由王岗与徐丹俍、许辉审阅、加以改定。本书的编辑出版工作得到了人民出版社张秀平女士的帮助，在此特致谢意！

编者

2012 年 12 月